KB108574

# 소쉬르의 마지막 강의

Le troisième cours de linguistique générale

# 소쉬르의 마지막 강의

페르디낭 드 소쉬르
김성도 옮김

제3차 일반언어학 강의(1910-1911)

에밀 콩스탕탱의 노트

민음사

차례

# 한국어 번역본 출판 축하 서문[1]

일반언어학의 기본 원리를 다룬 페르디낭 드 소쉬르의 가르침은 그의 저서 가운데 가장 많이 읽히고 있는 『일반언어학 강의(*Cours de linguistique générale*)』에 담겨 있다. 이 책을 편집한 인물들은 소쉬르의 젊은 동료 교수들이었던 샤를 바이(Charles Bally)와 알베르 세슈에(Albert Sechehaye)로서 이들은 당시 소쉬르의 제자였던 알베르 리들링거(Albert Riedlinger)의 필사본을 주로 사용했다. 소쉬르의 사후에 유고집으로 출간된 『일반언어학 강의』는 특히, 이 책의 내용이 매우 이질적인 영역들에서 활용될 수 있다는 놀라운 적용 가능성에 힘입어 보편적 반향을 불러일으켰다. 소쉬르가 제시한 원리들은 실제로 정신분석학, 인류학, 문학 작품 및 시 분석, 정보 처리, 번역 교육 등의 다양한 장들에 적용되었으며 20세기 유럽 지성사의 한 획을 그은 사조인 구조주의의 기반을 마련했다.

그런데 여기에서 유념할 사항은 소쉬르가 타계할 당시의 복잡다단한 여건들로 인해 비교적 단기간에 이루어진 1916년 통속본에서 사용된 필사본 이외에도, 소쉬르의 가르침의 실체에 보다 직접적으로 접근할 수 있도록 해 주는 다른 필사본들이 존재한다는 사실이다. 그것은 다름 아니라, 일반언어학의 설립자 소쉬르 선생의 강의를 수강하고 성실하게 필사했던 당시 학생들의 노트들이다. 이 노트들 가운데 에밀 콩스탕탱(Émile Constantin)이 기록한 노트들은 소쉬르가 대학 연도 1910~1911년에 제네바 대학교에서 실행한 그의 마지막 강의에 해당된다는 점에서 유일무이한 텍스트를 성립한다. 당시 학부생이었던 콩스탕탱이 필기한 노트는 소쉬르의 강의를 수강했던 여느 학생들보다 월등히 우수하며, 그 내용은 매우 완결적이다. 하지만 이 노트들이 『일반언어학 강의』의 편집에 사용되지 않았다는 사실로 인해, 이 노트들은 그 이전에 한 번도 세상에 선보인 적 없는 참신한 내용들을 담고 있으며 특히 소쉬르 언어 이론의 진가를 보여 주는 혁신적인 자료이다. '제3차 일반언어학 강의'는 이렇듯 전혀 알려지지 않은 소쉬르 언어학의 또 다른 진면목을 입증해 주고 있다는 점에서 그 내용을 파악하는 것은 긴박한 과제로 보인다.

여러 언어들의 연구에 전 생애를 바치면서 이루어진 다양한 지식들, 경험들과 성찰들 덕분에 교육자로서의 소쉬르 선생은 그 강의에서 하나의 수미일관적인 이론의 구성을 전개해 나아갔으며, 그 이론의 일반적 원리들은 언어 병리와 심리적 신경적 과정들에 대한 연구 등의 보다 동떨어진 영역들 속에서 더욱 유용하게 사용될 수 있다. 방법론적 층위에서 '제3차 일반언어학 강의'가 목표로 삼은 언어 이론은 언어라는 심리적 생산물들을 그것들의 내재적 유일성 속에서 연구하는 데 가장 효과적인 과학적 방법을 제어하는 데 있으며 그가 지향했던 언어 이론은 바로 그 같은 과학적 방법의 수립을 통해 다양한 개념적 도구들을 마련해 주고 있다. 다름 아닌 언어들의 그런 내재적 유일무이성은 언어의 극단적인 지리적 다양성을 창조하고 언어들로 하여금 예측 불가능한 생성을 가능케 해 준다.

제 언어들의 지리적 시간적 다양성에 대한 이 같은 고려는 언어활동을 연구하는 다양한 학술 분야들 가운데 특히 페르디낭 드 소쉬르의 일반언어학에서 부각된다. 또한 그의 언어 이론은 가장 현실적인 오늘날의 언어 현상들을 이해하고 설명해 줄 수 있는 이론적 도구들을 제공해 줄 것이다. 요컨대 온갖 종류의 코드들에 파묻혀 있는 디지털 혁명에 의해 급격한 변화를 겪고 있는 우리의 일상적 언어생활 속에서 언어의 일반적 메커니즘들에 대한 연구는 정보와 지식의 새로운 공유 방식들의 기저에 깔려 있는 다양한 관건들을 유용하게 설명해 줄 수 있을 것이다.

바로 그런 이유에서 필자는 『제3차 일반언어학 강의』의 한국어 번역의 출판을 매우 반갑게 맞이한다. 필자는 2006년 최초로 이 강의록 노트 전체를 프랑스어로 전사할 수 있는 기회를 갖게 되었으며 내년도에는 세 개의 강의 필사본 모두를 출판할 계획이다. 필자는 2008년에 김성도 교수에게 한국어로 번역할 수 있도록 2006년에 출판된 프랑스어 필사본 전사 기록을 매우 기쁜 마음으로 전달했다. 김 교수는 오랫동안 소쉬르학과 기호학 분야에서 학문적 엄밀성과 독창성을 구비한 주옥같은 논문들의 발표를 통해 뛰어난 학문적 능력을 보여 준 바 있다. 김 교수는 오랜 기간 동안 읽힐 수 있는 한국어 번역본에 필요한 여러 조건들에 부합하기 위해 세심한 신경을 쓸 줄 아는 학자이다. 바로 그런 이유에서 나는 한국의 독자들이 이 한국어 번역본에서 언어에 대한 자신들의 성찰에 있어서 하나의 소중한 길잡이를 갖게 될 것이라고 확신한다.

뿐만 아니라 나는 소쉬르의 불후의 명강의로 정평이 나 있는 이 강의록의 진수를 만끽하는 지적 향연에 한국의 독자들을 초대하는 영광을 누리고자 한다. 이 책을 읽는 한국의 독자들은 오랜 시간 동안 살아남을 수 있는 보석 같은 지식을 찾아낼 수 있을 뿐 아니라, 각자의 호기심을 만족시키기에 적합한 일반 지식의 방법을 터득할 수 있을 것이다.

2016년 5월 4일 제네바에서 클라우디아 메지아 키하노
콜롬비아 안티오키아 대학교 교수, 소쉬르기호학연구소장

# 옮긴이 해제

## 1 들어가기

이 책은 페르디낭 드 소쉬르가 제네바 대학교에서 행한 세 차례의 '일반언어학 강의' 가운데 마지막 혼을 불사르며 열강했던 제3차 '일반언어학 강의'의 육성을 받아쓴 프랑스어 필사본의 한국어 번역이다. 노트 필기의 주인공은 발군의 필사 실력을 구비하고 가장 성실하게 소쉬르의 강의를 수강했던 제자 에밀 콩스탕탱이다. 소쉬르의 일반언어학 강의는 단지 대학 교육의 제도적 형식과 규범에 따라 진행된 일개 학부 강의 차원을 뛰어넘어 20세기 최고의 전설적인 불후의 명강의로 추앙받아 왔다. 소쉬르의 목소리가 제네바 대학교 강단에 울려 퍼진 지 정확히 100년이 지난 오늘날에 와서 그의 육성 강의를 들어도 그가 펼친 사유의 심오함과 역동성, 그가 구사한 언어의 생명력과 활력에 정신이 번쩍 든다. 다음 절에서 찬찬히 소쉬르의 '일반언어학 강의'가 갖는 현대적 의의를 비롯하여 복잡한 문헌학적 문제를 검토해 보겠으나, 그에 앞서 프랑스어로 전사된 이 강의 노트를 한국어로 옮기면서 역자는 무엇보다 현재 우리의 대학 강의가 획일화된 정량적 평가와 도구주의의 덫에 빠져 얼마나 영혼 없는 지식 전달의 기능적 수단으로 전락하고 있는가를 스스로 반성하는 소중한 기회를 갖게 되었다. 한 천재 언어학자의 혼이 깃든 목소리를 상상하면서 동시대 한국의 인문학도들과 더불어 대학의 강의가 과연 무엇인지를 함께 고민할 수 있는 작은 계기가 되었으면 하는 소망을 품어 본다. 스승의 유일무이한 개성과 카리스마에서 뿜어 나오는 학문적 권위의 '아우라' 대신 21세기 한국의 대학 강의에선 정해진 시간 안에서 가장 효율적으로 가장 많은 지식을 쉽고 재미있게 전달하기 위한 표준화된 강의 콘텐츠와 소프트 프로그램 속으로 학생들의 정신과 시선이 흡수되고 있다. 현란한 시각 자료와 미디어, 그리고 계량화된 평가 점수가 아니라 스승의 고결한 목소리와 독특한 몸짓이 발현되고 그의 영혼과 사유의 흔적과 씨앗이 뿌려지면서 스승과 제자의 정신적 소통이 이루어지는 진정한 강의가 현대의 대학 강단에 아직도 남아 있기나 한 것인지 스스로에게 되묻게 된다. 역자는 소쉬르 선생님의 목소리를 내면의 귀로 청취하려 애쓰면서 그리고 그분의 학문적 '혼'과 찰나의 순간들만이라도 교감하려 노력하면서 이 책을 옮겼다. 그러므로 역자 해제의 내용 구성은 다음과 같이 짜 보았다.

먼저, 역자는 소략하게나마 21세기 초, 첨단의 언어 이론이 창발하고 있는 이 시점에서 소쉬르의 해묵은 강의를 읽어서 얻을 소득이 무엇인가라는 물음에 간단하게 답할 것이다. 이어서 소쉬르 독법의 세 가지 노선을 환기시키면서, 1916년에 나온 소쉬르의 『일반언어학 강의』의 편집 과정에 대한 기술과 더불어 그 후에 출간된 관련 문헌들의 성격을 약술할 것이다. 이 같은 기초적 서지 지식을 마련한 후, 이 책의 원서로 사용된 『제3차 일반언어학 강의』의 문헌학적 세부 사항, 책의 구성 등에 대해 상세한 정보를 제공하는 순으로 해제를 마련했다.

## 2 소쉬르 읽기의 현대적 의의

그 어떤 과장 어법이나 허위적 의식 없이 역자는 소쉬르의 강의 육성을 문자 매체로 전사한 이 강의록을 옮기면서 오늘날 '소쉬르 읽기'가 갖는 지적 유효성과 의의를 다음의 세 가지 차원에서 확보할 수 있다고 판단했다. 첫째, 이 강의 필사본의 학문적 내용을 떠나 소쉬르가 사용하는 언어의 현대성을 지적하고자 한다. 100년 전 대학 강의에서 사용된 언어인데도 21세기에 읽어도 그 참신성과 혁신성이 전혀 떨어지지 않는다는 점에서 역자는 그의 어휘와 사유를 지극히 '모던한' 언어로 체감했다. 소쉬르의 언어가 담지하고 있는 창조적 긴장성, 풍부한 은유, 그리고 놀라운 다이어그램과 그래픽, 이미지적 사유 등 그의 언어 자체가 심층적인 연구의 대상이라고 사료된다.[1] 무엇보다 유념할 것은 소쉬르의 '언어' 또는 그의 '글쓰기'는 그가 세상에 내놓은 새로운 개념들의 창안을 실현하게 만든 일등 공신이라는 사실이다. 소쉬르의 언어가 갖는 강력한 힘은 바로 현대 언어학 이론의 토대가 되었으며 현대 인문학 담론의 중요한 인식론적 방법론의 자양분이 되었다. 현대 언어학의 토대를 정초했던 소쉬르 담론의 특징을 도출하기 위해서는 소쉬르의 언어 이론이 무엇보다 언어적 사실들과 현상들을 탐문할 수 있도록 해 준 개념적 틀로서 간주될 수 있는 하나의 과학적 언어라는 점을 분명히 기억해야 한다. 프랑스의 수학자 푸앵카레(Henri Poincaré)가 지적했듯이 과학적 가설은 투박한 사실을 과학적 사실로 번역하고 여과하게 해 주는 가설적 발명의 성격을 구비한 고유한 언어의 창조에 속한다. "요컨대, 학자가 하나의 사실 속에서 창조하는 모든 것은 바로 그가 그 사실을 발화하는 사유의 공간인 언어이다."[2] 둘째, 소쉬르의 현재적 독서에 대한 또 다른 정당성은 그의 사유가 증언하는 심오함과 보편성에 의해 설명된다. 언어의 본질, 구조, 기능, 역사, 지리에 대해 역자는 소쉬르의 『제3차 일반언어학 강의』가 포괄하는 사유의 폭과 깊이를 능가하는 언어학 이론이나 언어 사상을 아직 발견하지 못했다. 특히, 『제3차 일반언어학 강의』에서는 언어가 거주하는 역사적 배경과 더불어 언어의 토양, 즉 지리적 토대에 대해 심오한 언어철학을 발견할 수 있다. 역자가 과문한 탓인지는 몰라도, 언어지리학은 소쉬르 이후 현대 언어학의 연구 분야에서 실종되고 말았다. 특히, 지금까지 소쉬르 언어학의 지배적인 준거 문헌으로 읽혔던 표준본 또는 통속본은 물론이요, 다른 『제3차 일반언어학 강의』 문헌들에서 누락되었던 약 100여 쪽에 걸쳐 소쉬르가 체계적으로 정리한 세계 언어 지도(물론 두 학기라는 한정된 강의 시간으로 인해 소쉬르는 인도유럽어족의 역사적 유형론적 체계의 기술로 강의 영역을 국한시키고 있다.)는 인도유럽어족의 세세한 언어들에 대한 거의 무불통지의 경지에 도달한 소쉬르의 박학이 오롯이 드러나는 결정체라 할 수 있다. 이 부분을 면밀히 읽어 보면 그가 언어의 역사와 문화에 지대한 관심을 갖고 관련 지식을 축적했을 뿐 아니라 그 문제들에 대해 결정적 중요성을 부여했다는 사실을 깨닫게 될 것이다. 셋째, 소쉬르의 일반언어학 강의는 결코 언어학이라는 일개 학술 분야의 틀 안에 머물지 않고 현대 인문학의 새로운 패러다임을 형성한 20세기 인문 사상의 한 획을 그은 사건이라는 점에서 21세기 인문학의 영원한 지적 자양분이며 인문학적 상상력의 수액을 제공할 것으로 확신한다.[3]

## 3 소쉬르 읽기의 세 가지 노선

이미 역자가 여러 차례 선행 연구에서 지적했듯이 소쉬르 연구에서는 크게 세 가지 노선이 수립되었으며 이것은 이 번역서를 읽으려는 독자들에게도 유효한 지침이 될 수 있다.[4] 이를테면 그 세 가지 노선은 소쉬르의 삶, 저술, 사상을 총체적으로 이해하기 위한 세 가지 독법이라 할 수 있다.

첫 번째 독법은 문헌학적 비평과 텍스트 비평을 마련하면서 소쉬르의 문헌에 대한 발생 배경과 작성 경위에 대한 지식에 바탕을 둔다. 이 점에 대해서는 다음 섹션에서 『일반언어학 강의』와 관련하여 현재까지 간행된 모든 문헌들에 대한 간략한 소묘에서 재론할 것이다. 또한 국내에서 현재까지 간행된 소쉬르 언어학 관련 번역 문헌 서지를 소략할 것이다.

둘째, 이론적 독법으로서 소쉬르 언어학이 제시하는 모델, 방법, 개념에 대한 인식론적 토대를 간파하려는 관점이라 할 수 있다. 이것은 언어학의 철학(philosophie de la linguistique)으로 명명될 수 있으며 비록 실현되지는 못했으나 소쉬르 자신이 말년에 기획했던 강의 제목이기도 하다. 인식론적 독법에서는 소쉬르가 제시한 새로운 개념들의 언어학사적 근원과 형성 과정보다는 시대를 초월하여 그의 언어 이론 속에 배태된 존재론적, 인식론적, 방법론적 토대를 연구한다는 점에서 언어철학 또는 과학철학의 독법을 적용할 수 있을 것이다.[5]

셋째, 소쉬르의 『일반언어학 강의』는 역사적 독법의 대상을 성립한다. 이 같은 역사적 독법에는 세 개의 하위 부류가 설정될 수 있다. 먼저, 소쉬르의 언어 개념에 영향을 미쳤거나 영감을 준 선행 언어 이론이나 언어 사상가들에 대한 검토를 발판으로 삼아 소쉬르 언어 사상의 역사적 토대를 이해하려는 시도가 가능하다. 역자는 이 같은 독법을 회고적 독법이라고 부를 것을 제안한다. 두 번째 하위 부류는 소쉬르의 『일반언어학 강의』가 진행되었던 20세기 초 당대의 언어학과 언어 사상을 참작하면서 소쉬르의 언어학 담론을 독해하려는 노력이다. 우리는 이것을 당대적 독법이라 명명할 수 있을 것이다. 소쉬르의 언어와 사유의 공간에는 언어학의 전통뿐 아니라 당대의 다른 학문들, 사회학,

심리학, 철학, 인류학, 경제학, 지리학, 고고학 등의 개념적 흔적이 남아 있다는 점에서 그의 언어 이론의 학제성과 다차원성을 고려해야 할 것이다. 이것은 그의 언어 속에서 소쉬르 자신이 명확하게 인식하고 있던 다양한 지적 전통과 유산에 대한 흡수와 선별을 통해 이루어진 학문적 통합을 말하며 상이한 개념들의 순환과 이동을 실현한 다차원성이기도 하다. 그것은 결국 소쉬르 언어 이론의 잉태를 규정하고 있던 문화적 조건이라 할 수 있다.[6] 세 번째 하위 부류는 소쉬르의 『일반언어학 강의』가 그의 사후에 미친 효과와 지적 유산을 참작하면서, 바로 21세기 초입부의 현재적 관점에서 그의 언어 이론을 재맥락화시키는 작업으로 요약된다. 역자는 이것을 미래 전망적(prospective) 독법으로 부르고자 한다. 예컨대 이 번역서는 100년 전 타계한 소쉬르의 육성을 21세기의 한국의 독자들에게 전달하려는 노력이라는 점에서 바로 이 같은 미래 전망적 독법의 적극적 시도라 할 수 있다.

약간은 황당하게 들릴 수 있겠으나 100년 전 유럽 대학의 한 강의실에서 불과 10여 명 남짓한 학생들을 앞에 두고 프랑스어로 강의했던 내용이 이렇게 한국어로 재탄생된다는 사실 자체가 절묘한 사상적 운명이며 기적이라 생각된다. 녹음기가 아직 상용화되지 않았던 시절, 수강생들 가운데 한 학생이 두 학기 동안 진행된 강의를 단 한 번의 결석도 없이 참석하여 스승의 강의를 호흡 하나 쉼표 하나 놓치지 않고 마치 중세 수도승이 보여 준 종교적 헌신의 마음가짐으로 필사했다는 것, 그리고 그것이 아무 탈 없이 보관되어 2006년에 전사되어 10년이 지나 다시 한국어 번역이 출간된다는 것은 모종의 섭리가 없었다면 실현 불가능했을 '작은' 지성사적 사건이다.

## 4『일반언어학 강의』의 탄생: 통속본의 성립 배경과 판본들

소쉬르의 일반언어학의 문헌들을 일별하기 전에, 우리는 무엇보다 시초에 소쉬르의 아름답고 신비로운 목소리가 먼저 존재했다는 점을 기억하고 있어야 할 것이다. 그가 젊었을 때 1880년부터 10여 년 동안 머물렀던 파리(사회과학실천연구원)에서 약관 25세의 나이로 혜성처럼 프랑스 언어학계에 나타난 소쉬르는 이미 자신만의 매력과 상상력으로 유럽 각국에서 몰려든 젊은 학자들의 정신을 사로잡았던 명강의의 주인공으로 이름을 날렸다. 그런 청년 소쉬르의 천부적 능력에 탄복하고 그의 학문적 경지에 절대적 신뢰를 보냈던 당시 프랑스 원로 언어학자들과 제자들의 만류에도 불구하고 소쉬르는 돌연 1890년 자신의 고향인 제네바로 귀국하여 모교 제네바 대학교의 언어학과 정교수가 된다. 이어 소쉬르는 고대 라틴어, 고트어 등의 언어를 강의하다, 말년에 가서야 학교 측의 요청으로 자신의 전임자였던 베르트하이머(Joseph Wertheimer) 원로 교수가 강의해 왔던 '언어학'이라는 제목의 강의를 '일반언어학'이라는 제목으로 변경하여 1906년부터 강의를 개설했다. 그렇다면 소쉬르가 '일반언어학'이라는 새로운 명칭과 개념을 언제부터 착상했으며 일반언어학 이론을 어떻게 발전시켜 나아갔는가라는 쉽게 답할 수 없는 물음들이 제기된다.

일반언어학과 관련된 소쉬르의 사유와 담론은 대략 다음과 같이 범주화될 수 있다. 소쉬르는 1890년대부터 일반언어학에 대한 자필 노트를 작성했다.[7] 같은 시기에 모교로 자리를 옮겨 1906년부터 일반언어학 강의를 맡아 구술 담론을 생산했다. 그의 강의를 수강했던 제자들은 프랑스어로 진행된 스승의 구술 강의 내용을 각자 나름대로 기록했는데, 학생들의 필사 수준, 즉 가독성과 강의 내용에 대한 충실도는 학생들마다 들쑥날쑥이었다. 그의 강의를 수강했던 일부 학생들의 노트들로부터 탄생한 것이 다름 아닌 소쉬르 사후 3년이 경과되어 1916년에 출간된 유고집 『일반언어학 강의』(일명 '통속본')이다. 이 책은 학생들의 필기 노트들에 기초하여 3차에 걸쳐 진행된 일반언어학 강의를 모자이크식 짜깁기 방식으로 한 권의 책으로 편집하여 간행한 것이다.[8] 이 책은 당시 소쉬르의 동료 교수들이었던 바이와 세슈에의 합작품으로서 그들의 표현을 빌리면, "하나의 재구성, 하나의 종합을 시도하는 작업이었다."[9] 실제로 이들이 편집한 통속본은 소쉬르가 실제 사용한 단어들을 포함하고 있는 것이 아니라 1906년부터 1911년까지 대략 5년에 걸쳐 세 차례로 나누어 진행한 강의를 일부 학생들의 노트를 참조하여 하나로 요약한 결과물이다.

따라서 우리가 현재 읽고 있는 통속본 『일반언어학 강의』는 온갖 종류의 혼합과 혼동으로 점철되어 있다고 말해도 큰 무리는 없다. 소쉬르가 행한 세 차례의 강의에 참석한 제자들이 기록한 강의 노트를 기초로 편집된 이 책은 이를테면 죽은 스승의 혼을 불러내 그로 하여금 다시 글을 쓰게 만들었던 다분히 주술적인 작업으로 비유되기도 한다. 소쉬르라는 '작은 신'의 목소리를 듣기 위해 주술을 건 '샤먼'들은 바이와 세슈에, 이외에도 고델(Robert Godel)과 엥글러(Rudolf Engler)라는 문헌학의 예술가들이었다.[10]

소쉬르 제자들의 제1세대에 속하는 바이와 세슈에가 편집한 『일반언어학 강의』는 다른 사후 출판물들과는 전혀 다른 운명을 겪게 되었다. 그리고 발표 당시부터 이 책의 혼합적인 짜깁기적 성격과 그것이 내포하는 심각한 문제점들을 여러 학자들이 지적한 바 있다. 이 가운데 소쉬르가 파리에서 10년 동안 강의했을 때 그의 강의를 경청했던 수제자로서 20세기 초반기 프랑스 언어학계의 태두인 메이예(Antoine Meillet)는 1916년 책이 출간되자마자 다음과 같이 예리하게 이 책의 문제점을 지적했다. "소쉬르의 일반언어학 강의는 결코 활자화될 목적이 없었거니와 소쉬르 선생은 살아 계실 때 그의 수강생들 가운데 특정인이 기록하고 편집한 것을 이런 식으로 출판하는 것을 허락하지 않았을 것이 분명하다. 소쉬르의 제자이자 제네바 대학교에서 소쉬르의 계승자였던 바이와, 역시 그의 제자 세슈에는 세 개의 강의 노트 편집을 하나로 녹여 놓고 아울러 소쉬르가 사용한 표현들과 사례들을 갖고 스승이 만들지도 않았던 그리고 결코 영원히 쓰지 않았을 책을 구성하는 과감한 결단을 취했던 것이다."[11]

오늘날까지도 적지 않은 소쉬르 연구자들은 이 같은 편집자들의 작업을 비판하고 있다. 예컨대 2000년대 초반에 발견된 소쉬르의 자필 문헌을 참조하면서 영국의 원로 언어학자 해리스(Roy Harris)와 프랑스의 중견 소쉬르 연구자인 부케(Simon Bouquet)는 『일반언어학 강의』의 편집을 맡았던 바이와 세슈에가 소쉬르의 생각들을 그릇된 방식으로 표상했으며 자신들의 해석을 소쉬르의 생각에 작위적으로 부과시켰다는 점을 부각하면서 소쉬르 언어 사상의 진정성 차원에서 비판을 가했다.[12] 실제로 이들 편집자들은 학생들의 필기 노트들과 소쉬르의 육필 노트 사이에 존재하는 불일치를 과감하게 무시하고, 그들의 판단에서 볼 때 소쉬르가 대표하는 제네바 언어학파의 가장 결정적인 이론적 특징을 담고 있다고 판단했던 내용에 주안점을 두고 다분히 작위적으로 편집했다.[13] 그런데 문제는 바로 이 같은 이들 편집자들의 판단은 소쉬르가 언어 이론에 대해 갖고 있던 생각과 정면으로 배치된다는 사실이다. 실제로 소쉬르는 언어에 대한 자신의 사유가 결정적 형식에 도달하기 전에는 그 어떤 논문 발표나 학술적 출판을 고집스럽게 거부했다.[14] 시종일관 소쉬르 자신은 자신의 사고와 더불어 실험을 했으며 그 같은 회의와 자기비판의 흔적은 그의 육필 원고의 도처에 녹아 있다.

어쨌거나 바이와 세슈에의 과감한 결단이 없었다면 소쉬르의 강의는 세상에서 영원히 빛을 보지 못했을 것이라는 점에서 그것 자체가 역사적 유의미성을 갖는 하나의 사실로 수용해야 한다는 입장도 만만치 않다. 예컨대 이 통속본은 20세기 언어학사 전체를 통괄해서 가장 많이 인용되고 있는 저서 가운데 하나로서 야콥슨(Roman Jakobson)은 이 책의 진가에 대해 다음과 같이 서술했다. "소쉬르의 『강의』는 한편의 절묘한 작품으로서 심지어 그것의 오류와 모순들마저 많은 것들을 상기시켜 준다. 금세기의 다른 어떤 책도 언어학의 세계적 차원에서 이처럼 넓고 깊은 영향을 행사한 적이 없다, 그가 제시한 개념, 정의, 용어들은 직접적으로 또는 간접적으로 다양한 작업들을 관류했다. 그가 제시한 학술적 프로그램의 테제들은 수많은 원칙의 논의들을 위한 도약판으로 사용되었다."[15]

소쉬르 문헌학의 두 번째 문헌은 이 분야의 기념비적 작품으로 꼽히는 고델의 박사 학위 논문 「일반언어학 필사본 자료」이다.[16] 소쉬르 문헌학의 세 번째 문헌은 소쉬르학의 또 다른 거장이었던 작고한 엥글러 교수가 남긴 비평본이다. 엥글러 비평본은 통속본, 수강 학생들의 노트, 소쉬르의 자필 노트를 병치시키는 기묘한 편집 공간 구성 방식을 보여 주고 있다. 제일 왼쪽 칸에는 1916년 간행된 통속본 또는 표준본을 싣고, 나머지 네 칸에는 1906년부터 1911년까지 강의를 수강한 학생들의 노트를, 그리고 여섯 번째 칸에는 해당되는 내용과 관련된 소쉬르의 육필 노트를 싣고 있다.[17] 아쉽게도 소쉬르의 자필 노트 부분은 거의 대부분 공란으로 남겨져 있다. 엥글러의 비평본은 소쉬르 언어 사상의 정수와 비전에 접근하기 위한 최상의 수단으로 평가받는다.[18] 그의 비평본은 소쉬르 문헌학의 차원을 훌쩍 뛰어넘어 혼신의 공력을 들인 문헌학자의 박학과 문헌 비평의 전범으로 각인되어 있다. 『일반언어학 강의』의 네 번째 판본은 이탈리아 인문학계의 대표적 지성이며 근현대 언어사상사를 개척한 마우로(De Mauro) 전 로마 대학교 총장이 그의 나이 불과 35세 때 남긴 불후의 명작으로서 특히 다양한 서지 정보와 305개의 풍부한 역주를 담고 있다. 1967년 이탈리아어로 출간되었으며 동일한 내용을 수록하고 있는 프랑스어 번역본은 1972년 초판이 출간되었다.[19] 다섯 번째 판본은 지난 30년간 소쉬르 문헌학을 연구해 온 고마츠(Eisuke Komatsu) 교수가 내놓은 『일반언어학 강의』 판본으로서 세 차례의 강의를 모두 전사했다.[20] 여섯 번째 판본은 프랑스의 중진 교수 부케와 엥글러 교수가 공동으로 내놓은 책으로서 1990년대 초에 발견된 소쉬르의 자필 노트와 이미 엥글러 교수가 내놓은 결정판본에 실린 자필 노트를 첨가해 이루어진 판본이다. 아쉽게도 이 책은 소쉬르 문헌학 전공자들로부터 문헌상의 적지 않은 오류와 편집 원칙의 일관성의 부족으로 인해 신랄한 비판을 받았다.[21] 이 밖에도 소쉬르의 일반언어학 강의와 관련된 부분적 판본들이 다수 존재하나 지면 관계상 생략한다. 어쨌든 일반언어학 이외에도 인도유럽어 연구, 아나그람, 서간문 등 다양한 문헌들이 매년 새롭게 발굴되고 있는 실정이다.

현재 소쉬르의 문헌을 한국어로 번역한 판본은 모두 5종이며 그 가운데 하나는 2차 강의의 서론 부분을 번역한 부분적 판본이다. 그 서지를 연대순으로 정리하면 다음과 같다. 독자들의 편의를 위해 이 책 말미에 부록으로 주요 번역어를 선정하여 대조한 번역 용어표를 작성했다.

- 페르디낭 드 소쉬르, 오원교 옮김, 『일반언어학 강의』, 형설출판사, 1973, 총 344쪽.
- 페르디낭 드 소쉬르, 샤를 바이·알베르 세슈에 엮음, 최승언 옮김, 『일반언어학 강의』, 민음사, 1990, 총 363쪽.
- 페르디낭 드 소쉬르, 김현권·최용호 옮김,[22] 『일반언어학 노트』, 인간사랑, 2007, 총 458쪽.
- 김방한 옮김, 「제2차 일반언어학 강의록」, 다음 저서의 부록으로

수록되어 있음, 김방한 지음, 『소쉬르: 현대 언어학의 원류』, 민음사, 1998, 총 299쪽(197~285쪽).

• 페르디낭 드 소쉬르, 김현권 옮김, 『일반언어학 강의』, 지만지, 2012, 총 572쪽.

### 5 제3차 강의: 소쉬르 생전 최후의 일반언어학 강의

소쉬르는 1906년 대학 당국으로부터 주당 2시간 언어학 강의를 제안받고 1907년부터 1911년까지 자신이 30년 동안 구상해 왔으며 자신의 언어 사상의 정수라 할 일반언어학 이론의 설계도를 언어학의 초심자들인 학부 제자들에게 공개했다. 이 세 번의 강의의 목차와 내용을 검토해 보면 일체의 반복 없이 불교식으로 말하면 점증적 돈호법으로 강의의 수준이 높아지면서 이론적 심화와 더불어 연구의 외연이 확대되고 있음을 간파할 수 있다. 제1차 강의에서는 독일의 비교역사언어학을 중심으로 당대 언어 이론의 오류를 지적하면서 철저한 존재론적 인식론적 비판을 개진하고, 제2차 강의에서는 언어학 대상의 본질에 대한 '한담(causerie)'식의 강의를 제시함과 동시에 그 같은 대상의 과학적 연구가 제기하는 인식론적 방법론적 문제점들을 검토했다. 끝으로 제3차 강의에서는 언어 이론의 배치가 치밀한 일관성 속에서 완성된다. 강의가 진행된 약 5년 동안 강의를 추동시킨 동력은 여전히 단정적 사유가 아닌 미완성의 스타일로서 이 같은 미완성의 사유 스타일은 그의 언어 이론의 연속성 속에서도 절묘한 변화를 가져다주었다.

교육자로서의 소쉬르의 인간적 면모를 말하라면 그는 제자들에게 엄격했지만 그들을 진심으로 사랑했던 참된 스승의 전범이었다. 강의를 수강한 학생들 역시 언어학에 흥미를 갖고 있었으며 구술시험 준비를 위해 스승의 강의 노트를 서로 대조해 가며 공동 학습을 통해 스승의 가르침을 이해하려고 애썼다. 소쉬르는 단지 제자들 앞에서 그의 지적 박식함을 진열하는 데 멈추지 않았으며 그의 방대한 지식 스펙트럼은 서양 언어학사상 그가 최초로 발명한 일반언어학의 주요 원칙들을 이해시키기 위해 효과적으로 사용되었다. 이런 이유에서 다양한 언어들에서 나타나는 역사적 정치적 문화적 사실들은 '랑그(langue)'라는 일반적이며 추상적인 모델만큼이나 비중 있게 다루어졌다.

바로 이 같은 맥락에서 역자는 기존의 일반언어학 강의 판본에서 누락되어 있던 약 100여 쪽의 인도유럽어 관련 문헌 필사본을 전사한 문헌을 입수하여 국내는 물론 동양어권에서 최초로 번역할 수 있는 행운을 얻었다. 소쉬르학에서 최고의 권위를 인정받는 '소쉬르 연구지'에 실린 문헌에 근거하여 번역했고 특히 이 문헌을 필사한 메지아 교수에게서 한국어 번역과 관련된 저작권 허락을 받았으며 여러 차례 의사 교환을 나눈 바 있다.[23] 프랑스어 원전 텍스트는 제네바공공대학도서관(Bibliothèque Publique et Universitaire de Genève)에 보관 중인 소쉬르 관련 필사본으로부터 수립되었다. 콩스탕탱의 텍스트는 동 도서관(목록 번호 Ms.fr.3972)에 보관 중인 그의 필기 노트에 기초하여 정립되었다. 콩스탕탱의 노트들은 소쉬르가 1910~1911년에 행한 일반언어학 강의 내용을 온전하게 표상하고 있으며 이미 상당 부분은 1968년 엥글러 교수가 그의 비평본에서 출판한 바 있다. 여기에서 이 필사본 전사는 메지아 교수가 재수록하거나 보완하고 수정한 것이다. 이 판본은 고마츠 판본과 비교했을 때보다 치밀한 문헌학적 작업이라는 점을 곧장 식별할 수 있다. 하지만 한국어에서 복잡한 문헌학적 표기들(괄호, 꺾쇠, 밑줄, 말소 표시, 첨가 표시, 특수 구두법 표시 등등)을 그대로 반영할 경우, 일반 독자들의 원활한 독서를 교란시킬 것으로 판단되어 가급적 전문적인 표기 기호들을 사용하지 않고 완결된 텍스트의 편집 체계를 선택했다.

제3차 강의를 위해서 소쉬르가 준비한 필기록은 분량이 많지 않고 정확한 연대가 기록되어 있지 않다. 단지 소쉬르가 매주 2차례씩 진행되었던 강의 개시 직전에 강의의 주요 내용을 간략하게 필기했던 것으로 추정된다. 이 번역서의 원본인 콩스탕탱의 노트 역시 강의의 날짜를 적고 있지 않다. 그렇다면 상세한 강의 일자는 당시의 달력과 학사 일정을 참조하여 추정을 통해 재구성하는 시도를 할 수밖에 없을 것이다.

소쉬르는 1909년 6월 24일 제2차 강의를 종료했다. 1909년 1월 19일에 나눈 제자 알베르 리들링거와의 대담에서 소쉬르는 향후 2년 안에 '언어학의 철학' 강의를 개설할 용의가 있다고 천명한다. 이 강의와 관련하여 리들링거가 전해 주는 증언은 다음과 같다. "소쉬르 선생님이 자신의 제2차 일반언어학 강의(1908~1909)에서 진행한 서론은 한낱 한담에 불과하다. 만약 강의가 계속되었다면, 일반언어학은 전혀 다른 것이 되었을 것이다. 소쉬르 선생님은 금년에 인도유럽어족의 언어들과 그것들이 제기하는 문제들을 다룰 것이다. 그것은 언어학의 철학 강의를 위한 준비가 될 것이다."[24] 실제로 소쉬르는 이 대담 이후 1~2년 안에 '언어학의 철학'이라는 과목을 진행할 준비가 되어 있었으며 그 주제는 기존의 어떤 언어학 저서에서도 다루어진 적이 없다는 점을 강조하면서 다음과 같은 증언을 남기고 있다. "그 같은 책이라면 당연히 그 저자의 결정적 사유를 제시해야 할 것입니다."[25]

1909~1910년 소쉬르는 제네바 대학교 언어학과에서 늘 해 오던 고대 언어 강의(산스크리트어, 그리스어와 라틴어 비교문법, 고트어와 고(古)독일어)를 진행했으며 이 강의를 수강한 학생들은 선생의 말을 토씨 하나 놓치지 않고 필기를 남겼다.[26] 소쉬르는 마치 자신의 운명을 예감이라도 하듯 1910~1911년에 진행될 '일반언어학' 강의를 다시 설

강했으며, 그것은 그의 세 번째 일반언어학 강의이자 마지막 강의가 된다. 당시 제네바 대학교의 학사 일정에는 소쉬르라는 교수 명의로 1912~1913년도에도 계속해서 강의 설강이 명시되어 있었으나 소쉬르는 1912년 9월 9일 대학 행정 당국에 건강상의 이유로 휴직을 신청하고 병마에 맞서 외롭게 싸우다 1913년 2월 22일 타계했다.

제3차 일반언어학 강의를 수강한 학생들의 수는 12명 남짓으로 그 가운데 규칙적으로 강의 필기 기록을 남긴 학생들은 4명 정도에 불과하다. 5년 동안에 이루어진 소쉬르 선생의 강의를 수강해서 노트 기록을 남긴 학생들의 명단은 다음과 같다. 알베르 리들링거, 루이 카유(Louis Caille), 레오폴드 고티에(Léopold Gautier), 프랑수아 부샤르디(François Bouchardy), 에밀 콩스탕탱, 조르주 데갈리에(Georges Dégalllier), 마르그리트 뷔르데(Marguerite Burder, 또는 세슈에 부인으로 명명되기도 함), 프랑시스 조제프(Francis Joseph).

이 가운데 가장 성실하고 치밀한 필기로 스승에 대한 거의 중세 수도승의 종교적 흠모와 더불어 스승의 숨결마저 느껴질 정도의 기록을 남긴 제자는 에밀 콩스탕탱(11권 분량의 총 478쪽)을 손꼽을 수 있다. 그 이외에도 조르주 데갈리에(8권 분량의 총 283쪽, 색인), 마르그리트 뷔르데(이 여학생은 『일반언어학 강의』의 편집자 가운데 한 명인 세슈에 교수의 부인이 된다. 3권 분량의 144쪽), 프랑시스 조제프(누락된 부분이 많은 5권 분량으로 이루어져 있으며 제네바 대학교 공공도서관(BPU)에 비치되어 있지 않다.)가 있으며 이들 중 데갈리에와 뷔르데는 강의 날짜를 불규칙적으로 기록하고 있다. 『일반언어학 강의』의 원필사본을 오랫동안 연구해 온 고델 교수(1957)와 일본인 교수 에이수케 고마츠(Eisuke Komatsu, 1993)는 학생들 노트의 공란 부분을 메우려는 시도를 했으며, 기타 일반언어학 강의와 관련된 추가 정보들에 대해서는 꾸준하게 소쉬르 연구자들이 제네바 대학교에서 소장하고 있는 자료들을 발굴해 왔다. 예컨대 독일의 소쉬르 연구자 린다(Marcus Linda)는 석사 논문에서 소쉬르가 제네바 대학교에서 진행한 모든 강의 목록을 제시하고 수강생들의 목록과 강의 시간표를 세밀하게 제시한 바 있다.[27] 이 분석에 따르면 제3차 일반언어학 강의는 겨울 학기와 여름 학기에 걸쳐 계속되었다. 겨울 학기는 1910년 10월 15일부터 1911년 3월 22일까지 진행되었고 학기 초 10일 동안 시험을 본 기간을 포함하여 10월 25일 개강했다. 여름 학기는 1911년 5월 8일부터 7월 15일까지 진행되었으며, 시험 기간은 약 12일 동안 진행되었고, 부활절 방학은 4월 14일부터 16일까지로 기록되어 있다.

10월 28일과 11월 4일 두 차례에 걸쳐 서론의 성격을 띠고 있는 강의에서 소쉬르는 제3차 일반언어학 강의의 목적과 대상, 그리고 강의의 구성과 분절에 대해 전체적 윤곽을 제자들에게 알려 주었다. 소쉬르는 먼저 엄밀한 의미에서의 언어학을 다루고, 이어서 그다음 행로에 따라서 세 부분으로 나누어 강의를 계속할 것임을 예고했다. 그 세 부분은 크게 다음과 같다.(상세한 강의 내용 분석은 잠시 후 상술할 것임) 1. 여러 언어들(les langues) 2. 언어(랑그, langue), 3. 언어활동 능력(faculté du langage)과 개인들에게서 발현되는 언어활동 능력의 행사.

소쉬르는 11월 8일 화요일 드디어 제3차 일반언어학 강의의 제1부를 개시한다. 그는 먼저 한 달가량 진행된 총 8번의 강의(12월초까지 진행)를 통해 세계의 언어들이 제각기 상이하게 변화되어 온 양상을 공간과 시간의 축을 따라 검토할 것을 제안했다. 이 같은 맥락에서 소쉬르는 다양한 언어들의 진화의 결과이며 증언이라 할 수 있는 언어들의 지리적 다양성에 초반부 강의 시간을 할애했다.[28] 그런데 언어의 지리적 다양성에 대한 강의는 예정보다 더 많은 시간을 소요하게 되어 소쉬르는 다시 한 달 동안 7번의 강의(1월초까지 진행)를 보탰다. 소쉬르가 추상적인 언어 이론에 대한 강의에 앞서 언어의 역사적 지리적 현실에 대해 이처럼 많은 횟수의 강의, 특히 강의 초반부에 언어의 지리 문제를 놓았다는 이 의미심장한 사실은 아쉽게도 오늘날 우리가 읽고 있는 『일반언어학 강의』의 통속본에서는 책의 끝부분에 해당되는 4부로 밀려났다는 점에서 본래 소쉬르의 강의 취지를 무색하게 만들고 말았다.[29] 역자는 이 책을 번역하면서 언어가 거주하는 땅, 즉 지리의 문제가 일부 방언학을 제외하고는 현대 언어학에서 증발되었다는 사실을 깨닫고 소쉬르가 구상했던 지리언어학이라는 방대한 연구 프로그램의 소묘에서 큰 감명을 받았다.

또 다른 흥미로운 사실은 소쉬르가 강의 전반부인 1부 4장에서 표음 문자를 포함하여 문자 일반을 다루고 있다는 사실로서, 여기에서 문자는 구술 언어의 필수불가결한 증언으로 간주되지만 다양한 언어들의 지나간 상태들에 대한 정확한 정보를 알려 줄 수 없는, 따라서 크게 신뢰할 수 없는 자료로 간주하고 있다는 사실이다. 겨울 방학 이후 속개된 1월 9일자 강의부터 소쉬르는 문자에 대한 강의를 매듭짓고 세계 주요 언어들의 전반적 구도라는 방대한 영역에 대한 강의를 시작한다. 이 강의 내용은 1월부터 3월까지 겨울 학기 전체에 걸쳐 다루어졌으며 소쉬르는 상상을 초월하는 무불통지의 박학으로 언어 계보도, 특히 인도유럽어족의 세밀한 언어사를 다루면서 19세기 고고학의 비약적 발전에 힘입어 발견된 이미 사라진 인도유럽어족의 언어들과 그것을 기록한 비문들에 대해 미세한 부분까지 검토하고 있다. 소쉬르가 제시한 세계 언어 지도에는 대략 150여 개의 언어들이 명명되고 300개 이상의 인명과 지명이 쏟아져 나온다. 두 달 동안 진행된 이 강의 내용은 기존의 통속본은 물론이요, 고마츠 판본과 그것에 기초하여 나온 영어 번역본, 그리고 다른 두 종의 일본어 번역본에도 누락되어 있다. 따라서 이 부분은 국내 완역판임은 물론 국외를 통틀어 관련 문헌의 최초 번역이라 할 수 있다. 잠시 후 재론하겠으나 소쉬르가 어족의 계통과 해당 언어의 정치사를 다루고 있는 언어는 무려 150여 개에 이르며 이중에는 이미 사라진 언어들로서 기존의 언어 사전에 나오지 않는 언어들도 일부 있을 정도로 소쉬르의 언어 계보 지식은 매우 전문적이며 세밀하다.

이 섹션의 초반부에서 소쉬르는 자신이 최초로 제안한 이분법의 개념인 랑그와 파롤 등에 대해 제자들의 이해를 도울 요량으로 매우 간략하게 효과적인 도표와 그림을 제공하고 있는데 이 부분은 2부에서 본격적으로 다루어질 이론 언어학의 기초를 제공하면서 일종의 예고편의 형식을 띠고 있다.

1911년 4월 18일부터 21일까지 진행된 여름 학기 초반부에서 소쉬르는 강의 일정상 예상 진도에 비해서 약간 뒤처졌다는 판단을 한 것으로 보인다. 그 같은 추측을 하는 이유는 소쉬르가 인도유럽어족과 셈어족을 상세하게 다루고 있는 반면 우랄알타이어족은 시간 관계상 논외로 했다는 점을 그 자신이 분명히 언급하고 있기 때문이다. 소쉬르는 서둘러 셈어족들의 일반적 특징들을 설명한 후 유럽의 언어 상황에 대해 소략하지만 일목요연한 윤곽을 제시하고 있다. 역자는 역사지리언어학의 효시라 할 수 있는 미간행 원고를 번역하면서 이론 중심으로 매몰되어 있는 현대 언어학이 얼마나 그 창시자인 소쉬르의 언어학 정신으로부터 멀어져 갔는가에 대해 아쉬움을 토로하고 싶은 심정과 동시에 미래의 언어학 프로그램에서 언어의 살아 있는 역사적 공간과 인류학적 다양성에 대해 다시 천착할 수 있게 해 줄 반성적 계기가 되었으면 하는 바람이다. 21세기 현재, 언어학 전공 학자들은 이제 대부분 자신의 모국어와 영어, 또는 기껏해야 그 외에 한두 개의 현대 언어에 대한 초보적 지식을 갖고 언어의 구조와 본질을 논하고 있다. 인도유럽어족의 계보에 대한 지식은커녕, 자신의 모국어가 탄생한 지역의 언어 계보를 학습하는 경우도 거의 없다. 뿐만 아니라 언어의 삶과 불가분의 관계에 있는 정치, 사회, 문화, 지리, 종교 등의 맥락 속에서 언어의 역사를 연구하는 언어학자들은 극소수이거나 아예 전무한 실정이다.[30] 역자가 말하고자 하는 연구 분야는 단지 언어의 구조적 유형론을 분류하거나 계통을 정리한 언어 유형론이나 언어 백과사전이 아니라 언어의 총체적 환경을 인식할 수 있게 해 줄 언어의 자연사이자 언어의 문화사이며 한 걸음 더 나아가 자연언어의 환경사로서, 이것은 언어인문학 또는 인문언어학에서 연구해야 할 새로운 영역들이다.

1911년 4월 25일 화요일 마침내 소쉬르는 일반언어학 강의의 2부를 시작했다. 그 제목은 '언어(랑그)'이다. 이때부터 강의는 속도가 붙어 신속하게 진행된다. 채 한 달이 안 되는 기간 동안 소쉬르는 언어(랑그)와 언어 기호들이 정신적 실재이며 동시에 사회적 실재라는 점을 보여 주고, 언어 기호들은 자의적이며, 시각 언어와 달리 1차원에서 진행되는 선조성을 소유한다는 점을 강조했다. 이어서 랑그 속에는 완전히 동기 부여가 없는 무근거적 기호들(signes immotivés)과 더불어 상대적으로 동기 부여가 이루어진, 즉 근거가 있는 기호들(signes motivés)이 존재한다는 점을 설명했다.

1911년 5월 15일부터 7월 중순까지 계속된 두 달 동안의 강의에서 소쉬르는 순조롭게 2부를 종결하고 3부에 진입한다. 하지만 소쉬르는 시종일관 언어와 관련된 사실들을 어떤 순서와 체계 속에 담아낼 것인지 내심 많은 고민을 하고 있었다. 제자 고티에와의 인터뷰가 보여 주는 것처럼, '일반언어학'이라는 전혀 새로운 영역을 강의해야 하는 교수 소쉬르는 그가 지금까지 제시했던 단순화된 강의 제시 방식에 만족하지 못한 상태였다.

5월 19일 소쉬르는 두 명의 학생들에게 2부의 도입부로 다시 돌아갈 것을 주문하고, 자신이 이미 말한 내용을 재론, 교정하고, 추가적인 주석을 달고 문제화시킨다. 소쉬르는 여기에서 언어(랑그)의 언어학과 발화(파롤)의 언어학 사이에 설정되어야 할 이론적 분화를 다시 강조하고 있다. 소쉬르는 먼저 언어(랑그)의 언어학이라는 영역을 일차적 노선으로 삼았으며, 바로 그 같은 영역에서 그는 기표와 기의라는 신조어들을 도입했다. 이어 소쉬르는 기호의 불가변성과 가변성이 결합된 언어 변화의 역설을 보여 준다. 이 대목에서 중요한 것은 소쉬르가 이론적 원칙들의 차원에서 시간이라는 요인에 부여되는 근본적 위치와 자리를 지적하며 시간에 대한 고려로부터 정태언어학과 역사언어학의 구별이라는 두 번째 분화를 설명하고 있다는 점이다. 여기에서 소쉬르는 먼저 정태언어학의 노선을 일차적 연구 대상으로 삼았다. 이때는 이미 1911년 6월 말로서 강의해야 할 내용이 소쉬르의 머릿속에 가득했으며 특히 언어의 복잡한 체계성에 대해 논의할 것이 많았으나 종강이 곧바로 당도했다. 앞서 제2차 강의에 이어 다시 언어 체계의 시차적 성격을 다시 도입하지만 기존의 강의와는 차별화되었다. 제3차 강의가 종결되는 부분은 은유적으로 말하면 소쉬르가 연출한 일반언어학 강의의 불꽃놀이가 피날레를 장식하는 부분으로서, 소쉬르가 더 많은 삶을 살았다면 반드시 계속해서 다루었음에 틀림없는 중요한  문제들이 이 부분에서 여러 모습으로 변형되면서 심화되었다. 하지만 냉정하게 진실을 말한다면 그 문제들은 사실상 소쉬르 자신조차 영원히 풀지 못했을 언어의 영원한 수수께끼로서, 그가 언어의 본질에 대해 성찰을 시작할 때부터 그를 절망시킨 물음들이었다.

마지막 강의 날인 1911년 7월 4일, 소쉬르는 강의를 마감하면서, 다른 교수들에게도 빈번하게 생겨나는 일처럼 학사 일정상 본래 기획했던 내용 가운데 일부분만을 다루었을 뿐이라는 점을 학생들에게 환기시키고 있다. 즉, 시간 관계상 공시언어학의 일반적 원리들을 다루었을 뿐이라는 점을 강조하고 있는데, 이것은 돌려 말하면 소쉬르가 계속해서 일반언어학 강의를 진행했다면 통시언어학을 다루었을 것이라는 점을 암시하는 것이다. 소쉬르가 시간의 제약 때문에 세부 내용을 다룰 수 없었다는 점을 실토한 것처럼, 제3차 강의에서는 여전히 세부 사항들의 적용이 결여되어 있으며, 발화(파롤)의 언어학과 진화언어학 등에 대한 자세한 내용은 전개되지 않았고 언어활동 능력은 예고된 3부에서 아예 다루어지지 않았다.

약 1년 동안 진행된 제3차 강의의 연대기는 비교적 명료하나 정확한 강의 날짜는 알 수 없는 상황이다. 이를테면 강의의 날짜가 때로는 불확실한 경우들도 있으며 학생들이 규칙적으로 강의 날짜를 기록한 것은 아니었다.[31] 특히 소쉬르는 그의 강의에서 물이 흐르는 것 같은 연속적 효과를 추구했으며 매번 새로운 강의의 초입부에서 선행했던 강의의 말미 부분을 상기시키거나 매 강의의 끝부분에서 다음에 올 강의의 논증이나 시작 부분을 예고했다. 그렇게 함으로써 어떤 날 한 장을 완료하고 이어 다음 날 다른 장을 시작하는 강의 방식이 야기할 수 있는 주제 발전의 단절감을 막았다.

그런데 본래 그가 기획했던 강의 계획안을 보면 실제 강의 내용과 방식이 사뭇 달랐음을 알 수 있다. 재론(Reprise)에 이르기까지, 소쉬르는 하나의 선명한 조직을 예고하고 그것을 따랐다. 모두 3부로 이루어졌으며 각각은 장들로 분할되고 장들은 각 부의 구성 항들이라는 점에서 부와 장, 그리고 장들 사이의 유기적 관계를 설정하려는 고민을 엿볼 수 있다. 실제로 마치 한 권의 책에 대해 세부 목차를 세우는 방식과 마찬가지로 5월 19일까지 진행된 강의 내용에 관한 한 제3차 강의의 모든 세부 내용들의 도표를 작성하는 것이 가능하다. 본 한국어 번역본의 원본으로 삼은 콩스탕탱의 필사 원고에 기초하여 제3차 강의의 전체 목차를 정리하면 다음과 같다.

**제3차 일반언어학 강의 1910~1911년**

| | |
|---|---|
| 서론 | C 1~10(10월 28일) |
| 강의의 전체적 분할 | C 10~19(11월 4일) |
| | |
| 1부 여러 언어들 | C 19~21(11월 8일) |
| 1장 언어의 지리적 다양성 | C 21~30(11월 8일) |
| 2장 지리적 다양성의 교차들 | C 30~38(11월 11일) |
| 3장 지리적 다양성의 원인들 | C 38~73(11월 15일) |
| 4장 문자를 통한 언어의 재현 | C 73~111(12월 6일) |
| 5장 여러 어족들의 표 | C 111~117(1월 9일) |
| 1) 인도유럽어족 | C 117~217(1월 13일) |
| 2) 셈어족 | C 217~255(3월 7일) |
| 6장 유럽의 언어 상황에 대한 일별 | C 255~262(4월 18일) |
| | |
| 2부 언어(랑그) | C 263(4월 25일) |
| 1장 언어활동과 분리된 언어(랑그) | C 263~277(4월 25일) |
| 2장 언어 기호의 본질 | C 278~285(5월 2일) |
| 3장 언어(랑그)의 구체적 실재들 | C 285~295(5월 5일) |
| 4장 언어(랑그)의 추상적 실재들 | C 295~299(5월 9일) |
| 5장 절대적 자의성과 상대적 자의성 | C 299~308(5월 9일) |
| …장 | |

1911년 5월 9일 이후부터 소쉬르가 제도(랑그)와 변화(시간)를 대질시키면서 활용하는 변증법은 그의 강의들의 조직 자체에 영향을 미치고 있다. 소쉬르는 막간의 장들을 삽입시키기 시작하는데, 이것은 마치

한 작가가 자신이 이미 쓴 텍스트를 수정하는 것처럼 진행된다. 하지만 소쉬르는 이 같은 수정 작업의 결과로부터 새로운 계획안을 완결적으로 제시하는 방향으로 강의를 진행하지는 않았다. 그 이유는 그의 강의를 경청했던 수강생들 가운데 그 누구도 소쉬르가 일반언어학 강의의 순서에 적용했던 원리와 논리를 식별하는 데 도달하지 못했기 때문이다. 소쉬르 연구의 세계적 권위자인 이탈리아의 감바라라(D. Gambarara) 교수는 그 같은 소쉬르 강의의 논리를 알려 줄 수 있는 다음과 같은 도표를 제시했다.[32] 이것은 부분적으로 콩스탕탱의 노트와는 상이한데 유념할 사실은 강의의 마지막 부분의 텍스트 조직은 변화가 심하고 앞선 강의들과는 상이하다는 점이다.

| | |
|---|---|
| 언어(랑그)에 대한 강의의 제2부의 재론 | C 308(5월 19일) |
| 1장에 이어서 | C 308a~309(5월 19일) |
| 2장에 대해: 기호 체계로서의 언어(랑그) | C 309~310(5월 19일) |
| 새로운 3장 기호의 불가변성과 가변성 | C 310~326(5월 23일) |
| 새로운 4장 정태언어학과 역사언어학 | C 326~373(6월 2일) |
| 새로운 5장 정태언어학 | C 373~378(6월 23일) |
| 1) 체계의 구성 항들로서의 낱말들 | C 379~390(6월 27일) |
| 2) 구성 항들의 가치와 낱말들의 의미 | C 391~402(6월 30일) |
| 다음 장: 언어 속에는 차이들밖에 없다 | C 403~406(7월 4일) |
| 최종 소견 | C 406~407(7월 4일) |

## 6 스승과 제자의 소통: 소쉬르의 목소리, 자필 노트, 그리고 학생들의 필사

이 지점에서 독자들은 소쉬르가 직접 제3차 강의를 위해 작성한 자필 노트가 남아 있는가라는 물음을 자연스럽게 던질 것이다. 당대의 다른 교수들과 마찬가지로 소쉬르는 자신이 담당했던 강의의 대부분에 대해 문자로 기록된 강의록을 준비했던 것이 분명하다. 실제로 그가 직접 쓴 자필 노트 가운데 일부분은 이미 통속본 『일반언어학 강의』의 편집 때 세슈에가 부분적으로 사용했다. 하지만 아쉽게도 강의 준비를 위해 기록한 소쉬르의 자필 노트의 분량은 남겨진 것이 매우 적다. 소쉬르가 강의가 끝난 후 자신이 직접 작성했던 상당 부분의 강의 기록 노트를 파기했다는 일화가 있으나 확인할 길은 없다. 하지만 20세기 최고의 창조적 강의를 매 시간 즉흥으로 진행했다는 것은 상상하기 어렵다는 점에서 강의 기록물이 유실된 것이라고 봐야 할 것이다.

고델은 제네바 대학교 공공도서관(BPU)에 기증된 소쉬르 필사본의 원자료 필사본들 가운데 기존의 노트와는 다른 필사 노트를 식별했으며, 엥글러는 그의 1967년 간행된 결정판에서 통속본의 편집과 대응하는 방식으로 당시까지 알려져 있던 세분화된 모든 노트들을 단락별로 출판했다. 또한 1996년 소쉬르 가문의 사택에서 발견된 새로운 필사본 수고에서 엥글러는 기존의 소쉬르 자필 노트와는 전혀 다른 내용과 성격을 지닌 노트들을 발견했는데, 부케 교수는 이 노트들을 2002년 이미 1967년 판본에서 엥글러 교수가 출간한 옛날 노트들과 함께 새롭게 편집하여 다소 조급하게 출판했다.(여기에서 '조급하게'라는 표현은 소쉬르 문헌학에 정통한 연구자들의 표현으로서, 부케 교수는 정통 문헌학 전공자도 아니며 소쉬르 문헌학 전문가도 아니다. 이 판본은 사실 적지 않은 오류가 있는 것으로 알려져 있다.) 하지만 다른 수고 필사본들도 존재하며 감바라라 교수는 2005년 4월 소쉬르의 필사본에 대한 재검토 속에서 이 점을 파악했다. 예컨대, 1996년 필사본 원자료 속에는 일반언어학의 제1차 강의와 제2차 강의와 관련된 노트들이 존재하나, 부분적으로는 여전히 미간행된 상태이다. 다시 본론으로 돌아와서 소쉬르는 1부의 초반부와 관련된 강의 내용을 사전에 기록했으며 이 점은 학생들의 필사 노트의 판별을 도와준다. 반면 2부에 사용된 소쉬르의 자필 노트들은 두 개의 예외를 제외하면 매우 짧고 파편적이며, 엥글러가 1967년과 1974년 출판한 내용들이다.

소쉬르가 서거한 후, 『일반언어학 강의』의 편집을 맡은 바이와 세슈에는 소쉬르의 자필 기록을 볼 수 없었으며 제3차 강의에 참석한 학생들 노트를 열람했으나 가장 우수한 노트였던 콩스탕탱의 노트를 참조할 수 없었을 뿐 아니라 본래의 강의 순서도 반영하지 않았다. 이 해제를 읽는 대부분의 독자들은 소쉬르가 마치 『일반언어학 강의』의 저자인 것처럼 여전히 믿고 있을 것이다. 하지만 소쉬르는 결코 그의 사후 3년 만인 1916년 출판된 『일반언어학 강의』의 저자가 아니다. 단지 그는 1910~1911년 동안 진행된 제3차 강의를 하면서 마치 한 권의 책의 저자인 것처럼 강의의 구성과 내용에 세심한 주의를 기울였으며 심지어 그 변화들은 평범한 여느 저자가 자신의 저서를 수정해 나가는 모습과 흡사하다.

여기에서 우리는 강의라는 지식 전달 방식 그리고 자신의 생각을 글로 정리하는 방식을 구별해서 생각할 필요가 있다. 소쉬르는 생존 시 언어학에 대한 저술을 해 달라는 제자들의 요청에, 언어에 대한 결정적 사유를 고정된 결과물로 옮길 수 없다는 불가능성을 토로하면서 체념에 가까운 증언을 남기곤 했다. 더구나 소쉬르와 같은 절대적인 체계적 사유의 소유자였던 학자에게 설익은 상태의 논지를 책으로 낸다는 것은 도저히 허용할 수 없는 일이었을 것이다. 반면 강의라는 지식 전달의 형태는 비교적 이 같은 체계적이며 완성된 이론의 제약에서 벗어나 개념적으로 복잡하거나 형성 과정에 있는 사유를 신축적으로 반영할 수 있다는 미덕을 지닌다.

즉, 평범한 강의와 달리 이러한 창조적 강의는 강의를 수강하는 학생들 앞에서 재창조되며 일체의 세부 사항에 대해 다시 사유할 필요성을 제기한다. 즉 일반언어학이라는 전체 집합을 염두에 두면서 각각의 세부 사항을 변화시켜야 할 필요성을 말한다.

독자들은 제3차 강의의 한국어 번역본에서 스스로에게 자문하고 최초의 이론을 교정하는 교육자 소쉬르의 자기 실험적이며 자기비판적인 양상을 발견할 수 있을 것이다. 특히 자신의 언어 이론을 설명하기 위해 적재적소에 그림과 도표를 제시하고 다음에 다룰 내용을 예고하거나 앞에서 다룬 내용으로 다시 돌아가면서 제자들의 사유를 자신의 사유 리듬에 따라 춤을 추게 만드는 명강의자의 모습을 엿볼 수 있다.

학생들은 소쉬르의 강의를 필기했으며 동시에 소쉬르는 필기하는 제자들과 더불어 자신만이 갖고 있던 창조적 놀이를 하고 있었다. 일찍이 파리 시절부터 명강의로 이름을 날린 소쉬르는 수강생들의 영혼을 생생한 이미지로 사로잡는 강의의 연금술 비법을 터득하고 있었으며, 치밀한 논증과 더불어 화려한 수사를 겸비하고 서양 언어학사에서 최초로 다양한 도식과 다이어그램을 사용하면서 강의를 진행했다는 점에서 그것은 분명 창조적 게임이었다. 또 하나 지적할 것은 자신의 육성 강의를 기록한 학생들의 노트가 그의 사후에 언젠가는 자신의 모교 도서관에 보관될 것이라는 점을 너무나 잘 알고 있었다. 소쉬르는 당시 제네바 대학교 도서관의 책임자로서 대학 측이 수강생들의 강의 노트들을 전통적으로 보존해 왔다는 사실을 모를 리 없었던 것이다. 하지만 감바라라 교수가 암시했듯이, 소쉬르는 1911년 당시 20세기 분석철학의 태두인 카르납(Rudolf Carnap)이 독일의 예나 대학교에서 1910년부터 1914년까지 그의 스승 프레게(Gottlob Frege)의 『개념 표기법(*Begriffsschrift*)』을 비롯한 논리학 강의 노트를 필기했다는 사실을 몰랐거니와, 90년이 지나 1990년대에 한 권의 저서로 출간될 것이라는 사실은 생각조차 할 수 없었을 것이다.[33] 이 일화를 소개하는 이유는 프레게, 소쉬르, 비트겐슈타인(L. Wittgenstein) 등, 20세기 언어 사상의 최고수들의 창조적 사유가 모두 그들의 강의를 필기한 제자들의 노트로부터 탄생했다는 절묘한 사실을 환기시키고자 함이다.

플라톤에서 소쉬르에 이르기까지, 구술과 문자의 이 절묘한 궁합은 흥미로운 연구 주제이다. 즉, 말과 글은 서로 뫼비우스의 띠처럼 얽히고설켜 있다. 앞서 지적한 것처럼 소쉬르는 몇몇 핵심 단락들의 강의록을 작성했으며 특히 개념들 사이의 복잡한 관계를 다루는 부분들이 이에 해당된다. 따라서 그의 일반언어학 강의는 두 개의 글쓰기 사이에서 진행되는 살아 있는 매개체였다. 교수 소쉬르가 강의를 준비하기 위해서 작성한 자필의 글쓰기와 학생들이 필기한 글쓰기, 이 두 개의 글쓰기는 고유한 장르 속에서 강의라는 구술 텍스트를 사이에 두고 성립한다. 소쉬르의 자필 노트들은 소쉬르가 어떻게 자신의 강의를 준비했는가를 보여 주며(어떤 단락에서는 매우 세밀하게 노트한 반면, 어떤 경우에는 지우기를 반복하면서 여러 버전으로 쓰면서, 스케치와 같은 매우 대략적인 노트의 모습을 보여 준다.) 특히 그 노트들은 강의가 표상하는 사건을 복원하는 것을 도와줄 것이다.

## 7 기적의 노트 필기: 콩스탕탱의 필사본과 출판 경위

제네바 대학교 공공도서관(BPU)에 소장되어 있는 소쉬르의 강의와 관련된 필사본 원자료 가운데는 1958년 1월 23일자로 기록된 카드가 있는데 고델 교수가 수신인으로 적힌 다음과 같은 내용을 읽을 수 있다. “당신의 박사 학위 논문 심사 모임에 참석한 후 집에 들어오자마자 나는 어떤 영감이 떠올랐습니다. 나는 내 서재에서 한 번도 손이 가지 않았던 구석구석을 뒤적였으며 소쉬르 선생님의 언어학 강의를 수강하면서 필기했던 나의 필기 노트를 다시 찾았습니다. 이 필기 노트를 당신에게 발송합니다. 선생께서 영구히  간직하셔도 됩니다."[34]

고델에게 자신의 보물 재산 1호를 증여한 사람은 바로 소쉬르의 강의를 수강하면서 지극정성으로 필사한 에밀 콩스탕탱이었다. 강의 당시 그는 얌전하게 별로 모습을 드러내지 않는 젊은이였으나 결단력 있고 명석하며 성실하게 공부하는 학생으로 평판이 높았다. 그는 스승인 소쉬르가 햇수로 4년에 걸쳐 행한 세 차례의 상이한 강의 내용을 옮긴 필기 노트를 보관하고 있었다. 즉, 두 번째 일반언어학 강의 노트와 세 번째 일반언어학 강의 노트를 비롯하여 1909년과 1910년에 행한 그리스어와 라틴어의 비교문법 필사 노트도 함께 보관해 왔다.

콩스탕탱의 필사 노트들은 여러 관점에서 흥미로운 사실들을 알려준다. 소쉬르는 자신이 진행한 강의에서 매번 학기말 시험을 보았으며, 강의 내용과 주제는 이미 다루어진 내용을 반복하지 않고 늘 참신하고 독창적이었다. 스승 소쉬르는 강의와 관련된 비교적 전문적인 서적들 몇 권만을 언급했을 뿐이며, 따라서 학생들은 특히 시험 준비를 위해 자신들의 필기 노트에 의존해야 했다. 소쉬르는 스승으로서 자신의 학생들을 진심으로 아끼고 사랑했으나 엄정한 학문의 세계에서 그는 학생들에게 보다 많은 노력을 요구하는 까다로운 교육자였다. 그의 수강생들은 강의의 주제에 대해 보다 심도 있는 이해를 바랐으며 제자들은 조를 짜서 각자 자신이 맡은 부분의 노트를 완결 짓기 위해서 작업했다. 예컨대, 1908~1909년 일반언어학 강의 초반부에 콩스탕탱은 소쉬르의 새로운 이론적 개념들과 새로운 언어를 완전히 이해하기에는 아직 역량이 부족했던 언어학의 초심자였다. 그는 군복무 때문에 공부를 뒤늦게 시작한 것을 만회하기 위해 알베르 리들링거가 기록한 제1차 일반언어학 강의 노트 전체를 모두 필사했다. 세 번째 일반언어학 강의가 진행되던 때, 콩스탕탱은 이미 뛰어난 주의력과 경청력으로 교수의 강의 내용에 대한 구체적인 이해력을 획득했으며 소쉬르 선생의 강의에서 쉼표 하나도 놓치지 않았다. 최소한 강의의 핵심 개념들에 속하는 내용과 관련해서는 타의 추종을 불허하는 필사 실력을 보여 주었다.

다만, 소쉬르의 강의 준비 노트들과 남아 있는 수강생 필사 노트들을 비교해 보면 소쉬르의 자필 노트와 다른 필사본에서 나타나는 소쉬르 특유의 번민, 회의, 주저 등의 미묘한 양상들이 나타나지 않고 있다는 점이 특이하다. 그런데 여기에서 지적할 것은 콩스탕탱이 필사할 때 당장 염두에 둔 것은 학기말 시험을 치르기 위해 가능한 한 가장 정확하게 그리고 가장 명료한 언어로 필사하는 것이 일차적 목표였으며 후대의 학자들에게 전달되어 필사될 것을 염두에 둔 것은 결코 아니었다는 점이다. 따라서 시험을 치러야 할 학생의 입장에서 스승의 회의, 불확실함, 의심들을 여과 없이 필사하는 것은 처음부터 배제되었을 것이다. 아니면 육필 수고에서와 달리 강의에서의 소쉬르는 가급적 자신의 학문적 의심과 사유의 실험성을 노출하는 대신 교육적 배려 차원에서 가능한 한 가장 명료하고 확실한 언어로 설명했을 수도 있다.

따라서 콩스탕탱이 필사를 하는 데 있어서 문제의 핵심은 단순한 음성 전사(transcription)의 문제가 아니라 스승의 말씀에서 핵심을 추려 낸 일종의 사유의 번역 작업이었다고 말할 수 있다. 특히 교수의 입에서 나온 구술 담론을 글쓰기라는 매체를 통해 기록하고 그 기록된 내용에 근거하여 구술시험을 치러야 하는 작업이었다. 지금도 대동소이하지만 20세기 초반 유럽 대학의 인문학 분야에서는 모든 과목에서 구술시험이 치러졌다.

따라서 소쉬르가 행한 구술 강의의 어투는 궁극적인 구술 표현 방식의 필기 양식을 낳았다. 도표들의 공간적 배열이나 중첩된 문장들을 이들 노트에서 발견할 수 있다. 콩스탕탱의 육필을 전사한 메지아 교수가 힘주어 말한 것처럼, 콩스탕탱이 염두에 둔 것은 하나의 문어적 정합성을 갖춘 텍스트가 아니라 강의라는 구술 담론에서 탄생한 필기 노트로서 궁극적으로는 자신이 준비해야 할 구술시험이라는 또 다른 구술 담론을 생산하는 데 사용되었다. 이것은 콩스탕탱의 필기 노트들의 또 다른 특징을 설명해 주며 소쉬르 자신의 노트들과의 비교를 통해 극명하게 부각될 수 있는데 이를테면 언어의 레지스터의 변화이다. 콩스탕탱의 노트들에서 발견되는 것에 견주었을 때 소쉬르의 자필 노트에서는 보다 정체된 어휘와 표현들이 사용되고 있다.[35]

이를테면 소쉬르가 문제의 복잡성으로 인해 탐구하기를 주저한 지점에서 콩스탕탱은 설명을 제공하기보다는 단지 필기만을 하고 있을 뿐이다. 콩스탕탱은 자기 자신의 이해 방식으로 언어의 수준을 고려해 가면서 소쉬르가 사용한 표현을 나름대로 전유하고 각색한 것이라 말할 수 있다. 따라서 콩스탕탱은 녹취한 내용을 있는 그대로 기계적으로 옮긴 아둔한 학생이 아니었다. 그는 단지 프랑스어라는 동일 언어 간의 번역을 실현했을 뿐 아니라 소쉬르의 논지를 압축하되 피상적이거나 모호하다고 생각한 부분은 과감하게 흘려보냈다. 천재 언어학자의 구술 강의를 사실적으로 전달하는 작업은 필사자가 소유하고 있어야 할 정신의 생동감을 요구하며 소쉬르 사유의 관성, 특히 그의 언어 스타일의 습관에 대한 통찰을 전제로 한다.

콩스탕탱은 1910년 이미 소쉬르 언어 스타일의 전문가가 되었다. 예컨대 그는 매주 실시된 두 번의 강의를 매듭짓는 스승의 비범한 능력을 주목했다. 특히 선행 강의 내용과 새로운 강의 내용을 말끔하게 이어 줄 뿐 아니라 강의 자체의 형식에 대한 명시적 주석들을 통해 매주 두 번씩 행한 강의에서 완벽한 이음새를 마련한 소쉬르의 강의 흐름을 간파하고 있었다.

콩스탕탱은 바로 매 강의들의 연속성을 살려 내기 위해 단호한 결정을 내린다. 그 같은 의도를 보여 주는 한 가지 예로서 그는 단 한 번을 제외하고는 강의 날짜를 적고 있지 않으며 자신의 필기 노트에 한 치의 빈 공백을 남기고 있지 않다. 그것은 곧 강의의 끝과 다음 주 강의의 시작을 표시하기 위한 빈 공백의 표시를 하지 않았다는 것을 지시한다. 소쉬르의 강의가 보여 주었던 이 같은 단절 없는 연속성의 특징은 중요한 교육적 배려를 반영한다. 그 같은 자연스러운 강의 제시 방식 덕분에 설명된 강의 소재와 내용은 보다 쉽게 기억될 수 있었으며, 유기적 관계들에 의해 상이한 강의들이 연결될 수 있었다. 예컨대, 한 편의 시를 암송해야 할 경우 최초의 단어는 다음 단어를 상기하고 전체의 멜로디는 서로 얽어매어진 단위들을 다시 발견하도록 해 준다. 소쉬르 담론의 경우 강의 재료는 한 강의에서 다른 강의로 옮아가면서도 통합적 내용에 의해 연결되며 더 나아가 다양한 생각들이 강의 제시 그 자체의 형태에 의해 촘촘하게 결합된 것으로 나타난다.

이 같은 방식에 착안하여 배열된 콩스탕탱의 필기 노트들은 독자로부터 흥미로운 효과를 발생시킨다. 이 같은 연속적 이어짐은 강의 재료에 대해 하나의 전체적 외연을 부여하며, 그 강의는 개념적 일관성과 더불어, 일종의 구술적 분위기를 풍기는 텍스트를 만들어 낸다. 그 결과 독자는 실제로 한 권의 책을 읽는 것과 같은 인상을 갖게 된다.

고델은 자신의 박사 논문에서 소쉬르의 강의들 가운데 몇 개를 다른 학생들의 노트로부터 기록한 바 있다. 또한 콩스탕탱의 노트들을 접근했던 일본의 소쉬르 문헌학자인 에이수케 고마츠 같은 학자들은 당시 상아탑의 학사 일정표에 따라 표시가 되어 있지 않은 강의 날짜들을 계산할 필요성을 느꼈으며 동시에 누락된 강의 날짜들을 텍스트 자체 속에 포함시킬 필요성을 제기했다. 왜냐하면 소쉬르의 강의 필사본이 대학 강의의 필기 노트라는 점을 상기시키는 것이 필요했기 때문이다. 실제로 사람들은 담론의 연속성 때문에 그 사실을 잊어버리는 경향이 있다. 고마츠와 달리, 역자에게 번역권을 제공한 메지아 교수는 콩스탕탱의 선택을 존중하기로 결정했다. 즉, 강의의 연속성을 중단시키지 않기 위해 텍스트 그 자체 속에 강의 일자를 표시하지 않기로 결정한 것이다.

콩스탕탱의 작업은 단지 강의실에서 스승의 말을 성실하게 기록한 것에 그치지 않았다. 이를테면, 그가 작성한 두 개의 강의록이 발견되었는데 하나는 강의 때 필사했던 초벌이며, 다른 하나는 콩스탕탱이 보다 완벽한 강의 기록을 위해 같은 동료 학생들의 노트를 참조하여 자신의 필사 노트를 보강하여 작성한 노트 필기이다. 아마도 제자 콩스탕탱은 스승 소쉬르가 건강이 악화되면서 생의 마지막 강의가 될 것이라는 것을 직감하고 혼신의 힘을 다해 하나의 작품을 남기려 했던 것으로 사료된다. 물론 그는 결코 맹목적이며 기계적으로 필사하지 않았고 나름대로 문헌 비평적 정신에 입각하여 필사했다. 따라서 제3차 일반어학 강의를 필사한 콩스탕탱의 노트들은 그가 공들여 작업한 자료이며, 구성한 자료임을 메지아 교수는 힘주어 강조한다. 이 필사 노트는 엄밀하게 말해 콩스탕탱의 작품이며 그런 이유에서 소쉬르의 일반언어학 강의 노트 가운데 가장 자료적 가치가 높다는 평가를 받고 있다.

그가 사모했고 찬탄했으며 멀지 않은 시간에 타계할 위대한 스승이 육성으로 전달한 총체적 언어 사상의 흔적을 문자로 남기려는 그의 예언적 행위는 빛을 발휘했다. 스승의 말을 기록하는 데 있어서 하나의 전범이라 할 콩스탕탱과 같은 모범생이 노트 필기들을 자신의 서재에 남몰래 보관했다는 것은 어찌 보면 당연한 사건이다.

혹자는 콩스탕탱이 이처럼 문헌 비평적 정신에 입각해 강의 필사에 개입한 것은 소쉬르의 구술 담론에 대한 충실한 흔적으로 보기 어렵지 않느냐는 반론을 제기하면서 그의 필사 노트의 타당성에 흠집을 내려 할 수도 있다. 하지만 그렇게 생각하는 것은 무리다. 스스로 글을 쓰지 않았던 스승의 구술을 문자로 옮김으로써 기록된 작품의 저자가 된다는 것은 영원히 허공 속에서 사라질 뻔했던 가르침을 100년의 시간이 경과한 현재까지도 전승시켰다는 점에서 상찬 받아 마땅하다.

콩스탕탱의 필기 노트와 관련된 출판 경위를 진술하기 전에 소쉬르의 '일반언어학 강의'의 출판과 관련된 역사와 연구사의 흐름을 간략하게 다시 한 번 일별해 보자. 일반언어학의 설립자 소쉬르가 타계했던 무렵, 그의 언어 이론을 출판하기에는 사정이 녹녹지 않았다. 먼저 그의 동료 교수였던 바이와 세슈에가, 서거한 대선배 소쉬르의 강의를 출판하기로 마음먹었을 때, 그들은 먼저 소쉬르가 쓴 강의 원고를 읽었다. 하지만 희망은 곧장 실망으로 변했다. 소쉬르의 자필 강의 노트 분량이 극히 적은 데다 그나마 필사본들 대부분이 매우 오래되거나 분산적이며 미완결적인 상태로서, 있는 그대로로는 거의 출판 불가능하다는 점에서 그들을 좌절시켰던 것이다. 첫 번째 방안이 불가능한 작업으로 드러나자, 그들은 차선책으로서 학생들의 필기 노트를 고려했다. 즉, 소쉬르가 생존했을 때 마지막 대학 재직 시절의 강의 흔적을 보존하고 있던 학생들의 노트가 그것이었다. 곧바로 작업에 착수한 편집자들은 여러 종류의 필사 노트들을 수집했으며, 특히 제3차 일반언어학 강의록으로서 세 명의 수강생들인 조제프, 데갈리에, 세슈에의 필기 노트를 접할 수 있었다. 그런데 아리송한 것은 왜 이들 편집자들이 애초부터 콩스탕탱의 노트 필기를 수집하지 않았는가 하는 점이다. 더구나 바이와 세슈에는 콩스탕탱이라는 우수한 학생을 너무나 잘 알고 있었다. 그런데 이 같은 결정적 누락은 20세기 일반언어학의 판도에 지대한 영향을 미쳤던 것이다.

여기에서 우리가 새삼 강조할 사실은 소쉬르는 다른 연구 분야에서와 마찬가지로 특히 일반언어학을 강의했던 약 5년 동안 언어의 본질에 대한 사색과 성찰과 더불어 언어 이론의 가능성에 대해 철저한 자기 비판과 회의를 거듭했다는 점이다. 소쉬르는 언어 사실과 관련하여 새로운 발견을 이루면서 자신의 이론을 계속해서 다듬고 또 다듬어 나갔다. 이 점은 제1차 일반언어학 강의의 내용이 제2차 강의의 재료와 동일하지 않으며, 마찬가지로 제3차 강의의 그것과 다르다는 사실에서 확인된다. 한 가지 구체적 사례로서 랑그와 파롤의 구별과 관련하여, 소쉬르는 제1차 강의에서 발설한 내용에 견주어 4년이 지난 제3차 강의에서는 정반대의 논증을 전개하고 있다. 이것은 동일 개념어에 대해 나타나는 소쉬르의 시각의 변화와 1911년 그가 최종적으로 선택한 결정적인 이론화에 의해 설명된다.[36]

소쉬르의 건강을 앗아 간 병마와의 투쟁, 그리고 끝내 그가 맞이한 죽음은 언어학사에서 최초로 그가 착상한 일반언어학이라는 학술 분야를 다루었던 1910~1911년 제3차 강의를 마지막 '일반언어학 강의'로 만들었다. 그런데, 이 마지막 강의와 관련하여, 바이와 세슈에는 하필이면 제3차 강의를 직접 수강하지 않은 리들링거에게 협조를 구했으나 별로 얻을 것이 없었다. 데갈리에의 필기 노트들과 세슈에 부인의 강의 노트들은 콩스탕탱의 필사 상태와 비교했을 때 여러모로 수준이 떨어지며 흠이 많다. 이 점은 앞서 역자가 언급한 엥글러의 『일반언어학 비평본』을 비교 검토하면 곧바로 확인할 수 있다.[37]

1916년 출간된 유고집이자 통속본으로 불리는 『일반언어학 강의』의 편집자 서문에서 바이와 세슈에는 소쉬르의 언어 사상을 주로 1907년과 1908년의 강의에 참석했던 리들링거의 노트 필기에 의존하여 그 윤곽을 제시했다.

제1차 일반언어학 강의에서 제3차 일반언어학 강의에 이르는 과정은 마치 곡식과 과일이 무르익는 것처럼 성찰의 단계에서 명시적 이론화로 이르는 과정으로 설명될 수 있다. 성찰에서 개념으로, 그리고 최종적으로 정확한 어휘와 이론 모델이 마련되었다. 예컨대 오직 1911년 6월에 와서야 소쉬르에 의해 정확히 규정된 통시언어학은 1908년에는 다소 어렴풋하지만 그 자체로 풍부한 비판과 자기 성찰의 단계에 머물러 있었다.

그런데 이 같은 소쉬르 사상의 성숙화를 다양한 필기 노트들을 콜라주 기법으로 묶어 단 한 권의 단일한 책으로 편집하면서 1906년부터 1911년 사이에 전개되었던 소쉬르 이론의 생성 과정은 증발되고 말았다. 그 결과 소쉬르의 언어가 보여 주는 역동성이 부각되지 못하면서 그 사유의 심오함마저 크게 감손되고 말았다.

한편, 소쉬르의 지적 전기에서 우리가 짚고 넘어갈 사실은 『일반언어학 강의』의 출판과 관련된 시대적 상황과 소쉬르라는 지성의 특이함이다. 소쉬르와 동시대에 언어학을 연구하고 강의했던 편집자 바이와 세슈에는 소쉬르가 일반언어학 문제에 천착했던 약 20여 년 동안 자신의 일반언어 이론에 대해 시종일관 의심과 회의를 표출했던 불가사의한 인물이라는 소문을 들었으며, 특히 소쉬르가 자신의 생각을 책으로 출판하는 것에 극도로 유보적인 태도를 견지했다는 사실을 훤히 알고 있었다.

더구나 강의에서와 달리 소쉬르 자신의 자필 수고는 결론 맺지 못하거나 심지어 공백으로 남겨진 부분들이 다수이다. 앞서 언급했던 2002년 파리에서 출간된 소쉬르의 일반언어학 관련 노트 필사본은 이 점을 생생히 증언한다. 실제로 역자는 약 480여 곳의 공백을 셀 수 있었다. 이들 자필 노트들은 대부분 1890년부터 10년 동안 기록되고 전사되었다.[38] 그런데 소쉬르 문헌학 전공자들의 논증에 따르면 이 책의 정확한 제목은 사실 출판이나 강연을 목표로 작성된 정식 글 또는 노트(écrits)가 아니라 '언어과학에 대한 초고(Brouillons sur la science du langage)'라는 것이다. 사실, 소쉬르 자신이 초고라는 표현을 여러 번 사용하고 있다. 더구나 소묘 상태의 이 같은 파편적인 노트들은 엄격하게 말하면 일반언어학과 관련된 것이 아니다. '일반언어학 강의'라는 표현은 오직 1907년부터, 소쉬르가 자신의 강의를 지시하기 위해 사용되었을 뿐이다. 이 책의 그 어떤 노트에서도 몇 개의 준비 노트를 제외하면 일반언어학을 언급하고 있지 않으며 그 대신 언어과학이라는 단어가 나타나고 있다는 점에서 이 같은 주장에 힘이 실린다. 특히 바이와 세슈에는 바로 이 노트들을 소쉬르가 타계했을 때 이미 발견했다. 하지만 지극히 파편적이며 분량도 많지 않고 미완성의 상태라 자신들이 기획했던 유고집의 준거로 삼지 않았다.

한편 바이와 세슈에는 소쉬르의 강의를 수강하지 않았기 때문에 1909년 이후로 소쉬르가 강의를 발전시키면서 자연스럽게 생겨난 내용의 변화를 파악할 수 없었을 뿐 아니라 학생들을 위한 교육자의 면모가 아닌 순수 언어 이론가로서의 소쉬르의 진면목을 파악하는 것은 더 요원했다. 바로 콩스탕탱의 노트들은 이 같은 이론가 소쉬르가 형성되는 과정을 면밀하게 추적하는 것을 가능케 한다.

콩스탕탱의 노트들은 참신한 자료일 뿐 아니라, 기존의 통속본과 독립된, 그리고 바이와 세슈에가 갖고 있던 노트들보다 더 완결된 것이며 특히 소쉬르 언어 이론 형성의 마지막 단계에서 그의 가르침의 흔적을 고스란히 담고 있다는 점에서 지극히 값진 것이다.[39] 일반언어학 강의의 최종 해인 1911년 소쉬르는 두 번째까지의 강의에서 풀 수 없었던 몇 가지 문제들을 해소하고 있다는 점에서 주목받아 마땅하다. 따라서 진작부터 콩스탕탱의 노트들은 소쉬르 문헌학자들이 출판을 시도했다.

먼저 엥글러 교수는 1968년 『일반언어학 비평본』에서 콩스탕탱 필기 노트의 일부분을 출판했다. 하지만 편집 구성상 『통속본』의 순서를 기준으로 다른 수강생들의 노트들과 더불어 병렬 배치했기 때문에 그 진가를 평가하는 것을 어렵게 만들었다. 그 같은 한계를 간파한 엥글러 교수는 콩스탕탱의 노트들을 따로 모아 새로운 판본을 준비했으며, 건강 문제로 본인이 그 과제를 수행할 수 없게 되자 메지아 교수에게 자신이 전사했던 필사 원고를 제공하는 호의를 베풀었으며 이것은 본 한국어 번역본의 주 판본으로 삼은 메지아 교수 판본의 기초가 되었다. 아울러 앞에서 명시한 것처럼 콩스탕탱의 노트들은 일본인 학자 고마츠 교수의 주도 아래 두 차례에 걸쳐 간행되었다.[40]

그렇다면, 굳이 또다시 콩스탕탱 노트 필사를 출간하는 특별한 사유와 근거가 무엇인지 궁금해질 것이다. 무엇보다 그 이유는 콩스탕탱의 노트들이 완전히 별도로 출판될 가치가 있을 뿐 아니라, 완결된 출판을 제공할 가치가 있기 때문이다. 앞서 언급한 기존의 출판들은 실제로 일반언어학 강의의 상당 부분을 누락시켰다. 통속본의 순서에 따라 구성된 비평본이었기 때문에 어쩔 수 없이 누락될 수밖에 없었다. 바이와 세슈에가 편집한 통속본은 본 한국어 번역본에서 출간하는 콩스탕탱의 노트들을 포함시키지 않았으며 다른 판본들 역시 소쉬르의 최후의 강의 내용과 소재를 누락시켰다. 이번 한국어 번역본 판권을 역자에게 제공한 메지아 교수는 이미 출판된 부분의 전사와 관련하여 엥글러의 작업으로부터 직접적으로 수혜를 입었다는 점을 분명히 하고 있으며, 필사본을 기준으로 엥글러 판본, 고마츠 판본, 그리고 자신의 판본을 대질시키는 작업을 병행했다는 점을 명시했다.

## 8 '일반언어학'의 의미와 언어들의 역사 지리적 공간

콩스탕탱의 필사본은 소쉬르가 말년까지 언어 이론의 인식론적 정초를 다지기 위해 언어학의 연구 대상 그 자체에 대해 성찰했던 독창적이면서도 치열한 사유를 생생하게 경험할 수 있도록 해 준다.

소쉬르는 자신의 죽음을 몇 해 앞두고 계속된 강의에서 언어학의 대상을, 세계 속에 존재했고 또 지금 이 순간 현존하는 구체적인 언어들로 삼았으며, 아울러 지리, 역사, 문화라는 언어의 삶의 궤적을 살펴본 후 보편적 법칙을 찾기 위한 이론적 대상인 언어(랑그)로 설정했다. 따라서 소쉬르에게 언어(랑그)는 단일하면서 동시에 다원적이다.

그는 특히 정신적 대상으로서의 언어가 차지할 정확한 이론적 자리매김을 시도하는 중요한 작업에 천착했다. 특히 이 부분에서 소쉬르는 새로운 언어 이론의 인식론적 토대를 수립하기 위한 일차적 수순으로서 새로운 학술 분야를 명명함으로써 그 과제를 개시한다. 따라서 소쉬르가 새롭게 구성한 일반언어학이라는 명칭에 대한 간략한 설명을 필요로 한다.

라틴어 lingua로부터 프랑스 학자들이 19세기에 linguiste(언어학자)와 linguistique(언어학)라는 새로운 명사들을 만들어 냈다는 것은 주지의 사실이다.[41] linguiste라는 당시 새롭게 출현한 프랑스어 단어는 비교문법의 창시자인 독일 언어학자 보프(Franz Bopp)가 열어 놓은 고대 언어들의 체계적 비교라는 새로운 작업에 몰두했던 문헌학자들을 지칭했다. 즉 19세기 언어학자가 여러 언어들을 역사적 추이에 따라 비교하여 언어들의 친족성의 관계를 실증적으로 입증했던 작업을 말한다.[42] 바로 이 linguiste라는 프랑스어 단어로부터 언어학을 의미하는 linguistique란 명칭을 조어한 것이다.

19세기 언어학이라는 학술 명칭은 이론 언어학보다는 지구상에 존재했던 그리고 현재까지 존재하는 다양한 언어들에 대한 역사적 비교를 수행하는 학문을 지칭했으며, 특히 인도유럽어족에 대한 연구를 중심으로 언어들의 친족 관계에 대해 어족이라는 범주를 설정하여 그 관계를 밝혀내는 작업에 집중했다. 20세기 중반기 이후, 이론 언어학의 득세로, 이제는 더 이상 언어학자의 소양 가운데 다섯 개 이상의 언어를 구사하거나 아니면 최소한 상이한 어족에 속하는 일정 수의 언어들의 언어학적 구조에 대한 세밀한 이해를 요구하는 시대가 지났으나, 19세기와 20세기 중반기까지 학계는 물론 일반인들에게도 언어학자는 무엇보다 여러 나라 말을 구사하거나 이해할 수 있는 학자로 간주되었다.

한편, '일반적(générale)'이라는 단어는 보다 오래된 역사를 갖고 있다. 언어학사의 틀로 좁혀 말하면 17세기 프랑스의 포르루아얄(Port-Royal) 학파가 구축한 일반 이성 문법에 비해 '일반언어학'에서 사용되는 일반(générale)이라는 표현은 언어학(linguistique)이라는 신조어보다 더 오래된 역사를 갖고 있다. 옮긴이 주에서 상술한 것처럼, 서양 문법학의 역사에서 황금시대에 해당되는 17세기 프랑스의 포르루아얄 학파가 저술한 『일반 이성 문법(*Grammaire générale et raisonnée*)』의 중요성을 상기해야 할 것이다.

17세기 포르루아얄 문법에서 말하는 일반 문법에서 문법의 타당성을 판별하는 기준은 논리학이었다. 그들이 말하는 '일반적인 것'은 곧 본질적인 것과 일맥상통하며 더 정확히 말하면 합리적 질서를 준수하면서 사물의 본질에 상응하는 것으로 간주되었다. 따라서 살아 있는 자연 언어들의 역사적 진화라는 개념은 아직 잉태되지 않았으며 이것은 19세기 언어학 패러다임의 산물이다.

유념할 것은 역사비교언어학에 다윈(Charles Darwin)의 가설이 무분별하게 적용되는 것에 대해 소쉬르는 철저하게 비판했다는 사실이다.[43] 소쉬르에 따르면 자연사의 장과 달리 언어의 전개에 있어서 죽음의 영역은 존재하지 않는다. "유기체 존재에서 하나의 기능은 해당 신체 기관이 죽지 않아도 죽을 수 있다. 심지어 유기체의 시신은 그것의 기관들을 여전히 소유할 수 있으며, 이 기관들은 해부학의 재료가 된다. 단어에서는 절대적으로 해부학적인 것은 그 어떤 것도 존재하지 않는다. 다시 말해, 단어 속에는 기능과, 이 같은 기능을 수행하는 부분상에 존재하는 관계에 기초한 부분들에 있어서 차이가 없다. 단어에서는 다른 것과 완벽하게 유사한 음향적 생산들의 시퀀스가 있으며, 즉 허파와 다리는 단어에서 동일한 것이다. 이것은 바로 동일한 능력의 원칙이다."[44]

보다 구체적으로 진술하자면 17세기의 문법가들은 오직 언어의 한 상태를 연구했으며, 대부분의 경우, 언어를 있는 그대로 기술하기보다는 올바른 언어에 대한 규범적 의식을 구비하고 있었다.

이 같은 과정에서 19세기에 오면 문법이라는 단어는 중의성을 띠게 된다. 그리스어, 라틴어와 같은 고대어와 당대의 개별 민족어의 현 상태에 대한 전통적 문법 연구를 지시하거나, 또는 역사비교문법이라는 표현에서처럼 다양한 언어들의 진화를 설명하는 분야를 지시했다. 하지만 17세기에서 19세기에 이르기까지 '일반적'이라는 형용사의 의미에 있어 이렇다 할 큰 변화는 발생하지 않았다.

그런데 17세기부터 19세기에 이르기까지 근대 과학의 성립과 더불어 새로운 과학성의 개념이 창출되었으며 이에 따라 이성에 대한 접근법에도 크나큰 변형이 발생했다. 그렇다면 소쉬르가 삶을 영위했던 19세기 중반에서 20세기 초에 서양의 언어학 사상을 지배했던 과학적 방법은 무엇이며 소쉬르에게 새로운 과학성에 대해 성찰하도록 유도했던 당시의 과학적 패러다임은 무엇인가. 이 물음에 완결된 답을 마련하기 위해서는 소쉬르의 언어 사상을 과학사와 과학철학의 관점에서 치밀하게 분석하는 방대한 작업이 전제되어야 할 사안이므로 상세한 진술은 차후의 과제로 미룬다.[45] 소쉬르의 시대를 특징짓는 과학적 방법은 무엇보다 세계의 대상들에 대한 관찰과 세밀한 기술을 함의한다. 이때 세계의 대상들은 그것들의 상이한 부분들 속에서 분석된다. 18세기부터 자연과학자, 광물학자, 식물학자들은 가능한 한 정밀하게 자신들의 연구 대상을 기술하는 데 많은 시간을 투자했다. 소쉬르 시대의 과학자들은 이어서 관찰에 의해 부각된 세부 사항들을 비교하며 이 같은 모든 대상들이 공통적으로 갖고 있는 것을 종합했다.

획득된 결과들은 경험적 사실들에 의해 제어되고 동시에 그 같은 기존의 사실들과 정반대의 새로운 경험에 의해 반증되고 이 같은 일련의 검증 과정을 통해 과학적 보편성에 도달한다.

여기에서 소쉬르 가문의 자연과학적 전통을 환기할 필요가 있다. 소쉬르의 증조부인 자연과학자 호라스-베네딕트(Horace-Bénédict)는 바로 그 같은 경험주의와 실증성에 입각하여 몽블랑 등반을 시도했다. 또한 그의 큰아버지인 니콜라-테오도르(Nicolas-Théodore)와 그의 부친 앙리 드 소쉬르(Henri de Saussure)는 곤충학자로서 선대의 자연과학적 방법과 정신을 실천했던 인물들이다. 이 같은 걸출한 자연과학 학자들을 배출한 명가문에서 탄생한 소쉬르가 언어학과 다른 자연과학들을 비교했던 것은 결코 우연이 아님을 알 수 있다. 자신이 생각하는 언어학이라는 학문적 본질을 파악하기 위해 그는 다른 자연과학들의 과학성과 비교하는 수순을 밟았던 것이다.

정리해 보자. 소쉬르가 세 차례에 걸쳐 행한 강의는 단순한 언어학 강의가 아니라 당시로서는 명칭조차 새로운 '일반언어학'이었다. 여기에서 '일반적'이라는 표현은 일부 학자들에게는 17세기 보편 이성 문법 연구에서 성립된 언어에 대한 일반적 개념화를 상기시킬 수 있겠으나 소쉬르가 사용했던 '일반적'이라는 형용사는 그것과는 전혀 다른 인식론적, 방법론적 가치를 갖는다. 소쉬르의 생존시 언어학이라는 명사는 언어들의 유기체성에 대한 세밀한 기술을 말하며 무엇보다 독일인 학자들에 의해 실현된 기술이다. 당시의 비교언어학은 전적으로 별도의 관찰 대상을 연구하도록 해 주었으며 이를테면 언어들의 시간적 연속성 속에서 여러 언어들을 파악하도록 해 주었다.

특히, 이번 콩스탕탱의 한국어 번역본에서 새롭게 선보이는 것은 다양한 언어들에 대한 소쉬르의 세밀한 유형적 기술이다. 이 부분은 기존의 소쉬르 학생들 노트 필기의 출판물에서 누락되었다. 이 부분은 당시

유럽 최고의 산스크리트어 권위자로 추앙받았던 인도유럽언어학자 소쉬르의 박학과 인도유럽어 전체를 아우르는 통괄적 능력이 압권이다. 이 부분에서 그는 제반 언어들의 친족 관계를 명쾌하게 설명하고 있으며, 특히 해당 언어가 남긴 문자 기념비를 자신이 수집한 최근의 정보를 제시하면서 제시함과 동시에, 각 언어가 점유하는 지리적 분포를 생생하게 그려 주고 있다. 독창적 언어 이론의 발명가로서의 소쉬르를 떠올리기 전에 우리는 구체적 언어들의 역사, 지리, 문화에 해박했던 인문지리언어학의 효시로서의 소쉬르의 또 다른 모습을 볼 수 있을 것이다. 더구나 세 차례의 강의 동안 소쉬르는 언어의 지리적 분포를 한 해도 빠지지 않고 다루었으며 제3차 강의에서는 마치 전 세계의 언어 지리 여행을 하는 것처럼 학생들에게 전 세계 언어의 파노라마를 보여 준다. 보다 구체적으로 소쉬르는 다음과 같은 제목을 제시하면서 주요 어족들의 지리적 역사적 분포도를 제시한다.('지구상에 존재하는 가장 중요한 어족들의 지리적 역사적 구도(Tableau géographique-historique des plus importantes familles de langues du globe)') 다만, 한국어를 모국어로 사용하는 독자로서 아쉬운 점은 인도유럽어족 모든 가지들의 친족성과 지리적 분포와 역사적 진화 등에 대해 상술하고 있는 반면 시간 부족의 이유로 우랄알타이어족은 아주 소략적으로 언급하는 데 그쳤다는 사실이다.

대부분의 사람들이 소쉬르에 대해 갖고 있는 언어 이론가로서의 기존의 모습을 잠시 잊어야 할 것이다. 그의 현란한 백과사전적 설명과 언어, 역사, 정치, 종교, 지리를 넘나드는 해박함은 이론가 소쉬르의 강의 모습과는 전혀 다른 스타일을 떠오르게 만든다. 요즘 말로 하면 소쉬르는 딱딱하고 무미건조한 대학교수의 언어가 아니라 격렬한 열정을 갖고 언어 여행을 안내하는 이야기꾼으로서 '스토리텔링'의 매력을 십분 발휘하고 있다. 하지만 그 같은 생동감 넘치는 강의는 단지 흥미로운 이야기 방식만으로는 이루어질 수 없으며 당시의 학계에서 수확된 고고학적 성과를 참조하는 강의 재료의 참신성에 신세 지고 있다. 설형 문자의 해독과 관련된 일화, 고비 사막의 한곳에 숨겨져 있던 고대 도서관의 발견과 관련된 모험, 그리고 고대 인도의 최고의 종교 경전인 베다를 암송한 수도승들의 비법 등을 포함하여 인도유럽어족과 관련된 문자들에 대한 최근 지식의 성과를 조목조목 상술하고 있다. 이 부분을 번역하면서 역자는 영어와 프랑스어의 '위키피디아'를 비롯한 백과사전의 도움을 빌려, 독자들을 위해 옮긴이 주를 달았으나 일부 문자와 언어는 이미 사라진 언어일 뿐 아니라, 표기법의 문제로 그 근원을 알 수 없는 부분도 있었다. 특히, 이 부분에서 역자는 19세기의 언어 연구와 관련된 지리학, 역사학, 고고학에 대한 전문 지식의 부족을 절감했다. 요컨대 소쉬르는 단지 치밀한 이론가의 전범이었을 뿐 아니라, 상상을 초월하는 박학다식의 소유자였다.

한 가지 강조할 사항은 다양한 언어들을 다루는 이 부분에서 소쉬르는 단지 19세기 역사비교언어학 분야의 교과서 내용을 언급하는 정도의 평범한 수준에 머무르지 않았다는 사실이다. 19세기는 역사비교문법의 시대인 만큼, 특히 인도유럽어족에 대한 연구가 집중적으로 이루어진 시대라는 점에서 소쉬르의 강의에서 인도유럽어족에 대한 강의 부분의 가치를 과소평가하는 경향이 있었다. 하지만, 이 부분에서 소쉬르는 두 가지 이유에서 단순한 사실들을 열거하는 개론서의 차원에서 벗어났다. 첫째, 단순한 사실 소개가 아니라 전 세계의 어족에 대한 자신만의 분명한 관점과 독창적 견해를 피력했으며, 둘째, 강의를 진행했던 동시대에 획득된 다양한 고고학적 성과들과 가설들을 논의하고 있다는 점이다. 이 부분에 등장하는 인명, 지명, 언어명 등 수백 개의 고유명사가 쏟아져 나오고 있어 독자는 현기증을 일으킬 정도이다.(고트어 단어, 페르시아어 단어, 설형 문자, 힌두 문자, 셈 문자 등등) 여기에서 역자는 20세기 초의 언어학자들의 평균적 언어 지식 수준과 21세기 언어학자들의 수준 사이의 현격한 지적 차이를 확인할 수 있었다. 언어학자로서 활동하기 위해 필수적으로 요구된 역사와 지리에 대한 박식이 당시에는 자명한 것이었던 반면, 21세기의 언어학자들의 언어 지식 현실과는 괴리가 있다.

다시 강조하거니와 다양한 인도유럽어족의 언어들을 다루는 이 부분은 일반언어학 강의에서 언어 이론의 체계를 수립하기 전에 강의의 구색을 맞추기 위한 방편으로 포함된 것이 아니라는 점을 숙지해야 할 것이다. 사실 상이한 언어들의 다양성을 지각하고 그것에 대한 지식을 구비하는 것은 일반언어학 이해에 필수적이다. 모든 언어 이론의 일반화는 반드시 현존했던(현존하는) 언어들에 대한 종합적 지식을 기반으로 이루어질 수 있기 때문이다.

그렇다면 소쉬르의 일반언어학에서 언어적 사실들을 일반화시킨다는 것은 무엇을 의미하는가라는 물음을 던져 볼 수 있다. 소쉬르는 1910년 11월에 진행한 강의 서론부에서 언어학자가 수행하는 언어적 사실들을 일반화시키는 활동에 대해 다음과 같은 명시적 견해를 개진하고 있다.

> 언어학이 연구해야 할 사회적 산물이라는 이 같은 성격을 언어(랑그)에 지정한 후에 덧붙일 점은 인류 전체의 언어활동이 무한한 언어들의 다양성을 통해 발현된다는 사실이다. 언어(랑그)는 한 사회의 산물이지만, 상이한 사회들이 동일한 언어(랑그)를 갖지는 않는다. 이 같은 다양성은 어디에서 오는가? …… 언어(랑그)라는 이름으로 우리는 상이한 언어들(langues) 속에서 우리가 관찰할 수 있는 것을 집약할 것이다.(『제3차 일반언어학 강의』, 19~20쪽)

제3차 일반언어학 강의 초반부터 소쉬르는 시간과 공간을 통해 세계에 존재하는 언어들의 다양성이라는 평범한 사실을 환기시킨 후, 언어는 심적 대상, 물리적 대상, 역사적 대상 등 다면적 모습을 갖고 있다는 점을 강조한다. 또한 언어는 언어학자가 실행하는 추상화 작동의 결과물이다. 곧바로 확인할 수 있듯이, 이 책의 1부는 '여러 언어들(les langues)'로서 이 부분은 겨울 학기 동안 전개되었다.

이어 여름 학기에는 기호의 자의성에 대한 개념적 명료화 작업을 끝내면서 다시 한 번 소쉬르는 여러 언어들에 대한 지식의 필요성을 상기시키고 있다. 즉, 소쉬르가 말하는 언어(랑그)를 이해하기 위해서는 먼저 시공간에서 존재했던 구체적인 언어들에 대한 인식이 필수적이라는 것을 말한다.

소쉬르가 말하는 언어(랑그)는 언어활동(langage)이 아니며 언어학자의 추측과 가설에 불과하다. 다시 말해서 언어(랑그)는 하나의 추상화로서 그 추상화의 타당성은 오직 구체적 언어들이라는 인간 사회에서 생산된 정신적 생산물들과 더불어 얼마나 현실적으로 부응할 수 있는가의 여부에 달려 있다는 점에서 언어(랑그)는 언어들과 분리될 수 없는 것이다.

따라서 소쉬르의 통찰에 따르면 언어학 연구에서 만약 우리가 다양한 언어들을 언어(랑그)와 분리시킨다면 두 개의 덫에 빠질 위험에 노출된다. 그 두 개의 덫은 대립되는 것 같지만 실상은 하나로 수렴된다. 첫 번째 덫은 언어학자가 실행하는 이론적 추상화를 유일한 목적과 대상으로 삼는 것이다. 그 같은 추상화는 여러 언어들의 현실을 은폐하면서 언어 연구는 하나의 여론 차원의 견해(doxa) 또는 '도그마'가 될 수 있다. 쉽게 비유해서 이때 언어(랑그)는 하나의 규범문법으로서 구체적 언어들이 이 문법에 종속되는 꼴이다. 두 번째 위험성은 정반대로 언어학자가 시도하는 이론적 일반화에 구체적 현실을 부여하지 않는 위험성이다. 이론을 현실과 대질시키는 것을 거부하는 이 같은 태도는 이론적 가설을 현실과 견주어 구축하는 것이 아니라, 다분히 현실과 괴리가 있는 유토피아적이며 관념적인 언어 연구의 방향으로 흘러가고 만다.

그렇다면 이렇게 풍요로운 내용을 담고 있는 제3차 일반언어학 강의의 1부, '여러 언어들'을 어떤 연유에서 편집자들이 1916년의 통속본에서 제거했는가 하는 의문이 생긴다. 메지아 교수는 무엇보다 전체 책의 분량을 조절하기 위한 편집상의 제약으로 인해 바이와 세슈에가 반영하지 않았을 것으로 추측한다.[46] 또 다른 이유는 1916년 당시 세계의 주요 언어들에 대한 백과사전적 지식은 흔한 일이었기 때문에, 편집자들이 그 부분의 진가를 제대로 파악할 수 없었을 것이라는 추측도 가능하다.

요컨대, 약 100여 쪽에 이르는 방대한 분량을 포함하는 작업이 바이와 세슈에에게는 엄청난 작업으로 판단되었을 뿐 아니라, 이들 20세기 초의 편집자들에게는 21세기의 언어학자들에 견주었을 때 언어의 다양성에 더 친숙했다는 점에서 역자를 비롯하여 오늘날의 독자가 읽었을 때 갖는 찬탄을 이들 편집자들에게서 불러일으키지 못했을 것이다. 실제로 편집자들은 인도유럽어족을 다루는 이 부분을 생략한 이유로서 소쉬르가 당시의 대학 강의 운영상 인도유럽어들을 다룰 수밖에 없었을 것이라고 추측하면서 그 내용의 독창성을 간파할 생각을 처음부터 염두에 두지 않았던 것으로 보인다. 여기에서 『일반언어학 강의』 서문의 내용을 직접 인용해 본다.

> 교과 과정상의 필요성 때문에 각 강의들의 절반을 인도유럽어와 그 역사 및 기술에 관련된 발표에 할당해야만 했는데, 그의 주제의 본질적인 부분은 이상스럽게 축소되고 말았다.[47]

이 인용문에서 드러나는 것처럼 인도유럽어와 관련된 강의 내용을 편집자들은 중복적이거나 별로 쓸모가 없는 것으로 간주했으며 단지 대학 교과 과정이라는 교육 행정상의 이유로 소쉬르가 의무적으로 다루었을 것이라고 추정한 것이다.

하지만 이 같은 추정은 근거가 없는 오판이었다. 소쉬르는 일반언어학 강의와 관련하여 강의 소재와 주제 선정 차원에서 어떤 종류의 제약도 받지 않았으며 미리 설정된 어떤 교과 과정에도 연연하지 않았다. 더구나 소쉬르는 일반언어학 강의를 격년제로 강의하는 것도 허락받았다.(1907년, 1908~1909년, 1910~1911년) 일반언어학 강의에서 다양한 인도유럽어들의 가치는 결코 장식이 아니라 강의의 내적 구조 속에서 중요한 표상을 갖는다는 점에서 소쉬르의 의도적 선택이었다. 소쉬르는 단지 10여 명의 학생들 앞에서 자신의 박학을 과시하기 위해 세계의 언어사를 제시한 것이 아니었으며 그의 방대한 지식은 그의 제자들에게 자신의 일반언어학 원칙을 이해시키기 위한 중요한 목적에 사용되었다. 바로 그런 이유에서, 다양한 언어들에 대한 개별 사실들은 언어(랑그)라는 일반화만큼 중요한 것이다.

소쉬르의 일반언어 이론에서 제반 원칙과 원리는, 언어라는 장 외부에 존재하는 초월적 차원의 기준들에 달려 있는 것이 아니라 개별 언어들에 대한 세밀한 기술에 의해 증명되고 상이한 언어들이라는 경험에 의해 그 이론적 타당성을 획득했다. 즉, 구체적 언어들에 대한 관찰은 언어 이론의 과학적 경험성의 선행 조건으로서, 그 결과 언어 이론의 일반화의 기준이었던 이성을 대체한 것이다. 17세기 보편 이성 문법의 규범적 인식의 틀에서 벗어나 제반 사실들에 대한 관찰, 기술, 설명으로 이어지는 과학적 인식의 틀로 나아간 것이다.

여기에서 소쉬르의 천재성의 불꽃이 튀는 것을 목격할 수 있다. 프랑스 언어 연구 전통과 독일의 비교역사언어학 최고의 학문적 성과들을 자신의 것으로 체화하면서 그는 완벽한 학문적 종합을 시도했다. 특히, 20세기 초반의 새로운 과학적 방법론은 소쉬르에게 결정적인 영감을 주었을 것이다. 동시에 그는 인간에 의해 창조된 심적 현실인 언어를 어떻게 과학적으로 연구할 것인지에 대해 심사숙고했다. 과연 언어 연구에 자연과학의 실험 방법을 적용하는 것이 가능한 것인지, 관찰 대상이 눈에 보이지 않는 심적 실재일 때, 어떻게 과학적 일반화에 도달할 것인지 등에 대한 물음들이 꼬리를 물며 이어졌다.

이 같은 물음들은 이미 1890년대부터 소쉬르가 진지하게 성찰했던 문제들로서, 마지막 강의가 이루어진 1911년에 접어들어서야 그는 자신의 대상을 연구하기 위한 적합한 방법을 개념화하는 데 성공한다. 이 방법은 실제로 자연과학에서 적용되는 실험적 방법과 크게 다르지 않다. 특히, 소쉬르는 모든 불확실한 것들을 의심하는 과학적 회의 방법을 채택한다. 그 회의는 소쉬르로 하여금 검증 가능하며 검증된 원칙들만을 수용하도록 만들었으며 그 결과 소쉬르는 갈수록 언어에 대한 결정적 사유에 도달하지 못하는 정신적 고뇌를 겪게 된다.

## 9 소쉬르의 집요한 회의와 번민

소쉬르는 여러 연구자들이 지적한 것처럼 평생 동안 언어의 본질에 대한 회의와 철저한 비판적 사유를 거듭했다. 그런데 그 회의와 번민의 적지 않은 몫이 제3차 일반언어학 강의에서 해소된다. 1890년을 기점으로, 소쉬르는 언어과학의 이론적 체계를 세울 것을 굳게 마음먹었으며, 그것을 실현하기 위한 최초의 작업으로서 언어 이론에서 토대를 이룰 다양한 개념적 구별들을 착상했다. 그런데 본격적인 작업을 개시하기도 전인 1894년부터 소쉬르는 언어학의 이론적 정초를 다지려는 과

제 앞에서 좌절하기 시작하며 의기소침해진다. 언어의 본질에 대한 자신의 생각을 설명하려는 시도에 착수하면서 그는 자필 노트에서 과연 언어학에서 절대적 출발점이 존재나 하는 것인지 자문한다. 다음 구절은 너무나 유명해진 그의 소회로서, 그의 애제자이며 당시 프랑스 언어학계의 선두주자였던 메이예 교수에게 보내는 서간문에서 피력되었다.

> 이 모든 것에 대해, 아울러 언어와 관련된 사실들이라는 주제에 있어서 상식적 의미를 갖는 단 열 줄의 글을 쓰는 것조차 어렵다는 현실에 저는 염증을 느끼고 있습니다. 특히 오래전부터 이 같은 사실들의 논리적 분류, 우리가 그 문제들을 다룰 관점들의 분류에 천착해 온 저는 갈수록 제가 해야 할 작업의 방대함을 보게 됩니다. 그 작업이란 바로 언어학자에게 그 자신이 행하는 각각의 작동을 자신의 예측된 범주로 환원하면서 무엇을 행하고 있는지를 보여 주는 일입니다. …… 그러고는 궁극적으로 언어학에서 할 수 있는 모든 것의 덧없음을 보여 주는 일을 말합니다.[48]

제1차 강의에서 소쉬르는 아직 엄밀한 의미에서의 일반언어학을 다루었다고 말할 수는 없다. 그가 본격적인 일반언어학을 다룬 것은 언어학의 대상의 본질에 대한 두 번째 강의의 서론 부분에서부터였다. 1908년 11~12월에 진행될 강의에서 소쉬르는 이 같은 본격적 문제를 다루기 시작했다. 1909년 1월에 이루어진 리들링거와의 대담에서 우리는 그 점을 목격할 수 있다.

> 언어라는 주제를 어렵게 만드는 것은, 마치 기하학의 몇몇 정리들처럼, 사람들은 언어의 정리를 여러 측면에서 취할 수 있다는 것입니다. 정태언어학에서 모든 것은 서로가 서로의 추론물입니다. 단위에 대해 말하건, 차이에 대해 말하건, 대립에 대해 말하건, 동일한 것으로 귀결됩니다.

> 언어(랑그)는 촘촘한 시스템입니다. 이론 역시 언어(랑그)만큼 촘촘해야 합니다.[49]

언어가 하나의 촘촘한 시스템이어야 하며, 언어 이론 역시 촘촘해야 한다는 소쉬르의 요구는 사실상, 그 자체로 실현되기가 어려운 사안이다. 시스템이라는 관념의 외연은 압축되고 울타리가 쳐진 집합의 표상이다. 그렇다면 지구상에 존재하는 다양한 언어들의 다원성이라는 결정적 사실과 어떻게 양립될 수 있는가라는 문제가 남는다. 달리 말해서, 언어(랑그)라는 개념이 오직 일련의 다양한 언어들 속에서만 비로소 제시된다면, 언어(랑그)가 어떻게 그 자체로 하나의 전체로서 파악될 수 있느냐라는 미묘한 문제가 제기될 수 있다. 소쉬르는 이에 대한 답변으로, '언어라는 유기체와 무관한 모든 것을 제거해야 할 것'이라고 말한다. 그 결과 소쉬르는 언어학의 내적 영역과 외적 영역이라는 구획을 설정한다. 그런데 흥미로운 것은 제3차 강의의 또 다른 수강생이었던 데갈리에의 노트를 보면 언어의 지리적 조건들을 언어학의 내적 측면에 할당하고 있다는 사실이다. 또한 데갈리에의 노트를 보면 다음과 같이 적혀 있다. "언어들 사이의 정확한 한계선은 존재하지 않으며 제 언어들을 방언으로 분할시키는 한계선도 존재하지 않는다. …… 다양한 파동들에 의해 개방되고, 형성된 방언들만이 존재하는 순간, 닫힌 언어들은 존재할 수 없다."[50]

방언 연구에 조예가 깊었으며, 스위스 국경 지대에서 간첩으로 오인받아 검문을 받았던 유명한 일화가 말해 주듯 실제로 현지 조사를 여러 번 수행한 소쉬르는 프랑스어와 독일어가 지역별로 말해지는 방식을 세심하게 관찰하면서, 언어의 통일성과 울타리가 방언들 또는 지역 언어들의 복수성에 의해서 용해된다는 사실을 관찰했다. 즉 소쉬르의 표현을 빌리면, 제 언어들은 무한한 분열의 과정에 노출되며, 따라서 앞서 소쉬르 자신이 강조한 촘촘한 언어라는 것은 존재할 수 없게 된다. 어쨌거나, 제3차 강의에서 소쉬르가 '언어의 지리적 외연'이라는 주제에 대해 상당 시간을 할애했다는 사실은 '언어(랑그)의 일반적 문제에 대한 그의 개념화에 있어서 본질적인 그 무엇인가를 계시하고 있으나 언어의 내재적 체계성만을 고려하면서 단번에 제거되고 말았다.[51]

소쉬르는 이미 연구되어야 할 대상의 본질에 대해 정확한 관념을 갖고 있었으나, 그는 아직 이론과 대상 사이의 선명한 구별을 참작하지 않았다는 점을 지적할 수 있다. 왜냐하면 그는 언어(랑그)만큼 체계적인 언어학을 원했기 때문이다.

먼저 소쉬르는 자신의 언어 이론을 증명해 줄 수 있는 확실한 토대들을 추구했으나 그것을 찾지 못했다. 1909년 초, 즉 아나그람 연구가 실패하기 이전에 소쉬르는 이론은 대상의 반영물이며 따라서 언어(랑그)는 대상 언어만큼이나 체계적이어야 한다고 스스로에게 힘주어 말한다. 그런데 1910년 10월, 즉 아나그람 연구의 실패 이후에 강의 설명의 형식은 전혀 다른 양상을 띠었으며 보다 성숙한 성찰이 돋보인다. 제3차 강의의 도입부에서 소쉬르는 실제로 그의 학생들에게 제3차 강의는 엄밀한 의미에서의 언어학을 다룰 것이라는 점을 선언한다. 그는 도입부의 역사적 개괄 이후에 강의의 구조를 세 부분으로 분할하여 제시했다. 1) 여러 언어들 2) 언어(랑그) 3) 개인에게서 언어활동의 능력과 행사.

1부는 '여러 언어들'이라는 제목을 달고 있으며 지리적 다양성에 대한 세밀한 분석으로 시작된다. 그 다양성은 소쉬르가 강의 진행 동안 시간적 다양성으로 환원시키기를 원했던 다양성이며 어족들의 설명을 통해서 연구된다. 2부인 '언어(랑그)'는 언어학자가 작동시키는 일반화에 해당된다. 아울러, 1911년 여름 학기 강의의 시작 부분에서 소쉬르는 생애 최초로 학생들에게 있는바 그대로의 언어의 일차적 진리들을 제시한다. 바로 1911년 5월 2일자에서 그는 명시적으로 언어학의 제1원칙, 즉 기호의 자의성을 천명했다. 소쉬르는 언어 기호의 자의성이라는 일차적 진리를 파악하기 위해서는 상이한 언어들을 염두에 두는 것으로 족하다는 점을 상기시켰다. 실제로 인간 사회에 의해 일상적으로 실천되는 역사적 자연언어에서 시간이 흐르면서 변화와 다양성에서 벗어나는 예외는 없다. 그때부터 유일하게 공통적인 것, 모든 언어들 속에서 일반적인 것은 바로 언어들의 환원 불가능한 다양성이다. 왜냐하면 언어들은 심적인 대상들이며 바로 이 점에서 매번 유일무이하고 자의적이다.

그렇지만 자의성에 1차적 자리를 내주면서 소쉬르는 곧바로 강의의 순서에 대해 주저하고 있다. 물론 기호의 자의성은 1차적 원칙이며 세계의 여러 언어들에 대한 심화된 연구와는 분리된다. 하지만 소쉬르는 곧이어 자의성의 원칙의 파급 범위를 명시화하기 위해 그 원칙을 어디에 결부시킬 것인가라는 물음을 갖고 있었다. 1911년 5월 6일 제자 레오폴드 고티에와의 대담에서 소쉬르는 여전히 일반언어학을 기하학의 체계로서 파악하고 있다고 진술하고 있다. 즉, 기하학에서처럼 언어학에서도 증명해야 할 정리들(théorèmes)에 도달해야 한다. 그런데 소쉬르는 언어 이론에서 정리 12가, 다른 형식 아래에서는 정리 33이 된다는 점을 목격한다. 1909년 1월, 소쉬르는 언어학의 이론적 정리에 대해 정태언어학을 언급했다. 그는 1911년 5월 기하학의 체계는 일반언어학과 관련된다는 의미심장한 진술을 남겼다. 언어학과 기하학의 관계, 과연 양자에 존재하는 관계가 무엇인지, 소쉬르 이후로 그 어떤 언어학자도 이론적으로 심화시키지 않은 주제로서, 역자도 더 이상의 설명을 제공할 학문적 능력이 부족하다.

한편 고티에와의 동일한 대담에서, 소쉬르는 실제로 자신이 진행하고 있는 강의의 또 다른 문제를 지적했다. 그때 그가 던졌던 회의는 교육자와 학자로서 갖추어야 할 고유한 능력이 문제가 아니라 학생들의 이해 능력과 관련된다.

> 나는 딜레마에 빠졌습니다. 하나의 주제를 그것의 모든 복잡성 속에서 진열하고, 나의 모든 의심들을 고백할 것인지, 이것은 시험을 치러야 할 강의에서는 적절치 않습니다. 아니면 단순화된 그 어떤 것, 즉 언어학자들이 아닌 학생들로 이루어진 청중에 보다 더 잘 적응된 형식과 내용을 선택할 것인지, 매번 나는 심사숙고하면서 머뭇거립니다.

학생들의 이해를 돕기 위한 교육적 배려는 이론적 차원과 밀접한 연관성을 맺고 있다.

실제로 제3차 강의가 막바지에 이른 5월부터 소쉬르는 자의성에 대한 장의 제목을 변경하며 새로운 내용을 첨가했다. 언어학자가 실행하는 일반화의 작동과 관련하여 돌출한 인식론적 균열은 강의의 짜임에서도 나타난다. 본래의 옷에 다시 고쳐 기운 흔적들로 가득 찬 옷에 비유될 수 있을 정도로 소쉬르의 고민은 깊어 갔다.

이 같은 변화는 기호의 자의성과 선조성이라는 일차적 원칙, 그리고 기호의 불변성과 가변성 사이에서 새로운 논리적 관계를 부각시킨다. 제1원칙 다음에 나오는 새로운 장에서 소쉬르는 '자의적'이라는 표현의 두 가지 의미를 해명한다. '자의적'이라는 단어가 '규약적'(또는 '계약적')이라는 의미를 지니는 것은 오직 언어학자가 공시적 관점을 채택할 경우에만 해당된다. 즉, 언어학자가 언어(랑그)를 기호들의 체계로서 간주할 때에만 해당된다. 반면, 언어학자가 통시적 관점을 취할 때, 자의적이라는 표현은 '부과되었다'는 것을 의미하며, 이 경우 언어(랑그)는 더 이상 체계가 아니다.

제2차 강의에 견주어 비교했을 때 나타나는 이 같은 수정을 통해 소쉬르는 그의 제자들에게 일반언어학은 언어학자가 작동시키는 두 개의 일반화와 관련된다는 점을 주지시키고 싶었다. 즉 언어학자가 공시적 관점을 택하느냐, 통시적 관점을 택하느냐에 따라 일반화는 전혀 다른 양상을 갖는다. 바로 이런 맥락에서 소쉬르는 자신의 학술 분야를 두 개의 구별적인 과학들로 분리시키기를 원했다. 즉 공시언어학과 통시언어학이 그것이다. 기호의 자의성은 언어들의 심적 본질에 기인하며, 일반화의 수준에서 두 개의 화해될 수 없는 차원들을 창조한다. 일반언어학의 이원성은 그 결과 1911년 여름 학기에서 기호의 자의성의 논리적 추론 결과물로서 자리 잡는다.

일반언어학의 이원성을 다루는 장의 마지막 부분에서, 소쉬르는 언어학자의 일반화만이, 만약 그 일반화가 실제로 현존하는 (또는 현존했던) 세계의 언어들에 상응한다면, 적확하다고 설명한다. 다른 하나는 진화적 언어로서 이것은 언어의 전달에 해당된다. 일반화를 원하는 언어학자는 무엇보다 하나의 관점에 근거하여 자리를 잡아야 한다. 바로 이 같은 출발점이 마련된 다음에야 비로소 다른 일반적 원칙들이 착상되고 적용될 수 있다.

바이와 세슈에에 따르면 제3차 강의는 가장 결정적인 강의이다. 하지만 그것은 일반언어학의 한 단계에 불과하다. 실제로 소쉬르는 앞선 다른 강의에서와 마찬가지로 시간이 부족해 학기 초에 예고했던 강의 내용을 모두 완수하지 못했음을 강의의 말미에서 고백한다. 실제로 강의를 시작할 때 그가 예고했던 세 번째 부분은 전혀 다루지 못했다. 만약 강의를 계속했다면, 소쉬르는 새로운 위계화 속에서 발화(파롤)의 언어학 속에 진입했을 것이다. 뿐만 아니라 소쉬르는 통시언어학과 관련된 내용을 전혀 발전시키지 못했으며 그 때문에 통시언어학에 대해 학생들은 단순한 개념적 정의로 만족해야 했다. 마찬가지로 공시언어학에서도 그는 일반적 원칙들과 방법론적 함의들을 지적하는 데서 멈췄다.

이 같은 한계에도 불구하고 기적과 같은 사건이 일어났다. 견고한 원칙들의 질서화, 철저한 비판적 회의로 무장한 반석 위에 구축된 원칙들을 통해서 20세기 최고의 강의는 일반언어학의 토대를 다지면서 언어학 사상의 전범을 이룩했다. 늦었다고 생각할 때가 가장 빠른 법. 소쉬르가 100년 전에 강의한 그의 목소리와 사상을 연구하는 것은 다른 어떤 시대보다 오늘날 더 긴박하다. 그의 심오한 성찰은 단지 언어학의 연구 대상으로 국한되지 않고 현대 인문학 전체에 결정적 영감의 씨앗을 뿌렸고 그것을 아우르기 때문이다. 소쉬르는 결코 옹고집의 유아독존적 학자가 아니었으며, 타자에게 열린 천재였고, 섣부른 결론을 내기보다는 마지막 순간까지 절대적 회의와 비판의 정신을 유지하면서 끝내 미완성의 사상가로서 남았다.[52]

무냉(George Mounin)의 보고에 따르면 메이예 교수는 소쉬르의 이 같은 거의 병적인 미완성의 콤플렉스를 절대적으로 결정적인 것만을 제시하려는 데 몰두한 완벽주의적 강박관념으로 설명하려 했다.[53]

실제로 소쉬르는 예민하며 사려 깊은 인간이었으며 진리를 추구하면서 자신의 가설들의 감추어진 결점들을 훤히 밝히기 위해 자기비판의 검토를 반복했다. 30여 년 동안 그는 언어를 지배하는 진정한 원칙들을 파악하려는 시도를 했으며 그 원칙들의 명시화는 새로운 20세기의 언어과학을 발달시키는 것을 가능케 했다. 소쉬르 사유의 '힘', 그의 방대한 지식, 그의 비범한 학문적 능력, 이 같은 미덕을 발판으로 하여 그는 청년 시절부터 이 원칙들을 찾을 수 있다고 확신했으며 그것들의 타당성에 대해 완전하게 확신하기 전에는 어떤 것도 출판하기를 원치 않았다.

그의 삶은 시작부터 이론가의 것은 아니었으며 차라리 탐구자, 즉 비평적 정신, 회의, 미완성에 의해서 특징지어질 수 있는 연구자였다.

회의는 그의 지적 호기심을 비옥하게 만들었으나 미완성과 비평적 정신은 그의 행동을 마비시켰다.[54] 이 점에서 벵베니스트(Émile Benveniste)는 소쉬르 사후 50년을 기념하는 학술 대회에서 소쉬르의 침묵과 그의 개인사적 정황을 근거로 "사유의 비극(drame de la pensée)"이라는 표현을 사용한 바 있다.[55] 그는 아주 조금씩 언어의 방대한 장을 탐구했으나, 이 주제에 대해 공간된 어떤 출판물도 남기지 않았다. 그의 친구 다비드(Jean-Elie David)에게 남긴 글을 보면, 50대에 소쉬르는 자신의 지식의 비완결성에 씁쓸한 확신을 고백했음을 엿볼 수 있다. 다비드의 증언에서는 한계에 직면한 한 천재 학자의 비극이 감동적인 장면 속에 연출되고 있다. 소쉬르는 어느 깊은 밤, 자신의 서재 유리창의 서랍을 보여 주면서 죽마고우 친구에게 이렇게 말한다.

**소쉬르**: 많은 주제에 관해 새롭게 시작한 연구들이 저 서재 안에 있어. 어떤 주제에 대해서는 수백 쪽 분량을 집필해 놓은 것도 있지. 그러곤 곧 포기해…….

**다비드**: 왜 완성시키지 않는 건가?

**소쉬르**: 파고들면 파고들수록, 더욱더 애매모호함과 불확실성만 만나게 된다네. 이 모든 연구에서 추측에 이르게 되고, 곧 그것은 불확실한 것으로 치닫고 말지.

**다비드**: 그렇지만, 최소한의 정리 작업은 되지 않겠나. 자네는 그 작업을 다른 사람들에게 알려 주어야 할 의무를 지니고 있지 않은가. 자네의 기초 작업이 새로운 연구들을 촉발시킬 수 있을 거야. 무언가를 암시만 하는 것도 벌써 대단한 것일세!

**소쉬르**: 사람들은 그저 자신들의 경박한 정신만을 암시할 뿐, 그것이 다일세. 언어의 궁극적 신비를 결코 꿰뚫어 볼 수는 없어. 이 모든 작업이 공허한 짓이라네…….[56]

소쉬르는 언어의 궁극적 신비를 꿰뚫고 싶었다. 그런데 이 같은 신비에 이르기 위해 모든 측면들을 통해 접근했으나 그는 오직 추측에만 도달했다. 즉 그는 자신의 고유한 계산만을 발견했으며 사물들 자체 속에서 감추어진 현실을 찾지는 못했다. 이것은 소쉬르를 매우 실망시켰다. 왜냐하면 그는 자신의 발견들에 대해 진리의 낙인을 찍을 수 없었으며 그의 연구는 스스로 판단했을 때 자신이 설정한 과학성의 수준에 여전히 이르지 못했기 때문이다.

소쉬르가 그의 생존 시 시종일관 일체의 저술 출판을 거부했다는 점은 그의 연구자로서의 기질에 기인하는 바가 적지 않다. 그의 삶에 대한 짧지만 핵심적인 전기들을 종합해 보면, 소쉬르는 지극히 섬세하고 예민했을 뿐 아니라, 진리 추구에 대한 거의 종교적 신중함으로 일관했다는 평가가 지배적이다.[57] 특정 언어 현상, 시적 현상, 전설 현상에 대해 설명 가설을 세우고는 곧바로 자신이 제시한 가설을 면밀한 자기 점검을 통하여 그 결점을 밝혀 놓는 다분히 자기 해체적 사유 양식을 갖고 있었던 듯하다. 언어의 문제에 있어서 소쉬르는 그가 소년기에 쓴 최초의 논문을 시작으로 약 40여 년 동안 새로운 학문의 근간을 이룰 인간 언어를 지배하는 진정한 원칙을 파악하려는 치열한 고민을 계속해 왔다는 평가를 내릴 수 있을 것이다. 그런데 문제는 그의 지적 통찰이 깊어질수록 이미 그의 청년기부터 자신이 발견했다고 확고부동하게 믿었던 언어 원리의 과학적 타당성을 무결점 상태로 증명하기 전에는 어떤 결정적 형식의 출판도 유보했다는 사실이다. 이 점은 『강의』의 비평본, 특히 최근에 발견된 제3차 강의의 필사본 노트를 읽어 보면 선명하게 나타난다. 언어 이론가이기 전에, 소쉬르는 철저한 비판적 정신, 데카르트적 회의, 그리고 미완성으로 점철되는 진리 탐구자(chercheur)의 면모를 보여 주고 있다. 실제로 소쉬르의 비관적 회의는 그의 마르지 않는 호기심을 더욱더 풍요롭게 만들면서 자연 언어와는 거리가 먼

인도유럽어로 기록된 고대 시조들의 아나그람이나 독일 게르만 전설 연구와 같은 동떨어진 영역으로까지 그의 혜안을 통해서 새로운 원칙의 발견을 추구하도록 만들었던 것이 사실이다.[58]

물론 앞서 언급한 철저한 비판 정신과 회의는 그의 만년의 강의 속에서도 작동되고 있었으며, 일체의 출판보다는 비판적 정신에 더 적합한 대학 강의라는 매개를 통해 언어 이론이라는 지식 전달의 양태성을 실현시킨 것이다. 범속한 학자들과 달리 소쉬르의 극적 드라마는 인간의 사유로는 포착될 수 없고 고갈되지 않는 현실에 대한 천재적 직관, 즉 이성적 사유의 촉수에 걸려들지 않은 현실의 숨은 진리를 탐사할 수 있는 혜안을 가졌다는 데 있다. 그나마 다행인 것은, 사물에 대한 진리에 도달하기 위한 시도 속에서 그 어떤 한계나 족쇄도 채우지 않았던 소쉬르가 자의 반 타의 반 대학 강의라는 제도적 한계와 수강생들의 지적 한계를 수용하면서, 일체의 불확실성과 회의에도 불구하고, 일반 언어 이론을 강의했다는 점이다. 그리고 그의 연구자의 마음에 깊은 울림을 주었던 그의 목소리만으로 소쉬르는 그 어떤 저술의 출간보다 더 값진 일인 빼어난 제자들의 양성에 성공했다.

## 10 마무리: 소쉬르 어휘의 한국어 사전을 기대하며

소쉬르의 주요 어휘는 한국어 번역어가 대체로 정착되어 가고 있는 상황이다. 이를테면 signifiant과 signifié는 1980년대까지만 해도 일본어 번역어인 '능기'와 '소기'로 옮겨지다가 그 이후 상당 기간 동안 '시니피앙'과 '시니피에'라는 음차로 번역되었으나, 현재에는 '기표'와 '기의'라는 전문 술어가 관련 학자들과 일반 독자들에게서 대체적으로 채택되고 있다. 이 밖에 자의성(arbitraire), 청각 영상(image acoustique), 언어활동(langage) 등, 대부분의 학자들 사이에서 일치된 번역 용어들이 상당수에 이른다. 몇몇 용어에 대해 역자는 기존의 번역어와 다른 선택을 시도했다. 예컨대, langue를 기존 번역어인 언어로 옮길 경우 개념적 의미가 희석될 소지가 있어, 괄호 속에 랑그라는 음역을 병기했다. 참고로 '랑그'라고 번역한 김방한 교수를 제외하고는 4개의 한국어 번역본에서, 모두 '언어'로 옮겨져 있다. 기호의 자의성과 반대되는 의미를 갖는 motivé, motivation 등의 경우, 유연적, 유연성, 그리고 반대어인 immotivé, immotivation의 경우는 무연적, 무연성 등으로 옮겨져 있으나, 역자는 각각 근거적, 근거성, 무근거적, 무근거성이라는 용어를 새롭게 제안했다.

독자들의 편의를 위해 역자는 주요 용어에 대한 기존의 한국어 번역본들에서 사용된 번역 용어를 비교하는 표를 만들었다. 또한 프랑스어, 한국어, 영어, 일본어, 중국어 번역어 대조표를 작성했다.

또한 독자들의 이해를 돕기 위해 300여 개의 역주를 달았다. 이들 역주 가운데는 소쉬르의 언어 이론의 인식론적, 방법론적 함의에 대해 현대 인문 지식의 관점에서 주해를 제공하려 한 경우도 있고, 지명, 인명, 언어명처럼 순전히 백과사전적 지식을 풀이한 사례도 있다. 영어와 프랑스어로 기록된 위키피디아를 비롯한 다양한 종류의 사전을 참조하여 원전의 해당 부분과 관련된 내용을 요약 정리했으며 독자의 이해를 돕기 위해 이미지들을 수록했다. 위키피디아 사전을 참조했을 경우 매번 출처를 명시했으나 해당 웹페이지의 주소를 일일이 적을 경우 너무 번쇄할 것 같아 생략했음을 밝혀 둔다. 18세기에 생존했던 거의 무명에 가까웠던 고고학자의 이름이나, 또는 이미 지구상에서 사라진 인도유럽어족의 언어와 같은 문헌학적 정보를 컴퓨터 스크린을 통해서 쉽게 얻을 수 있다는 사실에 역자는 집단 지성의 위력을 실감했다.

사실, 역주 작업은 더 많은 분량의 역주 달기가 가능하나 시간이라는 물리적 한계로 인해 작업을 멈춘 것에 불과하다는 점에서 결코 완성된 것은 아니다. 앞으로 기회가 된다면, 한국에서 여전히 가장 많이 읽히고 있는 『일반언어학 강의』 표준판에 대한 역주 작업을 달 생각이다. 마우로 교수가 불과 그의 나이 35세에 달아 놓은 소쉬르학의 보석과도 같은 305개의 역주의 수준과 범위를 능가할 수 있는 주를 달 수 있을지 미지수이나, 언젠가 한 번쯤 시도하고 싶은 마음이 간절하다.

서론

# 언어학사에 대한 일별

이번 강의에서는 엄밀한 의미에서의 언어학(la linguistique proprement dite)을 다룰 것이며, 언어(랑그, langue)와 언어활동(langage)을 다루지는 않을 것이다.[1] 언어학이라는 학문은 결점을 지닌 몇 단계들을 거쳐 왔다.[2] 세 가지 단계를 식별할 수 있는데, 이를테면 그것은 언어 속에서 나름대로의 일정한 연구 대상[3]을 직시했던 사람들이 역사적으로 추구해 온 세 개의 방향이라 할 수 있다. 그 이후, 자신의 연구 대상을 의식한 엄밀한 의미에서의 언어학이 도래했다.

첫 번째 단계는 그리스인들이 발명한 문법의 단계로서,[4] 큰 변화 없이 프랑스인들에게서 계속되어 왔다.[5] 첫 번째 단계에는 결코 언어(la langue) 자체에 대한 철학적 견해를 갖고 있지 않았다. 그 단계는 오히려 논리학(la logique)과 관련된다. 모든 전통 문법은 하나의 규범문법(une grammaire normative), 즉 규칙들을 세우고, 정확한 언어와 정확하지 않은 언어를 구별하려는 집착에 의해 지배되었다. 그것은 이미 원칙부터 언어 현상 전체에 대한 폭넓은 견해를 배제했다.[6]

나중에 가서 그리고 19세기 초반에 접어들어서야, 만약 우리가 하나의 위대한 사조라고 말하기를 원한다면, 오늘날까지 지속되는 고전

문헌학이라는 위대한 문헌학적 흐름이 있었다. 여기에서는 이 위대한 사조의 선구자들(알렉산드리아의 문헌학파)은 논외로 할 것이다. 1777년, 당시 학생이었던 프리드리히 아우구스트 볼프(Friedrich August Wolf)는 문헌학자(philologue)로 명명되기를 원했다.[7] 문헌학은 다음과 같은 새로운 원칙을 가져다주었다. 그 원칙이란 문헌(textes)의 존재 앞에서 가져야 할 비평적 정신의 방법을 말한다. 언어(la langue)는 문헌학의 범위에 존재하는 다양한 대상들 중 하나에 불과했으며 따라서 언어는 이 같은 문헌 비평의 수중 속으로 전락하고 만다. 그때부터 언어 연구는 더 이상 문법적 정확성에 대한 단순한 연구가 아니었다. 이를테면 비평적 원칙을 통하여 시대별 차이가 가져다준 것을 검토해야 했으며 일정 정도에서는 역사언어학의 실천을 개시해야 했다.[8] 플라우투스(Titus Maccius Plautus)의 문헌 수정에 착수한 리츨(Ritschl)[9]은 언어학자의 작업을 했던 것으로 간주될 수 있다. 문헌학적 사조는 언어와 관련된 수많은 원천들을 발굴했으며, 이때 언어는 전통적 문법의 정신과는 전혀 다른 정신 속에서 다루어졌다. 예를 들면 비문들(inscriptions)과 비문들의 언어에 대한 연구가 그것이다. 하지만 이것은 여전히 언어학의 정신은 아니었다.

세 번째 단계에서도 여전히 언어학의 이 같은 정신을 볼 수 없다. 하지만 이 단계는 놀랄 만한 단계로서 언어들끼리 비교를 할 수 있다는 사실을 발견했다. 또한 지리적으로 큰 거리를 두고 분리된 언어들 사이에 일정한 관련성, 일정한 관계가 있다는 사실을 발견한 것이다. 아울러 언어들의 방대한 계보들(어족들)이 존재한다는 사실을 발견했는데 특히 인도유럽어족이라는 이름을 부여받은 어족이 존재한다는 사실을 발견했다.

놀라운 점은 1816년, 보프의 이 같은 발견 이후 계속된 30년 동안, 언어(la langue)가 무엇인지에 대해 그보다 더 결점이 많고 더 터무니없는 생각을 가져 본 적이 없다는 것이다.[10] 실제로 그때부터 학자들은 마치 놀이하듯이 상이한 인도유럽어족의 언어들을 애써 비교했으며, 결국 그들은 도대체 이 같은 관계들이 표상하는 것이 무엇인지, 또한 구체적인 현상들의 관점에서 이 같은 관계들을 어떻게 표출해야 할 것인지 자문하지 않을 수 없었다. 하지만 1870년에 이르기까지 그들은 언어가 살고 있는 조건들에 대한 관심을 기울이지 않은 채 이 같은 언어 비교라는 놀이를 실천했다.

관련 연구서들의 양적 차원에서 매우 풍요로웠던 그 단계는 선행 단계들과 달랐다. 왜냐하면 그 단계에서는 다수의 언어들과 그 언어들 사이의 관계에 주의를 기울였기 때문이다. 하지만 그 단계는 선행하는 단계만큼이나, 언어에 대한 관점, 어떤 경우이건, 적확하고 찬성할 수 있으며, 합리적인 관점을 결여하고 있었다. 그것은 순전히 '비교적'이었다.[11] 문헌학적 전통이 비교언어학자들에 대해 보여 준 어느 정도 적대적인 태도를 모조리 비난할 수는 없다. 왜냐하면 비교언어학자들은 사실상 원칙 그 자체에 의해 생산된 어떠한 혁신도 가져다주지 못했고, 그들의 자산에 속한 구체적 지평의 확대에서 직접적인 유익함을 보게 할 수 있는 어떠한 혁신도 가져다주지 못했기 때문이다. 사실들을 인식할 수 있는 더욱 직접적인 방법이 없을 때, 비교란 우리가 사용할 수 있는 한 가지 방법에 불과하다는 사실을 어떤 순간에 사람들은 인정하게 되었을까? 또 어떤 계기로 비교문법은 비교문법을 포함하면서도 비교문법에 또 다른 방향을 제시한 특정 언어학에 자리를 내주었는가?

인도유럽어 연구자들이 보다 온전한 시선을 갖도록 만든 것은 주로 로망어(langues romanes) 연구였다. 로망어 연구는 언어학 연구가 일반적으로 어떤 학문으로 발돋움해야 할 것인가에 대한 단서를 제공했다. 디에즈(Friedrich Diez)[12]가 착수한 로망어를 향한 연구의 사조는 인도유럽어에서 보프가 제시한 규칙들을 발전시키는 일이었다. 하지만 로망어의 범위 속에서 학자들은 곧바로 다른 조건에 놓였다. 첫째, 각 형태의 원형(prototype)이 실증적으로 현존한다. 즉 우리들이 알고 있는 라틴어 덕분에 로망어 연구자들은 그들 앞에 그 기원부터 이 같은 원형을 갖고 있었던 반면, 인도유럽어에 있어서는 각 형태의 원형을 가설을 통해 재구해야만 한다. 둘째, 로망어들과 더불어 최소한 몇몇 시기에는 자료들을 통해 여러 세기에 걸친 언어를 추적할 수 있는 매우 높은 가능성이 존재하며, 따라서 사태가 어떤 식으로 진행되었는가를 목격할 수 있는 높은 가능성이 존재한다. 추측의 여지를 줄일 수 있는 이 같은 두 가지 국면은 인도유럽어학보다는 로망언어학에 또 다른 모습을 부여했다. 또한 게르만어 역시 일정 부분에서 동일한 역할을 맡았다. 거기에서도 원형은 존재하지 않지만, 게르만어의 영역은 사람들이 추적할 수 있는 오랜 역사적 시기들을 담지하고 있다.

그러므로 인도유럽어 연구자들에게 결여되어 있던 역사적 시각이 로망어 전문가들에게는 필수적으로 부과되어 있었다고 볼 수 있다. 왜냐하면 인도유럽어 연구자들은 동일한 차원에서 모든 것을 보았기 때문이다. 아울러 역사적 시각을 통하여 사실들의 연쇄가 당도했다. 바로 그 같은 사실의 결과로서 로망어 연구자들이 끼친 매우 유익한 영향이 생겨났다. 연구의 관점에서 문헌학과 비교 단계에 공통적으로 나타나는 큰 결점들 중 하나는 글자, 곧 문자 언어(la langue écrite)에 예속적일 정도로 그것에 결착된 채로 남아 있었다는 점이다. 또는 실재적인 음성 언어(la langue parlée)에 속할 수 있는 것과 그것의 문자 표기(signe graphique)가 될 수 있는 것을 선명하게 구별하지 못했다는 점이다. 그 결과 문학적 관점이 언어학적 관점과 어느 정도 혼동되는 상황이 발생했으며, 더구나 더욱 실제적으로 문어는 구어와 혼동되었다. 서로 전혀 관계가 없는 표기 기호들과 음성 기호들의 두 개의 중첩된 체계들이 혼합되었다. 그런 식으로 조금씩 준비된 언어학은 하나의 학문으로서, 우리는 그 정의를 하츠펠트(Hatzfeld), 다르메스테테르(Darmesteter), 토마(Thomas)의 사전[13]에서 빌려 오고자 한다. "언어들의 과학적 연구(étude scientifique des langues)", 이것은 만족스러운 정의인데, 모든 선행하는 연구와 구별시켜 주는 것은 '과학적'이라는 단어에 있다.

언어학은 자신 앞에 1) 소재[14]로서 2) 대상 또는 과제로서 무엇을 가지고 있는가?

1) 과학적 연구는 그 소재로서 인간 언어의 모든 종류의 변형을 다룰 것이다. 언어의 과학적 연구는 문학적 관점에서 더 또는 덜 눈부신 특정 시대 사이에서 선택하지도 않을 것이며, 또 특정 시기의 민족 때문에 더 또는 덜 유명한 시대 사이에서 선택을 하는 것도 아니다. 언어의 과학적 연구는, 모호한 언어이건 유명한 언어이건 상관없이 모든 언어에 관심을 기울이며, 마찬가지로 모든 시대에 대해서도 관심을 갖는다. 예컨대, "고전주의 시대"라 불리는 것을 선호하지 않으며, 데카당스 또는 태곳적으로 불리는 시대에 대해서도 똑같은 관심을 기울인다. 마찬가지로 모든 시대의 한복판에서 그것은 가장 교양 있는 언어를 선택하는 것을 허락하지 않을 수 있으며, 오히려 이른바 교양 언어 혹은 문학 언어와 대립되는 다소 민간적인 형식들을 연구한다. 따라서 언어학은 모든 시대의 언어활동(langage)을 다루며, 언어활동이 띠고 있는 모든 발현들(manifestations) 속에서 언어활동을 다룬다.[15]

반드시 그 점에 주목해야 하는데 가능한 한 모든 시대에 대한 사료들(documents)을 갖기 위해 언어학은 계속해서 문자 언어를 다뤄야 하며, 문자 텍스트들(textes écrits)의 한가운데서 보다 올바른 길을 가기 위해 빈번하게 문헌학으로부터 자신의 통찰(lumière)을 빌려 와야 한다. 하지만 언어학은 문자 텍스트와, 그것의 이면 사이의 차이를 구별할 것이다. 언어학은 문자 언어 속에서 언어학의 유일하고 진정한 대상인 음성 언어의 외피만을 보게 될 것이며, 또는 자신의 본령을 인식할 수 있

게 해 주는 외적인 방식만을 보게 될 것이다.[16]

2) 언어들(langues)에 대한 과학적 연구의 소재, 과제 또는 대상은, 가능하다면 알려진[17] 모든 언어들의 역사를 쓰는 일이 될 것이다. 물론, 그것은 미세한 넓이의 지역에 국한되어서만, 그리고 모든 언어들 가운데서 매우 한정된 수의 언어들에 대해서만 가능할 것이다. 한 언어의 역사[18]를 쓰려는 시도를 하면서, 곧장 언어들의 계보(어족)의 역사를 추적해야 할 의무에 직면하게 된다. 사람들은 라틴어를 넘어서 그리스어와 슬라브어의 공통된 시기에 접하게 된다. 라틴어가 우리 앞에 모습을 드러낼 때, 그것은 따라서 여러 어족들의 역사를 함의한다.

그렇지만 둘째, 이 점은 매우 다르거니와, 이 같은 모든 언어들의 역사로부터 가장 일반적인 법칙들이 도출되어야 한다. 언어학은 언어활동(langage) 속에서 보편적으로 작용하고 있는 법칙들을 식별해야 하며, 아울러 절대적으로 합리적인 방식으로, 언어들의 특정 분야에 존재하는 특수한 현상들로부터 일반적인 현상들을 분리해 내야 한다.[19] 우리가 결부시킬 수 있는 더욱 특수한 과제들이 존재한다. 그러한 과제들은 언어학이 다른 학문들에 대해 가질 수밖에 없는 관계들과 연관된다. 어떤 학문들은 언어학으로부터 제반 정보들과 자료들을 빌려 오는 관계에 있으며, 정반대로 다른 학문들은 언어학에 제반 정보와 자료들을 제공하고 언어학을 도와주는 것을 과제로 삼는다.

그 두 부류의 학문들의 각 영역이 처음 순간부터 매우 명료하게 나타나지는 않는 경우가 빈번하게 발생한다. 무엇보다 1차적으로 언어학과 심리학 사이에 존재하는 관계를 언급해야 하는데, 그 관계의 한계를 긋는 일은 어렵다.[20]

스스로를 정의하고, 자신의 영역 속에 존재하는 것을 알아보는 것(reconnaître)은 언어학의 과제들 가운데 하나이다. 언어학이 심리학에 종속되는 경우에도 언어학은 간접적으로 종속될 뿐 독립된 채로 남아 있을 것이다. 일단 언어학이 그러한 식으로 파악되면, 즉 언어학 앞에 (가능한 한 가장 넓은 대상인) 언어활동의 모든 발현들 속에서 나타나는 바에 따라 언어활동을 파악하게 되면, 이를테면 사람들은 모든 시대에서 아마도 명료하지 않았던 것을 곧바로 이해할 수 있게 된다. 즉, 그것이 바로 언어학의 유용성(utilité)이며, 또는 언어학이 이른바 사람들이 일반 교양이라고 부르는 것과 관련된 연구들의 범위 속에 모습을 드러내면서 가질 수 있는 자격이다.

언어학자들의 활동이 여러 언어들(langues) 사이에서의 비교에 한정되는 한, 이 같은 일반적 유용성은 일반 대중에게서 벗어날 수밖에 없었다. 요컨대 그런 경우 언어학이란 너무나 특수한 연구이므로, 대중의 관심을 끌 진정한 이유가 없었다. 언어학이 자신의 목적과 대상을 더 잘 의식하는 순간에야, 즉 언어학의 전체 외연을 파악하는 순간에야 비로소 이 학문은 모든 이의 관심을 끌 수 있는 수많은 연구들 가운데 자신의 발언권을 가짐은 자명하다. 예컨대 언어학은 텍스트(문헌)를 다뤄야 하는 사람들 그 누구와도 무관할 수 없다. 또한, 상이한 음운론적·형태론적 현상들, 또는 그 밖의 현상들에 대해 하나의 견해를 갖는 것, 언어활동이 시간과 더불어 삶을 영위하고, 지속되며, 변질되는 방식에 대한 견해를 갖는 것은 특히 역사가에게 유용하다.

언어활동은 인간 사회에서 너무나 엄청난 역할을 맡고 있다. 그것은 개인과 사회 모두에게 매우 중요한 요인이라서, 이 같은 인간 본성의 중요한 부분에 관한 연구가 순전히 그리고 단순히 몇몇 전문가들의 사안이어야 한다고 가정하는 것은 있을 수 없는 일이다. 모든 사람들은 인간적 발현들의 이 같은 측면이 일반적으로 표상하는 바가 무엇인지에 대해 가능한 한 정확한 생각을 획득해야 한다. 실제적으로 그 점은 합리적이고 수긍할 수 있는 생각들, 그리고 언어학이 마침내 도달하는 개념화는 결코 단숨에 주어지지 않는다는 점에서 더욱 그렇다. 언어

(langue)의 연구보다 더 몽상적이고 부조리한 생각들을 낳은 영역은 그 어디에도 없다. 언어활동(langage)은 온갖 종류의 환영들(mirage)의 대상이다. 언어활동이라는 개념으로 인해 만들어진 오류들은, 심리학적으로 말하자면, 흥미로운 그 무엇이다. 스스로에게 방치된 모든 사람은 언어활동 속에서 야기되는 현상들에 대해 진리에서 매우 동떨어진 생각을 품게 된다. 따라서 또한 이러한 측면에서, 연구자들 대부분이 매우 쉽게 착각하거나 심각한 오류들을 범할 수 있는 경향에 노출된 곳에서 언어학이 많은 생각들을 교정하고, 진리의 빛을 지닐 수 있다고 스스로 믿는 것은 합법적이다.

우리는 언어학의 대상과 그것의 가능한 유용성을 말하기 위해 언어와 언어활동의 문제를 일단 제쳐 놓았다.

강의 내용은 크게 다음과 같이 나뉜다.[21]

1) 여러 언어들(Les langues)

2) 언어(La langue, 랑그)

3) 개인에게 있어서, 언어활동(langage)의 능력 및 그 능력의 행사

언어(랑그)와 언어활동이라는 단어들[22]을 곧장 분리하지 않는다면 우리는 어디에서 언어(랑그), 또는 언어활동의 구체적이고 '완결된' 통합적 현상을 찾을 수 있는가? 다시 말해 언어활동 대상 속에 잠정적으로 포함되어 있으며, 아직 분석되지 않은 그것의 모든 성격들과 더불어, 우리가 마주하게 된 대상을 우리는 어디에서 발견할 것인가? 그것은 이런저런 다른 학술 분야에서는 존재하지 않는 어려움이다. 그 어려움이란 마주해야 할 소재를 자신 앞에 갖고 있지 않다는 것을 말한다. 가장 일반적인 것을 취하면서, 이 같은 통합적이며 완결된 대상을 갖게 된다고 생각하는 것은 오류일 것이다. 일반화의 작동(opération)은 다름 아닌 추상화를 전제로 하며, 연구해야 할 대상을 이미 깊이 통찰하여 그 결과, 그것의 가장 일반적인 특질들이라고 선언하는 것을 도출할 수

있다고 전제한다. 언어활동 속에서 일반적인 것으로 존재하는 것, 그것은 우리가 추구하는 바가 아니다. 즉 우리가 찾으려는 것은 직접적으로 주어진 대상이 아니다. 하지만 부분적인 그 어떤 것 앞에 놓여서는 안 될 것이다.

그 결과, 발성 기관이 어느 정도 배타적 관심을 끌 만큼 중요하다는 사실은 명백하다. 아울러 언어의 발성적 측면을 연구할 경우는, 청각적인 측면이 이 같은 발성적 측면에 대응한다는 사실을 곧바로 깨닫게 된다. 이것은 여전히 순전히 물(질)적인 것에 불과하다.[23] 사람들은 이러한 발성적 산물과 관념(idée)의 결합인 단어의 문제에 착수하지 않았다. 그런데 만약 관념과 음성 기호(signe vocal)의 결합을 취한다면, 그 결합을 연구하는 것은 개인에서인지, 사회에서인지, 혹은 사회적 집단 속에서인지를 자문해야 한다. 우리는 불완전한 어떤 무엇인가 속에 여전히 놓여 있게 된다. 그런 식으로 앞으로 나아가면서 사람들은 언어(langue)를 아무렇게나 한쪽 끝에서 취했음을 깨닫게 된다. 즉, 자신 앞에 모든 현상을 갖는 것과는 거리가 멀다. 여러 측면을 동시에 연구한 이후에도, 언어(langue)는 동질적인 방식으로 제시되지 않으며, 통합적인 대상을 연구할 수 없는 채로, 상이한 조각들을 통해 연구해야 하는 복합적인 것들(소리의 분절, 그리고 그 소리에 결합된 관념)의 집합체로서 나타난다.

우리가 채택할 수 있는 해결책은 다음과 같다. 개인에게는 분절화된 언어활동의 능력(la faculté du langage articulé)이라 부를 수 있는 고유한 능력이 존재한다. 이 능력은 무엇보다 우리에게 다양한 기관들을 통해 주어지며, 그 기관들 사이에서 우리가 획득할 수 있는 기능(jeu)에 의해 주어진다. 하지만 그것은 하나의 능력에 불과하며, 외부로부터 개인에게 주어진 또 다른 것 없이 그것을 실행하는 것은 물리적으로 불가능하다. 외부에서 주어지는 것, 그것은 바로 언어(랑그)라고 불리는 것이다. 언어(랑그)라고 부르는 것을 통해서 개인에게 그 같은 수단을 제공하는 것은 개인의 외부에 존재하는 사회적 동료들의 집합(l'ensemble)이다. 우리는 언어활동과 언어(랑그) 사이에 설정되어야 할 가장 정확한 구획(démarcation)이 괄호(parenthèse) 속에 있다는 것을 보게 된다. 언어(랑그)는 반드시 사회적일 수밖에 없으나, 언어활동은 반드시 사회적인 것은 아니다. 언어활동은 특히 개인에 대해 언급하면서 정의될 수 있을 것이다. 그것은 추상적인 무엇이며, 스스로 발현되기 위해서는 인간의 존재를 전제로 한다. 개인들에게서 존재하는 이 같은 능력은 아마도 다른 능력에 비유될 수 있을 것이다. 예컨대, 인간은 노래 부르는 능력을 갖고 있지만 사회 집단이 개인을 유도하지 않는다면 개인은 노래를 발명할 수 없을 것이다. 언어(랑그)는 모든 개인들에게서 기관들(organes)의 존재를 전제로 한다. 언어를 언어활동의 능력과 구별했을 때, 다음과 같은 것들을 구별하게 된다.

1) 개인적인 것으로부터 사회적인 것을 분리하며, 2) 어느 정도 우발적인 것으로부터 본질적인 것을 분리해 낸다. 나중에 가서 실제로 보겠지만, 모든 언어를 구사하는 데 충분한 것은 음성 기호(signe vocal)와 관념(idée)의 결합이다. 발성적 실행은 개인적 능력에 속하는 것으로서, 그것은 바로 개인의 몫이다. 그것은 지휘자가 악기로 음악 작품을 연주하는 것과 같다. 많은 사람들이 그 작품을 연주할 수 있으나 연주곡의 단락은 다양한 연주 공연들과는 독립되는 것이다. 청각 이미지(image acoustique)는 하나의 관념(idée)과 결합되며, 이것이 바로 언어의 본질적인 것(l'essentiel)이다. 모든 우발적인 것들을 포함하는 것은 발성 행위이다. 왜냐하면 주어진 것의 부정확한 반복 속에, 수많은 우발적인 사건들에 속하는 음성 변화들이라는 방대한 차원의 사실들의 기원이 존재하기 때문이다.

3) 이렇게 언어(랑그)를 언어 능력(faculté du langage)과 분리하면서

우리는 언어(랑그)에 '산물(produit)'이라는 이름을 부여할 수 있다. 그것은 하나의 '사회적 산물'로서 우리는 그것을 하나의 연속적인 행동이라 할 수 있는 발성 기관의 기능으로부터 분리해 냈다. 개인들의 총합의 두뇌에 잠재적으로 존재하는 것을 취하면서, 심지어 수면 상태에 있는 개인들(이들은 동일한 공동체에 속한다.)의 두뇌 속에 잠재적으로 존재하는 것을 취하면서 이 산물을 매우 온전하게 표상할 수 있을 것이다. (그 결과 자신 앞에 언어(랑그)를 물질적으로 갖게 될 것이다.) 이처럼 각각에는 우리가 언어(랑그)라고 부른 산물, 그 자체가 자리 잡고 있다. 연구해야 할 대상은 각자의 두뇌 속에 보관되어 있는 보물(trésor)이다. 이 보물은, 만약 그것을 각각의 개인에게서 취한다면, 그 어디에서도 절대로 완결되지는 못할 것이다. 우리는 언어활동이 늘 하나의 언어(랑그)를 수단으로 해서 발현된다고 말할 수 있을 것이다. 언어활동은 언어(랑그) 없이는 존재하지 않는다. 언어(랑그)는 또한 절대적으로 개인으로부터 벗어나는 것이다. 언어(랑그)는 개인의 창조일 수가 없다. 언어(랑그)는 그 본질에 있어서 사회적이다. 언어(랑그)는 집단성(collectivité)을 전제로 한다. 끝으로 언어(랑그)는 소리와 청각 이미지와 관념의 결합을 본질적인 것으로 갖는다. (청각 이미지는 우리의 두뇌 속에 남아 있는 잠재적인 인상(impression latente)이다.) 언어(랑그)를 반드시 모든 순간에 말해지는 것으로 표상할 필요는 없다.

세부 사항으로 넘어가 보자. 언어(랑그)를 사회적 산물로 고려해 보자. 사회적 산물들 가운데서 언어(랑그)와 나란히 놓일 수 있는 또 다른 사회적 산물이 있는지 자문해 보는 것은 당연하다.

1870년경, 자신의 저서 『언어의 원리들과 언어의 삶(*Les principes et la vie du langage*)』으로 지대한 영향력을 행사했던 미국의 언어학자 휘트니[24]는 언어를 하나의 사회적 제도에 비교하면서 사람들을 놀라게 만들었는데, 그는 언어가 일반적으로 가장 큰 부류의 사회적 제도들 속에 들어갈 것이라고 말했던 것이다. 이 점에서 그는 올바른 노선을 따랐다. 그의 생각은 나의 견해와 일치한다. 그는 다음과 같이 말했다. "요컨대 인간들이 말을 하기 위해 후두, 입술, 혀를 사용한 것은 우연이며, 그들은 그것이 더 편리하다는 것을 발견했으나, 만약 그들이 시각적 기호들이나, 손을 사용했더라도 언어가 그 본질에 있어서 완벽하게 동일한 것으로 남아 있을 것이며, 전혀 변화된 것이 없을 것이다."[25]

그것은 정확한 견해였다. 왜냐하면 그는 개인의 실행(exécution)의 문제를 크게 중시하지 않았기 때문이다. 이것은 곧 우리가 방금 전 말했던 것과 합치된다. 유일한 변화가 있다면 그것은 우리가 언급했던 청각 이미지가 시각 이미지에 의해 대체되는 것뿐이다. 휘트니는 언어에 자연적 능력이 존재한다는 생각을 근절시켰다.[26] 실제로 사회적 제도는 자연적 제도와 대립된다.

그렇기는 하지만, 언어(랑그) 옆에 언어(랑그)에 비교될 수 있는 사회적 제도를 찾아볼 수 없다. 그 양자 사이에는 매우 많은 차이점들이 존재한다. 언어(랑그)가 제도들 사이에서 차지하는 매우 특이한 상황은 지극히 확실하다. 다만 그 차이가 무엇인지 한 단어로 답할 수 없을 뿐이다. 오히려 그 같은 비교에서 차이들은 부각될 것이다. 일반적으로 법률 제도 등과 같은 제도, 이를테면 의례들의 집합 혹은 단 한 번에 모든 것이 설정되는 여러 의례 행사들은 언어와 가까운 많은 특징들을 갖고 있으며, 그 같은 제도들이 시간 속에서 겪는 변형들은 언어(랑그)에서 발생하는 많은 변형들을 상기시킨다. 하지만 엄청난 차이점들이 존재한다.

1) 다른 어떤 제도도 매 순간에 모든 개인들과 관련되지는 않는다. 다른 어떤 제도도 각자가 자기 몫을 갖고 자연스럽게 자신의 영향력을 행사하는 방식으로 모든 사람들에게 주어지지 않는다.

2) 대부분의 제도들은 특정 순간에 개선되고 교정될 수 있으며 특

정한 의지 행위에 의해 개혁될 수 있다. 반면 언어에서는 이 같은 행동이 불가능함을 보게 된다. 심지어 한림원과 학회조차도 언어라는 제도가 취하는 흐름을 법률을 통해서 그 흐름을 변화시킬 수는 없다.

논의를 더 진전시키기 전에, 그사이에 또 다른 생각을 도입해야 한다. 그것은 여러 사회들 속에 존재하는 '기호학적 사실들(faits sémiologiques)'이라는 관념이다.[27] 사회적 노동의 산물로서 간주된 언어를 다시 취해 보자. 그것은 이 사회 구성원들의 합의에 의해 고정된 기호들의 총합이다. 이 기호들은 관념들을 상기시키며, 다름 아닌 기호들을 통한다는 점에서, 예컨대 의례와 더불어 어떤 공통적인 것을 갖는다.

이를테면 거의 모든 제도들은 그 기초에 있어서 기호들을 갖고 있지만, 사물들을 직접적으로 상기시키지는 않는다. 모든 사회 속에서 이 같은 현상이 나타나는데, 상이한 목적들을 위해 사람들이 원하는 관념들을 직접적으로 상기하는 기호들의 상이한 체계가 수립되어 있다. 하지만 언어(랑그)가 이 같은 기호 체계들 가운데 하나이며 가장 중요한 기호 체계들 가운데 하나라는 점은 자명하다.[28] 언어(랑그)라는 기호 체계는 유일무이한 기호 체계는 아니며 따라서 다른 기호 체계들을 논외로 할 수는 없다. 따라서 언어(랑그)를 기호학적 제도들 속에 갖다 놓아야 할 것이다. 그 같은 기호학적 제도에는, 예컨대 해양 신호들(시각 기호들), 군사용 트럼펫 신호, 농아들의 수화를 통한 언어 등등이 속할 것이다. 문자는 또한 방대한 기호 체계이다.[29] 기호 체계들의 심리학이 존재할 것이며, 이 같은 심리학은 사회심리학의 한 부분이 될 것이다. 그 같은 심리학은 '사회적'인 것이다. 그것은 언어(랑그)에 적용될 수 있는 동일한 심리학이 될 것이다. 이 같은 기호 체계들의 변형 법칙은 빈번하게 언어(랑그)의 변형 법칙들과 매우 비슷한 유추를 겪게 된다. 음성 현상에 비교될 수 있는 변질들을 겪는 문자(그것이 시각 기호라고 해도)

에 대해 그 같은 관찰을 하는 것은 쉬운 일이다.[30]

언어학이 연구해야 할 사회적 산물인 언어(랑그)에 이 같은 성격을 지정한 후에 덧붙일 점은 인류 전체의 언어활동이 무한한 언어들의 다양성을 통해 발현된다는 사실이다. 언어(랑그)는 한 사회의 산물이지만, 상이한 사회들이 동일한 언어(랑그)를 갖지는 않는다. 이 같은 다양성은 어디에서 오는가? 때때로 그것은 상대적인 다양성이며, 때때로 절대적 다양성이기도 하지만, 궁극적으로 우리는 각자의 두뇌 속에 저장되어 있다고 가정할 수 있는 이 같은 사회적 산물 속에서 구체적 대상을 찾아냈던 것이다. 하지만 이 산물은 지구의 특정 장소로 자리를 옮겨 감에 따라 상이하다. 주어진 것은 단지 총칭적 언어(la langue)만이 아니라, 여러 언어들(les langues)이다. 언어학자는 처음에는 언어들의 다양성 이외의 다른 것을 연구할 수 없는 불가능성에 놓인다. 언어학자는 먼저 여러 언어들을, 가능한 한 많은 수의 언어들을 연구해야만 한다. 그는 할 수 있는 한 자신의 지평을 확대시켜야 한다. 그런 식으로 우리는 연구의 수순을 밟아 갈 것이다. 이 언어들의 연구와 관찰을 통해 언어학자는 일반적 특징들을 도출할 수 있으며, 특수하고 우발적인 것을 논외로 하면서, 그에게 본질적이며 보편적으로 보이는 일반적 특징들을 얻을 수 있다. 그는 자신 앞에, 언어라는 일련의 추상화의 총합을 갖게 될 것이다. 이것은 언어(랑그)라는 두 번째 장 속에서 요약할 수 있는 것이다. 언어(랑그)라는 이름으로 우리는 상이한 언어들(langues) 속에서 우리가 관찰할 수 있는 것을 집약할 것이다.

3) 하지만 개인을 연구해야 할 여지가 있다. 왜냐하면 일반적 현상들을 창조하는 것은 모든 개인들의 협조라는 점이 자명하기 때문이다. 따라서 개인에게서 나타나는 언어활동(langage)의 작동(jeu)[31]에 대해 일별해야 할 것이다. 개인을 통한 사회적 산물의 이 같은 실행은 우리가 정의했던 대상 속에 들어오지 않는다. 이 세 번째 장은 이를테면 언어

(랑그) 아래쪽에 있는 것, 개인적 기제(메커니즘)를 보여 줄 것이다. 이 같은 언어의 개인적 기제는 일반적 산물에 대해 궁극적으로는 어떤 식으로든 어느 정도 영향을 미치겠으나, 연구에 있어서 사회적 산물 그 자체와 동떨어진 일반적 산물과 혼합해서는 안 된다.

1부

# 여러 언어들(Les Langues)

위의 제목은 2부의 제목인 '언어(랑그, la langue)'와 대립된다. 그 점을 더 이상 보다 정확히 설명할 필요는 없을 것이다. 이 두 개의 대립된 제목의 의미는 그 자체로 충분히 제공되고 있다. 자연과학의 비교를 남용하지 않더라도, 자연사 연구에서 '식물(la plante)'과 '여러 식물들(les plantes)'을 대립시켜 연구하는 것은 분명 의미가 있다. ('곤충'과 '곤충들'도 마찬가지다.) 이 같은 분할들은 그 내용 자체를 통해 우리가 '언어(랑그, la langue)'와 '여러 언어들(les langues)'을 구분하면서 갖게 될 것에 해당된다. 이 방향들 가운데 어느 하나에서 식물학자들 또는 박물학자들의 일체의 활동 무대가 존재한다. 수액의 순환을 연구하지 않고, 즉, '식물'을 연구하지 않고도 여러 식물들을 분류하는 식물학자들이 존재한다. 언어(랑그)와 관련된 것은(또한 일정 정도에서 언어들도 마찬가지이다.) 내재적 분석을 하지 않은 채 외재적 측면을 통해 언어들을 고찰하도록 우리를 유도할 것이다. 그러나 이것은 절대적인 것은 아니다. 왜냐하면 여러 언어들 속에는 하나의 언어 또는 언어들의 무리의 역사에 대한 상세한 연구가 완벽하게 들어올 수 있기 때문이다. 아울러 이 같은 연구는 언어의 내재적 분석을 전제로 한다. 2부 '언어(랑그)'는 일정 정도에 있어서 언어의 삶이라는 제목 속에서 전개될 수 있을 것이다. 이 2부는 언어(랑그)를 특징짓기 위하여 하나의 가치를 갖는 것들을 포함할 수 있을 것이다. 아울러 이것들은 모두 하나의 생명, 하나의 생물학의 부분을 이룰 것이다. 그러나 그 연구에 속하지 않을 수도 있는 다른 것들도 있는데 그중에서도 언어의 논리적 측면은 시간, 또는 지리적 경계선들이 영향을 미치지 못하는 불변적 요소들에 의존한다. 여러 언어들은 세계의 표면에서 언어학자에게 제공되는 구체적 대상이다. 언어(랑그)는 언어학자가 시간과 공간을 통해 이루어진 자신의 관찰 전체로부터 일반적인 것을 도출해 낼 수 있는 것에 부여할 수 있는 이름이다.

# 1장 언어(langue)의 지리적 다양성.[1] 이러한 다양성 속에서의 상이한 종들과 정도들

이 같은 다양성 속에는 상이한 종들(espèces)과 상이한 정도들(degrés)이 존재한다. 지구상에 있는 언어 형태들의 복수성, 즉 우리가 한 나라에서 다른 나라로 이동할 때 또는 한 구역에서 다른 구역으로 이동할 때, 상이한 곳에서 사용되는 언어들의 다양성은 언어활동의 사실들 가운데서 가장 근본적인 목격이다.[2] 그 점을 곧바로 파악할 수 있는 것은 모든 사람들의 인식 범위 내에 있다.

우리는 그 같은 현상의 가능한 원인들에 대한 가설들을 논외로 할 것이다. 이 같은 지리적 다양성은 언어학자에게 또는 일반적으로 모든 사람들에게 부과되는 최초의 사실이다. 시간 속에서 발생하는 언어의 변이는 관찰자의 바깥에 있다. 그러나 공간 속에서 존재하는 다채로움에 대해서는 그렇지 않다. 그 같은 다채로움은 그대로 부과되는 것이다. 관찰자는 늘 하나의 정해진 세대에 놓여 있다. 그리고 그 이전의 세대들에게 언어가 무엇이었는지에 대해서는 아무것도 모른다. 그에게는 시간 속에서 존재하는 변이를 지각할 수 있는 기회가 없기 때문이다. 이와는 정반대로 공간 속에서 나타나는 지리적 다양성[3]이라는 사실은 단번에, 그리고 다른 어떤 조건 없이도 그대로 제공된다. 심지어, 원시 부족들도 이 같은 개념을 갖고 있다. 왜냐하면 그들 역시 똑같은 언어로 말하지 않는 다른 부족들과 반드시 접촉할 수밖에 없기 때문이며 바로 그 같은 경험을 통해 모든 종족은 언어에 대해 이러한 의식을 가질 수 있는 것이다. 비록 그 종족이 가장 낮은 문명 수준이더라도 말이다. 그 종족에게 언어라는 사실 자체에 대해 정신을 열게 만드는 것은 다름 아니라 다른 언어들과의 접촉인 것이다. 바벨탑의 오래된 신화는 그 문제가 매번 제기되었음을 보여 준다. 왜 인간은 똑같은 방식으로 말하지 않을까? 원시 부족들은 이 같은 언어적 다양성을 나름대로 해석하는 경향이 있다. 그들의 착상은 나름대로 흥미롭다. 한편으로 그것은 다른 이웃 부족들과 가장 크게 차별화시키는 것이기 때문이다. 그들이 주목할 수밖에 없는 언어의 이 같은 특징은 그들이 이웃한 종족과 대립하고 있음을 느끼도록 만들어 주는 특징들 가운데 하나가 되는 것이다. 그들은 어떤 식으로 그런 사태를 표상하는가. 다른 언어는, 그들이 이를테면 복장, 머리 모양, 무기 등과 같은 상이한 관습과 비교될 수 있는 다른 관습이라는 점에서 그것은 매우 정당한 것이다. 이것은 앞서 말한 것과 일치한다. 그들은 복장과 풍속 등을 결부시키면서 진실 편에 있는 것이다. 왜냐하면 그들은 그 같은 관습의 차이를 인종을 성립시키는 피부색이나 체격의 차이와 동류시하지 않기 때문이다. 그것은 인류학에 속하는 문제이다.

바로 여기에서 우리가 사용하는 고유 언어(idiome)라는 용어가 도래한다. 고유 언어란 특별한 성격 속에서, 다시 말해 한 민족에게 고유한 특징들 속에서 간주된 언어이다. 그리스어 단어 이디오마(ἰδίωμα)는 두 가지 의미를 갖는다. 그것은 한 민족의 습관을 뜻하는데, 그 습관은 언어에 특수하게 관련된 것이거나 아니면 임의의 습관과 관련된 경우를 말한다. 모든 민족은 어김없이 자신이 사용하는 언어에 우월성을 부여한다. 원시적인 민족들도 마찬가지이다. 자신들과 다르게 말하는 민족은 통상적으로 말을 못하는 말더듬이로 간주된다. 그리스어로 바르바로스(βάρβαρος)[4]는 정확하게 라틴어인 발부스(balbus, 말더듬이)와 십중팔구 동일한 단어일 것이다. 힌두교인은 말더듬이를 믈레카스(mlêchâs)라고 부르는데, 이것은 말할 줄 모르는 사람을 말한다. 여기에서 우리는 문명화된 민족들이 공유하는 일반적 특징을 발견한다. 즉 그것은 각각의 언어 현상에 대해 그릇된 생각들을 쌓아 가고 있다는 점이다. 즉 자신들과 다르게 말한다는 사실을 말을 못하는 무능력으로 간주했다는 것이다. 바로 그 점이 '그릇된 생각들' 가운데 하나이다.

언어학에서 언어들의 다양성은 매우 중요하다. 이 다양성에 주의를 기울일 때 비로소 언어학적인 것이 존재했으며 그것은 점차적으로 비교를 낳고, 진보를 거듭하며 언어학에 대한 일반적 관념을 낳게 되었다. 그리스인들이 언어를 또 다른 측면에서 접근한 것은 주지의 사실이다. 그 어떤 순간에도 고대 그리스인들은 언어의 이 같은 다양성에 주도면밀한 주의를 기울인 적이 없었으며, 그 결과 그들이 언어 연구를 시작했을 때 그들은 문법에 천착했다. 오직 한 가지 면에서 그리스인들은 언어의 다채로움에 주의를 기울였다. 즉 그들은 자신들이 구사했던 상이한 방언들을 인식했으나, 그 방언들이 자신들의 문학과 관련되는 한에서만 방언의 문제에 신경 썼을 뿐이다.[5]

여기에서 우리는 두 가지 부수적인 관찰을 해야 할 것이다.

1) 먼저 우리가 방금 전에 말했던 것과 관련하여, 언어가 모습을 드러내는 수많은 얼굴들의 다양성에 주목할 수 있는 기회이다. 실제로 우리가 가장 중요하다고 선언했던 이 같은 양상, 즉 언어들의 다양성과, 또 다른 양상인 그리스인들의 문법 사이에는 직접적인 관계가 없다. 처음 보면, 그 두 개가 동일한 학문에 속하는 것인지 자문할 수 있을 것이다. 왜냐하면 언어 연구가 양방향의 상이한 극단으로부터 착수되었기 때문이다. 그 두 개의 말단을 결합하기 위해서는 순환 회로가

필요했다.[6]

2) 또 다른 소견. 만약 언어가 지리적으로 다양한 것으로 곧장 주어진다면 그 같은 다양성을 민족적으로 다양한 것으로 고려해야 하지 않을까. 이 물음은 매우 복잡하다. 인종이라는 관념은 말 속에서 목격되는 이 같은 차이를 갖는다. 아마도 지리적 다양성을 넘어서는 문제일 테지만, 언어와 민족성의 관계는 훨씬 더 복잡하다. 언어가 인종의 성격으로 간주되면서 우리는 시간 속에서 변이의 원칙을 개입하게 만들거나 또는 시간 속에서 변이에 대한 상대적 저항의 원칙을 개입시키게 만든다. 언어의 지속을 통해서만 비로소 언어는 어느 정도 인종의 성격이 될 수 있다.[7]

그런데 이 점 때문에, 곧장 자명하게 나타나지 않는 여러 가지 고려들을 벌써부터 섞어 놓을 소지가 있다. 언어의 다양성이라는 근본적인 사실 이후에 우리를 놀라게 하는 두 번째 사실은 고유 언어들 사이에 존재하는 유사, 그리고 어느 정도의 강한 유추의 관계이다. 이것은 비교문법을 연구한 사람이라면 매번 짐작할 수 있는 매우 간단한 확인이기도 하다. 가장 투박한 농부들도 지방 방언이 보존된 지방에서 그런 종류의 많은 관찰들을 수행한다. 그것은 자신의 지방어와 이웃한 마을의 지방어 사이에 존재하는 차이에 대한 관찰이다. 그리스인들은 자신들이 사용하는 단어들 가운데 많은 것들이 라틴어 단어와 닮았다는 사실을 간파했지만, 그 같은 관찰을 과학적으로 탐구하지는 않았다. 그 같은 종류의 관찰은 심지어 군중들을 놀라게 하는 사실이기도 하다. 이 같은 관찰들은 때때로 매우 그릇된 것이기도 하다. 프랑스어와 이탈리아어 사이의 유추, 그리고 다른 한편으론 프랑스어와 독일어 사이의 유추를 알아보기 위해 학자가 될 필요는 없다.

언어들 사이에 존재하는 유사함이 진지하게 받아들여진다면 그것은 친족성 개념으로 유도되며 친족 관계를 주장하는 것을 가능하게 한다. 친족성 계보, 가계를 전제로 하며 그것을 통해 과거 속에서 하나의 근원으로 돌아가는 것을 전제로 한다. 그것은 기원이라는 개념, 즉 공통 기원이라는 개념이며, 그것이 일단 정립되면 곧장 유사함이라는 개념과 하나가 된다. 바로 그런 이유에서 모든 세부 사항에서 친족성의 문제를 해결하는 것은 불가능하다. 선행하는 원칙에 호소해야 하기 때문에 우리는 우리 앞에 반드시 하나의 선택된 연구를 갖게 될 수밖에 없으며, 그래서 다만 친족성의 원칙이라는 사실이 제기되었다는 점을 말하고 싶을 뿐이다.

상이한 친족 무리들은 언어들의 가족(어족)이라고 불릴 수 있다. 이 어족들은 그들 사이에서 서로 비교될 수 있겠지만, 뛰어넘을 수 없는 것으로 나타나는 하나의 한계에 도달하게 된다. 어느 정도 상당한 무리들을 형성한 다음에 우리들은 어떤 유추, 어떤 친족성도 더 이상 인정할 수 없는 하나의 한계에 도달하게 된다.

우리는 따라서 두 개의 틀을 갖는다. 친족성 속에서의 다양성과 일체의 인지 가능한 친족성을 벗어난 다양성이다. 이 두 가지 종류의 다양성을 앞에 둔 언어학의 상황은 무엇인가. 알아볼 수 있는 친족성이 없는 절대적 다양성과 관련하여 강조해야 할 사항은 언어학은 이 같은 종류에 속하는 수많은 어족들을 앞에 두고 있다는 것이다. 즉, 서로가 서로에게 다른 것으로 환원될 수 없는 어족들의 언어를 말한다.

1) 그렇다면 이 같은 절대적 한계들을 극복하기를 희망할 수 있을까? 그 같은 절대적 한계들이 나중에 가서는 절대적이기를 멈추기를 바랄 여지가 있는가. 즉, 어떤 공통의 기원도 우리에게 제공할 것으로 보이지 않는 어족들이 하나의 공통적 기원을 갖는 것으로 나타날 것인가? 이런 방향에서 이루어진 시도들이 매우 많기는 하나, 사람들이 일찍이 포기했던 시도들도 있다. 최근까지도 셈어족과 인도유럽어족 사이에 가교를 놓으려는 시도들이 있어 왔다. 이탈리아 언어학자 트롬베

티(Trombetti)[8]는 최근 저서에서[9] 지구에 존재하는 모든 언어들은 서로가 관련되며 궁극적인 친족성을 갖는다는 것을 보여 주려 했다.

하지만 이런 부류의 시도에서, 그 어떤 것에 대해서도 편견을 갖지 않으면서 아울러 우리가 기억해야 할 점은 참일 수 있는 것과 증명될 수 있는 것 사이에 존재하는 커다란 간극이다. 여러 언어들의 변화가 작동되는 방식을 바라보면서 우리는 비록 지구상의 모든 언어들의 친족성이 참된 사실이라 하더라도 그것을 증명하는 것은 수학적으로 불가능하다는 것을 알게 된다. 그만큼 언어들에 도래하는 변화는 엄청난 것이다. 이 같은 절대적 한계를 극복할 수 있다는 희망을 가질 여지는 없다.[10]

2) 두 개의 어족이 서로 환원될 수 없을 정도로 분리되어 있다면, 이 두 개의 어족을 연관 짓고 비교하는 작업을 언어학자는 당장 중단해야 할까? 그렇지 않다. 역사적 연관성을 설정하기 위한 모든 비교는 실제로 제거되었으나 어떠한 가시적 친족성, 그리고 어떠한 공통적 기원도 갖지 않는 언어들 사이의 비교라는 흥미로운 영역이 남아 있다. 그것은 문법에 대한 조직의 비교 작업이다. 즉, 그것은 사고와 언어 사이에 존재하는 가능한 상이한 계약들에 대한 비교이다. 친족이 전혀 아닌 언어들이 매우 유사한 문법적 기제를 실현하는 것이 가능하다. 하나의 친족을 통해 연관된 것으로 인지된 어족들 가운데서 이루어지는 연구와, 이미 알려진 어족들 가운데서 비친족 언어 무리들 사이에서 이루어지는 연구는 전혀 다른 것이다. 비록 이 같은 대상을 넘어설 수는 없지만 그 연구의 장은 방대한 것이다. 이 무리들의 각각에서, 물론 하나의 무리에서 다른 무리로 옮겨 갈 때 불가능한 사실이 제시된다. 즉, 다양성의 정도라는 사실이다. 목격하기 쉬운 유추 이외에 다양성에는 일련의 층위가 존재한다. 그리스어와 라틴어는 그것이 예컨대 산스크리트어와 서로 이웃한 것에 비해 훨씬 더 많이 이웃한 것으로 간주될 수 있다. 그

런 식으로 방언이라고 불리는 것까지 계속해서 내려갈 수 있다. 하지만 이 단어를 발설하면서 우리는 곧장 언어라는 용어에 견주어 방언이라는 용어에 대해 어떤 절대적 관념도 결속시켜서는 안 된다는 점을 첨언한다. 언어라는 이름 대신 방언이라는 이름이 개입하는 정확한 지점은 존재하지 않는다. 먼저 방언이었던 것이 어떻게 충분한 차이에 도달하여 사람들이 그것을 언어라고 부를 수 있게 되었는가를 우리는 보게 될 것이다. 그 어떤 순간에 있어서도 고유 언어라는 용어보다 방언이라는 이름을 요구하는 절대적 분류들의 층위 속에서 설정될 수 있는 것은 없다. 상이한 사실들이 이 같은 지리적 다양성이 나타나는 형태들을 빈번하게 더 복잡하게 만든다. 이 장은 첨가로 삽입된 장으로서 앞에 올 장과 뒤에 올 장 사이에 놓인다. 우리는 다음과 같은 제목을 달 것이다.

## 2장 지리적 다양성의 사실을 복잡하게 만들 수 있는 상이한 사실들에 대하여

1910 우리는 이 같은 다양성에 대해 그것의 가장 간단한 형식을 상정했
11. 11 다. 사실상 복잡한 사안들은 일반적 사실에 대해 본질적이지 않기 때문이다. 실제로 우리는 지역별로 이루어지는 언어적 다양성을 언급했는데 마치 그 사실이 오직 영토의 다양성에만 해당되는 것처럼 말했던 것이다. 어쨌거나 그 같은 경험적 자료에서 언어적 차이를 지역적 차이와 결부시키는 접근법을 수정할 필요는 전혀 없다. 일정한 방식으로 언어의 어떤 차이를 통해 거슬러 올라가는 곳에는 언제나 장소의 차이가 존재하기 때문이다.

하지만 언어는 인간들과 더불어 이동하며 인류는 매우 유동적이다. 아울러 동일한 영토에서 다양한 언어들이 공존한다는 사실은 전혀 예외적인 것이 아니다. 일정한 범위의 외연이 문제될 때, 우리가 상호적인 것으로 가정했던 언어의 단위는 사실상 매우 빈번하게 부정된다. 바로 이 같은 현실에 대해 최소한 하나의 언급을 제시해야 할 것이다. 앞 장에서와 마찬가지로 나중에 올 장에서도 이 같은 현실을 제외하고 생각하는 것이 허용된다고 해도 말이다.

나는 고유 언어들의 혼합에 대해 말하지 않을 것이다. 그것은 언어

의 형식에 내재적으로 도달한 언어학적 현상이기 때문이다. 물론 두 개의 고유 언어가 한 국가의 정치적 경계선 속에서 공존할 수 있는 경우도 다루지 않을 것이다. 즉 영토적으로 확연히 분리되었으면서도 한 국가의 정치적 경계선 속에서 공존하는 경우를 말한다.[1] 스위스의 경우가 그렇다. 여기에서 다루고자 하는 것은 고유 언어들이 구별되고 동시에 영토적으로 서로 포개지는 경우로 국한된다. 즉 서로 나란히 정면에서 마주 보고 더불어 살아가는 경우를 말한다. 이 경우는 외관상으로는 비정상적인 것 같지만, 역사를 통해 보면 매우 흔한 사실이다. 동일한 영토에서 진행되는 두 개 혹은 그 이상의 경쟁적인 고유 언어들의 도입은 두세 가지의 상이한 다양한 방식으로 이루어진다. 아울러 빈번하게도 역사는 그 같은 공존의 관계들이 어떤 방식으로 창조되었는지를 말해 주지 못한다. 가장 빈번하게 그것은 원주민들의 언어에 포개지는 식민지 지배자들의 언어, 또는 특정 국가의 외국인 정복자들의 언어라 할 수 있다. 이를테면 '트란스발(Transvaal)'[2]에서는 흑인 방언들을 비롯해 네덜란드어와 영어를 말하는데, 이 중 네덜란드어와 영어는 식민지 지배를 통해 사용된 것이다. 가령, 멕시코에서는 스페인어를 말한다. 이것은 단지 우리 시대의 경우만은 아니다. 이미 고대에서도 발생했으며 모든 시대에서 발생했다. 유럽의 현재 지도에서 우리는 아일랜드가 켈트어와 영어를 사용하는 국가임을 알 수 있다. 그리고 그곳 상당수의 주민들은 두 개의 언어를 말하고 있다. 프랑스령 브르타뉴(Bretagne) 지방에서는 프랑스어와 브르통어(le breton)를 말한다. 바스크(Basque) 지역에서는 바스크어, 스페인어, 프랑스어를 말한다. 핀란드에서는 스웨덴어와 핀어, 그리고 러시아어를 말한다. 쿠를란트 공국(Courlande)과 리보니아(Livonia)에서는 러시아어, 독일어, 레통어(le letton)를 말한다.(그곳에 살았던 주민들은 중세 시대에 한자 동맹의 후원 아래 그곳에 도달했던 독일의 식민지 개척자들이다.) 리투아니아에서는 리투아니아어, 폴란드어,

러시아어를 말한다. 포스나니(Posnanie)[3]의 프로이센 지방에서는 폴란드어와 독일어를 말한다. 보헤미아에서는 체코어와 독일어가 공존한다. 헝가리에서는 언어들의 공존이 매우 심해서 트란실바니아[4]에서는 그곳에 사는 주민들만이 특정 마을에서 말하는 언어가 어떤 언어인지를 말해 줄 수 있다. 그곳에서는 마자르어, 루마니아어, 크로아티아어, 독일어가 사용된다. 마케도니아에서는 가능한 모든 언어들이 공존한다. 터키어, 불가리아어, 세르비아어, 루마니아어, 그리스어, 알바니아어가 있다. 빈번하게 언어들의 공존은 어느 정도 영토에 근거하여 소재지가 정해지고 분할된다. 이를테면 도시와 지방 사이에서 분할되는 경우이다.

그 같은 국지화가 늘 선명한 것은 아니다. 때때로 언어 경쟁이 우세한 민족에 의해서 유도되지 않을 때도 있다. 이를테면 우리는 유목민들이 한 국가에서 자신들의 주거지를 선정하는 것을 보게 된다. 예컨대 집시들은 특히 헝가리에 정착했다. 그리고 인구 밀도가 높은 마을들을 형성했다. 그런데 아마 집시들은 인도에서 온 인종이겠으나 언제 왔는지는 모른다. 그것은 정복과 식민지화를 벗어난 경우이다. 또한 러시아 남부와 도브루자(Dobruja)[5]에서는 루마니아 국가 한복판에서 이곳저곳에 분산된 타타르인(Tatars)의 마을들이 존재한다. 로마 제국의 언어 지도는 만약 우리가 그것을 보았더라면, 공존하는 언어들의 유사한 예들을 우리에게 제공했을 것이다. 심지어 우리는 더 놀라운 것들을 발견하게 되었을 것이다. 예컨대 하나의 간단한 사례가 있다. 나폴리에서는 이웃한 지역에서 공화국 말기에 어떤 언어를 말했을까? 물론 다음과 같은 언어를 말했을 것이다. 1) 오스크어[6](l'osque, 폼페이[7]의 비문에 새겨진 언어) 2) 그리스어(나폴리의 에비아[8] 식민 지역의 언어) 3) 라틴어 4) 에트루리아어.[9](l'étrusque, 정복을 통한 에트루리아어. 로마인들이 도달하기 직전에 동일 지역을 지배했다는 오스크어 문자 언어이다.) 카르타고(Carthage)

에서는 일정 시대 이후부터 라틴어를 말해 왔다. 카르타고에서 사용하는 언어인 퓌니크어[10](le punique), 즉 페니키아어가 도래했다. 그 결과 700년경 아랍인들은 그 언어에서 자신들의 언어와 유사한 언어를 알아보았다. 물론 누미디아어[11](le numide)는 그 지역에 널리 퍼져 있다. 고대에 지중해와 인접한 지역들 가운데 오직 하나의 언어만이 말해지고 있던 곳은 매우 적었다.

문어(langues littéraires). 많은 나라의 언어는 또 다른 의미에서 그리고 또 다른 종류의 현상들로 인해 이중적이다. 그것은 문어를 동일한 근원의 자연 언어와 포개어 놓았기 때문이다. 문어와 자연 언어(구어)는 모두 서로를 마주 보며 살아가고 있다. 이 현상은 문명의 일정한 상태와 결부되어 있다. 하지만 정치적 상황이 마련되면 그러한 상황은 거의 예외 없이 반복된다. 문어는 때로는 이 같은 이름에 걸맞을 것이며 때로는 다른 이름에 걸맞을 것이다.(공식어/교양어/보통어/고대 그리스인의 공통어인 코이네(κοινή)[12]) 그것은 궁극적으로 다음과 같은 동일한 사실과 관련된다. 즉, 국가 전체가 사용할 수 있는 도구를 가질 필요가 그것이다. 자연 언어에는 방언들만이 존재한다. 그 자체로 방치된 언어는 무한한 분열에 노출된다. 많은 필요로 인해 이 같은 복수성 속에 존재하는 일정한 방언을 선택하도록 유도된다. 그 방언은 국가 전체와 관련된 모든 것의 매개 수단이 되는 것이다. 즉 그것은 일정한 상황을 지칭하는 방언이다. 그것은 문명에서 가장 진보한 지방의 방언이 될 것이며 권력을 갖고 있는 지방의 방언이며, 권위와 통치의 거점 또는 왕궁의 거처(siège)가 있는 곳의 방언일 것이다. 문어가 된 이 같은 방언은 순수하게 남아 있는 경우가 거의 없다. 하지만 일반적으로 그 기원의 장소를 알아보는 것은 가능하다. 이를테면 프랑스어는 일드프랑스(l'Ile-de-France)의 방언을 나타낸다. 다른 방언들이 지속되기 때문에 그 나라는 자연스럽게 2개 국어 사용 국가가 되며, 개인들 다수는 이중 언어 사용자가 된다. 그들은 자신들의 지역 언어(지역 사투리)와 일반 언어로서 선택된 방언을 구사한다. 프랑스의 경우가 그러한데(사부아(Savoie) 등등), 프랑스어는 마르세유(Marseille), 제네바(Genève), 브장송(Besançon)에 도입된 언어이다. 지역 방언들이 더 잘 보존되어 있는 독일에서도 마찬가지이다. 반면 프랑스에서는 지역 방언들이 사라져 가는 경향을 보여 준다. 지역 방언이 보존되는 영국에서도 마찬가지이다. 이탈리아에서도 매일반인데, 나폴리에서는 밀라노 방언으로 쓰인 작품을 이해할 수 없다. 그리스의 경우도 마찬가지인데, 그리스어는 이오니아어(코이네)에 기초한 방언을 조금씩 발전시켜 나갔다. 그리스의 비문들은 우리들에게 코이네와 유사하지 않은 수많은 지역 언어들을 새롭게 밝혀 주었다. 또한 학자들은 바빌로니아의 공식 언어를 구별할 수 있다고 믿고 있다. 이 같은 사실은 언어 발달의 일정 정도와 분리될 수 없다.

하지만 일반 언어는 반드시 문자 언어를 전제하는 것일까? 호메로스(Homeros)의 언어는 시적 언어이며, 가장 많은 부류의 사람들이 이해하도록 만들어진 사회적 약속의 언어이다. 그런데 이 시대에 사람들은 문자 사용을 거의 하지 않았다. 지금 이후로 우리는 이 같은 경우들에 대해 더 이상 까다로운 문제를 제기하지 않을 것이다. 브뤼셀에서는 어떤 언어가 사용되는가? 나는 브뤼셀이 플랑드르(Flandre) 지방에 속하는 것으로 셈할 것인데, 이 도시는 벨기에 플랑드르 지역 속에 있기 때문이다. 프랑스어는 그곳에 수입되었으며 따라서 우리의 견해에 따르면 프랑스어는 본래부터 그곳에 존재한 것은 아니다. 리에주(Liège)에서 프랑스어는 제네바에서와 마찬가지로 외부에서 수입된 것이다. 우리는 문어 밖에서 발전된 것만을 고려할 것이다. 마찬가지로 독일 북부(베를린)는 우리가 보기에 저지(低地) 독일의 한 지방 지역으로서 사람들은 그곳에서 고지(高地) 독일어를 말한다. 우리는 부차적인 사실들이 제거된, 곧 현재의 외적 상태가 제거된 지리적 다양성 앞에 놓여 있다. 나는 지리적 다양성의 발생 방식을 다룰 것이다.

# 3장 언어의 지리적 다양성과 그 원인들

1910 앞에서 살펴본 것처럼 지리적 다양성은 무엇보다도 확연한 사실이
11.15 다. 이 같은 사실이 생겨나기 위해 어떤 사태가 발생한 것일까? 언어의 절대적 다양성을 살펴본다면, 우리는 하나의 문제에 봉착한다. 첫째, 그것은 지구상에 존재하는 여러 언어들의 환원 불가능성이다. 그것은 사변적 영역에 놓인 문제로서, 접근할 수 없는 시기로 우리를 이끌고 가며, 또한 다른 물음들을 건드린다. 즉, 그것은 언어활동(langage)의 기원이라는 문제이다. 우리는 이 문제를 논외로 할 것이다.

둘째, 친족성(parenté) 속에 나타나는 다양성은 전혀 다른 문제이다. 우리는 여기에서 관찰의 영토에 자리를 잡게 된다. 우리는 이 같은 다양성의 생산을 목격하며 확실한 결과들을 제시할 수 있을 것이다. 예컨대, 우리는 프랑스어와 프로방스어, 프랑스어와 스페인어의 다양성이 어떻게 생겨났는지를 볼 수 있다.

동떨어진 곳으로 이식된 하나의 언어가 자신의 새로운 보금자리에서 특이한 전개 과정을 겪는 경우를 예상할 수 있다. (그것은 대륙의 게르만어와 동일한 기원에 속하는 앵글로색슨어의 사례이다. 또는 캐나다에서 사용되는 프랑스어의 경우가 그렇다.) 한마디로 지리적 불연속성의 경우인

것이다. 이 같은 현상은 이민을 통해서 다르게 유도될 수 있다. 이를테면 루마니아어는 하나의 고립의 결과이다.(그 분지는 슬라브어 속에 둘러싸여 있다.)

우리는 지리적 불연속성이 진정으로 중요한 이론적 경우를 야기하는 것은 아니라는 사실을 보게 될 것이다. 고립의 정확한 영향을 판단하기는 매우 어렵다. 하지만 지도 위에 선명하게 자리 잡은 두 개의 조각을 갖는 것은 보다 간결하게 보인다. 우리는 이 같은 사실들 중의 하나 앞에 놓여 있다.

이 같은 지리적 분리에 일정 시간이 지나면, 바다의 한편에 자리 잡은 고유 언어와 그 언어에서 분리된, 그리고 거리를 두고 갈라진 어족의 지류 사이에 도래하는 차이들을 추출할 수 있다. 이 같은 차이들은 전혀 다른 차원에 속하게 된다. 그러한 차이들을 어휘 또는 어휘론적 차이들로 분류하는 것은 매우 적절하며(상이한 단어들), 문법적 차이들, 음성적 차이들(또는 발음의 차이들)로 분류하는 것도 매우 적절하다.

시작부터 다음 사실을 주목하자. 변형된 것은 이식된 언어이며 다른 언어는 부동의 상태로 남아 있다고 생각해서는 안 된다. 그 정반대의 경우도 물론 아니다. 하지만 각각의 세부 사항에 있어서 때로는 그 둘 모두를 혁신시키는 것이 하나의 언어 또는 다른 언어가 될 수 있을 것이다. 그 차이를 만들기 위해서는 그것으로 족하다.

A Ⓐ A Ⓐ A Ⓐ

A Ⓑ B Ⓐ B Ⓒ

섬의 고유 언어가 독자적으로 특이화되는 과정을 연구해야 한다고 믿는 것은 공허하다. 오히려 두 언어의 차이(곧, 특이화 과정)를 연구해야 할 것이다. 음성 현상들에 있어서 섬의 지리적 언어(앵글로색슨어)가 혁신한 경우가 있다. 그 결과 a는 모음 ä라는 음향으로 변한다.(Mann→Men) 여기에서 변화한 것은 식민지 쪽이지만, 다른 곳에서는 정반대이다. 영국인들은 th로 표시하는 θ[þ] 발음을 보존하는 반면, 독일 전체는 그것을 t로 변형시켰다. 이 경우 변화한 것은 대륙이다.

영어의 w도 마찬가지인데, 원시 음은 섬 속에 남아 있는 반면, 독일인들은 그것을 v(wind)로 변화시켰다.

원시 형태

Wife = Weib

이러한 차이들을 만든 것은 무엇인가? 그것은 장소의 차이인가? 우리는 그렇게 생각하려는 경향이 있다. 하지만 잠시만 성찰해 보아도 이 같은 차이들이 시간을 통해서만 도래했다는 사실을 알 수 있다. 변화는 흘러간 시간을 함의한다. 색슨족(Saxons)과 앵글족(Angles)(=앵글로색슨족)은 섬에 도착한 다음 날, 그들이 대륙에서 그전까지 말했던 언어와 동일한 언어를 말했다. 우리가 지리적 사실의 설명에 있어 분리선을 갖다 놓는 것은 언어에 대한 일종의 비유를 통해서이다. 시간이라는 요인이 두 측면에 걸쳐 있기 때문에 우리는 축약을 통해서 그것을 제거하며 우리가 사용하는 표현들을 취하게 된다. 한 가지 더 말해 둘 것은 차이들을 만드는 데 작동하는 것은 오직 시간이라는 것이다.

예컨대 mejo/medzo는 지리적 차이이다. 사람들은 결코 mejo에서 medzo로 이동했던 것이 아니며, 또는 그 반대로 medzo에서 mejo로 이동한 것도 아니다. 사람들은 어디에서 통일성으로부터 다양성으로 이동한 것인가? 원시 음 medio를 복원해야 할 것이다. 그 이동은 medio에서 mejo로, 그리고 medio에서 medzo로 진행된 것이다. 우리는 다음과 같은 지리적 차이화의 도식을 제시할 수 있다.

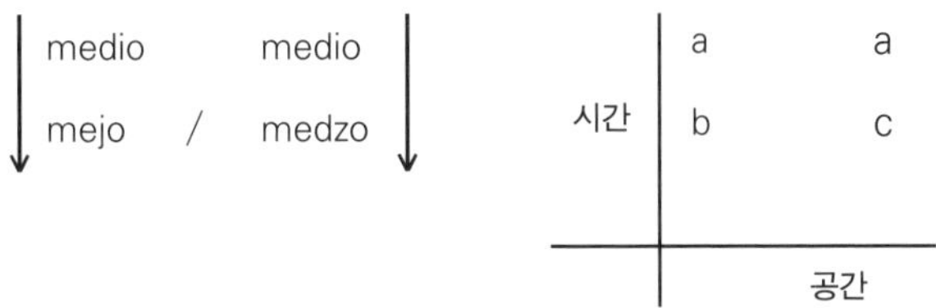


이 도식은 두 개의 방향에서 진행된다. 즉, 두 개의 축이 존재한다. 수직 축은 시간의 축이며, 수평 축은 공간의 축이다.

우리가 지리적 차이 앞에 놓여 있을 때 우리는 오직 한 가지 현상의 생산물, 즉 그것의 결과만을 파악할 뿐이다. 하지만 그 현상은 다른 곳에 있다. 그것은 마치 우리가 하나의 부피를 하나의 표면으로 판단하려는 것과 같다. 깊이를 가져야 하고, 또 다른 한편으로는 차원을 갖고 있어야 한다. 그 현상은 공간 속에 있는 것이 아니라 전적으로 시간 속에 있다는 점을 보게 된다. 지리적 차이는 오직 그 차이를 시간 속에 투사시켰을 때만 자신의 완결된 도식을 수용하게 된다. 지리적 차이는 시간의 차이로 직접적으로 환원될 수 있으며, 아울러 반드시 그것으로 환원되어야만 한다.

그 현상은 시간의 종단에 분류되어야 한다. 흔히 사람들이 물이 흘러가는 대신 지하 심층에서 대지 표면으로 올라오는 것처럼 하나의 강줄기가 솟아오른다고 말하는 것도 동일한 오류이다.

또 다른 주의 사항이 있다. 사람들은 다음처럼 말할 것이다. 영향을 미칠 수 있었던 것은 환경의 차이들(마치 한 나라의 산, 바다 등, 고유한 종류의 나라가 만든 기후와 관습과 같은 차이)이라고 가정하는 것이 당연한 것이 아닌가? 아울러 지리적 다양성으로부터 이 같은 원인을 너무 경솔하게 제거한 것이 아닌가? 아마도 일정한 관계 그리고 이 같은 종류의 작용들이 존재할 것이다. 하지만 그것들은 헤아릴 수 없고 매우 모호하며 현재로서는 파악할 수 없는 것들 속에 분류되어야 한다.

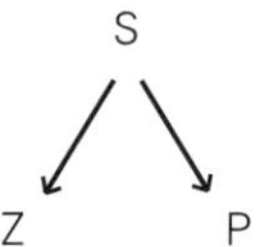


아마도 이런저런 특정 방향 속에서 진행되는 결정적인 운동은 환경에 대한 설명에 있어서 참작될 수 있겠으나 특정 차이가 취할 수 있는 방향을 결코 예측할 수 없을 것이다. 하지만 여전히 각각의 지리적 지점 위에서 시간으로 인해 발생한 변형 이외에는 다른 변형들은 없는 것이다. 지리적 차이는 통일성이라는 관념을 호출한다. 이 같은 통일성은 어디에 존재하는가? 통일성이라는 관념은 늘 추상적인 것으로 내버려 두지 않는 한, 과거 속에 놓여 있다. 이것을 통해 우리는 현재로서 우리가 예측하지 않았던 하나의 영역으로 옮겨졌다. 지리적 차이들 대신 우리는 진화적 차이를 갖게 된 것이다.

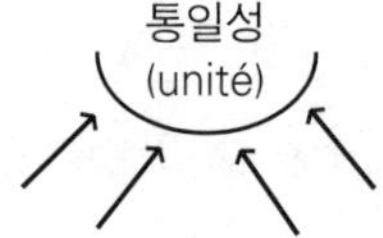


언어의 진화는 언어학의 가장 큰 부분들 가운데 하나이다. 지리적 차이는 진화 사실들의 특수한 경우에 불과하다. 지리적 사실은 진화 속에서 완전히 용해될 수밖에 없다. 하지만 지리와 역사의 조합에 대해 말할 때 더 중요한 것은 앞서 말한 경우를 벗어나 있다는 것이다. 우리는 정상적인 경우를 보아야 한다. 즉, 그것은 지리적 연속성 속에 존재하는 진화이다.

지리적 연속성에서의 진화: 통상적이고 중심적인 경우로서 간주되 1910
어야 할 경우임. 11.18

지금부터 특정 순간에 동일한 고유 언어가 지배하는 연속적 구역을 고려해 보자. 이 경우, 정주하는 민족을 가정해야 한다. 골족(Gaule)의 영토는 라틴어가 견고하게 확립되었던 순간, 즉 250년경에 존재했다. 이 영토는 획일적인 언어를 소유하는 것으로 간주될 수 있다.

첫 번째 확실한 사실은 시간과 관련된 것이다. 이 언어가 시간이 흐름에 따라 원래의 형태와는 다르게 변화했다고 단정할 수 있다. 무슨 근거로 그 사실을 알 수 있는가? 우리로 하여금 그것을 알게 만드는 것이 보편적 경험이기 때문이다. 모든 예들이 이 사실을 확인해 준다. 절대적 부동성의 예는 없다. 절대적인 것은 시간 속에서의 운동이다. 그 무엇도 움직임을 멈출 수는 없으며, 운동은 불가피하다. 더 또는 덜 신속하거나 더 또는 덜 뚜렷한 운동이 있을 뿐이다. 전쟁 시기나 민족적인 위기의 시기 동안에는 그 운동을 가속화할 수 있겠지만, 그 원칙에는 영향을 주지 않는다. 이 같은 원인들은 운동을 가속화할 수 있을 뿐이다.

이 같은 연속적 운동이라는 사실은 우리에게 빈번하게 베일 속에 가려진다. 왜냐하면 우리는 정신 속에 제시되는 최초의 언어인 문어만을 보고 있기 때문이다. 실제로 모든 문어는 일단 그것이 한번 성공적으로 형성되면 그 보존을 위해 몇몇 상황들의 명목 아래 다양한 보장들을 제공한다. (그런 상황들 가운데 문자에 의해 고정된, 문어의 종속을 지적할 수 있다.) 이것은 우리에게 살아 있는 언어의 운동에 대해 알려 줄 수 없다. 마찬가지로 문어는 통속적인 언어에 포개진 생산물로서 다른 조건들에 종속된다. 우리들은 오로지 문학적 정전으로부터 분리된 자유로운 발달 앞에 자리 잡고 있는 것이다. 두 번째 관점으로서 언어의 형식은 모든 영토에서 동일한 방식으로 변형되지 않는다는 확실한 사실을 첨가해야 한다. 우리들이 인식하고 있는 사실들의 두 가지 정도를 대립시켜야 한다.

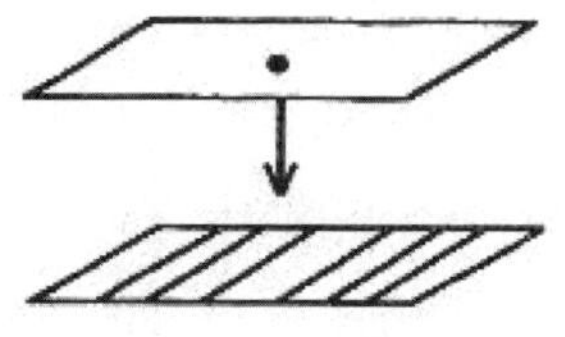

**알려지지 않은 사례**
(영토의 모든 지점에서 동일한 결과와 더불어 시간 속에서 진화가 이루어지는 경우)

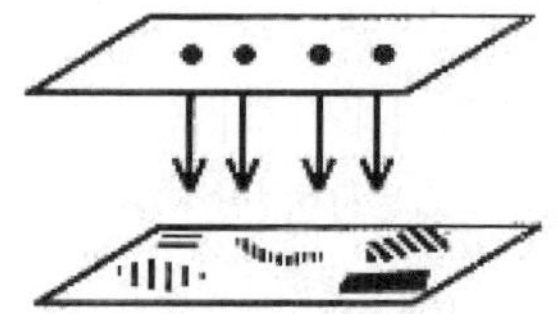

**현실의 사례**
(구역에서 다양한 결과와 더불어 시간 속에서 진화가 이루어지는 경우)
(여러 다른 장소에서 다양한 결과가 나타나는 경우)

유일한 점으로 환원된 시간조차도 여러 가지 변형들을 생산할 것이다. 그 변화들은 우리가 앞서 보았듯이 여전히 시간으로 귀결된다. 두 번째 관점을 다루어야 할 것이다. 수없이 많은 방언 형태들의 존재로 귀결될 수 있는 다채로움은 어떻게 시작하고 어떻게 모습을 드러내는가? 이 점은 생각보다 간단하다. 각 지점에 일어나는 변화는 다음과 같이 이루어진다.

1) 연속적이며 정확한 혁신들을 통해 우리가 규정할 수 있는 수많은 세부 사항들을 구성하게 된다. 작거나 큰 요소들을 구별할 수 있으며 그 요소들은 매우 다양할 수 있다. 형태론적 차원 속에서 gëbames, gemabês[1] 혹은 음성적 차원 속에서 나타난다. 가령 s→z가 그렇다.

2) 이 같은 혁신들의 각각은 너무나 당연히 그것의 영역이라고 부르는 것을 갖게 될 것이다. 즉, 한정된 영토의 총합 속에서 완수될 것이다.

그 둘 가운데 하나는, a) 혁신이 전 영토를 포괄하게 되는 것이다. 이런 경우는 아마 가장 희소한 경우일 텐데, 언어를 변화시키면서도 하나의 차이를 준비하는 그 어떤 것도 창조하지 못한다. 또는 b) 혁신의 영역은 한정된 영토만을 포함하는 경우로 이것이 가장 빈번한 경우이다. 바로 그것은 방언들의 차이들과 관련된 모든 것의 매듭이 될 것이다.

예컨대 골 지역에서 pórta처럼 톤이 없는 음절에 놓인 모음 a들이 나타나는 많은 현상들에서 모음 a는 묵음 e가 된다.(pórta→porte) 이 같은 변화는 론 강 지역 전체에 걸쳐 이루어지지 않는다.(가령, fenna→une femme)[2]

이 범위는 미리 결정될 수 없다. 다만 침범된 범위가 무엇인지를 목격할 수 있을 뿐이다. 사실 여러 범위들은 매우 다양한 그림들을 형성하기 때문에, 지도 속에서 매우 복잡한 중첩들을 형성한다. 단 하나의 모퉁이가 이 같은 변화의 범위에서 벗어날 수 있다.

그 예로 만약 우리가 라틴어 ca가 tša, š로 변화한 경우를 고려할 때면(프랑스어에서는 chant는 cantus에서 온 것이며, char는 carrus에서[3] 온 것이다.) 프랑스 북부 전역에 걸쳐 변화가 일어났지만 남부는 아니었다. 그리고 북서 지방의 맨 끝 쪽(피카르디, 노르망디[4] 방언)은 전혀 영향을 받지 않았다.(vacca → vaque[5])

바로 그곳에서 프랑스어 cage라는 단어가 왔는데, 이것은 chage 대신 cage[6]가 된 것이다. 그리고 reschappés 대신 rescapés라는 단어가 왔다.(rescapés는 '쿠리에르(Courrières)의 재앙'[7]을 말한다.)

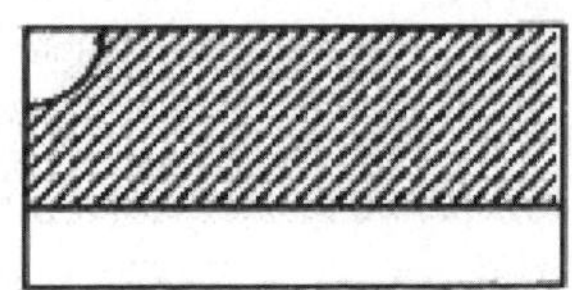

방언이라는 용어가, 닫히고 한정되었으며 일정한 상황 속에 있는 일련의 언어적 유형들을 의미한다면 상이한 지방들에 상응하는 방언들을 확립시킬 수 있지 않을까? 그것은 우리가 그 결과로서 갖게 될 방언들이 아닌가?

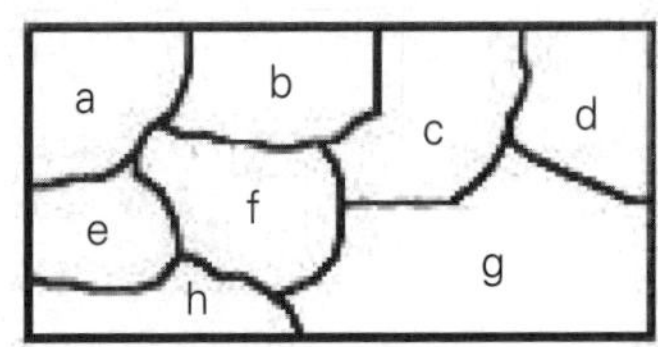


만약 그렇다면 문제는 매우 간단하다. 하지만 방언이라는 개념은 너무나 많이 논의되어 왔다. 우리는 방언이라는 개념 대신 각각의 현상의 범위들에 대한 연구로부터 보다 복잡한 개념으로 대체해야만 할 것이다. 따라서 그것은 매우 애매모호해질 것이다. 하지만 우리가 말할 수 있는 것은 이렇다. 500년 또는 1000년이 지나서 예컨대, 영토의 두 극단이 더 이상 이해될 수 없는 경우가 있을 것이다. 하지만 반면, 어떤 임의의 지점에 놓여 있을 때, 이 지점에서 환경을 이루는 모든 주변과 더불어 완전히 이해할 수 있는 지점에 놓일 수 있다.

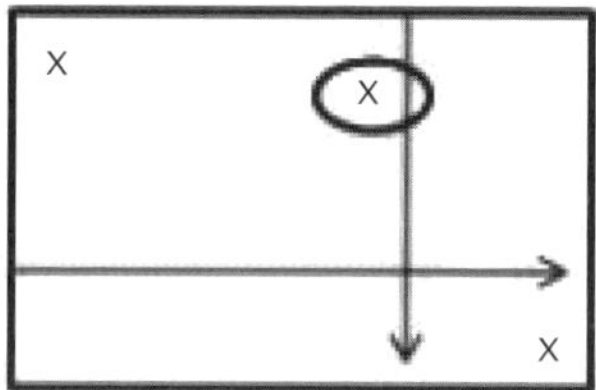

한쪽 끝에서 다른 끝 쪽으로 가면서, 한 여행자는 매일 자신의 방언을 조절하면서 자신의 여정에서 아주 약한 변화만을 마주치게 될 것이나, 부지불식간에 그가 더 이상 이해할 수 없는 언어 속에 놓이게 될 것이다.

여기 몇 가지 지역들이 있다. 그리고 한쪽에서 다른 쪽으로 가면서 몇 개의 새로운 특징들을 일러 주는 몇 개의 경계선들을 건너게 될 것이다. 하지만 그 변화들, 그 성격들의 총체적 합은 결코 극도로 변화하지 않으며, 중심부에서 지나치게 멀리 나가지는 않는다.

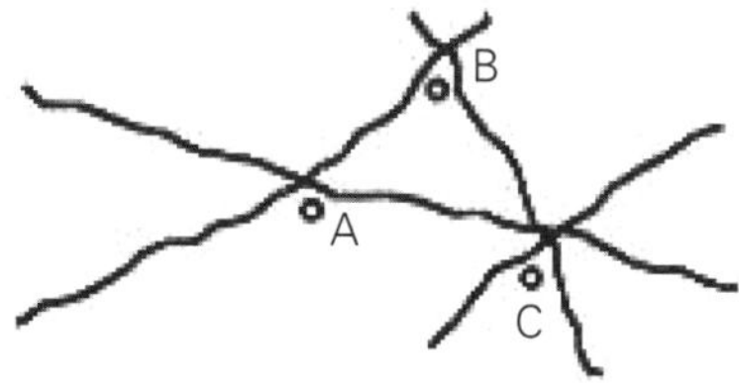


순수한 지리적 관찰로 돌아와 보자. 바로 그곳에서 우리는 시작해야 한다. 한정된 마을 속에 자리 잡으면 몇 가지 특이성만을 도출하게 된다. 이 특이성 가운데 각각은 이웃하는 소재지 속에서도 다시 찾을 수 있다. 하지만 어느 정도의 거리까지 그 같은 특이성을 찾을 수 있는지는 결코 말할 수 없다.

그 결과 두벤(Douvaine)[8]에서는 덴바(ðenva)(제네바)와 같은 단어 속에 있는 ð를 주목하게 된다. 나는 프랑스에서 두 개의 방향으로 발레(Valais)[9]까지 이동할 수 있다. 하지만 만약 내가 호수를 건넌다면 그 자리에서 dz라는 발음을 만나게 된다.

따라서 호수 한쪽에서 유일하며 동일한 방언만이 존재한다고 생각해서는 안 된다. 2라는 수를 두벤에서는 도웨(dauë)라고 말하고, 살레브(Salève)[10]에 가까이 오면 두웨(d'üe)라고 말한다.

dauë: 두벤

d'üe: 살레브 산 근처

몇몇 현상들은 매우 방대한 반면 다른 현상들은 매우 한정되어 있다.

그 결과로 나타나는 것은 다음과 같다. 우리는 몇몇 방언의 성격으로 이루어진 선명한 국경선을 그릴 수 있지만 하나의 방언의 경계선을 그리는 것은 불가능하다. "방언의 성격은 존재하지만 방언은 없다."라고 에콜 드 사르트르(École de Chartes)의 교수인 폴 메예(Paul Meyer)[11]가 언급했다.

1910 주의 사항: 각각의 방언적 성격의 범위, 즉 각각의 혁신 또는 혁신의
11.22 종류는 (원시 언어의 상태에 견주어서) 지도에서 다음과 같이 그려질 수
있다.

K

tš / ts / š

지리언어학이 속하는 이 같은 종류의 상이한 업적들은 프랑스와 독일에서 시도되었다.

우리는 질리에롱(J. Gillièron)이 쓴 프랑스 대(大) 언어 지도[12]와 벵커(G. Wenker)가 쓴 독일의 언어 지도를 갖고 있다.[13] 항상 대형 지도 모음집이 필요하다. 1) 나라를 지역별로 연구해야 한다. 2) 만약 동일한 지도에서 그 성격들이 복잡하다면 각 지역에 대해 두 개의 성격만을 묘사해야 한다. 똑같은 지도가 높은 빈도수로 재생될 것이다.

더욱이 이 같은 성격들은 온갖 종류들에 속하기 때문에 형태론적인 것이거나 음운론적인 것 등등일 수 있다.

가령, 질리에롱의 지도에 나오는 항목들 중 하나인 'abeille(벌)'이라는 단어는 '꿀벌'을 뜻하는 apis, apicula[14]에서 온 것이다. 그 같은 작업들은 조사가 조직적이어야 하며, 수많은 명석한 연구자들과 지역 주민들의 협조가 필요하다. 이러한 방식으로 작업한 고샤(Louis Gauchat)[15] 교수는 로망 스위스의 사투리에 대한 조사 연구를 이끌고 있다.

언어학자들은 각각의 개별 성격을 지니는 직선-경계선들을 등어선(lignes isoglosses ou lignes d'isoglosses)이라고 불렀다. 이것은 모호한 단어이며, '등온선'(isothermes: 평균 기온의 동일한 정도를 취하는 지역)이라는 용어에 근거하여 만들어진 서투른 표현이다. '이조글로스(isoglosses)'는 동일한 언어를 갖고 있음을 의미한다. 이 선들의 각각의 면으로부터 상이한 언어들이 존재한다고 말하는 것은 아니다. 언어의 세부 사항이 다르다는 점을 지시하기 위해서는 또 다른 이름이 필요하다. 그러므로 이제 언어소(glossèmes), 또는 등언어소(isoglossématique)라는 좀 더 나은 명칭이 필요하다.

더구나 경계선들로서 중요성을 갖고 있는 선들을 고려할 것이 아니라 구역들을 무엇보다 고려해야 한다. 우리는 약간은 성가신 표현이기는 하나, '등언어소의 지대(bandes isoglossématiques)'라는 표현을 사용하고자 한다.

몇몇 현상들에 의해 침식된 영토는 파동에 비교될 수 있다. 이 언어 파동 또는 혁신들은 때로는 일정한 경로에서 일치한다.

하나의 특정한 선으로 분리된 두 개의 점 A와 B는 차별화될 수밖에 없다. 만약 이 같은 사실이 평범한 것이며, 그리고 언어의 모든 주위에서 발생한다면 우리는 여러 방언들을 갖게 될 것이다.

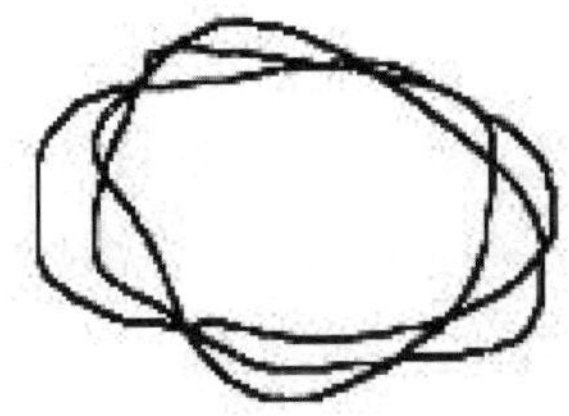

비록 여러 범위들이 그런 식으로 얽히고설킨다 해도 우리가 하나의 방언에 대해 제시했던 개념은 정당하다. 하나의 주어진 방언은 모든 점들에서, 그리고 이웃한 모든 방언의 특성들에 의해 차별화되기 때문이다. 하지만 이것은 결코 일어나지 않는다. 선들의 축적들은 오직 특정 공간들에서만 존재한다.

하나의 방언이 존재하기 위해서는 다음의 두 가지 조건이 마련되어야 한다. 첫째, 하나의 유일한 특징이 하나의 방언을 결정짓기 위해서

족하다는 점에 동의해야 한다. 둘째, 또는 모든 특징들을 취하더라도, 지도상의 한 지점에 국한되어야 하며, 특정 마을의 방언에 대해 언급해야 한다.

하지만 우리가 이 같은 조건에 얽매이기를 원치 않는다면 (아울러 우리가 하나의 표현을 고려하길 원한다면) 그리고 여러 개의 특징에 의존하기를 원한다면 우리는 방언이 존재하지 않는다는 생각을 낳는 난관에 봉착하게 된다.

우리는 dz를 갖는 방언에 대해 말할 수 있다. 하지만 우리는 그것에 고유한 두 번째 방언이 있는지는 확실히 말할 수 없다.

아마도 더 개연적으로 말할 수 있는 것은 이런 것이다. 만약 우리가 또 다른 특징을 취한다면 ô/â 영토의 일정 부분만이 영향을 받는 것이다.

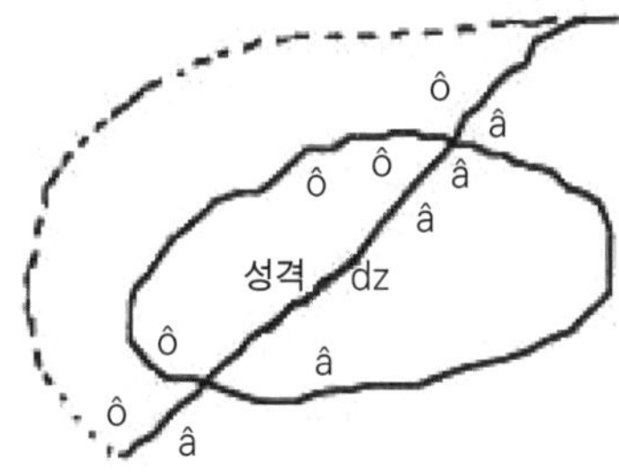


샤블레(Chablais)[16] 방언에서 일정한 통일성이 존재한다고 여기고

서, 그다음, 세 개의 지역을 취하면서 공통적인 특징들을 찾게 될 것이다. 만약 네 번째 것을 취한다면 그것은 그것을 발레어(le Valais)에 결속시키는 특징들을 갖고 있음을 보게 된다. 그 목록 속에서 진전되어 나아감에 따라 통일성을 유지하는 것은 불가능하다는 것을 깨닫는다.

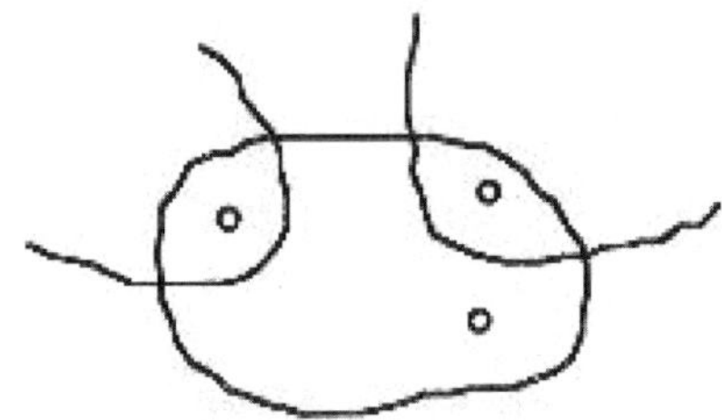

각각의 지역은 주변 지역들 사이에서의 모든 방향에서 이루어지는 과도 상태일 뿐이다.

한 방언의 문법은 오직 한 점의 문법에 불과하다. 저자들 대부분의 실제적인 결론은 통일성을 갖기 위해서는 오직 하나의 마을에 국한해야 한다는 것이다. 마을을 인정하지 않고 오직 부락만을 인정하는 저자들도 있다.

중세의 한 작가에 대해 어떤 사람은 그것이 노르망디 방언의 형태를 갖고 있다고 말할 것이다. 하지만 그는 일드프랑스 방언으로 귀결되는 형태들을 갖고 있는 것이다. 그 작가가 여기 혹은 저기에서 취했고 하지만 단지 그가 한 점에 속하는 특이한 언어를 취했다고 말하면 될 뿐 더 이상 설명할 필요가 없다. 이것은 아주 자연스럽게 설명된다. 노르망디 방언은 수많은 방언들로 구성되어 있는 것이다.

실제적 목적을 위해서, 우리가 제시했던 관찰들을 신중하게 참작하면서 방언(dialecte)이라는 용어를 간직해야 할 것이다. 여러 요인들은 하나의 방언에 더 많은 통일성을 부여한다.(교통 수단 등) 하지만 우리는 전체 표면 위에서 정주적인 종족을 가정했다.

방언들로 분할된 영토에 대해 사실인 것은 여러 언어들로 분할된 1910
더 큰 지역들에 대해서도 마찬가지이다. 수십 세기 동안 종족들이 정주 11.25
한 것으로 남아 있었던 지역들만을 고려했던 것이다. 방언에서 우리가 작은 규모로 본 것을 큰 지역에서는 대규모로 보게 된다. 동일한 현상들이 재생되고 있는 것이다.

그 결과 파동들은 여러 개의 언어를 포함하는 영토 위에서 그려진다. 인도유럽어의 단위와 같은 보다 폭넓은 단위 속에서는 일련의 언어들 위로 진행되는 등어선의 파동들이 존재한다. 그 결과 가장 유명한 경우가 나타난다. 인도유럽어의 모든 서양 언어들 속에서 거친 음의 k로 남아 있었던 원시 음 k의 처리이다.(그리스어, 라틴어, 켈트어, 게르만어의 경우, centum, he-katon[17]) 정반대로 동양의 슬라브어, 이란어, 힌두어는 하나의 치찰음을 낳았다.

| šinitas | sŭto | satem | sátam |
|---|---|---|---|
| (슬라브어) | (옛 슬라브어) | (젠드-이란어) | (산스크리트어) |

이 현상은 지나치게 고대의 것이며, 인도유럽어의 가장 큰 차이들의 하나를 표시한다. 그 현상은 두 언어의 원시 공통 언어인 인도유럽어를 공유한다. 이어서, 점차적으로 여러 언어들을 차별화하는 다른 현상들이 생산되었다.

따라서 우리는 사람들이 원하는 만큼의 큰 공간에서 그 같은 과정이 동일한 방식으로 전개되는 것을 보게 된다.

또한, 우리는 사람들이 방언들의 경계선을 확립할 수 없다는 점을 보았다.

마찬가지로, 두 개의 친족 언어 사이에는 민족의 이동이 있는 한, 경계선은 없다.

프랑크프로방스어(le franco-provençal: 사부아의 방언과 스위스의 주(州) 보 지역(Canton de Vaud)[18]의 방언)와 이탈리아어 사이에 구획선을 나누려는 시도가 있었다. 경계선에 큰 거리를 사이에 둔 두 지점에 위치하면서 다른 쪽에서는 프랑스어가 우세하고, 이쪽에서는 이탈리아어가 지배적임을 보게 된다. 그 둘 사이에서 과도기적인 방언(전이 방언)들이 지배한다. 물론 모든 구역은 과도 상태(transition)로서 간주되어야 된다는 점을 잊어서는 안 된다.

A

과도 상태

B

하지만 이 같은 과도 상태의 지대는 어떤 특별한 것이 아니다. 왜냐하면 A 지대는 그 자체가 과도 상태의 지대이며, B 지대도 마찬가지이기 때문이다.

오로지 과도 상태들만이 존재하는 것이다. 임의의 방언은 두 개의 방어들 사이에 있는 과도 상태이다. 그리고 이것은 모든 의미에서 그렇다. 그것은 언어들 사이의 정확한 한계가 없다는 점을 말해 주는 동일한 원칙이며 언어들을 방언으로 분할시키는 동일한 원칙이기도 하다.

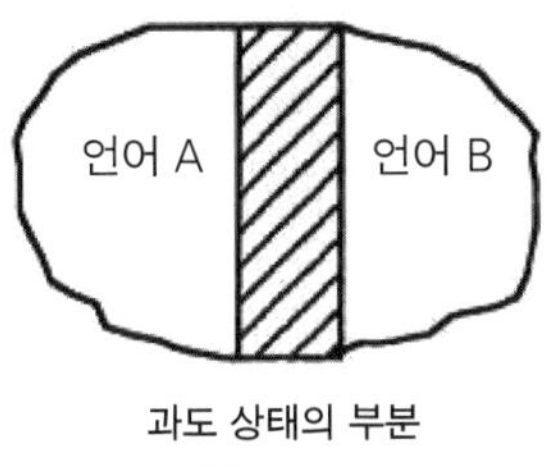


과도 상태의 부분
비현실적 상황

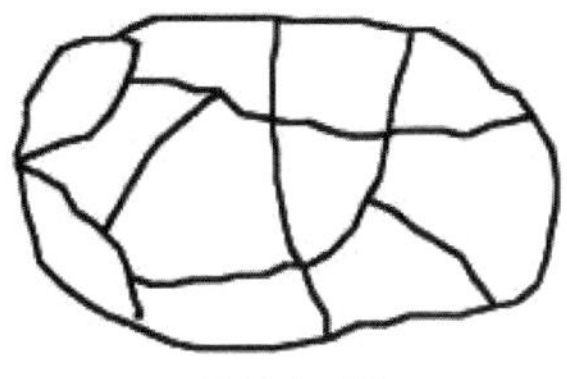

현실적 상황

1) 만약 각각 단일한 형태의 언어 A와 언어 B를 수용한다면, 즉 각각 A라는 하나의 지대, 그리고 B라는 하나의 지대로 받아들인다면 과도 상태 지대의 존재는 놀라운 것으로 보일 것이다. 하지만 A라는 언어는 내부에서 서로 연결된 방언들의 총합이며 언어 B도 역시 방언들의 총합이다. 모든 것은 영토의 한쪽에서 다른 끝 쪽으로 이동하는 과도 상태이다.

2) 우리가 방금 전 제시한 공식 속에서 우리는 닫힌 방언들에 대해서 언급했다. 하지만 요컨대 모든 측면으로 열린 방언들만이 있을 뿐이며 그 방언들은 자신들이 참여하는 파동들(ondes)의 총합을 통해 형성된다. 우리는 언어 A와 언어 B 사이의 경계선을 상정해서는 안 된다.

사람들이 한 언어에서 다른 언어로 부지불식간에 이루어지는 이동을 거의 목격하지 못하는 연유는 무엇인가? 이 같은 상황을 위해서는 우호적인 역사적 조건들이 마련되어야 한다. 현장에서 이루어진 발달은 그 연속 과정에 의해 방해받지 않아야 하며, 모든 것은 제자리에 있어야만 한다. 하지만 거의 도처에서 수십 세기 동안 축적된, 따라서 매우 얽히고설킨 인종들의 이동을 고려해야 한다. 인도유럽어족이 그 예이다. 이 어족에서 주어진 하나의 고유 언어는 그 이웃한 고유 언어들 사이에서 과도 상태를 보여 준다.

슬라브어의 특징들은 이란어와 더불어 일정한 공동체를 그 언어에 제시하고 또 다른 한편으로는 그것의 지리적 위치와 일치하여 게르만 언어들과 더불어 일정한 공동체를 부여한다. 게르만어는 슬라브어와 켈트어의 고리로서 간주될 수 있다.

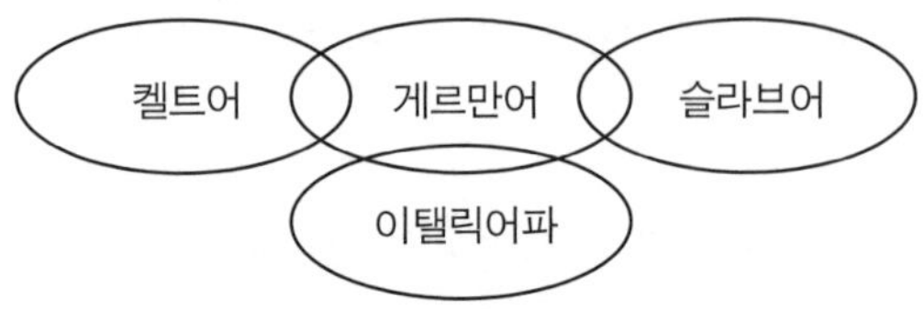


그리고 이탤릭어파[19]와도 밀접한 관계를 갖는다. 게르만어와 이탤릭어파의 사이에 매개적 언어로서 켈트어가 있다.

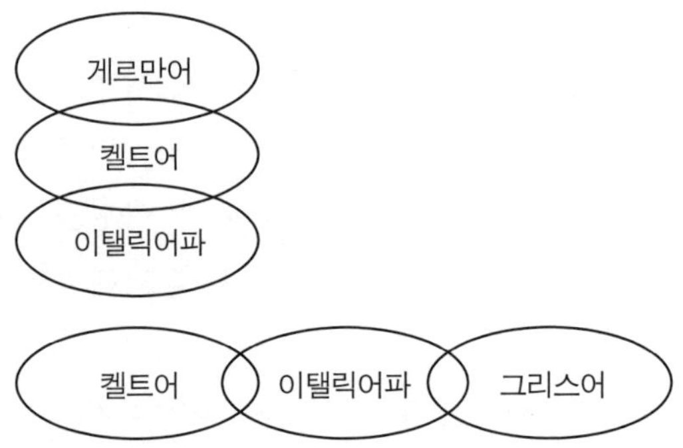


이탤릭어파는 켈트어와 그리스어 사이에 있는 과도적 언어이다. 지도 위에 있는 경계선들을 알지 못한 채 단지 그 특징들에 근거해서만 길을 가면서, 언어학자는 각각의 개별 고유 언어가 점유하고 있는 위치와 거의 대동소이한 위치들을 그 고유 언어에 할당할 수 있다. 하지만 하나의 경계선 위에서는 슬라브어와 게르만어 사이에 갑작스러운 도약이 있는 것이다. 사부아 지방에서처럼 그곳에는 과도 상태를 만드는 방언들이 없다. 하지만 이 같은 방언들이 존재하지 않았다고 결론 내려서는 안 된다. 그 방언들은 헤아릴 수 없는 태곳적 시절에 소멸되었다. 그 방언들을 소멸시킨 원인들 중 하나는 두 민족들 사이에서 작동되었던 운동이다. 상이한 게르만 부족들도 상이한 슬라브 부족들도 그 장소에 남아 있지는 않았다. 오히려 그 정반대이다. 영향을 받은 부족들은 그 기원에 있어서 접촉했던 부족들이 아니다.

칼라브리아(Calabria)의 이탈리아인들이 피에몽(Piémont) 지방[20]에 자리 잡았다고 가정해 보자. 프랑스어와 이탤릭어파 사이에 매개적인 방언들을 더 이상 갖지 못했을 것이다. 대립되는 경계선들은 원초적인 공통의 경계선 위에서 만날 수가 있다.

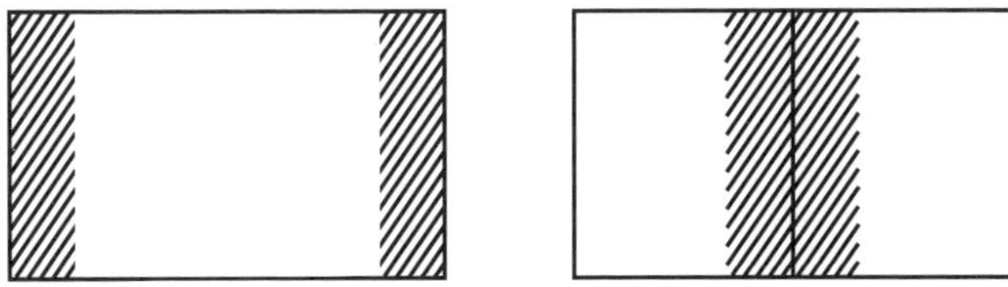

중간적 방언들을 소멸시킬 수 있는 것은 민족들의 이동만은 아니다. 문학 언어와 공식 언어의 영향이 중간적 방언을 소멸시킬 수 있다. 이를테면 이탤릭어파와 게르만어 사이에 과도 상태는 왜 없는가? 현재의 이탈리아어는(이탈리아어와 프랑스어처럼 독일까지 미치고 있다.) 하나의 이탈리아 방언, 그리고 공식 언어로부터 온 것이다. 아마도 하나의 우연 때문에 서부 알프스 지방에서 그 같은 과도 상태가 남아 있었던 것이다.

1919 사회적 전염 또는 영토를 가로지르는 전파로서 간주되는 언어의 파동들

11. 29

한 나라를 통하여 전역을 포괄하는 등어선(lignes isoglosses, 또는 등언어선)을 고려하면서 사람들이 도달하는 시각은 바로 그런 것이다. 모든 인간 타성들의 종류와 거의 동일한 원인들이 존재한다.(패션 등등) 모든 인간 집단들에서는 끊임없는 두 개의 요인들의 동시적 작용이 존재하는데 궁극적으로는 서로 반대 방향으로 진행된다. 1) 향토 근성의 힘, 2) 교류성의 힘, 소통의 힘, 인간들 사이의 거래의 힘.[21]

1) 향토 정신의 힘. 제한된 공동체(마을이나 작은 군)에서 발달하는 습관들로서 그것들은 강력하다. 각 개인의 유년기의 습관들이기 때문이다. 그 결과로서, 그 자체에 양도된 이 같은 영향은 여러 관습들을 무한하게 다양화시킬 수 있게 된다.

2) 사람들을 정착하게 만드는 것 옆에는 인간들을 서로 섞고 이어주는 모든 것이 존재한다. 이 두 번째 힘은 첫 번째 힘을 교정한다. 마을에는 다른 곳에서 온 나그네가 있다. 또는 마을의 주민들은 축제, 장을 보기 위해 이웃 지방으로 이동하는 경우가 생긴다. 전쟁의 영향은 다양한 장소의 사람들을 결합시키기도 한다. 등등.

첫 번째 힘은 언어에 있어서 분할적 원칙이 되며 두 번째 힘은 언어에 있어서 통일적 원칙이 된다.

큰 공간에서 한 언어의 결집성을 만드는 것은 교제성이다. 이 공간은 엄청난 것일 수 있다. 하나의 언어 영토에서 매우 동떨어진 두 지점이 다양한 관계를 갖는다는 사실은 매우 놀랍다. 여러 마을들이 서로 연쇄를 이루고 서로 손을 내밀게 된다.

사회적 교제성의 영향은 두 개의 형식 아래에서 발현될 수 있다. 하나의 지점에서 탄생한 새로운 특이성이 사회적 교류의 영향을 받아 허물어지거나 전무한 상태가 될 수 있다. 하지만 그 같은 새로운 특이성

들 가운데 어떤 것이 질식당할 것인가를 말할 수는 없다. 바로 거기에 보수적인 저항의 행동이 도사리고 있다. 다른 경우들에서는 한 점에서 탄생한 참신함이 이 같은 영향에 의해 전파되고 전달된다. 여기에서도 그 결과는 통일성, 평등화로 향하며 능동적이면서 긍정적인 힘에 의해 그렇게 된다.

관찰 사항: 우리가 검토하려는 것은 사회적 교류의 영향으로 인한 전파적 형식이다. 이 전파는 시간을 요한다. 때때로 우리는 한 현상의 연대기적 한계들을 정확히 지적할 수 있다.

대륙의 게르만어 속에서 다양한 이동들 가운데 하나는 "þ"가 "d" 소리로 변화시킨 이동이다. 이 같은 이동은 (심지어 네덜란드까지) 전 대륙을 점유한다. 하지만 그 음성 변화는 영국인들에게는 영향을 미치지 못했다. 심지어 그것은 단숨에 이루어진 것도 아니다.

800~850년 사이 그 현상은 독일의 남부에서 벌어졌다. 프랑크족이 살던 지방에서는 여전히 þ가 쓰이고 있었으며, 훨씬 나중에 가서야 그 소리는 사라졌다.

또 다른 사례: 독일의 '자음 추이(Lautrverschiebung)'라는 거대한 현상(다른 변화들 가운데서도 t가 z로 변화한 것)은 결코 일반화되지 않았다. 그 현상이 마침내 점유했던 범위 속에서 그것이 작동되기 위해서는 시간이 필요했다. 그 현상의 부분은 역사 기록 이전의 것이며, 다른 하나는 역사 시대의 것이다.

자음 추이의 이러한 현상은 알프스의 남쪽 지방에서 600년경에 탄생했으며, 북쪽으로 진행되었다. (남부에서는 롬바르드 사람들이 영향을 받았다.) 튀링겐(Thuringen) 지방에서는 8세기의 문서에서도 여전히 "t"가 사용되었다. 그 현상은 750년까지 극단적 한계선인 뒤셀도르프, 튀링겐까지 도달했다. **노트 2권 시작**

장음 i와 장음 u의 이중 모음화.(Rhin 대신 Rhein, ūf 대신 auf)[22] 이 같

은 현상은 1400년경에 시작되었으며, 결정적으로 그 영역을 점유하는 데 300년의 시간이 걸렸다. '따라서 전염을 통한 전파이다.' 혁신으로 이루어진 모든 상이한 언어 파동들은 확산되기 위해서 임의의 한 점에서부터 출발했다.

처음에 제기된 원칙에서 한 가지 교정할 사항이 있다. 지리적 다양성은 오로지 시간 속에서만 이루어지는 것이다. 아울러 이것은 어떤 의미에서 사실이다.

공간 속에 있는 이러한 다양성에 있어서 그 현상을 알아보기 위해서는 그 다양성을 시간 속에 투사해야 한다. 이 원칙은, 만약 그 혁신이 발생했던 장소를 취한다면, 사실이다.

여기에서 이 형태는 지역적으로 수립되고, 하나의 지리적 요인에 의해 실제적으로 전이된 형태이다. 하지만 지리적 확산이 존재한다. 여러 힘들 가운데 하나가 다른 힘에 맞서서 투쟁했던 것은 지리적으로 이 같은 확산 속에서이다. 혁신이 탄생하는 장소에서 우리들이 어느 정도 알고 있는 음운론적 요인들이 발생한다.

인접한 지역에서 그 변화는 모방을 통하여 이루어진다. 그 변화는 지리적으로 작동하며 원형에 종속되지 않는다. 만약 그 전염을 고려한다면 지리적 요인은 시간적 요인에 첨가될 것이다. 모든 것을 시간과 관련시키는 법칙은 오직 발생지에 대해서만 참이다.

---

* 이 단락은 나중에 첨가된 콩스탕탱의 노트임.

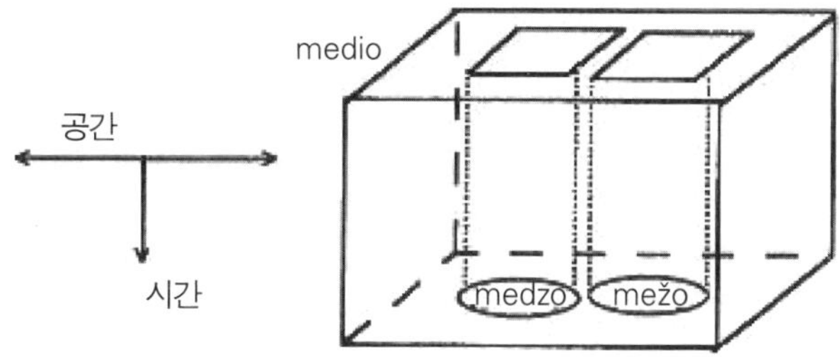


우리가 제시한 첫 번째 원칙은, 지리적 차이는 순전히 시간으로 환원될 수 있다는 것이었다. 이것은 곧 다음과 같은 변화만을 고려해야 한다는 뜻이다.

역사적 전개는 모든 장소에서 자유롭다. 이 도식은 일반적 테제로서 정당한 것이다. 하지만 medzo라는 지역은 지리적 정복을 통하여 mežo를 차지하고 침략할 수도 있다.

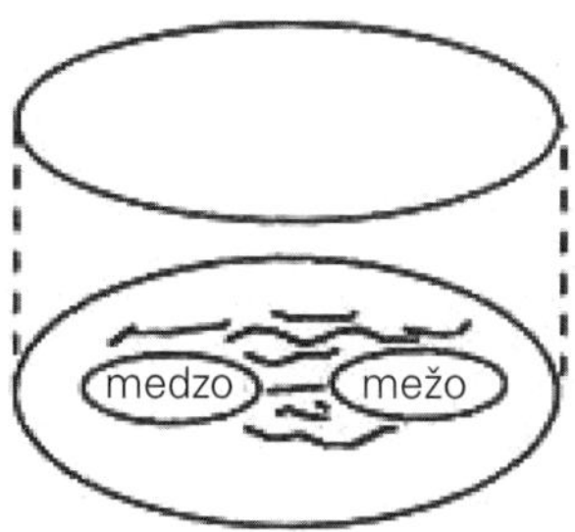

1910 음성학자의 관점에서 본다면 오로지 시간 축에 종속되는 발상지들
12. 2 과, 시간과 공간 속에서의 전파라는 이중적 개념을 부르는 전염의 범위들을 구별할 필요가 있다. 이 같은 전파는 음성적[23] 사실들의 이론 속에서는 고찰될 수 없는데, 왜냐하면 그 변화는 하나의 원형에 근거해서 이루어지는 것이 아니라 모방을 통해서 이루어지기 때문이다.

발상지에서 작동되는 변화는 그 스스로의 자생적인 형식에 속하지만 서로 가까운 곳들에서 작동되는 변화는 모방을 통하여 이웃으로부터 차용한 것이다.

몇몇 방언에서 tepa라는 형태가 된 testa[24]라는 단어가 있다고 가정해 보자. 다른 곳에서는 teta이다. st를 p로 변화를 작동시킨 음성적 변화들은 만약 teta가 쓰이는 지역이 tepa를 말하기 시작한다면 그 같은 변화들은 영향력을 행사하지 못할 것이다.

표면 특징 a / 특징 b

testa testa

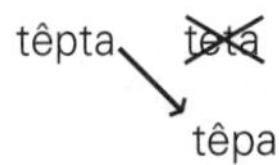


분명한 것은 a 지역은 b 지역과 견주어 차별적이지만,
a 지역과 관련해서는 공통적이라는 사실이다.

첫 번째 주의 사항. 우리가 하나의 마을을 고려할 때, 두 힘 사이의 구별은 매우 간단하다. 우리가 이 같은 하나의 점에서만 머무르는 한에 있어서 말이다. 하나 또는 다른 하나가 영향을 미치게 되는 것이다. 즉 다음과 같이 말하는 것은 쉽다.

다른 지역들과의 공통적 특징들의 총합 = 사회적 교류의 영향(통합적 사회적 교류의 영향)

고유한 특징들의 총합 = 향토 정신의 영향(분할적)

하지만 작은 촌락을 언급하자마자, 그리고 하나의 점을 하나의 평면으로 대체하게 되면, 더 이상 우리는 특정 현상이 어떤 요인에 속하는

가를 말할 수 없게 된다. 둘 모두가 그 현상 속에 개입하는 것이다. 즉 각각의 특징 속에 두 가지가 연루되어 있는 것이다.

여러 지점에서 공통적이지 않은 촌락 마을의 차별화된 특징들은 없다. 차이 속에는 항상 하나의 공동체가 존재한다. 하나의 차이를 설정하기 위해서는 하나의 응집성이 있어야 한다.

그 결과 하나의 현상과 관련되면서 이 같은 표면과 관련될 때, 그것에 영향을 미친 현상은 두 개의 힘에 속하는 것이다. 이 힘들 가운데 각각이 어떤 경우에서 작동할 것이라고는 말할 수 없는 것이다.

(알프스에서 북해까지 이르는) 게르만어 영역에서는 þ가 d로 환원되는 데에 완전한 응집성이 설정되는 것을 보았다. 통일적 힘이 전 영토에 영향을 끼친 것이다.

반면 t가 z로 변한 것에서는 이 같은 총체적 응집성이 존재하지 않았다. 그 변화는 남부 지방에서만 발생했다. 단지 모든 사람은 특정 소재지에 머물렀던 이 같은 현상 속에서 일정한 응집성이 존재함을 목격한다. (전체 남부) t가 z로 변하는 현상은 근본적으로 첫 번째 현상과 분리되지 않는다. 이것은 힘들의 척도에 있어서 상이한 것이다.

하나의 표면을 간주하면서는, 오직 통일적 힘만을 고려하기 위해 특이적 힘을 제외시켜야 한다. 만약 그 같은 힘이 전 영토를 점유할 힘이 충분하지 않다면 그것은 하나의 분할에 이른다. 모든 것은 하나의 힘으로 귀결될 수 있다. 요컨대, 더 큰 혹은 더 작은 응집력이 각각의 혁신에 대해 나머지 지역의 응집력이라 할 수 있는 '저항'은 개입하지 않은 채 발현되는 것이다.

두 번째 소견. 등언어선(isoglosse) 주민들의 집단 속에서는 일반적인 혁신들이 존재하며 많은 혁신들이 부분적이라는 사실을 이해했을 때, 또한 하나의 차이로 귀결되는 지리적 연속성의 가능한 연속들을 이해했을 때, 우리는 지리적 불연속성(다수 집단과 분리된 식민지)에 시선을 던져야 할 것이다. 두번째 경우를 먼저 고려하는 것이 더 간단하다고 믿어서는 안 된다. 첫 번째 것(지리적 연속성의 결과들)을 인식하기 전에 '지리적 불연속성 속에서 언어들의 차이를 연구하는 것(부분적인 경우)'을 '지리적 불연속성의 결과들'로 판단해서는 안 된다. '왜 우리는 만약 연속성 속에서 하나의 사실이 가능하다면 지리적 불연속성에 하나의 사실을 부여해야 하는가?'

인도유럽어족을 연구하는 언어학자들은 특히 지리적 분리라는 이 같은 경우에 의해서 끊임없이 관심이 끌렸다. 인도유럽어족이 그들에게 제공하는 여러 언어들의 차이들 앞에서 그들은 그것이 물질적 분리의 결과라는 사실 이외에 다른 것을 파악하지 않았다.

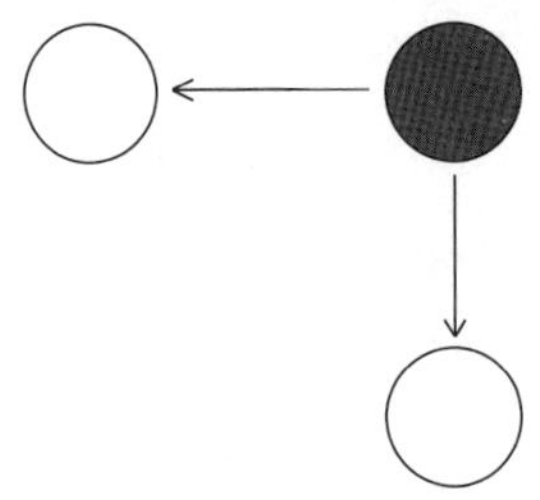

언어들의 차이와 지리적 차이를 반드시 통일시켜야 하는 것은 아니다.

사람들은 켈트인과 게르만인, 슬라브인들이 엄청나게 많은 이주를 표상하는 것으로 상상한다. 그래서 사람들은 언어적 차이를 이들 민족들의 이주로 귀결시켰다. (마치 벌집에서 나온 벌 떼처럼.) 이것은 유치하고도 불필요한 착상이다.

인도유럽어가 오직 하나의 외연 속에 밀도 있게 남아 있다고 가정하면 유사한 사실들이 발생한다. 1) 이 같은 인도유럽어는 시간을 통하여 동일한 채로 남아 있게 될 것이다. 2) 그것은 상이한 언어 형태들로 분할될 것이다.

'연속성의 가능성'이라는 이 같은 측면에 주의를 끈 것은 베를린의

요하네스 슈미트(Johannes Schmidt)의 책[25](1877)이다. 인도유럽어의 상이한 개별 언어들은 하나의 과도 상태의 연쇄를 형성한다. 지리적 연속성 속에서 이루어지는 특정 발달(전개)을 믿어야 할 것이다. 그렇게 되면, 이주 이론에 대해 연속성 속에서의 발달 이론이 맞서게 된다.(파동 이론) 따라서 분리된 발달은 부차적이다.

우리는 연속성의 결과들과 관련해서만 불연속성의 결과들을 평가할 수 있다. 연속성 그 자체가 차별적 결과들을 갖고 있다. 그때부터 고립과 관련된 고려가 연속성의 결과에서 측정되어야 한다.

지리적 분리가 핵심적 결과들을 낳았는지를 판단하기 위해서는 이러한 결과들이 이 같은 분리 없이 연속성 속에서 생산되었는가를 자문해 보아야 한다. — 이것은 영어와 대륙의 독일어에서 생각해 볼 수 있는 경우이다.

여백에 그려진 그림

앵글로색슨족이 영국 대신 주틀란트(Jutland)를 점령했다고 해 보자. 그렇다면 연속성이 존재했을 것이다.

영어의 특징 가운데 하나는 þ가 d로 변화하지 않았다는 것이다. 그렇다면 이 같은 þ의 존속을 가능하게 했던 것은 지리적 분리인가? 지리적 연속성은 þ가 d로 변화하는 것이 대륙의 변화의 연속 속에서 일반화가 되는 것을 가능하게 했을 것이다. 요컨대 동일한 사실이 불가능한 것인지, 즉 영국 공동체가 연속성의 상태로 남아 있을 수도 있었다는 점을 자문해 보아야 할 것이다. 하지만 결코 그렇지 않다. 그들의 þ는 지리적 연속성에도 불구하고 남아 있었을 것이다.

vacca가 vache[26]로 변화한 것과 유사한 사실일 것이다. 이것은 피카르디 지방에서는 일어나지 않은 현상이다.(피카르디 지방에서는 여전히 vaque라고 말한다.)

연속성 속에서의 발달과 분리 속에서의 발달이 거의 차이가 없다는 사실은 놀랍다. 요컨대 연속성 속에서의 발달은 상이한 언어들로 귀결될 수 있다. 그 결과, 네덜란드어가 독일어와 분리되는 것을 볼 수 있었던 것은 완전한 지리적 연속성 속에서이다. 이 예는 차이화를 위해서 섬이 필요하지 않다는 점을 보여 준다. 요컨대 독일어와 네덜란드어 사이의 랭부르(Limbourg)[27] 지역에서는 과도 상태(transition)의 방언들이 남아 있다.

우리는 지리적 다양성이라는 명확한 첫 번째 사실로부터 출발하기를 원한다. 우리는 상이한 어족들 한가운데서 친족성이 존재하는 것을 다시 고찰할 것이다. 친족성을 말하기 전에 어족들과 우리 사이에 존재하는 매개체, 즉 문자를 언급해야 할 것이다. 우리가 이 같은 상이한 언어들을 인식할 수 있는 것은 문자라는 수단을 통해서이다. 동떨어진 언어와 관련될 때, 문자 표현을 필요로 한다. 개인적으로 여러 언어들의 영역을 탐구할 수 있는 사람조차도 그간 들었던 것을 문자로 옮겨 놓고 쓰인 노트를 사용해야만 한다. 시간 속에서 이루어지는 거리에 대해 하나의 언어를 발음하는 것을 들을 수 있는 수단이 없다면 우리는 쓰인 증언에 의존해야 된다.

심지어 우리의 모국어에서조차, 우리의 눈앞에서 늘 부유하는 것은 이 같은 언어의 쓰인 이미지(문자 이미지)이다. 언어의 문서를 갖기 위해서는 빈(Wien)에서 사람들이 발견했던 것을 갖고 있어야만 할 것이다. 사람들은 빈 대학교의 축음기 속에 '모든 언어들'의 구어 형식을 수집해 놓았다. 우리는 문자를 제외시킬 수 없다.

우리가 사용하는 문자라는 이 도구는 무엇인가? 그것은 어떤 점에서 유용하거나 또는 그것이 쳐 놓을 수 있는 덫(piège), 혹은 그것이 유발시킬 수 있는 오류로 인해 위험한가?

# 4장 문자 표기를 통한 언어의 재현[1]

1910 보프가 출판한 『비교문법』 같은 저서에서조차도 그가 문어와 구어
12.6 사이에서, 글자와 소리 사이에서 과연 어떤 차이를 구분하고 있는지 찾아보기 어렵다. 그 환영(mirage)의 힘이 너무나 크기 때문에 우리는 다음의 두 가지 것을 혼동하는 데 이른다. 문자로 적힌 것과 입으로 말해진 것이 그것이다.

언어에 대한 우리의 최초의 개념은 그 둘로 구성된 혼합적 총체이다. 그렇기 때문에 문자 표기에 대해 관심을 기울이고 그것을 제자리에 갖다 놓는 일은 언어 자체에 대한 우리의 생각을 교정해 줄 것이다. 문자 표기로부터 분리되지 않은 언어는 아직 정의되지 않은 대상이다. 언어와 문자는 두 개의 기호 체계로서 그 가운데 하나는 다른 하나를 오직 재현하는 사명을 갖는다. 그것들 각각의 상호적 가치는 잘못 인식될 수 있는 위험 소지가 전혀 없어 보일 수도 있다. 요컨대, 하나는 다른 하나의 하인이거나, 이미지일 뿐이다.

하지만 사실 이 이미지는 우리의 정신 속에서 너무나 밀접하게 사물과 혼합되어 그것은 주된 자리를 차지하게 된다. 마치 한 사람의 사진이 결국 이 사람의 용모에 대한 보다 확실한 자료로서 통하게 되는

것과 같은 이치이다. 사람들은 실제 사물보다 이미지에 더 큰 중요성을 부여한다.

이런 상황은 여러 가지 원인에 기인한다. 첫 번째 원인은 문자 표기를 통하여 고정된 단어들의 이미지가 영속적이며 견고한 대상으로서 우리에게 강한 인상을 심어 주기 때문이다. 이 이미지는 고정된다. 둘째, 개인들 대부분은 청각적 인상보다는 시각적 인상을 선호하는 경향이 있기 때문이다. 왜냐하면 이미지는 실제로 살과 뼈로 이루어진 것으로 나타나는데, 그 이유는 이미지가 고정되고 촉지 가능하며 가시적이기 때문이다. 반면 음성 언어는 포착되지 않고 그것이 공명을 멈추자마자 허공에서 사라진다. 세 번째 원인으로서, 우리는 문자 표기라는 액면 그대로의 사실만 염두에 두는 것이 아니라, 사람들이 문어라고 부르는 것을 성립하는 모든 것과 더불어 고려하기 때문이다. 교양 언어인 모든 문어는 책 속에서 '사람들의 입속에서 나오는 정상적인 영역으로 독립된 존재 영역', 즉 분리된 확산 영역을 소유하기에 이른다. 책을 위한 언어 용법이 확립되고, 정서법이라는 문자 표기의 체계가 확립되기에 이른다. 책은 대화만큼이나 위대한 역할을 맡게 되는 것이다.

공식 사전들은 이 같은 문어를 위해 만들어진다. 학교에서는 책에 근거하여, 그리고 책의 세계 속에서 교육을 한다. 문자로 적힌 단어라는 관념에는 정확한 단어라는 관념이 결속된다.

네 번째 원인으로는, 언어와 정서법 사이에 불일치가 존재할 때, 이 같은 불일치들을 언어학자들 이외에 다른 사람들이 해결하기는 매우 어렵기 때문이다. 일정 수준 이상의 지식을 갖고 있어야 하는 것이다. 제기되는 양자 선택의 문제를 해결하기 위해서는 글로 적혀 있는 형태로부터 출발해야 한다.

크게 두 개의 문자 표기 체계가 알려져 있다.

첫째, 표의 문자 체계이다. 이 같은 문자 표기 체계는 단어를 구성하는 소리들을 신경 쓰지 않으면서, 단 하나의 기호를 통해서 그 단어를 재현할 수 있다고 주장한다. 따라서 그 기호는 포함된 관념과 더불어 관계를 맺을 뿐이다. 그것은 한자의 유형이다. 예컨대 '집'이라는 단어를 그림으로 형상화하는 것은 중요하지 않다. 그것이 가능하다 해도 말이다.

집 ⌂ 또는 ⼈

둘째, 표의 문자 체계이다. 이 체계는 하나의 단어 속에서 연속되는 일련의 음성들을 재현하는 것을 목적으로 한다. (보다 엄밀한 의미에서 '표음 문자'는 소리들을 정확하게 재현하는 것을 목표로 삼는 합리적 체계라 할 수 있다.) 이 같은 문자들은 음절 문자이거나, 더 이상 분할될 수 없는 (즉, 소리의 최소) 음성의 단위들에 토대를 두고 있다.

주의 사항: 거의 모든 표의 문자들은 부분적으로 음절 문자(음절화)가 된다. 하나의 표의 문자 글자를 표음적(phonétique) 의미에서 사용하게 되는 것이다.

글로 적힌 단어를 말로 표현된 단어보다 우선시하려는 경향은 이러한 다양한 문자 표기 체계들 속에서 공통적인가? 그렇다. 아울러 표의 문자 체계에서는 더욱더 그와 같은 방식이 강력하다. 비록 지방마다 다르게 발음되어도, 동일한 기호가 중국의 모든 지방에서 사용된다.

우리는 표음 문자로 국한할 것이며, '더 이상 분할될 수 없는 음성의 단위들을 구별하는, 오늘날 우리가 갖고 있는 표음 문자의 전형인' 그리스 문자 표기 체계를 표음 문자의 전형으로 받아들일 것이다.

알파벳이 창조되는 순간 그것은 나름의 논리를 도입한다. 이 같은 순간에 있어서 알파벳이 인접한 민족에서 차용한 것이 아니라고 가정해도, 알파벳은 일반적으로 언어를 재현하기에 좋은 도구이다.

원시 그리스 알파벳은 찬탄하기에 손색이 없다. 그 문자에서는 모든 단일한 소리에 대해, 동일한 소리에 대해 불변하는 단 하나의 표기 기호가 사용된다. 이것이 바로 그리스 알파벳의 원칙이다. 결과적으로 두 개의 연속적인 음성들의 가치를 갖는 단순 기호는 없다. 이 원칙은 엄밀한 의미에서 모든 표음 문자를 포함한다.

예를 들어, š와 같은 단일한 소리에 sh, ch와 같은 기호(두 개의 표기 기호)는 없다.

똑같은 소리가 어떤 경우에는 k로, 또 어떨 때는 q로 나타나지 않는다. 두 개의 소릿값을 갖는 단순 기호는 없는 것이다. (우리가 쓰는 x처럼, 즉 x의 경우, ks라는 두 개의 소릿값을 갖는다.)

그리스 알파벳에서는 두 개의 소리에 하나의 기호를 표시했다. 가령 X(kh), θ(th), Φ(ph). 하지만 그런 종류의 기호들은 단어의 시작 부분에서는 사용되지 않았다. (고대 비문의 예문을 보면 다음과 같다: KHAPIΣ[2])

dz도 마찬가지다. 이것은 ζ라는 단순 기호를 표시한다.

태곳적 알파벳은 k와 koppa(o 앞에서의 ρ)를 갖고 있었다. 이 ρ는 일찌감치 사라졌다.

하지만 이 정서법이 어떻게 그토록 신속하게 변질되었을까? 어떤 연유에서, 발음을 더 이상 재현할 수 없게 되었을까? 많은 원인들이 그 변질에 기여했다.

1) 모든 언어들과 문자 표기들의 집합을 고려하면서 다음과 같은 결론에 도달할 수 있다. 전통적 알파벳에서 자모의 부족은 이 같은 어려움을 이중 철자(diagramme)를 통해 극복하도록 만든다.

예컨대, 게르만 민족들은 þ 소리를 소유하고 있었다. 그들이 라틴 알파벳을 채택했을 때, 이 소리는 존재하지 않았다. 이 소릿값에 대해 하나의 기호를 도입하고자 했던 힐페리히 1세(Chilpéric)[3]의 시도에도 불구하고, 몇몇 민족들은 이중 철자 th를 채택했다.

마찬가지로 프랑스어에서는 š 발음에 해당되는 ch가 그러하다. 영어에서는 자음 oué에 해당되는 uu(vv) w가 그러하다. 이 시대에는 프랑스어에서처럼 v가 w와 같이 발음되었기 때문에, 소릿값 oué에 상응하는 라틴어의 어떠한 기호도 없었다.

또는 중세의 영어가 그런 경우인데, sēd에서 폐쇄음 e를 갖고 있었고, lēd에서 개모음 e를 갖고 있었다. 사람들은 seed와 lead로 표기할 것을 상상했다. 즉, ea=ę(개모음)이 되었던 것이다. 그것은 이중 철자이며 따라서 불일치가 생겨난 것이다.

2) (르네상스 시대에서처럼) 특정 시대에 언어 용법과 관례를 지시하는 사람들은 어원적인 관심을 갖는다. 그런데 매우 빈번하게 그 어원은 그릇된 것이며, 아울러 그 원리 자체가 그릇된 것이다. 예컨대, 하나의 그릇된 어원에 따라서 사람들은 pensum이라는 단어에서 온 poids라는 단어에서 철자 d를 넣었다. 즉, poid가 마치 pondus에서 온 것처럼 생각한 것이다.[4]

3) 또 다른 경우, 어원적 원리조차 갖고 있지 않은 갖가지 몽상에 의존했다. 그 결과 근대 독일어에서 tun으로 적는 대신 thun으로 적게 되었다. h는 자음에 이어 나오는 기식음으로부터 왔다고 사람들은 말한다. 하지만 그렇다면 h를 도처에 써야 할 것이다. 그렇다면 왜 Tugend[5]라고 적는가?

4) 매우 빈번하면서도 매우 중요한 원인이 있다. 여기에서 문자 표기와 언어의 간극은 의도된 것이 아니다. 시간을 통해서 이루어지는 언어의 전개 과정을 비난할 수 있을 뿐이다. 그 사실은 언어가 시간을 통해서 진행한다는 사실에 기인한다. 이 사실이 문자 표기의 부동성과 더불어 조합할 때마다 문자 표기는 더 이상 음성 언어에 대응하지 않는

다. 소리는 변하고 사람들은 문자 표기의 표현을 변경하는 것을 등한시한다. 또 다른 예들 가운데, 프랑스어사로부터 고려할 수 있는 예가 있는데, 예컨대 11세기에 진행된 다음과 같은 예이다.

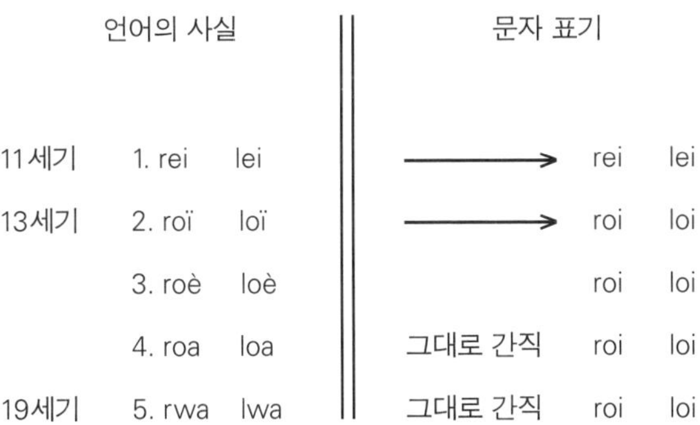

| | 언어의 사실 | | | 문자 표기 | |
|---|---|---|---|---|---|
| 11세기 | 1. rei | lei | ⟶ | rei | lei |
| 13세기 | 2. roï | loï | ⟶ | roi | loi |
| | 3. roè | loè | | roi | loi |
| | 4. roa | loa | 그대로 간직 | roi | loi |
| 19세기 | 5. rwa | lwa | 그대로 간직 | roi | loi |

이 예는 문자 표기가 왜 숙명적으로 그릇된 것이 될 수밖에 없는지 깨닫게 해 주며, 아울러 문자 표기에 견주어 언어가 갖는 독립성을 보여 준다. 우리는 단지 '언어-문자 표기'만 갖고 있는 것이 아니라, '문자 표기에 맞서 언어의 역사'도 갖고 있는 것이다.

이 같은 추이에서 나타난 상이한 단계들을 보자.

1) 제2기까지, 언어의 각 단계마다 사람들은 언어에 일어난 변화를 참작하는 그에 상응하는 문자 표기의 변화를 만들었다.

2) 제3기부터, 우리는 계속되는 언어의 변화를 발견하며 또 다른 한편에서는 문자 표기의 부동성이를 목격한다.

3) 이 시대 이후로 문자 표기와 그것이 재현해야만 하는 것 사이에는 불일치가 존재하게 되었다.

4) 불일치는 존재하나, 단절이 있는 것은 아니다. 사람들은 계속해서 불일치하는 두 개의 항을 결합시키고 재결합시켰다. 그 결과, 문자

표기에 대한 영향이 생겨난다. oi라는 문자 표기가 그것이 포함하고 있는 요소들에 더 이상 대응하지 않는 특수한 가치를 취한다. 이것은 문자 표기에 영향을 미치려는 그 어떤 의지가 없이 기계적으로 생겨난 것이다. 그 같은 현상과 관련된 항들을 다시 거꾸로 되돌리면서 그 현상들을 설명하게 될 것이다. (이것은 터무니없는 것이다.)

5) 사람들은 다음과 같이 교육하게 된다. 즉, wa는 지금부터 oi로 적는다. 하지만 oi는 wa로 발음되며, 반면, 기호 oi는 유지되었고, 잘못해서 wa라는 소리에 대응하게 된 것이다.

우리가 방금 전 분석했던 원인은, 사라진 소리의 재현과 현존하는 소리 사이에 존재하는 계약이라고 불릴 수 있을 것이다.

문자 표기에 나타나는 비논리성의 대부분은 이 같은 원인으로 거슬러 올라간다. 몇몇 순간에 표기 체계의 부동성이 존재하는 한편, 언어가 계속 진행되는 것을 막을 도리는 없는 것이다. 예컨대 사람들은 결코 다음과 같이 말하지 않았다. 우리들은 é라는 소리를 ai라는 기호로 재생할 것이다.

음성적으로 maïs faït는→mais / fait로 쓰인다.

그리고 사람들은 mès와 fèt라고 말했으며 오늘날에는 mé fé라고 말한다.

여기에서 è라는 소릿값에 대해 ai라는 표기 기호를 사용하는 것이다.

옛날에는 sa̲ u̲ter이었던 sauter[6]의 소릿값에 대해서도 마찬가지이다.

sauter — au

ọ 표기 기호 au

왜 c는 s처럼 발음되는가? 그것은 라틴어의 모든 발달을 통해 남아 있던 라틴어 철자법을 우리가 보존했기 때문이다.

사람들은 다음과 같이 점차적으로 말하게 되었다.

| | kivitatem cité(certain)[7] | |
|---|---|---|
| 최초로 | ki- | |
| 그리고 | tsi- | ts |
| 마침내 | si- | s |

왜 영어 문자에서는 철자 i가 빈번하게 ai를 표시하는가?

| | |
|---|---|
| life, time | lîf, tîm: 15세기에는 이렇게 발음되었다. |
| | 장모음 i는 오늘날 ai를 표기한다. |
| | 그 소릿값은 ai가 되었다. |

정서법(l'orthographe)은 매우 다양한 연대에 속하는 고문체(archaïsmes)로 이루어져 있다. évéyer, mouyer로 쓰는 대신, éveiller, mouiller[8]라고 적는다. 우리는 이 같은 비논리성의 다양한 목록을 수집할 생각이 없다. 거기에는 온갖 종류의 비논리성이 존재한다. 그 가운데 하나만 지적해 보자. 똑같은 소리에 대해 표기 기호들이 다수인 경우이다.

프랑스어에서[9]: 소릿값 ž의 문자 기호: j, g, ge(geôle)
소릿값 z의 문자 기호: z, s
소릿값 s의 문자 기호: s, c, ç, t(nation), ss(classe), sc, x, ce(arseau)
소릿값 k의 문자 기호: c, qu, k, ch, cc, cqu(acquérir)
소릿값 f의 문자 기호: f, ff(étoff), ph

또한 동일한 기호에 대하여 다양한 가치들이 존재한다. g는 g 또는 ž로 발음되기도 한다. 그 결과 철자 t는 t 또는 s의 소릿값을 갖기도 한다. 이와 같이 수없이 많은 비논리성을 노출하게 된다. 간접적인 표기법이 그러하다. 그 결과 독일어에서 오직 하나의 자음만을 발음하는 두 개의 자음을 표시한다는 것은 앞에 있는 모음이 단모음임을 의미한다.

Zĕttel<br>Tĕller 이것은 터무니없는 것이다.[10]

영어에서 : măd / māde

첨가된 e는, 선행하는 모음을 표시하기 위한 간접적 표기법으로서 장모음이다.

1) 문자 표기는 언어 속에 존재하는 것을 가린다. 언어 연구를 위한 보조적 수단에서 언어의 적이 되는 것이다.

프랑스어에서 : oi | s | eau 어떤 표기 기호도 프랑스 구어에 해당되지 않는다.

wa | z | ọ

프랑스어에서는 중복된 자음이 존재하지 않는다.(이중 자음) 예외는 옛날에 사용된 미래 시제의 경우이다. 예컨대 je courrai, je mourrai[11]가 그렇다. 그런데 여기에서 문자 표기는 그런 이중 자음들로 채워진다.(가령 bonne)

프랑스어에서는 기식음 h가 없다. 그런데 수많은 단어들이 h로 시작한다.

2) 문자 표기가 그것이 표기하려는 임무를 지닌 대상에 덜 대응할수록, 그 언어로부터 벗어나려는 경향이 강화된다. 문자 표기의 이해가 덜 될수록, 사람들은 오히려 그 문자 표기를 기초로 삼으려고 한다. 모

든 규칙, 모든 공식들은 문자 표기 체계에 결착된다. 예컨대, 하나의 철자를 특정 방식으로 발음해야 하는 것이다.

발음(prononciation)이라는 단어를 사용함으로써 문자 표기와 언어의 합법적이며 실제적인 관계를 변화시킨다. 하나의 소리가 그런 식으로 발음된다고 말하는 것은 문자 표기, 즉 이미지를 기초로 삼는 것이다. 다음과 같이 말해선 안 될 것이다. 가령, oi는 마치 oi가 이미 주어진 것인 것처럼 wa로 발음된다. 즉 존재할 수 있는 어떤 자격을 갖고 있는 기정사실인 것처럼 판단하면 안 될 것이다. wa가 oi로 표기되었다고 말해야 한다. oiseau 속에서 wa라는 소리는 oi라는 두 개의 기호로 표현된다. 사람들은 발음이 변한 것이라 말할 것이다. 이 같은 표현 속에는 액면 그대로 문자 표기에 대한 언어의 열등감, 언어의 종속이라는 관념이 들어 있다. 사람들은 문자 표기를 준거로 삼는 것이다. 마치 문자 표기가 자신의 고유한 권리를 갖고 있는 형국이며 사람들은 표기 기호가 규범이라고 지레짐작한다.

영어 th의 소리라는 또 다른 음성 표현의 사례가 있다. 이 사례는 언어 현실을 하나의 특정 계약, 즉, þ 소리를 재현하는 방식에 불과한 계약에 의존하게 만드는 다른 방식일 뿐이다.

때때로 사람들은 표기 기호를 모든 것에 선행해서 존재하는 것처럼 보이는 허구적 존재로 삼는다. 프랑스인들은 an(비모음 ã)을 a로 발음한다. 이 부호는 마치 하나의 신화적 존재처럼, 모든 언어들을 벗어나 존재한다.

이 같은 상이한 허구들은 문법적 규칙 속에서도 발현된다. 프랑스어 1910
의 기식음 h의 규칙이 그러하다. 프랑스어에는 결코 h를 갖고 있지 않 12.9
았던 일정수의 단어들이 존재한다. 이를테면, homme라는 단어는 고대 프랑스어에서는 (h)omme로 쓰였다. 다른 단어들은 h를 갖고 있었다.(haubert, heaume, hérault[12]는 독일어에서 차용한 단어들이다.)

사람들은 다음과 같이 표현했다.

| le haubert | l'omme |
|---|---|
| premié haubert | premier omme |

오늘날 하나의 규칙을 제시하기는 불가능하다. 기식음 h 앞에서 정관사 le는 연음 현상이 이루어지지 않는다. 이것은 의미를 갖지 않는다. 기식음 h도 없고, 다른 종류의 h음도 없다. 기식음 h는 그 앞에서는 관사를 연음화하지 않는 그런 종류의 h가 될 것이다. 우리는 하나의 악순환 앞에 놓여 있는 것이다. 단어들의 문자 형태가 주인처럼 지배하고 있다. 이 주제에 대한 모든 토론 속에서 사람들은 단어의 역사를 망각하고, 언어의 역사를 망각하고, 언어의 선조를 망각한다.[13]

그것은 몇 개의 정확한 노선 속에서 진행될 수밖에 없으며 각각의 단계는 앞에 선행하는 단계에 의해 결정된다. 그것은 어원을 통해서 이루어지지만, 이때 어원이란 단숨에 라틴어로 도약하는 것을 의미하지 않고, 점차적인 진행의 연속이라는 것을 의미한다.

gageure 혹은 gajure로 말할 것인가? 사람들은 heure라는 단어, 또는 j'ai eu라는 단어를 호출할 것이다. 사람들은 geai(ge-u) 라는 문자에 따라서 ge-는 že로 발음된다. 따라서 jure로 발음된다고 말할 것이다.[14]

단어의 형성에 의해서 안내되도록 스스로를 방치하면서 말이다.

tourner / tournure　　gajer / gajure[15]

언어의 문제에 대해 문자 표기에 호소하는 것은 늘 전적으로 공허한 것이다.

프랑스의 제르(Gers)라는 도(département)에 있는 도시의 이름은

Auch이다.(사람들은 Auche=ōš로 읽는다.) 단어 끝에 오는 ch가 š로 발음되는 유일한 예이다.

유일한 논거: 어떤 점에서 Auscii는 프랑스어의 ōš를 생산했는가? 문자 표기에 근거해 안내받아선 안 될 것이다.

Genovois인가 Génevois인가? 문제의 관건은 é를 반드시 표기해야 하는가의 여부를 아는 것이 아니다. 주목해야 할 사실은 프랑스어에서 두 개의 연속되는 묵음 e가 첫 번째 e를 é로 변화시키는 것을 촉발시킨다는 것이다.(devenir 등 많은 예들이 있다.) 한 가지 예로 Genalensis가 그런 경우이다.

이 같은 영향은 더 멀리 진행될 것이며, 그것은 대중에게 특정 작용을 행사하는데, 이때 그 작용은 언어에서 반영되고 언어에서 많은 왜곡을 야기한다.

문자 표기는 그 결과 매우 널리 퍼진 문어들 속에서 언어의 여러 사실들을 생산하는 데 이른다. 프랑스어에는 이런 종류의 많은 사실들이 존재한다. (이는 기형학적 현상들이다.) 문자로 적힌 이미지가 언어에 영향을 미치는 것이다.

Lefèvre(장인). 어원적 이유(faber)로 인해 사람들은 Lefebvre로 적었다. 두 개의 표기 부호, 즉 febvre(유식한)와 févre 문자 표기의 우연들로 인해 v와 u를 혼동하게 된 것이다. 그 결과 사람들은 Lefebvre 또는 Lefebure로 적었다. 거기서 Lefebure라는 단어가 창조되었다. 문자 표기의 잘못된 계약으로부터 탄생한 형태로서 지금은 이 형태가 실제로 발음이 되는 것이다.

또한 단어의 끝에 있는 다양한 r도 일정한 순간에서 존재하는 것을 멈췄다.

chanter에서처럼 부정사 nourri[16]가 그런 경우이다. 하지만 r은 다시 부활되었고 사람들은 nourrir라고 말했다. 이것은 존재했던 것을 복원한 것이다. 즉, 옛것으로 회귀한 것이다.

미래에 이 같은 왜곡들은 프랑스어에서 훨씬 더 많아질 것이다.

사람들은 문자 표기에 착안해 발음하기에 이른 것이다. 파리에서는 s<u>è</u> femmes(자음탈락)이라고 말하는 대신 se<u>p</u>t femmes라고 말한다. 예컨대 (모든 자음들을 다 발음하면서) <u>vingt</u>[17]라고 말할 것이다. 예컨대, 문법학자 다르메스테테르(Darmstetter)[18]를 보라.

따라서 이것은 언어학에 속하는 문제이지만, 괴상망측한 것들이다.(기형학) 심지어 라틴어에서도 이런 예들을 찾아볼 수 있다.

따라서, 문자 표기가 언어에 도달하는 우리의 수단일지라도, 매우 조심스럽게 다뤄야 한다. 문자 표기 없이는 과거의 언어들에 대해 아무것도 가질 수가 없다. 하지만 문자 표기로 기록된 문서들을 통해 언어를 소유하기 위해서는 하나의 해석이 필요하다. 각각의 경우에서 개별 언어의 음운 체계를 세워야 하며, 음운 체계라는 현실을 표기한 기호들은 이미지이다. 언어학자의 관심을 끄는 유일한 현실은 음운 체계이다. 이 작업은 개별 언어들과 상황에 따라서 상이할 것이다. 과거의 언어의 한 시기와 오늘날 말해지는 언어의 시기를 구별해야 한다. 과거의 언어의 독립 시기의 경우 직접적 청취 수단은 더 이상 존재하지 않는다. 가까운 과거라 해도 말이다.

음운 체계를 수립하기 위해 우리가 갖고 있는 자원은 다음과 같다.

1) 문법학자들이 언어를 다룰 때, 그들은 자신들이 청취하는 소리들을 우리에게 알려 준다. 그 결과 16세기에 문법학자들은 영국인들에게 프랑스어를 가르쳐 주기를 원했다. 그런데 어떤 문법학자도 음운 연구에 대한 생각을 갖지 못했다. 그들은 아무렇게나 생각나는 대로 단어들을 사용했다. (어떤 단어가 다른 어떤 단어처럼 발음된다는 식이었다.) 따라서 이 같은 증언은 비판을 요구한다. 사람들은 소리에 주어진 이름에 따라서 정보를 가질 수 있을 것이다. 그리스 문법가들이 β, γ, δ을 중간

자음이라고 부르거나, π, κ, τ를 'Ψιλαι'라고 부를 때,[19] 그러한 명명들은 명료하지 않다. 이 같은 문법학자들의 증언은 면밀히 검토되어야 할 것이다.

2) 매우 다양한 지표들의 조합을 통해 비판적 결정을 해야 한다. 그 가운데 한 가지는 다음과 같다.

a) 음성 진화에서 전제해야 하는 규칙성에서 도출된 지표들. 두 가지 경우가 존재한다. 하나는 우리가 오직 출발점만을 갖고 있는 경우로서 이것도 이미 중요한 단서이다. 가령, 그 결과 힌두어의 치찰음 ç가 무엇이었는지를 정확하게 정할 수 없다.

인도유럽어의 출발점은 k임에 틀림없다. 따라서 우리는 k로부터 나올 수 없는 가치들을 수용할 수 없다.

젠드아베스타어(le zend-avesta)[20] 같은 언어의 경우에서는 많은 철자들이 어원을 수단으로 해서만 규정될 수 있다.

-tr-는 -pr-에 비교됨

-θr-는 -fr-에 비교됨

이러한 사실은 다양한 사항들을 제시해 준다.

b) 하지만 빈번하게 우리는 출발점과 도달점을 동시에 갖는다. 이때는 그 두 점을 잇는 선상에 존재하는 무엇인가를 규정하는 것으로 족하다. 이를테면, 중세 시대에 사용됐던 하나의 부호의 가치를 알지 못할 때를 가정해 보자.

예컨대, au(이것은 이중 모음이었을까 그렇지 않았을까?)에서 그 출발점은 *al(au)이다.

만약 우리가 도달점, *au를 갖고 있다면 au는 중간 시대에 존재했었다.

만약 우리가 고지독일어에서 z가 무엇이었는지를 정확히 알지 못한다면 z라는 소리는 t와 ss 사이의 발음의 노선에서 찾아야 할 것이다.

water
z wazer[21]
wasser

출발점과 도달점을 알면 많은 가설들이 배제된다. 왜냐하면 그 가설들은 서로 양립될 수 없기 때문이다.

1910 동일한 시대에서 기술된 문자 표기들을 비교 검토하기 위한 다른
12.13 종류의 정보원이 있다.

1) 동일한 것에 대한 다양한 문자 표기들에 대한 비교.

가령, wazer에서 z는 zehan(숫자 10을 의미)에서 z와 동일한가? zehan은 때때로 cehan으로 표기되었으나, 우리는 waçer를 결코 찾을 수 없다.

이 ezan의 치찰음 z은 s와는 선명하게 구별되는가?(es(s)an,[22] was(s)er, tz 등등의 표기를 참조한다.) 만약 우리가 esan 또는 essan을 찾게 된다면 z는 어떤 경우이든 s와 매우 가까운 소리를 가졌을 것이라고 결론 내릴 수 있다.

2) 특정 시대에 시적인 기념비들을 소유하고 있다면 작시법의 체계가 무엇이든 간에 우리는 늘 하나의 서기법의 정확한 가치에 대한 정보를 도출할 수 있다. 예컨대, 음절의 숫자는 묵음 e의 가치에 대해 우리에게 정보를 알려 준다. tāle, māke을 참조하라. 오늘날에는 더 이상 e가 없다. 그런데 영국인들이 그 이전의 시대에는 tale과 make를 두 개의 음절로 고려했는지를 자문해 볼 수 있다.[23]

다른 시적 규칙들은 음량(quantité)을 참고한다. 이것은 우리에게 문자 표기에 의해 지시되지 않은 소리들의 길이에 대해 일러 준다.

만약 각운 또는 압운으로 이루어진 시적 기법이 있다면 그것은 문자 표기를 검증하기 위한 매우 중요한 정보원이 될 수 있다.

그 결과 faz와 gras[24]는 각운을 맞추게 되는 것이다. 즉 이 같은 치찰음들은 동일하거나 거의 근접한다.

| | |
|---|---|
| gras | gras |
| faz | faß |

고대 프랑스어에서 라틴어 a에서 나온 모음 e는(mer, cher, telle)[25] 다른 e 모음들과 각운이 맞지 않는다.(vert(viridis), elle(illa)) 그런데 문자 표기는 그것들을 혼동한다. 이 같은 구별은 오직 각운을 통해서만 해명된다.

낱말들의 놀이(jeux)는 발음에 대하여 여러 지표들을 제공할 수 있다. 현시대에 우리가 얼마나 적은 수의 문자 표기의 부호들에 대해 언어의 정확한 모습(physionomie)을 파악하고 있는지를 잊어서는 안 될 것이다.

모든 문법 교과서들은 문자 표기에서 출발하며, 발화자의 발음에서 존재하는 실제적 가치를 우리에게 제시하기에는 매우 불충분하다. 사람들은 g가 특정 방식으로 발음되어야 한다고 말할 것이다.

따라서 a) 음성들의 체계를, b) 그 음성들이 표기되는 비일관적인 체계를 제기해야 할 것이다. 독일의 빌헬름 비에토르(W. Viëtor),[26] 프랑스의 폴 파시(Paul Passy)[27]는 사용될 수 있는 진정한 방법들에 대한 생각들을 개혁했다. 문자 표기에 대한 이 같은 고찰들은 언어학자들을 그렇게 유도했던 것처럼 우리를 하나의 표음 문자 체계로 유도한다. 표음 문자 체계는 모든 애매모호함과 부정확성을 제거하는 수단이다.

문제의 관건은 철자법의 개혁이나 일반적인 용법을 변화시키기는 것이 아닌, 과학적 체계를 마련하는 일이다. 많은 학자들이 그 문제에 매달렸다. 표음 문자 체계를 설정하기 전에 먼저 음성학을 연구해야만 한다. 즉 누구나 동의할 수 있는 표기 체계를 검토하기 전에 인간 언어의 요소들을 구별하고 분류해야 할 것이다.

바로 그때부터 이 문제를 연구하는 학술 분야가 존재한다. 많은 학자들, 그리고 가장 다양한 방법들을 동원해서 그들은 가장 완결되고 가장 보편적이라고 그들이 평가한 소리들의 체계를 정립했다. 그 결과 영국학파, 독일학파, 프랑스학파를 언급할 수 있을 것이다.(루슬로(Rousselot) 신부 참조[28])

그 학문 분야는 어떤 명칭을 지녀야 할까? 음성생리학(Lautphysiologie)은 독일인들이 사용한 명칭들 가운데 하나이다. 사람들은 그 분야에 음운론(phonétique)이라는 이름을 종종 부여했지만 완전히 분리된 연구의 차원과 더불어 혼란을 피하기 위해서는 그 명확함에 대해 일정한 유보가 필요하다. 음운론은 먼저 상이한 언어들 속에서 소리들의 진화를 다룬다.(이를테면 dolore가 douleur(아픔)에 이르는 역사적 변화가 그것이다.) 이 시간을 통한 음성적 변화에 대한 연구는 인간 발화 속에서 소리들의 분석과는 무관하다. 음운론은 (진화적 음성학의 의미에서) 언어학의 영역에 완전히 편입되는 연구이다. 발화의 음성들을 다루는 이 같은 생리학은 언어학의 부분이 아니다.

그 분야에는 음성학(phonologie) 또는 발화의 음성들에 관한 분석이라는 명칭을 제시할 수 있을 것이다. 이 연구는 언어과학에 속할 만한 자격이 있는가? 이 같은 이름들 가운데 하나, 즉 음성생리학이 지시하듯이, 해부학이나 생리학 등과 직접적으로 관련을 맺을 것이다. 그것은 각각의 소리가 생산된 가운데 발생하는 메커니즘을 관찰하는 연구이다. 발성적 차원을 넘어서 생리학에 속하는 청각적 양상도 있다. 하지만 이는 음성학 연구에 속하지 않는 것이다. 청각 인상(l'impression acoustique)은 결국 발성적 움직임에 대한 분석으로 귀결되는데 이것이 바로 생리학자가 자신의 분야라고 주장할 수 있는 것이다. 소리들은 언어학의 일차적인 부분이라고 생각할 수 있다. 언어는 분석될 수 없는 청각 인상에 기초하는 체계이다.(f 와 b의 차이) 발성의 분석은 언어학자의 관심사가 아니다.

언어를 양탄자에 비교해 보자. 색조들의 조합은 양탄자에 무늬와 표정(jeu)을 만든다. 달리 말하면, 염색업자가 그 색을 어떻게 혼합했는지를 아는 것은 중요하지 않다. 마찬가지로, 중요한 것은 시각적 인상들의 연속이며, 실이 어떻게 짜였는지를 아는 것은 아니다. 그러므로 중요한 것은 생산하는 수단이 아니라 청각 인상이다.

언어가 구성되는 상이한 형식들은 청각 인상을 수단으로 다양한 조합들을 표현한다. 언어에 있어 모든 놀이(jeu)를 만드는 것은 그 청각 인상들의 대립이다. 각각의 음성적 인상을 획득하기 위해서 필요한 발성기관의 모든 움직임에 대한 시각은 언어에 대해 아무것도 일러 주지 않는다. 언어는 체스 놀이에 비교할 수 있다. 대립된 가치들의 놀이가 가능하기 위해서는 각각의 체스의 말들이 이루는 질료(상아, 나무 등)를 아는 것은 중요하지 않다. 따라서 음성생리학은 언어학의 부분이 아니다.

음성학은 이 같은 기계적 측면을 관찰하면서 분류를 하기 위해 필요하다. 왜냐하면 우리들은 청각 인상을 분석할 수는 없으며 이 같은 기계적 측면만을 분석할 수 있기 때문이다.

음성 발화의 가능한 요소들로 이루어진 하나의 체계를 획득할 수 있을 것이다. 즉, 모든 합리적 문자 표기의 기초로 사용될 수 있는 체계를 말한다.

모든 음성학 연구자가 실행해야 할 작업 속에서 검토될 수 있는 한 개 또는 두 가지 원칙이 존재한다.

1) 언제나 청각 인상에서 출발해야 한다. 청각 인상에서 출발하는

것 말고는 단위들을 구별조차 할 수 없을 것이다. 즉, 단위들의 수를 제공하는 것은 청각 인상이다. fal 속에서 네 개 또는 두 개가 아니라 세 개의 단위가 있다고 나로 하여금 진술하도록 만드는 것은 무엇인가?

이것이 표현하는 소리를 무시하면서 생리학자는 얼마만큼의 단위들이 있는지를 알 수 없을 것이다. 생리학자는 청각 인상에 의해 유도되면서 작업을 시작한다.

|f|ã|l|

1 1 1

귀는 소리에서 시간이 동질적인가 동질적이지 않은가의 여부를 우리에게 말해 준다.

이 단위들(청각 인상에 의해 분할된 발화 연쇄의 전체)이 주어졌을 때, 비로소 음운론 연구가 시작되는 것이다.

생리학자는 f라는 소리의 발성 동안 생산되는 운동이 무엇인지를 추구할 것이다.

1910 원시 알파벳의 창조자들은 발화 연쇄를 동질적 시간으로 분해하는

12. 16 것 말고는 달리 수순을 밟을 수 없었다.

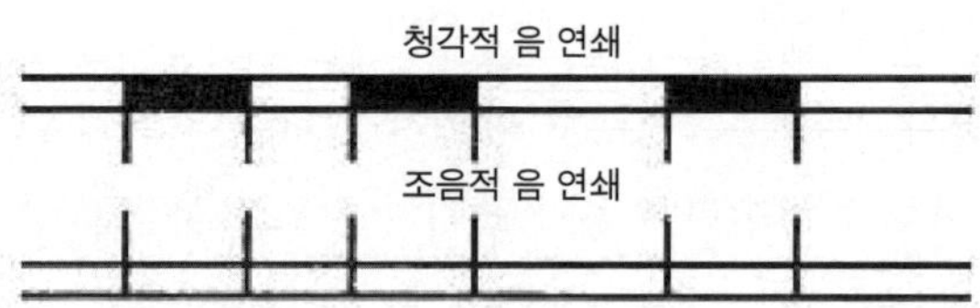


첫 번째 발화 연쇄 속에서 만약 하나의 공간이 처음에서 끝까지 그 자체와 유사하다면 우리는 곧바로 구별할 수 있다.

이웃한 순간들과 유사한 순간들, 그리고 상이한 순간들을 갖게 되는 것이 자명할 때, 청각 연쇄의 더 이상 환원될 수 없는 순간들을 갖게 된다. 어떤 것은 짧고, 다른 것은 긴 절편들인데 이것은 시간의 지속과는 관계가 없다. 단지 그 자체로 유사한 것인가를 인지하는 일이 관건이다. 즉 그것이 처음부터 끝까지 동질적인지를 알아보는 일이다. 나는 시간이 아니라 순간들을 말하고 있다. 오로지 그것들의 차이에 의해 설정된 이 같은 단위들에 그리스인들은 여러 부호들(signes)을 부여했다.

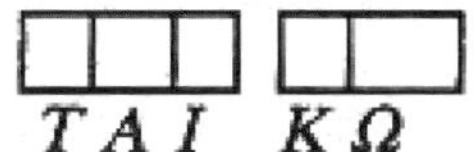


아마도 그리스인들은 음운론 학자가 행하는 불가피한 작동을 수행했을 것이다.

알파벳을 창조한 모든 민족이 이 같은 원칙, 즉 유일하게 진정으로 음운론적인 원칙을 파악한 것은 아니다. 많은 민족들은 우리가 음절이라고 부르는 pa, ti, ko와 같은 단위들에 머물렀다. 하지만 음절은 pak과 같은 단위들도 포함할 수 있다.

그리스인들은 본래는 그들 자신이 만든 문자가 아니었던 셈 문자를 나름대로 올바른 방향으로 작업했다. 셈족인들은 단지 자음들만을 표시했다.

문자는 그에 상응하는 상이한 조음적 운동들을 표시할 필요가 없으며 청각적 표기로 충분하다.

음운론 학자는 다음과 같은 질문을 던져야 할 것이다. 예를 들어 T로 표시되는 청각적으로 동질적인 공간, 이를테면 T로 표시되는 공간 동안, 실제로 진행되는 조음적 운동들은 무엇인가?

그는 조음 연쇄에 청각적 운동들을 투사시키고 거기에서 진행되는 것을 예상하려고 애쓴다. 음운론 학자가 유일하게 단위들을 재단할 수 있는 청각 연쇄로부터 출발해야 한다. 청각 연쇄 없이는 단위들을 형성할 수 있는 명분이 없는 분절들의 획일적 연속이 있을 뿐이다. 그것과 마찬가지로 음 연쇄를 이루는 인상들은 분석될 수 없다. 단위들이 주어진다면 조음 연쇄에 대해 운동들이 분석될 수 있다. 반면, 청각 인상 그 자체 속에서는 아무것도 분석할 수 없다.

음소(phonème)는 조음 운동들의 일정한 총합이며, 동시에 주어진 일정한 청각 효과(effet)로 이루어진다. 우리에게 음소는 연쇄 가운데 있는 많은 순간들이다. 그것은 연쇄 고리들이다. 더 이상 환원될 수 없는 하나의 단위에서 사람들은 시간 속에서 이루어지는 운동들을 제외시킬 수 있다. ta와 같은 복합 단위는 항상 다음과 같다.

연쇄 고리 + 연쇄 고리

순간 + 순간

반면 더 이상 환원될 수 없는 t와 같은 연쇄 고리는 그 자체로서는 연쇄 고리나 순간으로서 간주될 수 없으며, 시간을 벗어나서 추상 속에서만 고려될 수 있는 것이다. 우리는 f를 일종의 f라고, i에 대해서는 일종의 i라고 말할 수 있을 것이다. 즉, 시간 속에서 이루어지는 연속에 종속되는 모든 것을 신경 쓰지 않고, 구별적인 특징에만 신경 쓰면서 말이다. 그것은 마치 악보의 연속인 것과 같다. 도레미는 추상 속에서 고려될 수 있다. 만약 내가 하나의 동질적이면서 환원될 수 없는 순간을 do라는 연쇄 속에서 취한다면, 나는 시간을 벗어나서도 그것에 대해 말할 수 있는 것이다.(진동 분석)

우리는 음소들의 분류 속에 진입한다. 이것은 음운론 학자의 과제

가운데 하나이지만, 음운론 학자가 가장 많은 주의를 기울이는 문제는 아니다. 그들은 오히려 수많은 음소들을 몇 개의 커다란 노선으로 귀결시키는 대신, 음소들의 무한한 다양성을 보여 주었다.

음운론의 영역을 이해하는 것은 유익하다. 음소들을 환원시킬 수 있는 도식들은 매우 간단하다. 고려되어야 할 네 개의 요소들이 있다.

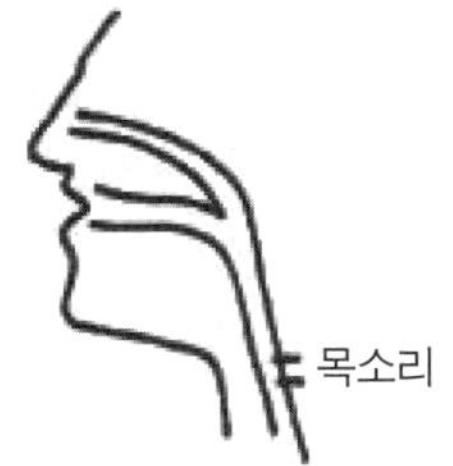


1) 날숨: 획일적이고 항상적인 요소. 의무적.
2) 목소리: 획일적이며 선택적인 요소. 후두원음으로서 성문에서 생산된 소리.
3) 비강 열림: 획일적이며 선택적인 요소(비음성(nasalité)). 청각적 관점에서.
4) 구강 조음: 다양하면서 항상적인 요소. 의무적.

1) 날숨: 모든 음소를 생산하기 위해 필요하다. 따라서 항상적이다.

2) 목소리: 음소들에 따라 선택적인 요소이다. (시간의 연쇄 속에서 간헐적이다.) 이를테면 p 또는 f는 그 어떤 후두원음을 동반하기도 하고 그렇지 않기도 하다. 목소리는 획일적 요소이다. 그것은 음의 고저를 변화시킬 수 있지만 그 성질은 획일적이다. 목소리를 변화시키는 것은 구강에 의해 형성되는 공명강이다.

3) 비음성: 나는 내 뜻대로 비강을 열어 놓을 수도 있고, 닫아 놓을 수도 있다. 따라서 비강은 어떤 소리와 공조할 수도, 그렇지 않을 수도 있다. 콧소리를 내는 비음성은 선택적이다. 비음성은 획일적이다. 그것을 다양하게 변화시킬 수 없는 이유는 우리가 코에서 다른 기관들을 갖고 있지 않기 때문이다. 즉, 비음성의 많고 적음이 존재할 뿐이다.

4) 구강 조음: 그 위치가 어디이든 간에 구강에 상이한 기관들의 위치이다. 하지만 이 위치는 무한하게 변이한다. 바로 그런 점에서 다양

한 것이다. 구강의 조음은 항상적인데, 그 이유는 구강의 기관들을 하나 또는 다른 위치에 놓지 않고는 달리 말할 수 없기 때문이다.

조음을 제외한 모든 요소들은 획일적이며, 하나의 분류의 기초로 사용될 수 있는 다채로운 요소들을 제시하지 않는다. 구강의 조음은 분류의 핵심적인 토대이다. 하지만 한 발자국 더 나아가자. 우리는 변화를 동반하지 않는 날숨을 제거할 수 있다. 왜냐하면 획일적이며 항상적이기 때문이다. 그렇다면 우리는 목소리와 비음성이 동반하는 것들을 고려하기만 하면 된다. 구강 조음은 심지어 구강을 여는(개구되는) 음소들을 결합시키는 자연적 분할을 포함한다. 우리는 구강의 폐쇄를 6단계로 구별해야 할 것이다. 개구도라고 말하는 것이 더 일반적이다.

우리는 모든 가능한 음소들의 목록 속에 들어가는 대신 여러 가지 부류들을 갖게 될 것이다. 하나의 개모음 혹은 폐쇄음이 위치하는 장소는 매우 다양하다.(입술, 입천장) 하지만 우리는 개구도의 정도를 표시할 수 있다. 우리는 상황을 역전시켜서 개구도의 단계라고 말할 수 있을 것이다.

**조음: 개구도 0 (=완전 폐쇄)**

폐쇄음

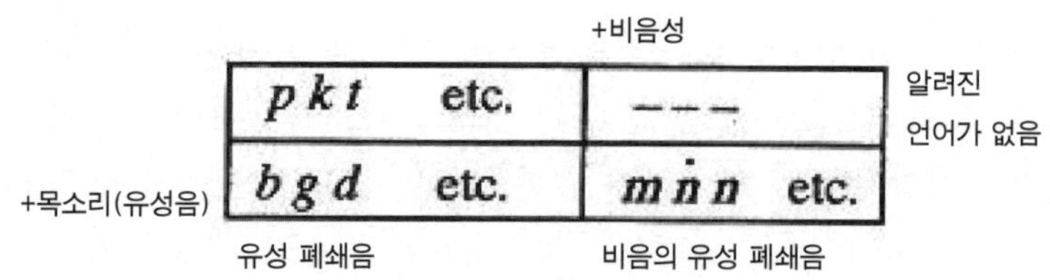


이처럼 텅 빈 칸의 경우, 그것이 비어 있는 것으로 나타난다는 것은 장점이다. 비록 그것이 포함할 수 있는 음소들이 실현되지 않았지만 말

이다. 만약 p에 후두원음을 첨가한다면, 이 p 소리는 b가 된다. b와 m의 차이는 오직 비강이 m 속에서 열려 있다는 차이뿐이다.

**조음: 개구도 1**

마찰음 또는 치찰음

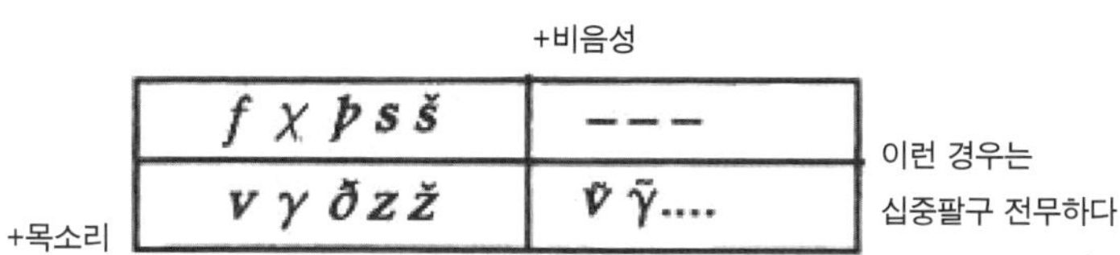


첫 번째 표는 폐쇄음을 포함하고 있다.(유성 폐쇄음과 비음 유성 폐쇄음) 두 번째 표는 마찰음 또는 마찰음을 포함하고 있다. 여기에서 개구도는 매우 약하다. 공기는 아주 가볍게 통과된다. 신체 기관들 사이의 접촉이 존재한다.

**조음: 개구도 2**

세 번째 표는 우리가 유음이라고 부르는 소리들이다. 개구도는 이미 엄청나다. 보통 유성음에 의해 표현되는 유형이다. 그러나 목소리가 없는 무성 유형도 역시 알려져 있다. 가령, pleuvoir(비가 그치다)의 경우, p 다음에 오는 l 소리가 그런 것이다. 많은 사람들이 목소리가 없는 l을 발음하며 그것은 강한 l 소리이다.(프랑스 연극에서 *l*은 유성이다.)

1910 **구강 조음: 개구도 3**

12. 20

| | | +비음성 |
|---|---|---|
| | ( *iuü* ) | --- |
| +목소리 | *iuü* | *į ų ų̈* |

이제 모음들을 다룰 차례다. 하지만 이 체계에서 모음과 자음의 구별은 본질적인 것이 아니다. 보통의 유형은+목소리(그리고+목소리+비음성)를 갖는 표현이다. 때때로 목소리가 없는 무성을 접할 수 있다. 하지만 후두원음이 존재하지 않는 모든 곳에서는 i, u, ü를 등록시켜선 안 된다. 우리는 무성음 i를 갖고 있다. hi, hu라고 쓰이는 것은 전혀 다르다. hi, hu는 무성 i와 유성 i를 쓰는 방식일 뿐이다. i, u〔ou〕, ü는 1번 칸에 있는 것으로서 h(i), h(u) 등이다. 마찬가지로 hu에서 h는 무성 u이다.

**구강 조음: 개구도 4**

| | | +비음성 |
|---|---|---|
| | ( *eoö* ) | --- |
| +목소리 | *eoö* | *ę ǫ ǫ̈* |

e, o, ö 같은 종류들은 i, u, u보다 더 열려 있다. i 또는 e를 발음하면서 입속에 손가락을 넣으면 그것을 목격할 수 있다. ę, ǫ, ö 등은 in, on, un 등으로 쓰이는 프랑스어 비모음들이다.

무성 유형으로 he, ho 등이 있다.

**구강 조음: 개구도 5**

| | | +비음성 |
|---|---|---|
| | (a ) | – |
| +목소리 | a | ą |

a에서만 표현되는 것으로써, 비음화된 a가 있을 수 있는데 그것은 프랑스어의 an, 즉 ą이다.

이 도표의 장점은 그것이 하나의 원칙으로 귀결된다는 점이다. 즉 구강 조음이 그것이다. 다른 요소들은 여러 변화들을 유발시킬 수 있을 것이다. 다른 한편, 구강 조음 가운데서 모든 것은 구강 폐쇄의 정도를 나타내는 척도로 귀결된다. 청각 영상에 대한 구강 폐쇄의 파급 가운데서 두 가지를 주목할 필요가 있다.

(무성음) 1) 구강 폐쇄가 많아질수록, 구강 동공에서 생성되는 소리들은 엄청나다. 목소리가 첨가되는 경우에 조음이 폐쇄적일수록 목소리는 약해져 귀에 도달하는 데 방해를 받는다. 그것은 부정적인 효과이다. 다른 한편, 그 척도를 내려오면서 스스로 목소리를 듣는 것이 자유로워질 수 있을 것이다. 2) 자음과 모음을 분리시키는 신비로운 외적 한계들은 더 이상 없다. 그 요소들은 동일한 것이다. 그것은 어느 정도 하나의 문제이다. 구강 개폐가 증가할수록 목소리의 요소는 더 자유로운 놀이가 된다. 따라서 각각의 척도에서 규범적인 유형은 +목소리에 놓이게 되는 것이다. 즉, 개폐도를 증가시킬수록 목소리 쪽이 늘어나는 것이다. 진실로, 모음은 오직 그 본질에 있어서 하나의 우발적 요소일 뿐이다. 모음을 하나의 우발적 요소로 파악한다는 조건에서만 음운론적 생산물들을 하나의 유일한 체계 속으로 환원시키는 데 더 이상 어

려움이 없는 것이다. 음운론 교과서들은 이 같은 모음과 자음의 구별을 너무 심하게 하고 있어서 빈번하게 혼동을 일으키고 있다.

노트 3권 시작

이는 사람들이 이론적인 경우를 충분히 연구하지 않았기 때문이다. 사람들은 빈번하게 실현될 수 있는 경우만을 보고 있다.

실제적으로 폐쇄된 조음이 목소리를 포함하고 있는 반면, 열린 조음이 목소리의 부재에 적응하기는 매우 어렵다. 보다 열린 조음들은 목소리에 도움을 호소한다. 따라서 음소의 본질이 모음이거나 또는 자음이어야 하는 것은 아니다. 모음과 자음 사이에 어떤 장벽도 놓아선 안 된다. 이론적으로 일체의 개구도와 더불어 네 가지 가능성을 갖고 있는 표를 연구할 수 있을 것이다.

만약 각각의 개구도에서 구강 기관의 가능한 모든 변형들을 참작한다면, 그 분류는 무한한 것을 포함할 것이다. 이것은 음운론 학자의 일이다. 하지만 이 표의 모든 종류들을 배열할 수 있다. 이 같은 규정은 각각의 언어의 발음을 알기 위해 필요하다. 하지만 이론적으로는 이 같은 규정은 별로 중요하지 않다. 이것은 음운론적 종류들의 형태론적 분류를 나타낸다. 그러나 음운론은 음 연쇄의 종합을 포함하는 목적을 가지고 있어야만 하며 우리가 분석했던 발화 연쇄의 재구를 갖고 있어야 한다. 이 목적은 발화 속에서 더 이상 환원될 수 없는 요소들이 어떻게 연쇄적으로 이루어지는지를 보여 주는 것이다. 이 목적은 빈번하게 실현된다.

다음과 같은 사실에 주목하자. 음 연쇄를 재구성하기 전에 환원 불가능한 단위에 도달했는지를 확실히 해야 한다. 만약 그 요소가 복합적이라면 그것은 사용될 수 없기 때문이다. 현실적으로 단위들은 더 이상 분할될 수 없다. 앞에 제시한 표에서 우리는 환원될 수 없는 단위들까지 나아가지는 않았다.

예컨대, |a|p|a|가 있다고 가정해 보자.

우리는 다음과 같이 말할 것이다. 더 이상 분할될 수 없는 단위들의 하나는 p이다. 하지만 만약 이 p가 늘 동일한 것이 아닐 때, 또는 비록 그것들이 동일하지는 않지만 연속적인 소리들을 포함하고 있다 해도 그 p는 더 이상 분할될 수 없는 것이다. 진정으로 분할될 수 없는 요소에 도달해야 한다. 또 다른 고찰 사항을 첨가하자. 우리가 appa라고 했을 때, 문자 속에는 두 개의 p를 갖다 놓는다. 그것은 옳은 일이다. 단지 두 번째 p는 첫 번째 p와 동일하지 않다. 실제로 첫 번째 p에서는 발성 기관들이 닫힌다. 즉 폐쇄적인 운동이 일어난다. 첫 번째 p는 닫힌 p를 나타낸다. 두 번째 p는 열린 p이다. 발성 기관이 열리는 운동이다.

치찰음이나 마찰음을 통과하면서도 똑같은 현상을 관찰하게 된다. r와 l의 경우도 마찬가지다. 가령, al> <la의 경우가 그러하다. (첫 번째 l은 닫힌 l이고, 두 번째 l은 열린 l이다.)

이 같은 척도를 계속해 가면서 우리는 열린 소리와 닫힌 소리를 늘 발견하게 될 것이다. ai에서 i는 닫힌 i이다. ia에서 i는 열린 i이다. 개구도 4와 마찬가지로 이 경우는 여전히 가능하다.

오직 a만이 있을 뿐이다. 개구도 5를 제외하고 모든 요소들은 열린 상태와 닫힌 상태로 발음될 수 있다.

다음과 같은 하나의 부호를 채택할 수 있다. i<i>

하나의 자음의 닫힌 형태를 내파라고 부를 수 있으며, 그것의 열린 형태는 외파라고 부를 수 있다. 각각의 음소는 (a를 제외하고) 그것의 내파적 형태와 외파적 형태를 수용할 수 있다. appa와 같은 소리에서 우리가 합리적으로 표기한다면 다음과 같은 두 개의 기호가 필요하다. ap>p<a.

만약 내파를 대문자로 표기한다면 aPpa, aLla로 할 수 있을 것이다. 사람들은 이 같은 의미에서, 다음과 같은 표기에서는 복제된 두 개의 철자가 있을 뿐이라고 말했다.

$$i\text{-}j(y)=i^{>}\text{-}j^{<}$$

$$u\text{-}w=u^{>}\text{-}u^{<}$$

하나는 내파이며, 다른 하나는 외파이다.

appa에서 우리는 두 개의 것을 연속적으로 갖고 있다. 하지만 내파와 외파가 연속될 필요는 없는 것이다. 즉 오직 내파만을 또는 외파만을 가질 수 있는 것이다.

연쇄 가능성의 모든 물음은 거기에 있다. 우리는 더 이상 분할될 수 없는 요소들에 도달하지 않은 것이다.

$$p=p^{>}$$

$$p=p^{<}$$

만약 우리가 $p^{>}$라고 말하면 그것은 추상적인 그 무엇인가를 갖는 것이다. 만약 우리가 $p^{>}$와 $p^{<}$를 갖는다면 우리는 실재하는 개체를 갖는 것이다.

a를 제외하고 발견된 요소들의 시리즈를 배가시키는 일만 남을 것이다. 음 연쇄의 연속적 순간들을 기록하는 것은 이 같은 요소들로서, 음의 고리들로서 사용될 수 있다. 음절의 단위는 근본적으로 외파와 내파에 종속된다.

정상적이며 합리적인 표음 문자는 사용된 기호들의 본질이 무엇이든 간에 언제나 음성 연쇄를 참작해야 한다.

각각의 순간에 대해 하나의 기호를 필요로 하며, 각각의 절편은 하나의 기호로서 표현되어야 한다.

분석보다는 분류에 매달렸던 영국의 음운론 학자들은 이 점에 역행하고 있는데, 때때로 몇 개의 소리들에 대해 두 개 혹은 세 개의 철자들을 사용하는 데까지 이르렀다. 어떤 음운 표음 문자도 지금까지 그 점을 참작하지 않았다. 게다가 각각의 소리에 대해 그것의 폐쇄음의 기호와 개방음의 기호를 필요로 할 것이다. 다양성이 없는 a를 제외하고는 모든 종류의 소리에 대해 똑같은 것을 추구해야 한다.

철자법을 개혁하고 음운의 표기를 통해 모든 언어들을 표기할 수 있을까? 이 물음은 원칙적으로 잘라 말할 수 없는 너무나 많은 우발적 요소들로 가득 차 있다. 하지만 이런 방향에서 나아가는 것이 언어학자의 목적은 아니다. 여러 소리들을 완전히 표상하고자 하는 것은 바람직하지 않다. 영어, 독어 그리고 프랑스어에 동일한 음운 체계를 바라는 것은 과장이다. 언어학자들에게는 이 같은 체계가 반드시 필요하겠지만 실제에 있어서는 단지 가장 터무니없는 비정상성이 사라지기를 희망할 뿐이다.

잊지 말아야 할 점은 문자로 적힌 단어들은 타성적으로 표의적 기호가 된다는 것이다. 그 단어는 그것이 형성되는 철자들과 독립적으로 전반적인(globale) 가치를 갖는다. 우리는 다음과 같은 두 가지 방식으로 읽을 수 있다. 모르는 단어는 철자를 하나하나 불러 가면서, 그리고 알려진 단어는 단숨에 읽어 가면서 말이다.

표음 문자로 인해 우리는 몇 가지 장점을 상실한다. 소리에서 혼동되는 단어들은 문자를 통해 구별될 수 있다. 예를 들면, tant과 temps[29]

(예컨대 전보의 경우 매우 유용한 것이다.)

합리적인 표음 문자와 더불어 모든 언어들을 포함하는 하나의 체계에 따른다면 바람직하지 못한 인상으로 가득 찬 페이지에 도달할 것이다. 그 기호들의 수는 너무나 큰 것이다. ont라는 표기에 대해 구별 부호와 더불어서 ō 또는 ǫ라고 써야 할 것이다. 이것은 철자를 너무 과잉적으로 사용하여 부담을 주는 것으로 눈에 보기에도 피로하다.

예를 들면, 파시의 『음성학 개론(*Le Maître Phonétique*)』은 한 언어의 소리들과 다른 언어의 소리들과의 완벽한 관계를 제시하고 있다. 이것은 교육적으로는 장점을 갖고 있으나 일상의 표기에 도입되는 것은 바람직하지 않다.

# 5장 지구에 존재하는 가장 중요한 어족의 지리 역사적 구도

1) 하나의 어족은 그것이 분명하게 존재하는 경우, 과거 속에 존재하는 하나의 절대적 통일성(unité)이라는 사실을 암묵적으로 상기시킨다. 하나의 어족이라는 이 같은 다양성은 과거 속에 존재하는 통일성의 반영으로서 파악할 수 있다.[1] 그 통일성의 기간이 천 년 혹은 이천 년이라고 말할 수는 없지만 과거 속에 존재하는 이 통일성이라는 개념은 어족이라는 개념과 분리될 수 없다. 그 다양성은 만약 우리가 몇 세기를 거슬러 올라간다면 이미 줄어들 것이다. 이렇듯 지리적 다양성은 어족을 떠올리게 만드는 유일한 관념이 아니다. 거기에는 역사적 관념이 뒤섞인다. 즉, 한 어족의 지리적 다양성이라는 요소 속에는 역사적 요소가 존재한다.

2) '역사적'이라는 형용사는 다음과 같은 의미에서 보다 외적인 방식으로 개입한다. 다양한 시대의 자료들을 통해 한 어족의 다양한 순간들을 인식할 수 있는 바람직한 행운 속에 우리가 놓여 있다는 의미에서 그렇다.

3) 아마도 이 같은 역사적 자료는 늘 상당히 파편적일 것이며 (심지어 인도유럽어족에서조차도) 궁극적으로 더 오래된 시간으로 거슬러 올

라갈 수는 없다. '역사적'이라는 것이 빈번하게 선사적(antéhistorique)이라는 것을 의미한다는 점을 망각해서는 안 된다. 우리는 '선사적'이라는 것의 의미를 역사적이라고 불렸던 것 속에서, 또한 진화적이라고 부를 수 있는 것 속에서 이해하고자 한다.

이것은 내재적 방법을 통한 재구에 호소한다. 현재의 다양성이 전개될 수 있었던 원시적 형태를 가능한 한 가장 비슷하게 확정지어야 한다. 그것이 언어학자의 과제다. 역사적 재구라는 이 작업은 지구의 어떤 어족에게도 부과되는데, 왜냐하면 라틴어 속에서 그 원형을 소유하고 있는 로망어들에서조차 어떤 예외도 경험한 바 없기 때문이다. 달리 말해 우리는 귀납을 통해서만 분석 절차를 밟을 수 있다.

4) 사람들은 각각의 어족에 고유한 언어적 특징들에 대한 기술이 이들 어족들에 대해 이루어지는 신속한 검토 그 자체와 결부된 사안이라고 빈번하게 간주한다. 이 점에 대해서는 매우 신중을 기해야 한다. 하나의 어족을 언급하면서 그 어족의 특징들을 기술해야 한다는 이 가정 아래에서는 그 문제의 성격에 대한 부정확한 입장들이 존재하기 때문이다.

한 어족의 언어적 특징이 그 어족의 진화를 통해 동일한 것으로 남아 있어야 한다는 생각을 수용하는 것은 그릇된 출발점이다. 사람들은 시간에 대해 존재하지 않는 한계들을 설정하기를 원함으로써 그로인해 시간의 작용을 잘못 인식하고 있는 것이다. 시간이 미치는 이 같은 작용은 전혀 계산될 수 없는 것일 뿐 아니라 도착점에서 그 어족이 갖고 있었던 최초 기원의 특징들을 완전히 변화시킬 수도 있었을 하나의 어족을 얼마든지 생각해 볼 수도 있기 때문이다. 빈번하게 이 같은 특징들은 한 어족의 존재 기간 동안 유지되지만, 이 특징은 결코 강요된 것, 미리 주어진 것을 갖지 않는다. 그러므로 명확하게 사리를 판별해야 한다.

그렇다면 한 어족의 특징을 요구할 수 있을까? 진정 어족의 원형, 원시적 시대에 부여된 특징들에 대해 언급해야 하는가? 우리는 하나의 특정 언어, 하나의 특정 시대에 직면하고 있기 때문에 그 물음에 답할 수 있다. 계속되는 시대들의 총합 속에서, 변화가 허락되지 않는 영속적 특성들이 존재한다는 것을 받아들이는 것, 그것은 곧 시간 속에서 진화의 근본적 원칙과 상반되는 것이다. 만약 하나의 특징이 끝까지 존속한다면, 그렇게 만드는 것은 우연이다. 권리상 영속적으로 남아 있을 수 있는 특징들이란 존재하지 않는다.

예컨대 인도유럽어족에서 당연한 것으로 보이는 특징들 가운데 하나는, 표현 수단으로서 굴절을 사용한다는 점에서 '인도유럽어들은 굴절어이다'라고 말하는 것이다.[2] 그런데 오늘날의 영어에서 굴절은 거의 사라진 반면, 격은 상당수의 언어들에서 나타나고 있다.

만약 원시 인도유럽어가 굴절어였는지를 물어본다면 어떻게 될까? 그러므로 그 물음은 적확한 것이다. 한 어족이 갖고 있는 모든 예들에 공통적으로 나타나는 몇 가지 특성들은 원형 속에서는 존재하지 않았던 것으로 파악될 수 있다. 그 결과 몇 가지 자질들이 나타난다. 우랄알타이어의 모든 언어에서 찾아낼 수 있는 모음조화와 관련하여, 그 어떤 것도 모음조화가 이후에 나타날 현상의 연속이라는 것을 보장해 주지는 못한다.[3] 따라서 그것은 원형이 아니라 원형의 한 가지 특성이라고 말하는 것이 더 적절하다. 중국어의 특성 역시 마찬가지다. 중국어의 단음절성은 단어들의 약화(usure)에 의해 촉발된 것이다. 하지만 십중팔구 그 같은 중국어의 단음절성은 원시적인 것은 아닐 것이다.[4] 그것은 언어의 진화 속에서 한 순간이었을 뿐이다. 굴절어, 교착어 등 언어의 주요 구조들을 분류하면서 사람들은 상이한 언어들을 그 같은 유형적 분류에 포함시키기만 하면 그만이라고 믿었다. 하지만 사소한 사건 하나로 인해 모든 것이 소용돌이칠 수도 있는 것이다. 이로 인해 근본적인 특징들조차 변형될 수 있다.

언어에 나타나는 인종의 문제는 해결하기가 매우 어렵다. 이것은 언어학자뿐 아니라 인류학을 연구하는 역사학자들과 관련된 것이다. 인류학적으로는 게르만 인종(장두), 금발, 장신이 존재하는데 이것은 스칸디나비아인들에게서 충분히 잘 나타나고 있다.

알프스 산악 지방에서는 결코 이런 인종 유형을 찾아볼 수 없다. 하지만 게르만 언어를 사용하는 독일인들에게는 찾아볼 수 있다. 그런데 게르만 언어가 알프스 거주민들에게 강제로 부과되었다고 생각하는 사람은 거의 없다. 하지만 이 같은 이질성이 존재하기 위해서는 특정 민족의 지배가 연장되어야 한다.

실은 인종이라는 인류학적 사실에 대한 물음을 제기해서는 안 된다. 특히, 인종이라는 인류학적 사실 옆에 나란히 있는 민족(성)(ethnisme)이라는 사회정치적 사실을 망각해서는 안 된다. 여기에서 민족은 위험에 처한 공동체, 방어를 위한 공동체, 문명의 공동체에 의해 역사적으로 채택된 일정한 단위를 말한다. 비록 정치적으로 하나의 국가가 존재하지 않아도 말이다. 이것은 이미 몇몇 거주자들을 일정한 민족(성)에 결부시킬 수 있는 그 무엇인가가 존재한다는 것을 말한다. 혈통의 문제를 제기하는 것은 필연적인 것이 아니다. 야만인들에 앞서 중세 시대에는 일정한 로망프랑스어를 사용하는 스위스 민족(ethnisme romand)이 있었다. 비록 이들이 다양한 인종에 속해 있고 정치적 통일성이 없었음에도 말이다. 언어와의 연관성은 일정한 민족성을 단언하기 위한 지표다. 아울러 언어는 이런 이유에서 가장 소중한 지표다. 그 지표는 따라서 언어의 관점에서 으뜸이 되는 차원의 가치라 할 수 있다.

## 인도유럽어족

이 어족은 온갖 흥미로운 사실들을 집약하고 있다.[5] 그것은 다음과 같은 큰 줄기의 통일성으로 결속될 수 있다. 첫째, 지구상에 존재하는 가장 중요한 언어 무리들 가운데 하나를 이루고 있는 외연 때문이다. 둘째, 이 고유 언어들은 모든 민족들 가운데서도 문명화된 민족이 사용해 왔으며 일련의 걸작들 속에서 문학적으로 삶을 영위하고 있다. 셋째, 다른 한편으로 인도유럽어를 매우 다양한 계기들 속에서 파악할 수 있다. 이를테면 인도유럽어 가운데는 매우 오래된 기념비들이 존재한다. 넷째, 그 기원부터 나타나는 바 그대로의 인도유럽어라는 언어 유형은 인도유럽어들 속에서 나타나는 가장 주목할 만한 양상들 가운데 속하며 언어학적으로 지구상에서 우리가 알고 있는 가장 아름다운 언어 유형이다. 지난 1세기부터 비교문법에 의해서, 언어학자들에 의해서 완수된 작업은 그 같은 영토를 훌륭하게 준비해 왔다. 그러므로 인도유럽어라는 이 언어의 건축물에 진입하는 것은 보다 용이하다. 다섯째, 지구상에 존재하는 다른 언어들은 태곳적 자료들이 거의 전무하며 이들 언어들의 무리에 대해 행해진 작업은 훨씬 덜 진전되어 있다.

하지만 미국의 언어학자 휘트니처럼 다른 어족들을 아주 부차적인 것으로 간주해서는 안 된다. 원칙적으로 여러 언어들 가운데 어떤 어족도 특별히 선호해서는 안 된다. 모든 언어들은 인간 언어 일반에 대한 전체 시야를 갖도록 하는 데 기여할 것임에 틀림없다.

지리적으로 따져 보았을 때 현 상태에서 인도유럽어족은 아이슬란드에서 벵골 만까지 중단되지 않는 사슬을 형성하고 있다. 만약 2000년 혹은 그 이전으로 거슬러 올라간다 해도, 그때도 마찬가지였을 것이다. 다만, 그 사슬은 상이한 방식으로 시대에 따라 성립되었다. 큰 국가는 작은 국가들을 포괄한다. 그 고리들의 수는 고리들의 규모와 중요성에 유리한 방식으로 감소한다.

아드리아 해의 북부 지역

:이를테면, 라틴어, 움브리아어, 베네티어, 일리리아어, 마케도니아어, 그리스어 등등 훨씬 많은 고리들이 있다. 오늘날 이탈리아어는 슬라브어와 접촉하며 나중에는 그리스어와 접촉한다.

그 결과 중간 고리들이 사라지는 것을 보게 된다. 언어학적 관점에서 그 사슬은 옛날에는 전혀 다른 방식으로 흥미로웠다. 이 어족에 주어진 이름은 지리적 상황에서 차용된 것이다. 사람들은 먼저 인도·게르만어라는 이름을 부여했으며, 나중에 인도·유럽어족이라는 이름을 부여했다. 거기서 우리는 두 가지 양극단의 표시를 볼 수 있다. 유감스러운 것은 아리아족(Aryen)이라는 단어를 잃어버렸다는 것이다.(âryas는 인도유럽 인종에 속하는 인도인을 말한다.) Aryen이라는 단어는 초기의 언어학 저서에서 사용되었다. 오늘날 아리아족은 인도·이란어족(l'indo-iranien)과 동일어이다. 사람들은 때로 아리아·유럽어(l'aryo-européen)라고도 말한다.

학자들은 인도유럽어 지역의 민족성을 형성하는 원시적 부분이 무엇이었는지, 그 인종의 요람이 무엇인지 자문해 보았다. 이 물음은 (언어 파동 이론 이후로) 언어 변화의 원인을 민족들의 이주 속에서 파악하려는 것을 멈춘 후로는 과거에 비해 덜 전면에 등장한다.

이주를 통한 발달

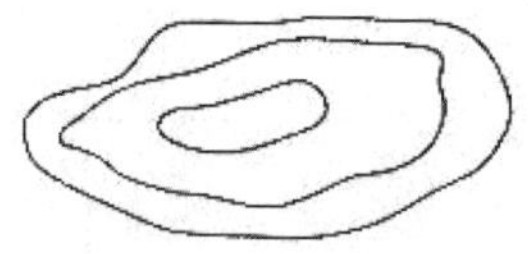
한 장소에서 발달하거나 혹은 단순한 팽창

하지만 보다 다시 촘촘해진 중심지의 문제도 배제되지 않는다.

이 문제를 해결하려 시도했던 사람들(헤르만 히트(Herman Hirt), 『인도게르만어(*Die Indogermanen*)』[6]은 다른 것들 가운데서도 특히 동일한 종류의 연구와 결론에 기초를 두었고, 인도유럽인들이 성취한 문명화의 정도를 결정하기 위해 학자들이 적용했던 동일한 방법에 기초했다. 즉, 낱말들에 근거하여 사물들의 재구성을 시도했다.(아돌프 픽테(Adolphe Pictet)가 쓴 『언어 고생물학 시론: 원시 아리아인들』[7]) 그러나 이런 종류의 연구들은 한정된 신뢰 그 이상을 누리지 못했다. 하지만 히트는 기회가 있을 때마다 그 방법을 사용했다.

최초의 언어학은 인도유럽인들의 요람을 파미르 고원에 위치시켰다. 오늘날 사람들은 그것을 유럽에 위치시키고 있는데, 왜냐하면 모음 체계가 아시아보다는 유럽인들 속에서 일관적으로 관찰되는 특성들 중에 하나이기 때문이다. 히트는 그것을 독일의 북쪽(브란덴부르크)에 위치시키고 있다!(베를린)

먼저 가장 서양 쪽에 위치한 첫 번째 고리를 고려해 보자.

### 1 켈트어

이 가지(branche)는 해당 인구와 언어에 당도했던 재앙들에 의해 두드러진다. 다시 말해 이 언어 가지는 가까스로 살아남았거나 다른 민족들의 지배력 아래서 붕괴된 가지이다. 브리타니아섬, 프랑스의 일부분, 벨기에, 스위스를 포함하고 있었던 원시 켈트어가 수용하고 있던 것과는 비교조차 될 수 없는 일부분만 우리에게 남아 있다. (갈리아 지방이었던 프랑스 남부는 특히 리구리아족의 나라였다.) 그 가지는 라인 강과 알프스 넘어서까지 존재했으며, 거기에는 고대 로마인들이 말한 북이탈리아 다뉴브 강의 상류에서 하구 지역에 이르는 겔트 부족의 사슬이 포함되어 있었다. 바로 그곳으로부터 3세기경 그리스에서 전개된 침략들이 발발했다. 그곳은 다름 아닌 갈라테아 왕국[8](Galates, 중앙 소아시아)으로서 그곳에서는 사람들이 오랫동안 켈트어를 말했다.

이 모든 것으로부터 우리에게 남은 것은 오직 섬나라 사람들이 말하는 켈트어뿐이다. 실제로 프랑스의 브르통어는 섬에서 도입된 브르통어이다. 아르모리크어[9]는 로마화되었으며, 브르통어는 앵글로색슨족의 이주에 직면하여 도주했던 사람들이 가져온 언어이다. 이 언어에는 30여 개의 갈리아어 비문들이 남아 있으며, 갈리아어에서 사용된 고유명사들을 확인할 수 있다.

섬나라 사람들이 사용한 켈트어는 두 개의 가지로 나뉜다. 첫째, 브리타닉어 가지 혹은 브르통어 가지, 또는 브리톤어 가지.[10] 이것은 섬나라 영국에서 말해졌던 언어들이다.[11] 둘째, 아일랜드에서 사용되었던 갤릭어[12]이다.

브리타닉어는 영국 웨일스의 언어 속에 오늘날까지 보존되어 있다. 영국 콘월 지역 방언은 18세기에 사라졌다. 아울러 프랑스의 브르타뉴 지방에서도 사라졌다.

또 다른 가지는 오늘날 1) 아일랜드어로서 많은 사람들이 사용하고 있거나, 알아들을 수 있다. 2) 스코틀랜드의 켈트어는 고대 픽트인[13] 혹은 스코트인들의 켈트어가 아니고, 아일랜드의 갤릭어의 근대 도입과 분지로부터 온 것이다. 3) 만(Man) 섬의 방언으로 몇몇 어부들만이 알

고 있는 언어이다.[14]

갈라트(Galates)라는 이름은(소아시아) 가일리크(gaélique)라는 이름과 무관하다. 고이델리크(goïdhélique)와 같은 상이한 단어들을 갖게 된 것은 우연이며, 그 같은 비슷한 모음의 반복을 갖고 있는 것은 동일한 단어에서 온 것일 수 있으나, 그것은 잘못된 것이다. 아마도 갈라트는 갈루스와 무관할 것이지만, 덜 확실하다.

웨일스(pay de Galles)라는 이름은 갈라트(Galates)나 갈루스(Gallus)라는 단어와 무관하다.

| | |
|---|---|
| 그것은 왈라스(Wal(h)as)라는 단어로서 | 벨슈족(les Welches) |
| '순전히 게르만 단어이며' | '게르마니아인들이 로마 |
| 볼카에족(Volcae)[15]/이스크(Walh/isk) | 이방인 혹은 켈트 이방인, |
| | Welhisk, Walhâ를 지칭했던 |
| '독일 마인즈 근처에 거주했던 켈트 민족' | 고대 이름의 변형' |

켈트라는 이름과 관련(켈타에, 아룸, 켈토이)해서 이 이름을 지녔던 특별한 부족이 누구였는지는 알 수가 없다. 켈트라는 이름이 어디에서 왔는지도 모른다. 아일랜드 언어의 고대 기념비들 덕분에 알게 된 상황은 아일랜드 섬이 [ ][16]세기에 특권적인 상황에 놓여 있었다는 사실이며 로마의 정복으로부터 영향을 받지 않았다는 것이다. 그 섬은 앵글로색슨족에게도 침략당하지 않았고, 450년부터 그리스-로마 문화를 가져온 기독교 선교사들의 영향을 받았다.

그리스 로마 문화가 빛을 발휘한 것은 아일랜드에서이다. 아일랜드에서 그리스어를 말한 것은 그때부터였다. 스위스에서는 아일랜드인 성 갈렌(St. Gallen)이 장크트갈렌 수도원[17]을 설립했는데 이는 알라만족(Alamans)에게 영향을 미쳤다. 사람들은 이미 고대 시대부터 아일랜드 언어로 문헌을 기록했으며 처음에는 라틴어 텍스트에 주석을 달기 위해, 나중에는 아일랜드 언어 자체를 기록하기 위해 문자를 사용했다. 최초의 기념비는 650년으로 거슬러 올라간다. 브리타닉 가지에서는 또 다른 민족 문학인 웨일스 지방 문화가 존재한다. 이 문화는 프랑스의 문화에 가장 많이 영향을 미쳤다. 이곳에 남아 있는 기념비들은 보다 최근의 것들로서 12세기를 넘어가지 않는다. 트리스탄 전설은 웨일스 이야기이다.

대륙의 켈트어는 고유명사만을 남겨 놓았을 뿐이며 그리스 문자로 기록된 몇 개의 비문들을 남겨 놓았지만 해석하기가 어렵다. 켈트어족의 하위 어족은 엄청나게 다양하며 원형 켈트어를 알 수 없다. 바로 그 원형 켈트어에서 갈리아어, 브리타닉어, 아일랜드어가 나온 것이다. 켈트어 전문가들이 그 원형 켈트어를 재구하는 작업을 하고 있다. 재구를 통해 사람들은 갈리아어와 크게 다르지 않은 언어에 도달한다. 갈리아어의 고유명사에 보존되고 있는 형태들은 크게 변질되지는 않았다.

예컨대 켈트어는 그리스어의 p음을 상실했다.

'Aremorici'라는 단어가 있을 때 'are'는 원래 'pare(*παρα*)'에서 온 것이다=바다 앞에 사는 사람들(Les Armoricans=ante marini)이라고 말한다.

| | | |
|---|---|---|
| Mediolanum | - | 평원의 한복판에서 |
| 켈트어에서는 p가 탈락한다 | | (Milano) |
| Bituriges(rex-regis) | - | 세계의 왕들 |
| 아일랜드어(Bourges) | - | beoth 세계 |
| | | bitha |
| Noviodunum | - | 새로운 도시 |

갈리아어와 아일랜드어는 매우 달라서 비교할 여지가 없다.

## 2 게르만어 가지

이 어족은 킴브리족(Cimbres)과 튜턴족(Teutons)의 침략 이전에는 우리가 아는 바가 전혀 없는 종족이 말했던 언어다. 기원전 111년 심지어 킴브리족과 튜턴족 무리 속에 게르만 민족이 존재했었다는 것조차 엄격히 말하면 확실치 않다. 게르만인들이 라인 강 유역에 도달했다는 사실을 밝히기 위해서는 카이사르 시대까지 올라가야 한다. 이 민족들은 그 이전에는 어디에 있었을까? 아마 기원전 400~500년경에 게르마니아인들은 카르파티아(Carpathes)[18] 혹은 스칸디나비아에 있었을 것이다. 하지만 아무도 그것에 대해 알지 못한다. 확실한 것은 기원후 3세기경 게르마니아인들이 스칸디나비아를 점령했거나, 또는 현재 독일의 가장 큰 영토를 지배하고 라인 강까지 영토를 확장했다는 것이다. 하지만 지금의 스위스인 헬베티아(Helvetia)까지는 아니다. 그들은 폴란드에서 큰 영토를 점유했고, 퐁 웍셍(Pont Euxin) 근경까지 갔다. 300년경에 게르마니에는 두 개의 큰 축이 존재했는데 그것은 발트해와 흑해다.(라인 강-니멘 강) 그때가 가장 큰 영토의 외연을 갖고 있던 순간이다. 그 이후 얼마 가지 않아 대륙의 게르마니아인은 동쪽 영토들에서 철수하고 슬라브의 침입을 받아 엘베 강 그 이상으로 더 나아가지 못했다. 이것은 아마 중세 시대 때 발생했을 것이다. 중세 말기에 게르마니아인들에 의한 새로운 점령이 이루어진다. 게르마니(Germani)라는 이름은 켈트(Celtes)라는 이름보다 더 모호하다. 그 이름은 특정 종족의 이름이었던 것 같지는 않다. 그릇된 것은, 'gêr-man'이라는 어원이다.(즉, 그것은 'gaizo-manni'가 될 것이다.) 검 또는 투창을 가진 인간이라는 뜻의 그 같은 어원은 근거 없는 환상에 불과하다.

튜턴족이라는 단어는 중세 라틴어에서 게르만 민족들을 지칭하기 위해 사용되었는데 그것은 아마도 게르만인이 아닌 어떤 부족의 이름일 것이다. deutsch라는 이름은('종족의' 또는 '민족의'를 의미하며, 고독일어에서는 diutisch였다.) 전혀 총칭적인 의미를 갖고 있지 않다.

게르만 어족은 세 개의 지류로 분할된다.[19]

1) 스칸디나비아 지류 혹은 북쪽의 지류.(스웨덴어, 덴마크어, 노르웨이어로 대표되는 지류)

하지만 덴마크어는 덴마크가 노르웨이보다 우세해지면서 노르웨이에서 교양 언어로 자리 잡았다. 아울러 문학적 목적에 사용되는 덴마크어와 노르웨이어가 존재할까? 노르웨이어는 특히 아이슬란드의 기념비들 속에서 알려진 가장 오래된 언어다. 특정 종류의 문학이 12세기부터 그곳에서 발전하기 시작했다. 아이슬란드인들 덕분에 스칸디나비아의 여러 사가(saga)와 신화의 보물이 보존되었다. 이 언어를 노르드어라 부른다. (덴마크어와 스웨덴어는 나중에 나왔으며 덜 흥미로운 언어들이다.) 룬 알파벳 문자로 쓰인 기념비들이 남아 있으며, 이것은 보다 더 오랜 시간으로 거슬러 올라갈 수 있는 기회가 된다. 룬 알파벳 문자는 라틴 알파벳의 변형이다. 룬 알파벳 문자로 이루어진 비문들은 매우 태곳적 문자를 표현하는 4세기로 거슬러 올라간다.[20]

2) 동쪽의 지류는 동쪽을 향하여 일정한 경계를 넘어 존재했던 모든 민족들을 포함한다. (그들 민족들은 3세기경에 본래의 최초 위치에 있었다.) 게르만어의 이 동쪽 부분에서 우리에게 남아 있는 것은 고트 방언[21]뿐이다. 동쪽의 모든 민족들은 로마 제국 속에 흡수되었다.(반달족, 게피다이족,[22] 에뤌족(Erules)) 이 민족들 가운데 하나만이 자신의 언어의 기념비를 남겨 놓았다. 그들은 다름 아닌 고트족이다. 이는 성서를 담고 있는 코덱스 아르겐테우스(codex argenteus, 웁살 지방)[23] 속에 보존되어 있다. 우리는 이 코덱스가 어디에서 왔는지 모른다. 이것은 베르덴(루르) 수도원[24]에서 16세기경에 발견되었다. 아마 동(東)고트족, 즉 오스트로고트족(6세기)에 의해 이탈리아에서 기록되었을 것이다. 게르만 동쪽의

나머지는 모두 언어적으로 몇 개의 고유명사만을 제외하고는 소멸되었다. 고트족의 작은 무리는 크림 산악 지방에 남아 있었는데 거기에서는 18세기까지 보존되었다.(여행자 부스베크(Bousbek)[25]의 증언)

3) 영어, 독일어의 지류. 이것은 게르만 서쪽의 전체 언어다. 이 덩어리는 지리적으로 그리고 연대기적으로 모음충돌(히아투스)로 인해 동쪽의 덩어리와 분리된다. 우리는 그 지류에 속하는 상당수의 언어들을 갖고 있다. 서구 게르만어가 나타났을 때 동(東) 게르만어는 이미 소멸되었다. 그것은 바욘다르족(Bayondar) 혹은 바바리아족(Bavarians), 그리고 알라만족(Alamannen)으로 구성되었다. 이 언어 성층의 북쪽에서는 튀링겐족(Thuringens)과 프랑크족(Franks)이 있다. 이들 나라들은 모두 라인 강의 왼쪽에 있다. 동쪽에는 색슨족(Saxons)이 엘베 강과 베제 강 사이에 놓여 있다. 강의 연안들을 따라서 그리고 섬들 속에는 프리슬란드족(Frisons)이 놓여 있다.[26]

앵글족(Angles)[27]은 아마도 자신들의 새로운 거주지를 위해 인구 전체가 떠나기 전에 엘베 강 하류에 정착했을 것이다. 동(東)게르만어의 전개에 있어서는 일정한 통일성이 존재했다. 하지만 프리슬란드어는 여전히 분리되었으며, 다른 한편 프랑크어의 지류인 홀란드어가 분리주의적 방향에서 전개되었다. 독일어에서 그 이후에 또 다른 분할이 이루어지는데, 그것은 저지(低地)독일어와 고지(高地)독일어이다. 영어의 운명은 매우 특이한데 그것은 한편으로 독일어보다 더 중요한 세계어가 되었다는 점이다. 영어는 게르만어의 시각에서 더 이상 순수한 언어가 아니다. 1200년경부터 정복자인 기욤(Guillaume)[28]의 침략으로 이 언어는 특히 어휘 면에서 외국어의 요소들을 받아들였다.(특히 프랑스어) 하지만 외국어 요소의 영향은 핵심적인 것은 아니었다.

굴절의 상실은 이미 프랑스의 영향 이전에 나타나고 있었다. 서(西) 게르만어에 대한 가장 오래된 기념비들은 고지독일어의 기념비들로서 앵글로색슨 가지에 있어서는 700년까지 거슬러 올라갈 수 있거나 혹은 그보다 약간 이전까지 거슬러 올라갈 수 있지만, 750년 이상을 거슬러 올라가지는 않는다. 따라서 우리는 고트어의 코덱스 아르겐테우스에 의해 표상되는 연대의 여러 세기에 의해서 연대기적으로 분리된다. 앞서 존재했던 서(西)게르만어에 대해 우리는 고유명사만을 소유하고 있을 뿐이다.(서정시인들과 역사가들)

게르만어 연구자의 과제들 가운데 하나는 세 개의 가지가 남겨 놓은 자료들을 수단으로 삼아 원형 게르만어의 특성들을 복원하는 일이다. 이로써 역사적 게르만어와는 상당히 다른 게르만어를 획득하게 될 것이다. 그 언어의 변형은 엄청난 것이었다. 아마도 고트어 같은 방언들에서 이미 단어들에 가해진 변형은 게르만어 연구자들을 놀라게 만들 것이다. 라틴어 작가들의 글 속에서 뽑아낸 단어들은 그것의 일반적 양상이 고독일어의 텍스트가 제시하는 양상과는 매우 동떨어진 게르만어를 제공한다. 역사적 게르만어는 낱말들의 종결어미가 크게 약화된 것이 특징이다. 획득된 게르마니아어는 종결어미들의 약화 이전까지 거슬러 올라가는 낱말들의 보존을 위하여 인도유럽어족의 다른 언어들과 경쟁할 수 있었다.

| 예) semi-vivus(절반은 죽은) | sêmi-kwiwas(절반은 살아 있는) |
|---|---|
| | -wai(복수형) |
| | -waizên(복수 속격) |

게르만 방언들에 의해 형성된 통일성의 경우, 만약 우리가 이 통일성에서 형태들을 복원하려 한다면 미약한 관념만을 갖게 될 것이다. 게르만 언어의 무리는 일차적 중요성의 성격을 부여한다. 그것은 폐쇄자음의 변형이다.(Lautvershiebung) 그것은 b, g, d를 p, k, t로 변화시켰다.

이 같은 공제된(défalqué) 사실의 경우 이웃한 유형들에 전혀 해를 입히지 않았다. 이 같은 특성을 따로 분리하여 다른 고대 이탤릭어파 유형, 켈트어족 유형과 접맥시킬 수 있을 것이다.

### 3 고대 이탤릭어파[29]

고대 이탤릭어파(Italic語派)는 이탈리아에서 말해지는 모든 언어들에 적용될 수 있겠으나, 인도유럽 언어가 아닌 언어들도 포함될 수 있다. (예컨대, 에트루리아어) 따라서 고대 이탤릭어파라는 단어를 통해 우리가 의미하는 것은 인도유럽어족에 속하는 고대 이탤릭어파 언어를 말한다. 인도유럽어족의 고대 이탤릭어파는 특수한 무리로서 그 가운데 라틴어는 가장 많이 알려진 대표 언어이다.

인도유럽어의 방언이 존재할 수 있겠으나 그 방언들은 라틴어로부터 동떨어져 있다. 이 무리는 1) 라티움의 언어(라틴어), 2) 움브리아어(라틴어와 견주어 북동 지방의 언어) 3) 오스크어(라틴어의 남쪽으로서 캄파니아(Campania)에 속함), 4) 일정수의 방언들(삼니움의 방언들)이다. 이 어족의 한복판에서 오스크어와 움브리아어는 라틴어에 견주어 하위 어족을 형성한다. 이들 언어들은 라틴어에 대한 자신들의 상황과 견주었을 때 그들 사이에서 친족 관계를 형성한다. 우리는 구비오(Gubbio)에서 발견된 위그빈(Eugubine)[30] 청동 태블릿을 통해 움브리아어를 알고 있다.

움브리아어 알파벳은 에트루리아어 알파벳에서 파생되었다. 오스크어는 또한 자신의 알파벳을 가지고 있다. (그것은 부분적으로 라틴어 철자로 쓰여져 있기도 하다. 비문을 참고할 것) 비문들은 움브리아어에 있어서보다는 덜 중요하긴 하다. 오스크어에 있어서도 움브리아어에 있어서도 기념비들은 기독교 시대를 선행하지 않는다. 라티움어는 문학 라틴어에 포함된 유일한 언어는 아니다. 예를 들어 우리는 비문들 속에서 프레네스트(Préneste)[31]의 방언이 로마의 방언과 상이하다는 점을 알고 있으며 팔레리(Faléries)[32]의 방언 역시 다르다는 점을 알고 있다. 라틴어는 따라서 우릅스(Urbs)의 방언이다. 이것은 일찌감치 지배적인 언어였다. 라틴어는 오직 최근의 근원 속에서만 우리에게 도달했다.(기원전 250년) 두세 개의 비문들은 그 이상으로 소급될 수 있지만 외연이 미미하며 거의 중요하지 않다.

유감스러운 이유는 라틴어가 가장 많이 변화한 것은 십중팔구 곧이어 역사 시대를 선행했던 시대 속에서이기 때문이다. 2세기 정도가 더 흐르면 우리는 매우 상이한 단계를 발견하게 된다. 이탤릭어파 언어학이 켈트어 언어학과 게르만어 언어학과 동일한 상황 속에 놓여 있음은 분명하다. 세 개 방언의 비교를 통해 우리는 통일 시기에 말해졌던 것을 재구한다. 라틴어는 로망어 어족이라는 매우 큰 어족을 낳았다. 그것은 라틴어의 다양한 변형들을 포함하는데 거기에는 포르투갈어, 스페인어(카탈루냐어, 카스틸라어), 프랑스어, 프로방살어, 이탈리아어, 그리고 레티[33]의 북동쪽의 언어들(레토로망어, 라딘어) 그리고 루마니아어가 여기에 속한다.

라틴어의 영토는 다양한 역사적 상황들이 없었다면 보다 엄청났을 것이다. (티롤(Tyrol) 지방은 라틴어 사용 지역이었다 — 침략) 이 모든 언어들은 라틴어에서 나온 것은 아니다. 그것은 수십 세기 동안 변형된 라틴어이다. 이것은 언어학자 가스통 파리의 설명이다.[34] 아마도 언어학에서 그것은 하나의 어족 속에서 우리가 최초의 통일성의 단계를 소유하고 있는 거의 유일한 예가 될 것이며, 궁극적인 다양성의 위상을 갖고 있는 유일한 예가 될 것이다.

원형과 분열(현대 그리스어의 예도 언급될 수 있다.)

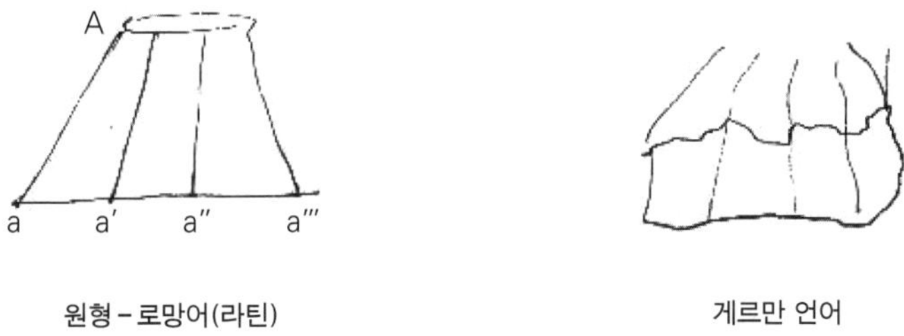


원형 – 로망어(라틴)

게르만 언어

하위 무리에 있는 게르만어족 속에서조차 우리가 늘 원형을 가지고 있는 것은 아니다. 이것은 매우 예외적인 상황으로서 로망어 전문가들이 접하는 상황이다.

라틴어는 원형-로망어인가? 로망어 연구자들은 아니라고 대답한다. 로망어들은 통속 라틴어에서 온 것이며 통속 라틴어는 문헌으로 작성된 라틴어가 아니다. 로망어에 의한 재구는 또 다른 결과에 도달한다. 즉 문헌으로 작성된 라틴어가 아닌 단어들이 나타난다. '모든 것'을 의미하는 단어들은 *tŭttus로 거슬러 올라간다. '족속(engeance)'을 의미하는 단어들은 (고대 프랑스어에서는 아벵쥐에(avenge(i)er)로서) 라틴어에서는 알려지지 않은 단어로 거슬러 올라간다. 통속 라틴어는 문학 라틴어의 등가가 아니나, 매우 큰 면적에 걸쳐 곧바로 확산된 순간에 존재했던 언어를 나타낸다. 이것은 매우 흥미롭다. 왜냐하면 우리는 여기에서 재구의 방법론을 제어할 수 있는 수단을 갖고 있기 때문이다. 그 재구가 승인될 수 있다는 점을 우리는 목격할 수 있다. 로망어들은 자료로서 인도유럽어 언어학과 직접적으로 관련되지 않는다. 왜냐하면 로망어 속에 포함된 것은 이미 라틴어 속에 포함되어 있기 때문이다. (몇 가지 점은 예외이나(tŭttus 등) 라틴어의 역사로서 로망어의 연구는 인도유럽어족 속에 들어온다.) 마치 인도유럽어의 언어학자가 그리스어가 오늘날 형성된 것에 관심을 갖지 않는 것과 마찬가지다. 또는 원형-게르만 언어에 오늘날의 모습도 관심을 끌지 않을 수 없다. 다른 한편으로, 원시 인도유럽어를 복원하는 데 목표를 둔 과제의 부분은 어떤 조명도 받지 못한다. 만약 라틴어가 상실되었다면, 라틴어를 복원하기 위해서는 두 방향에서 아울러 그 발달 속에서 그 언어들이 개입될 수 있을 것이다.

인도유럽어의 다른 무리들: 이탈리아 반도는 움브리아어-라틴어 무리를 사용했던 인도유럽 민족만을 포함하고 있는 것은 아니었다. 다른 인도유럽어 무리들도 포함하고 있었다. 몇몇 비문에 따르면 칼라브루의 메사피아어[35]가 인도유럽어에 결속되어 있음이 확실하다. 특히 일리리아어 무리에 결속되어 있음이 확실하다. 시쿨족(Les Sicules)[36]은 아마도 인도유럽어를 사용하는 민족이었을 것이다. 북쪽에서는 최근의 몇몇 연구는 리구리아어가 (북이탈리아 프랑스 남부 아마도 스위스의 부분) 인도유럽어족이었음을 보여 주고 있다.[37] 어쨌거나 우리는 리구리아의 비문들을 소유하고 있지 않으며 오직 고유명사에 따라서만 판단할 수 있을 뿐이다. 우리는 베네트어의 비문들을 소유하고 있다. 이는 베네트어가 인도유럽어족에 속함을 보여 주는 것으로 보인다. (일리리아 방언들에 결속되어 있는 것으로서 또 다른 한편에서는 아드리아 해역 옆에 있는 방언들에 결속되어 있는 것이다.) 이 같은 일리리아어에는 무엇인가가 남아 있다. 이탈리아 몇몇 지역에서 사용되는 현대 알바니아어가 그것이다. 그러나 이 알바니아어는 너무나 외래적 요소(터키어 요소)들이 뒤섞여 있어서 진정으로 일리리아어 단어들은 100여 개 정도만이 남아 있을 뿐이다. 아울러 진정으로 인도유럽어족에 속하는 단어들은 100여 개가 남아 있을 뿐이다. 발칸 민족의 반도 북부에서는 우리가 고유명사를 통해 대략적인 관념을 갖고 있는 트라키아[38] 언어가 존재했다.(지명학적으로 토마셰크(Tomásek)에 의해 채집된 고유명사) 우리는 비잔틴 시대의 작가들을 통해 많은 것을 알고 있다. 그 흔적은 인도유럽어였으며 이는 자료들에 근거하여 목격된다. 우리는 그 흔적 속에서 방언들의 중요한 고리를 상실했다. 보다 북쪽에 존재했던 다키아어(dacia)[39]는 트리키아어와 구별되면서도 인도유럽어가 될 수밖에 없었다. 남쪽에서 마케도니아어는 한 가지 문제를 제기한다. 이는 고유명사와 주석에서 나타난다.(헤시키우스(Hesychius)) 마케도니아어는 고대 그리스어족에 속하는가? 어쨌거나 마케도니아어는 고대 그리스어족에 가까이 있다. 원형 그리스어의 성격들은 마케도니아어의 성격들을 담지하고 있는가? 우리가 재구할 수 있는 원형 그리스어 그 물음은 자료가 빈곤해 해결하기가 매우 어렵다. 만약 그것이 그리스어의 방언이라면 매우 동떨어진 위치를 갖게 될 것이며 아마도 그리스어의 다른 방언들에 견주어 하나의 단위가 될 수 있을 것이다. 마케도니아어는 그리스어가 기식음이 있는 곳에서 부드러운 유음을 가지고 있었다.

ph kh th

b g d

예컨대 베레니케(Bérénice)라는 이름은 마케도니아어 이름인데 그리스어로는 페레니케(Pherenike)가 된다. 마케도니아어는 아마도 그리스어와 트리키아어의 사이에서 이루어진 과도 상태의 언어일는지 모른다.

### 4 그리스어 무리

그리스어 또는 고대 그리스어(hellénique)는 인도유럽어족의 가장 중요한 지류 가운데 하나다.[40] 하지만 한 부족의 이름인 '헬레네스(Hellènes)'가 총칭적이며 민족적 이름이 된 것은 나중에 와서다. 가장 오래된 그리스어의 비문들은 기원전 600년으로 소급된다. 이것은 그리스어의 방언인 레스보스 섬의 시(詩)에 할당된 연대이기도 하다.(알카이오스와 사포(Alkaios, Sappo))[41]

그 너머에 우리는 호메로스의 시들로 이루어진 문학 자료를 가지고 있다. 호메로스 시의 연대에 대해서는 많은 논의가 있었다. 호메로스의 언어는 어느 정도 인공적이며, 여러 개의 방언이 섞여 있는 복합적인 언어이고 문학어이다.

여러 비문들은 우리에게 지역 언어들을 알려 주었다. 이것은 19세기의 마지막 25년 동안에 있었던 일이다. 그런데 여러 민족들의 거주 장소가 변화해 왔기 때문에 정확한 지리적 분배를 발견할 수 없다. 고대인들의 전통적 분할을 논외로 하고, 금석학 자료에 기초하면 다음과 같이 대략적으로 구별할 수 있다.

1) 북동쪽의 언어들은 특별히 에올리에어라고 명명하는 언어들로서 레스보스의 에올리에어(알카이오스와 사포),[42] 테살리아어와 보이오티아어로 대표된다.

2) 이어서 사람들이 북서쪽의 언어라고 부른 로크리드(Locride),[43] 포시드(Phocide), 아카르나니(Acharnanie), 에페이로스(Epeiros), 에톨리아(Ætólia)의 언어들이 있으며 특히 델프의 일련의 비문들이 속해 있다. 이 언어들은 그 특징이 완전하게 규명되지는 않았으나, 몇몇 언어학자들은 이 언어들이 도리아어에 속한다고 추정한다. 하지만 북서쪽의 언어들과 도리아어 사이에는 분명한 연관성이 존재하지는 않는다.

3) 뚜렷한 성격의 도리아어는 많은 장소에서 나타나는데 이는 아마도 역사 시대 이전에 도리아족의 침략에 기인할 것이다. 도리아어는 특히 펠로폰네소스 속에서 아르골리드의 방언들과 에진느 섬의 방언들, 그리고 라코니아어, 메세니아어로 대표된다. 에게 해의 몇몇 섬들 중 크레타에서 도리아어를 발견할 수 있다.(타소스, 테라, 로데스) 이탈리아

와 시칠리아에 있는 도리아 식민지들, 그리고 역사 이전의 식민지들이 그러하다.(메타폰테, 헤라클레, 타란토,[44] 시러큐스[45])

4) 도리아어에는 엘리드의 방언, 올림피아의 유적 발굴로 알려진 엘레엥어를 갖다놓을 수 있다.

5) 아르카디아어는 시프리오트어와 더불어 매우 직접적 관계를 맺고 있다.(시프리오트어[46]는 아르카디오시프리오트어를 말한다.) 키프로스 섬에 있는 아르카디아 식민지인 아르카디아어를 도리아어 속에 배열할 수는 없을 것이다. 그것은 오히려 에올리에어에 가깝다. 시프리오트어는 음절 알파벳 속에서 재작성된 비문들을 통해서만 알려져 있다. (엄밀한 의미에서 이것은 그리스어 문자 방식이 아니다.)

6) 이오니아어의 큰 가지는 다음과 같이 하위 분할된다. ① 키클라데스(Cyclades)의 일부 지역(예컨대 낙소스 섬)에서 말해진 순수 이오니아어라고 부르는 것과 소아시아 대륙의 주요 도시에서 말했던 순수 이오니아어로 키오스 섬들에서도 말해졌다. 그것은 ② 아티카어 속에서 가지를 갖고 있는데 이오니아어의 모든 성격들을 끝까지 지속시키지 않았다. (장모음 ā가 η로 변한 것은 아티카어에서는 ρ과 ι 다음에서는 실천되지 않았다.)

이오니아인들의 중심 지역이 어디였는지를 정확히 말할 순 없다. 코린트만의 바닷가라고 말할 수 있지만 그것은 증명되지 않았다.(펠로폰네소스의 북쪽)

7) 소아시아의 판필리엔 그리스어는 그 언어의 성격으로 인해 매우 동떨어져 있다. 기원전 4세기경에, 알렉산드리아의 정복을 유리하게 하면서 '코이네'라는 공통 방언, 즉 문학의 방언이 발전되기 시작했다. 이 같은 코이네는 상업 언어이면서 동시에 사회적 교류의 언어이기도 했다. 거기에는 매우 강력한 아티카어의 기초가 있었지만 다른 방언들도 코이네에 기여했다.(예컨대, 아시아의 이오니아어) 점차적으로 코이네는

지역 방언들을 몰살시켰다. 보이오티아어[47]는 기원전 100년까지 존속했다. 현재 그리스어에서는 오늘날 존재하는 방언들 속에서 고대 방언들의 흔적을 거의 찾아볼 수 없다. 크레타에서 이루어진 고고학적 연구(이반스(A. J. Evans))[48]는 미노스 시대 문자[49]의 전체 도서관을 해명해 주었는데 이것은 현재까지 해독될 수 없었던 회화 문자로 이루어진 기념비들이다. 미노스 기념비에 포함된 이 같은 언어가 인도유럽어인지 아닌지는 현재로서는 알 수 없다. 이것이 원시 그리스어의 형태인지도 알 수 없다. 이 비문들은 최소한 기원전 1000년까지 거슬러 올라간다.

## 5 발트어와 슬라브어

### 슬라브어와 발트어의 이중적 계보[50]

레트어 무리라고도 부르는 발트어 무리는 슬라브어와 관련 있으나, 발트어 무리는 슬라브어와 충분히 달라서 개별 어족을 만들 수 있다. 발트 지역의 전환기에 지리적으로 북쪽까지 확장된 발트어 무리는 프러시아와 러시아의 국경선인 메멜[51] 중심으로 이루어져 있다. 발트어의 민족들은 그 연안을 따라 퍼져 갔다. 발트어족의 가장 북쪽에 있는 대표적인 언어들은 다음과 같다.

1) 비스툴(쾨니히스베르크에 있는 마리엔베르크) 동쪽에서 말해졌던 프러시아어로서 더 이상 존재하지 않는다. 이 민족(복수형 프루사이(Prûsai))은 이미 중세 시대에 튜턴 기사단에 의해 점차적으로 게르만화되었으며, 이것은 프루스라는 이름 자체가 독일 점령에 무릎을 꿇고 그에 종속된 민족의 이름이 되도록 만들었다. 영국인의 브리티시(Brittisch)라는 이름도 마찬가지다. 16세기(1550년경)에 프러시아어로 교리를 작성할 필요가 있었는데, 우리는 이 같은 교리와 몇 개의 어휘들을 통해 프러시아어를 대략적으로 짐작할 수 있다. 사부아의 추기경

은 13세기에 프러시아 문법을 작성했으나 사라져 현재는 없다.

2) 리투아니아인들은 오늘날보다 훨씬 더 엄청난 영토를 점유하고 있었다. 오늘날에도 사람들은 여전히 리투아니아어를 말하는데 이 언어는 프루스의 북동쪽 극단에서(틸시트(라겐트(Ragend)에서 메멜까지) 그리고 러시아어에서도 말해지고 있다. 주요 도시는 코브노(Kovno)[52]이다. 옛날에 빌나(Wilna)는 리투아니아의 수도였으며 그 한계선은 지금 빌나의 서쪽을 통과한다. 그 한계 지점인 북쪽에는 레트어가 말해지는 쿠를란트(Courland)[53]의 공국이다. 어쨌든 100만 명 이상의 리투아니아인들은 리투아니아어를 사용하고 있다.(이 민족은 정체를 파악할 수 없는 민족이다.) 이 언어는 그 형태들의 태곳적 양상으로 유명하다. 중세 말까지 리투아니아인들은 이교도로 남아 있었다. 몇몇 형태들은 산스크리트어와 일치한다. 이로써 리투아니아인과 브라만인이 동시에 이해할 수 있는 짧은 문장들을 작성할 수 있었다. 프러시아어는 보다 태곳적 형태를 갖고 있다. 민족 문학은 존재하지 않는다. 오직 노래들(dainos)만이 존재한다. 도넬라이티스(Donelaitis)[54]의 시는 6행시로 18세기에 쓰였다. 1545년을 넘어서는 리투아니아어에 대해서는 아무것도 알지 못한다.

3) 레트어 또는 레톤어는 쿠를란트 지역 전체와 리보니아의 일부 지역에서 말해지고 있다. 이 언어는 귀로 들으면 리투아니아어와 매우 다르지만, 문법적 분석을 하면 대단히 일치하고 있다. 레트어는 상당히 문명화된 사회에서 말해진 언어다. 레트어로 인쇄도 했다. 레트어는 현재도 매우 살아 있는 언어인 반면 리투아니아어는 소멸되는 경향을 보여 준다.

### 슬라브어 무리

기독교 시대에 슬라브 민족이 어디에서 살았는지 알기는 어렵다. 이들은 대침략 시기에 아마 러시아 남부 스텝으로부터 온 슬라브인인 알

로니아인들(Alaunia)이었을 것이다. 최초로 알려진 것은 남부의 슬라브인들이다.(발칸 반도 북부)

아드리아 해에서 슬로베니아어로 대표되는 남부의 슬라브어, 또는 유고슬라비아어이며 나중에는 동쪽에서도 말해지고 있으며 아울러 세르비아-크로아티아인들에 의해 약간 더 북쪽에서 말해졌다. 크로아티아인들은 세르비아어와 가까운 방언을 말한다. 더구나 동쪽에서는 마케도니아어라고 부르는 것과 더불어 불가리아어가 있다.(마케도니아어는 불가리아어와 이웃한 방언이다.) 슬라브의 두 사도의 임무가 실행된 곳은 살로니크에 기원을 두고 있는 키릴(Cyrille)과 성 메토드(Méthode), 바로 이 지역에서이다. 9세기에 발칸 반도의 슬라브인들에게 전도했던 사람들이 바로 그들이며 성서를 키릴 알파벳으로 번역한 자들이 바로 그들이다. 우리가 갖고 있는 필사본들은 10세기와 11세기에 쓰여졌다. 그것은 사람들이 교회 슬라브어라고 부르고 또한 슬라보니아어라고 불리는 키릴과 성 메토드의 언어로써 고(古) 슬라브어 또는 옛(원형) 슬라브어이다.

슬라브어 전공자들은 이 언어가 어떤 언어였느냐는 물음을 놓고 토론을 벌인다. 어떤 사람들은 슬라브어를 고(古)불가리아어 속에 놓고 있으며, 다른 사람들은 고(古)슬로베니아어에 놓고 있다. 레스키엔(Leskien)[55]이 쓴 교회 슬라브어의 문법은 이 문제에 대한 견해를 바꾸어 놓았다. 오늘날 사람들은 그것이 고(古)불가리아어라고 믿는 경향이 있다. 이 슬라브어는 기독교 정교회의 언어가 되었다. 한편으로 모든 슬라브어는 교회 슬라브어로부터 차용을 했으며 다른 한편으로 교회 슬라브어로 작성된 필사본들은 모두 그것이 작성됐던 환경에 존재했던 언어로 윤색되었다. 거기에는 러시아 교회 슬라브어가 있으며, 세르비아의 교회 슬라브어가 있다. 하지만 그것은 원형 슬라브어는 아니다.

남쪽의 슬라브어는 슬라브어 중 가장 오래전부터 알려져 있다. 왜냐하면 그것은 교회 슬라브어 속에서 보존된 방언들 가운데 하나이기 때문이다. 불가리아어 무리의 마케도니아 방언인 현대 불가리아어는 슬라브어들 가운데에서 가장 덜 흥미롭다. 온갖 종류의 변형을 감수해 주격과 호격만 남았기 때문이다. 불가리아인은 순수한 슬라브 인종이 아니다. 거기에는 불가리아인들과 타타르인, 루마니아인들 사이의 혼합이 존재한다. 따라서 세르비아와 관련해서 지리적 한계를 표시해야 할 것이다. 보스니아 헤르체고비나(Bosnia Herzegovina)가 오스트리아 제국에 병합되기 전에는 다음과 같이 말할 수 있다.

a. 세르비아어＝오스트리아의 국경선 한계선 속에 포함되지 않는 서유고슬라비아어

(세르비아－보스니아 헤르체고비나 달마티아 몬테네그로＋오스트리아 제국 속에 있는 언어로서 크로아티아어. 세르비아어와 친족 관계가 매우 깊음)

b. 슬로베니아어＝오스트리아 제국에 포함된 서유고슬라비아어(이스트리－트리스테)

헝가리의 서쪽 공동체의 슬로베니아어들(다뉴브 강 연안에 있는 프레스부르크 앞까지)

슬로베니아어는 몇 가지 주석을 제외하고, 오직 15세기의 기록부터 알려졌다. 세르비아어-크로아티아어는 (특히 악센트에 있어서) 더 많은 중요성을 가지고 있는데, 그것은 슬라브어 언어학 전체에 있어서 가장 흥미로운 언어들 가운데 하나이다.

세르비아어-크로아티아어는 옛날에는 훨씬 더 중요했다. 그 시기는 세르비아의 영웅 시대에 해당된다.(중세＝라구스 공화국 고급문화) 이 문학은 14세기로 거슬러 올라간다. 12세기에 작성된 증서들이 존재하지만 그것은 교회 슬라브어로 작성된 것이다. 슬로베니아인들은 로만 가톨릭 신자였다. 다른 사람들은 그리스 정교회를 믿고 있었다. 어떤 사

람들은 로만 알파벳을 가지고 있었고, 다른 사람들은 키릴 알파벳을 사용하고 있었다.

서쪽의 무리

서쪽의 무리는 오늘날보다 훨씬 더 엄청났다. 왜냐하면 슬라브인들은 엘베 강까지 진출했으며 독일 동쪽을 모두 점유했다. 독일 동쪽의 지명들은 대부분이 슬라브 지명들이다. 포 모르잔(Po-morjane), 포메른(Pommern)은 바닷가를 따라서 사는 사람들이라는 뜻이다. 안테족(Les Antes), 오모트리트족(Omotrites)은 중세 시대에 존재했던 부족들이다. 폴라브어만이 엘베 강 유역에서 18세기까지 유지되어 남아 있었다.

Lab = Albis

보다 동쪽에는 또 다른 슬라브족이 있었는데 이것은 오늘날까지도 유지되었으며 벤드족(Wends)의 섬인 루사티아(Lusatia)[56]에서도 유지되었다. 루사티아의 방언들과 그것들의 진정한 이름 소라브어(sorabe)는 문학을 갖고 있지 않다. 위대한 체코 민족은 그 명맥을 유지해 왔다. 체코인들은 마르코만니족(Marcomanni)[57]의 게르만 지방을 점유했다. 그들의 언어는 슬로바키아어와 닮았다. 슬로바키아인[58]들은 모라비아 지방과 헝가리 북서쪽에 자리 잡았으며 헝가리의 상이한 지역에서 보다 최근의 식민지로 퍼져 왔다. 방언적인 것을 말하면 체코어와는 다르다. 체코어로 기록된 문학은 최초의 기념비에 있어서 최소한 1200년으로 소급된다. 한편, 산술적으로 서(西)슬라브어의 가장 큰 가지인 폴란드어가 있다. 과거에 폴란드어의 경계선은 오늘날보다 훨씬 더 넓었다. 폴란드어는 소(小)포메라니아(Petite Poméranie) 지방[59]에서 사용된 카수프(Kašub)와 같은 다양한 방언들을 포함한다. 이 지방은 폴란드의 봉토였다.(발트 해 해변) 오늘날에는 프로이센(Preussen), 갈리치아(Galicia), 러시아령 폴란드어이다.

문학적으로 폴란드어는 매우 중요했으며 심지어 러시아에서도 교양 언어였다. 폴란드 문학은 체코 언어와 동일한 시기로 올라가지만 이는 약간 나중의 일이다.

서쪽의 무리는 최초의 경계선에 비해 훨씬 축소되었다.

동쪽의 무리(=러시아어)

동쪽의 무리는 러시아어로 대표된다. 이 언어의 특징은 뚜렷하다. 러시아어에서는 남서쪽에서 사용되는 소러시아어 또는 남러시아어를 구별하는데 이들의 조국은 우크라이나(수도로서의 키에프와 더불어)이다. 나머지 지방을 모두 포함하는 대러시아어는 백러시아에서 구별된다.(볼리니아(Volhynia),[60] 민스크, 그로드노)

러시아어의 놀라운 특징은 방언적 차이가 적다는 것이다. 스페인어도 그렇다. 이 언어의 동쪽의 경계선을 고정하는 것은 매우 어렵다. 러시아어는 다른 언어들과 중첩되는 언어의 자격을 지니면서 캄차트카 반도까지 거슬러 올라간다. 러시아어의 핵심부는 상대적으로 제한되어 있다. 두 개의 중심부가 있는데 키예프, 그리고 가장 큰 곳은 노브고로드(Novgorod)이다. 모스크바 자체는 최근의 중심지로 통한다. 대략 1200년으로 거슬러 올라가면서부터는 도시 공간의 확대가 나타난다. 서쪽 무리 전체에 대해서는 이 무리 전체가 종교 차원에 있어서 서방과 로마의 영향을 받았다는 점을 주목해야 한다. 그 결과 교회 슬라브어는 그들에게서 어떤 역할도 맡지 않았다. 그들 문헌의 시초에 관해 우리는 문학의 범주에 속하는 순수한 자료들을 가지고 있다. 이는 매우 큰 장점이다. 이것은 동쪽 무리 속에서는 나타나지 않는다. 그 결과 최초의 기념비들은 오늘날 교회 슬라브어의 신학적 저술이다. 교회 슬라브어는 낱말들의 많은 형태들을 변질시켰다. 거기에는 온갖 종류의 혼합이 존재하며, 1200년으로 거슬러 올라가는 사료들이 존재하는데 그것은 폴란드어, 백러시아어, 교회 슬라브어의 혼합으로 이루어진 언어로 쓰였다. 이후 조금씩 러시아어는 분리되었다. 그것의 최초의 기념비는 11세기 말로 거슬러 올라간다. 작가 로모노소프(Lomonosov)[61]의 노력 덕분에 18세기 이후부터 러시아어는 진정한 문학 언어가 되었다.

소러시아 혹은 북부 러시아는 루테니아[62]를 포함하는데, 그 민족의 일부분은 오스트리아 제국에 놓여 있다. 러시아어를 위해 채택된 문자는 키릴 문자[63]이다. 이 문자를 채택한 것은 러시아어와 불가리아어에게는 방해물이었다. 슬라브 언어학은 매우 큰 다양한 언어들 앞에 직면한다. 친족을 이루는 관계로서 러시아어, 폴란드어, 체코어, 세르비아어, 슬로베니아어, 크로아티아어 등등 슬라브 언어학은 세 종류의 자료를 조합할 수 있다. 이것은 각각의 지점에서 말해진 것으로, 동쪽 무리어, 서쪽 무리어, 남쪽 무리어가 그것이다. 사람들은 원형 슬라브어를 재구하는 데에 도달한다. 이것은 알려진 가장 오래된 방언들과도 매우 다르다. 하지만 남쪽의 고(古)슬라브어와 원시 슬라브어 사이의 차이는, 예컨대, 게르만어와 고트어와의 차이보다 훨씬 적다. 그 언어의 형태들의 보존은 다양한 슬라브어들 속에서 상대적으로 탁월했다. 거기에는 게르만어에서처럼 낱말들의 종결어미를 없애려는 경향이 없었다. 슬라브어들은 비(非)인도유럽인종 및 언어들과 접촉하는 상태에 놓여 있다. 그 결과 비(非)인도유럽어족인 마기아르족은 슬라브족에 의해 둘러싸여 있다. 시베리아 전역에서 러시아어는 수많은 비(非)인도유럽민족들과 인접하고 있다. 그들은 핀란드인들과 타타르인들과도 늘 접촉해 왔다.

## 6 소아시아를 점령했던 인도유럽어들의 무리

아르메니아어는 비잔틴 문명에 종속되었던 덕분에 5세기부터 오늘날까지 우리에게 보존되었으며, 특히 그곳에서 발전할 수 있었던 기독교 문학과 통속 문학 덕분에 우리에게 전승될 수 있었다. 아르메니아어는 필사본에 의해 알려진 소아시아의 유일한 언어였으며 또한 오늘날까지 살아남은 유일한 언어다. 아르메니아어는 그 지방 그리고 콘스탄티노플의 다양한 공동체에서 살아남았으며, 베니스에 있는 아르메니아 수도원에서도 살아남았다. 아르메니아어는 특별한 알파벳으로 기록되었으며 그것은 5세기의 당시 모양새와 오늘날의 모양새가 동일하다. 사람들은 오랫동안 아르메니아어를 이란어들의 부류 속에 분류시켰는데, 현재는 이 분류가 전적으로 오류임이 드러났다. 아르메니아어 속에 존재하는 다수의 이란어 단어들이 이 같은 오류를 야기했던 것이다. 하지만 일단 이 같은 외래어들이 제거되고 나자 사람들은 아르메니아어가 이란어와는 매우 상이한 유형의 언어라는 사실을 깨달았으며, 유럽의 언어들과 근본적으로 일치한다는 사실을 알게 되었다. 특히 모음 체계가 그러하다. 모음들(a, e, o)은 유럽어에서와 마찬가지로 분리되었으며 반면 이란어는 그 모음들을 a라는 유형으로 통합시킨다. 이 점에도 불구하고 그것은 인도유럽언어학에 견주어 볼 때, 2선에 머무르며 더 이상 충분히 순수한 것이 아니다. 우리가 더 이상 흔적을 갖고 있지 않는 소아시아의 다른 인도유럽어에 대해 아르마니아어에서 결과하는 확실성 가운데 하나는 그것들이 유럽어의 유형을 제시한다는 것이지, 인도-이란어의 유형을 제시하는 것은 아니라는 점이다. 아마도 인도-이란어는 원시 아르메니아어에서 파생되었을 것이다. 이것은 우리에게 남아 있는 파편들에 의해 확인된다. 그 결과, 북쪽에서 그 반도의 가장 큰 부분을 차지하는 프리지아어에서도 마찬가지를 확인된다. 프리지아어에서 남아 있는 것은 다양한 주석(헤시키우스) 이외에도 두 가지 계열의 비문인데 그중 하나는 미다스(Midas)의 나크로폴 비문[64]으로서 시미든 근방의 암벽 위에 새겨진 비문들이다. 로마 제국의 보다 최근의 비문들은 그리스 글자로 새겨져 있다. 무덤 위에는 무덤을 범하는 사람들에 대한 저주문이 새겨져 있다. 우리는 최소한 몇 개의 글자를 통해서 그리스어와 매우 가까이 있는 유형 속에 진입한다.

하지만 프리지아어에 대한 정보가 충분하지는 않다. 아르메니아어에 정통한 메이예 교수는 아르메니아어가 프리지아어와 하나를 형성하고 있는지조차 말할 수 없다고 선언한다. 헤로도토스에 따르면 프리지아는 트라키아의 식민지였을 것이다. 거기에서부터 언어학자들은 트리키아와 프리지아 무리들을 결합시키려는 경향을 보인다. 소아시아의 남쪽과 남서쪽에서 리키아어와 리키아인들은 더욱 많은 비문을 통해 알려져 있다. 학자들은 그 비문들이 인도유럽어에 속하는 것으로 보려는 경향이 있다. 그러나 그것이 제공하는 장소명을 따라서 보면 카리아어[65]는 인도유럽어가 아니다. 리디아어[66] 역시 반드시 인도유럽어에 속하는 것으로 보이지 않는다. 그렇지만 그리스인들은 캉돌왕의 이름 크산다우레우스(Χαν-δαύλενς)를 개의 살인자로 해석했다. 그리고 몇몇 슬라브 단어와의 유사를 통하여 '다우레스(δαύλμς)'는 살인자, 상해자, 살상자로 해석될 수 있다. 코카시아 지방에서는 여러 코카시아어들이 유일한 인도유럽어이다. 북쪽 또는 다리알 만 근방에서 그 연쇄의 북쪽 또는 남쪽에서 말해지는 오세트어는 근대 시대에 알려진 인도유럽어로서 그것의 위치가 어딘지는 모른다. 그것은 그룹에서 동떨어진 나머지 무리일까? 그럴 수 있을 것이다.

7 인도·이란 대어족

힌두어와 이란어는 서로 너무나 선명하게 일치하므로 분리시킬 수 없다. 레트어-슬라브어 무리도 마찬가지다.[67] 그 어족의 구성원들인 다른 언어들도 인도-이란어는 무엇보다 모음 체계 속에서 발생한 변질에 의해 구별된다.

$$\underbrace{\breve{a}\quad \breve{e}\quad \breve{o}}_{a} \qquad\qquad \underbrace{\bar{a}\quad \bar{e}\quad \bar{o}}_{a}$$

만약 후대의 시대에 여러 개의 모음 e가 존재한다면 그것은 고대의 모음 e 혹은 고대의 모음 o와는 독립된 최근의 사실을 통해서 이루어진 것이다. 힌두어와 대립하여 그 무리의 한복판에서 이란어는 모음 앞에서 s를 h로 변화시킨다.

Sapta 대신 이란어는 hapta라고 말한다.

asi : ahi

이란어들

이란어들의 역사는 닫힌 나라 가운데서 전개되지 않는다. 정반대로 이란 지역은 모든 종류의 인종들이 거쳐 갔던 약속의 장소였으며 인도 유럽어족의 이란어가 보여 준 저항의 정도를 찬양해야 할 것이다.

키루스 2세의 정복을 통하여 페르시아인들이 자신들이 살았던 산악 지방에서, 그리고 고대 페르시아의 봉토에서 나오자마자 그들은 셈족의 지방에서 지배적 인종이 되었는데, 이를테면 바빌로니아와 아시리아 지방에서 그리고 여전히 또 다른 인종의 종족들의 한복판인 수사

(Susa)[68]에서 지배적 인종으로 통했다. 거기에 부여한 이름이 무엇이건 중요치 않다. 시간이 경과하여 북쪽을 통해 투라니아의 스키타이족이 도달했는데 이들은 인도유럽어족에 속하는 스키두족이었다. 이 언어들의 이 같은 다양성의 이미지는 다리우스 암벽 위에 새겨진 비문을 통해 나타난다. 그 비문은 세 개의 행렬로 이루어진 히스타스피스의 아들 다리우스 비문이며, 페르시아어, 바빌로니아어, 스키타이어 세 개의 언어로 기록되어 있다.

나중에 페르시아어에 영향을 미친 것은 아랍의 정복이다. 마침내 몽골인들과 터키인들의 도래를 지적할 수 있다. 이란에서는 페르시아 국가 외에도 일련의 다른 이란 종족들이 있었다. 오늘날에도 부분적으로 이들은 남아 있다. 서쪽에는 쿠르드인들, 동쪽에는 아프가니스탄인들이 있다. 이들 가운데 페르시아인들을 제외하고, 어떤 민족도, 자신의 언어로 된 고대 기념비를 남기지 않았다. 이들 가운데 단 하나의 종족이 페르시아어를 말했으며 우리에게 고대 기념비를 남겨 놓았는데 우리는 어느 종족이 그 장본인인지 알지 못한다. 즉, 아베스타의 문헌은 조로아스터교의 문헌이다. 젠드어라는 이름으로 지칭되는 아베스타의 언어는 이란의 가장 오래된 언어들 가운데 하나이지만, 이것은 페르시아어가 아니며 우리는 그 언어를 말했던 사람이 누구인지 모른다.

그것은 고대 박트리아(Bactria)의 언어, 즉 히바(Khiva) 지방을 넘어선 북동쪽에서 사용되던 언어이다. 다른 학자들에 따르면, 그것은 메디아어[69]가 아닌 다른 언어로서 서구 언어였을 것이다. 따라서 젠드라고 불리는 이란의 이 같은 고대 형태의 소재지를 어디에 놓아야 할지를 우리는 알지 못한다. 또 다른 한편 우리는 오늘날까지 이어져 오는 아케메네스 왕조의 비문 덕분에 알려진 페르시아어를 갖고 있다.

페르시아어에서 알려진 최초의 단계는 아케메네스 페르시아어로, 이는 키루스 2세 이후의 페르시아 제국 전역에서 사용된 공식 언어다.

이 언어는 과거에는 페르시아의 산악 지방의 방언에 불과했다. 이 페르시아어는 설형 문자로 기록되었으며, 특히 암벽 위에 새겨진 비문들을 통해 알려졌다. 사람들은 이 언어가 키루스 2세가 사용했던 문자 하나를 소유하게 되었다고 믿는다. 어쨌거나 히스타스피스(Hystaspis)의 아들 다리우스(Darius)와 그의 계승자들은 일련의 비문들을 남겨 놓았다. 가장 중요한 비문은 세 개의 원주로 이루어진 다리우스의 비문으로서 페르세폴리스 근처에 있는 베히스툰의 세 개의 행렬이다. 하나는 페르시아어로 기록되어 있다. 이 비문들을 해독하면서 비로소 사람들은 셈어의 설형 문자(큐네이폼) 비문들의 영역 속에 입문할 수 있었다.(바빌로니아어 비문) 인도유럽어의 설형 문자 언어는 셈어의 설형 문자에 비해 훨씬 덜 복잡하다.

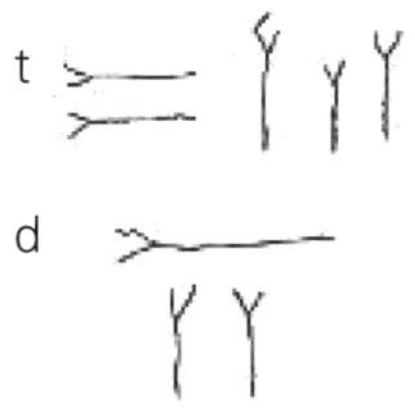

t

d

우리는 이 언어들의 무리 속에 오랫동안 머무를 것이다. 왜냐하면, 1) 이 언어들은 언어학이 직면할 난점들에 대해 놀라운 예를 제공하기 때문이다. 언어학자의 첫 번째 일은 여러 노선들을 모호하게 만들 뿐인 몇몇 장애물들을 제거하는 데에 있다. 2) 이 무리는 우리에게서 가장 멀리 떨어져 있기 때문에 우리에게 가장 덜 알려져 있다. 3) 더구나 이 언어들을 다루고 있는 저서, 특히 정정할 오류가 별로 없는 저서를 인용하기 어려운 실정이다.

페르시아

페르시스(Persis)라고 불리는 나라로 페르시아 만에 위치한 산악 지방이다.

이곳은 페르시아인의 유일한 출발 지점이다.(인도유럽 민족) 기원전 600년경 그들은 수시아나(Susiána)[70](셈족의 나라도 아니고 인도유럽어족의 나라도 아니다.) 서쪽으로 향하면서 그곳의 주인이 되었다. 이어서 그들은 바빌로니아(셈족)로 향했고 마침내 페르시아 제국의 나머지를 정복했다. 페르시아어는 정복을 통하여 공식어로써 전 제국을 지배했다. 이 시기는 그리스 황금시대에 해당된다.

페르시아어는 페르시아 만에서 카스피 해까지 그 인종에 유리하게 산악 산맥들을 따라서 부가되었던 것으로 보인다.

우리는 페르시아라는 관념을 현재의 국경선과 접근시키면서 확대시킬 수 있을 것이다. 아케메네스 페르시아의 왕들이 남긴 비문 덕분에 우리는 기원전 500년부터 현재에 이르기까지의 페르시아어를 소유하고 있는데, 단 여기에는 두 개의 연대기적인 누락이 있다.

우리가 점검할 수 있었던 모든 것을 통해서 그 계보는 가능한 것만큼이나 직접적인 것이다. 우리는, 아케메네스인들이 사용한 페르시아어의 변형이 요구했던 특징들 이외의 다른 특징들을 현재의 페르시아어에서 찾아볼 수 없다.

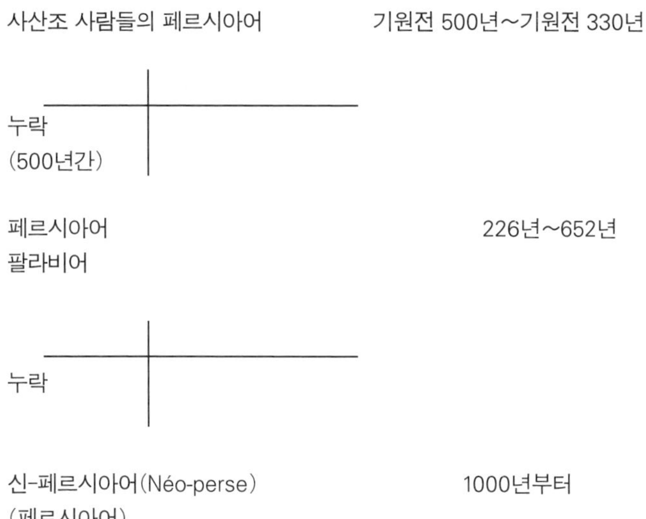


우리는 어떻게 아케메네스인의 페르시아어를 알 수 있을까? 어떻게 이 같은 설형 문자들을 해독할 수 있었을까?

페르시아 민족이 바빌로니아 민족과 접촉했을 때, 바빌로니아 민족은 최소한 1500년 전부터 이 문명이 간직하고 있던 언어들에 대해 설형 문자를 사용하고 있었다. 바빌로니아 지방에서 셈어만을 찾은 것은 아니고 또한 다른 비(非)인도유럽언어들도 발견했기 때문이다.

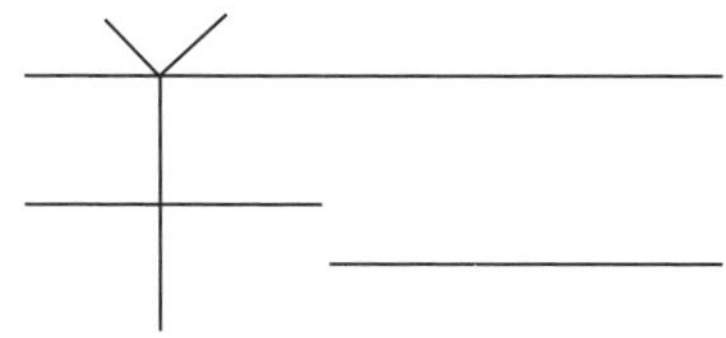

이 설형 문자는 벽돌 위에 새겨진 흔적을 통하여 하나 또는 두 개의 뾰족한 못을 사용하여 기호들을 획득하는 것이 용이했다는 점에 착안을 두었다.

페르시아인들은 이 문자를 배웠으며 그들이 갖고 있던 인도유럽어족의 천재성을 통하여 그것을 간단하게 거의 절대적인 알파벳 문자로 변형시켰는데 그것은 자신들이 모방했던 음절 문자와는 다른 것이었다. 이것은 일반적 절차, 곧 두 개의 문자에 공통적인 설형 문자라는 사실에 불과하다.

페르시아 왕들은 두 가지 탁월한 생각을 갖고 있었다. 하나는 암벽 위에 비문을 새기는 것으로, 거대한 차원에서 이 작업이 이루어졌다. 그 비문들을 보기 위해서는 지상망원경을 사용해야 할 정도다. 또 하나는, 페르시아왕 다리우스가 페르시아어 이외의 다른 두 개의 언어, 즉 바빌로니아어와 스키트어로 번역할 것을 명한 것이다. 이 작업을 통해 다리우스는 고대 문명의 연구자들로 하여금 그 이전의 모든 바빌로니아의 고대 세계 속으로 들어갈 수 있게 해 주었다.

다리우스의 이 비문은 베히스툰(Behistoûn) 암벽에 새겨져 있다.(고대 메디아 왕국(Média)[71] 국경선에 있다.) 더구나 페르세폴리스[72]의 유적 속에서 케르헤스(Xerxes) 사람들의 유일한 페르시아어 속에 있는 비문들도 존재한다. 그 왕궁의 내부 속에서 베히스툰 비문의 첫 번째 열(colonne)의 해독은 결정적이다.

| 페르시아어 | 《스키트어》 | 바빌로니아어 |
|---|---|---|

독일 학자 게오르그 그로트펜트(Georg Grotefend)[73]는 1802년 첫 번째 열에 기록된 몇 개의 단어를 판독하는 데 성공한다. 우리는 베히스툰[74]의 비문이 어디에서 왔는지 모른다. 그로트펜트는 심지어 그것이 문자임을 증명해야만 했다.

1) 첫 번째 열의 설형 문자들은 나머지 두 개의 열들의 글자와는 달랐다. 하지만 페르세폴리스에서와 동일했다. 따라서 그것이 페르세폴리스

어와 동일한 언어였을 개연성이 많다. 베히스툰에는 여러 개의 언어로 기록되었으나 공식어로 시작하는 페르시아 왕조의 목록이 있었다. 첫 번째 원주의 해독에 착수할 수 있는 모든 근거가 마련되어 있었던 것이다.

페르시아어 비문들은 낱말 사이에 쉼표가 있었다. 그 결과 한 단어의 형성은 그 의미를 해독하지 않고도 그것이 하나의 단어임을 알 수 있었다. 그로트펜트는 비문의 시작 부문에서 특히 빈번하게 반복되는 일련의 기호들이 왕을 뜻함을 알고 있었다.

크사야리야(XşâyaÞiya, 페르시아의 왕이여)

그로트펜트의 핵심 주장은 한 왕이 자신의 아버지를 명명했으며, 자기가 그 왕의 아들이라고 말했다는 것이었다. 어떤 왕이 있고, 그 왕은 어떤 사람의 아들이고 등등 두 번째에 나오는 왕은 소유격이었다. 그런데 아케메네스 왕조 속에는 한 왕이 있었다. 그는 아버지가 왕이 아니었다. 그는 히스타스피스의 아들인 다리우스였다. 다리우스는 자신의 아버지에게 왕의 칭호를 부여할 수 없었다. 그것은 이 같은 중요한 의미를 지닌 출발점 중 하나였다. 베히스툰 비문에서 말했던 군주의 이름은 히스타스피스의 아들인 다리우스였음에 틀림없었다. 왜냐하면 그가 자신의 아버지의 이름을 왕으로서 언급하지 않고 있었기 때문이다.

그리스어 사레이오스(Δαρεϊος)는 다라야바후스(Dârayavahuš)에 해당된다. 그 결과 조금씩 비문의 의미를 발견할 수 있었으며 그 언어가 힌두어와의 친족성을 갖고 있다는 것도 깨달았다. 힌두어에서 다르야두바수스(Dharayad-vasus)는 '선을 행하는 사람들'이라는 의미를 갖고 있었다. 아르타사스바라우르타크사스(ArtaxšaÞra/Ṛta-kṣatras)는 '그것의 지배는 적법하다'라는 뜻을 갖고 있다. 다른 열들에서 발견된 고유명사에 착안하여 비문의 세 번째 열을 해독하는 데 이르렀다. 그 세 번째 것인

바빌로니아어는 음절 언어였고 다(多)음가 언어였다.

이것은 모든 비문들의 열쇠였으며 니니브와 바빌로니아 고대 자료들의 핵심이었다. 아케메네스인들의 마지막 왕은 336년에 서거한 다리우스 오쿠스(Darius Ochus)였다. 이어서 알렉산더와 그의 계승자들의 시대 동안 침묵이 흘렀고, 아르사케스인들의 왕조 동안에도 침묵이 흘렀다.(파르티아. 아마도 페르시아인들이 아닌 인도유럽어를 사용하는 사람들의 종족이었을 것이다. 카스피아 해의 남서쪽에 있는 파르티아인들을 말한다.) 기원후 226년 사산조 페르시아인의 경우 민족 왕조의 도래는 아르다시르와 더불어 이루어진다.(=아르타크세르크세스(Artaxerxes))

아르타섹스스프라(ArtaXšaÞra)

아르다시르(Ardashir). 이는 그 언어가 더 이상 다리우스의 언어가 아니었음을 우리에게 보여 주고 있다.(아르다르세네(Αρδασηρ)='비잔틴인들에 있어서'라는 뜻이다.)

아르다시르는 피르두지 왕들의 책의 영웅이다.(아랍의 정복은 이 왕조에 종지부를 찍었다.) 637년 크테시폰은 아랍인들에 의해 함락되었으며 그와 함께 이슬람이 들어왔다. 마즈다인들은 마즈다교, 즉 조로아스터교를 포기하고 이슬람교를 수용했다.(나중에 분열주의에 의해 분리되었다.)

추방된 여러 공동체들은 인도에서 안식처를 찾으려 했다. 인도 사람들은 그들에게 '페르시아인들'이라는 이름을 부여했다.(파르시) 이 추방 덕분에 우리는 조로아스터의 성스러운 법률에 대해 알 수 있다. 봄베이와 티벳 지역의 마을 바코르 근처에는 대략 7만 개의 법문이 남아 있다. 우리는 알렉산더(기원전 330년)의 도달부터 아르다시르(기원후 226년)까지 페르시아어에 대해 아무것도 알지 못한다. 아르다시르부터 사산조 페르시아의 통치자들은 아르메니아의 셈 알파벳으로부터 도출된 알파벳으로 비문들을 남겨 놓았다.(이것은 설형 문자와 무관한 문자이다.)

이 비문들을 통해 우리는 아케메니네스 시대 이후로 완수된 제반 변형들의 작업을 목격할 수 있다.

다리우스: 카르타나이(Kartanaiy, 하다)라는 단어 대신 카르단(Kardan)이라는 단어를 갖게 된다.

이 비문들은 이 시대의 유일한 자료는 아니지만, 가장 진솔한 자료가 된다. 그것은 가장 큰 언어 형태인 펠비어(팔라비)로서 사산조의 페르시아어가 그 언어로 번역되었다. 펠비어로 이루어진 성직자 문학이 오늘날까지 전하는데, 이 문학은 젠드아베스타의 오래된 성서 텍스트를 주석하고 번역하기 위한 종교 문학이었다. 펠비어로 쓰인 이 책들은 파르시스인들에 의해 보존되었다. 사람들은 이집트에 있는 파윰에서 펠비어 필사본을 찾아냈다. 펠비어는 우리가 알고 있는 가장 어려운 언어들 가운데 하나다. 펠비어는 사산조 페르시아어의 가면을 쓰고 있다. 사산조의 기념비적 문자는 완벽하게 명료하지만 펠비어 저서 속에서 우리는 초서체만을 갖고 있을 뿐이다. 그 초서체는 다음과 같은 기호들을 혼합시키고 있다.

= a â h k h

= u û n r v l

『아르다 비라프(*Ardâ Vîrâf*)』[75]의 편집자 해리 웨스트가 주목했듯이, 이론적으로는 638가지 방식으로 읽힐 수 있는 하나의 단어가 있다. 펠비어는 페르시아 단어들을 직접적으로 옮겨 놓지 않으며, 아르메니아어-셈어들을 페르시아어로 대체시켜 놓고 있다. 아울러 이것은 매우 복잡한 방식으로 이루어진다.

마르툼(martum)
마르트(mart)
} 페르시아어로 '죽을 수밖에 없는 인간'

펠비어로 가브라움(gabra-um)이라 쓰이며, 가브라(gabra)는 인간을 뜻하는 셈 단어이며 종결어미 '움'을 적는다. 파타르(patar)는 ab-itar라고 쓰인다. ab은 셈 단어이다.

사람들이 셈 단어들을 발음했었는지, 또는 그것이 단순한 표의 문자였는지의 여부는 알 수 없다. 이것은 인공 언어로서 일종의 암호문이라 할 수 있다.

제임스 다르메스테테르(James Darmesteter)는 당시의 사람들이 단지 페르시아어였던 구어를 지시하기 원했을 뿐이었다고 생각했다.

이것은 매우 난해한 자료이다. 많은 단어들이 불확실하다. 왜 궁극적으로 펠비라는 이름이 존재하는가? 펠비는 그 단어에 일정한 변형이 따르면 '파르티아'인들을 의미한다. 인도에서 팔라바스는 파르티아인들을 뜻한다. 펠비어로 기록된 텍스트 속에서 파르티아라는 언급이 나오는가? 아니다. 사산조 페르시아 이후의 시대에서 파르티아어였던 것은 고(古)페르시아어와 같은 것에 해당된다. 옛날 언어라는 생각에 해당되는 것이다. 거의 도처에서 풀어야 할 모호한 부분들이 있는데 하나의 언어를 고정시키려는 언어적, 표기적 수단에 대해 언급할 때 그렇다.

아랍의 정복과 더불어 아랍의 글자들이 채택되었다. 그 아랍 단어들 속에서 오늘날 이란어가 사용된다. 이 마지막 시기는 1000년경까지 지속되지만 오늘날 이란어는 1000년경의 페르시아어와 많이 다르지 않다. 하지만 이란어 속에는 아랍어와 터키어가 엄청나게 침투되어 있다. 중세 시대의 이란어에서는 더 멀리 나간다. 사람들은 아랍어 단어들을 통해서 이란어 단어들을 교체할 수 있었다. 또는 이란어와 아랍어를 동시에 말할 수 있었다. 하지만 이것은 그 언어의 체계를 크게 동요시키지는 못했다. 그 언어는 자신의 인도유럽어의 특징을 간직했다. 이 이란어는 인도유럽어에 대한 우리의 일반적 지식을 위해서 매우 소중하다. 그것은 아케메네스-페르스어를 해명하는 데 사용될 뿐 아니라 인도이란어족의 가지의 개체로서 결코 무시할 수 없다.

또 다른 가지는 아베스타의 성서 문학을 포함한 언어를 낳았다. 이 텍스트들은 셈 알파벳에서 파생된 특별한 문자 속에 있다. (그것은 오른쪽에서 왼쪽으로 쓰였다.) 이 텍스트들로부터 우리는(문장 중단)

동양학자 앙크틸 뒤페롱(Anquetil Duperron)[76]은 파르시교도들에 의해 보존된 문학 텍스트를 연구하기 위해 1754년 인도로 출항했다. 봄베이에서 그는 펠비 문학에 입문하는 데 성공했다. 그는 그 이후의 시대에 (펠비어 또는 파젠드어로 기록된) 모든 주석들을 포함하는 필사본들을 가져왔다. 그것은 조로아스터교 경전인 아베스타였다. 하지만 그것은 미완결된 상태였다. 이 아베스타는 빈번하게 젠드아베스타라고 불리는데 이는 잘못된 것이다.(즉, 그의 주석과 더불어 쓰여진 아베스타가 젠드라는 이름이 된 것이다.) 젠드어라는 명칭을 통하여 아베스타 언어라는 이름을 지칭하면서 사람들은 펠비어 혹은 파젠드어로 작성된 주석이라는 단어를 통해서 젠드어를 지칭했던 것이다. 하지만 요컨대 우리는 이 언어의 정확한 이름을 알지 못한다. 그것의 조국에 관한 한, 사람들은 박트리아인들 또는 메디아인들 사이에서 주저할 뿐이다. 이 언어는 페르시아어 자체와 매우 미세하게 상이하다.

젠드어의 z는 페르시아어의 d가 된다.

azem(나): adam(페르시아어)

d는 나중에 붙여진 것이다.

아베스타의 연대는 결코 확정할 수 없었으며, 그것의 구성 연대도 확정 지을 수 없었다. 훨씬 오래전으로 거슬러 올라가거나 기원전 3세기 전으로 거슬러 올라간다. 거기엔 상반된 진술도 제시된다. 아케메네스인들은 아후라 마즈다를 호출하지만 그들은 조로아스터교인들은 아니다. 『가타스(*Gathas*)』(찬송가 모음집)는 우리들에게 더욱 태곳적 특징을 갖고 있는 젠드어의 하위 방언을 제공한다. 그것들은 운율로 이루어진 형태를 띠고 있으며 아베스타의 한 부분이다. 『가타스』는 인도의 베다와 매우 유사한 시를 표현한다. 이 종교에서는 모든 것이 역전된다. 힌두인들의 신은 이란인들의 악마가 된다. 최근에야 비로소 연구할 수 있었던 이란의 방언들(크루디스탄)인 쿠르드의 방언들은 18세기부터 채집되었다. 동쪽에는 아프가니스탄 방언들이 있다. 남쪽에는 벨루치어가 있으며 이것은 발루치스탄[77]의 방언이다.

쿠르드어는 페르시아 인종에 속하는 것으로 보이는데 d의 빈번한 출현 때문이다.

### 인도의 아리안어

2억 5000만 명 인구의 인도 반도는 매우 부분적으로만 하나의 총체를 형성한다. (언어의 역사라는 시각에서 말한다면 일정한 차원에서만 그 하나의 총체를 형성한다.) 인도에서 오직 하나의 반도만을 보는 것을 피하자. 인도의 3분의 2는 반도를 벗어난 곳에 있다.

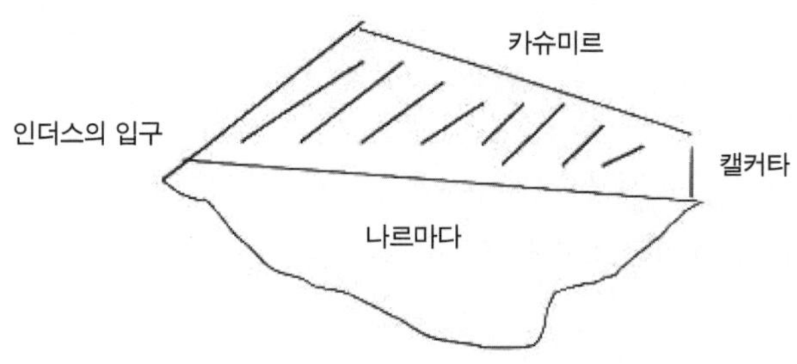

인도는 나르마다에서 두 개로 분할된다. 나르마다의 서쪽에 있는 데칸 고원은 그곳은 대부분 드라비디어라는 비(非)인도유럽어를 사용하는 주민들이 점유하고 있다. 그런데 드라비디아어는 남쪽의 작은 방언의 이름이다.

어쨌든 빈디아 산맥의 데칸 반도(다키시남(Dakisina-m))에서 출발해야 한다. 북쪽은 문명의 관점에서 보면 인도유럽어에 속한다. 그것은 가장 큰 영토의 외연을 갖고 있다. 그것의 지평은 히말라야이다. 그것은 힌두스(인더스 강) 강 하류와 펀자브를 통합하는 갠지스 강 하구로 나뉜다. 그곳은 진정한 아리아 인도이며, 힌두스 동쪽으로 팽창될 수 있었고 늘 카슈미르 지방을 포함했다. 각각의 언어와 역사의 근원을 탐구할 때 사람들이 향하는 곳은 바로 언제나 북쪽, 특히 북서쪽이다. 인도에 거주하는 종족들은 스스로에게 어떤 공통된 이름도 부여하지 않았거나 또는 최소한 그런 공통 명사가 있다고 가정해도 우리는 그것을 알지 못한다. 단수 형태로 다시스(Dasyu-s)는 그들에게 비(非)인도유럽어를 사용하는 인종에 속하는 적이었다. 그와 대립하여 아리아스(ârya-s)가 존재한다. 이 명사는 그들의 고유한 인종에 속하는 인간을 뜻한다. 점차적으로 데칸 반도 북쪽의 모든 인도는 아리아 바르타스(Âryâvarta-s, 아리아인들의 거주지)라 불렸다. 이것은 단지 그들에게 다시스에게서 정화된, 다시스에게서 자유로운 나라를 의미했는데 이처럼 다시스라는 단어는 늘 부정적이어서 진정으로 한 민족의 이름을 삼을 수 없다.

인도라는 이름은 민족을 지칭하지도, 나라를 뜻하지도 않았다. 거대한 신두스(Sindhu-s) 강은 으뜸이 되는 강, 대하를 말한다. 페르시아인들과 이란인들은 힌두스라고 불렀다.(이는 순수한 음성적 변형을 통해 이뤄졌다.) 이란인들에게 힌두스(Hinduš)라는 단어는 힌두스 강을 넘어 펼쳐졌던 나라를 지칭할 수 있었다.

그리스인들은 페르시아어의 지칭에 따라서 그 나라를 부른다. (기식음을 포기하면서 말이다.) 인도스(Ivδός)라는 단어가 그것이며, 아울러 그들은 인도이(Ivδoι)라는 단어를 발명했다. (그리스인들은 신도이(Σιvδoι)라고 부를 수도 있었을 텐데, 만약 그들이 그 나라로부터 이 같은 명칭을 수용했더라면 말이다.)

인도의 현재 언어인 우르두어는 이러한 단어들과 순수 단어들의 혼합이다. 우르두어는 힌두스탄(hindu-stan)에 의해 힌두스의 지역이나 또는 그 모든 나라의 확대된 민족을 지칭한다. 신두스탄이라고 말하는 대신 말이다.(구어 방언은 신디어로, 이러한 단어들을 취하지는 않았다.)

16세기 유럽인들은 힌두스탄이라는 단어를 발견했다.

아마도 아리아바르타스(aryavartas)를 아리아 인종으로 변화시키기 위해서는, 더 많은 세기가 필요했을 것이다. 우리는 리그베다의 송가(頌歌)에서 도출할 수 있는 것을 제외하고는 이 같은 수세기 동안의 동화 시기에 관해 아무것도 알지 못한다. 인도에서 우리는 시작부터 역사가 결여되어 있는 이 같은 상황에 놓이며, 심지어 문학적 기념비들이 존재할 때도 그러하다. 베다는 어떤 한 시대의 문헌이지만, 우리는 그 시대에 대해 아는 바가 전혀 없다. 이 텍스트는 우리에게 그 언어와 그 시대의 종교에 대해 알려 주지만 그 역사에 대해서는 알려 주지 못한다.

베다 송가의 연대는 기원전 1000년에서 3000년까지 다양하다.

이 같은 송가들의 구성이 이루어졌을 때, 상이한 종족들은 아직까지 인더스 강 지역을 떠나지 않았을 뿐 아니라 심지어 펀자브 지역도 떠나지 않았다.(다섯 개의 강으로 둘러싸여 있는 나라를 말한다.) 리그베다 속에서 갠지스 강은 제10권에서 단 한 번 명명되는데, 그 책은 나머지 책보다 훨씬 최근의 것으로 간주된다. 이 시대에는 이란의 방언들이 첫 번째 산스크리트어였던 펀자브 지역의 베다와 더불어 매우 주목할 만한 차이를 제공한다. 아마도 이 시대에 이란인들은 s음을 h라고 말하지 않았을 것이다. 이 힌두인들은 나중에 페르시아인들이 갈라져 나온 민족 무리의 동쪽으로 뻗어 나갔다. 1) 민간적인 언어(통속적인 방언)와 2) 산스크리트어, 3) 베다의 산스크리트어 혹은 베다의 언어를 구별해야 할 것이다. 고대 시대의 토속 언어는 우리들에게 부분적으로만 알려져 있다. 가장 오래된 것으로 알려진 것은 팔리어인데, 이것은 불교의 한 종파의 공식어가 되었으며 특히 스리랑카 불교의 종교가 되었다. (그것은 스리랑카 섬에 문학적으로 수입되었을 뿐이다. 우리는 스리랑카를 통하여 그 팔리어를 알고 있으며, 그것은 인도 북쪽의 방언이었다.) 스리랑카의 불교 교리 전파는 기원후 200년으로 거슬러 올라간다. 팔리어도 중요하다. 팔리어의 알파벳은 특이하게 둥근 글씨들로 적혀 있다. 모든 민간 방언들은 산스크리트어에 견주어 완벽하게 똑같은 언어 형태에 기초하는 이 같은 성격을 갖고 있다. 그 결과 민간 방언들은 몇 가지 예외를 제외하면 우리에게 아무것도 가르쳐 주지 않는다.(민간 방언이 스페인어와 프랑스어와 라틴어에 포함되어 있는 것을 넘어서 우리에게 무엇인가를 알려 주지 못하는 것과 마찬가지다.) 민간 방언들의 몇 가지 글자들은 산스크리트어라기보다는 베다 방언으로 거슬러 올라간다.

팔리어는 고대의 주요한 민간 언어이다. 오늘날 팔리어 단어의 사용은 이 이름을 비문을 통해서 알려진 매우 오래된 모든 방언에 부여하는 경향이 있다. 중세 시대의 민간 방언들은 비문을 통해 알려졌으며, 특히 그것을 사용한 연극 문학(drama)을 통해 알려졌다. 근대의 방언들은 산스크리트어에서 제공된 간단한 변형들이다. (벵갈에서 사용하는 벵갈어,[78] 보다 남쪽에서 사용되는 마라티어가 그것에 속한다.) 하지만 힌두스탄어 혹은 오늘날의 주요 언어로서 이란어의 요소들이 혼합된 언어라고 볼 수 있는 우르두[79]어를 혼동해서는 안된다. 그것은 정복자들의 진영에서 탄생했는데 회교도, 특히 몽골 정복자들로서 유목민이었던 우르두(ūrdū)의 방언들에서 탄생했다.

이 민간 고대 방언들은 산스크리트어를 알고 있는 한 인도유럽어에 대해서는 아무것도 알려 주지 않는다.

산스크리트어

산스크리트어가 무엇인지를 묻기 전에 베다를 언급해야 한다. 브라만교는 발을 내린 모든 곳에 늘 카스트 제도, 베다 그리고 산스크리트어를 동반했다.

베다는 최초의 인도 학자들이 브라만들에 의해 인도된 것으로 믿고 있던 성스러운 문헌이며 경배된 텍스트로서 고대 시대의 전 시대 동안 존재한 언어와 문학의 핵심 기념비다. 그것은 현재의 브라만 우상을 지칭하는 명사형이다. 현재의 브라만교는 상이한 우상을 갖고 있다.(비슈누교)[80] 베다는 산스크리트어를 통해 이해될 수 있는데, 이 원리는 현대 프랑스어를 통해 중세 시대의 프랑스어를 인식하는 것과 마찬가지라 할 수 있다. 베다 언어는 그것의 태고성(太古性)으로 주목할 만하다. 산스크리트어를 통해 알려졌으며 동일한 문자로 전사되었다. 수많은 세대가 베다를 문헌으로 작성하기 이전부터 기억으로 전달했으며, 이것은 문자를 이미 사용하고 있었던 오랜 기간 동안에도 계속되었다. 베다는 문자로 작성된 텍스트가 아니다. 베다는 크루티스(çruti-s, 즉 청취)이다. 그들은 청취를 통해서 소통을 수용했다.

사람들에 일반적으로 알려진 베다는 리그베다(Rig-veda)로서 송가(頌歌)를 뜻한다. 이 송가들은 베다의 나머지 부분들에 견주어 분명히 태곳적 시절에 속하는 것이다. 넓은 의미의 베다는 네 개의 베다를 포함하는데, 리그베다는 그중 하나에 불과하며, 각각의 베다는 철학론, 그리고 산문으로 이루어진 의례론의 저서들을 동반한다. 그 결과, 베다는 최초의 생산물인 원초적인 송가와 1000년 혹은 1200년 동안 분리된 모든 문학을 나타낸다. 우리는 리그베다의 방언을 시공 속에 정확히 갖다놓을 수 있는가? 리그베다는 펀자브를 넘어서지 않았던 최초의 부족들의 시이며, 그 부족들은 우리에게 정확한 연대에 대한 일치를 못 내리는 상태에서도 어쨌거나 천 년을 넘은 것으로 우리에게 보고되고 있다.

그것은 모두의 언어였는가? 아니면 이미 태곳적 언어였는가? 그리고 일정한 시적 전통에 의해서 계약화되고 형성된 언어였는가? 여기에서 사람들은 베다의 수사학이 당시에 더 이상 사용되지 않았던 언어의 몇 가지 형식들을 개발시켰다는 점에 의견 일치를 보고 있으며 대체로 민간 언어와 이 당시에 문학으로 사용된 언어 사이에 단절이 없었을 것이라고 믿을 만한 여지가 있다. 베다 언어가 송가의 구성 당시의 살아 있는 언어를 나타냈다고 믿는 데에 별다른 어려움은 없다. 베다 언어는 언제까지 남아 있었는가? 우리는 모른다. 그것은 시간 속에서 정확하게 파악될 수 없다. 매우 오랜 시대일 것이다. 1000년 또는 1200년이라고 말하는 것이 적당할 것이다. 베다의 끈은 동일한 언어 형식 속에 남아 있었지만 더 이상 송가의 시대가 아닌 시대 속으로 연장되었다. 베다는 무엇을 의미하는가? 그것은 앎이요, 지식을 뜻한다.('나는 알고 있다'를 뜻하는 그리스어의 포이다(Foïδ-α)와 친족 관계를 가지고 있는 단어이다.) 그것은 신학적 앎이며, 시대 같은 것은 지극히 부차적인 사안이다.

우리는 베다 언어에 견주어서 산스크리트어의 관계를 확정하는 것을 피했다. 브라만교는 그것과 더불어 두 개의 짐을 지고 있다. 베다와 산스크리트어가 그것이다. 하나는 죽은 것들만을 가져왔다. 즉 베다와 베다 언어가 그것이다. 또 다른 짐에는 살아 있는 것이 존재한다. 살아 있는 생명이 있는 존재, 즉 산스크리트어가 그것이다. 그것은 최소한 제도로서 살아 있다는 호칭을 받을 만한 자격이 있는데, 심지어 우리가 살아 있는 언어가 무엇인지에 대해 진정으로 일치할 수 없다 해도 마찬가지다. 산스크리트어는 우리의 상상을 초월하는 언어이다. 제도의 위상을 갖고 있었던 프랑스의 중세는 라틴어로 작성된 것 이외에도 다른 문학적 기념비들을 경험했다. 아리아-인도는 산스크리트어를 벗어나 있는 문학적 기념비들을 구성하지 않았다.

주목할 점: 팔리어가 불교 그 자체와 더불어 인도 대륙에서 사멸하지 않았다면 사태는 다르게 전개될 수 있었을 것이다. 자이나교[81]는 변질된 산스크리트어를 보여 줄 뿐이며, 생산한 것이 거의 없다. 라틴어가 사용되던 중세 시대에는 결코 라틴어가 좋은 동반자의 소박한 언어로서 왕정에 진입하지 못했으며, 한 사회의 모든 삶 속에서 폭넓게 소통되지도 않았다.(예를 들어, 연극 상영) 중세 라틴어의 상황은 산스크리트어가 끊임없이 대화 언어로서 계속해서 사용되었던 사실, 즉 브라만 교육을 받았던 사회의 전 계층에서 사용되었던 것과는 대조를 이룬다. 하지만 대중들은 산스크리트를 사용했던 대열에 참여하지 않았다. 단지 오늘날 대화를 위한 산스크리트어는 귀족, 브라만교 학승, 또는 학자들의 언어의 반열에만 속하는 것이며, 이들 사이에서 폭넓게 실천되었다. 동양학자 학술대회에서 조지 뷜러(Georges Bühler)는 산스크리트어를 능숙하게 다루었으며, 이 언어를 인도의 원주민 브라만교 학승과 더불어 실천했다.

극문학에서는 절반의 사람들이 산스크리트어를 사용했는데 그들은 일정한 반열에 속해 있는 사람으로서 작품의 저자는 대중들에게 말을 건네면서 산스크리트어를 말했다. 하층민이나 여성들, 심지어 왕비들조차도 민간 언어인 프라크리트어[82]를 말했다. 이것은 우리가 관련을 맺고 있는 흥미로운 언어 상태를 보게 해 준다. 대중은 즉각적으로 이해해야 했고, 따라서 그 언어는 살아 있는 언어였으며, 그들은 산스크리트어를 이해하고 있었다. 극예술의 산스크리트어가 불변했던 반면, 작품에 따라서 상이한 프라크리트어가 존재하며, 인도의 어떤 지역이냐에 따라 상이한 프라크리트어가 있었다. 바로 이 같은 근거로부터 중세 시대와 고(古) 중세 시대의 민간 방언들에 대한 지식이 우리에게 전달되고 있으나 현재의 민간 방언들에 대해서는 별다른 이점을 가져다 주지 않는다. 만약 팔리어에 대해 독일의 동양학자 오토 프랑케(Otto Franke)[83]가 제시하는 광범위한 의미를 부여한다면, 즉 매우 태곳적 민간 텍스트라는 의미라면 우리는 다음과 같은 언어의 계승을 갖게 될 것이다.

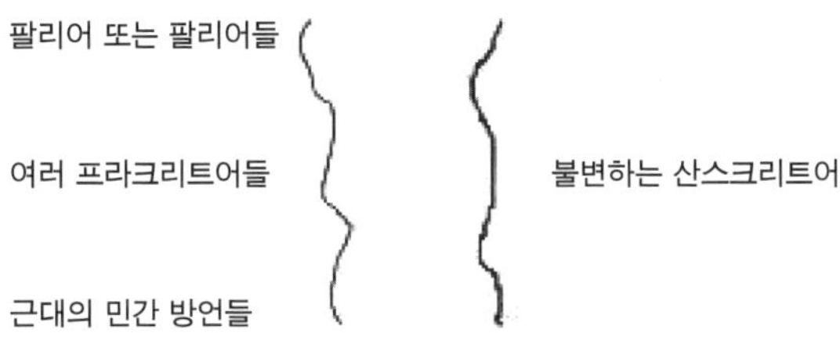


우리는 아직까지 그 해결책을 찾지 못한 문제에 도달한다. 다른 브라만 제도들과 분리될 수 있는 이 산스크리트어는 어디에서 왔는가? 산스크리트어는 하나의 인공어였는가? 아니면 특정 장소나 특정 연대에서 모든 사람들의 언어가 될 수 있었던 특정 언어의 영속화에 불과했던 것인가?

1) 우리에게 다음과 같은 점을 알려 줄 수 있는 것은 그 언어의 이름이 아니다. 삼스크르타 바사(Sãmskṛtâ bhâṣâ) 또는 삼스크르탐(samskṛtam). 만약 이 이름이 인도 지역의 이름이라면 이것은 매우 소중한 것이다. 하지만 이것은 교양 있는 예의 바른 언어를 의미한다. 링구아 오르나테 벨 쿨타(Lingua ornate vel culta). 이것은 자연스럽고 약간은 무례하고 약간은 투박한 언어(프라크르타 바사(prâkṛtâ bhâṣâ))와 대립하여, 잘 다듬어진 언어를 말한다. 사람들은 인공적인 특징의 증거만을 도출할 수 있었을 뿐이다.

2) 그 형태와 그것의 문법 속에서 내재적으로 검토되었을 때, 산스크리트어는 하나의 변조된 언어가 될 소지도 있으나, 인도유럽어에 부응하는 유형이다. 그것은 어떤 민간 무리에 의해 전달되었던 듯하다.

노트 5권 시작

3) 산스크리트어는 얼마나 방대한 관념을 가질 수 있는가를 보여주자. 산스크리트어의 문헌은 방대하다. 그 문헌의 시초에서 「마하바라타(Mahabarata)」, 「라마야나(Ramajana)」 같은 위대한 서사시를 찾을 수 있다. 그것은 우리에게 모든 민족의 공존을 전제로 하는 장르를 표시하며, 동일한 순간에 그 어떤 것도 산스크리트어 문법가들의 학파보다 더 오래된 것은 없다. 산스크리트어 문법의 체계를 세운 유명한 학자 파니니(Pānini)는 적절하게 규정될 수 없는 시대에 속한다. 이것은 논쟁의 여지가 많은 질문이다. 어쨌거나 그는 기독교 시대보다 선행하며 심지어 산스크리트어 서사시보다 선행한다. 가장 오래된 서사시는 자신들의 문법을 언급하고 있는 것이다.

산스크리트어에는 전반적으로 인공적인 것이라곤 없다. 하지만 산스크리트어는 전적으로 문법가들의 영향 아래 있다. 그 존재가 흥미로운 몇 가지 형태들에 대해 그것들의 정확한 가치를 결정할 수 없다. 만약 이 같은 형태를 포함하고 있는 텍스트가 문법가들로부터 전혀 검토되지 않았다면 이 형태는 완결된 형태를 갖게 될 것이다.

4) 우리는 이제 인도의 어두운 과거에 침투하는 데에 이르렀으며, 그 핵심 이정표 가운데 하나는 아소카 왕과 그의 비문들이다. 그는 기원전 273년에서 232년까지 지배했다. 그는 알렉산더 대왕 곁에서 피난처를 찾았던 왕자 산드로쿱토스(Σανδράκοπτος)의 손자였다. 산드로쿱토스는 아소카 왕이 유산으로 물려받은 제국, 즉 마우리아 왕조의 제국을 세웠던 찬드라굽타와 동일 인물이다. 이 제국은 남쪽을 제외한 전 인도를 포함했는데 이는 데칸 반도의 절반에 해당한다. 아소카는 불교 문헌에서도 위대한 성인으로 알려져 있어서 그 덕분에 불교는 엄청난 영향

력을 발휘했다. 아소카는 불교로 개종하여 스리랑카와 이집트까지 불교 교리를 전파했다.(기원전 485년은 석가모니가 타계한 해이다.) 불교는 200년 전부터 존재했다. 아소카는 인도 전역을 자신의 비문으로 뒤덮었다. 히말라야 산기슭에서부터 인도 남부 도시 마이소르(Mysore)[84]까지 그의 비문이 있다. 이 비문들의 목적은 불교의 가르침과 일치하는 삶을 권장하는 것이다. 그 비문들은 민간 방언에 속한다. 이 방언을 팔리어라고 부를 수도 있다. (프랑케의 용어에 따르면) 아소카는 그 자신을 "피리아다시(Piryadasi, 폐하)"라고 불렀다. 산스크리트어로는 "피리아다르시(Priyadarçi, 그 시선이 매력적인 사람)"가 된다.

아소카의 비문들은 가장 오래된 것들이다. 일련의 비문들을 추적해 보면, 그 모든 비문들이 민간 방언으로만 쓰였음을 알 수 있다. 그리고 점차적으로 그 비문들은 산스크리트어 단어로 윤색되다가 기원후 500년경에는 마침내 산스크리트어로 기록된다.

이때 비로소 산스크리트어의 형성을 목격한 것으로 보인다. (이것이 프랑케의 생각이었는데, 그는 산스크리트어가 인공적인 방식으로 형성되었다고 믿는다.) 이것은 선험적으로는 불가능해 보인다. 따라서 어디에선가 베다어부터 산스크리트어로 관통하는 끈이 존재해야만 할 것이다. 만약에 제한된 지역에서 브라만 공동체가 베다 시기에 이어서 발전되어 베다어로부터 나온 이 같은 산스크리트어가 오랫동안 그 언어의 저장소로 남아 있었다면, 여러 가지 상황을 해석해 볼 때, 이 언어는 인도 전체를 차지했었을 것이다. 하지만 이는 가설에 불과하다.

그럼에도 불구하고 가장 개연성이 높은 것은 산스크리트어의 이 같은 소실은 불교의 종교적 문제와 관계를 맺고 있다는 사실이다. 불교가 산스크리트어를 부정했다고 말할 수는 없다. 하지만 어떤 경우에도 불교는 민간 언어를 실현했다. 다른 한편으로 산스크리트어의 출현 혹은 재출현은 기원후 500년경에 나타난다. 불교는 여전히 강력했지만 그 이후 곧 쇠락했다. 불교의 이 같은 융성기는 비문들 속에서 산스크리트어의 부재와 일치한다. 산스크리트어가 불교 이전에 살았다고 전제할 수 있으며, 그것은 불교 시기 동안 보존되다가 불교의 융성기에 다시 나타났던 것이다.

문헌을 검토하면 앞서 말한 것을 입증할 수 있다. 칼리다사(Kālidāsa)[85]의 산스크리트어는 새로운 시기의 초반기에 놓여 있다.

그 모음충돌(히아투스)은 정확히 베다어와 산스크리트어 사이에 있는 것이 아니라, 베다어, 산스크리트어와 2차적 산스크리트어의 사이에 있는 것이다.

문제는 더 이상 명백한 공백, 그 이상이 아니다. 산스크리트어의 발생이라는 문제는 제기할 여지가 없다. 우리가 인도에서 목격한 세 가지 종류의 언어들에 나타나는 상호 관련된 상황을 확정해 보자.

1) 한편으로 민간 방언들은 모든 시대에서 살아 있는 언어를 표시하며, 문법적으로, 즉 내재적으로 판단했을 경우, 그것은 인도유럽어에서 그 언어들까지 진행된 것이며, 산스크리트어의 상태, 혹은 베다어의 상태를 통과했어야 했다.

2) 베다어는 일정 순간에(그 시초에) 모든 사람들의 살아 있는 언어였을 것이다. 그것은 예컨대 모든 아리아-인도 언어학의 출발점을 나타낸다.

3) 내재적으로 판단된 산스크리트어는 일정한 정전 속에서 규칙화되고 고정된 베다 언어로 나타난다. 그것은 베다어로서 통했던 것으로 나타나지만, 단지 이웃한 방언으로 통할 수도 있었을 것이다. 아울러 민간 방언에 견주어 간주되었을 경우, 그것은 베다 언어보다 우리가 그 언어들의 원형으로써 상정할 수 있는 것을 더 표시한다. 우리는 그 종족의 전체에서 그 언어가 언제 어디에서 말해졌는지를 말할 수 없다. 과연 그런 일이 정작 벌어졌는지를 말할 수 없다. 산스크리트어를

라틴어와 비교할 수 없는 것이다. 라틴어에 견주어 이를테면 라틴어에는 키케로의 라틴어와 중세 시대의 라틴어가 있다. (중세 시대의 라틴어는 타락한 라틴어다.) 산스크리트어에 관한 한, 특히 변질되지도 않았으며, 또 다른 한편으로는 자유로운 언어도 아니었다. 그것은 규칙화되었다. 아리아의 인도는 다양한 방식으로 외부에서 빛을 발휘했다. 그 어떤 것도 그것의 발달을 막지 못했을 것이다. 인도-아리아어는 그 한계를 넘어서 뻗어 갔다. 나는 불교가 이웃 나라들에 미친 종교적 역할을 언급하고 싶지 않다. 단지 불교의 다양한 영향만을 언급하고자 할 뿐이다.

1) 자바의 식민화로서, 자바에서 힌두 문명은 9세기경에 이르러 빛을 발휘했다. 이 시대에 산스크리트어는 엄청난 힘과 더불어 자바에 도입되었으며, 자바인들의 언어, 즉 말레이어에는 현재 산스크리트어 단어들이 모두 스며들어 있다. 그 사실은 산스크리트어 자체에 있어서도 흥미로운 것이다. 왜냐하면 정복자들에게 산스크리트어는 지식인의 언어일 수밖에 없었다. 이 점에도 불구하고 오늘날의 자바어는 힌두 민간 방언들의 어떤 성격도 갖고 있지 않으며, 산스크리트어의 특징을 갖고 있다. 힌두 지식인들이 자바 지식인들과 자바 민족에게 전달한 것은 오로지 책을 통해서인가? 이것은 실제로 발생한 일이다. 혹은 힌두의 대가, 스승들은 산스크리트어를 말했는가? 힌두인들에 의한 자바의 점령은 말레이 언어학에 있어서는 다행스러운 것이다. 왜냐하면 산스크리트어 서적들의 매우 오래된 말레이 번역본들이 존재했기 때문이다. 그 결과, 15세기까지의 자바어를 알 수 있으며, 반면 나머지 말레이 언어들의 경우는 오늘날에 국한해서 알려져 있을 뿐이다. 따라서 인도유럽어 세계의 남동쪽의 이 같은 극단부는 일정한 순간에 적도를 넘어서 존재했다.

2) 힌두와 중국 반도의 남쪽 부분, 특히 시암과 캄보디아는 보다 최

근에 들어와 힌두 문명의 영향 아래 놓였고, 산스크리트의 문헌이 중첩하여 도달했다. 캄보디아의 비문들은 부분적으로 산스크리트어로 새겨져 있다. 많은 지명들은 산스크리트어의 이름들이다.(싱가포르: 사자들의 도시) 마찬가지로 출라롱코른(Chulalongkorn, 그 장식이 왕관인 사람(cuda-alamkarana-s))은 산스크리트어 명사이다.

3) 나르바다 서쪽에는 인도의 모든 남쪽을 포함시켜야 한다. 그것은 마하라티어(maharati: 위대한 왕국의 언어(maharastram)) 즉, 아리안화된 마하라티일 뿐이다.

삼각형의 나머지는 두 개의 오래된 토속 언어가 지배한다. 동쪽에서는 텔루구어를, 서쪽에서는 타밀어를 사용한다. 이 언어들, 최소한 타밀어의 경우는 그 생명력을 유지하고 있다. 타밀어는 매우 오래된 문헌을 갖고 있다.

시로 쓰인 문헌들은 13세기까지 거슬러 올라가며, 몇몇 문헌은 1세기까지 거슬러 올라간다. 그럼에도 산스크리트어는 브라마니즘과 왕궁을 통해 삼각형의 극단까지 중첩적으로 퍼져 나갔다.

어떤 시대인가? 그것은 정하기 힘들다.

제국 시대의 인도 남부는 북쪽보다 더 많이 알려져 있었다. 알렉산더 시절에 더 잘 알려져 있었다. (플리니우스와 프톨레마이오스는 우리에게 많은 이름을 보존해 주었는데, 현재의 이름과 대부분 일치한다.)

그 결과 스리랑카 섬은 타프로반(Taprobane)이라는 이름 아래 지칭되었다. 그런데 실론이라는 도시의 이름은 탐라파르니스(Tamraparnis)였다. 요컨대 이 이름들 가운데 몇 개가 실증적으로 산스크리트어인지를 알아내는 것만 남았다. 그것은 힌두교 영향의 연대를 제시할 뿐이다.

4) 하지만 타밀 지방이 아닌 스리랑카 섬을 예외로 해야 할 것이다. 스리랑카 섬은 매우 오래된 힌두의 식민지다. 불교는 실론을 완전히 장악하고 있었다. 그 왕조들은 불교였다. 오늘날 그곳에서 말해지는 언어

는 타밀어가 아니라 인도의 민간 방언이다. 라마의 대(大)장정은 역사적 사실이다. 아리아인들의 실론 정복은 이미 이 섬에 영향력을 행사하고 있었음을 알려 주고 있는 것이다. 불교의 교리 전파에 선행하여, 이미 아리아니즘은 실론에 파고들었다. (마왕이 라마를 실론으로 보내기 위해 시타를 납치했으나 라마는 원숭이들의 왕들과 연합하여 시타를 다시 취했다.)

5) 인도는 그 북서쪽의 경계선에서 이번에는 서쪽과 북쪽을 향하여 정반대 방향으로 퍼져 나갔고, 인더스에서 출발했다. 카슈미르에 대해서는 언급할 여지가 없다. 왜냐하면 그것은 시초부터 지극히 아리안적이었기 때문이다. 카슈미르를 식민지로 간주해서는 안 되며, 인도에서 아리아화가 이루어진 영속적인 고향으로서 간주해야 한다. 서쪽(칸다하르)을 향하여 또는 북서쪽(카불과 발크)을 향하여 이루어졌다. 바로 거기에서 기원전 323년부터(알렉산더 대왕의 죽음) 기원후 200년 또는 300년까지 미세한 인종적, 왕조적 복잡화와 더불어 다음과 같은 왕국들이 계속되었다.

인도-그리스 왕국

인도-파르티아 왕국

인도-스키티아 왕국(스키티아 종족의 침략 이후부터 인도인들은 그들을 카카스(çaka-s)라 불렀다. 그리고 그들은 상이한 이웃들에 의해 제각기 다르게 불렸다. 왜 그들을 인도라고 불렀을까?)

모든 것이 우리에게 이 같은 상태 속에서 힌두 영향의 선(先)지배를 알려 준다. 이 같은 상태들은 인도에서 일종의 지배를 형성했다. 사람들은 이러한 사실들을 화폐를 통해 알게 되었다. 여러 통치자들의 초상화가 그려진 화폐들이 집중적으로 존재했다. 알렉산더의 최초의 왕조 계승자들은 화폐에 초상화를 새겨 넣었으며, 이는 그 이후의 왕조들에게도 이어졌다. 여행자들은 그리스의 화폐, 인도-그리스 화폐, 인도-스키티아 화폐들이 그때까지 러시아의 투르키스탄에서 사용되는 것을 목격했다.

1) 네르바의 동시대인이었던 인도 쿠샨 왕조 쿠줄라 카드피세스 2세(Kujūla Kadphises II)[86]의 초상을 담은 화폐. 네르바의 수도는 카불에 있었다. 이것은 위엔치(Yuen-Chi)라는 이름 아래 중국의 역사 기록을 통해 알려진 중국의 유목민으로서 그는 중국 세력과 갈등 관계에 있었다. 힌두인들은 위엔치인들을 카카스족이라고 불렀다.

2) 이들 카카스족의 꼭대기에서 이들은 결코 이란 사람들이 아니었다. 그는 주로 이란인들로 이루어진 인도유럽인들을 지배했다.

3) 이 화폐에는 무엇이 찍혀 있는가? 즉, 초상화 옆에 무엇이 찍혀 있는가? 카드피세스 바시레우스(Καδφίσης βασιλεύς) 등은 흥미로운 사실이었다. 왜냐하면, 알렉산더 대왕의 영향력이 너무나 강력하여 그가 죽은 이후 400년 동안 살아 있는 그리스어를 파악할 수 없기 때문이다.

그렇지만 카드피세스 메난드로스(Kadphises Menandros)[87]가 이 화폐를 교체하기 위해서는 그리스 철자들의 가치를 인식하고 있었어야 했다. 이 화폐를 사용했던 사람들 중 누구도 그 범례를 읽는 법을 몰랐다. 이 동일한 화폐의 이면에서 카트피세스 힌두의 범례를 새기고 있으며 이것은 산스크리트어로 작성된 것이 아니라 아소카 왕이 (고대 민간 언어인) 팔리어로 적은 것과 같다. 이 범례는 다른 것들 가운데서 다음과 같은 속격을 포함하고 있다.

마하라자사(maharajasa, "위대한 왕"의 2격). 동시에 그곳에서는 시바의 이미지를 볼 수 있다. 모든 관점으로부터 그것은 가공할 만한 문명들의 혼합이다. 같은 동전 위에, 통치자의 언어도 아니며 그것이 유통되고 있던 민족들의 언어도 아닌 두 개의 언어가 새겨져 있다. 힌두인들과 그리스인들이 아니라 이란인들이었다. 이 민족들은 최소한 교육을 통해 강력하게 힌두가 되었다. 팔리어의 비문이 당시에 통용된 사용법이었다. 그리스의 비문은 전통으로만 보존되었다. 이 같은 아시아 중심부의 부속과 편입은 대부분 북쪽을 향해 이루어진 불교의 전파를 통해 획득되었다. 팔리어의 사용이 이 같은 사실과 연관된 것 같지는 않다. 보다 나중에 이루어진 정복 시기의 자바 섬에서처럼 산스크리트어를 앞에 두고 있는 것은 아니다. 이들 많은 통치자들은 불교화되었으며, 그 결과 인도-스키티아의 유명한 왕인 카니슈카(Kaniska, 100~150년) 또한 그러했다.

이미 그리스인 메난드로스도 기원전 150년에 불교를 받아들였는데, 그것은 불교 텍스트에 멜린다(Melinda, 밀린다 왕가의 대왕)의 화폐에 나오는 메난드로스의 사실에서도 그렇다. 이 같은 최후의 연대 속에서 지금까지도 알려져 있지 않은 인도유럽어를 다시 찾았다. 현재 우리는 소수의 파편들만 갖고 있을 뿐이다. 비록 문자로 적힌 텍스트만이 존재하나, 그들이 소속된 민족을 설명할 수는 없다.(토카라어) 불교는 분명히 다개국어를 사용하는 종교였으며, 상이한 민족들 속에서 경전을 번역하면서 상이한 종족들에서 전개되어 갔다. 불교는 인도에서 축출당했을 때조차도 중앙아시아 속에서 계속되었고, 이는 진정한 언어들의 바벨탑인 것이다. 그리고 서로 이해하기 위해 계속해서 뻗어 나갔다. 모든 외국어로 자신의 문헌을 번역하려 했다. 이 번역 작업은 여러 불교 수도원들의 도서관에서 이루어졌다. 그런데 과거 융성했던 중앙아시아의 몇몇 지역은 자연적으로 사막으로 변했다. 물이 다른 곳으로 흘렀기 때문이다. 그 결과, 트루판[88] 지역에서는 고비 사막의 동-서쪽에서 그 같은 상황이 이루어졌다. 5~6년 전 독일 정부는 비(非)언어학자들로 이루어진 상이한 학자들을 이 지역에 파견했는데 그들은 변질되지 않은 채 그 사막의 모래알 속에서 보존되었던 불경 텍스트를 보고했던 것이다. 이 같은 수확물은 여러 언어학자들에게 배분되었다. 이란어로 작성된 마니 종교의 사료들을 찾았으며, 전혀 알 수 없는 언어로 작성된 텍스트들도 가져왔는데, 이는 인도유럽어인 것으로 보인다.(베를린 아카데미의 보고집을 보라. 인도 전문가 피셸(Pischel)[89]의 제자인 시그(Sieg)와 시글링(Siegling)이 쓴 보고서를 보라.)

1) 이 필사본들은 이미 알려진 알파벳에 속해 있다. 즉 그것은 브라흐미 문자[90]로서 그 언어의 특성들을 표시하기 위해 사용된 몇 개의 부호가 첨부되었다. 그 문자 속에, 다는 아니지만 몇 가지 산스크리트어 텍스트가 적혀 있다. 불교 문헌에 근거하여 알려진 단락들 덕분에 불교 경전을 앞에 두고 있다는 사실을 인식했다. 그리고 몇 개의 표현 방식의 도움으로 일정한 단어들을 읽어 냈으나, 나머지는 해독할 수 없었는데, 원본인 힌두어를 갖고 있지 않았기 때문이다. 이 언어는 격을 대체하는 접미사를 차용했다. 이는 터키어와 유사하다. 이 언어는 이상한 양상을 갖고 있는데, 특히 곡용 대신 접미사를 붙인다. (터키어들 종류이다.) 그 어휘는 인도유럽어족에 속한다. (수들의 일련의 명사와 친족 관계에 대한 이름이다.) 그것들이 인도-이란어 속에 편입할 것이라고 믿을 수도 있겠지만 그렇지 않다. 다음과 같은 상황을 혼합한 인도-이란어의 특징은 존재하지 않는다.

$\underbrace{a\ e\ o}$

a로 변화의 특징이 존재하지 않는다.

Okät = (Ὀκτώ). 이것은 매우 유럽적이다. 모음 체계는 유럽적이다. 인도유럽어의 서구 가지들을 상기시키는 수많은 형태들이 존재한다. 또 다른 이웃 언어로서 슬라브어를 예로 들 수 있다. 하지만 슬라브어는 구개음을 치찰음으로 변형시킨다. 이 언어는 그렇게 하지 않는다. 슬라브어가 아닌 많은 특징은 다음과 같다. 즉, 일련의 k음이 치찰음이 된 것이다. 모든 슬라브-레트어와 인도-이란어의 세계 속에서 그러한 예는 다음과 같다.

산스크리트어: aştau

고(古) 슬라브: osmĭ

리투아니아어: aštuonì

이러한 예는 현재까지 알려진 어떠한 언어들에도 속하지 않는다. 이것은 인도유럽어의 새로운 가지이다. 그것은 동쪽의 인도유럽언어들의 가장 명백한 특징들을 넘어선 것으로 보인다.(슬라브어와 인도-이란어)

슬라브-레트어와 인도-이란어는 강력하게 그들끼리 연결되어 있다. 따라서 인도유럽어의 큰 두 부분 대신 세 가지 부분들이 존재한다.

| 서쪽의 언어 | 슬라브-레트어<br>인도-이란어 | 새로운 언어 |
|---|---|---|

이 언어는 어디에서 쓰여 왔는가? 그 언어는 전 세계의 모든 것이 있던 도서관에서 찾아볼 수 있다. 그런데도 아무것도 알지 못한다. 그 언어를 사용했던 민족도 결정할 수 없다. 그 민족은 아마도 인도와 인접한 이란의 한 부분 속에 어느 순간 포개어졌던 인도-스키티아 종족이었을 것이다. 파르티아인들이 페르스를 정복한 순간에(아르사케스(Arsakes, 226) 상이한 스키티아 민족들은 전혀 상이한 요소들을 경험했던 것 같다.(어떤 것은 투란어족이었으며 어떤 것은 인도유럽어족

이었다.)

인도-유럽인일 가능성이 있는 사람들로서 스트라봉(Strabon)이 스키티아 민족이라고 명명한 이들 민족에 대해 사람들은 톡사롤(Τοχαροι)이라는 이름을 부여한다. 현재 스키트인들의 인도·유럽 부근에 남아 있는 이 같은 언어를 토카리아어(Tocharique)라 부른다.

지금까지 우리는 역사와의 관계, 여러 가지 원자료 등을 통해 외재적 성격에만 연연했다. 또한 제시된 언급들 역시 외재적 특성만을 고려했다.

첫 번째 주목할 사항: 보존된 언어가 갖고 있는 기념비의 고대성으로서 우리는 인도유럽어족이 자신을 벗어나 한두 개의 특권화된 어족에게만 양보했음을 보게 된다.

우리는 셈어와 이집트어, 그리고 중국어와 관련하여 가장 오래된 기념비들을 갖고 있다. 하지만 중국어 기념비들의 고대성은 언어의 관점에서 보면 환상에 불과한 것이다. 문자를 통해 고대 중국어 구어의 모습을 다시 찾을 수 있을지는 확실치 않다.(글자는 사람들이 발음하는 방식이 어떻게 변화했든지 상관없이 동일하게 남아 있다.) 이 고대성은 다른 어족들과 비교될 수 없다. 다른 언어들에서는 이삼백 년 더 뒤로 소급될 수 있다. 멕시코어와 말레이어가 그러하다. 인도유럽어족에는 텍스트를 통한 언어의 고정 연대가 동등하지 않다. 리그베다에 대해 최초의 1000년을 넘어서, 그리고 그 민족들의 남쪽에 있는 무리들의 기독교 시대를 넘어서 그러하다.(가령, 이탈리아, 그리스) 반대로 인도유럽어 세계의 북쪽 절반을 비롯한 아르메니아어는 나중에 가서야 자유에 기초하는 언어사 속에 들어온다. (켈트어, 게르만어, 슬라브어, 프루쉬어 그룹, 리투아니아어, 레트어 등으로 16세기부터 알려진 언어들이다.) 모든 인도유럽어들은 그 자체로서는 똑같이 태곳적이다. 그 언어들은 동일한 원시 언어부터 출발했기 때문이다.

문제의 관건은 역사 시대 또는 선사 시대에 속하는 각각의 언어의 과거의 몫이다.

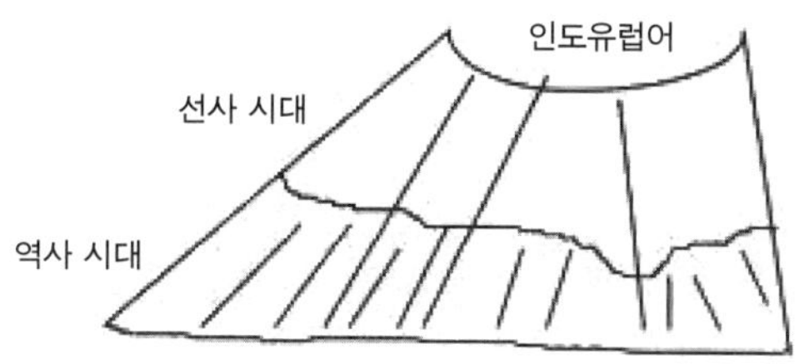


고대적 양상이라는 의미에서 그 언어들의 고대성은 다음과 같다. 인도유럽어의 유행 이후로 발생한 어느 정도 심한 변질은 원칙적으로 자료들의 고대성과 분리된다. 루터 시대에 알려진 리투아니아어는 리비우스 안드로니쿠스(Livius Andronicus, 기원전 260년)보다 더 태곳적 유형의 언어이다.

언어적으로 잘 보존된다는 의미를 갖고 있는 고대적이라는 의미는 오래전 시절 이후로 알려진 '옛것(ancient)'이라는 의미와는 다르다. 매우 오래전부터 알려진 언어와 보다 태곳적 형태들을 제시한 경우는 많다. 하나의 언어 속에서조차 수십 세기 전에 알려진 언어가 보다 태곳적 형태에 속한다는 것은 이론의 여지가 없다.(호메로스의 그리스어는 크세노폰(Xenophon)[91]의 그리스어보다 인도유럽어에 더 근접한다.)

두 번째 주목할 사항: 사람들이 인도유럽어족의 고대 기념비를 보존할 수 있었던 것은 문자 덕분이다. 문자는 반드시 통과해야 할 매체이다. 하지만 (우리가 소유하고 있는 가장 오래된 텍스트인) 두세 개의 위대한 텍스트는 문자의 도움이 아닌 다른 방식으로 보존되었다. 그리스에서는 호메로스의 시를 창작한 사람들이 문자를 사용하지 않았을 가능성이 매우 크다. 그들 자신들은, 문자를 여전히 덜 사용하고 있던 일체의 학교가 생겨난 이후에 살았던 사람들이다. 그들이 사용한 수단은 텍스트의 암기이다.

문자에 비해 구술 전승을 통해 전승되는 자료에 대해 언어학자가 마련할 수 있는 기반과 내용에 관해서는 할 말이 많을 것이다. 문자는 빈번하게 형태들을 왜곡시켰으나 최소한 그 형태들을 변질 없이 가능한 한 고정시킨다. 문자는 1300년에 말해진 것과 1400년에 말해진 것을 혼합할 수 없다. 기록 시기가 첫 번째 연대였다면 말이다.

기억을 통한 전달은 변화무쌍한 강이라 할 수 있는 언어 그 자체와 동일한 능력에 호소한다. 여러 세대들은 오직 기억을 통해서만 언어적 자료를 다룬다. 그런 식으로 전달된 텍스트는 운율로 옮겨지고 그것은 하나의 보장이 된다. 하지만 그런 식으로 전달된 텍스트는 늘 후대의 다양한 언어의 변화에 따라 윤색되었을 것이라는 의심을 받는다. 호메로스의 텍스트에 대해서도 마찬가지이다. 리그베다의 송가에 관한 한 그것이 이 소중한 텍스트를 전달하기 위해서 기억에만 호소했다는 것은 연대기적으로 훨씬 더 큰 공간에 해당된다. 또 다른 한편, 다른 장르의 암기가 문제가 되는데, 그것은 더 이상 음유시인, 곧 중세의 음유시인의 암기가 아니다. 그들의 목적은 순전히 시적이고 문학적인 향유였으며, 성스러운 목적에 결부된 의례적인 암기였던 것이다. 이것은 보다 커다란 보장을 제공한다. 우리가 거슬러 올라갈 수 있는 오랜 기간만큼이나 우리는 송가들의 정확한 전달을 위해 취해진 무한한 조심성을 보게 된다. 사람들은 통용되는 형태 속에서 베다를 암송했을 뿐 아니라 단어 하나하나씩 암송했다. 분리된 단어들을 통해서 얻은 이것은 산스크리트에서 매우 상이한 의미들이다. 이것은 파다파타(Padapatha)와 크라마파타(Kramapatha)라는 두 개의 문자 텍스트를 낳았다. 각각의 산스크리트어 단어들은 단어에 따라 그 최종 음이 변형되었고, 그것이 위치한 단어에 따라서 변형되었기 때문이다.

그 결과, 나중에 온 단어에 따라 파다파타가 이루어졌다. 가령, açvas, açvô, açva가 그러하다. 또 다른 종류의 암송인 크라마파타도 있다.[92] 베다 텍스트의 전체 작품을 상이한 방식으로 암송하는 브라만들이 있었던 것이다.

이것은 결코 신앙으로 통할 수 있는 문자로 작성된 텍스트가 아니다. 문자로 기록된 텍스트는 하나의 보조 수단에 불과하다. 바로 이것이 매우 놀라운 방식으로 힌두어 음성학을 발전시킨 것이다. 리그베다의 각각의 소리가 정확히 어떤 가치를 가지고 있는지를 알아야 했다. 그 결과, 텍스트는 수십 세기를 거쳐 가면서도 놀라운 보존 상태 속에서 유지되었다. 독일어의 가장 오래된 텍스트는 서사 텍스트이다. 9세기에 한 수도승이 작성한 힐데브란트의 노래(Hildebrandslied)[93]로서 이것은 그 전에는 입에서 입으로 전승되었다.

세 번째 주목할 사항: 문자를 통한 보존이 문제일 때, 또는 암기가 아닌 다른 노선을 통해 보존할 때 무엇보다도 그것은 종교적 관념에 기인하는 것이며, 인도유럽어 세계의 커다란 종교적 흐름에 기인하는 것이다. 인도유럽어의 고대성에 대한 언어적 사료의 가장 명료한 예는 종교적 관념과 인도유럽 세계의 위대한 종교에서 기인한다. 일련의 모든 언어들이 문자를 통하여 고정된 형태로 역사 속에 진입하는 것은 종교와 관련해서다. 순전히 역사적인 텍스트들은 희소하다. 역사적이기를 원했던 다리우스 왕의 기념비의 비문들만큼이나 매우 희소한 것이다. 언어적 차원에서 보았을 때 로마 세계의 팽창과 같은 정치적 운동은 라틴어를 타언어들과 중첩시키면서 그리고 나머지 언어들을 파괴시키면서 언어 자료를 파괴했다.

리그베다는 종교적 기념비이다. 우리가 불교에 신세 지고 있는 모든 것, 즉 (이란에서의) 젠드아베스타, 유럽 북쪽의 언어들은 오직 종교(기독교)를 통해서만 알려진 것이다.

기독교 선교사들이 없었다면 켈트 문화는 오래된 고(古)아일랜드 언어를 보존하여 우리에게 전해 주지 못했을 것이다. 키릴과 메토드의 사도들[94] 없이 우리는 그만큼 오래된 시기의 슬라브어를 알지 못했을 것이다. 유럽의 마지막 이교도 민중으로 남아 있었던 리투아니아인들의 언어는 가장 나중에 알려졌다. 리투아니아의 기념비를 갖게 된 것은 16세기에 와서인데, 그 이유는 바로 이때 이 언어로 신교의 교리를 적었기 때문이다.

네 번째 주목할 사항: 이웃한 민족들이 한 언어에 대해 끊임없이 작용한 우호적인 역할은 놀랍다. 한 언어가 다른 언어를 세우는 기반이 되었다. 한 언어가 고정될 때, 대부분의 시간에 있어 그것은 문명적 사명을 완수하는 이웃 민족 덕분이다. 힌두인들의 자극 아래 기록되었던 자바의 말레이 언어가 그러한 예이다. 선교와 더불어 문자를 가져온 불교 선교의 역사가 또한 그렇다. 한 민족의 언어의 역사는 전적으로 그 민족의 역사와 혼합된다.

다섯 번째 주목할 사항: 인도유럽어족은 시간을 통해 이루어진 다양성이 가장 직접적으로 관찰될 수 있고, 그 결과와 더불어 연구될 수 있는 언어들 가운데 하나다. 하지만 이 어족은 지리적 다양성이라는 관점에서 매우 주목할 만한 연구 대상이다.

인도유럽어가 자신의 방대한 방언들의 연쇄 속에서 취한 양상들만큼 다채로운 것은 없다. 이 같은 장르의 관심은 다른 어떤 곳에서도 존재하지 않는다. 한 어족의 언어적 다채로움을 언급할 때 그것에 자신의 진정한 가치를 부여하는 통일성의 단위에 반대되는 관념에 대해서도 언급할 수 있어야 한다. 우랄알타이어와 관련해서도 엄청난 다양성이 존재하지만, 우리는 원시 우랄알타이어를 재구성하는 데에 이르지 못한다. 이 같은 다양성이 포괄하는 통일성을 선명하게 가질 수 없다. 이것은 우랄에서 캄차트카까지 가는 모든 것이 친족 관계를 이루는 연속적인 연쇄체다. 하지만 중심적인 원이 결코 없다.

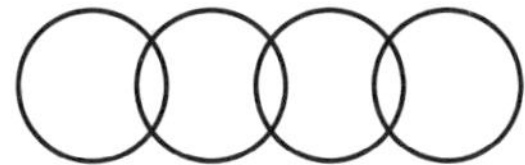

우리는 인도유럽어에서 다양한 흔적들을 추출하면서 완벽하게 선명한 유일한 메달(고리)에 도달한다. 우랄알타이어족과 더불어 어느 정도 선명하고 유사한 네다섯 개의 메달에 도착하는데, 그렇다고 하나의 선명한 메달로 환원될 수 없다. 다른 한편, 셈어와 같은 어족에서는 그 같은 통일성이 결여되어 있지 않고 오히려 넘쳐 난다. 지리적 다양성의 이점은 최소한에 이른다. 상이한 셈어들은 그것들의 최종 양상에서 매우 흡사하다. 그 이점이 줄어드는 이유는 변이형이 너무 약하기 때문이다. 이는 셈어 전문가들이 셈어 비교문법이 인도유럽어 비교문법에 비해 얼마나 뒤처져 있는지를 주목하기 위해 그들에게 제시한 답변이었다. 이 같은 인도유럽어의 통일성은 너무나 간결한 것이어서 예외 사항을 하나의 확인으로서 인용할 수 있을 것이다. 네다섯 개의 단어가 유명한데, 그것은 인도이란어족 무리에서 그 어족의 나머지 부분과 더불어서 불일치를 발견할 수 있기 때문이다.

| | 인도유럽어 | 인도이란어 |
|---|---|---|
| 마음 | kḷrd- | ghṛd-(hṛd--aya-m) |
| 문 | dhvor- | dvor- |
| | egō, egŏm | eghom |
| 크다 | megās | meghā-s |

한 언어를 특징짓는 모든 것은 시간으로부터 야기된 불확실성에 종속된다. 한 언어의 특징들이 보존될 때, 그것은 우연의 결과이다. 만약 우리가 원시 인도유럽어에서 출발하면서 다양한 인도유럽어들을 고려하면서 관찰할 수 있는 가장 큰 변화들을 고려한다면, 굴절의 메커니즘은 늘 약화되는 경향이 있으며(슬라브어들은 가장 큰 저항을 보여 주는 언어들이다.) 굴절의 이 같은 약화는 또 다른 유형의 언어를 창조하는 데에 이르는데, 사람들은 그것을 출발 유형과 대립시킬 수 있을 것이다. 굴절이 거의 없고, 인도유럽어에 견주어 자신의 어투를 특징짓는 다른 수단들에 의존했던 영어가 그런 경우이다. 일반적으로 문장의 통일 속에서 그리고 낱말들의 연속 속에서 보다 고정된 순서가 설정되는 것을 보았다. 반면 원시 인도유럽어는 이런 점에서 매우 큰 자유를 제공했다. 일반적으로 동일한 생각을 표현하는 분석적 수단들은 종합적인 방식을 대체하게 된다. 활용은 조동사와 더불어 분석적 형태들을 창조하는 경향을 보였으며, 반면 인도유럽어의 종합적 원칙과 그 기원에 있어서 한 개의 단어들로만 이루어진 형태들이 존재했다.

원형 자체의 특징들에 관한 한, 음성적 상태에서, 즉, 형태들의 외적인 양상에 관한 한, 그 특질들의 단순성, 간결성, 규칙성에 놀라게 된다. 복잡한 자음들의 무리도 없으며 쌍자음도 없다.(ss, tt를 제외하고는 없으며, 매우 빈번하게 나타나는 것은 아니다.) 상이한 요소들(철자들)의 수는 지나침과는 항상 거리를 두고 다채로움을 제시한다. 문법적 건축물은 무엇보다 굴절 체계로 특징지어진다.

인도유럽어는 굴절로 인하여 매우 큰 풍요로움을 발전시켰다. 세 개의 수인 단수, 복수, 쌍수가 명사 또는 동사 속에 존재한다. 곡용에서는 여덟 개의 격이 존재하며, 많은 뉘앙스들을 구별할 수 있는 양태와 시제의 수들을 구별하고 있다. 현재 시제는 14가지의 상이한 방식으로 구별될 수 있다. 많은 세부 사항들은 얼마나 이 언어들의 유형이 굴절에 결부되어 있는지를 보여 준다. 그 결과, 수 자체의 이름들조차 마지막 음까지 굴절된다. 1에서 4까지의 수를 부르는 명사들은 세 가지 장르를 제공한다. 산스크리트어에서 20(vingt)은 또 다른 명사처럼 이 수를 굴절시킨다.

2라는 숫자가 관련될 때 쌍수의 사용은 이 점에서 특징적이다. 아울러 인도유럽어에는 전치사가 없다는 점을 주목하자. 점차적으로 인도유럽어들은 upo, pro, peri와 같은 조사들로부터 도출한 전치사들을 창조해 냈다. 이 단어들은 동사의 뉘앙스를 전달하는 데 사용되었다. 즉, Ὄρους βαίνω-κατα(나는 산에서 내려온다.)라는 문장이 있을 때 κατα는 하나의 개별적인 품사로서 동사의 미묘한 뜻을 전달하는 데 사용된다. 그 관계는 굴절을 수단으로 표현된다.

끝으로, 인도유럽어의 큰 장점은 단어들을 복합시킬 수 있는 능력이다. 이것은 산스크리트어, 그리스어, 그리고 오늘날 독일어에 커다란 재원의 풍부함을 주었다. 이것은 셈어들에서는 전혀 알려지지 않았다.

이 같은 단어들의 복합 구성을 적용한 것들 가운데 하나는 그것이 인칭명사들을 지칭하는 데 사용되었다는 것이다.(Πολυ-καρπος-Αριστο-δημος)

두 개의 명사를 포함하는 셈어의 단어들은 복합된 것이 아니다. 이것은 작은 문장들이다.

강의를 종료하면서 허트(H. Hirt)의 책 『인도게르만어』[95]를 인용해야겠다. 이 책은 이 점에서 인도유럽어족의 민족들과 언어들에 대해 여러 정보들을 담고 있다.

### 셈어족

무슬림 정복이 아랍인들에게 가져다준 엄청난 팽창을 제외한다면, 아울러 그리스-로마 영토 속에서 이루어진 유대인들의 분산을 제외한다면, 모든 시대에 걸쳐 셈어[96]의 영토는 놀랄 정도로 그 한계가 그어진다.(아라비아 반도, 메소포타미아 평원에다 지중해까지의 나라를 추가할 수 있다. 팔레스타인 등등.)

그 영토는 산맥을 통해 그리고 다른 곳에서는 바다를 통해 북쪽과 동쪽으로 뻗어 있다. 사람들은 아라비아를 그 인종의 가장 원시적 요람으로 간주하려는 경향이 있는데, 왜냐하면 바빌로니아와 시리아는 셈족에게 정복당했기 때문이다. 지리적 이유들을 참작한다면 아라비아는 관개 시설이 풍부하고 풍요로운 지방이다. 이미 17세기에 활동했던 오리엔트(동양) 연구자들에게도 다양한 셈어들의 친족성은 의심할 나위가 없는 사안이었는데 그 정도로 이 어족의 친족성은 자명하다. 최근인 18세기에 와서야 학자들은 셈어라는 이름 아래에 그 어족의 전체를 지칭했다. 동양학자 슐뢰처(Schlözer)[97]가 창세기 10장으로부터 이 같은 명명을 차용했다.(창세기는 노아의 아들들인 셈, 함, 야벳까지 거슬러 올라가는 여러 민족들의 족보라 할 수 있다.)

창세기에 족보를 기록한 저자들은 셈, 함, 야벳을 통해서 그 어떤 언어의 공동체도 표시하기를 원치 않았다. 야벳은 북쪽의 민족들(소아시아)이었으며, 함은 남쪽(이집트)의 민족들이다. 셈은 그 둘 사이에 있는 민족들이다. 그 저자들은 인종보다는 민족들 사이의 관계를 표시하기를 원했으므로 수즈 지방의 엘라미트인(이들은 셈족도 아니고 인도유럽에 속하는 사람들도 아니다.)들은 그들에게는 셈족에 편입된다.

한편, 셈족인 페니키아인들은 함족에 결속되어 있는데, 그들이 이집트와 많은 관계를 맺고 있었기 때문이었다. 여기에서 한 가지 문제가 제기된다. 로슈몽테의 후작(Le Marquis de Rochemontet)이 이미 지적했듯이 이집트어[98]와 셈어 사이에는 자명한 관계가 존재한다. 오늘날 독일 학자 에르만(J. Erman)[99]도 그 문제를 천착하고 있다. 그리고 그것은 어휘 속에서보다는 문법적 친족성(형태들의 형성)이라 할 수 있다. 그 문제는 해결되지 않았다. 만약 논란의 여지가 없는 이 같은 친족성이 존재한다면, 이집트어는 다른 셈어들이 더 이상 분리되지 않았던 시대의 공통 줄기로부터 분리되어야만 한다고 학자들은 추측하고 있다.

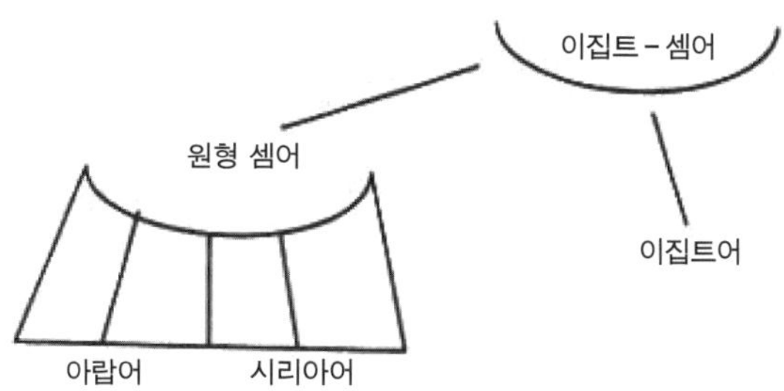


동일한 어족에 이집트어를 넣기 위해서는 이집트-셈어라는 표현을 사용해야 한다. 우리는 인도유럽어족에서 전혀 그런 유형의 사례를 접할 수 없다. 학자들은 나일 강 계곡 속에서 그 이전에 말해졌던 언어들과 더불어 이 같은 이집트어의 혼합이 반드시 존재했을 것이라는 점을 수용한다. 그 문제는 여전히 복잡하다. 그 언어들 속에는 베르베르 언어들(아프리카 북쪽)과 이집트 남쪽의 쿠시트어(Kousites)라는 언어들이 존재한다.(이 언어는 소말리어-갈라어이다. 소말리어-갈라어는 셈어와 공통적 특징들을 제공하며 이집트어에 견주어서는 덜 뚜렷한 특징들을 나타낸다.)

그렇다면 이집트어는 그것을 넘어 존재하는 단위에서 출발한 세 번째 지류가 될 것인가? 아니면 단순한 차용인가? 이 물음에 대한 답은 매우 모호하다.

셈어족의 체계에 대한 르낭[100]의 저서 『셈어의 일반사와 비교 체계』(제3판)는 매우 흥미롭다. 정확히 말해 이 저서는 셈어를 다루는 학문에 해당되지는 않는다. 셈어족에 대한 비교문법 연구는 모두 최근의 것들이다. 마르셀(Marcel)과 코엔(Cohen)이 번역한 브로켈만(C. Brockelmann)

의 『셈어학 요강』[101]을 언급할 수 있다. 그 문자는 훨씬 이전의 시대부터 셈족들에게 퍼져 나갔다. 페니키아의 변형 안에서 그리스 문자의 기초가 되었던 이 문자는(그것은 이집트 상형 부호들의 축약이었다.) 처음으로 모압 왕 메사[102]의 기념비에 놓이게 된다.(기원전 900년) 현재는 루브르 박물관에 보관되어 있다.

아시리아-바빌로니아어를 논외로 하면서 고대 셈족의 세계는 다음의 성격들을 갖고 있었다. 그 문자는 모음 없이 자음만 쓰였다. 그 형태들의 하나였던 히브리 문자도 마찬가지이다. 만약 모음을 표시한 것이 존재한다면 그것은 순전히 우연에 의해서이다.

ai(i는 유표가 될 수 있다.)

ai au

┌

ê ô

사람들은 이중음의 두 번째 요소를 표시하기를 원했다. 왜냐하면 그것을 자음으로 파악했기 때문이다.

만약 몇몇 모음들이 유표화된다 해도 이중모음들이 한 개의 모음과 한 개의 자음으로 실제적으로 분할되었던 것이 사실이다.

사람들이 셈어를 파피루스와 양피지로 전파했을 때 우연히 몇 개의 모음들을 표시했었다. 모음인 이중음의 두 번째 요소는 자음처럼 발음되었다. 논쟁을 거쳐서야 비로소 히브리어의 모음 체계를 고정할 수 있었다. 기독교 시대가 지나서 모음들을 점들로 표시하기 시작했을 때 모음 체계는 변화될 수밖에 없었다. 다행히 설형 문자는 모음들을 표시했다. 이 셈 문자가 어디에서 그리고 어떻게 창조되었는지는 아무도 알지 못한다.

그것은 이 어족의 민족에 속하는 것이지만 그 민족이 누군지는 모른다. 그렇기 때문에 이 문자에 셈 문자라는 이름을 부여한다. 누가 그들에게 그 같은 생각을 제공할 수 있었을까? 이 주제에 대해 많은 가설들이 제안되었는데 그 가운데 하나는 이집트 상형 문자 기호들의 축약으로부터 셈어를 파생시켰다는 것이다. 또 다른 사람들은 설형 문자 또는 미노스의 크레타 문자[103]에 속하는 것으로 보았다. 이 문자의 기원이 무엇이건 그것은 진정한 창조를 성립하는 것이었으며 이 문자에 대해 근원을 제공할 수 있었던 다른 모든 문자와 구별되는 것이었다. 최초로 그 문자를 통해서 알파벳 글자로 유도될 수 있는 유형이 실현되었던 것이다. 그리고 그것은 알파벳 문자에서 그리 멀지 않았다.(음성 요소들의 한 부분, 즉 자음만을 고찰한다면 알파벳 문자와 매우 근접해 있었다.) 그것은 인류에게 다행한 일이었다. 이 셈 문자로부터 다음과 같은 사본이 도래한다. 첫째, 지금까지 알려진 모든 셈 문자들로서 그것은 우리의 육안으로 보기에 아랍 문자[104]나 히브리 문자처럼 다양할 수 있으나, 다만 여기에서 아시리아와 바빌로니아의 설형 문자[105]는 예외다. 둘째, 페니키아인들의 중개를 통해 그리스 문자와, 그로부터 다른 것들 가운데서도 일련의 이탈리아 문자들이 도래한다. 셋째, 알려진 모든 알파벳 문자들, 즉 셈족 세계의 동쪽에서 사용되었던 알파벳 언어들이 도래한다.

3) 셈족이 경험했던 세계를 넘어서 아시아에서 알려진 수없이 많은 문자들에서 멈춰서는 안된다. 왜냐하면 우리는 때때로 셈 문자의 변형을 대하거나(펠비의 경우가 그렇다.) 때로 그것은 그처럼 확실한 것이 아니나 최소한 인도의 매우 오래된 문자들에 대해서는 지지할 수 있는 설명이 있기 때문이다. 인도학자 알브레히트 베버(Albrecht Weber)[106]는 인도의 고문자들 속에서 셈 문자의 변형들을 목격한다. 몇 개의 터키어 방언들은 그것이 아랍 문자들을 채택하기 이전에 셈어로부터 파생된 문자로 기록되었다.

2) 그리스 문자. 우리는 매우 흥미로운 현상을 목격하는데 이 현상을 통해서 셈족의 유충은 인도유럽어족의 한 나비가 된다. ① 모음들을

기록하되 ② 점들 또는 자음에 종속적 요소들을 통하여 그 모음들을 기록하지 않게 된 것은 하나의 정복이었다.

T T 이것은 음절 시스템에 도달할 수 있었다.

하지만 그리스인들은 음-연쇄 속에서 서로 대립하며 하나의 특수한 글자를 필요로 하는 동질적 시간들이 존재함을 보았다.

그래서 이것이 문자의 유일한 합리적 체계인 알파벳이다.

1) 가장 오래된 형태로 알려졌다고 해서 실제 존재했던 가장 오래된 형태인 것은 아니다. 직접적 근원은 역사 너머에 위치한다.

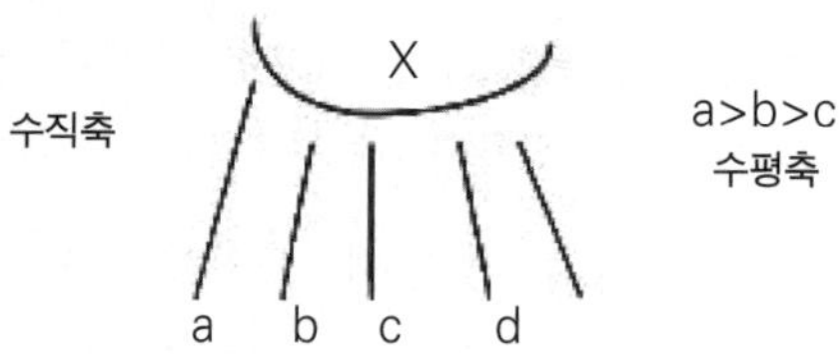


셈 알파벳에서 가장 오래된 형태는(모압 왕 메사의 비문, 기원전 900년) 요르단 왕의 비문 속에 있다. 실로암 운하의 시스 요르단 비문은 이 수로의 완성을 기념하고 있으며, 거의 동일한 연대기에 사이프러스의 비문이 존재한다. 이 문자들의 장르는 원시 셈 문자의 양상과 거의 동일하다. 총 22개의 글자로 이루어진 이 문자는 모압 문자라고도 불린다. 이 글자들의 양상은 원시 그리스 철자들의 양상과 흡사하다. 그것은 히브리 문자들과 가까운 것 이상이다. 그 글자의 획들은 자유롭게 기록된다. 그것은 히브리 글자들의 규칙성을 갖고 있지 않다.

그 문자는 오른쪽에서 왼쪽으로 쓰이며, 아비시니아인들을 제외하고는 상이한 셈족들에게서 그런 상태로 남아 있게 된다. 그리스인들은 오랫동안 부스트로페돈(βουσ-τροφηδν)을 실천했는데, 이것은 때로는 왼쪽에서 오른쪽으로, 때로는 오른쪽에서 왼쪽으로 가면서 글을 적는 것을 말한다.

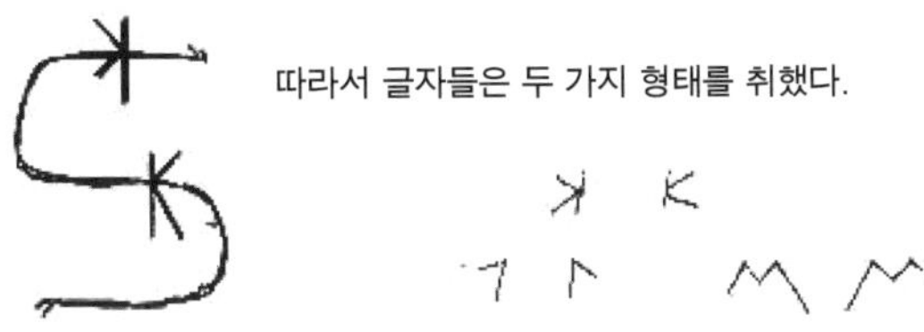

따라서 글자들은 두 가지 형태를 취했다.


글자들의 형태는 글쓰기의 방향에 달려 있다. 셈족에게 문제가 되는 유형을 가장 잘 보존한 민족은 페니키아 유형이다.(비록 그것이 보다 최근의 것이기는 하지만) 그 결과 우리는 그리스 글자들이 모압 왕의 글자들과 매우 가까움을 이해하게 된다. 이 문자는 유대인들의 문자였음에 틀림없다.

유대인들의 화폐는 기원전 150년 전까지의 문자를 보여 주고 있다. 성서는 이 같은 모압 유형으로 작성되어 있다. 이어서 상이한 아르메니아어의 문자들이 도래했는데(시리아 지역), 히브리인들은 그 가운데 하나를 채택했다. 이것은 기원전 300년경으로 거슬러 올라갈 수 있으며 동시에 양식화되었다. 바로 그것이 우리가 방금 전에 말했던 것과 매우 상이한 양상과 사회 속에서 히브리 문자로서 인식하고 있는 것이다.(사각형의 히브리 문자) 다른 한편, 다른 아르메니아의 알파벳, 시리아의 알파벳, 사마리아 알파벳도 존재한다.

3)[107] 아르메니아 변형들 가운데 하나인 나바트어는 아랍인들의 문자를 제시했다. 가장 오래된 아랍어의 비문인 나마라 비문 속에서 등장

하는데, 이것은 다마스쿠스에서 멀지 않은 곳에 있는 것으로 4세기경에 기록되었다.(우리는 나바트어(le nabatéen)의 그 특징 속에 여전히 놓여 있다.) 바로 거기에서 특히 아랍적인 특징들이 전개되고 있다. 그때부터 두 개의 문자가 경쟁했다. 쿠픽체[108](koufic, 바그다드 지역의 도시인 쿠파에서 파생된 것.)와 초서체 문자가 그것이다.

사람들은 이슬람교도 비문의 아랍어를 코피크라고 명명하는데, 이 비문들은 12세기까지 간결한 글씨 형태를 지니고 있다. 다른 한편 육안으로 보기에 전혀 그것과 닮지 않은 초서체는 오랫동안 나중에 나타난 파생 문자로 간주되었다. 그러나 실제로 그럴 수는 없었다. 초서체에서 매우 오래된 필사본들을 발견했다. 그리고 사람들은 매우 오래전부터 경쟁적으로 그것이 존재했다는 결론을 내렸다. 아랍 학자들은 비문에 적을 목적으로 사용된 양식화된 것으로 쿠픽체를 간주했다. 12세기 이후에도 아랍의 비문은 초서체를 채택한다.(『코란』의 단락을 위해서는 쿠픽체를 할애했다.)

4) 마찬가지로 언어학적으로 아라비아 남쪽은 분리되었다. 아라비아 남서쪽 해안에 있는 일련의 힘파리 비문들(cinsuiphim himfariques)은 고대 셈 문자의 또 다른 파생이다.

5) 아비시니아어는 아비시니아 기독교 텍스트의 셈어로써 고대 셈 문자의 독창적인 또 다른 발전을 제공한다. 이 문자는 뒤에 오는 모음에 따라서 자음들의 형태를 변형시키는데, 모음들의 표기법 체계를 개발했다. 때로는 변화되는 것은 형태 그 자체였다.

아비시니아어의 문자를 제외한 이 모든 문자들은 계속해서 모음을 참작하지 않았으며, 또는 모음들의 결여라는 최초의 이 같은 결정을 치유할 수 있는 충분한 시도를 계속해서 하지 않았다. 아랍 문자는 a, i, u (ou)를 구별할 수 있는 몇 가지 변형들을 생산했다. 하지만 이 같은 구두법은 오늘날까지 완전히 인위적인 것으로 남아 있다. a, i, u라는 선택폭은 실제의 모음 체계에 해당되지 않는다.(o와 ou 등은 언급되지 않았다.)

셈어들. 일반적으로 사람들은 동방의 셈어와 서방의 셈어, 그리고 남방의 셈어를 대조한다. 동방의 셈어는 아시리아어와 바빌로니아어, 서방의 셈어는 가나안어와 아르마니아어, 남방의 셈어는 아랍어와 아비시니아어를 포함한다.

서방의 셈어 가운데 먼저 가나안어의 가지가 있다. 이슬람 사람들은 가나안으로 이주한 민족이다. 그들의 존재 이전에 히브리어와 유사한 방언이 가나안을 지배했다. 가나안 지방의 방언이 히브리인들의 도래 이전에 그곳에 이주한 히브리인들의 방언과 어떻게 그처럼 흡사하게 되었는지를 아는 것은 문제이기조차 하다. 그 이전에 존재한 이 방언은 우리에게 알려져 있다.

1) 텔엘아마르나(이집트)의 주석을 통해서 거기서 사람들은 아멘호테프 4세(Aménophis IV)의 통치 기간 동안 설형 문자로 기록된 외교 서한을 발견했다. 그곳에는 가나안 왕자들의 편지가 발견되어 있었다. 이들 기원전 15세기 이전의 왕자들은 결코 이스라엘 왕자들이 아니었다. 설형(큐네이폼) 문자는 자료들을 형성하고 있고, 가나어로 기록된 몇 개의 단어의 주석과 번역본이 존재한다.

2) 이어서 모압 왕 메사의 기념비는 비록 트랜스-조르단이었지만 또한 가나안족으로서 이스라엘인들의 히브리어에서 보다 최근이다. 하지만 일치하는 형태를 갖는 것은 가나안 언어였다. 구약의 히브리어에서 그 문제는 다음과 같이 제기된다. 진정으로 태곳적 단락들은 무엇인가? 특히 최후의 심판 제5권 속에 나오는 데보라(Débora)의 노래는 무엇인가? 히브리어는 고대 가나안어의 이스라엘어 가지 속에서 이어진다. 언제까지 히브리어는 통속적 언어였는가? 우리는 곧 그것이 전적으로 아르메니아어에 의해서 운반된 것이라고 말할 것이다. 하지만 어떤 순간에 아르메니아어는 팔레스타인 지방에 퍼져 나갔는가? 히브리인들

이 바빌론에서 돌아왔을 때, 그들은 가나안 지방에서 아람어를 발견했다. 사람들은 히브리어가 사어가 됐던 순간을 헬레니즘 시대로 위치시키는 경향이 있다.(기원전 300년)

그것은 학교를 통해서 전달되는 교양인들의 사실이 된다. 시락서(Sirach, 기원전 200년)는 우수한 히브리어로 기록되었다 하더라도 이것은 현자의 기념비로서 간주되어야 될 것이며, 더 이상 구어에 해당되지 않는다. 하지만 사람들은 정전 속에 넣었다. 『에스더서』와 같은 몇 개의 책들, 그리고 『전도서』는 아람어화된 히브리어로 작성되어 있다. 나중에 히브리어는 계속해서 두 개의 탈무드 속에서 스콜라어로서 존속했다.(히브리어로 기록된 주석서) 하지만 아람어의 영향을 피할 수는 없었다. 단모음의 발음이 고정된 것은 기원후 7세기경이다.(탈무드 시대) 그것은 오래된 전통에 기초했지만 그것이 제공하는 보장은 논란의 여지가 있다. 모음 체계의 관점에서 논해 보자. 진정한 기념비는 '70인역 성서'의 번역어에서 찾아야 할 것이다.(이집트의 알렉산더 대왕 시절 히브리어의 고유명사에서 그리스어로 번역된 것은 우리에게 당시의 모음 체계를 제시한다.) 이것은 그리스 알파벳의 베일을 통해 이루어진다. 그런데 이 기념비는 늘 전통과 일치하는 것은 아니다. 우리가 추론한 발음은 빈번하게 7세기에 발음을 확인해 주는 것으로 결코 유도되지 않는다. 이 모음들을 첨가했던 것은 회당에서 더 적절하게 강독하기 위해서였다. 히브리어는 거의 부동의 언어 효과를 만들었을 것이며 이것은 매우 오래된 시대에서 일정한 규범에 고착을 지시한다. 순전히 문학적 언어, 또는 학교의 언어가 되기 이전에 그 언어 속에 도입된 인공적인 고정성이 존재한다.

페니키아어. 가나안어의 또 다른 가지는 페니키아어이다. 페니키아어는 400년 이후에 만들어진 매우 많은 비문들에 의해 알려졌다. 그 가운데 몇 개는 9세기까지 거슬러 올라간다. 가장 유명한 비문 가운데 하나는 시돈 에슈무나자르(Sidon Eshmounazar) 왕의 석관의 비문으로서 그 연대는 확정하기 어렵다.(아마도 고대의 비문은 아닐 것이다.) 페니키아인들은 비문학적 민족이었다. 이 민족은 상업적 목적에서 문자를 세계 속에 유포시켰던 것이다. 페니키아인들과 이스라엘인들 사이의 인종적 대비는 선명해서, 페니키아인들이 셈족에 속한 것인지 아닌지의 문제를 제기할 수 있다.(이 주제에 대해서는 르낭의 토론을 참고한다.)

확실한 것은 셈족에 속하는 가나안인들에 선행하는 비(非)셈 부족들이 성서에 언급되었다는 것이다.(정확한 것은 아니며, 그 민족성에 있어서 팔레스틴인들은 확정되지 않았다.) 거기에서 페니키아 민족을 목격해서는 안 된다. 아마도 페니키아인들은 셈어를 채택했던 이 민족들 가운데 하나일 것이다. 아마도 그것을 나중에 정복하거나 아니면 그 정반대로 종속되었던 민족의 언어를 동화시켰던 토착 부족일 것이다. 페니키아인들의 언어적 기념비는 순전히 셈어이다.

우리는 산토니아톤과 하논 페리푸의 페니키아 역사의 파편들을 갖고 있다. 우리는 그리스인들과 로마인들에 의한 인용을 갖고 있다. 페니키아어는 히브리어와 매우 가깝다. 그것은 모음 체계에 의해서만 히브리어와 비교될 뿐이다. 페니키아의 식민지 가운데 카르타주는 매우 중요하다. 그곳에서 사람들은 페니키아 식민지를 푸니쿠스라 불렀으며 그 언어는 푸니크라 불렀다. 우리는 수많은 카르타주의 비문들을 갖고 있다. 플라우투스가 쓴 포에눌루스 속에는 몇 개의 카르타주의 단어가 존재하지만 심하게 변질되어 확실한 것을 거의 도출할 수 없다. 플라우투스는 그 단어를 어느 정도 이해했지만 확실한 것을 도출할 수 없다. 로마인들이 부여한 고유명사는 그것이 셈어임을 보여 주고 있다. 몇몇 이름들은 라틴어로 약간만 변화된 채 옮겨 갔다. '수페스'라는 단어는 카르타주의 재판관을 지칭하며, 히브리어로는 소페(sofet, 심판관)를 의미한다.

Hanni-baal(히브리어 ba'al)

Hanni-balis

카토와 다른 농업 작가들(아그로농)이 발굴한 카르타지아의 농업 저서들이 존재했었다. 푸니크어는 카르타주 함락에도 살아남았고 기원후 5세기에도 생존했으며, 실제로 아랍 저자를 인용하는 조제프 할레비(Joseph Halévy)에 따라 나중에도 살아남았다. 이슬람교도 정복 순간 아랍인들이 어느 정도 대략 이해했던 언어를 발견했다. 그것은 아마도 카르타주에서 사용되는 페니키아어였을 확률이 높다.

페니키아의 페니키아어는 아람어에 의해 대체되면서 기원전 100년경 소멸된다. 페니키아 비문과 관련하여 그것은 지중해의 모든 구석구석에서 발견된다.(시푸르, 말트, 사르데냐, 마르세유, 스페인, 시레나이, 피레아스 등등)

서방 셈족의 다른 무리는 아람어이다. 아랍인들은 메소포타미아 서쪽에서 사막의 가장 오랜 유목민들이다. 이미 아시리아-바빌로니아 기념비 속에서 기원전 14세기경부터 아람이라는 이름으로 언급된다. 정착민들은 그들의 침입을 두려워했다. 그들은 정착 민족과 더불어 그 곁에 살면서 궁극적으로 그들에게서 승리를 얻었다. 아람인들은 북쪽 시리아를 정복하고 그곳에 정착했으며, 기존의 문명에 적응했다. 그곳에는 최초의 아람어 비문들이 존재한다. 그것으로부터 아람어의 영향은 아시리아와 바빌로니아 세계에 심오하게 확대되었다. 6세기에 페르시아인들은 이 지역의 주인이 되어, 아람어는 아시아의 국제어가 되었다. 소아시아에서는 페르시아인들이 주조한 화폐가 발견되었는데 아람어 지폐는 있으나 아람인들은 존재하지 않았다.

점차적으로 아시리아-바빌로니아어와 가나안어는 아람어에서 자리를 획득했다. 헬레니즘 시대로부터 아랍의 침입에 이르기까지 확대된 모든 시기, 즉 9세기 또는 10세기는 셈족의 셈어가 오직 아람에서 꽃을 피우던 시기이다. 지리적으로 아람어는 셈 세계의 모든 북쪽을 침입했다. 다른 한편으로 아랍어는 여전히 도래하지 않았다. 여전히 그것은 빈민들을 통해 알려진 모호한 부족의 언어이다.

아람어의 세 가지를 구별해야 한다. 가장 중요한 가지는 '70인의 학자(70인역)'와 아람어이다. 그 중심은 에데사(Edessa)이다. 그 언어는 기독교 시대 이전에 문학적으로 육성되었으나 시리아의 문헌은 우리들에게 기원후 200년이 되어서야 알려지기 시작했다. 데갈리에 노트에서는 9세기로 적고 있다. 그것은 전적으로 기독교 문헌으로 성서의 번역을 통해 시작했으며 신학적으로 풍부한 문헌이다.(예수의 이중적 본성 여부에 대한 논의) 다양한 종파들 사이에서 있었던 비잔틴의 토론. 야코비 종파는 네스토리아니아(동쪽의 시리아어) 종파에 맞서서 서쪽의 시리아어를 나타낸다. 그곳에서 특히 모음 체계에 있어서 두 가지 발음 전통이 나타난다. 아랍 정복 이후에 시리아어는 문학적으로 식자층의 문학적으로 교양된 언어 이상이 아니었다. 하지만 시리아어는 12~13세기까지도 있는 그대로 유지된다. 아랍의 작가들은 시리아 문학에서 많은 것을 거둬 올렸다. 오늘날 시리아어-아람어에는 남아 있는 것이 없다. 시리아인들의 철학적 사상과 종교 사상은 인접한 민족 칼데아인들 덕분에 널리 퍼져 나간 진정한 학파에 속한다는 점에서 엄연한 사실이었다. 그들은 그것을 자신들의 언어, 즉 동방의 아람어와 칼데아어로 전승했다. 동쪽의 아람어는 아르메니아의 산악 지방으로부터 페르시아의 만까지 퍼져 나갔다. 아르메니아어는 고대 아시리아와 바빌로니아의 영토를 침입한다. 아람어는 사산-페르시아인들에게서 중요한 역할을 했다.(펠비를 통한 차용이 그것이다.) 그것은 중국에까지 이르는 네스토리아의 종교의 포교 수단이었으며, 바로 거기에서 사람들은 칼데아어라고 빈번하게 불렸다. 즉 칼데아에 도달한 아람어를 말한다. 우리는 요한교도의 그노시스설을 신봉하는 종파의 문헌을 갖고 있다. 이것은 유대교 문헌도 아니고 기독교 문헌도 아니다. 그것은 매우 순수한 아람어를 제공한다. 동방의 아람어는 몇 개의 거리에서 오늘날도 여전히 살아 있는 유일한 가지이다. 그것은 우르미아 호수의 동쪽 강에 있는 모술의 동쪽과 북쪽에 있다. 서방의 아람어는 히브리어의 연속을 맡는 운명을 갖게 되었으며, 그 시대 이후부터 역사와 이스라엘 문헌이 혼합된다. 기념비의 상이한 차원들을 통하여 그것을 추적하는 것은 매우 복잡하다. 그것은 특히 셈 문헌학에 속하는 문제이다. 그 결과 성서의 몇몇 책, 『에스라서』, 『다니엘서』(기원전 6세기)는 순수한 아람어로 작성되었다. 팔레스타인에서 아람어는 고대 히브리어를 대치하는데 이것은 예수가 살았던 시대 동안 유일한 언어였다. 성서에서 보고된 말씀만이 존재할 뿐이다. 히브리 텍스트를 이해해야 할 필요성은 탈굼(targum: 아람어로 번역된 구약성서)를 낳았다. 이것은 회당에서 읽혔던 방식이다. 일정한 문헌을 소유하고 있던 사마리아어가 결속된 것은 아람어이다. 오늘날에도 레바논에는 그 가운데 몇 개가 있으며, 아랍어가 아닌 다른 셈 방언들에 있어서 이것은 매우 희소한 것이다.

### 남쪽의 셈어

남쪽의 셈어를 다음과 같이 분할할 수 있다. 실제로, 아라비아 남쪽에서 사용하던 방언들 간의 차이는 북쪽 방언들 간의 차이보다 훨씬 더 컸다. 남쪽 아랍어, 특히 예멘 지역의 아랍어는 일찍이 이 고장에서 문명을 발달시켰다. 그 연유는 그 언어의 지리적 상황 때문이다. 남쪽 아랍어는 어느 정도 별개의 세계다. 아라비아의 나머지에 견주어서 특히 예멘 지역에서는 무슬림의 정복이 완결될 때까지 남쪽 아랍어나 북쪽 아랍어와는 매우 상이한 언어가 사용되고 있었다. 이 언어는 자신의 언어에 대해 어떠한 기술도 남겨 놓지 않았는데 예외가 있다면 몇몇 섬에서 쓰이는 것뿐이다. (하지만 소코트라 섬에서 그 방언은 극도로 변형되었다.) 이 아랍어는 오직 기원후 몇 세기 동안 셈 알파벳으로부터 파생된 알파벳으로 작성된 힘야리트 비문을 통해서만 알 수 있었다. 이 비문은 6세기에 작성되었으며, 무슬림의 정복은 7세기였다. 사람들은 힘야리트 비문에서 사베어 무리와 미네어 무리를 구분한다. 다른 태곳적 특징들 가운데서 이 방언들은 분리된 세 개의 치찰음을 소유하고 있다.(셈원시어의 분리된 치찰음을 소유하고 있다.)

남쪽 아랍어로부터 이루어진 전환은 아비시니아어를 향하여 모두 표시되었다. 아프리카 쪽을 통하여 예멘의 고대 식민지화가 존재했으나, 그것이 어느 지점까지 아비시니아에서 그 종족이 셈 요소들을 혼합시켰는지를 말하는 것은 불가능하다. 요컨대 아비시니아 인종에 대해 정확히 알지 못하는 것이다. 아비시니아라는 이름은 그리스인들의 고대 이름 아바세노이에 해당된다. 하지만 그 민족의 이름은 게즈였다. 게즈란 언어는 제시할 수 있는 가장 정확한 이름이다. 사람들은 여전히 에티오피아라고 말한다.

에티오피아의 기독교 교회는 알렉산드리아의 모(母)교회에 종속되어 있었다. 전적으로 기독교적인 게즈 문헌은 약 200권으로 구성되어 있으며 이는 그리스어 또는 아랍어를 번역하거나 각색한 책들이다. 이 문헌들에서 문자 표기는 일찌감치 모음을 표기하고 있다. 우리는 게즈인들이 기독교로 개종하기 이전의 비문들을 갖고 있다. 가장 오래된 비문은 기원후 350년경으로 소급되는 것으로서 여기에서는 기독교로 개종한 레자나스 왕(Lezanas)의 비문들 속에서 모음들이 나타나는 것을 볼 수 있다.

여러 비문에서, 특히 기독교로 개종한 레자나스 왕의 비문 속에서는 모음들이 나타난다. 사람들은 빈번하게 암하라어를 언급하는데 이것을 오래된 게즈 에티오피아어와 혼동해서는 안 된다. 이것은 악숨(Axoum) 고(古)왕국의 언어이다. 1270년 암하라족은 초아(Choa)에서 나온 왕국과 더불어 지배적인 위치를 차지한다. 바로 이 암하라 방언이 당대의 여러 문헌들에서 고대 에티오피아 언어를 대체한 것이다. 오늘날 티그르라 부르는 것은 게즈어에서 온 것이며, 이것은 문학 게즈어와는 상이하다.

### 엄밀한 의미에서의 아랍어

가장 오래된 아랍의 역사 속에서 아랍어가 나타나는 것은 나바트인들의 이름으로서 다마스쿠스에서 메카까지 이르는 부족들을 통칭한다. 그 종족의 바탕은 아랍으로서 귀족 계급은 아람족이었다. 나바트 비문을 통해 우리는 가장 오래된 아랍어를 알고 있으며 이 언어로 작성된 가장 오래된 비문은 328년에 기록된 것으로 나마라의 비문이다.

그리고 고전 아랍어가 사용된 시기와 매우 근접한 기원후 6세기에 만들어진 두세 개의 비문이 있으며 고전 아랍어는 무슬림 정복을 통하여 팽창되어 나갔다. 또한 목동들이 쓴 낙서인 그래피티들이 존재하는데 여기에는 페니키아 글자[109]와 매우 유사한 문자들로 작성된 이름들만이 존재한다. 코란에 의해 고정된 형태는 부동의 형태가 되었으며 이는 구어 아랍어와 대립되는 문학 아랍어로 고전적 형태에 속한다. 통속적 방언들을 알고 싶기는 하나 현실적으로 중세 시기의 문헌들 속에서 알 수 있는 것은 없는데, 사람들이 민간 방언을 문자로 옮기지 않았기 때문이다. 이것은 코란의 절대적 지배 때문이다. 민간 방언들은 베두인족의 몇 개의 노래를 제외하고는 완전히 유실되었다. 심지어 근대 시대에서 살아 있는 언어에 의해 취해진 가장 오래된 자료들은 50년까지 소급된다.(몰타 섬)

이 같은 상태는 셈어 전공자들의 무관심과 셈어의 부동성이라는 도

그마에서 야기된 것이다. 이 도그마가 주장하는 바는 구어와 문헌 사이에 큰 차이가 없다는 것인데 이는 잘못된 생각이다. 아랍어의 살아 있는 방언들 속에서 설정해야 할 다섯 개의 커다란 하위 분할들은 다음과 같다. 1) 반도 아라비아의 아랍어, 2) 고대 찰대의 아랍어 3) 시리아의 아랍어 4) 이집트의 아랍어 5) 아프리카 북쪽에서 모로코 혹은 마그레브 지역까지 이르는 북쪽의 아랍어.(여기에는 몰타어가 포함되는데 즉 몰타 섬의 방언으로서 이탈리아 요소들을 강력하게 흡수했다.) 이 방언들에 대한 연구는 전체 셈어족 연구의 핵심 위치를 차지하는데, 특히 모음 체계의 위상에 기인한다. 살아 있는 아랍의 방언들은 우리가 연구할 셈어의 모음 체계에 있어서 진정한 출발점이다. 모든 셈어들 중 살아 있는 언어로서 아랍어만이 유일하게 생존했다. 가장 오래된 방언들에 관한한 그 모음의 성격에 대해 아는 것이 거의 없다. 나머지에 있어서는 잘못된 것일 수 있는 전통을 통해서만 제반 사실을 인식하고 있다.

동방의 셈어: 아시리아어와 바빌로니아어에는 중요하지 않은 방언적 차이만이 존재하는데, 당시 아시리아-바빌로니아 시대의 남쪽과 북쪽에서 말해지던 언어들 사이에서는 커다란 방언의 차이가 없다. 이로부터 사람들은 다음과 같은 사실을 수용했다. 즉, 남쪽에서 시작하는 두 개의 강으로 거슬러 올라가며 셈 민족은 널리 퍼져 나갔다. 우리는 페르시아의 설형 문자에 대해 어떻게 바빌로니아의 설형 문자가 다리우스의 위대한 비문에 기록되어 있는 페르시아 원주의 해독 덕분에 해석 가능했는지를 알아보았다. 페르시아어와 바빌로니아어로 작성된 두 개의 설형 문자는 그 형태가 서로 매우 상이하다.

바빌로니아의 설형 문자는 다른 문자보다 훨씬 더 많은 기호들을 갖고 있다. 가장 직접적인 문자 표기 체계만을 언급해도 첫 번째 문자인 설형 문자, 즉 페르시아 설형 문자는 거의 알파벳 문자였으며, 더 오래된 두 번째 문자는 단지 음절 문자였다. 왜냐하면 표음 문자가 아닌 또 다른 문자가 존재하기 때문이다. 이 문자 속에서 복잡성은 극도에 다다른다. 즉 다양한 음절들에 적용될 수 있는 음절 기호들이 존재한다. 다시 말하면 표의적 체계에 붙어 다양한 음절들에 적용될 수 있는 기호들을 말한다. 문자의 전체적인 형태는 표음적 체계와 더불어 나란히 진행되는 표의적 체계와 섞여 있다. 이 독법은 논란의 여지가 많으며 또한 난해하다. 아시리아어와 바빌로니아어에는 모호성이 존재하지 않는다. 하지만 바빌로니아어의 문법은 보다 먼 시기로 소급될 수 있다. 바빌로니아어의 모음 체계는 매우 흥미롭다. 셈족에서는 그 어디에서도 굴절이 발달되지 않았으나 바빌로니아어는 상당 부분의 굴절을 보존하고 있다. 르낭은 바빌로니아의 설형 문자에 기대어 셈어족을 보는 것을 거부했다. 이것은 매우 이례적이고 흥미로운 논증이지만 이미 오래된 것이고 비과학적이다.

르낭의 입장에는 중대한 문제가 있다. 사람들은 곧바로 아시리아-바빌로니아어가, 아시리아-바빌로니아의 설형 문자가 계시했던 유일한 언어가 아니라는 점을 깨달았다. 아울러 빈번하게 그 비문의 이면 또는 두 번째 열(colonne)이 또 다른 언어, 즉 수메르어(오페르트) 속에 존재한다는 것을 깨달았다. 이 언어는 인도유럽어족도 아니고, 셈족도 아닌 인종에 의해 사용되었던 칼데아의 원시 언어이다. 오늘날 지배적인 견해는 다음과 같다. 셈족 이전에 유프라테스와 티그리스 강 유역에는 수메르 문명이 존재했다. 우리는 이 수메르인들이 누군지는 알지 못하나 이들이 바로 설형 문자를 발명했던 자들로서 셈족은 수메르인들이 정착했던 곳에 도달하여 그 문자를 사용했다. 아울러 수메르어를 원형 칼데아어라고 부르기도 한다. 즉 칼데어 이전에 존재했던 언어를 말한다. 그렇다면 이 언어를 아카디아어라고 볼 수 있을 것인가?(창세기에 나오는 아카디아 지방) 오페르트[110] 학파에 맞선 새로운 학파의 창시자 조제프 할레비[111]는 수메르어는 결코 존재한 적이 없다고 주장한다. 그에 따르면 모든 수메르어는 또 다른 문자 체계인 아시리아어의 표의 문자 체계다. 이는 메소포타미아에는 셈족만이 존재했을 것이라는 견해를 보여 준다. 그러나 여전히 이 견해를 옹호하는 사람들이 있지만 학자들 대다수는 이러한 관점을 승인하지 않는다. 관련된 자료들을 보면 아람어의 출현은 8세기로 거슬러 올라간다. 아람어로 작성된 문헌들에는 꼬리표와 더불어 상업의 계약서를 포함하는 벽돌들이 존재한다. 아람어의 영향으로 아시리아어와 바빌로니아어는 소멸했다. 알렉산더 시절에 위의 두 개의 고대어는 소멸되었다. 이와 관련하여 우리는 우랄알타이어족에 대해서도 살펴보았어야 하나 시간이 부족하므로 생략했다.

언어(랑그, langue)라는 제목의 다음 장으로 넘어가기 전에 셈족의 언어들에 대한 결론과 유럽의 언어 상태에 대해 일괄하겠다.

### 셈어 유형의 일반적 특징들

유보 사항: 어떠한 특징도 시간의 영향을 피할 수 없다. 보존은 항상 우연의 결과로 간주될 수 있다. 언어의 특징들은 한정된 시대 혹은 종종 부정(不定)의 시기 동안에만 나타날 수 있다. 원시적 시기와 어족의 일반적 진화를 구별해야 한다. 빈번하게 하나의 특징이 두 시기, 즉 원시적 시기와 진화 과정에서 공통적이지만, 그것은 우연 때문이다.

1) 셈어가 굴절을 경험했다 해도 인도유럽어에 비해서는 덜한 편이다. 아시리아-바빌로니아어에서 볼 수 있듯이 실제 알려진 언어들은 굴절이 존재하지 않지만, 원형 셈어는 상당한 굴절이 존재했다.

2) 셈어는 접미사가 붙지 않는다. 셈어의 접미사의 용법을 인도유럽어의 용법과 비교해 보면 셈어에서는 접미사가 그다지 중요하지 않다. 굴절은 원형 셈어의 특징으로, 이는 모든 시기에서 확인된다. 마찬가지로 언어의 기원에서부터 굴절의 특성을 지닌 인도유럽어에서는 여전히 굴절을 확인할 수 있다. 그래서 인도유럽어에는 셈어에서 파생되어 형

성된 단어는 거의 없다.

3) 셈어는 단어의 구성을 더 이상 발달시키지 않았다. 이와 같은 현상은 접미사를 중요하게 다루지 않은 것과 관련이 있다.

4) 인도유럽어에 존재하는 자유로운 어순은 셈어의 등장 이후 매우 엄격하게 규칙화되었다. 사실 굴절이 발달될수록 어순은 자유롭다. 이에 반해 셈어의 어순은 매우 자유로운 방향에서 발달되었는데, 이는 인도유럽어로부터 거꾸로 영향을 받은 경우다.

5) 가장 널리 알려진 특징은 셈어 어근의 형태와 그 역할이다. 도처에서 셈어의 어근에 관련하여 제기되는 것은 다음과 같은 세 가지 사항들이다.

첫째, 어근들이 항상 세 개의 모음을 요구한다는 점에서 고정된 형태를 가진다. 가령 q-t-l qatal(죽이다), melek, malk이 그렇다.

둘째, 이러한 세 가지 자음적 특성 요소의 불변성: qatal이라는 단어에서 이 세 가지 자음들은 모음들과 대립하여 qtôl, qôtel 등 상이한 형태들 속에서 불변한 채 남아 있다.

불변성을 통해 하나의 방언에서 다른 방언으로 손상되지 않은 자음의 특징적 요소들의 전이를 발견할 수 있는 반면, 모음들은 변이에 종속된다.

| | |
|---|---|
| gatilum | melek |
| gitalum | malk |

셋째, 기능과 관련된 특징: 자음들은 틀을 만드는 뼈대이고, 모음들은 살과 근육이라고 한다. 그러나 다른 언어학적 특징들에서처럼, 기능과 관련해서도 영속성은 순수한 우연의 산물이다.

다시 고찰: 1) 세 개의 자음. a) 원형 셈어의 특징과 같다. 인도유럽어에서는 어근을 포함하는 정확한 몇몇의 형태가 있다. b) 모든 시간을 포용하는 범시태적 특징과 같다. 대체로 이 특징은 유지되었지만, 음성학적 사실의 작용으로 사라질 것이다.(사라질 수 있다.)

2) 사람들이 주장하는 이른바 불변화성. 그런 특징은 도저히 믿을 수 없다. 예컨대 히브리어에서 다음과 같은 예를 보자.

'anāšīm 복수형(사람들)

'N Š

하지만 단수형 'ēš는 'ēnš에 대응되며, 이 단수형은 자음을 상실했다.

유사 불변화성을 인정한다면 과연 어근의 경우도 그러한 법칙을 따르는가? 그렇지 않다. 그것은 단순히 음성학적으로 변질되지 않은 보충물이다. 즉 비영속적이며 문법적이지 않은 음성학적 진화의 사실이다.

어근의 불가역성: 음성학적 현상들은 없었다. 몇몇 세대에서 음성학적 사실은 불변화성을 만들어 내고 제거한다.

3) 모음과 대립하는 자음들의 작용. 이것은 또한 진화적 현상이다. 우연은 유의미하게 될 것을 창조한다.

dabar, <u>db</u>ârîm, di<u>br</u>ê-kem

이것은 독일어에서 fliessen, floss, eu, ou와 비교할 만하다. 이 차이들은 그 기원에 있어 의도성은 없으며 순수하게 음성적이고, 그다음으로 의미를 가진다. 어근은 음성학적 사실의 작용을 받아들일 뿐이다. 계속해서 이 음성학적 차이는 정신에 의해서 파악되며, 모델로 사용되고, 모델로서 기능한다.

## 유럽에 관한 일별(一瞥)

카이사르와 트라야누스[112] 치하의 고대 유럽에서는 중심에서 멀리 떨어진 지역이나 규모가 큰 지역에서 다양한 비(非)인도유럽어의 표본들을 제시했을 가능성이 높다. 역사의 여명기부터 인도유럽어의 흐름은 유럽에서 지배적이었다. 하지만 이보다 더 태곳적에 이미 전체적인 윤곽이 형성된 언어들과 인도유럽어가 접촉했던 것을 볼 수 있다. 그리스 세계의 한가운데에서, 해독될 수 있으나 확정할 수 없는 렘노스 섬(Île de Lemnos)의 몇몇 비문들을 통해 다른 언어들을 사용하는 민족의 존재를 목격할 수 있다. 아마 호메로스의 신티에스(Σίντιες)인들은 보이오티아(Βοιωτία)의 미니에스(Μινύαι)인들의 선조였을 것이다.

가령, 로마의 정복 이전과 심지어 그 이후에도 사르데냐(Sardegna)의 민족들은 어떤 언어로 말했을까? 우리는 알지 못한다. 그러나 십중팔구 그 언어는 인도유럽어는 아니었을 것이다. 영국 브르타뉴 섬에선 켈트어가 사용되었다. 하지만 실제 스코틀랜드의 픽트(Pictes) 사람들과 스코트족(Scots)이 인도유럽 민족이었는지는 불확실하다. 스페인(반도)에서는 십중팔구 인도유럽어를 사용한 종족이 살지는 않았을 것이다. 요컨대 게르만족과 슬라브족의 침입 이전의 유럽은 매우 다양한 민족들이 존재했던 지도로 나타날 것이다.

우리가 대(大)침입 이전의 유럽의 언어적 상태를 알 수만 있다면, 인도유럽어에 속하지 않는 여러 민족이 존재했었다는 사실을 깨닫게 될 것이다. 알려진 고유 언어들(idiomes)을 제외한다면 인도유럽어의 인종들에 속하지 않는 수많은 언어가 존재할 개연성이 농후하다.

한 언어(idiome)의 총체적 소멸을 쉽게 믿지 말 것.

슬라브인과 타타르인들에 의해 둘러싸인 크레미아 반도의 고트인들은 16세기에 고트어를 사용하고 있었다. 그러나 우리는 그들이 고트어를 사용했다는 사실을 우연히 알게 된 것일 뿐이다.

엘베(Elbe) 강 부근, 슬라브어가 사용되었던 작은 섬은 최근까지 남아 있다.

대륙의 실제 언어적 상황에서 인도유럽어가 아닌 언어들은 어떤 언어들일까? 서쪽에서는 바스크인들(Basques)의 언어 혹은 바스크어(euscarien) 또는 프랑스 남부 에퀴라(escuarien) 지역에서 사용되는 언어만이 있었다. 프랑스령 나바르(Navarre)의 주요 언어인 바스크어는 경계선의 양쪽 측면에서 사용된다. 1545년 이전의 문헌은 찾을 수 없으며 바스크어에 기원을 부여할 수 있는 선험적인 수단들만이 존재한다. 다른 언어들과의 비교(심지어 아프리카의 베르베르족과의 비교)는 우리에게 알려 주는 바가 아무것도 없다. 산악 지역에 사는 이 민족은 자신들의 언어의 자생적 상태를 나타낼 수 있는 행운을 가졌다. 그것은 이베리아인들이 남긴 흔적으로서 그들의 언어에 관한 한 남아 있는 것에 대해 우리는 아는 바가 전혀 없다.

서쪽 지역을 벗어나 유럽의 중앙을 살펴보면 헝가리어 집단 혹은 마자르어 집단이 있다. 헝가리(Hungary)의 다른 명칭은 그 기원이 매우 모호하다. 그 이름은 몇몇 민족들을 부르는 러시아어 명칭(Ugry)과 일치한다. 우리는 전체 역사적 시기에서 인도유럽어에 속하지 않는 이 민족에게 발생한 특징들을 볼 수 있다. 기원후 약 900년경에 슬라브족이 두 파로 나뉘는 것은 이 특징 중 하나다. 헝가리인들에 앞서서 샤를마뉴 대제 시대에 존속했던 아바르인들(Avars)과 이전의 훈족들(Huns)이 있었다. 그들은 더 이상 인도유럽어족에 속하지 않았다. 우리는 아바르어와 훈어에 관하여 거의 알지 못한다. 이 언어들이 마자르인들의 선조(parents)라는 것을 보장해 줄 어떠한 단서도 없다. 다만 분명한 것은, 그것이 유럽의 북서쪽 핀인들과 함께 마자르인들의 혈족이라는 것이다. 약 1000만 정도의 인구로 구성된 마자르인들은 헝가리에서 두 그룹을 형성했다. 가장 중요한 것은 프레스부르크(Presbourg)의 북서 지역을 차지한 서쪽 지역 그룹이다. 다른 그룹은 헝가리의 남동 지역을 차지했다. 18세기 말, 사람들은 마자르어와 핀어 사이의 관계를 이미 재발견했다.

핀어족. 여러 종류의 갈래들을 구별해야 한다. 특히나 핀란드의 핀란드어와 핀란드 만의 남쪽 끝으로 이어지는 핀란드 내부의 에스토니아어를 구별해야 한다. 에스토니아어는 레발어(Reval)와 모이사어(Mõisa)라는 두 개의 방언을 가지고 있다. 로마의 역사가 타키투스가 언급했던 아에스티인들(Aestii)은 리투아니아인들이며, 에스토니아인들에게 그들의 이름을 부여했다. 쿠를란트의 북동쪽에는 현재에는 거의 남아 있는 사료가 없는 리보니아어(livonien)도 있었다. 이 세 가지의 분파는 고유한 '핀(finnois)'이라는 이름으로 통일되어 있었으며 민족적 이름은 수오미(Suomi)이다. 러시아인들은 핀인들을 추드족(Tchoudes)이라고 불렀다. 매우 특이하게 수오미어는 핀란드어를 지칭한다. 이 언어에는 구술로 보존되어 온 매우 흥미 있는 서사 문학이 존재했는데, 핀의 일리아드라고 불렸던 칼레발라(Kalevala)의 시가 그중의 하나이다.

1) 라퐁인들(Lapon)의 언어는 핀어족의 분파 중 하나이자 핀란드의 모어(母語)이다. 라퐁인들은 노르웨이와 핀란드의 북쪽에서 거주했다. 그리고 특별하게 스웨덴의 북쪽에도 있었다. 이 핀인들의 무리는 매우 오랜 시간 전부터 게르만인들과 접촉했다. 그리고 이로부터 핀인들의 무리는 역사적으로 소멸된 게르만어의 형태를 다시 만들어 냈다. (톰슨(Thomsen)[113]의 덴마크어 책)

예)

| 라퐁어(Lapon)<br>원형 게르만어<br>(protogermanique)<br>고(古)독일어<br>(vieux haut allemand)<br>독일어(allemand)<br>핀어(finnois)<br><br>독일어(allemand) | aylogas<br>*hailogas<br><br>heilag<br><br>heilag<br>palgiš(풀무)<br>*balgis<br>Balg | 원형 핀어(proto-type finnois)<br>고(古)독일어<br>(vieux haut) | aglegas(saint)<br>*hailagas<br>kerne, baratte sairas<br>quirn sêr(몸이 아픈) |
|---|---|---|---|

2) 볼가(Volga) 강 가까이 사용되는 체레미스어(tchérémisse)와 모르드벵어(mordvin)도 핀어이다.

3) 페르미아어(permien)와 핀-페르미아어(finno-permien)는 페름(Perm) 시(市) 지역에서 사용된다.(동위도 61-76, 북위 55-65) 그 가까이에는 마르자어와 매우 직접적으로 연결된 것으로 보이는 보굴족(vogoules)이 있다. 특히 수 명사의 연속에서 언어의 혈족성을 볼 수 있다.

| 헝가리어 | | 체레미스어(Tchérémisse) |
|---|---|---|
| tyam | 나의 아버지 | atyam |
| atyad | 나의 아버지 | atyat |
| atya-nk | 우리 아버지 | atyane |

핀어와 마자르어는 우랄알타이어인가?라는 질문은 복잡하다. 우랄알타이어는 퉁구스어(tongouze; 만주), 몽골어, 터키어, 타타르어, 그리고 아마도 우구르-핀어를 포함한다. 덴마크의 언어학자인 톰슨은 이 점을

단언했다.

수세기에 걸쳐 혼합된 언어들을 사용하는 유목 부족에 관한 문제도 존재한다. 사람들은 기원적 혈족성이 아닌 상대적 혈족성만을 말할 수 있다. 우랄알타이어들 중에서 핀어에 가장 근접한 언어는 빙해(氷海)의 사모예드어(samoyède)이다. 이 언어는 콘스탄티노플의 통치 전 1000년 동안에 정착한 터키어처럼 대륙의 영토에 남아 있다. 유럽에는 터키인들이 있었다. 6세기경에 러시아 남부(Azov 강 주변)에는 타타르족(Tatars)이 있었다. 유럽에 포함되는 대부분의 터키인들(Turc=Tatar)은 러시아의 남부와 소아시아를 통하여 현재의 위치에 도달했다. 두 개의 중요한 민족은 코만인들(Comans)[114]과 페체네그인들(Petchenègues)[115]이다. 루마니아와 볼가 강을 따라서 타타르인들(Tatars)이 있었다. 불가리아 민족은 터키의 기원을 가지고 있거나 핀 마자르의 기원을 가지고 있었으며 슬라브어를 채택했다. 우리는 8세기경의 터키어에 대한 지식을 가지고 있다. 그것은 바이칼 호수 가까이에 있는 오르콘(Orkhon)의 비문들[116]이며, 연대는 724년이고 톰슨에 의해 해독되었다.

인도유럽어는 1) 인도-유럽어가 아닌 작은 거주 그룹들을 거의 완전히 병합했고, 2) 그들 사이의 통합화를 지속적으로 이어 갔다. 유럽의 언어들의 대단위들은 작은 단위들의 희생을 감수하면서 발달되었다. 3) 상당히 많은 언어가 사라졌다. 특히 켈트어족과 그리스 어족은 많이 줄어들었다. 라틴어, 게르만어, 슬라브어, 이 세가지 큰 어족은 인도유럽어가 아닌 고유 언어(l'idiome)의 위치를 점유했다. 사람들은 이러한 각각의 어족에 방언들(patois)의 내적 통일성을 관찰한다. 아마도 슬라브 어족에서는 이 언어들 중의 하나인 러시아어가 지배할 것이다.

2부

# 언어(La Langue)

# 1장 언어(랑그, La langue)

이 장에서 언어(랑그, langue)를 연구할 때 언어활동(langage)과 관련 1911
된 모든 것을 다루지는 않을 것이다. 언어(랑그)는 언어활동의 본질적 4.25
인 부분으로서, 앞으로 우리는 언어(랑그)를 언어활동과 대립시키겠지만 미리 말하면 결국 언어(랑그)는 언어활동의 부분에 불과하다.[1]

우리에게 언어(랑그)는 사회적 산물로서 개인이 언어활동의 능력을 발휘할 수 있도록 하는 존재다. 우리는 한계가 정해진 사안을 다룰 때조차도 전체를 조망하는 시야를 가져야 한다.[2] 언어활동은 상이한 언어의 양상에 있어 복잡 다양하며 이질적인 영역이다. 그러므로 언어활동을 체계적으로 분류하기 어렵다. 언어활동은(물리학의 영역, 심리학의 영역 또는 개인의 영역, 사회의 영역 등) 다양한 영역들에 다리를 걸쳐 놓고 있어서 통일성을 부여하기도 어렵다.

반면 언어(랑그)는 아무리 복잡해도 그 자체로 분리 가능한 전체를 표상하고, 그 자체로서 하나의 유기적 조직(organisme)[3]을 표상하며, 그것을 분류하는 것은 가능하다.[4] 언어(랑그)는 정신에게 적절한 통일성을 표상하므로 우리는 언어활동과 관련된 여러 사실들의 총합 속에서 분류된 단위에 탁월한 자리를 부여할 수 있다. 다른 것들은 종속물로서 이해해야 한다. 언어(랑그)는 중심이 되며 나머지는 그 중심에 종속된다. 그 결과 언어활동과 관련된 사항들 속에 내적 질서를 도입하게 된다. 이 같은 시도에 대하여 한 가지 이견이 제기될 수 있다. 그것은 바로 언어 능력(faculté du langage)이 생득적인 능력으로 나타나는 것과 대조적으로 언어(랑그)는 획득되고 관습적인 것이라는 의견이다. 언어(랑그)가 자연 현상들과 인간의 자연적 본능들에 앞설 수 있는 것은 아니다. 따라서 그 반대로 자연 현상과 인간의 자연적 본능으로부터 언어(랑그)를 따로 떼어 내야 한다.[5]

첫째, 어느 정도까지 언어 능력을 생득적이며 자연적인 것으로 간주할 수 있는가의 문제는 미해결된 상태다. 언어학자들은 이 물음에 결코 동일한 방향에서 답을 제시하고 있지 않다. 인간의 발성 기관은 음절을 구분하고 발음하기 위해 만들어졌는가? 즉, 걷기 위해서 다리가 있는 것처럼 인간의 발성 기관도 과연 말하기 위해서 만들어졌는지의 여부를 놓고 제기된 물음은 많은 논의가 되어 온 문제다.[6] 이에 대해 휘트니는 다음과 같이 말한다. 요컨대 우리는 말하기 위해 다른 기호 체계 대신 발성 기관을 선택했는데 그 이유는 그것이 보다 편리하기 때문이라는 것이다. '분절하다(articuler)'라는 말은 빈번하게 발성한다는 것을 의미한다.(하지만 여기에서는 그 같은 의미로 말하는 것이 아니다.)

분절 언어.(langage articulé, 라틴어 articulus는 '수족', '구성 요소', '부분'을 의미) 1) 연속되는 음절 속에서 이루어지는 하위 분할들을 분절 언어에서 볼 수 있다. 2) 연속된 음성 발화를 유의미적 단위들로 분할 할 수 있다는 사실을 시사할 수 있다.(gegliederte Sprache 또는 Rede[7])

분절 언어의 능력이 생득적이라고 생각할 수 있는 것은 발성 기관의 구비와 사용 때문이다. 브로카는 이마 왼쪽 전두엽 부분의 세 번째 회전부에서 언어 능력과 관련된 부위를 발견했다.[8] 그런데 이 회전부 부분은 쓰기 능력(faculté dé l'écriture)의 이상 징후[9]와 정상적인 사용 능력 모두를 지배한다.[10] 따라서 그것은 보다 일반적으로 기호들을 관장하는 뇌의 회전부(circonvolution)가 된다. 궁극적으로 언어학은 기호들의 과학일 수밖에 없다.

둘째, 확실한 것은 비록 이 같은 능력이 우리에게 생득적으로 주어진 것이라 해도 사회적 집단이 우리가 언어(랑그)라고 부르는 것을 받아들이지 않는 한 인간은 그 능력을 행사할 수 없다는 점이다. 우리는 언어(랑그) 속에서 언어활동 현상에 일반적 통일성을 도입하는 것이 무엇인지를 파악할 수 있다.

언어활동이 작동하는 다양한 영역들 가운데서 우리가 언어(랑그)라고 정의한 것에 해당되는 특수한 영역을 고찰해 보자. 이 영역들은 개인의 행위 속에서 관찰되어야 한다. 개인의 행위는 언어활동이 관련될 때 두 명의 개인을 전제로 한다. 그 결과 발화 회로(circuit de la parole)의 전체적인 윤곽을 갖게 된다.

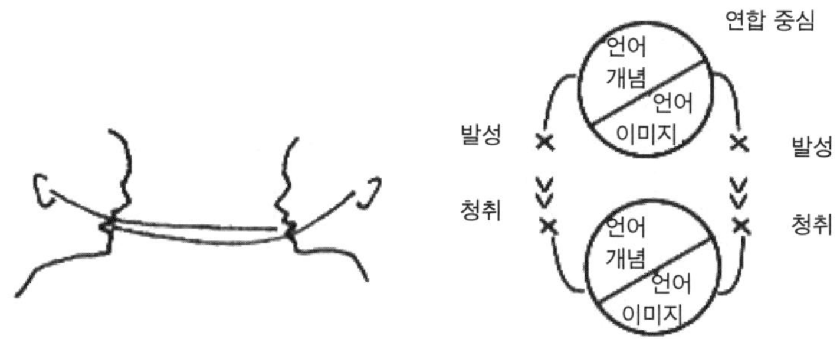


언어 개념과 언어 이미지가 만나는 이 부분은 순전히 심리적인 것으로 이루어진 연합의 중심이다. 다른 매개 요소도 필요하다. 예컨대 발성 이전의 근육 이미지[11]와 같은 것이다. 위의 그림처럼 우리는 근본적인 요소들을 가지고 있다. 1) 물리적 부분인 음파. 2) 생리적 부분인 발성과 청취. 3) 심리적 요소인 언어 이미지 또는 청각 이미지. 이 청각 이미지는 소리의 비심리적(물리적) 사실과 전적으로 구별되어야 한다.

언어(청각) 이미지는 심리적(psychique) 감각 작용들로 변환된 소리이다. 언어 이미지는 그것과 연상된 개념만큼이나 심리적이다. 개념과 청각 이미지는 똑같이 심리적이다.

이 회로 속에서, 우리는 매우 다양한 분할들을 시도할 수 있다.

1) 발화 회로는 외적 부분과 내적 부분으로 분할된다. 외적 부분은 입술에서 귀까지에 걸쳐 이루어지는 소리의 진동이며, 내적인 부분은 그 나머지가 된다.

2) 물리적 부분(발성 기관의 진동과 운동)과 심리적 부분(나머지)의 분할에서 발성 기관의 운동은 물리적 부분 속에 속할 권리를 갖는다.

3) 여기에서는 수동적 부분(청취에서 연합의 중심으로)과 능동적 부분(연합의 중심으로부터 청취로)으로 나뉘는 것도 볼 수 있다.

4) 심리적 부분을 능동적 부분과 수동적 부분으로 구별한다면, 실행적(exécutive) 부분과 수용적(réceptive) 부분으로 구분할 수 있다.

개인 화자의 경우에서, 앞으로 나타날 모든 단어들과 모든 반복된 경우들에 대하여 이 같은 회로를 고려한다면 하나의 칸을, 즉 수용된 많은 언어 이미지들의 복수성이 존재하는 순간부터 점차적으로 의식에 도달하는 이 같은 집합에 대해 규칙적인 등위 배열(co-ordination)[12]의 작동을 첨가해야 할 것이다. 이러한 언어 이미지들은 주체에 있어 일정한 질서 속에 진입할 것이다.

위와 같은 등위 배열을 통해 우리는 언어(랑그)의 관념에 근접한다. 하지만 그것은 개인적 상태에 불과하다. 우리는 여전히 개인적인 경우만을 고려하고 있을 뿐이다.

사회적 행위는 서로 영향을 주는 개인들에게서만 존재할 수 있다. 하지만 다른 모든 사회적 사실들과 마찬가지로 언어(랑그)는 개인을 벗어나 고려될 수 없다. 사회적 사실은, 그 어떤 개인에게서도 설정될 수 없으며 완결적이지 못할 일정한 평균치가 될 것이다.

회로의 어떤 부분이 이 같은 사회적 축재(capitalisation)[13]를 낳을 수 있을 것인가? 그것은 물리적 부분이 아니다. (그 결과 우리는 우리가 알지 못하는 외국어 소리에 놀란다. 하지만 이 경우 우리는 언어(랑그)의 사회적 사실 속에 있지 않다.) 아울러 사회적이 되는 것은 일체의 심리적인 부분도 아니라는 점 역시 주목하라. 개인은 주인으로 남아 있다.

실행은 개인적인 것으로 남아 있으며, 바로 거기에서 우리는 발화(파롤, parole)의 영역을 알아보게 된다. 그것은 수용적이며 배열적인 부분으로 사회적이다. 바로 그것은 상이한 개인들에게서 하나의 보관소(dépot)를 형성하고 있다. 그 보관소는 모든 개인들에게서 상당히 일치하는 것으로 나타난다.

바로 그 같은 영역이야말로 우리에게 언어계(界)를 표상한다. 그것들은 개인들에게서 제자리에 놓여 있는 수만 개의 개념들과 연합된 수만 개의 언어 이미지들이다. 한 개인을 고려할 때, 우리는 단 하나의 사례를 통해 사회적 군중 속에서 언어(랑그)의 이미지를 갖게 된다. 만약 우리가 한 개인에게서 언어적 이미지들의 저장소를 검토할 수 있다면, 즉 일정한 질서와 분류 속에서 보존되고 위치된 그 같은 언어 이미지들을 검토할 수 있다면 우리는 바로 거기에서 언어(랑그)를 구성하는 사회적 관계를 볼 수 있을 것이다.[14]

우리는 이 사회적 부분이 순전히 정신적이며 순전히 심리적이라는 것을 알고 있다. 우리는 이런 식으로 언어(랑그)를 파악하고 있다.

세슈에[15]의 논문 참조.

언어(랑그)의 거처 장소는 뇌이다.

수정 사항. 우리는 언어활동의 본능(instinct)이라는 말을 사용했다. 1911
그렇다면 우리는 이렇게 질문할 수 있다. 타고난 언어 능력과 기능이 4.28

존재하는가? 그것이 생득적이건 그렇지 않건, 언어(랑그)는 언어활동 능력에 필요한 도구(outil)로서 남아 있다.

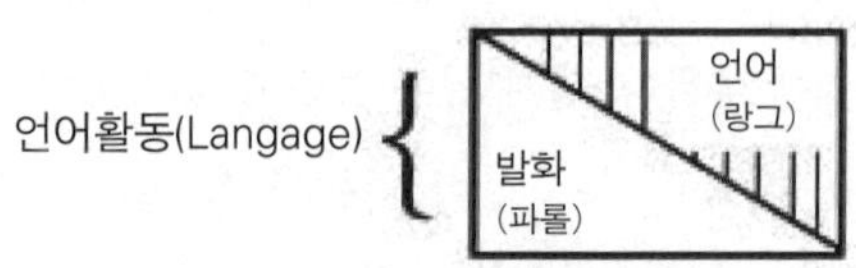


발화(파롤): 능동적이면서 개인적

언어(랑그): 수동적이며 집단 속에 거주하고, 사회적 약호(code)이며, 언어활동을 조직하고, 언어 능력을 행사하는 데 필요한 도구를 형성한다.

이로부터 두 가지 사항을 구별해야 한다.

1) 언어활동을 감안한 제반 능력들 일반의 사용.(발성 등)

2) 개인의 사고에 따른 언어 약호의 개인적 사용.

우리는 단지 낱말들뿐 아니라 사물들에 대한 정의를 제시했다. 이 구별은 각 개별어에서 사용되는 상이한 용어들의 임의성에 종속되지 않는다.

프랑스어를 벗어났을 때 우리는 이들 프랑스어 용어들의 의미를 포용할 수 있는 단어들을 찾지 못할 것이다. 예컨대 독일어의 Sprache는 프랑스어의 langue(언어)와 langage(언어활동)라는 의미를 모두 담고 있다. Rede는 발화(parole)와 담화(discours)라는 개념을 담고 있다. Rede는 대략적으로 발화(parole)에 해당되지만, 또한 담화(discours)라는 특수한 의미를 갖기도 한다.

나는 언어(랑그) 속에서 다음과 같은 사실을 발견했다.

1) 언어(랑그)는 행위들 전체로부터 규정 가능하며 분리될 수 있는 대상이다. 우리는 언어(랑그)를 발화 회로의 특정 지대 속에 갖다 놓을 수 있다. 그 지대는 청각 이미지가 하나의 개념과 연합되는 지대이며 간접적으로 언어(랑그)가 언어활동의 사회적 부분이라고 말할 수 있다.

언어(랑그)가 있는 곳을 찾으려 할 때 사람들은 동일한 지대에 도달하게 된다.

또한 우리는 언어(랑그)가 실제로 나머지 부분과 분리될 수 있는지의 여부를 탐구하면서, 언어(랑그)를 배우기 위해서는 일체의 학습이 필요하다는 점을 알게 된다. 발성할 수 있는 여러 신체 기관들이 주어져 있으나 인간이라는 존재는 언어를 배우면서 스스로 그 언어를 자기 것으로 체화시켜야 한다. 우리는 발화(파롤, parole)를 나머지와 분리시킬 수 있다. 발화는 불가능하지만 문자는 쓸 수 있는 질병의 경우가 있다. 따라서 언어(랑그)는 전혀 영향을 받지 않는 것이며 발화만이 영향을 받는 것이다. 우리가 현 시점의 앞에 놓인 어떤 사어(死語)를 대할 때, 그 언어의 조직(organisme)은 비록 누구도 그 언어를 말하지 않지만 존재하는 것이다.

2) 언어(랑그)는 개별적으로 연구될 수 있다. 언어(랑그)를 연구하기 위해 언어활동의 다른 요소들을 고려하는 것이 필수적이지는 않다. 언어(랑그)를 연구할 때 거기에 다른 요소들을 섞어 놓으면 연구가 불가능하다. 이 점은 우리가 관찰할 수 있는 특징들로부터 도출된다.

3) 왜냐하면 그런 식으로 한계가 설정된 언어(랑그)는 동질적 본질에 속하는 대상이기 때문이다. (언어활동은 그렇지 않다.) 언어(랑그)는 하나의 기호 체계이며 언어 기호의 두 부분은 심리적이다. 따라서 더 이상 동질적인 것을 요구할 필요가 없는 것이다.

4) 언어(랑그) 속에서 우리는 구체적 본질의 사실 즉, 대상을 갖는다. 이러한 기호들은 정신적인 것이기는 하지만 추상화 과정은 아니다. 언어(랑그)를 성립하는 사회적으로 비준된 연합들과 결합들의 총합은 두뇌 속에 자리하고 있다. 이는 다른 심리적 현실들과 유사한 현실들의 총합이다. 덧붙일 사항은 언어(랑그)는 촉지 가능하다는 점이다. 즉, 시각 이미지와 마찬가지로 고정된 이미지로 번역 가능하다.[16] 가령, 이것은

발화 행위에 대해서는 가능하지 않을 수 있다. 단어의 발성은 온갖 종류의 공기의 운동과 근육 운동을 표시한다. 그 같은 모든 종류의 운동을 아는 것은 매우 힘든 일이다. 하지만 언어(랑그)에는 청각 이미지만이 존재하며 이것은 고정된 이미지로 번역될 수 있다.

언어(랑그) 속에서 우리는 상기 가능한(évoquables) 기호들의 총합을 갖고 있으나, 그 운동은 오직 발화(파롤)를 통해서만 개입하는 것이며, 그것의 잠재적 상태 속에서 이 같은 기호들은 완벽하게 실재적이다. (두뇌 속에서 사진 이미지들처럼 보관되어 있는 것이다.) 따라서 이 같은 대상은 단지 구체적인 본질에 속할 뿐 아니라 직접적인 연구를 가능하게 하는 종류에 속하고, 마치 수집가의 상자 속에 분류되어 있는 나비들과 흡사하다. 우리는 언어(랑그)와 관련된 것을 고정시킬 수 있다. 요컨대 이 같은 특징 덕분에 하나의 사전과 문법은 언어(랑그) 속에 포함되어 있는 것을 표상하는 납득할 만하며 적절한 이미지라고 말할 수 있다.

청각 이미지들의 이 같은 보관소에서 나타나는 특징들을 넘어서 하나의 새로운 특징을 제시할 수 있다. 일단 언어(랑그)가 자신에게 속하지 않는 것으로부터 분리되면, 언어(랑그)는 인간적 사실들 가운데서 분류 가능한 것으로 나타난다. 그것은 청각 이미지에 기초하고 있는 기호들의 체계이다. 특정 관념과 특정 기호의 결합, 이것이 언어의 본질을 이루는 것이다. 문자, 해양 신호, 농아들의 언어(수화)와 같은 다른 기호 체계들은 사실들의 유일한 총합으로서 연구될 권리를 갖고 있는 (사회심리학의) 심리적 사실들의 질서에 속한다.

심리학에 속해 있는 영역이 기호학이다. 기호학은 인간 사회 속에서 기호들과 그 기호들의 삶에 관한 연구다. 기호학에서 다른 어떤 기호들의 계열도 언어학적 사실들보다 더 지대한 중요성을 갖지는 못할 것이다. 언어(랑그) 속에 있는 음성적 사실들이 차지하는 것과 동등한 가치를 문자 속에서 발견할 수 있을 것이다. 게다가 중심점과 출발점으로서 언어(랑그)를 선택하면서 언어활동의 다른 요소들로 갈 수 있는 최상의 토대(플랫폼)를 갖게 되는 것이다. 언어(랑그)를 나머지 요소들과 혼합시키게 내버려 두는 순간, 언어활동 속에서 분류할 수 있는 것은 아무것도 없다.

의심의 여지없이 언어(랑그)는 발화(파롤)로부터 나올 수밖에 없다. 언어(랑그)가 나오는 곳이 어디인지에 관한 일치가 이루어지기 위해서는 수많은 개인들의 발화(파롤)를 필요로 한다. 따라서 언어(랑그)는 최초의 현상이 아니다. 사람들이 소리들을 먼저 발성하기 시작했는지, 아니면 소리 하나의 관념과 결부시키기 시작했는지는 중요하지 않다.

언어(랑그)는 이 같은 분비물(sécrétion)[17]을 추출하기 위해 필요한 발화(파롤)의 기능과는 완벽하게 구별되는 나머지의 분비물이다. 언어라는 분비물을 내놓기 위해서는 발화가 필요하다. 우리는 언어(랑그)를 기초적 사실, 출발 사실로서 포착할 수 있을 것이다. 언어(랑그)에서 언어활동의 본질적이며 중추적인 부분을 보는 것은 과장된 것이 아닐까? 다른 현상들은 거의 그 자체들로서 하나의 종속된 자리를 차지하며 심지어 비언어적인 고찰들로부터 지시되는 방식으로 분류될 수 있다. 예컨대 음운론은 발화에 필요한 발성법을 연구한다. 표면상 발성은 언어활동의 현상들 한복판에서 일차적 질서의 자리를 요구할 수 있다. 모스(Morse) 알파벳 부호[18]들을 전달하는 데 사용될 수 있는 상이한 전기 기구들과 마찬가지로, 발성은 비본질적인 것으로 나타난다. 이 기호들은 양극단에서 가시적인데, 그것을 전달하는 기구는 중요하지 않다. 청각 이미지들을 수행할 수 있는 발성의 역할은 종속된 것으로 나타난다.

언어는 음악 작품에 비교할 수 있다. 하나의 음악 작품은 연주들의 종합에 의해서만 존재할 수 있다. 그 연주는 작품과는 무관한 것이다. 한편의 교향곡은 그것의 연주 없이도 존재하는 현실이다. 마찬가지로 언어(랑그) 속에서 주어진 것의 발화(파롤)를 통한 실행은 비본질적인 것으로 나타날 수 있다.

이 같은 관점은 무엇보다 외부를 통해 음성학(phonologie)을 판단하게 될 관점과 일치한다. 음성학은 생리학자들이 개시한 생리학적 연구이며, 그 영역을 생리학자들에게 일임할 수 있다. 이 같은 방식으로 언어학은 두 개의 영역에 걸쳐 있다.

따라서 본질적인 탐구를 위해서는 언어(랑그)에서 출발해야 한다. 아마도 음운론(phoné-tique)을 대립시킬 수 있을 것이다. 음운론은 음성적 요인들에 의해 단어들의 형태가 시간 속에서 변형되는 현상을 연구한다. 언어를 음운론으로부터 독립된 것으로 간주하는 것은 지나친 것일 수도 있다.

실제로 음성학적 현상을 자세히 연구하면 현실적으로 어떤 음성적 변화도 없다는 견해가 도출된다. 즉 음성적 변화가 아닌 오직 대치들(substitutions)만이 있는 것이다.(예컨대 κατα에서 καδα가 되는 것이다.)[19] 따라서 사람들은 하나의 요소를 다른 요소로 대치시키면서 심리적 행위를 완수한다.

그러므로 모든 발성 사실들은 언어(랑그) 밖에 위치시켜야 한다. 언어활동에서 발화(파롤)의 부분은 언어(랑그)의 부분과 본질적 관계를 맺지 않는다. 이 같은 개인 발화 부분을 판단하는 최상의 순간은 출발점으로서 언어(랑그)를 포착하는 것이다.

하지만 제약이 있다. 이 점에서 언어(랑그)의 사실로부터 발화(파롤)의 사실들을 분리할 수 있을까? 만약 우리가 낱말들, 문법적 형태들을 취한다면 이 모든 것은 언어(랑그) 속에 주어진 상태 속에서 고정된다. 하지만 하나의 문장 속에서 자신의 생각을 표현하기 위해 각자의 선택 속에 맡겨진 조합이라는 개인적 요소가 늘 존재한다. 이 조합은 발화(파롤)에 속하는데 왜냐하면 그것은 하나의 실행이기 때문이다.

이 부분(언어 약호의 개인적 사용)은 한 가지 문제를 제기한다. 언어(랑그) 속에서 주어진 것과 개인의 주도에 맡겨진 것 사이에 존재하는 일정한 불확정성은 오직 구문(syntaxe)[20]에서 나타난다. 여기에서 한계 설정을 긋는 것은 어렵다. 구문 영역에서는 사회적 요소와 개인적 요소, 즉 실행과 고정된 연합이 어느 정도 약간 혼합되고 있다는 점을 고백해야 할 것이다. 최소한 어느 정도 혼합되는 데에 도달한다.

그것이 바로 언어(랑그)에 대한 우리의 개념으로서, 이는 오직 다양한 언어들의 계열을 통해서만 표현될 수 있다. 우리는 규정된 하나의 언어(랑그)에 근거해서만 언어(랑그)에 대한 개념을 포착할 수 있다.

언어(랑그), 단수로 쓰이는 이 단어는 어떻게 정당화될 수 있는가? 우리는 언어(랑그)라는 단어를 통해서 하나의 일반화를 뜻하는데, 이것은 정확하게 규정해야 될 의무 없이, 모든 규정된 언어에 대해 참인 것으로 발견되는 것을 말한다. 이 언어(la langue)라는 일반적인 용어가 언어활동(langage)과 동일한 가치를 갖는다고 생각해서는 절대 안 된다.

# 2장 언어 기호의 본질

1911 이 장에서 우리는 두 가지 기본적인 원칙을 보게 될 것이다. 그 전
5. 2 에 몇 가지 관점들을 재론하자. 언어 기호는 매우 다른 두 가지 요소들 사이에서 정신에 의해 맺어진 결합에 기초한다. 하지만 그 상이한 두 가지는 모두 심리적인 것이며, 주체 속에 존재한다. 하나의 청각 이미지는 하나의 개념과 결합된다. 청각 이미지는 물질적 소리가 아니라 소리의 심리적 흔적(l'empreinte psychique)이다.

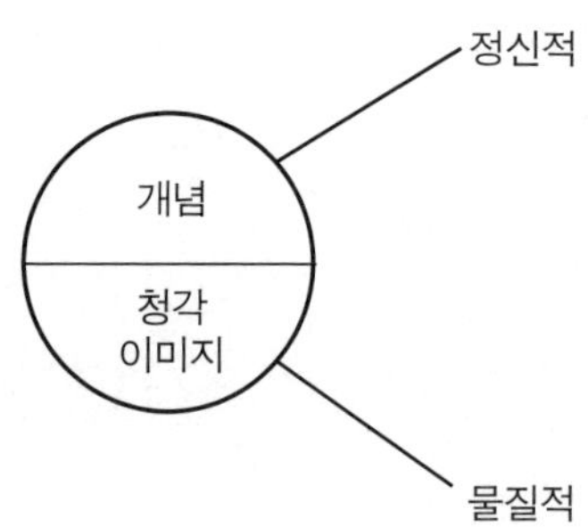


물질적이란 감각 기관들에 의해 제공되는 감각적이라는 의미이며
물리적이라는 의미가 아니다.

사람들은 언어 속에는 오직 하나의 사전 목록체(nomenclature)만이 존재한다고 지레짐작함으로써 빈번히 오류를 범한다.(가령, 나무, 불, 말, 뱀) 언어의 내용이 그것의 일차적 특징들로 귀결된다. 이것은 매우 초보적인 방법이다. 만약 우리가 한순간 그 같은 입장을 채택한다면 우리는 언어 기호가 무엇으로 이루어졌는지를 보게 될 것이며, 또한 언어 기호가 무엇으로 이뤄지지 않았는지를 보게 될 것이다. 우리는 일련의 대상들과 일련의 이름 앞에 놓이게 된다.

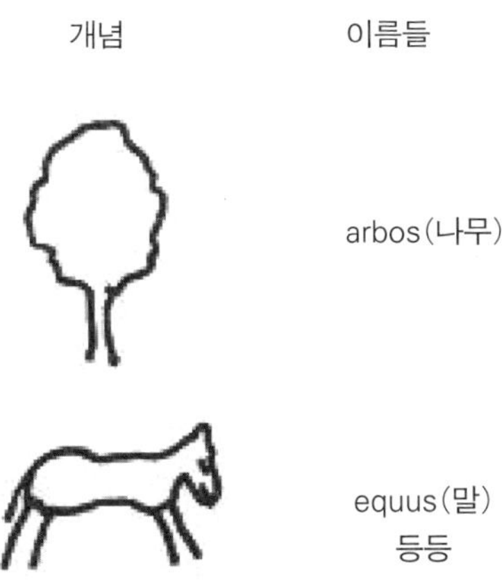


우리는 두 개의 구성 항(項, terme)을 갖게 되는데, 이 구성 항들은 무엇인가? 주체를 벗어나 있는 하나의 대상이 있고 아울러 이름이 존재하는데, 그것이 발성적인 것인지 또는 정신적인 것인지 우리는 잘 알 수 없다. arbos는 두 개의 상이한 의미에서 취해질 수 있다. 그 두 개 사이의 관계는 전혀 명료하지 않다.

합리적 개념화(conception) 속에서 우리는 그 두 개의 구성 항을 다시 발견하며, 이를 다음과 같이 나타낼 수 있다.

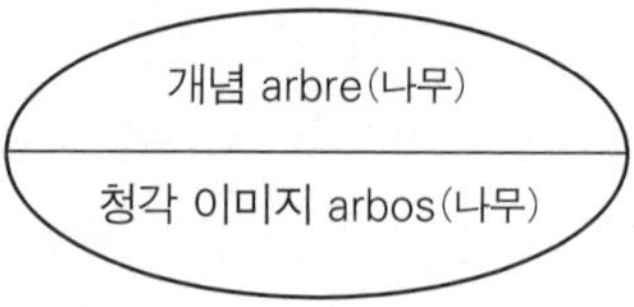

개념 arbre(나무)

청각 이미지 arbos(나무)

그 두 개의 구성 항들은 주체 속에 존재하며, 모두 심리적이고, 결합을 통하여 동일한 심리적 장소에 집중되고 있다. 여기에서 가장 물질적인 구성 항은 arbos가 될 것이며 arbre는 가장 심리적인 구성 항이 될 것이다. 우리는 위의 도식에서 제시된 구성 항들의 상호 접근이 아닌 그 이외의 다른 모든 상호 접근을, 기호가 구성하는 두 개의 구성 항들에 대한 탐구에 있어서 잘못된 노선으로 간주하고 그것을 거부할 것이다.

우리가 청각 이미지들이 갖고 있는 전적으로 심리적인 특징에 직면할 경우, 그것은 스스로에 대해 마음속의 언어를 연구하는 것이다. 이 내부의 언어 속에서는 입술을 움직이지 않고도 속으로 하나의 담화나 한 편의 시를 발음할 수 있고 들을 수도 있다. 따라서 물질적인 부분은 청각 이미지라는 형식으로 주체 속에 존재한다.

다양한 음절 소리 b, a 등을 언급하는 것은 합법적이다. 그것들은 마음속 청각 이미지의 음절들이다. 여기에서 몇몇 용어들은 제외되어야 한다. 예컨대 발화, 발성 행동이라는 관념을 전제로 하는 음소(phonème)라는 용어를 사용하는 것은 피해야 한다.

발성 이미지(images vocales)를 언급한다는 것(비교: 청각 이미지) 또한 그 용어의 사용에 있어 일체의 유보적 단서들을 필요로 한다. 개념과 이미지의 결합으로 이루어진 전체를 기호라고 불러야 할지 또는 보다 물질적인 절반의 부분인 청각 이미지 자체를 기호라고 불러야 할지를 알고 있어야 한다. 그 물음에 대해 단적으로 답할 수는 없다. 어떤 경우든 비록 arbos가 기호라고 상정된다 하더라도 그것은 결코 개념을 지니는 것만큼은 아닐 것이다. 바로 거기에 우리가 해결해야 할 용어 사용법과 관련된 문제가 있다. 또한 이러한 관점에서 두 개의 상이한 단어들을 필요로 한다. 우리는 매우 심각해질 수 있는 혼동을 피하기 위해 노력할 것이다.

첫 번째 혹은 최고 진리는 다음과 같다. 언어 기호는 자의적이다.

하나의 주어진 청각 이미지를 한정된 개념과 결합시키는 관계,[1] 그리고 개념과 청각 이미지에 기호로서의 가치를 부여하는 관계는 철저하게 자의적 관계다. 모든 사람이 이 점에 동의한다.

이 진리의 위계적 자리는 최정상에 있다. 수많은 상이한 사실들이 단지 이 같은 진리의 지류들, 감춰진 파급 효과들에 불과하다는 점을 우리는 아주 천천히 깨닫게 된다. 기호는 자의적이다. 즉, '누나(sœur)'라는 개념은 (그 개념에 해당하는 청각 이미지를 형성하는 소리들의 연속인) 그 소리 s+ö+r와 더불어 그 어떤 내적 관계의 특징에 의해서도 연결되지 않는다. 이 개념은 다른 소리들의 연속에 의해서도 얼마든지 표현될 수 있다. 한 언어에서 다른 언어로 넘어가면서 '소(bœf)' 라는 개념은 bos라는 소리들의 연속으로 표현될 수 있다. 그것은 문자 표기의 기호들이 갖고 있는 동일한 자의적 특징이다. 그리스 알파벳 철자 P, Π 혹은 Θ에서 사용된 획들의 연속으로 내가 소리 P를 지칭하는 데 있어 미리 존재하는 그 어떤 관계도 없다는 것은 분명하다.

기호학은 앞으로 자의적 기호들을 다루어야 할 것인지 또는 그와는 다른 기호들을 다루어야 할 것인지를 결정하게 될 것이다. 기호학의 영역은 자의적 기호들로 이루어진 체계들이 될 것이며, 언어는 그것의 주된 전범(exemple)이다.

언어 상징(symbole linguistique)이라는 용어는 매우 신중히 사용해야 한다. 상징은 결코 비어 있지 않다. 상징[2]에는 관념과 그 관념의 기호로 사용되는 것의 관계에 있어서 최소한 원초적 흔적(rudiment)이 존재한다. 저울(balance)은 정의의 상징이며, 거기에는 하나의 관계가 존재한다.

동일한 관점에서 청각 이미지이라는 용어에 주의를 기울일 필요가 있다. 하나의 이미지는 그것이 재현하는 사물과 늘 일정한 관계를 맺기 때문이다. 여기에서, 이미지라는 용어는 이미지화(상상력, imagination)를 실현하면서 어떤 상기력(想起力, pouvoir évocateur)을 갖는 형상의 가장 일반적인 의미로 이해되어야 한다. 나중에 가서 우리는 이 같은 이미지가 훨씬 더 정확하게 상기적이게 된다는 것을 보게 될 것이며, 단순하지 않은(primaire) 이 같은 사실의 이름으로 우리는 이미지라는 표현을 간직할 것이다.

자의성이라는 단어에 대해서도 재론해야 한다. 그것은 개인의 자유로운 선택에 달려 있다는 의미로 해석되어서는 안 된다. 그것은 개념에 견주어 자의적이며, 청각 이미지와 개념을 결합시키는 관계에 있어 자의적 기호는 그것을 특별히 이 개념과 연결시키는 그 어떤 것도 갖고 있지 않다. 또한 사회 전체조차 기호를 변경시킬 수 없을 것이다. 왜냐하면 과거의 유산은 진화의 과정들을 통해 그 사회에 부과되었기 때문이다.

이 점에서 의성어[3]들의 문제가 존재한다. (의성어는 그 소리에 그 단어들이 표현해야만 하는 개념 자체를 떠올릴 수 있는 그 어떤 것을 갖고 있다.) 사람들은 이러한 선택이 자의적인 것이 아니라고 말한다. 거기에는 내적인 관계가 존재할 것이다. 사람들은 일반적으로 의성어의 숫자를 매우 과장한다. 예컨대 사람들은 pluie(비)가 비 오는 소리를 표현한다고 말한다. 하지만 조금 더 과거로 거슬러 올라가면 전혀 그렇지 않음을 알 수 있다. (과거에는 plovit였다, 등등) 하지만 우리는 그것을 여전히 갖고 있다. 초침이 울리는 소리 똑딱똑딱(tic-tac), 병에서 나는 콜록콜록(glou-glou) 소리. 이러한 단어들은 실제로 임의의 단어들의 체제(régime) 아래 놓일 것이다. 그만큼 의성어들이 언어라는 큰 바다에 깊이 연루되어 있다면 말이다. 의성어와 같은 사례들이 생겨나는 이유는 사람들은 빈번하게 착각할 수 있으며 하나의 모방이 전혀 존재하지 않는 경우들 속에서 모방(imitation)을 보는 수가 있기 때문이다.

어휘들 가운데서 이 같은 부분에 속하는 경우들의 분량은 매우 제한적이다. 감탄사의 경우도 마찬가지다. 감탄사의 경우 자연에 의해 지시된 그 어떤 것이 존재한다고 말할 수 있을 것이다. 아울러 소리와 개념 사이에 관계가 존재한다고 말할 수 있을 것이다. 하지만 대부분의 감탄사들에서 이 점은 부정될 수 있는 것인데, 그 증거로 다른 단어들을 보면 알 수 있다. 예를 들어 Aïe('아야야', 낭패를 나타내는 감탄사)는 독일어나 영어에서는 찾아볼 수 없다. 감탄사의 상태로 넘어간 욕설들도 있다. 그것들은 매우 특수한 의미를 갖는 단어들에 기원을 둔 것으로 알려져 있으며, 따라서 매우 부차적이며 이론의 여지가 많은 의성어와 감탄사의 경우들이다.

두 번째 원리 또는 두 번째 최고의 진리는 다음과 같다. 언어 기호(기호에 사용되는 이미지)는 하나의 외연을 소유하고 있고, 이 외연은 하나의 유일한 차원에서 전개된다. 이 같은 원리로부터 일정 수의 적용들이 도출된다. 이 원리는 너무 자명하다. 만약 우리가 문장 속에서 단어들을 재단할 수 있다면, 그것은 바로 이 원리의 결과인 것이다. 이 원리는 언어학이 갖고 있는 모든 수단들이 종속되는 조건들 가운데 하나를 표현한다.

이 같은 사실은 언어 기호가 청각적이라는 사실로부터 도출된다. (언어 기호는 오직 하나의 차원, 즉 하나의 유일한 차원을 갖는 시간 속에서 전개된다.) 여러 개의 차원으로 이루어진 하나의 복잡화를 제공할 수 있는 기호들의 종류(예컨대 시각적 기호)와 비교하여 청각 기호는 하나의 선의 상태로 형상화될 수 있는 공간 속에서만 복잡화를 제공할 수 있다.[4] 기호의 모든 요소들은 하나의 연쇄를 이루면서 계속된다. 때때로 그 점을 부정할 수 있을 것 같아 보인다. 예컨대 하나의 음절에 강세를 둔다면 말이다. 동일한 점에 상이한 기호들의 요소들을 축적하는 것 같아 보이지만 그것은 환상이다. (기호들의 이 같은 보충은 오직 병렬된 기호들에 견주어서만 가치를 갖는 것이다.)

아울러 이 같은 성격으로부터 나타나는 결과는 청각 이미지들은 공간적 형태로 전환될 수 있고, 이 같은 전환이 취하는 선에 의해 합당한 방식으로 전환될 수 있는 것이다. 그것이 선인 이유는 실제로 하나의 차원밖에 없기 때문이다.

1911 다음 장으로 넘어가기 전에 한 가지 누락된 사항을 지적하겠다. 1장
5.5 의 끝에 다음과 같은 점을 첨언해야 한다. 언어에 대한 우리의 개념이 그처럼 주어졌을 때 언어는 일련의 다양한 언어들에 의해서만 표현될 수 있다. 우리는 하나의 한정된 언어에 근거해서만 그 개념을 포착할 수 있다. 언어(랑그), 단수형으로 쓰인 이 단어가 어떻게 정당화될 수 있을 것인가? 우리는 그 단어를 통해 하나의 일반화를 의미한다. 이 점은 모든 한정된 언어에 대해 참이므로 그 언어가 어떤 언어인지를 정확히 지적할 필요는 없을 것이다. 언어(랑그)라는 이 일반적 용어가 언어 활동과 등가의 관계를 맺는다고 생각해서는 안 된다.

# 3장 언어(랑그)를 구성하는 구체적인 실재들은 무엇인가

실재(entités)[1]란 본질, 즉 하나의 존재를 구성하는 요인이다. (이것이 사전적 정의다.) 과학의 몇몇 분야에서는 조직화된 존재들을 자신 앞에 두고 있으며, 바로 그 존재들에 대해 언급한다. 그런데 언어 영역과 같은 제반 영역들 속에서는 상이한 존재들이 자신의 본모습을 우리의 시야에 단숨에 스스로 드러내지 않는다. 그러므로 우리는 하나의 단어를 선택해야 하며, 그것은 실재라는 스스로를 현존화하는 존재를 말한다.

어떤 중개도 없이 서로 정면으로 맞서는 언어 속에서는 주어진 단위도 실재도 존재하지 않는다.

언어 속에 포함되어 있는 다양한 실재들의 형성을 파악하기 위해서, 또는 다른 차원에 속하는 실재들을 언어적 실재들로서 간주하는 오류를 피하기 위해서는 상당한 노력이 필요하다. 언어의 경우 우리는 조직화된 존재들을 앞에 두고 있지 않으며 또는 물질적인 사물들을 앞에 두고 있는 것도 아니다. 언어와 더불어서 우리는 현실적 실재들을 볼 수 있기에는 열악한 위치에 있다. 언어라는 현상은 내적이며, 근본적으로 복잡하기 때문이다. 언어(랑그)라는 현상은 개념과 청각 에너지라는 두 요소의 결합을 전제로 한다. 바로 그런 이유에서 언어가 형성하는 덩어리(mass)의 한복판에서 실재들을 판별하기 위해서는 하나의 적극적 작동과 세심한 주의의 적용이 필요하다.

최초의 순간에 우리는 마치 단위들처럼 보이는 많은 것들을 보게 된다. 하지만 가까이에서 면밀히 보면 그것들이 언어학적인 것이 아님을 깨닫는다. 내가 음절들로서 전제했던 것(음절들은 우리 앞에서 자신들의 존재 이유를 갖고 있는 단위들로서 존재한다.)과는 달리 말이다. 우리는 그것들이 발화의 단위들이지, 언어학적 단위들이 아님을 깨닫게 된다.

언어학적 대상의 본질 그 자체에 따라 우리가 고려해야 할 주의 사항은 다양하다. 우리가 하나의 언어적 실재 앞에 놓여 있기 위한 첫 번째 조건은 두 요소들 사이의 결합이 현존하거나 유지되어야 한다는 것이다. 만약 의심할 여지없이 우리가 그 요소들 가운데 하나만 취한다면, 우리는 언어학적 단위를 허위로 만든 것이다. 그 경우 우리는 하나의 추상을 만들어 낸 것이며 우리가 앞에 두고 있는 것은 더 이상 구체적 대상이 아니다. 언어 기호 속에서 결합된 것을 분리해서는 안 될 것이다.(음절들로 잘라서는 안 되는 것이다.)

매 순간마다 다음과 같은 일이 발생한다. 전체 속에서 움직인다고 생각하지만 실제로는 언어 기호의 부분들 가운데 어느 하나 속에서만 움직인 나머지 더 이상 언어학적 실재들이 앞에 놓이지 않게 된다. 그 결과 만약 우리가 물질적 측면, 즉 소리들의 연속을 포착한다면 그 소리들의 연속은 오직 그것이 관념의 물질적 버팀목으로 간주될 때만 언어(학)적인 것이 될 것이다. 하지만 그 자체(물질적 측면)로 간주되면, 그것은 더 이상 언어(학)적이지 않은 질료이며, 만약 단어의 외피(enveloppe)가 언어(학)적이지 않은 질료를 표상한다면 그 질료는 오직 발화 연구와 관련될 수 있을 것이다. 모르는 언어는 우리에게 언어(학)적이지 않다. 이러한 관점에서 물질적인 단어는 언어학적 관점에서 보면 하나의 추상화(abstraction)라고 할 수 있다. 구체적 대상으로서 그것은 언어학의 부분을 이루지 않는다.

언어 기호의 정신적 측면에 대해서도 동일하다. 만약 우리가 상이한 개념들 자체(가령, aimer-(사랑하다), voir-(보다), maison-(집))를 하나의 표상적인 기호로부터 그 개념들의 표상적 요소로부터 분리하면서 취한다면 그것은 심리학적 대상들의 연속에 불과할 것이다. 심리학적 차원에서 그것은 복합적 단위라고 말할 수 있을 것이다. 개념이 언어학적 질서에 속하기 위해서는 청각 이미지의 가치를 가져야만 한다. 또는 만약 그것을 언어학적 질서에 속하게 한다면 그것은 하나의 추상화일 뿐이다.

음색(sonorité)이 개념적 실질의 성질이 되는 것처럼 개념(concept)은 청각적 실질의 성질이 된다. 신체와 정신으로 형성된 사람과의 비교는 부분적으로만 적당하다. 언어(학)적 실질을 복합적인 화학 물질에 비교할 수 있을 것이다. 이를테면 물은 수소와 산소로 이루어져 있다.($H_2O$) 산소와 수소를 분리하더라도 여전히 그것은 화학적 차원으로 남아 있다. 이와는 정반대로 만약 언어라는 물을 수소와 산소를 취하면서 따로 분해한다면, 그것은 언어적 차원을 떠나는 것이다. 더 이상 언어(학)적 실재를 갖고 있지 않게 되는 것이다.

우리가 구체적인 언어학적 대상으로 산정하는 것은 오직 청각과 개념의 결합이 존속하는 경우로 한정된다. 사람들은 이 같은 실재, 또는 실재들에 한계를 설정하지 않고서는 여전히 아무것도 하지 못했다.

그것들의 한계를 설정하는 것은 순전히 물질적인 것으로만 이루어지지 않은 작동이지만 필요하거나 또는 가능한 작동이다. 왜냐하면 거기에는 물질적 요소가 존재하기 때문이다.

우리가 한계를 설정할 때 우리는 실재라는 이름을 단위라는 이름으로 대치할 수 있을 것이다. 우리가 일차적으로 놓여 있는 상황 속에서 한계가 설정된 것은 존재하지 않는다. 하지만 다행히도 여기에서는 하나의 국면이 제시되었고, 우리가 도출한 이 조건, 즉 청각의 음색은 오직 일차원에서만 전개된다는 조건이 제시되는 것이다. 따라서 나는 종이와 가위를 주고 그것을 자르도록 하는 사람의 상황에 놓여 있는 것이 아니라 사람들이 우리에게, 어떤 사람에게 자르기만 하면 되는 하나의 선을 제시하는 것과 같은 형국이다. 한계 설정은 동일한 선 위에서 연쇄 고리들을 형성하게 될 것이다.

우리들이 설정한 단위들은 간단한 방식으로 언어활동의 조건들 자체에 의해 한계가 설정되며 그 방식은 형식이라는 단어가 상기하는 방식과는 다를 것이다. 그리고 우리는 한계 설정을 위한 최상의 방법이 발화(파롤)를 취하는 것이라는 점에 동의할 수 있을 것이다. 발화는 여기에서 언어의 자료(document)로서만 나타날 뿐이다. 실제로 우리 뇌의 내부에 존재하는 칸막이들을 우리는 탐색할 수 있으며 이때 우리는 발화 속에 주어진 외적인 수단을 사용해야만 한다.

그것은 연속적이며 이중적인 연쇄에 의해 표상될 수 있다. 개념들의 연쇄와 청각 연쇄 또는 음의 연쇄로 표상될 수 있다.

그 어느 것도 미리 그 안쪽에서 한계가 그어지지 않는다. 언어학적 단위들을 설정할 수 있는 유일한 수단은 도입된 분할들과 개념이 일치하는 것이 사실인지를 끊임없이 검토하는 일이다. 현실적으로 이를 위해서는 상이한 발화의 연쇄들을 비교해야 할 것이다. 내가 그 연쇄들 가운데서 하나의 단위를 제시하면서 그 분할을 설정할 수 있는 것은 오직 일정한 한도에서 가능한 것이다.

예) Sižlaprǎ(si je la prends)

만약 내가 다음과 같이 정지된 단위들이 존재하기를 원한다면, sižl, 그것은 거부될 것이다. 일련의 시도를 통해서 나는 내가 구별할 수 있는 단위들이 다음과 같은 것임을 알게 될 것이다.

si-ž-la-prǎ 또는 si-ž-l'-prǎ
(만약 내가 그것을 배운다면) (만약 내가 그것을 택한다면)

즉, 기호 옆에서 흘러가는 사고를 탐색하는 것 말고는 다른 수단이 없다.

도입된 분할들은 두 개의 가치를 갖는다. 음성적 연쇄와 관념이 그것이다. 그것들은 언어(학)적이다.

siž | la | prǎ이라는 이 같은 분할의 질서는 전혀 언어(학)적인 것을 갖고 있지 못하다. 이런 식으로 분할하면서 음절을 획득한다.

발화에서 생산된 일정 분량의 발송들을 필요로 한다. 어떻게 나는 하나의 단어가 한계가 그어진 단위임을 확신할 수 있는가? 그 단어를 일련의 상이한 문장들 속에서 취해야 할 것이다.

la)fors(duvā

aboud)fors([2]

만약 청각적으로 fors와 무관한 모든 것을 분리하면서, 형태와 의미가 일치하는 것만을 간직했다면 나는 상당한 개연성의 성취와 더불어 언어(학)적 단위의 한계를 설정했을 것이다. 하지만 모든 문장들 속에서 동일한 개념이 한계가 설정된 동일한 청각적 연속과 더불어 일치한다는 점을 직시해야 한다. 아울러 *i l m e* *f o r s* *a p a r l e*(그는 내가 말을 하도록 강요한다.)와 같은 문장에서 그 개념은 더 이상 상응하지 않는다. 왜냐하면, 그 관념은 더 이상 동일하지 않기 때문이고, 이로부터 구별되는 두 개의 언어(학)적 단위들을 설정해야 할 필요성이 대두된다.

1911 우리는 그 같은 구별을 통한 단어 정의를 원치 않았다.

5.9 모든 단위는 하나의 개념에 불가분의 관계로 결합된 소리 속에서 하나의 절편(tranche)을 포함한다. 그 개념 없이는 그 절편에 한계를 그을 수 없다. 지금은 이 같은 단위들을 정의하려 시도하지 않을 것이다. 예를 들면 사람들은 하위 단위들을 찾아낼 수 있다. 단어라는 단위들은 매우 큰 역할을 맡겠지만, 그것만 있는 것은 아니다. 다른 종류의 단위들도 존재한다. 예를 들면 복합어를 취할 수 있을 것이다. 가령, désireux, malheureux[3]에서 -eux는 단어라는 단위에 종속된 단위들인 것이다.

동일성으로 간주되는 구체적 실재들. 이 같은 관점을 관찰하는 것은 매우 유용하다. 우리가 앞에서 보았듯이 하나의 단어를 추출하기 위해서는 의미와 청각적 감각의 밀접한 결합을 관찰해야 하며 더불어 이미지의 한계를 설정해야 한다. 하지만 이 같은 작동은 모든 기호에 대해 동일성의 고정이라고 불릴 수 있다.

동일성의 문제를 이 같은 형식에서 표상할 수 있다. 언어 속에서 동일성들을 표상하는 것은 무엇인가? 우리가 하나의 실재가 무엇인지를 인식하는 데 어려움이 따랐던 것과 마찬가지로, 사람들은 하나의 동일성이 무엇인지를 인식하는 데에도 어려움을 갖고 있다. 우리는 다음과 같은 동일성을 빈번하게 제시한다. 기차가 코르나뱅 역에서 5시 25분에 매일 출발한다. 우리에게 그것은 동일한 것이다. 연설가는 전쟁에 관해 말하면서 전쟁이라는 단어를 15~20번 반복한다. 우리는 그것이 동일하다고 선언한다. 그런데 매번 그 단어가 발음될 때마다 분리된 행위들이 존재한다. 이미 첫 번째 사항이 제시된다. 하지만 곧이어 만약 우리가 동일한 문장 속에서 예컨대 내가 다음과 같이 말할 수 있다는 점을 고려해 본다면, "Son violon a le même son."(그의 바이올린은 똑같은 소리를 낸다.) 그리고 만약 앞서 내가 소리(son)란 단어의 동일성에 대해 말했다면, 나는 여기에서 두 번 반복된 son이라는 청각적 파편이 하나의 동일성을 표상하지 않음을 보게 될 것이다.

마찬가지로 만약 내가 다음과 같은 문장 속에서 동일한 청각적 연속을 집어낸다면, "cet animal porte plume et vec"(이 동물은 깃털과 부리를 갖고 있다.) 그리고 "prête-moi ton porte-plume"(나에게 너의 펜을 빌려다오.) 여기에서 우리는 거기에 동일성이 있다는 사실을 인정하지 않을 것이다. 상기된 관념 속에서 동일성이 반드시 있어야 한다. 이 같은 동일성은 주관적이며 정의할 수 없는 요소를 포함한다. 동일성이 존재하는 정확한 지점은 늘 고정하기가 매우 까다롭다. lentille(렌즈콩; 야채와 현미경) 속에 동일성이 존재하는가, 안 하는가?

만약 그 수단이 우리에게 결여되어 있다면 그것은 우리의 결점이 아니다. 청각적 파편 속에서의 완벽한 상응을 포함하여, 상기된 관념 속에서 상당할 정도로 완벽한 상응을 필요로 한다. 언어의 모든 기제는 동일성과 차이를 근거로 전개된다. 여기에서는 단지 단위들의 문제 또는 동일성들의 문제가 동일하다는 점을 주목하는 것으로 족하다. 이제 아주 짧은 다음 장에서 그 점을 살펴보자.

# 4장 언어의 추상적 실재들

이것은 탐구하기가 가장 어려운 영역들 가운데 하나이다. 우리는 여기에서 총체적 명료성이 아닌 단지 몇 줄기의 빛을 볼 수 있을 뿐이다.

이 영역은 구체적 실재들에 대한 선결적 연구를 전제로 한다. 그래서 우리는 그것을 따로 남겨 놓은 것이다.

사람들은 무엇을 추상적 실재라고 부르는가?

언어 속에는 단위들에 주어진 순서에 기초한 많은 것들이 존재한다. 매우 명료하고 간단한 예로서 단어들을 단지 병렬하는 고대 프랑스어의 방식을 취해 보자. 가령, Hôtel de Dieu(신의 숙소) 대신 Hôtel Dieu라는 표현이 그 예가 될 것이다. 사람의 이름이 관련되는 경우도 반드시 언급되어야 한다. Les quatre fils Aymon.(=d'Aymon)('아이몬의 4명의 아들') 여기에서는 하나의 단위(de)에 의해 표현될 수 있는 관념이 존재한다. 즉 하나의 하위 단위 그리스어 -ος를 통해서 표현될 수 있는 관념이 존재하며, 아울러 오직 이 경우에서는 하나의 순서를 통해서 표현될 수 있다.

또는 je dois와 dois-je(나는 ~해야 한다)로서 여기에서 관념에 대한 가치를 결정하는 것은 순서다. 또는 désireux에(두 개의 단위들이 존재한다는 것을 인정하면서) 더 이상 eux-désir라고 적을 수는 없는 것이다.(욕

망적-적욕망)

따라서 여기에서는 수단으로서 사용된 순서가 존재한다. 한편으로 우리는 이것이 언어는 선조적이라는 근본적 조건 속에 진입하고 있음을 목격한다. 만약 우리가 두 개의 순서를 구별할 수 있다면, 즉 우리에게 하나의 수단인 선과 후가 존재한다면 그 이유는 우리가 오직 단 하나의 차원에서 주파하기 때문이다. 순서라는 관념 속에서 사람들은 추상적인 개념을 본다. 그리고 그것을 추상적인 실재들 속에 배열한다. 왜냐하면 그것은 하나의 수단이기 때문이다. 그것을 구체적인 실재라고 부를 수 있을 것 같지는 않다.

또 다른 예: 라틴어에서 domini, regis, regum[1] 속에서는 일치하는 것이 아무것도 없다. 그러나 동일한 하위 단위에 속한다고 말할 수 있다.(속격) 하지만 여기에는 다양한 물질적 버팀목과 더불어 일정한 가치에 대한 의식이라 할 수 있는 무엇인가가 존재한다. 그것은 동일한 것이며 동일한 사용을 지시한다. 여기에서 우리는 물질적 버팀목과의 접촉을 완전히 떠난다. 모든 언어 주체들에 의해서 작동되는 실증적 추상화가 존재한다. 말하는 주체의 현존하는 힘을, 즉 속격의 가치를 무시할 수 있을까?

이 같은 종류의 동일성들은 절차(procédé)라는 개념 속에 들어올 수 있다.

여러 분류들을 도입하고 어디까지 나아갈 수 있는지를 아는 것은 어려운 일이다. 큰 어려움들 가운데 하나는 구어가 그 자체로 우리가 제시한 문법적 분석보다 더 멀리 나아가는지를 알아보는 일이다.

그럼에도 우리는 늘 이 같은 단위들을 재론해야 한다. 동일성 또는 실재들 그리고 우리가 구별했던 종류의 동일성들을 재론해야 한다.

어떤 것이든 하나의 기초 없이 상상할 수 있는 절차는 존재하지 않는다. 구체적 실재들에 대한 연구는 늘 선행되어야 한다. 모든 것은 궁극적으로 이 같은 단위들의 기초에 기반을 둘 것이다. 즉 직접적 혹은 간접적 기초로서 이 같은 단위들에 기반을 둘 것이다. 기초 그 자체에는 늘 구체적 기호가 존재한다. 어떤 것이 영도(zéro)에 의해 표현될 때, 심지어 기호가 영의 가치가 될 때도 마찬가지이다. L'homme(que) j'ai vu: 영어에서는 que(영어의 that)를 사용하지 않는다.(The man I have seen)

영의 가치(zéro)에 의해 실현되는 단위가 존재한다. 그에 따라서 우리는 '내가 본 사람(the man I have seen)'을 그 단위로 취할 것이며, 구체적인 매개체로 돌아가야 할 것이다.

추상적이라는 단어에 대해서는 재론의 여지가 있다.

1) 우리는 어떤 의미에서 추상적이라는 단어를 취하는가? 먼저 전혀 언어(학)적이지 않은 추상적인 사물들이 존재한다. 또한, 만약 우리가 의미 작용을 그 자체로 취하기를 시도한다면, 즉 음성적 매체로부터 철저하게 그 의미 작용들을 떼어 놓으면서 의미 작용을 취하기를 시도한다면(물질적 매체로부터), 우리는 더 이상 언어학 속에 있는 것이 아니라, 심리학 속에 있는 것이다. 거기에는 추상화가 존재하지만 우리는 언어학 속에 있는 것이 아니며, 이것을 통해서 우리는 언어의 추상적 실재들을 이해할 수 없다. 마찬가지로 소리를 그 자체로 취하면 언어(학)적인 것이 아니다. 2) 그와는 정반대로 어떤 것도 언어에서는 추상적일 수 없다고 말할 수 있는 하나의 의미가 존재한다. 다음과 같이 말하면서 이 같은 용어 사용을 정당화할 수 있을 것이다. 언어 속에서는 화자들의 의식 속에 현존하는 모든 것이 구체적이다. 오직 문법학자들에게만 속하는 이런저런 구별, 즉 화자들의 의식에 의해서 비준되지 않은 그 같은 구별을 추상적이라고 간주하면서 말이다.

우리가 구체적이며 추상적이라는 단어들을 취한 것은 이 같은 의미에서는 아니다. 우리는 구체적이라는 용어를 다음과 같은 경우에 국한시킨다. 즉 관념이 하나의 음성 단위 속에서 버팀목을 직접적으로 갖는 경우에만 구체적이라 할 것이다. 추상적이라는 것은 화자들의 작동에 있어서 그 버팀목을 간접적으로 갖는 경우다.

# 5장 언어 속에서 절대적 자의성과 상대적 자의성

우리는 기호와 표상된 관념 사이의 관계가 철저하게 자의적이라는 사실을 자명한 진리로서 상정했다. 모든 언어 속에서 철저하게 자의적으로 남아 있는 것과 상대적 자의성이라고 부를 수 있는 것을 구별해야 한다. 모든 언어에서 기호들의 일정 부분만이 철저하게 자의적일 것이다. 다른 기호들 속에는 일정 수준의 정도를 통해 구별할 수 있는 현상이 개입한다. 우리는 자의성이라는 말 대신 무근거적(immotivé)이라고 말할 수 있다.[1]

기호와 음성의 관계가 상대적으로 근거적(motivé)인 경우가 있다. 이를테면 vingt(20), dix-neuf(19)라는 단어를 예로 들어 보자. vingt은 절대적으로 무근거적이다. dix-neuf는 완전히 무근거적이지는 않다. 우리는 어떤 의미에서 그런지를 알 수 있다. 실제로 vingt은 언어 속에 공존하는 다른 어떤 구성 항도 환기시키지 않는다. 반면, dix-neuf는 언어 속에 공존하는 구성 항들(dix와 neuf)을 환기시킨다.

이를테면 그 단어는 스스로 근거를 가지려고 시도하는 것이다. dix(10)에 있는 것과 neuf(9)에 있는 것은 완전히 자의적이다. dix-neuf와 더불어 우리는 상대적 근거 속에 있는 것이다. 똑같은 방식으로 우리는 다음과 같이 대립시킬 수 있다.

poirier라는 단어는 상대적으로 근거가 부여되어 있는데, 왜냐하면 공존하는 구성 항 poire(배)와 두 번째 어미 -ier를 상기시키기 때문이다.(그것은 스스로를 근거 있게 만들려고 시도한다.)

또는 다음과 같은 단어들을 예로 들 수 있다.

premier(첫 번째)라는 단어에는 근거가 없으며, second(두 번째)라는 단어 역시 아무것도 환기하기 않는다. 하지만 dixième(열 번째), cinquième(다섯 번째)라는 단어들에는 근거가 부여되어 있다.

영어의 ships(선박들)라는 단어가 있다고 하자. 영어의 ships는 '선박'이라는 관념과 '복수'라는 관념을 포함하고 있다. 이것은 birds(새들), flags(깃발들), books(책들) 등등 일련의 단어에 대한 복수라는 관념과 관련된 것을 환기시킨다.

만약 우리가 복수성과 결합된 men이란 단어를 취한다면, 최소한 복수성이라는 관념과 관련해서 아무것도 환기시키는 바가 없다.

Sheep(양)이라는 단어는 아무것도 환기시키는 바가 없다.

그리스어 단어 δώσω는 λύσω, στήσω, τύπσω라는 단어를 환시시켜 준다.[2]

우리가 'εἴμι(에이미, '나는 간다'의 미래형)'라는 단어를 취할 때 이것은 아무것도 환기하지 않으며 또한 스스로 근거를 가지려고 시도하지도 않는다. 마찬가지로 'ἔδομαι(에도마이, '나는 먹는다'의 미래형 '나는 먹을 것이다')'라는 단어를 취한다면 이것 역시 자신의 미래시제를 정당화하기 위해서 아무것도 환기시키지 않는다. 우리는 이미 서로 대립되는 이 같은 예들을 통해 그리고 절대적 자의성 또는 상대적 자의성과 관련된 많은 고찰들을 통해 그 점을 엿볼 수 있다.

하나의 언어를 하나의 체계 또는 하나의 유기체로 만드는 모든 것은 다음과 같은 관점 아래서 접근될 것을 요구한다. 하지만 사람들은 언어를 하나의 관념에 견주어서 자의성의 한계로서 접근하지 않는다. 사람들은 암묵적으로 가능한 최상의 토대에 기반을 두려고 한다. 왜냐하면 언어 기호의 근본적 사실(la donnée)은 자의적이기 때문이다.

따라서 우리는 당도한 첫 번째 영토를 선택하지 않으며, 오히려 근본적 원리를 그 영토로서 취할 것이다. 마찬가지로 언어는 그것이 구성한 모든 것에 대해 필연적으로 그 같은 원리를 영토로서 취했다.

노트 8권 시작

하지만 우리는 사실을 조명하기 위해 사실 자체를 다시 고려해야 한다. 모든 언어에는 다양한 비율로 그리고 언어들에 따라 매우 변이적인 비율, 완벽하게 무근거적인 것과 상대적으로 근거적인 것 두 가지 요소가 나란히 섞여 있다. 이 같은 비례는 특정 언어에 대해 여러 특징들의 하나를 제공하는 것들 가운데 하나이다. 이 같은 요소들 가운데 덜 혹은 더 많은 것을 포함하는 것으로서 하나의 언어를 다른 언어들과 대립시킬 수 있다. 언어를 진화로 표상하는 모든 운동은 완벽하게 자의적인 것과 상대적으로 자의적인 것 각각의 총합 사이에서의 왕복으로 요약될 수 있다. 라틴어가 프랑스어로 진화하는 과정이 바로 그런 것이다. 선행하는 상태에 견주어서 프랑스어의 상태는 언어들 가운데에서도 특히 무근거성의 방향으로 엄청나게 이동한 것이 특징이다. 그 점을 예증하기는 쉽다.

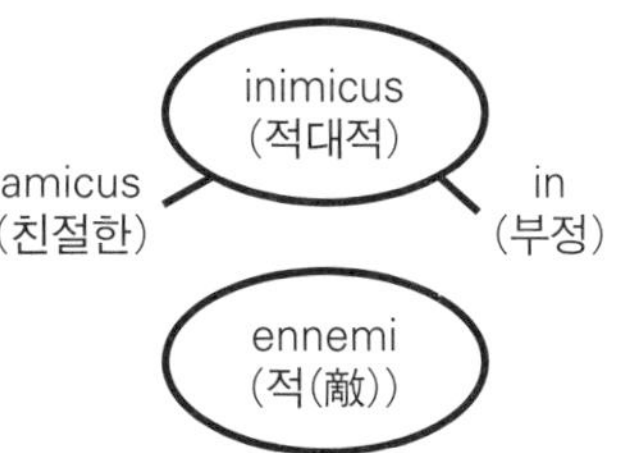


inimicus(또는 inamicus)는 amicus와 in을 환기시킨다. 바로 그 점을 통해 근거가 부여된 것이다.

반면 Ennemi라는 단어는 아무것도 환기시키지 않는다. 이것은 절대적 자의성 속에 속하는 것이며 더구나 그 절대적 자의성이란 기호들의 기초적 조건이라 할 수 있다. 우리는 어떤 요인(음성적 변화)에 의해 이 같은 상태에서 다른 상태로 이동했는지에 대해 고찰할 여력이 없다. 단지 만약 우리가 상대적 자의성과 절대적 자의성의 층위에서 그것을 측정한다면, 단어들의 상이한 상황을 관찰할 수 있을 것이다. 동일한 것이 다른 예들에서 만들어진다. 프랑스어의 그 같은 성격은 최고 지점에 이를 정도로 영향을 받는다.

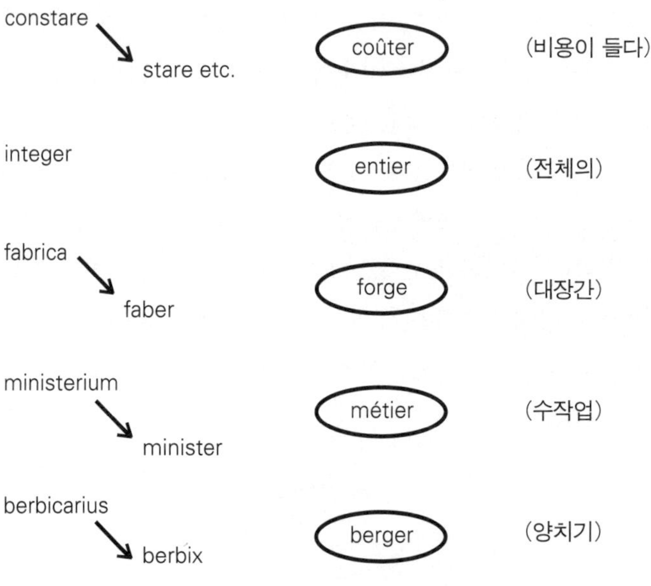


심층 연구를 하지 않더라도 어떤 언어든지, 임의의 한 언어를 연구하면서 그 언어가 무근거적인 것으로 이루어진 파괴될 수 없는 덩어리에 대하여 근거적 요소에 부여하는 자리를 우리는 곧장 이해할 수 있다. 즉 설정해야 할 층위가 존재하며 그 층위에서 무근거적 요소의 비율이 '영(0)'으로 환원될 수 없으며, 또한 일정한 최소치 아래로 내려갈 수도 없다. 영어는 무근거성에 대해 독일어보다 훨씬 중요한 자리를 부여한다. 하지만 이 같은 대립의 양상들 가운데 하나를 선명하게 부각시킬 수 있다는 의미에서 우리는 무근거성이 최대치에 이르는 언어들은 보다 어휘적이라고 말할 수 있으며 그것이 최소치에 이르는 언어들은 보다 문법적이라고 진술할 수 있다. 물론 이것이 직접적으로 동의어처럼 상응하는 것은 아닐지라도 말이다. 그 원리에는 무엇인가 공통된 것이 있다. 실제로 두 개의 상반된 축을 언어들 사이에서 지배하는 두 개의 이율배반적인 경향으로서 구별할 수 있다. 즉 어휘적 도구를 사용하려는 경향, 또는 문법적 도구를 사용하려는 경향이 그것이다. 어휘적 도구는 고립된 칸들로 구성되며 문법적 도구는 고리들로 형성된 연쇄로서 존재한다. 그 고리들 사이가 서로 결합되었으며 하나의 단위는 다른 단위를 환기시킨다. 초어휘적 언어의 유형은 이를테면 중국어이며, 초문법적 언어의 유형에는 원시 인도유럽어족인 산스크리트어, 그리스어가 해당된다. 하지만 나는 이 점에서 자의적인 요소들 또는 상대적으로 자의적인 요소들의 기여를, 사람들을 놀라게 만들 수 있는 쉬운 현상으로서 지적하고자 할 뿐이다. 나는 그 현상 자체 속에서 필요한 만큼 그 문제를 깊이 천착하진 않았다. 그 현상은 내가 지금까지 대립시키지 않고서는 분리하지 않았던 두 종류의 관계를 눈앞에 갖다 놓는다. '상대적으로 자의적이다'라는 관념은 조심스럽게 구별해야 할 두 종류의 관계를 개입시킨다.

우리는 한편으로는 앞에서 논의되었던 다음과 같은 관계를 갖는다.

여기에서 사용된 단어는 '구성 항(terme)'이다. 즉 '구성 항'들은 그것들과 더불어 우리가 작동시켜야 할(수학적 등식의 항) 수량이다. 또는 한정된 가치를 갖는 구성 항들로서, 그것은 이런 의미에서 언어 단위로 귀결된다.

한편으로는 내적인 관계가 있는데 이것은 청각 이미지와 개념 사이의 결합 이외의 다른 것이 아니다. 각각의 구성 항은 이 같은 내재적 관계를 함의한다. 여기에서 고려되어야 할 유일한 관계가 바로 이것이다.

상대적으로 근거적이라는 관념은 반드시 다른 구성 항을 함의한다. 표면적으로 이 같은 내재적 관계와, 하나의 대립된 구성 항과 더불어 존재하는 외재적 관계 사이에는 공통점이 없는 것으로 보인다.

구성 항과 구성 항 사이의 이 같은 관계는 다음과 같이 존재하게 될 두 개의 내재적 관계 방식 이외에 달리 존재하지 않는다. 개념과 이미지의 관계는 외재적 항과의 관계 없이도 존재할 수 있다. 하지만 두 항 사이의 관계는 두 개의 내재적 관계의 상호적 개입 없이는 존재할 수 없다.

이 점은 첫 번째 순간에는 전혀 나타나지 않는다.

poirier　　poire

désireux　　désir

나는 désir라는 수량과 또 다른 수량 eux을 갖고 있는 것으로 보인다.

아울러 공존하는 désir라는 단어를 호출하는 것으로 족할 것으로 보인다.

실제로 나는 외적인 형식, 즉 청각 이미지를 상기한 것이다. 만약 실제로 상호적으로 개입하는 désir라는 개념과 désir라는 이미지가 아니라면 단어 사이의 가능한 어떠한 관계도 존재하지 않는다.

우리는 각각의 단어에 대해 개념과 청각 이미지 사이의 내재적 관 1911
계를 파악하지 않고서는 한 단어와 다른 단어의 관계를 결코 파악할 수 5.19
없을 것이다.

désir의 개념 / désir의 이미지　　désireux의 개념 / désireux의 이미지

계속되는 내용을 해명시켜 줄 수 있는 언급들을 첨가하면서 제1장부터 언어에 대한 강의를 다시 재론할 것임.

어떤 순간에 우리는 심지어 상이한 방향을 취할 수 있지만, 이것이 혼란을 일으키지는 않을 것이다. 이 같은 주석들은 우리를 동일한 지점에 이르게 할 것이다.

1장에서 변경할 사항은 전혀 없다. 1장에 이어서(언어학 속에 존재하는 다양한 것들의 구별) 1장과 2장 사이에 끼어 들어갈 여러 가지 고려 사항들이 있다. 언어(랑그) 속에 발화(파롤), 즉 지각된 발화들의 합을 통하여 직접적으로 또는 간접적으로 언어 속에 들어가지 않는 것은 아무것도 없다. 마찬가지로 언어(랑그)라고 불리는 생산물의 구축을 통해서만 가능한 발화가 존재한다. 그것은 개인에게 그가 자신의 발화를 구성할 수 있는 요소들을 제공한다. 이 같은 생산물을 구축하고 고정하는

것은 집단적 지성의 작품이다. 한 단어가 언어 속에 진입했다고 말하는 것은 그것이 집단적 승인을 획득했다고 말하는 것이다. 언어(랑그) 속에 있는 모든 것은 암묵적으로 집단적이다. 반면 집단적 발화는 없다. 발화 행위는 개인적인 것으로 남아 있으며 더구나 그것은 순간적인 것이다. 시장이라는 장소에 모여 있는 군중을 생각해 보라. 어떤 방식으로 언어(랑그)가 이 언중 속에 현존하는가. 그 언중을 구성하는 사람들 각자의 두뇌 속에 존재하는 저장의 형식 아래에서 존재한다. 또는 그 모든 예들이 이 사람들 사이에 분배되어 있는 한 권의 사전처럼 존재할 것이다. 이것은 비록 각 개인의 내부에 있지만 동시에 집단적이며 이것은 개인의 의지를 벗어나 위치해 있다.

1+1+1+… = 1

집단 모델

마찬가지로 발화는 이 같은 동일한 군중 속에 현존하는가. 그것은 사람들이 서로가 서로에게 말하는 발화의 총합이다.

A) 개인적 조합, 문장들로서 개인의 의지에 달려 있으며, 그의 개인적 사고에 부응한다.

B) 이 같은 조합들의 실행이라 할 수 있는 발성 행위는 개인의 의지에 따른 것이다.

이 같은 내재적 발성과 조합 행위는 그들끼리 서로 대응하는가, 이 같은 군중의 집단적 발화의 행위가 있는가? 아니다.

1+1+1+… = 1+1+1+…

결론적으로 말하면, 만약 언어(랑그)와 발화(파롤)라는 두 개의 대상이 서로를 전제로 한다면 서로가 서로 없이는 존재할 수 없다. 반면 그것은 거의 다른 본질에 속하기 때문에 개별적 이론을 요구한다. 동일한 관점 아래에서 이 같은 언어의 두 부분을 몽상적으로 환원시키기를 원한다면 사람들은 혼란스러운 학술 분야를 만들고 말 것이다. 언어활동에 의해 형성된 전반적 총체는 분류가 되지 않는데, 동질적 단위가 없기 때문이다. 따라서 언어활동의 개인적 부분에 대한 연구, 즉 발성을 포함하는 연구가 존재한다. 이것은 개인 발화의 연구이며 두 번째 종류의 연구이다. 개인의 의지를 넘어서 있는 언어활동의 부분은 사회적 관습으로서 이것은 언어(랑그)의 연구이다.

첫 번째 연구는 심리적, 물리적일 수밖에 없으며, 두 번째 연구는 오직 심리적이다. 왜냐하면 언어 현상들의 결합은 두 개의 구성 요소들 사이에서 심리적이기 때문이다.

바로 우리가 직면하는 문제는 분기점 또는 분지화이며, 연구 대상으로서 취해야 할 것이 개인적 발화(파롤)인지 아니면 언어(랑그)인지 아는 일이다. 동시에 두 개의 길을 갈 수는 없으며, 두 개를 분리해서 따라가거나 그중 하나를 선택해야만 한다. 우리가 먼저 추구할 것은 언어(랑그)의 연구이다.

결합된 두 개의 것에 대해 언어학이란 이름을 유지해야 할 것인가, 아니면 언어(랑그) 연구에만 언어학이라는 이름을 마련해야 할 것인가. (우리는 언어(랑그)의 언어학과 발화의 언어학을 구별할 수 있다.)

이렇게 말하면서 언어(랑그)의 언어학 속에서 발화의 언어학에는 결코 시선을 주어서는 안 된다고 결론 내려서는 안 된다. 발화의 언어학은 필요하다. 하지만 그것은 이웃하고 있는 영역으로부터의 차용이다.[3] 제2장은 기호 체계로서의 언어(랑그)라는 제목을 달 수 있을 것이다. 이 점은 그 같은 전환을 지시할 수 있을 것이다. 우리는 이 장에서 두 개의 근본적인 진리를 도출한다. 즉 언어 기호와 관련된 근본적인 두 개의 원리 1) 언어 기호는 자의적이다. 2) 언어 기호는 하나의 외연을 갖고 소유하고 있으며 이 외연은 하나의 단일한 차원에서 전개된다. 기표(signifiant)와 기의(signifié)라는 표현을 사용하면서 보다 완성된 표현으로 이 두 개의 진리의 공식에 기여할 수 있을 것이다. 그 같은 용어들의 변화에 관한 설명은 이렇다. 내부로부터 기호 체계들 속에 진입할 때는 기표와 기의를 대립할 여지(lieu)가 있다. 이것은 이미지와 개념의 대립을 논외로 하면서 기표와 기의를 위치시키는 것이다. 기표(청각적)와 기의(개념적)는 기호를 구성하는 두 개의 요소들이다. 우리는 다음과 같이 말할 수 있다. 1) 언어 속에서 기표와 기의를 결합하는 관계는 철저히 자의적이다. 2) 언어 속에서 청각적 본질을 갖고 있는 기표는 하나의 유일한 시간 속에서 전개되며 시간으로부터 차용된 성격을 갖고 있다.

a) 하나의 외연을 표상한다.

b) 하나의 유일한 차원에서 형상화될 수 있는 차원을 표상한다.

앞서 우리는 혼란의 여지가 있는 기호라는 단어를 사용했다. 다음과 같은 점을 첨가하자. 우리는 그렇게 해서 이 같은 적절한 단어를 획득하지 못할 것이다. 어떤 애매모호함도 없이 그 전체를 지칭할 수 있는 단어의 부재를 크게 아쉬워할 수 있을 것이다.

어떤 용어(가령, 기호, 항, 단어 등등)를 택하건 개념의 측면으로 미끄러질 것이며, 한 부분만 지칭하게 될 위험에 처할 것이다. 어쩌면 그것은 한 부분조차 갖지 못할 수도 있다. 하나의 언어에서 하나의 구성 항에 가치라는 개념이 적용되자마자, 차단선의 한쪽 측면에 있는 것인지

아니면 동시에 두 측면을 다루는 것인지를 알 길이 없다. 따라서 모호한 결합이 없이 지칭할 수 있는 단어를 찾기란 매우 어렵다.

# 3장 기호의 불변성과 가변성*

2장에 이어 다음과 같은 주제를 다루어야 한다. 이제 3장을 삽입시켜야 한다. 제목은 "기호의 불변성과 가변성"이다.[1] 그것은 바로 앞 장에서 현재의 장으로 우리가 넘어갈 수 있도록 해 주는 관계이다. 기표는 그것이 표상하는 관념에 견주어서 얼마만큼 자의적이든 상관없이 자유롭게 선택된 것으로 나타나며 또 다른 기표로 대체될 수 있다. 책상(table)은 모래(sable)라고 불릴 수도 있고, 혹은 그 반대로도 불릴 수 있는 것이다. 기호는 그것을 사용하도록 부름받은 인간 사회와 관련하여 결코 자유로운 것이 아니라 부과된 것이다. 사회적 군중의 견해를 물어본 적이 없으며 아울러 마치 다른 것에 의해 대체될 수 없는 것처럼 진행된다. 일정한 한도에 있어 비(非)자유와 자유라는 모순을 둘러싸고 있는 것으로 보이는 이 같은 사실은 친숙한 표현을 사용하자면 마술에서 사용되는 선택의 여지가 없는 카드(carte forcée)라 할 수 있다. 사람들은 언어에 대해 이렇게 말한다. "마음대로 택하세요." 그리고 동시에 이렇게

---

* 강의 순서에 따르면 6장이 되어야 하나 프랑스어 필사본에 '3장'으로 표기되어 있으므로 원전에 따라 '3장'으로 표기함.

말한다. "당신은 선택할 권리가 없습니다. 이것 아니면 저것밖에 될 수 없습니다."

한 개인이 하나의 프랑스어 단어 또는 하나의 유행을 변화시키기를 원해도 그는 그렇게 할 수 없으며, 언중(masse parlante)조차도 그렇게 할 수 없을 것이다. 언중은 있는 그대로의 언어에 묶여 있다. 우리는 이 현상의 원인들과 헤아릴 수 없는 파급 효과들을 검토해야 한다. 그 원인들에 관한 첫 번째 고려 사항은 다음과 같다. 우리가 언어를 어떤 순간에 취하건, 우리가 아무리 오래전으로 거슬러 올라간다 해도, 어떤 순간에서도 그 언어는 그 이전 순간으로부터 물려받은 유산이다. 어떤 주어진 찰나에 단어들이 사물들에 분배되도록 해 준 이상적 행위, 하나의 계약이 관념들과 기호들 사이에서 체결되도록 해 주는 행위, 그리고 기의들과 기표들 사이에서 체결되도록 해 주는 행위, 이 행위는 관념이라는 유일한 영역에 남아 있다. 그것은 우리가 기호의 자의성에 대해 갖고 있는 감정에 의해서 영감을 받은 관념이다. 우리가 인식하고 있는 그러한 관념은 사실 어떠한 실재(réalité)에도 속하지 않는다. 한 사회는 언어를 그 이전에 존재했던 세대들에 의해 어느 정도 완벽해진 생산물로서, 있는 그대로 취할 수밖에 없는 생산물로서 알고 있을 뿐이다. 즉, 우리는 언어의 모든 상태의 기원에서 하나의 역사적 사실을 판별한다.

지금까지 우리는 언어의 사회적 측면을 살펴보았다. 기호가 불가변적인 것으로 나타나는 이유를 찾으려 애쓸 때 나타나는 것은 하나의 역사적 요인이다. 이제 우리가 유산에 대해 언급한다면 다음과 같이 말할 수 있을 것이다. 만약 논의를 더 멀리 발전시키지 않는다면 그 유산에 대한 이 같은 견해는 아무것도 설명하지 못할 것이다. 그것은 하나의 유산인가? 왜 사람들은 이 유산에 대해 아무것도 변화시킬 수 없는 것인가? 우리는 앞선 세기들의 유산으로부터 물려받은 다른 것들을 목격한다. 이를테면, 법률들을 예로 들 수 있다. 사람들은 법률들을 변화시키지 않으려고 애쓰지 않는다.

이같이 매우 정당한 이의 제기는 그 사회적 틀 속에 언어를 위치시키게 되며 그 물음을 다른 사회적 제도에 대해 제기하는 것과 마찬가지로, 언어에 대해서도 제기하는 것으로 귀결된다. 인간 제도들의 전달, 이것은 우리가 처음에 제기했던 문제를 에워싸는 보다 일반적인 물음이다. 왜 언어는 자유롭지 않은가. 다른 제도들이 제공하는 자유의 정도와 비교해 볼 여지가 있다. 그것은 사실들 사이의 균형일 것이다. 즉 역사적 요인들과 사회적 요인들 사이의 균형이 관건이다.

왜 그 특정 요인은 다른 요인에 비해 덜 강력한 것인가? 왜 역사적 요인은 그처럼 강력한 것인가? 왜 그것은 총체적 변화를 배제하고 동시에 그것을 감수하는가? 우리는 부분적인 세부 변화들을 다룰 것이기 때문이다. 만약 우리가 다른 제도들, 예컨대 다른 기호 체계들과 비교한다면 하나의 완결된 혁명이 배제될 수 있을 것 같지 않다.

두 번째 고찰: 첫 번째 고찰에 대한 답변. 일반적인 고찰에 머무를 수 있을 것이다. 중요한 고찰이지만 가장 주제에 가까운 핵심은 아닐 것이다. 예컨대 모든 세대가 가구의 서랍들처럼 이어지지 않는다는 사실이 그것이다. 한 세대에는 모든 연령층의 사람들이 존재하기 때문이다. 우리는 한 언어를 학습하는 데 요구되는 모든 노력을 상기할 수 있을 것이다. 그리고 그것을 변화시키기 어렵다는 점을 상기할 수 있을 것이다. 사람들은 언어에 대한 성찰(반성)을 하지 않는다(의식과 무의식 사이의 구별)는 사실을 떠올릴 수 있을 것이다.[2] 그리고 언어활동의 사실들에서 일반적으로 지배하는 의식의 정도를 정확히 규명할 수 있을 것이다.

또는, 일반적으로 각 민족은 자신이 수용한 언어에 만족한다는 의미에서 그러한 성찰은 야기조차 되지 않았다. 이 모든 것에 견주어 주제에 근접하며 더 직접적인 것을 진술하는 노선을 선호해야 할 것이며, 아래의 상황들과 국면들을 에워싸는 것이 무엇인지를 서술해야 한다.

1) 언어(랑그) 자체의 외부에 있는 상황과 국면 가운데서 우리는 언어가 모든 개인들이 매일 그리고 하루 종일 사용하는 것이라는 점을 목격한다. 이 사실은 언어를 다른 제도들, 이를테면 형법이나 매우 엄격한 형식을 갖고 있는 종교와 비교될 수 없는 제도로 만든다. 따라서 철저한 혁명의 정도는 매우 큰 비율로 축소된다. 하지만 이 같은 사실은 언어 외적인 것이다. 다음과 같은 점들은 언어 그 자체 속에 포함되어 있다.

2) 언어(랑그)를 구성하는 기호들은 방대한 수량으로 이루어져 있다. 비교 지점들을 찾으려고 애써도, 우리는 그것을 찾을 수 없을 것이다. 아울러 언어에서 관건이 되는 요소들의 방대한 수량이라는 기정사실은 결코 무시할 수 없는 것이다. 하나의 문자 표기 체계는 20~40개의 기호만을 갖고 있을 뿐이다.[3] 다른 문자 표기 체계로 대치될 수 있는 문자 표기 체계를 볼 수 있다. 예를 들면 언어가 오직 40개의 기호로 이루어진 것을 수긍할 수 있다면, 언어는 처음부터 끝까지 완전히 변화될 수 있다는 것도 얼마든지 수긍할 수 있다.

3) 기호의 자의적 기초. 기호들은 자의적이다. 아울러 기호들을 변화시키는 것도 쉬워 보인다. 하지만 이 같은 사실 덕분에 언어는 언중에게 논란의 대상이 될 수 없다. 비록 사람들이 언어를 본래의 현실보다 더 의식적인 것으로 전제했다고 하더라도 말이다. 실제로 논의의 토대를 갖기 위해서는 다른 것들과 비교될 수 있는 하나의 규범을 갖고 있어야 한다. (가령, 매우 엄격한 형식을 갖고 있는 종교에서 사용되는 상징이 그렇다.) 이 같은 비판의 합리적 부분이 존재하면서부터 사태는 논란의 여지가 생긴다. 상징들의 체계를 사용하여 사람들은 여전히 토론할 수 있다. 하지만 자의적 체계의 규범은 아니다. 오직 문법가와 논리학자들만이 그 규범을 갱신할 수 있을 것이다.

4) 모든 언어는 하나의 조직과 체계를 형성한다. 일차적으로 우리는 이 문제를 예고하는 데 머무른다. (이 장은 제4장에 포함되기 때문이다.)

바로 이 점을 통해서 언어는 전적으로 자의적이지 않게 된다. 여기에서는 상대적 이유를 인식해야만 한다. 그 관습은 기호와 관념 사이에서보다 더 복잡하다.

그 결과 아래의 왼쪽 그림이 아니라, 오른쪽 그림처럼 간주해야 한다.

아울러 이런 측면에서 본다면 하나의 철저한 변화로 이루어질 수 있는 작동은 사회적 언중으로부터 벗어난다. 그 같은 작동은 문법가와 논리학자들의 집회 가운데서 이루어져야 한다.

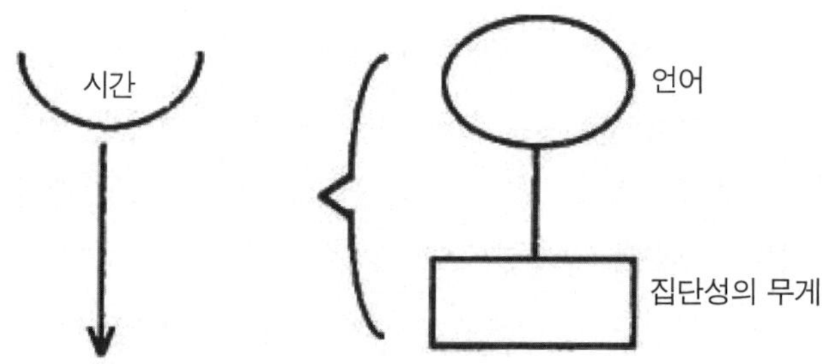


언어(랑그)가 하나의 사회적 사실이라는 국면은 언어(랑그)에서 중력의 중심을 창조한다. 하지만 우리는 처음부터 이 사실을 수용했기 때문에 여기에서 언어를 다시 재론할 필요는 없다. 시간이라는 요인을 첨부해야 한다. 사회적 힘들은 시간에 따라 작동하며 언어가 무엇 때문에 자유롭지 않은지를 우리에게 보여 준다.

실제로 언어(랑그)는 매 순간 과거와 연대를 이루고 있고 바로 이러한 사실은 언어로부터 그 자유를 제거한다. 또는 언어가 사회적이지 않다면 언어는 더 이상 과거와 연대를 이루지도 않을 것이다. 하지만 시간에 대한 고찰, 그리고 세대에서 다른 세대로의 전달이라는 점을 덧붙여야 할 것이다.

처음 순간에 사람들은 이 같은 관습 속에서 하나의 자리가 시간이라는 요인에 할애될 수 있다는 사실을 깨닫지 못한다. 실제로, 이론적으로는 언어는 시간으로부터 독립하여 고려될 수 있다. 마치 논리적인 것 혹은 심리적인 것으로 말이다. 시간이라는 힘은 매 순간 자의적인 힘, 즉 자유로운 선택을 무력하게 한다. 왜 우리는 homme라 부르고, chien이라 부르는가. (즉 왜 우리는 사람을 '사람'이라 부르고, 개를 '개'라고 부르는가.) 왜냐하면 우리들 앞에서 사람들은 이미 homme, chien이라 불렀기 때문이다. 그 같은 정당화는 시간 속에 있다. 이 점은 자의성을 제거하지 않으며 또한 그것은 자의성을 제거하기도 한다. 그것은 시간이라는 문제와 자의성이라는 문제 사이에 존재하는 관계를 이해하는 것을 방해하지 않는다.[4] 그 둘은 서로가 서로에게 이율배반적으로 영향을 미친다. 요약해 보자. 언어를 구성하는 기호들의 비(非)-자유는 역사적 차원에 있는 것이며 또는 언어 속에 나타나는 시간이라는 요인의 발현이다. 왜냐하면 기호들의 이 같은 비(非)-자유는 언어 속에서 시간이라는 연속성, 즉 세대들을 통한 기호의 연속성의 요인에 기초하고 있기 때문이다.

시간이라는 요인의 또 다른 발현은 표면적으로 첫 번째 사실과 상반되는 것이다. 기호들의 변질, 즉 그것이 여러 세대들을 통하여 갖게 되는 것은 기호들의 변질이다. 그 결과 본 장의 제목은 기호의 불변성과 가변성(변질성)을 동시에 말하고 있는 것이다. 이 둘은 서로 밀접하게 영향을 미치고 있다. 이것들은 궁극적인 분석에서 동일한 원인을 갖고 있는 것이다.

왜 기호는 스스로를 변질시키는 경우에 속하는가? 왜냐하면 그것은 지속되기 때문이다. 만약 기호가 지속되지 않는다면, 그리고 만약 10년 안에 새로운 기호에 대해 가해진 모든 작동으로부터 창조된 새로운 언어를 설정한다면 기호의 불변성이라는 개념은 붕괴될 것이다.

모든 변질에서 지배적인 것은 이미 존재하고 있는 것의 상당 부분의 존속이다. 선행하는 원리에 사람들이 기초를 두고 있다는 것을 전제로 하는 것은 상대적 배신 행위이다. 변질성의 원리는 연속성의 원리에 토대를 두고 있다.

우리는 최초의 지점에서 다시 출발하면서, 다음과 같은 내용을 갖게 된다.

| 시간이라는 사실로부터 벗어남 | 시간이라는 기정사실로 인해서 |
|---|---|
| 기호의 자의성, 즉 자유 | 1 비-자유(불변성)<br>2 변질성(일정한 질서의 가변성) |

시간 속에서 이루어지는 변질성의 형태들 또는 요인들은 여러 가지 종류가 있고 그 각각은 언어학의 방대한 장을 구성하며, 그 종류 각각을 철학적으로 취하면 그것의 본질, 그것의 파급 범위에 대한 토론에서 연속적인 요소를 제공한다. 하나의 분류를 시도하기 전에 여기에서 도출해야 할 중요한 사실은 다음과 같다.

더 명료하게 하기 위해 방금 전에 일시적으로 그렇게 했던 것처럼 기호들의 변질에 대해서는 언급하지 말도록 하자. 기호들의 변질(청각 이미지들의 왜곡, 혹은 변화)은 우리로 하여금 문제의 핵심이 단지 음성학과 관련된다고 믿게 할 것이다.(단어들의 형태 속에서의 변화) 이는 잘못된 것이다. 변질의 상이한 요인이 무엇이건, 그리고 매우 다른 본질이 무엇이건, 서로 조화롭게 영향을 미치는 모든 것은 관념과 기호 사이의 관계의 변질 또는 기표와 기의 사이의 관계의 본질에 당도한다. 아마 관념과 기호 사이의 이동이라고 말하는 것이 더 나을 것이다.

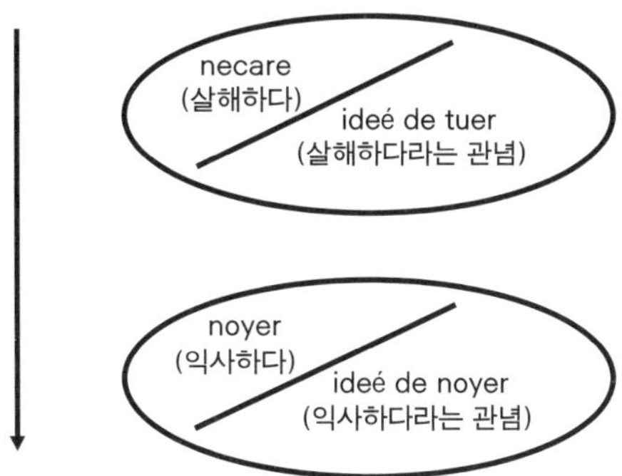


necare는 일정한 시간이 흐른 후에 noyer가 되었다. 우리는 noyer라는 동사가 necare라는 단어의 연속임을 알고 있기 때문이다. 청각 이미지가 변했다. 또한 관념도 변했다. 하지만 우리는 이 같은 구별을 할 필요가 없다. 우리는 전체적으로 관념과 기호 사이의 관계가 이동했다는 것을 목격할 수 있다. necare가 noyer로 확대되었다는 것은 골족(Gaule, 4세기 또는 5세기)이 사용한 라틴어의 한 특성이다.

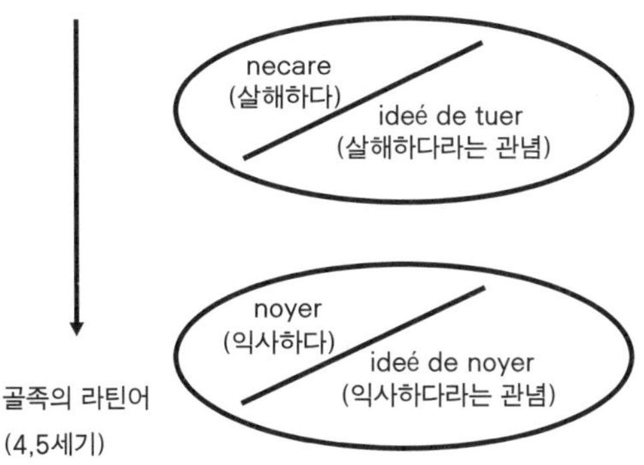

청각 이미지는 변하지 않았고 관념과 기호 이미지 사이의 이동이 발생했던 것이다.

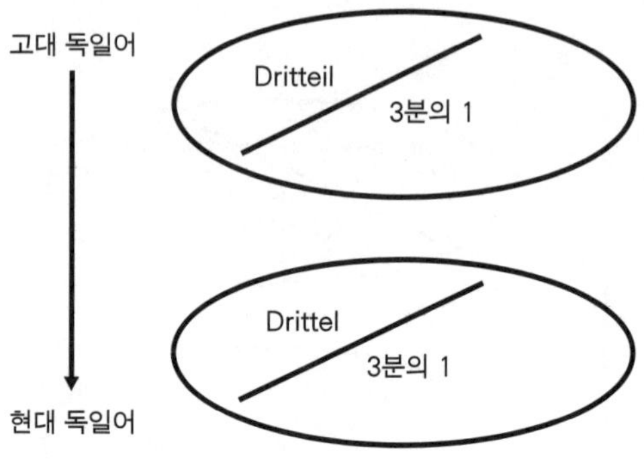


기표만이 변한 것인가? 만약 원한다면 하나가 그것의 의미에 매우 가깝게 변화하는 두 가지 방식이 있다. 그 두 가지 방식은 첫 번째 형태 속에서의 변질일 뿐 아니라, Drittel은 Teil(부분)의 의미를 더 이상 함축하고 있지 않다. 그것은 한 단어이기 때문이다.

그 모든 경우에서 관념과 기호 사이의 이동이 존재한다.

이 경우는 음성적 변질만이 발생했다. 여기에서도 매우 복잡하다. 두 단어 사이의 기제가 변화한 것이다. 하지만 다음과 같이 말해도 전혀 위험한 발언이 아니다. 즉 관념과 기호 사이에 존재하는 관계의 이동이 발생했다. 그것이 모든 언어의 조건을 실현한다면 어떤 언어이건 매 순간마다 기표와 기의의 총체적 관계를 이동시키는 것으로 귀결되는 변질의 요인들에 맞서서 스스로를 지킬 수 없다. 그 관계가 본래의 모습 그대로 완전히 남아 있는 그 어떤 경우도 알려진 바 없다. 그것은 연속성의 원칙에서 생겨나는 직접적인 논리적 귀결이다. 기호의 자의성에 포함되어 있는 자유의 원칙에 견주어 그 연속성은 자유를 제거할 뿐 아니라, 만약 가설에 입각하여, 즉 입법을 통하여 하나의 언어를 설정했다면 그다음 날 언중은 그 관계를 이동시켜 놓았을 것이다. 언어가 순환 속에 놓이지 않는 한 언어의 통제를 견지할 수 있을 것이다. 하지만 언어가 자신의 임무를 수행하면서 모든 관계가 이동함을 보게 된다. 최소한 역사가 제공하는 예들에 따르면 언어는 운명적으로 그럴 수밖에 없다는 결론을 내릴 수밖에 없다. 성공한 것처럼 보이는 인공 언어의 이 같은 시도인 에스페란토어[5]는 사회적이게 되면서 운명적 법칙을 준수할 것인가? 에스페란토어를 사용하는 사람들은 엄청난 수의 언중이 아니며 완벽하게 의식하고 있는 이곳저곳 흩어져 있는 소수의 무리들로, 그들은 이 언어를 모국어로 사용하지는 않았다.

기호 체계들 속에서(문자 체계, 예를 들면 펠비어(pehlvi)[6]의 문자 체계), 심지어 농아들의 언어 속에서도 맹목적 힘들이 모든 관계를 이동시킬 것이다. 시간 속에서 이루어지는 변질과 연관된 시간 속에서의 연속성, 이것은 일반 기호학의 한 가지 사실이 될 것이다. 변질의 필연성이라는 물음에 대해 다시 재론할 수 있다. 이 문제는 충분히 조명 받지 못했기 때문이다. 연속성의 필연성을 참작하는 데 할애된 시간에 견주어서 그렇다. 실제로 우리는 변질이 연속성의 형식들 가운데 하나일 뿐이라고 말하는 데 그친다. 이 같은 빈틈은 잠정적으로 다음과 같은 이유에서 의도됐던 것이다. 즉 우리는 변질의 요인들을 구별되지 않은 상태로 내버려 두었다. 이 같은 요인들은 그 효과에 있어서 너무 뒤죽박죽으로 섞여 있어 그것을 구별하지 않는 것은 신중치 못한 것이다. 우리는 그것의 다채로움 속에서 변질의 원인들을 추구하지 않았기 때문에 그 같은 원인들이 필연적으로 영향력을 행사하게 될 것인지를 연구할 수 없다. 연속성의 원인들이 관련되는 한 그것은 선험적으로 관찰의 파급 범위를 따를 것이다.

시간을 통해 일어나는 변질이 관련될 때, 항들과 가치들의 전반적 관계의 이동만을 말하는 것이 낫다. 필연성의 정도를 설명하는 것을 포기하면서 말이다. 이 장의 마지막까지 이어진 단계들은 다음과 같다.

1) 사물들의 정의: 언어활동 속에서 언어는 개인 발화로부터 추출된다. 언어로부터 개인 발화에 불과한 것을 도려내면, 엄밀한 의미에서의 언어만 남을 것이며, 그것은 심리적인 항들만을 구성할 것이다. 언어=관념과 기호 사이의 묶음. 하지만 그것은 사회적 현실을 벗어난 비현실적인 언어에 불과하다. 그것은 현실의 한 부분만을 포함하고 있기 때문이다. 언어가 존재하기 위해서는 언어를 사용하는 언중이 있어야만 한다. 언중은 집단적 정신 속에 자리 잡고 있다. 이 두 번째 사실은 다음과 같은 정의 속에 들어온다. 즉 그것은 개인 발화에 적용되지 않는다. (개인 발화 행위는 개인적인 것이다.) 정의상 우리는 다음과 같은 두 가지 앞에 놓여 있다. 이를테면 다음과 같은 도식이다.[7]

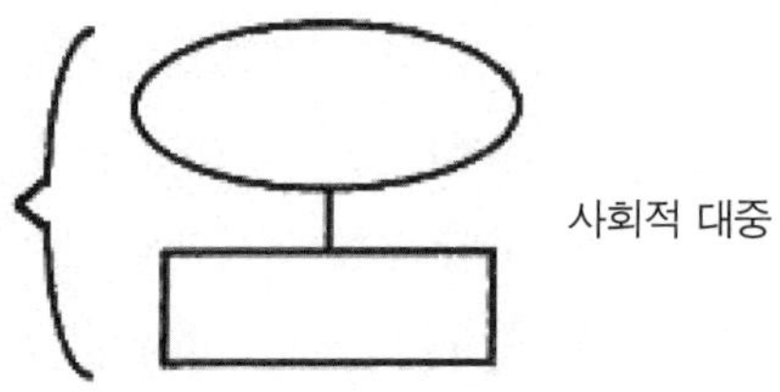


이 도식과 더불어 언어는 지속 가능한 것이다.

그 정의 자체는 사회적 현실(réalité)을 참작하고 있으나 역사적 현실은 전혀 참작하고 있지 않다. 즉 이런 식으로 정의된 언어를 취하면 언어 기호는 자의적 본질에 속하기 때문에 그 어떤 것도 언어를 자유로운 체계로서 취하는 것을 막지 못한다. 즉 관계들의 순수한 공간 속에서 움직이는 논리적 원칙들에만 종속된 자유로운 체계를 말한다.

언중이라는 사실 그 자체가 이 같은 관점을 방해할 것인가. 그 관점만을 유일하게 취한다면 정확히 그런 것만은 아니다. 하나의 공동체는 논리적으로 생각하거나 또는 오로지 논리적으로만 생각하지 않기 때문에 언어는 심리적 논리적 원칙에 종속될 것이다. 하지만 사회적 언중 속에서 발현되는 현실들과 같은 외적인 현실들은, 사람들이 시간이라는 요인을 벗어나 시간의 오직 한 점 속에서 언어의 사실을 고려할 때, 발생될 경우는 없다. 하지만 여기에서 시간의 역사적 현실이 개입한다. 만약 언중 없이 시간을 취한다면 어떤 변질의 외재적 효과도 발생하지 않을 것이다. 시간이 고려되지 않은 언중에 관하여 우리는 방금 전 언어의 사회적 힘들이 오직 시간이 개입할 때만 발현된다는 점을 보았다. 우리는 다음과 같은 도식과 더불어 완결된 현실에 도달한다. 즉 시간이라는 축을 첨가하면서 말이다.

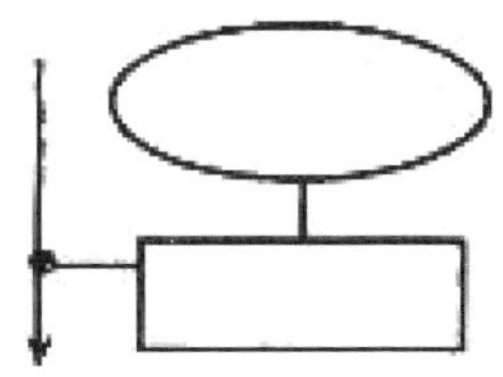

언중은 시간에 의해서 복수화되고,
시간 속에서 고려된다.

그때부터 언어는 자유롭지 않다. 왜냐하면 심지어 이유를 따지기 전에 선험적으로도 시간은 자신들의 효과를 실행하는 언어에 관련된 사회적 힘들의 기회를 제공하기 때문이며, 언어는 앞선 세대들과 더불어 무한한 연대성에 의해서 이루어지기 때문이다.

2) 연속성은 변질성과 분리될 수 없는 사실로서 제반 가치들의 어느 정도 상당한 이동을 담고 있고, 그것은 지속에서 불가피한 것이다.

시간 속에서 변질되지 않는 것은 없다는 사실을 상기하자.

# 4장 정태언어학과 역사언어학: 언어학의 이원성*

1911 이 장은 앞 장의 직접적인 연속이며 우리가 취할 입장의 근거가 될
6. 2 일반적 기초에 대한 지시이다.[1]

시간이라는 개념과 그 파급 효과를 도입해야 할 지점에 대해 주저할 수 있다. (이제 우리는 그 이전보다 더 신속하게 그 개념을 도입한다.) 그러나 이제 두 장 사이에 그 개념을 끼워 놓으려 한다. 언어의 변형에 시간이 개입한다는 사실은 언어학의 조건에 큰 파급 효과를 가질 만큼 중요해 보이지 않을 수 있다. '시간'이 특별한 문제들을 야기한다는 사실을 믿으려는 언어학자들은 극히 적은 것이다. 또한 시간 속에 남아 있어야 하는가 아니면 시간을 벗어나 진행해야 하는가를 자문해야 할 핵심적 교차로를 직시하는 사람은 거의 없다. 다른 과학들의 경우, 시간의 특별한 효과가 발생하지 않았다.[2] 천문학은 심지어 천문학이 경험했던 얼마 안 되는 시간 동안에 주목할 만한 변화를 목격했다. 하지만 천문학을 둘로 분리할 여지는 없다. 지리학은 끊임없이 시간 속에서의 연속성과 변화에 대해 추론한다. 지리학이 시간을 벗어나 위치하는 대상들을 고려할 때(지구의 고정된 상태를 연구할 때) 지리

* 강의 순서에 따르면 7장이 되어야 하나 프랑스어 필사본의 표기를 따라 '4장'으로 함.

학은 근본적으로 분리된 대상을 연구 대상으로 삼지는 않는다. 법률의 과학이 있고, 법률의 역사가 있다. 하지만 누구도 둘을 대립시키지는 않는다.[3]

여러 국가의 정치사는 시간 속에서 분명히 운동하고 있지만, 어떤 중요한 구별도 하지 않는다. 만약 어떤 역사학자가 시간을 배제하면서 한 시대의 정세를 연구한다면 말이다. 정치 제도의 역사는 시간을 벗어난 정세를 연구하지만 여러 변화들을 연구하면서 차이가 있다고 생각하지 않는다. 정치경제학은 노동 가치, 자본 가치 등 몇몇 사회적 가치들 사이에 존재하는 평형을 연구했다. 하지만 선행하는 모든 과학에 적용되었던 것과는 반대로 사람들은 경제사(시간 속에서의 정치경제학)라 말하고 정치경제학이라고 말한다.[4] (두 개의 상이한 강좌가 있는 것이다.) 이 두 학문에 대해 사람들은 내적인 필연성에 종속되어 있으며 이 필연성은 우리가 언어학의 이원성의 필연성을 깨닫게 만든다. 정치경제학에서 사람들은 가치 개념과 대면하고 있기 때문이다.(가치 체계)(하지만 언어학에 비해 그 정도는 덜하다.) 우리는 가치 체계를 그 자체로서 그리고 시간에 따른 가치 체계로서 동시에 이끌어 갈 수 없다. 사물을 연구하는 과학은 사물이 존재하는 두 개의 축을 더 완결되게 표시함으로써 많은 장점을 갖는다. 동시성의 축(또는 공존하는 사물들 사이의 관계)은 시간이라는 요인과 연속성의 축(또는 연속성 상태의 관계)이 사라진 것과 동등한 가치를 갖는다. 즉 시간에 의해 사물들은 다양화, 복수화된다.

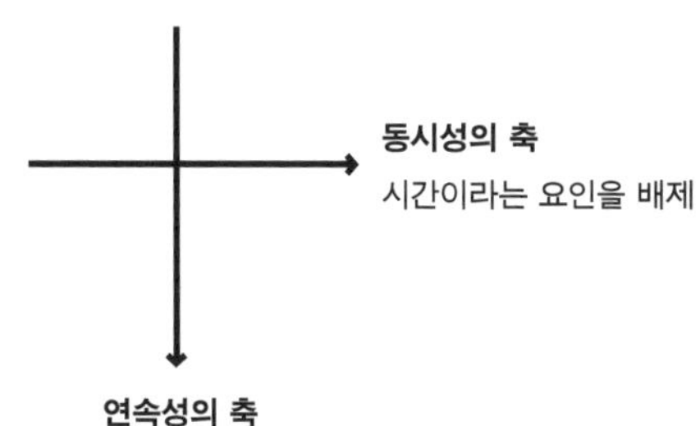

가치를 다루는 과학에 도달할 때 이 구별은 (매우 실제적으로 민감한) 하나의 필연성이 되며, 첫 번째 차원의 이론적 필연성이 된다. 우리는 두 개의 축의 분리를 통하지 않고는 순수한 과학을 설정할 수 없다.

3) 세 번째 수준의 정도에 도달할 때, 즉 가치 체계(자의적인 가치기호학에서처럼 자의적으로 고정된 가치)에 도달할 때, 두 개의 축을 구별해야 할 필연성은 극대화된다. 이유를 따지기 전에 선험적으로(아프리오리, a priori) 오직 즉각적으로 가치가 있는 것만이 중요하기 때문이다. 모든 가치는 언어 기호처럼 양면을 갖고 있다. 이 가치가 최소한 그 양면의 하나를 통해 자신의 발판을 갖게 될 때, 즉 사물 속에서 자신의 뿌리를 갖게 되는 경우, 이를테면 50,000프랑에 해당하는 Z라는 토지의 통화를 갖게 된다고 하자. 이 가치를 시간 속에서 그것의 변이들과 더불어 추적하는 것은 상대적으로 가능하다. 물론 매 순간 그 점을 의심할 수 있다는 점을 잊지 않는 상태에서 말이다.(이를테면 50,000프랑으로서의 교환 가치 그 자체가 금이 풍요한 시기들에 따라서 변화한다고 생각할 때) 하지만 이것은 일정한 촉지 가능한 기반을 보존하고 있으며 제반 물질성은 그대로 남아 있다.

그와는 정반대로 기호를 구성하는 결합 쪽에서는 두 개의 가치 이외에는 아무것도 존재하지 않는다.(기호의 자의성의 원리)

만약 언어 기호의 두 면 가운데 하나가 그 자체로 어떤 기초를 갖는 것으로 간주될 수 있다면 그것은 개념적 측면이다. 우리는 가치의 사실들과 관련된 최대의 복잡성 앞에 놓여 있다.

모든 가치는 하나의 이웃하는 가치 또는 대립되는 가치에 종속될 것이며, 아울러 이것은 선험적으로 그렇다. 왜냐하면 가치 관계에서 하나의 변질, 관계 이동이 발생할 때 시대들을 뒤섞어 가면서 체계를 이루는 구성 항들을 어떻게 정면에서 판단할 수 있겠는가? 가치 또는 동시성은 동의어이다. 시간의 축 또는 대립의 축 가운데 어떤 것을 선택할 것인가? 하지만 이것은 선험적인 추론일 뿐이다. 경험적인 관찰은 이 같은 추론을 검증할 것인가? 그렇다! 경험은 동일한 결론으로 유도될 것이다.

언어학을 두 개로 분리시켜야 한다. 화해될 수 없는 이원성이 존재하며 그 같은 이원성은 가치 체계들이 관련될 때 사물들의 본질 자체에 의해 야기되는 것이다.[5]

언어학이 실천했던 것을 경험에 의거하여 보도록 하자. 역사언어학을 제외하고는 오랫동안 거의 아무것도 이뤄진 것이 없었다. 언어학을 두 분야로 나누어야 한다는 분리라는 관념은 언어학자들에게 낯설지 않다. 학자들이 개시했던 비교문법은 역사언어학에 불과한 것이다. 비교되는 항들로부터 선행 유형의 가설을 추출했기 때문이다. 역사언어학자는 파악할 수 있는 최종의 형태들에 이를 때까지 여러 변질들이 무엇이었는지를 고찰한다. 학자들은 로망어들에 대해 역사언어학을 실천했다.(상이한 언어들의 직접적 연구) 이 같은 진술은 모든 역사언어학이 언어 상태들에 대해 조망하는 것을 자제했다는 뜻이 아니다. 역사언어학은 여러 조건들의 상태 때문에 언어 상태를 조망할 수 없었을 것이다. 하지만 여러 상태들이 우연히 문제가 되기는 했으나 역사언어학자들은 언어 연구의 축들 가운데 하나의 축에서 다른 하나의 축으로 연구의 관점이 이동하고 있음을 깨닫지 못했다.

사람들은 다음과 같은 질문을 던질 것이다. 만약 프란츠 보프 이후로 발전했던 언어학이 언어에 대해 역사적 관점만을, 즉 혼합되고 잘못 정의된 관점을 표상한다면, 그 이전의 언어학자들의 작업은 무엇을 표상한단 말인가? 여러 문법 연구는 우리의 관점에서는 전적으로 비난할 바가 없는 학문적 관점을 표상한다. 이 문법들 속에서 또는 이런 문법들과 더불어 문법 학자는 자신이 하나의 언어 상태를 기술하고 싶어 하는지를 그 자신이 알 수도 있고 그렇지 않을 수도 있다. 단 한 순간도 그 같은 문법들은 그 점에 대해 우리에게 일고의 의심도 불러일으키지 않는다. 포르루아얄 문법은 예컨대 루이 14세 때의 프랑스어의 가치들을 고정시키기를 원했다. 그러면서도 라틴어와 당시의 프랑스어를 혼합시키지는 않았다. 그 문법은 수평축을 완전하게 충족시키고 있었다.

고전 문법의 기초는 그 이후 언어학의 기초보다 훨씬 더 과학적이었다.[6] 왜냐하면 그 이후의 언어학은 시간 속에서 한계가 잘못 그어진 영역 앞에 자리를 잡고 있었기 때문이다. 즉 자기 앞에 가지고 있는 것을 정확히 알지 못했다. 전통 문법은 개별 시대들만을 인식하고 있었다. 언어학은 여러 시대들과 그 시대들의 연속성들 사이에서 선택해야 할 것이다. 전통 문법이 취했던 대상은 또 다른 대상과 분리된 일정한 상태를 취하고 있었다. 이것은 전통 문법이 완벽하다거나 또는 완결된다는 점을 함의하지는 않는다.

전통 문법은 언어의 부분들 전체를 무시한다. 낱말들의 형성을 무시하고 있는 것이다. 즉, 그것은 규범문법으로서, 존재하는 사실들을 목격하는 대신, 명령으로 지시해야 될 법칙들을 다루어야만 한다고 생각한다. 그것은 언어에 대한 전반적 관점을 갖고 있지도 않다. 전통 문법은 자신이 다루고자 하는 사물들의 본질이 무엇인지 모르며 그것이 심리적 영역에 속하는 것인지 혹은 다른 공간에 속해야 하는지도 모르며, 대부분의 경우 구어와 문어를 구별하지 않는다. 오랫동안 역사언어학을 실행하고 아울러 소중한 가치들을 생산한 이후에 정태적 관점으로 다시 돌아가야 할 것이다. 하지만 이번에는 새롭게 갱신된 관점과 더불어 정태언어학으로 돌아가야 한다.

하나의 상태[7]가 무엇인지를 이해하는 것은 역사 연구의 여러 유용성 가운데 하나가 될 것이다. 따라서 정태언어학에 관해서도 언어학자는 역사언어학을 갖게 됨으로써 장점을 갖게 될 것이다. 어쨌든 역사언어학을 실행했다는 점에서 장점을 갖게 될 것이다.

전통 문법은 정태적 사실들만을 다루었다. 언어학은 우리에게 언어의 역사적 측면을 개시했다. 언어학은 우리에게 사실들의 새로운 질서를 인식하게 했다. 하지만 우리가 말하는 것은 두 가지 차원의 대립일 뿐이며 이것은 관점으로서 매우 풍요로운 것이다. 진화적 사실[8]과 정태적 사실이 있다는 점을 목격하는 데 머물러서는 안 된다. 그 대비를 완결하게 하기 위해서는 두 사실들을 분리시켜야 할 여지가 있다. 바로 우리는 그 지점에 도달한다.

언어학자들은 두 가지 차원의 존재에 대해 반박하지 않는다. 하지만 그 두 차원을 충분히 대립시키지도 않는다.

거의 동의어로 볼 수 있는 일정한 수의 용어들이 존재하며, 그 점에 언어학자들은 일치할 수 있다. 대략적으로 우리는 '역사'를 보다 더 정확한 단어로 그것을 '진화(변질)'라 부른다. 이에 대해 통시적 사실들이라는 용어를 제안할 수 있을 것이다. (시간을 통해서 진행되는 사실들을 말한다.)

통시태(diachronie) = 시간을 통해서 진행되는 시기

이 시기는 주로 연속적 사실들의 현존 앞에 놓여 있다는 사실로 특징지어진다.

다른 한편 평형(équilibres)이라 할 수 있는 사실들의 상태가 존재한다. (그것은 일정한 관계 속에 위치한 구성 항들과 가치들의 한정된 평형을 말한다.) 이 구성 항들은 반드시 동시대적(공존적)이다. 그 항들은 통시태를 구성한다. 연속적 사실들이 아닌 공존하는 항들을 앞에 두고 있는 것이다. 두 개의 학술 분야를 정면에서 동시에 이끌고 갈 수는 없다. 그 두 개를 기계학[9]의 두 부분에 비교할 수 있다.

| 정태적 | 동태적(운동적) |
|---|---|
| 평형 상태의 힘 | 운동 상태의 힘<br>T |

그 같은 동태학에서는 시간(Time)이라는 요인이 개입한다.

1911 내가 주목시켰듯이, 반드시 두 가지 차원을 분리해야 한다는 관점은
6. 6 가장 간단한 관찰로부터 영감을 받을 수 있다. 즉 언어학적인 경험들에 의해 도출되는 것이다. 그것은 일차적 관점으로서 그 관점에서 하나의 관찰이 우리를 놀라게 한다.

언주(sujet parlant)[10]의 관점에 위치한다면, 시간 속에 있는 여러 사실들의 연속은 존재하지 않는 그 무엇이다. 언주는 하나의 상태 앞에 놓여 있다. 마찬가지로 언어학자는 통시적인 것을 백지 상태로 만들어야 하며, 상태 그 자체를 이해하기 위해서는 시간 속에서 하나의 특정 상태를 생산한 것을 백지 상태로 만들어야만 한다. 그는 근원들의 무지라는 관점을 채택해야만 비로소 언주들의 의식 속에 들어갈 수 있다.[11]

세부 사항에 들어가기 전에 또 다른 비교를 해 보자. 르퀼레(Reculeé) 정상, 돌(Dôle) 정상, 샤스랄(Chasseral)[12] 정상을 동시에 포착해야 한다면 알프스 산맥의 파노라마는 무엇을 표상할 수 있겠는가? 그것은 마치 통시적 관점과 공시적 관점을 조합하기를 원하는 부조리함과 마찬가지로 터무니없는 일이 될 것이다.

하나의 고정되고 한정된 점에 위치한 관찰자, 그것은 자신의 자리에 위치한 화자 또는 언어학자이다. 만약 르퀼레에서 샤스랄까지 연속적인 이동을 하는 관찰자를 가정한다면, 그 구도의 운동, 즉 변화하는 산들의 관계는 역사적 변질 또는 진화를 표상할 것이다. 하지만 이 파노라마를 그리기 위해서는 일정한 상태 앞에 있어야만 한다. 하나의 상태

속에서만 언어를 사용할 수 있는 것이다.

위에서 서술한 모든 것은 아마도 철저히 분리해야 할 절대적 필연성을 여전히 설득시키지 못할 수 있을 것이다. 그 같은 분리를 하지 않는 과학들이 존재한다.

다른 어떤 분야보다 언어학에서 이 같은 분리를 실천하도록 이끄는 것이 무엇인지를 고려해 보자. 다음과 같은 상이한 점들을 명명해 보자.

1) 언어(랑그)는 하나의 체계이다. 모든 체계 속에서는 전체 집합을 고려해야만 한다. 바로 그것이 체계를 만드는 것이다. 그런데 변질들은 결코 체계의 전체 덩어리에 대해 행해지지 않으며, 부분적인 점들에 대해서만 행해진다. 만약 태양계가 어느 날 변화되어야 한다면 그 시스템 속에서 변경될 일정한 점(point)이 있을 것이다. 그 변질은 연대성의 사실을 통하여 체계에 대해 반향을 미칠 것이다. 하지만 그 사실은 특수한 점에 대해 가해질 것이다. 다양한 종류의 변질이 존재하지만 모든 것은 오직 부분적 사실들에만 영향을 미칠 것이다. 언어는 하나의 체계라는 점에서 두 개를 동시에 추적할 수 없다는 사실을 깨닫게 하는 무엇인가가 존재한다.

2) 두 개의 순차적 사실들을 연결하는 관계는 공존하는 두 개의 사실들을 연결하는 관계와 동일한 성격을 가질 수 없다. 따라서 이 두 가지 관점은 정태적 사실들과 대립하여 객관적으로 취해진 진화적 사실들의 본질과 관련된다. 우리의 정신, 우리의 능력에 기인하는 주관적인 사실들이 존재한다.

3) 하나의 언어를 구성하는 기호들의 복수성은 두 개의 축을 동시에 추적하는 것을 불가능하게 만든다.

4) 기호들이 자의적이라는 근본적 원리를 망각해서는 안 된다. 따라서 언어를 구성하는 여러 가치들은 자의적이다. 이 점에 있어서 사물들에 토대를 두고 있지 않은 그 같은 가치들을 시간의 추이를 통해 추적하는

것은 어려운 일이다.[13]

이제 몇 가지 예들을 통해 진화적 사물과 정태적 사물 사이에 존재하는 이 같은 대립을 보도록 하자.

음성적 변화들 이후에 라틴어 crispus는 crêp-, crêpir, décrépir가 되었고, decrepitus는 décrépit가 되었다.

| 음성적 변화 이후 | 라틴어 단어 crispus | ↓ | decrepitus |
|---|---|---|---|
| | crêp- | | |
| | crêpir, décrépir | | décrépit |

이제 일정 순간에 있어서 유식한 방식으로 그리고 사람들이 병리학적이라고 부를 수 있는 이 같은 사실들 중 하나를 통해서 라틴어는 기원을 알 수 없는 라틴어 단어 decrepitus를 수용하게 되었다. 사람들은 알 수 없는 이유로 프랑스어 속에 그 단어를 도입했으며 décrépi라는 단어를 만들어 냈다. 지금은 un mur décrépi라는 표현과 un homme décrépit라는 표현이 모두 보존된 상태다. 오늘날 대부분의 사람들은 "회벽이 모두 닳은 벽(nu mur décrépi)"이라는 표현과 "노화된 사람(un homme décrépit)"이라는 표현 사이의 관계를 보고 있다. 그것은 정태적 사실이다. 왜냐하면 그것은 언어의 가치와 공존하는 또 다른 가치 사이의 관계이기 때문이다. 이 같은 정태적 사실이 발생하기 위해서는 상이한 진화적 또는 통시적 사실들이 필요했다. 사람들은 더 이상 crispus라고 말하지 않고, crêp이라고 말해야 했으며, 어떤 순간에는 라틴어로부터 직접적으로 일정수의 새로운 유식한 단어들을 도입해야 했다.(그것은 또 다른 통시적 사실이다.)

문제가 되는 정태적 사실(사람들이 décrépit와 décrépi를 혼동한다는 사실)을 생산하기 위해 필요했던 통시적 사실들은 추출된 정태적 사실과 어떤 관계도 맺고 있지 않다. 통시적 사실들은 정태적 사실을 조건 지었으나 1) 그 자체로 완벽하게 구별된다. 2) 정태적 사실을 파악하기 위해서 통시적 사실들을 아는 것(『노트 번호 9. 340』), 즉 그 기원을 아는 것은 불필요했을까? 아니다. 그것은 유용하다. 그 점은 우리에게 우리가 앞으로 다뤄야 할 한 가지 사실을 보여 준다. 즉 기호 앞에서 언주들이 보여 주는 수동성을 말한다. 우리는 실제로 그 두 개의 단어를 결합하는 것이 기원들의 관점에서 터무니없으나 상태의 관점에서는 완벽하게 규칙과 부합될 수 있다는 사실을 목격한다.

3) 통시적 사실들의 집합과 공시적 사실들의 집합을 동일한 연구 속에서 조합할 수 있을까? 아니다. 그 사실들은 상이한 차원에 속하는 것으로 나타난다.

첫 번째 예는 몇 가지 장점을 갖고 있다. 그것은 언어에 대한 오해 속에 있는 것이다. 우리는 보다 광범위한 예를 보게 될 것이다.

두 번째 예는 다음과 같다. **1911**

**6. 9**

고대 고지의 독일어 gast(손님) gasti(손님들) hant(손) hanti(손들)

나중에 시간과 더불어 모음 i는 선행하는 모음 a를 e로 변화시키는 효과를 갖게 되면서 다음과 같은 결과를 낳는다.

다른 한편으로 i는 그것의 음색을 상실한다.

gesti

↓

geste

이어서 이 같은 두 가지 사실로부터 오늘날 다음과 같은 현상을 보게 된다. Gast/Gäste, Hande/Hände 단어들의 많은 계열 속에서도 나타난다.

거의 흡사한 한 가지 사실이 역사 시대의 앵글로색슨어와 그 이전의 앵글로색슨어 사이에서 발생했다.

*fôt(다리)/*fôti(다리들) tôp/tôpi(치아) gôs/gôsi(거위)

나중에 가서 두 가지 사실들이 발생했다. i는 그것의 영향으로 ô를 ê로 변화시켰다.

fôti

↓

*fêti

이어서 또 다른 사실은 최종 모음 i를 제거시켰다.

fôt/fêt tôp/têp gôs/gês(영어 goose/geese)

만약 오늘날 현재의 관계인 Gast/Gäste 그리고 fôt/fêt 관계를 취한다면 복수형을 지칭하기 위한 일정한 기제(mécanisme)[14]라 부를 수 있는 것을 알게 된다. 독일어와 영어에 대해 말한다면 그것은 동일한 기제가 아니다.

영어에서는: 모음들의 대립

독일어에서는: 모음들의 대립+또 다른 종결어미의 무엇인가가 첨가됨

옛날에는 이 같은 동일한 관계가 전혀 다른 방식으로 표현되었다. fôt/fôti 속에서 복수형은 또 다른 모음에 의해서가 아니라, 첨가된 다른 요소에 의해서 지시되었다.

구성 항들의 관계는 그것이 무엇이든, 이를테면 복수 형태가 무엇이든 그 복수 형태들 사이에 존재하는 구성 항들 사이의 관계, 단수형과 복수형이 이동하는 관계 속에 존재하는 그 관계는 '공시적 사실들'이라고 표현될 수 있다.

다음과 같이 하나의 사실에서 다른 사실로 이동하는 것을 형성한 제반 사실들은 다음과 같이 표현될 수 있다.

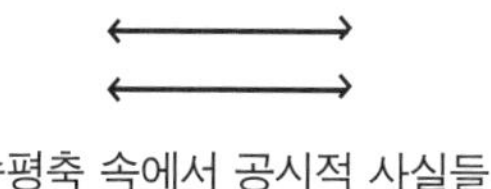

수평축 속에서 공시적 사실들

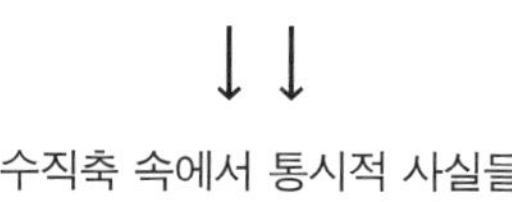

수직축 속에서 통시적 사실들

즉, 우리는 다음과 같은 그림에 놓여 있는 것이다.

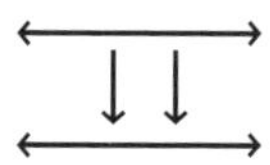

우리는 이 주제에 대해 몇 가지 성찰을 할 수 있다. 그것은 우리가 취

한 관점의 이원성이라는 주제 속에 직접적으로 속하는 내용이다.

1) 통시적 사실들(변화들)은 복수형을 다르게 표시하려는 것을 목적으로 삼았는가? 사람들이 변화시키기를 원했던 것은 복수형의 표현인가? 전혀 그렇지 않다. gasti라는 형태가 gesti가 됐다는 사실은 tragit라는 형태가('옮기다, 운반하다') tragt가 되었다는 사실보다 복수형을 더 신경 쓴 것은 아니다.

2) 통시적 사실들은 체계를 변화시키려는 경향을 갖는가? 이론의 여지없이 여기에서는 하나의 체계가 있고, 그리고 또 다른 체계가 나타난다. 관계들의 체계로부터 또 다른 체계로 이동하기를 원했는가? 그렇지 않다. 변화는 체계에 가해진 것이 아니라 체계의 요소들에 가해졌다. 하나의 체계가 결코 그것의 전체에 의해서 변화되지는 않는다. 그 변질은 시스템의 요소에 가해지며, 그 체계는 체계를 이루는 요소들의 연대성과 더불어서 취해진 것이다.

$$\frac{\text{fôt / fôti}}{\text{fôti}}$$

fêt

그 체계는 fôt/fôti가 되거나 fôt/fêt가 아닌 다른 식으로 구성될 수 없다.

사람들이 변화시키기를 원했던 것은 전체가 아니라 체계의 요소이다. 하나의 체계가 다른 체계를 생성했다는 것은 참이 아니며, 체계에 속하는 하나의 요소가 변화되었다는 것, 즉 또 다른 체계가 거기에서 탄생되는 것이다.

3) 세 번째 소견. 그 같은 구도는 하나의 상태가 무엇인지를 인식하기 위해서 시사하는 바가 크다. 우리는 각 상태의 우발적 특징을 보고

있다. 언어가 검토되어야 할 개념들에 따라서 창조된 하나의 기제로서 제시될 수 있다고 만들었다는 것은 잘못된 것이다. 우리는 상태가 결코 의미들을 표시하려는 목적을 갖고 있지 않았음을 알고 있다. 사람들이 사용하는 구성 항들의 계약에 따라서 스며 있거나 그것을 표시하는 것이다. 하나의 우연적 상태가 주어진 것이며 그 상태를 낚아챈 것이다.

상태(État)=구성항들의 우연적 상태

바로 거기에 전통 문법이 결코 획득하지 못한 개념이 있다. 그 어느 것도 철학적으로 이보다 더 중요할 순 없다. 하지만 변화시키는 요소들의 상태를 세심하게 분리해야 한다. 각각의 상태 속에서 정신은 주어진 소재에 생명을 불어넣고 활기를 띠게 만든다. 하지만 정신은 그 주어진 소재를 자유롭게 배열할 수 있는 것은 아니다.

4) 그럼에도 불구하고 일련의 통시태에 속하는 사실들은 동일한 본질에 속하고, 공시적 사실 속에서 우리가 추출했던 사실들과 동일한 본질과 동일한 차원에 속하는가?

계속해서 그 같은 사례와 더불어 논의해 보자.

상태들은 완전히 독립적인 사물들에 의해서 계속된다. 우리는 모든 것이 의도를 벗어나 진행된다는 점을 확립했다. 하지만 체계들 속에서, 변화의 사실과 접맥되는 사실들의 집합이 있는가? 아니다.

공시태라는 사실은 항상 의미 작용과 관련된 유의미적 사실이다. 그것은 그 조건으로서 최소한 두 개의 항들이 현존하고 있는 사실을 취한다. 복수라는 관념을 갖는 것은 fêt가 아니다. 복수라는 관념을 갖게 하는 것은 fôt와 fêt의 관계이다. 최소한 두 개의 항들을 필요로 한다.

만약 통시적 사실을 취한다면, fêt가 존재하기 위한 조건은 fôti가 사라져야만 한다는 것이다. 우리는 공존하는 구성 항들 사이에 존재하는 것 대신 연속적인 구성 항들 사이에 존재한다.

fôti가 복수적 가치를 갖기 위해서는 그 옆에 fôt가 있어야 한다. 이것은 유사한 사실들의 가능성을 배제한다.

언어(랑그)에 대한 공시태의 관점에서 시대마다 완전히 상이한 체계들이 존재할 수 있다. 하지만 그것이 유사한 관계들(공시태의 관계)에 기초하여 진행되기 때문에 나는 동일한 학문에서 그것을 연구할 수 있다. 모든 공시태의 행위 속에서 사람들은 유사한 관계들 속에서 움직인다.

이와 같은 원리로, 하나의 상태에서 다른 상태로의 이동을 설정하는 서로 다른 통시태의 사실들은(비록 지구의 서로 다른 지점들 위에서) 매우 상이하지만 동일한 과학에서 평가될 수 있을 것이다.

이 두 개의 차원을 동일한 시각에서 결집시키기를 원하는 것은 몽상적 시도가 될 것이다. 통시태의 시각에서 일련의 사실들은 여러 체계들을 조건짓지만 공시태의 체계와는 어떤 관계도 갖고 있지 않다.

몇 가지 예들을 제시해 보자. 만약 우리가 슬라브어인 체코어를 택한다면, slovo라는 형태였던 하나의 단어(도구격 slovem)를 보게 된다. 주격 복수형 slova, 속격 복수형 slovŭ(약모음) 등이 있음을 알게 된다. 오늘날 모든 약모음들은 체코어에서 사라졌다.

마찬가지로 여성을 뜻하는 단어 žena에는 대격 ženon, 주격, ženy, 속격 복수형 žen 등이 있다.

헝가리어에서 속격 복수형의 기호는 '영(zéro)'으로 노출된다. 즉, 그것은 '영'[15]이라는 사실이다. 하나의 관념에 대해 늘 청각 형상(figure acoustique)을 가질 필요는 없다. 하나의 대립으로 충분하며 x/영(x/zéro) 사이의 대립을 가질 수 있는 것이다.

그와 유사한 영역에서 우리는 언어의 한 상태가 우연적 상태라는 점을 보다 잘 알게 된다. 이 같은 사실은 이 체계가 창조하는 가치들과 어떤 관계도 맺고 있지 않다.

언어는 그 기계로 하여금 감수하게 할 문제들이 어떤 것이건, 항상 작동하게 될 기계라 할 수 있다.[16]

다른 예를 들어 보자. 프랑스어에서는 강세가 늘 마지막 음절에 오는 법칙이 있다. 최소한 그 마지막 음절이 묵음 e를 소유하지 않는다는 조건에서이다. 이것은 공시적 사실로서 프랑스어 단어와 강세 사이의 관계이다.

이 같은 사실은 어디로부터 도래하는가? 또는 달리 말해서 이보다 선행하는 사실, 즉 보다 복잡한 라틴어라는 상태와 더불어 시작해 본다. 라틴어에서 강세는 늘 음절의 마지막 전 음절에 놓여 있다는 것이다. 그리고 단어들의 마지막 음절 전에 강세가 나타날 수 있다. 그것은 마지막 음절 전 음절이 길거나 짧음에 따라 결정된다.

이 법칙은 프랑스어 법칙과는 전혀 다른 법칙들을 상기시킨다. 단 하나의 단어에서 이동하지 않은 것은 동일한 강세이다. 예를 들면,

| | |
|---|---|
| ánge | metiér |
| ángelus | ministérium |

하지만 두 개의 순간에 두 개의 상이한 공식이 있다. 왜 그런가? 모든 사람들은 알고 있다. 왜냐하면 단어들의 형태가 변했기 때문이다. 강세 다음에 있었던 모든 것이 소멸되었거나 묵음 e 음절로 변형되었다. 언주들은 본능적으로 마지막 음절에 강세를 두었다. 일정한 관계를 의식한 것이다.

그 공식은 완전히 상이한 것인가? 사람들은 그 공식을 변화시키기를 원한 것은 아니다. 왜냐하면 강세를 변화시키기를 원하지 않았기 때문이다. 강세를 변화시키려는 심지어 무의식적[17]인 의지조차 없었다.

하나의 통시적 사실이 개입된 것이다.

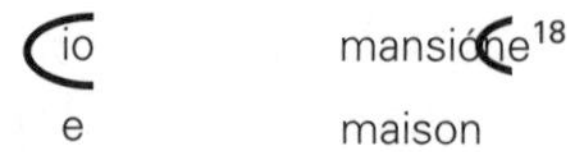


그것은 강세와 관련된 것이 아니며, 보존되거나 보존되지 않는 음절들과 관련된 것이다.

강세의 법칙을 그것들을 창조하려는 모든 의지로부터 독립하여 존재하는 차원들로서, 그리고 하나의 차원과 모든 상태들로서 파악할 수 있다. 그 결과 각 상태의 우연적 특징이라는 관념이 역시 확인된다.

1911 체스 놀이와 비교해 보자. 체스와 언어(랑그) 속에는 중요한 몇 가지
6. 13 특질들이 있는데 그 가운데는 언어가 관습적 가치들에 대해 행해지며 상호적 위치들의 가치에 대해 행해진다는 것이다.

가치란 단어는 이 같은 비교에서 다시 나타난다. 우리는 다음 장에서 언어(랑그)를 가치 체계로서 연구할 것을 제안할 것이다. 체스 놀이에서 하나의 주어진 위치는 다음과 같은 세 가지의 경우로 언어의 한 상태에 비유될 수 있다.

1) 체스 말들의 가치는 오직 다음과 같은 체계에 의해서 상호적 위치에 의해서만 결정된다.

foot/feet

단수/복수

2) 각각의 말의 위치는 체계에 종속되며, 순간적인 체계에 종속된다. 말들의 한 위치에서 다른 위치로, 그리고 하나의 체계에서 다른 체

계로, 하나의 공시태에서 하나의 다른 공시태로 이동하게 만드는 것은 무엇인가? 이 세 번째 사실에서 우리는 그것의 모든 범위 속에서, 그리고 그것이 조건 짓는 공시태의 사실들과는 다르게 만드는 모든 것 속에서 통시적 사실을 갖게 된다. 각각의 체스 놀이[19]는 물질적으로 오직 하나의 말에만 영향을 행사할 뿐이며, 그것은 통시적 사실도 마찬가지이다. 이 점에도 불구하고 체스 놀이는 체계에 대해 생산될 결과에 대해 측정될 수 없다. 모든 각각의 말들에 대해 정하게 되는 가치의 변화는 경우들에 따라서 전혀 없거나 또는 체스 판에서 망각된 말들에 대해서조차 그 전체의 혁명을 불러올 수 있을 것이다.

3) 이동이라는 이러한 사실은, 그것이 어떤 것이건 평형의 사실과는 절대적으로 다른 것이다. 평행에 선행하거나, 평행에 후행한다.

언어에 있어서와 마찬가지로 중요한 것은 오직 상태들이다. 그 변화는 두 개의 상태 가운데 그 어느 것에도 해당하지 않는다. 그런데 사람들은 언어의 상태만 언급했을 뿐이다. 그 같은 비교는 한 가지 결점을 갖고 있는데 그것은 대조적으로 다음과 같은 사실을 보여 주고 있다. 체스 놀이에서 체스를 두는 사람은 하나의 말을 이동시키면서 이동을 만들어 내고 체계 속에서 하나의 작용을 작동시키려는 의지를 갖고 있다. 언어가 한 번 움직일 때(하나의 통시적 변화), 언어는 전혀 사전에 어떠한 것도 계획하지 않는다. 언어에서 체스의 말들은 자연 발생적이고 우연적인 것이다.

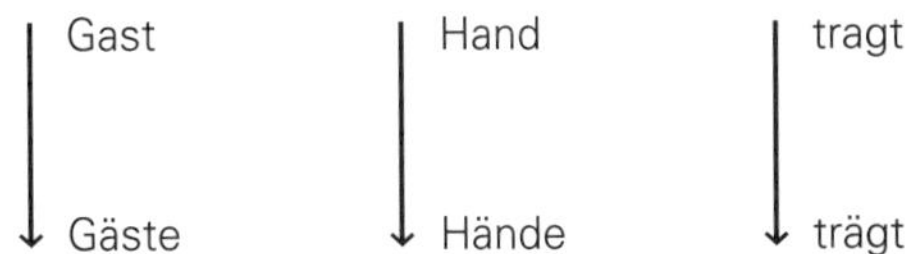


즉 이런 것들이 서로 관계를 맺는 것은 자연 발생적이고, 우발적인

것이다. 'Gast/Gäste'라는 체스의 말들은 단수와 복수를 의미한다.

하지만 심지어 의도가 지배할 때에도 가치의 이동은 그 본질에 있어서 그 이동을 조건 짓는 가치들의 체계로 환원될 수 없다.

진화적 사실[20]과 정태적 사실의 차이는 이차적인 구성 항들, 그리고 서로 관련된 모든 개념들이 어쩔 도리 없이 서로 관계를 맺게끔 유도한다. 나는 법칙이라는 개념만을 언급하겠다. 물론 언어 속에 법칙들이 과연 존재하는지의 여부를 아는 것은 중요하다. 법칙이라는 개념 자체는 우리가 미리 통시태와 공시태의 공간을 분리했을 때만 성공할 확률과 더불어 접근할 수 있다. 다음과 같이 말해야 할 것이다.

통시적 법칙이 있는가? 그리고 그것의 본질은 무엇인가?

공시적 법칙이 있는가? 그리고 그것의 본질은 무엇인가?

이러한 구별 없이는 하나의 혼동에 대해 갑론을박하고 말 것이다. 그러한 구별은 이 개념을 결정짓는 유일한 방식이다. 사람들이 쉽게 빠질 수 있는 혼동은 개별 사실들의 명료성에 대해 매우 심각할 것이다.

몇 가지 법칙을 검토해 보자.

1) ca는 프랑스어에서 cha-가 된다. k가 프랑스어 a 앞에서 ch로 변화하는 법칙이다.

cattus(고양이)/cantus(노래)

2) 프랑스어의 강세는 늘 단어들의 마지막 음절에 놓인다.

3) 그리스어는 모든 단어를 모음으로 끝내거나 또는 자음 σ, ρ, ν 단어들의 종결 부분에서 다른 모든 자음을 배제한다.

4) 그리스어에서 어두자음 σ는 h가 된다.(έπτά-septem)

5) 그리스어에서 종결자음 m은 n이 된다.(ζυγόν-jugum)

6) 그리스어에서 종결폐쇄자음 t, d, p, b, k, g 등은 사라진다.

γύναι(k), ἔφερε(τ), ἔφερον(τ)[21]

이 목록에서는 공시적 법칙들이 존재하며 그렇지 않은 법칙들도 존재한다. 어떤 법칙들은 공시태의 축에 따라 존재하며 다른 법칙들은 통시태의 축에 따라 존재한다.

아울러 우리가 이러한 예들로부터 법칙을 추출하려면 다음과 같은 숨겨진 장애물에 부딪칠 것이다. 즉 어떤 것들은 공시태의 축 속에서, 다른 것들은 통시태의 축 속에서 움직인다.

그것이 통시적인 것인지 공시적인 것인지를 알려면 어떤 구성항 사이에서 그것들이 움직이는지를 자문해 보아야 한다.

1) ka(ca) → ša(cha) 변한 것은 통시태에 속한다. 즉 ka였던 것이 cha로 변한 것이다.

2) 프랑스어의 강세: 낱말들을 표시하는 상이한 절편들 사이에서의 계약:

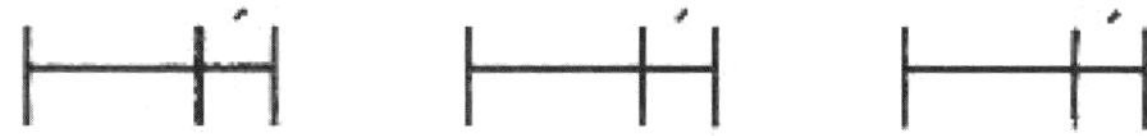

그 법칙은 공존하는 두 개의 구성항들 사이에서의 관계를 표현한다. 공시적 항들 즉, 낱말의 단위와 강세가 그것이다.

3) 그리스어 모음 σ, ρ, ν(공시적 법칙) 등은 낱말들의 종결에서만 찾을 수 있다. 그것은 심지어 동시대의 구성 항들 사이에서 진행되는 법칙이기도 하다. 낱말들의 절편들 사이에 있는 계약으로서 항상 모음 또는 σ, ρ, ν으로 끝나도록 만든다.

4) 통시적 법칙이다. 즉 연속적인 항들 속에 들어가는 것이다. σ이었던 것이 h가 된다.

5) m이었던 것은 ν가 될 것이다. ↓ ξυνόμ / ξυνόν 통시태에 속한다.

6) *γύναικ / γύναι *ἔφερετ / ἔφερε 이와 같은 것은 통시적인 것이다.

공시태 법칙은 통시태 법칙과 너무나 상이한 것이다. 즉 3)번은 5)와 6)의 결과를 표시한다.

ξυνόμ, γύναικ, ἔφερετ 속에 있을 때에는 법칙 3)은 아무런 가치가 없었다.

법칙 3) 즉, 공시적 법칙을 세우기 위해서는 두 개의 통시적 법칙을 필요로 했다.

일단 이 두 가지 법칙이 분리되면, 우리는 그 법칙들이 법칙이라는 이름에 걸맞는지를 알아볼 수 있다. 그리고 그것의 본질이 무엇인지를 연구할 수 있다. 법칙이라는 관념은 통시태의 영토와 공시태의 영토에서 동일하지 않다.

통시적 영토 위에서 법칙은 강제적이거나 역동적이다. 그것은 하나를 사라지게 만들며 그 같은 사실로서 또 다른 것을 나타나게 만든다. 그것은 하나의 결과를 통해서 반영된다. 그러한 법칙에는 하나의 힘이 존재한다. septa라는 단어는 사라질 수밖에 없었다.

통시적 법칙은 모든 저항에 맞서 실행되는 강제적인 것을 표현한다. 공시적 법칙은 존재하는 질서를 표현한다. 그것은 사람들이 언급했던 것과 동일한 종류의 법칙이다. 이를테면 정원에 있는 나무들을 심어 놓은 법칙은 무엇인가?

이 법칙은 사물들의 한 상태를 목격하는 것이며 하나의 질서를 실행하는 것이다. 강제적이지도 않으며, 역동적이지도 않다.

프랑스어의 강세는 마지막 음절에 놓인다. 이것은 하나의 사물의 상태로서 규칙적인 한계 설정을 포함하고 하나의 질서를 표현하며 따라서 우리는 거기에 법칙이라는 이름을 부여할 수 있다. 이 질서는 일시적이다. 즉 그것이 강제적이지 않다는 사실로 인해서 일시적이다. 사람들이 그것을 존재하도록 내버려 두는 한 존재한다. 그 법칙은 하나의 변화에 맞서서 사물의 상태를 옹호하지 않는다.

발생하지 않은 또 다른 법칙이 그리스어에서 상당수의 모음을 제거하게 되는 날, 그 법칙은 더 이상 존재하지 않게 될 것이다.(가령 κατ′, άπ′) 그것은 그 법칙을 변화시키게 될 통시적 법칙 덕분에 존재하는 것이다.

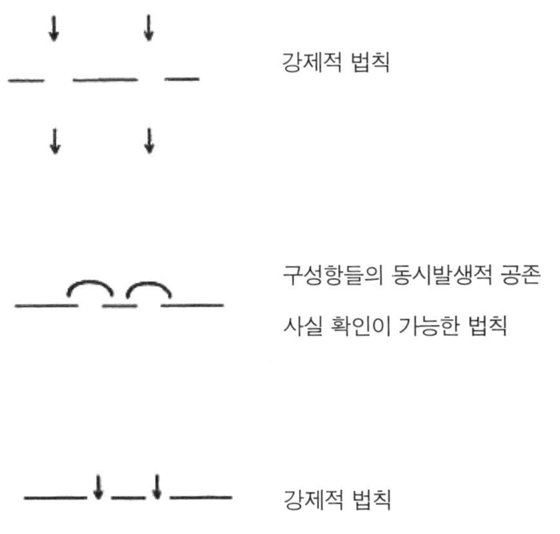


동일한 관찰이 일련의 다른 개념들에 대해서도 행해질 수 있다.

우리는 이번 장의 제목에 나타나는 연구 대상의 이원성에 도달한 1911
다. 언어학은 자신의 두 번째 교차로에 놓여 있다. 첫 번째 교차로는 언 6. 16
어(랑그)를 연구할 것인지, 또는 발화(파롤)를 연구할 것인지에 관한 것이다. 즉, 언어의 공시적 사실을 연구해야 할 것인지 아니면 통시태 차원의 사실을 연구해야 할 것인지에 관한 것이다. 실제로 그것은 두 개의 상이한 학술 분야이다. 두 분야를 혼합하면 안 된다. 왜냐하면 첫 번째 교차로에서는 언어(랑그)와 발화(파롤)의 선택의 문제였기 때문이다. 그리고 언어(랑그) 속에서 통시태 차원의 모든 것은 발화(파롤)를 통하여 탄생한다. 언어(랑그) 속에 있는 모든 변화의 흔적은 발화(파롤)를 통해서만 도달한다. 모든 종류의 변화는 한정된 수의 개인들에 의해서 시도되는 것이다.(탐측 기구(des ballons d'essai)) 그것들은 집단에 의해서 수용될 때 비로소 언어적 사실이 될 것이다. 그것들이 발화 속에 있는 한 중요치 않다.(그 이유는 발화(파롤)는 개인적이기 때문이다.) 그 변화가 언어(랑그)가 될 때 우리는 그것을 연구한다. 하지만 모든 변화는 늘 발화(파롤)의 사실로서 시작하는 것이다. 언어학의 형식은 무엇이어야 하는가?

모든 진화, 즉 언어 속에서 이루어지는 모든 진화적 사실은 발화의 사실로서 시작한다. 이것은 언어와 관련된 연구의 선 밖에 나와 있다는 것을 뜻한다. 언어(랑그)의 진화적 사실들의 원인은 발화(파롤)의 사실 속에서 똬리를 틀고 있는 것이다.

구별해야 할 상이한 영역들 속에서 서로가 서로에게 호응하는 상동적 사실들이 존재함을 우리는 목격한다. 하지만 이 때문에 그 영역을 혼동해서는 안 된다. 하지만 동일한 순간에 하나의 혁신을 시도하는 발화(파롤)의 사실들은 항상 개인적이라는 사실을 보게 될 것이다. 왜 독일어에서 ich was-wir waren 대신 ich war-wir waren[22]이라고 말하는가?(가령 영어에서 I was : we were라고 말하는 대신)

몇몇 개인들이 유추를 통해서 ich war라고 말하기 시작했기 때문이다. 그것은 발화의 사실에 불과한 것이지 언어의 사실은 아니다. 그렇게 만드는 몇몇 사람들만이 존재한다는 점에서 그렇다.

결과적으로 다음과 같은 혼동은 두려워할 필요가 없다.(우리는 우리가 제외시켰던 발화(파롤)의 영역으로 다시 돌아가지 않을 것이다.)

우리가 놓였던 이러한 마지막 분지에 이어서 언어학이 합리적으로 취할 형식은 무엇이 될 것인가? 하나의 과학이 이론적·합리적·이상적으로 스스로에게 부여할 형식은 그 과학을 실천해야 하는 방식과는 독립된다. 만약 그것이 참이 아니라면 우리는 언어과학이라는 말을 사용할 이유가 없다. 대부분의 언어학자들이 동시에 문헌학을 실천하고 있다는 점에서 그렇다.(문헌학은 그 자체로는 언어학과 전혀 관계가 없다.) 사람들은 슬라브어와 동시에 슬라브어로 된 문학 텍스트를 다룰 수 있다. 이 점은 언어학적 대상이 문학적 재료와 분리된 상태로 나와 있는 것을 방해하지 못하며, 언어학 연구가 원칙적으로 문헌학 연구로부터 분리되게 하는 것을 가로막지 못한다.

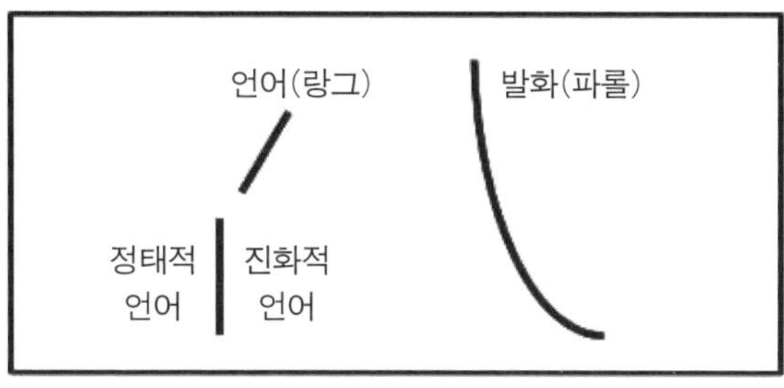


마찬가지로 만약 내적인 분할을 인식하기 위해 순수언어학을 다시 취한다면 순수언어학이 어떠한 분지로 나뉘고 이론적으로 분할될 것이며, 이러한 틀을 모든 연구에 부과하고 관철시킬 것인지를 말하기는 힘들 것이다. 이 같은 틀의 선들이 절대성을 가짐에도 불구하고 사람들이 이론적으로 세워 놓은 경계선들을 절대적으로 관찰하는 것은 어렵다. 아울러 사람들이 세우기를 원하는 이론적 계획을 경청해야 한다. 그것들은 마음대로 관찰할 수 있는 분할이라기보다는 반드시 존재해야 하는 분할들인 것이다. 예컨대 12세기 프랑스어에 공시적 사실들을 취한다면 이것은 13세기에서 20세기까지 프랑스어의 역사가 포함하는 것과는 다른 본질에 속하는 총합을 나타낼 것이며 13세기에서 20세기까지의 프랑스어의 발자취를 나타낼 것이다. 현재의 일본어 또는 현재의 아프리카의 반투어[23]의 전체적 모습 또는 기원후 400년 아티카 그리스어

(Attica Greek)의 전체적인 모습, 또는 20세기 프랑스어의 전체적인 모습이 포함하는 것과 매우 유사한 본질일 것이다. 또는 이 같은 상이한 전체적 그림 속에서 설명과 연구의 대상이 되는 것은 유사한 관계들이 될 것이다. 여러 사실들은 동일한 질서에 속하게 될 것이다. 다른 한편 만약 진화적 사실들, 변질들, 통시적 사실들의 총합을 취한다면 이 같은 사실들은 13세기의 프랑스어 그리고 20세기의 프랑스어처럼 하나의 시기를 표시하며 다른 한편으론 또 다른 시기에서, 이를테면 말레이어에서 추출된 진화적 사실들의 총합을 포착할 수 있을 것이다. 이 같은 상이한 시기들은 어떤 시기에서, 다른 시기로의 유사한 사실들의 총합을 제공할 것이다. 아울러 그것들의 결합은 자연적일 것이다. 동일한 학자가 이 같은 상이한 통시태를 연구하는 것은 자연스러운 일이다. 하지만 실제로 학문적 작업의 분할이 그런 식으로 이루어지지 않음은 자명하다. 하나의 학문적 경력 속에서 상이한 언어들을 심도 있게 인식한다는 것은 매우 어려운 일이다.

중요한 또 다른 사항이 있다. 이러한 이론적 구별이 이루어진 다음에 사람들은 이 두 가지 연구 방향 각각에서 다음 사실을 일반화시킬 수 있을 것이다. 일련의 상태들을 연구하면서 우리는 유사한 하나 또는 다수의 시기들 앞에 놓여 있는 것이며 사실들을 일반화할 수 있을 것이며, 이러한 영역들 각각에서 이 영역들 각각이 하나의 유사한 전체를 표상한다는 사실을 통해 일반화시킬 수 있을 것이다. 사람들은 언어의 상태 속에서 관찰될 수 있는 현상들을 배열하고 분류하는 학문을 설정할 수 있을 것이다. 그 무엇도 상이한 영역 속에서 도래한 변질의 사실들을 일반화하는 것을 가로막지 못한다.

대략적으로 말해 그 두 개 사이의 대립은 다음과 같다. 정태언어학은 공존하는 항들 사이에 있는 관계가 동일한 집단적 의식에 의해서 지각되는 한에 있어서, 논리적·심리적 관계를 다룰 것이다. 하나의 체계를 형성한다는 조건에서 말이다.(요컨대 개인의 의식은 그 같은 집단적 의식에 대한 이미지를 부여할 수 있다. 우리 각자는 스스로 언어를 갖고 있는 것이다.)

이제 진화언어학은 서로 다른 곳으로 교체하는 연속적 구성 항들 사이에서의 관계를 다룰 것이다. 그것은 하나의 동일한 의식에 종속되는 것이 아니며 그들 사이에서 체계를 형성하는 것도 아니다.

진화적 사실 속에서는 오직 음성학적 사실들만이 있는 것은 아니다.

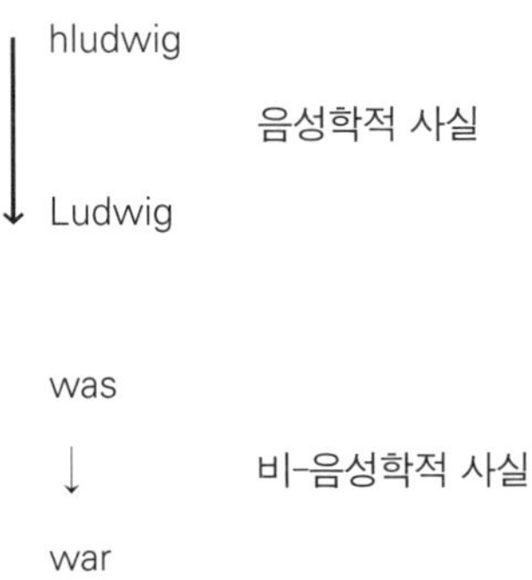


이 장에서 한 가지 혹은 두 가지 관찰을 첨언해야 한다. 1911

1) 우리는 공시적 사실이 연속적으로 통시적 사실에 견주어 그것의 6. 20
유사성과 아울러 때때로 비-유사성 속에 야기하는 함정들에 대해서는 거의 언급하지 않았다. 이것을 진화적 사실로부터 공시적 사실로 투사되어 나타나는 환영(mirage)이라 부를 수 있다. 이것은 그 둘을 혼동하는 경향을 말한다. 그렇기 때문에 두 가지 종류의 서로 상반되는 환영을 구별할 수 있을 것이다.

2) 공시적 진리는 통시적 진리의 부정으로서 나타난다. 그런데 만약 신중을 가하지 못한 경우, 둘 가운데 선택해야 하며, 두 가지 진리 가운데 하나만을 볼 수 있을 것이라고 사람들은 짐작한다. 하지만 정작 그

두 개의 진리는 서로 배제하는 것이 아니다. 예컨대 프랑스어의 경우 사람들은 전통적 문법에서 분사가 변화하며 한정된 경우에 하나의 형용사처럼 일치한다고 말한다. 가령 des ruisseaux débordants(넘쳐 나는 시냇물), une charité agissante(감동적인 자비)가 그러하다. 반면 때로는 불변하기도 한다. 그 결과 en과 결합한다. 가령 en agissant(감동적인), une charité agissant de la sorte(그런 종류의 감동적인 자비) 등의 경우가 그러하다.

결과적으로 이러한 경우들 가운데 하나에서 우리는 라틴어 단어 dicentem(변화하는)의 연속성을 앞에 두고 있는 것이며, 또 다른 경우에는 in dicendo(불변하는)의 연속성을 앞에 두고 있는 것이다.[24] 그것은 매우 복잡하다. 여기에 언어의 역사를 만든 사람들이 개입하는 것이다. 그들은 역사언어학을 다루는 사람들을 말한다. 하지만 그들은 그렇게 말하는 것이 터무니없다고 생각한다.

처음 보면 공시적 법칙은 진화적 사실에 대해 터무니없는 것 같아 보인다. 그리고 사람들은 진화적 사실 이상을 보지 못한다. 진정한 관점, 즉 완결된 관점은 이런 것이다. 이러한 진화적 사실은 완벽한 진실이지만, 공시적 진리, 즉 그 진리에 따라 오직 하나의 "disant"[25]만이 존재하는 것으로 느껴진다. 이 진리는 다른 진리만큼이나 여전히 절대적이다.

여기에 하나의 환영에 도달하는 상반된 경우가 있다. 공시적 진리와 너무나 일치하여 사람들은 그 둘을 혼동하게 되거나 또는 그 진리 가운데 하나만을 깨닫게 되거나 또는 하나의 유사한 사실을 둘로 분할할 필요가 없다고 생각한다.

가령, 단모음 라틴어 ă는 어두모음이 아닐 때는 i로 전환된다.

| | | |
|---|---|---|
| făcio | confĭcio | |
| ămicus | inĭmĭcus[26] | 등등 |

사람들은 이렇게 말할 것이다. facio의 a는 confacio의 i가 된 것이다. 여기에서 분명히 지적해야 할 구별이 개입한다. 결코 facio의 a가 conficio의 i가 된 것은 아니다. 그러한 변화가 작동한 것은 facio에서가 아니라, 다음과 같은 네 개의 구성항들에서이다.

⟷ | făcio : | confĭcio
⟷ ↓ făcio : ↓ confĭcio

사람들은 이것은 황당한 말싸움이라고 말할 것이다. 하지만 이것은 동일한 것으로 귀결되며, 동일한 사실이다. 즉, 공시태 차원의 통시적 진리가 일치하는 것이다.

다른 예를 들면, 그리스어 φυγεíν에서 γ는 φυκτός의 κ이다.

φυγεíν : φυκτός (피게인 : 피크토스)[27]

λέχος : λέκτρον (렉소스 : 렉크트론)

통시태 차원의 사실은 다른 것이다.

φυγτον(피기투스)

φυκτοςσ(피쿠토스) ↓

많은 예들은 이러한 무시로 인해 발생한 결과를 보여 준다.

또 다른 예가 있다. 만약 τρίχες : θρικ-σί의 경우를 취한다면,[28] 그것은 공시적 공식이다. 즉, 기식음이 존재하던 장소에서 발현될 수 없는 경우라면 단어의 시작 부분으로 도약한다. 하지만 본래는 다음과 같은 관계였다. θρίχες : θρικσί. 앞서 제시된 공식은 완전히 틀린 것이다. 기식음의 도약은 존재하지 않았다. 두 개의 연속적인 기식음은 첫 번째 기식음이 제거되도록 만든 것이다.

결과적으로 사람들이 두 개의 진리를 혼합할 수 있다고 믿었을 때 그것은 엄청난 실수임을 보게 된다.

산스크리트어의 예 : ć : k

ć 악센트가 붙는 것은 다음과 같은 조건에서 k가 된다.[29]

vaćas : vaktum

vaćam : vâk

본래 모든 ć는 k였다.

*vakas : vaktum

↓

vaćas : vaktum

통시적 사실에 견주어 공시적 사실의 종속과 독립을 명료하게 보여 줄 수 있는 두 번째 관찰 속에서 우리는 다른 것의 투사를 공시적 사실이라고 부르며, 그 공시적 사실은 투사된 물체 자체에 견주어 그 면 위에서 이루어진 투영과 비교하는 것이다.

물론 그 투영은 물체와 독립된 것임과 동시에 정반대로 그것에 직접적으로 종속된 것이다. 하지만 다음을 분명히 지적해야 한다.

1) 그것은 다른 것이다.

2) 그것은 다른 것 옆에 그 자체로 존재하는 것이다.

만약 그 투영이 다른 그 무엇이 아니라면 그 투영이 평면에서 어떻게 이루어지는지를 고찰하는 데 사용되는 수학과 광학의 모든 부분이 존재하지 않게 될 것이다. 그 물체를 고려하는 것으로 족할 것이다. 역사적 현실은 물체이며 첫 번째 현실에 견주어 언어적 사실 속에 있는 현실, 그것은 투영이다. 사람들이 투영을 인식하게 되는 것은 물체(=통시적 현실)를 연구하면서가 아니다. 그리고 물체를 연구하기 위해서 투영이라는 개념을 더 이상 소유하지 않는다. 사람들은 언어의 한 상태를 언급하면서 즉, 투영을 언급하는 것으로 족할 것이다. 예컨대, 20세기 프랑스어의 투영은 더 이상 다음과 같은 단어들의 관계를 파악하지 않는다.

forge et fèver(orfèvre)[30]

심지어 통시적 현실의 물체가 faber와 fabrica가 분리되지 않을 때조차 말이다.

물론 그 정반대도 있다. 20세기 프랑스어의 투영은 거친 벽과 노쇠한 노인 사이의 관계를 파악한다. 반면 사람들이 추적할 수 있는 역사적 현실은 아무것도 포함하지 않는다.

여기에서 우리는 보다 간단한 또 다른 비교를 첨가할 수 있다. 만약 몇 개의 식물을 수평으로 자르면 어느 정도 복잡한 그림을 갖게 될 것이다. 이 그림은 일정한 시각에 불과한 것이다. 또 다른 단면, 즉 수직 단면이 보이게끔 만드는 수직적 섬유를 취하는 일정한 시각(원근법)이다. 수직적 단면은 다음과 같다. 하나는 다른 하나에 종속되어 있다.

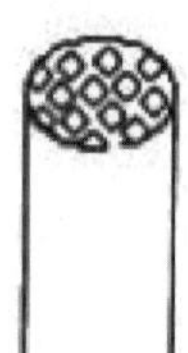

수평적 단면은 수직적 단면이 존재하는 것에 따라서 존재한다. 하지만 이러한 시각은 내가 수직적 개발을 통해서 갖고 있는 사실과는 독립되는 사실이다. 수평적 단면이 왼쪽 그림과 오른쪽 그림의 관계를 만들어 낸다는 사실로 인해 이미 둘은 독립된 것이다.

이 단면들을 공시태 차원의 단면과 통시태 차원의 단면으로 부를 수 있다. 어느 것이 더 중요하고 우선권을 갖는가?

언어학 속에 그 이미지를 다시 이동시키면서 우선권을 갖는 것은 수평적 절편이다. 왜냐하면 수평적 절편 속에서 사람들은 말을 하기 때문이다.

그처럼 많은 수평적 절편들과 사람들이 말을 하는 데 사용되는 수없이 많은 상태들이 존재한다. 수직적 단면은 오직 언어학자에 의해서만 고려될 것이다.

세 번째 소견. 늘 광학에서 언어를 차용하면서 두 개의 근본적인 시각(원근법)을 언급하는 것은 적절하다.(왜냐하면 하위 시각들을 구별할 수 있기 때문이다.) 즉, 그 두 개의 시각(원근법)은 하나의 상태 속에 있는 것 또는 하나의 통시태 속에 있는 것을 표현하는 것으로 언급할 수 있다. 정태적 시각은 언주(Sujets parlants)와 언어학자 모두와 관련된다. 정태적 대상들에 대한 시각은 언중(masse parlante) 또는 문법과 관련된다. 언중에게 있어서 구성 항들이 제시되는 시각은 현실이다. 그것은 유령도 그림자도 아니다. 또 다른 한편, 언어학자는 만약 그가 언어의 한 상태를 이해하려면 스스로 이러한 시각(원근법)에 놓여야 하며, 그에게는 하나의 장애물이 될 수 있는 통시태 차원의 또는 역사적 시각(원근법)을 포기해야만 한다. 수직적 또는 통시태 차원의 시각은 언어학자와 관련될 뿐이다. 또 다른 한편 언어학자의 상이한 작동들은 시각(원근법)이란 이름을 취할 수 있다. 통시태 차원의 시각에서 사람들은 아래에서 위로, 그리고 위에서 아래로 향하는 시각(원근법)을 구별할 수 있다. 동일한 이유들로 평면이라는 단어는 더 이상 거부될 수 없다. 통시태 면과 공시태 면 속에서는 서로 직교 관계를 이루는 것을 나타내는 것들이 존재한다. 정태적 언어학과 역동적 언어학의 분기점에 도달하여 우리는 정태적 언어학을 추구하기로 결정한다.

### 정태언어학

언어학 일반에 소속시켰던 많은 것들은 더 정확히 말하면 정태언 1911
어학에 속한다. 분명 몇 가지 일반적 원칙들에 대해서는 분기점 이전 6. 23
에 또는 그 이후에 그것들을 언급해야 할 것인지의 여부를 스스로에게 물어볼 수 있다. 바로 그 점으로부터 이번 강의의 다소 엉성한 성격(décousu)이 나타난다. 그러한 분기점은 그것이 투사되었던 곳보다 더 높은 곳에 도입되었다. 정태언어학은 언어학자들이 일반언어학 속에 포함시킨 많은 것들을 자신의 연구 영역들이라고 주장할 수 있을 것이다. 정태언어학은 관찰 가능한 언어의 모든 상태들 사이에 공통적으로 존재하는 것을 취할 것이다.

심지어 사람들이 "일반 문법"이라고 불렀던 것조차 이러한 일반화에 속한다. 이때, 일반 문법은 특히, 언어학이 논리학에 가장 가깝게 근접하는 점들을 포함하게 될 것이다. 명사, 동사 따위의 범주들로서 그것은 정태언어학에서 궁극적으로 자신의 연구 영역으로서 주장될 수 있을 것이다. 왜냐하면 일반 문법 사이에서 사람들이 찾는 관계와 차이들이 설정되는 것은 오직 언어의 상태들을 통해서 이루어지기 때문이다. 일반화를 취하건 개별 상태를 취하건 확실한 것은 대상들이 두 개의 학술 분야에서 상이하다는 것이다.(진화언어학과 정태언어학) 그것들의 본질에 관한 한 그 대상들은 비교될 수 없다. 정태언어학을 하는 것보다 역사언어학을 하는 것이 훨씬 더 쉽다. 그 대상들은 더 잘 파악된다. 연속적인 구성 항들 사이의 관계와 여러 변형들의 연속은 어려운 주제는 아니다. 정태언어학은 오직 관계들과 가치들 사이에서 움직인다. 정태언어학을 다루려면 끈질긴 의지가 필요하다. 반면 진화언어학은 훨씬 더 매력적인 것이다.

## 모든 정태적 언어학과 관련된 예비적 고찰들

하나의 상태에 대해 언급할 때 수용할 수밖에 없는 명확한 계약[31]의 몫이 존재한다. 우리가 하나의 상태라고 부르는 것의 한계들은 필연적으로 부정확할 수밖에 없다. 다음과 같은 사례와 비교할 수 있는 어려움이 있는 것이다. 하나의 점은 어떤 차원도 갖고 있지 않으며, 점들로 이루어진 선은 하나의 차원을 갖는다.[32] 또는 하나의 면은 하나의 차원만 갖고 있다. 따라서 하나의 공간(볼륨)은 면들로 구성되어서는 안 되는 것이다. 이것은 곧 필연적 계약으로 다시 귀결된다. 우리가 언어의 한 상태에 대해 언급할 때도 유사함이 존재한다. 발생한 여러 변형들의 총합이 거의 전무한 시간의 간격들이 존재하는 반면, 그보다 짧은 또 다른 시간의 간격들은 매우 중요한 변형의 총합의 마당이 된다.

따라서 우리는 하나의 상태가 10년, 또는 50년이라고 말하지 않을 것이다. 일반적으로 이런 종류의 한계는 있을 수 없다. 우리는 어떤 심각한 변형도 언어의 모습을 변화시키지 않았던 공간을 상태라 부른다. 사건들의 역사에서도 그와 약간 유사한 양상이 존재한다. 원칙적으로 시대는 시간의 점이다. 시대는 시기(시간의 공간)와 구별되어야 한다. 시대와 시기는 대립되지만 안토니누스의 시대,[33] 십자군의 시대라고 말하는 것은 가능하다.(시간의 큰 공간, 즉 시기들의 의미라는 점에서 말이다.) 반의어를 동의어로서 사용하는 것이 허용된다. 왜냐하면 주요 특징들의 전체 집합이 이 기간 동안 변화하지 않았기 때문이다.

그렇지만 바로 이러한 관점에서 상태라고 말하는 대신 언어의 시대라는 단어를 사용할 수 있을 것이다. 하지만 상태라는 단어는 훨씬 더 가치가 있다. 정치사 일반에서 어떤 시대의 시작과 종결은 하나의 혁명 그리고 사태를 변화시키려는 의지에 의해 경계가 그어진다. 상태라는 단어와 더불어 우리는 이 같은 종류의 부차적 관념이 침투하도록 허락하지 않는다. 여러 상태들은 매우 우발적인 변화들을 통해 변할 수 있다. 시대는 언어를 언어 외적인 것들에 지나치게 결부시키고 있다. 개념적 엄밀성을 확보하기 위해 하나의 상태를 의미 있는 변화의 부재가 아닌 다른 것으로 정의하는 것이 보다 나을 수도 있다. 하지만 우리는 그렇게 할 수 없다. 수학자들이 면을 다룰 때 미세한 변화를 무시하는 것처럼 우리도 그렇게 할 것이다.

그것은 필요한 계약의 몫이다. 사태의 증명을 위해서는 그것을 단순화해야 한다. 말할 것도 없이 하나의 상태는 지리적으로 한계가 그어져 있다. 그렇지 않다면 동일한 순간에 참인 것이 참이 아닐 수 있다고 말할 수 있을 것이다. 왜냐하면 그렇게 말하는 사람은 한 언어의 다른 방언이 아닌 하나의 방언을 그 진술의 근거로 취했기 때문이다.

정태언어학에서 제기되어야 할 첫 번째 질문은 인식해야 할 실재들 1911
의 단위 또는 단위들의 문제이다. 하지만 이것은 언어(랑그)를 성립하 5. 27

는 것으로 가장 쉽게 진입하도록 해 주는 물음은 아니다.

이러한 단위들이 우리에게 주어졌다고 잠정적으로 수용할 수 있을 것이다. 언어의 낱말들에 대해 마치 그 낱말들이 그 자체로 분리된 전체인 것처럼 언급할 수 있을 것이다. 즉 문법가들과 자신들의 언어를 문자로 기록했던 사람들이 낱말들을 구별할 수 있도록 해 준 경험적 사실에 기초하면서 말이다. 따라서 낱말 속에서 우리가 갖고 있는 단위들을 면밀히 탐사하지 않은 채 그 단위들을 취해 보자. 먼저 낱말들을 하나의 체계의 구성 항들로 취해 보자. 그러면 하나의 체계의 구성 항들로서 낱말들을 다루어야 할 필요성이 존재한다. 언어의 모든 낱말은 다른 낱말들과 관련을 맺고 있거나 또는 그것은 다른 낱말들과 관련해서만 존재한다. 아울러 그 단어는 자기 주위에 있는 다른 단어들 덕분에 존재하는 것이다. 이것은 늘 사람들이 한 단어의 가치가 무엇인지를 스스로에게 물어볼 때 더 명료해질 수밖에 없는 것이다. 비록 첫 번째 순간에 하나의 환상이 우리로 하여금 하나의 단어가 고립적으로 존재할 수 있다고 믿게 만들더라도 말이다.

한 단어의 가치는 매 순간 유사한 다른 단위들과의 관계를 통해서만 값어치를 갖는다. 단어들 사이에 있는 그 단어들의 가치와 차이는 두 개의 차원에 따라서, 그리고 전혀 다른 구별되는 두 개의 영역 속에서 전개된다. 이 두 개의 영역 각각은 일정한 가치 차원을 생성하며 두 개의 가치 차원에 존재하는 대립은 그 각각의 것을 더욱더 명료하게 만든다. 여기에서 문제의 관건은 낱말들을 다른 낱말들과 더불어 배열하는 두 개의 영역 혹은 두 개의 방식이다.

노트 10권 시작

1) 첫 번째 통합적 배열과 관계들의 영역이 존재한다.[34]

예: contre tous(모든 사람에 맞서서, against all). 여기에서는 일정한 방식으로 contre와 tous를 연결하는 관계가 존재한다. 그것을 다음과 같이 표현할 수 있을 것이다.

contremarche(역행)는 유사한 관찰을 낳는다. 여기에서는 구별해야 할 두 가지 관계가 존재한다.

마찬가지로 magnanimus라는 단어를 생각해 보자.

animus와 magnanimus의 관계가 있고, magn와 animus의 관계가 있다.

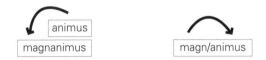


이러한 특정 관계를 만들어 내는 조합은 하나의 통합체(syntagme)[35]라고 불릴 수 있다. 그것은 두 개 혹은 다수의 단위들의 조합으로서 그 단위들은 서로 순서에 따라서 이어지는 현존하는 단위들이다. 만약 그 같은 단위들이 그들 사이에서 어떤 관계를 제공하지 않고 이어진다면 우리는 그것들을 통합체로 부르지 않을 것이다. 하지만 그것들 사이에서 관계를 갖는 연속적인 다수의 단위들은 하나의 통합체를 형성한다.

통합체에 속하는 관계들은 외연 속에서 전개되고, 그 버팀목은 외연을 가지며 외연 속에서 이어지는 단위들의 연속을 갖는다. 아울러 오로지 1차원을 갖는 것 같은 외연 속에서 나타나는 단위들의 연속이 이어지는데 그 외연은 오직 하나의 차원, 그리고 하나의 방향만을 갖는다.

서로 대립하는 구성 항들은 하나의 공간적 대립 속에 놓이게 되는데, 그 구성 항들 사이에서 설정되는 놀이는 그 기초로서 이러한 공간적 원칙을 갖는다. 우리가 언급하는 공간은 물론 시간이라는 공간을 의미한다.

통합적으로 공존하는 것은 하나의 기계의 부속품들처럼 외연 속에서 공존한다. 하지만 여기에서 우리는 오직 하나의 차원만을 가지고 있다.

2) 연합적 배열

언어 속에 존재하는 다른 구성 항들과의 심리적 연합.[36]

가령, enseignement(교육) 같은 단어는 무의식적인 방식으로 정신의 차원에서 수많은 다른 단어들의 관념을 불러일으킬 것이다.

한편으로 그 다른 단어들은 문제가 되는 단어와 공통적인 그 무엇인가를 갖는다. 이것은 아마 매우 상이한 측면을 통해서 이루어질 수 있을 것이다. 예컨대 enseignement이라는 단어는 연합적인 하나의 연속 속에 포함되게 될 것이며 그 같은 연속은 다음과 같다.

enseignement[37]

enseigner[38]

enseignons[39]

enseigne[40]

표상된 관념 속에서 무엇인가 공통적인 것이 존재하며 청각 이미지

속에도 공통적인 무엇인가가 존재한다. 기표와 기의는 동시에 이 같은 일련의 연합을 구성하게 될 것이다.

enseignement

armement[41]

rendement[42]

마찬가지로 기표와 기의 사이의 관계에 기초하는 또 다른 일련의 연합은 그 단어의 또 다른 부분 속에서 진행될 것이다. 그것은 기의에 기초하는 일련의 연합 관계이다.

enseignement

instruction[43]

apprentissage[44]

éducation

청각 이미지들 속에서 단어들의 단순한 공통성을 가질 수 있을 것이다.

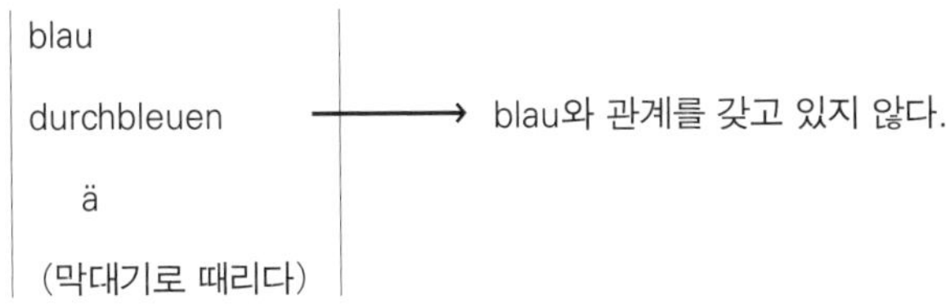


비교: enseignement이 명사로서 다른 명사들과 관계를 맺고 있다는 사실 속에 일련의 연합적 관계[45]가 존재한다.

뿐만 아니라 때로는 의미와 형태의 이중적 공통성의 이름으로 나타나는 불가피한 일련의 연합들이 존재하거나 또는 오직 형태 또는 의미로 인해 발생하는 일련의 연합들이 존재한다. 이 같은 연합들은 두뇌 속에서뿐 아니라 낱말들 자체 속에서 존재하는 것으로 간주될 수 있다. 어떤 단어라도 곧 연합을 통해서 그것과 닮을 수 있는 모든 것을 상기시킨다. 이 같은 연합(association)은 첫 번째 연합과는 전혀 다르다. 이 같은 등위 배열은 그 버팀목이 외연이 아니다. 이만큼 상이한 단위들 사이의 관계를 표시할 수 있는 것은 하나의 연쇄 속에서 그 단어들이 차지하는 자리의 자격으로 이루어지는 것이 아니다.

요컨대 enseignement이라는 단어는 이러한 일련의 연합 관계에 있어서 반드시 최초인 것은 아니며, 오히려 성좌의 부분을 이루고 있다.

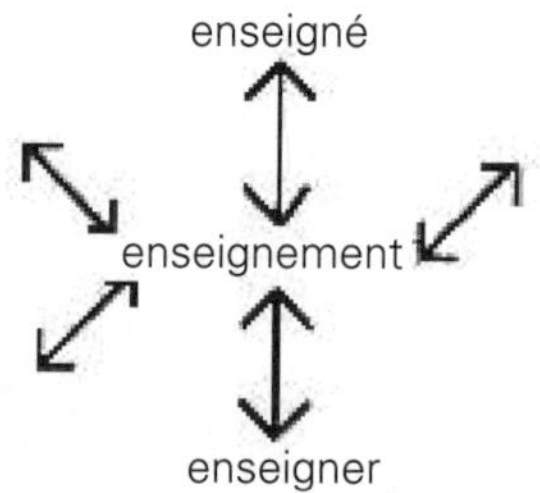


여기에서 공간 개념은 개입하지 않는다.

이제까지 한 단어가 다른 단어들과 맺을 수 있는 관계의 두 가지 방식을 소개했다.

단어를 만드는 것은 다른 단어들과 한 단어의 관계이다. 이 두 가지 종류의 관계의 구별은 근본적이다. 이 점에 대해 몇 가지 관찰해 보자.

1) 한 단어가 자신의 주위에 있는 다른 단어들에 대해 언어학자는 때로는 통합적 영역, 때로는 연합적 영역의 차원에서 논의할 수 있다. 통합체의 차원에서 그 단어 주위에 있는 다른 단어들은 앞 또는 뒤에 오는 것이다. 그것은 맥락(컨텍스트)이며, 연합 차원에서 그 단어 주위에 오는 것은 어떤 맥락(컨텍스트) 속에도 존재하지 않는 것이며 의식으로부터 도래하는 것이다. 의식의 관계에 의해 통일된 것이지 공간이라는 관념에 의해 통일된 것은 아니다.

한 단어를 에워싸고 있는 것(entourage)은 통합의 차원에서 그리고 연합의 차원에서 구별되어야 한다. 통합체 속에 위치한 단어는 그것이 하나의 시작과 하나의 끝을 갖는다는 사실 덕분에, 아울러 다른 단어들은 해당 단어 이전에 혹은 그 단어 이후에 존재해야 한다는 사실 덕분에 작용하는 것이다. 일련의 연합들 속에 위치했을 때 시작과 끝은 개입하지 않는다.[46] 우리는 그것을 각각 현존하는 배치(in praesentia assemblage)와 부재하는 배치(in absentia assemblage)라고 부를 수 있다.

2) 통합체들은 문장들이 아닌 다른 조합들 속에서 목격된다 해도 가장 자명한 유형들로서 문장들을 갖고 있다. 모든 문장은 하나의 통합체이다. 그런데 문장은 언어(랑그)가 아니라 발화(파롤)에 속한다.

반론: 통합체는 발화에 속하는 것이 아닌가. 그리고 통합체와 연합체라는 두 개의 영역을 구별하기 위해 두 개의 영역(언어와 발화)을 우리가 뒤섞어 놓는 것이 아닌가. 실제로 여기에서는 영역들 사이의 경계 속에서 무엇인가 미묘한 것이 존재하고 있다. 잘라 말하기 어려운 문제다.

어쨌든 언어(랑그)에 속하는 사실들에서조차도 통합체들이 존재한다. 그 결과 복합어들도 마찬가지이다. 마그나니무스("위대한 정신")와 같은 단어는 아니무스("정신")와 마찬가지로 언어(랑그)의 저장소에 속한다.

다른 것들 속에서 언어(랑그)에 의해 이미 만들어진 일련의 문장들이 존재한다. 그리고 개인 자신은 선택할 여지가 없다.

통합체 속에는 미묘한 점이 존재하는데 그것은 발화(파롤)와 언어(랑그)의 분리이다.

다음과 같은 단어들 속에서 통합체 차원의 관계를 제시해 보자.

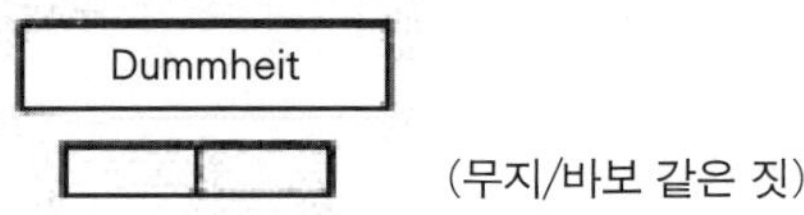


아울러 부분들은 그 앞에 존재하는 것에 의해서 혹은 그 뒤에 존재하는 것 덕분에 작용하는 것이다. 그것이 바로 통합체 차원의 관계이다.

3) 연합적 대립 또는 연합적 등위 배열은 나름대로 공간적 대립에 대해 성찰할 수 있다. 만약 Dummheit("무지")라는 단어가 일정한 면에서 두 개의 단위를 포함한다면 enseignement("교육")라는 단어 역시 두 개의 단위를 포함한다. 연합체의 영역으로 통하는 통합체의 이름으로 말이다.

우리가 고려했던 두 가지 계열의 질서를 뒤집어 놓으면서 다음과
1911 같이 말할 수 있다. 인간의 정신은 모든 현상에 있어 단어들 사이에 존
6. 30 재하는 관계들의 두 질서를 수립한다.

1) 발화(파롤)를 벗어나 무엇인가 공통적인 것을 제공하는 단어들 사이에 있는 기억 속에서 이루어지는 연합은 상이한 무리들, 계열들을 창조하게 되며 그 무리들과 계열들 한복판에서 매우 다양한 관계들을 지배한다. 그 관계들은 유일한 범주 속에 속한다. 그것은 연합적 관계들이다.

2) 발화(파롤) 속에서 단어들은 첫 번째 종류와 독립된 관계들의 종류에 종속된다. 이러한 종류는 단어들의 연쇄에 종속되는 것으로 우리가 언급했던 통합적 관계들이다.

여기에서 한 가지 반론이 자연스럽게 제기된다. 왜냐하면, 두 번째 차원의 관계는 언어(랑그)의 사실이 아닌 발화(파롤)의 사실들을 환기시키는 것으로 나타나기 때문이다. 하지만 언어(랑그) 자체는 이러한 관계들을 알고 있다. 그것이 복합어들 속에서만 존재할 경우에 말이다.(독일어 Hauptmann 또는 심지어 Dummheit, 또는 프랑스어의 s'il vous plaît 같은 경우에서는 통합적 관계가 우세하다.)

한 단어의 구조에 대해 언급할 때 사람들은 두 번째 종류의 관계(통합적 관계)를 떠올린다. 그것들은 몇몇 관계에 버팀목으로서 맨 처음에서 맨 끝까지 배치된 단위들이다. 만약 우리가 굴절의 계열체로서 어떤 것에 대해 언급할 때,(가령 dominus, domini, domino[47]) 우리는 연합적 관계가 우세한 무리 속에 놓여 있는 것이다. 이것들은 처음 부분에서 끝부분까지 배치된 단위들이 아니며, 바로 이 같은 사실 속에서 일정한 관계 속에 들어간다.

Magn-animus(마그-아니무스): 이 단어에서 아니무스가 있는 관계는 통합적인 관계이다.(결코 Magn 속에서도 animus 속에서도 위대한 정신을 소유한다는 것을 의미하는 그 어떤 것도 찾을 수 없을 것이다.)

만약 아니무스(animus)를 아니마(anima)와 아니말(animal)과 견주어서 취한다면 이것은 다른 차원의 관계이다. 연합적 가족 관계가 존재하는 것이다.[48]

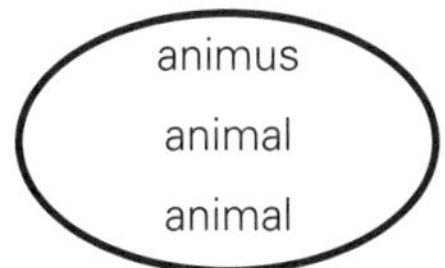

이 두 가지 관계의 차원은 환원될 수 없는 것이며, 이 둘 모두가 작용하고 있다.

만약 우리가 한 건축물의 부분들을 비교한다면 원주들은 그 원주들이 지탱하고 있는 그 작은 벽(fries)과 일정한 관계 속에 있을 것이다. 이 두 개의 부분은 통합적 관계에 견주어 일정한 관계 속에 놓여 있는 것이다. 그것은 현존하는 두 단위들의 짜임이다. 그런데 내가 만약 코린트 원주를 본다면 나는 그것을 현존하지 않는 물체들의 일련의 연합적 관계 속에서 연상시킬 수 있을 것이다.(이오니아 원주, 코린트식 원주 등등[49])

정신이 현존하는 관계들과 연합시키는 단어들과 맺는 관계의 총합은 잠재적인 계열로서, 그것은 기억에 의해서 형성된 계열이며 연쇄와 대립하여 기억을 돕는 계열이고 현존하는 두 개의 단위가 그들 사이에서 형성하는 통합체와 대립된 잠재적 계열이다. 이것은 잠재적 계열과 대립하여 실행적 계열이며 다른 관계들을 파생시킨다.

우리가 도출할 수 있는 결론은 다음과 같다. 한 단어가 작동하는 관계의 질서가 무엇이든 간에 (그것은 두 가지 질서 속에서 작동하도록 되어 있다.) 한 단어는 늘 무엇보다 체계의 구성원으로서 다른 단어들과 연대를 이루고 있고 그 관계들 중 하나 속에서, 혹은 그 관계들의 또 다른 질서 속에서 존재한다. 이것은 가치를 구성하는 것에 있어서 고려해야 할 또 다른 사안이 될 것이다.

단어들은 하나의 체계를 이루는 구성 항들이라는 사실을 먼저 고려해야 했었다. 우리가 낱말 대신 구성 항이라는 단어를 쓰면서부터 우리는 다른 구성 항들과의 관계를 염두에 두고 있었다.(다른 단어들과의 연대성이라는 관념이 상기된 것이다.)

즉, 그것은 구성 항들이 무엇보다 하나의 절대적 가치를 갖고 있으며 체계를 갖기 위해서는 그 구성 항들이 서로가 서로에게 포개어 쌓아

올리는 것에 불과하다고 생각하겠지만 정반대이다. 정반대로 출발해야 될 것은 연대적인 전체, 즉 체계로부터 출발해야 될 것이다. 이 연대적 전체는 몇 개의 구성 항으로 분해되며, 요컨대 그것(체계)을 추론하는 것은 결코 쉽지 않은 것이다. 상이한 가치들을 추출하기 위해 가치들로 이루어진 전체에서 출발하면서 우리는 인식해야 할 일련의 구성 항들로서 단어들을 만나게 된다. (괄호 속에 넣기. 나는 dominus라는 단어뿐 아니라 연합체 차원에서 domino, domini 등을 불러올 수 있다. 통합체 차원에서 나는 dominus 혹은 domini를 취해야 한다.)

날말이라는 단어에 중요성을 부여하지 않았으면 한다. 우리에게 날말이라는 단어는 여기에서 모호하다. 구성 항이라는 날말로 족하다. 날말이라는 단어는 요컨대 두 개의 계열 속에서 동일한 의미를 갖지 않는다.

# 5장 어떤 점에서 가치와 의미는 일치하며 동시에 차이가 나는가*

구성 항들이 있는 곳에는 가치들 역시 존재한다. 구성 항이라는 관념 속에는 가치라는 관념이 암묵적으로 함의되어 있다. 이 두 개의 관념을 분리하는 것은 늘 어렵다.

가치에 대해 언급할 때 우리는 그것이 의미 작용(signification)의 동의어가 된다는 것을 직감한다. 아울러 이것은 또 다른 혼동의 영토를 지시한다.(여기에서 그 혼동은 그만큼 사물들 그 자체 속에 존재할 것이다.) 가치는 분명히 의미의 한 요소이지만 의미를 가치가 아닌 다른 것으로 취하지 않는 것이 중요하다.

아마도 그것은 언어학에서 실행하기 가장 미묘한 작동들 가운데 하나로서 어떻게 의미가 가치에 종속되면서도 가치와 구별된 것으로 남는지를 알아차리는 것이다. 바로 여기에서 언어학자의 시각과 언어를 하나의 사전 목록체로 간주하는 편협한 시각 사이의 차이가 선명하게 드러난다. 먼저 의미 작용을 취해 보자. 우리는 다음과 같이 표상할 수 있다.

---

* 강의 순서에 따르면 8장이 되어야 하나 프랑스어 필사본에 '5장'으로 표기되어 있으므로 그에 따름.

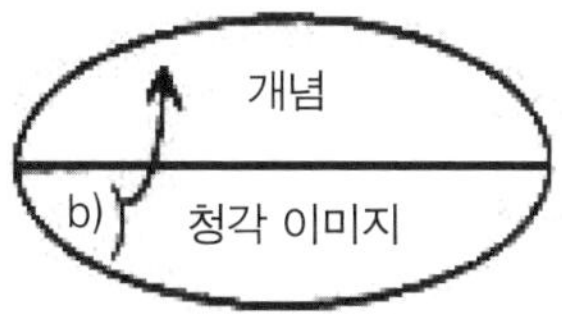

화살표(b)는 의미 작용을 청각 이미지의 대응물로 표시한다.

이러한 관점에서 의미 작용은 청각 이미지의 대응물이며, 그 이외의 다른 것이 아니다. 낱말은 고립되고 절대적인 전체로 나타나거나 취해진다. 내면적으로, 낱말은 하나의 개념을 대응물로 갖는 청각 이미지를 포함한다.

바로 여기에서 모종의 역설, 베이컨의 언어로는 하나의 덫을 포함하는 '동굴'[1]이 나타난다. 우리에게 청각 이미지의 대응물로 나타나는 의미 그대로는 언어 속에 공존하는 항들의 대응물이다. 우리는 언어가, 모든 구성 항들이 관계들을 통해서 서로 연결된 것으로 나타나는 하나의 체계를 표상한다는 사실을 방금 전 보았다.

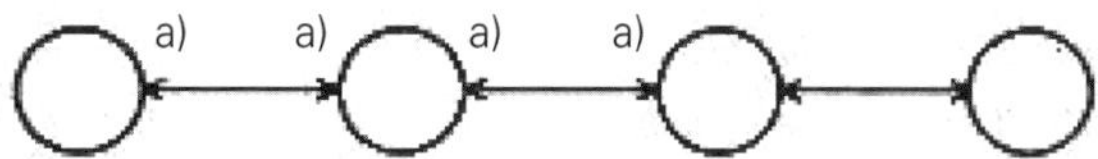


처음 보면 화살표 a)와 화살표 b) 사이에 관계가 없다. 한 단어의 가치는 오직 상이한 구성 항들의 공존에서 비롯된 결과물이며, 가치는 공존하는 구성 항들의 대응물이다. 이것이 어떻게 청각 이미지의 대응물과 혼동될 수 있겠는가.

또 다른 그림을 제시해 보자. 다음과 같은 일련의 칸들이 있다고 해 보자.

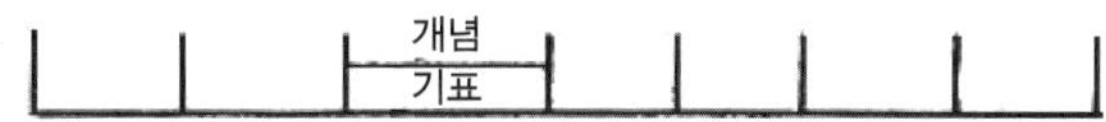

하나의 칸 내부에 있는 관계와 칸들 사이의 관계는 구별하기가 매우 어렵다. 청각 이미지의 대응물로서의 의미 작용 그리고 공존하는 항들의 대응물로서의 의미 작용은 서로 합치된다.

또 다른 예에 앞서서 다음과 같은 사실을 직시하자. 언어학을 벗어나서 가치를 취하는 것은 도처에서 동일한 역설적인 가치를 포함하고 있는 것으로 나타난다. 그것은 미묘한 영토이다. 가치가 무엇인지를 말하는 것은 어떤 차원에서도 매우 어렵다. 아울러 우리는 매우 조심해야 한다. 가치는 1) 사람들이 교환할 수 있는 유사하지 않은 것에 의해 결정될 수 있으며 (↑로 표시), 2) 사람들이 비교할 수 있는 유사한 것들에 의해서 표시될 수 있다. (↔로 표시)

← ← ↑ → →

가치를 위해서는 이 같은 두 가지 요소를 필요로 한다. 예컨대, 20프랑짜리 지폐가 있다고 치자. 그것의 가치 속에는 1) 내가 교환할 수 있는 유사하지 않은 다른 것이 들어온다.(예컨대 빵의 질량) 2) 20프랑 지폐를 1프랑 그리고 2프랑 등등을 비롯해 그와 유사한 가치의 화폐와 비교할 수 있을 것이다.(기니[2] 화폐) 이러한 가치는 어떤 것의 대응물이며 동시에 다른 것의 대응물이다. 결코 교환 가능한 것만을 고려하면서 한 단어의 의미 작용을 찾을 수 없으며, 반드시 비교 가능한 단어들의 유사한 계열을 비교해야만 한다.

우리는 단어들을 고립적으로 취할 수 없을 것이다. 결과적으로 구성항이 나타나는 체계는 가치의 근원 가운데 하나이다. 그것은 교환된 관념에 대립하여 비교될 수 있는 구성 항들의 총합이다. 한 단어의 가치는 오직 그것을 한계 짓는 공존하는 구성 항들의 도움을 통해서만 결정될 수 있을 것이다. 위에서 언급한 역설에 기초해서 말해 보자면 이렇다.

단어 속에 있는 것은 그 단어 주위에 존재하는 것의 도움을 통하지 않고서는 결코 규정될 수 없는 것이다.(단어 속에 존재하는 것은 가치이다.) 그것은 그 단어 속에 통합적으로 또는 그 단어와 연합적으로 존재하는 것의 도움을 말한다. 체계로부터 그리고 공존하는 구성 항들로부터 출발해서 바깥쪽에서부터 단어에 접근해야 한다. 몇 가지 예를 들어 보자. 무엇이든 복수형을 표시하는 일체의 구성 항들이 있다고 하자. 독일어 복수형 또는 라틴어 복수형의 가치는 산스크리트어의 복수형의 가치가 아니다. 하지만 의미 작용은 이를테면 동일한 것이다. 산스크리트어는 쌍수 격을 갖고 있다. 산스크리트어 복수형에 라틴어 복수형과 동일한 가치를 부여한 사람은 오류에 빠져 있다. 왜냐하면 나는 산스크리트어의 복수형을 라틴어 복수형에 적용할 수 있는 모든 경우에 적용할 수 없기 때문이다. 이 점은 무엇에 기인하는 것인가? 가치는 바깥쪽에 있는 그 무엇인가에 달려 있다.

만약 다른 한편으로 어휘라는 간단한 사실을 취한다면 어떤 단어이건, 이를테면 mouton을 취해 보자. 영어 단어 mutton은 영어 sheep과 동일한 가치를 갖고 있지 않다. 왜냐하면 프랑스어로 mouton은 식탁 위에 있는 양고기 음식이 아니라 들판 위에 있는 양을 말하며, 이것을 영어로는 sheep이라고 말한다. 즉 영어 단어 sheep 속에 놓을 수 있는 가치의 한계를 긋는 것은 두 번째 구성 항이 언어 속에 현존하는 것이다.

따라서 위로 가는 화살표는 충분하지 않다. 항상 수평으로 이루어진 화살표들을 참조해야 한다.

다음과 같은 예에서도 유사한 사실이 문제가 된다. 가령, décrépit가 그렇다. 'décrépit(노인을 묘사할 때 사용)이라는 단어에 회벽이 다 닳은 벽과 유사한 의미를 부여한다는 것은 어디에서 비롯되는 것인가? 영향을 미친 것은 옆에 있는 단어이다.

décrépit(노인) 속에 진행되는 것은 이웃하는 단어인 décrépi(하나의 벽을 묘사할 때 사용)의 공존에서 비롯된다. 이는 전염적인 예이다.

1911 7.4 우리는 태양이라는 단어의 가치를 그 자체로 규정할 수 없다. 그 태양이란 단어의 의미를 한계 짓는 이웃하는 모든 단어들을 고려하지 않는다면 말이다. 내가 mettez-vous au soleil(햇빛을 쬐시오.)라고 말할 수 있는 언어가 존재한다. 다른 언어들에서는 해(=별)라는 단어에 대해 동일한 의미가 사용되지 않는다. 하나의 구성 항의 의미는 이웃하는 구성 항의 현존 또는 부재에 달려 있다. 체계는 구성 항으로 유도되며 구성 항은 가치로 유도된다. 따라서 의미 작용은 이웃해 있는 것에 의해 결정된다. 우리는 앞서 보았던 장(章)의 문제로 다시 돌아갈 것이다. 하지만 이번에는 고립된 단어에서 출발하는 것이 아니라, 진정한 노선을 통해서, 체계를 통해서 다시 돌아갈 것이다.

가치라는 관념에 도달하기 위해 우리는 고립된 단어와 대립하여 낱말들의 체계로부터 출발하기를 선택했다. 우리는 또 다른 기초로부터 출발하기를 선택할 수도 있었을 것이다. 심리학적으로 말해, 언어를 제외한다면 우리가 갖고 있는 관념들이란 무엇인가? 그러한 관념들은 십중팔구 존재하지 않거나 또는 무정형이라고 부를 수 있는 형태 아래서 존재할 것이다. 철학자와 언어학자들의 견해에 따르면 아마 언어의 도움 없이 두 개의 관념을 명료하게 구별할 수 있는 수단을 갖지 못할 것이다.(물론 내면의 언어)

따라서 우리의 관념에서 순전히 개념적인 덩어리는 그 자체로 취하면, 즉 언어로부터 분리된 그러한 매스는 형태가 없는 일종의 성운을 표상할 것이며 그곳에서 사람들은 시초부터 아무것도 구별할 수 없을 것이다.

또한 언어에 대해서도 쌍방적으로 상이한 관념들은 미리 존재하는 그 어떤 것도 표상하지 않는다. 미리 설정된 관념들은 없으며 다른 관념들에 견주어서 미리 구별되는 관념들은 존재하지 않는다. 이 같은 관념들에 대해 기호들이 미리 존재하는 것은 아니다. 언어 기호 이전에는 사고 속에서 구별적인 것은 아무것도 존재하지 않는다. 이것이 핵심이다. 또 다른 측면에서는 매우 혼란스러운 관념들의 왕국을 앞에 두고 소리의 왕국이 미리 구별적인 단위들을 제공하고 있지 않느냐고 자문해 볼 수 있을 것이다. 그것은 그 관념을 벗어나 그 자체로 취해지는 소리를 말한다.

하지만 소리 속에는 미리 구획이 그어진 구별적인 단위들이 존재하지 않는다.

언어적 사실[3]이 발생되는 곳은 바로 그 둘 사이에서이다.

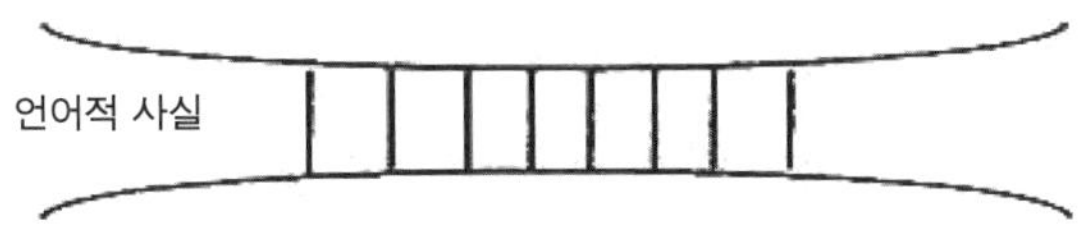


이러한 언어적 사실은 최초로 규정될 가치들을 탄생시킬 것이다. 하지만 이 가치들은 가치라는 단어에 대해 부여할 수 있는 의미와 더불어, 여전히 가치들로서 남아 있을 것이다. 언어적 사실 그 자체에 덧붙일 수 있는 무엇인가가 존재하는데 이제 그 점에 대해 다시 언급해 보자.

언어적 사실이 진행되는 두 개의 영역은 무형적이다. 하지만 가치를 창조한 그 두 개 사이의 관계의 선택과 그 둘 사이의 결합은 완벽하게 자의적이다. 그것이 없다면 가치들은 일정한 차원에 있어서 절대적인 것이 될 것이다. 하지만 그것이 자의적이지 않다면 가치라는 관념을 제한시킬 여지가 있을 것이며 하나의 절대적 요소가 존재할 것이다. 하지만 이러한 계약은 완벽하게 자의적이기 때문에 가치들은 완벽하게 상대적일 것이다.

이제 우리가 기표에 견주어 기의를 표상했던 그림을 다시 그린다면 다음과 같다.

그 그림이 아마도 그 존재 이유를 갖고 있으나 그것은 가치의 부산물에 불과하다는 것을 알게 된다. 기표에 대해서도 마찬가지이다. 기의 자체만은 아무것도 아니며, 무정형의 매스 속에서 혼동된다.

하지만 기표와 기의는 규정된 관계들 덕분에 하나의 관계를 맺고 있으며, 규정된 관계들은 수많은 청각 기호들로서의 조합에서 탄생하는 것이고 또한 매스 속에서 행할 수 있는 오려 내기로부터 탄생하는 것이다. 기표와 기의의 관계가 그 자체로 주어지기 위해서는 무엇을 필요로 하는가? 무엇보다 관념은 미리 규정된 것이어야 할 것이다. 하지만 관념은 미리 규정되지 않는다. 무엇보다 기의는 미리 규정된 것이어야 하지만 현실은 그렇지 않다.

그렇기 때문에 이 관계는 그것들의 대립들 속에서 취해진 가치들의 또 다른 표현일 뿐이다. 즉 그것들의 체계 속에서 취해진 것을 말한다. 이 점은 언어의 어떠한 차원에서든지 참이다.[4]

다른 예들을 들어 보자. 만약 관념들이 언어의 가치가 되기 이전에 인간 정신 속에서 미리 규정되었다면 필연적으로 발생하는 하나는 한 언어의 구성 항들은 다른 언어의 구성 항들과 정확하게 대응해야 할 것이다.

| 프랑스어 | 독일어 |
|---|---|
| cher | lieb, teuer[5] |

하지만 정확한 대응이 존재하지 않는다.

| | |
|---|---|
| juger, estimer | urteilen, erachten |

이들 독일어 단어들은 프랑스어 단어 juger, estimer와 부분적으로만 일치하는 의미 작용의 집합을 갖는다.

언어 이전에는 cher라는 개념 그 자체인 무엇인가가 존재하지 않는다는 것을 보게 된다. 따라서 우리는 다음과 같은 사실을 확인할 수 있다.

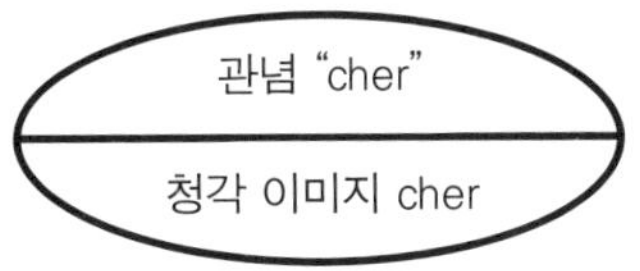


즉, 이 같은 도식의 사용은 cher라는 프랑스어 체계에서 일정한 가치가 존재한다는 것을 표현하는 하나의 방식일 뿐이다. 즉 다른 항들과 대립하여 프랑스어라는 체계 속에서 그 한정되어 있는 가치를 말한다.

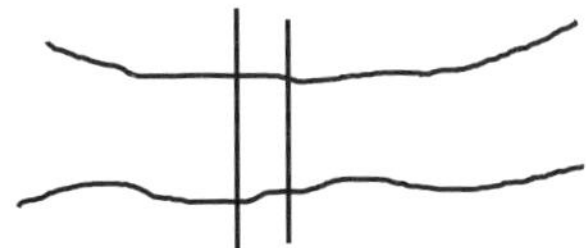

이것은 일정 수량의 개념들과 일정한 수량의 소리들의 일정한 결합이 될 것이다.

따라서 이 도식 ⊖↑은 언어 속에서 시초적인 것이 아니다.

cher라는 가치는 양면으로부터 규정된다. 관념 그 자체의 주위, 즉 한 언어의 낱말 속에서 관념들의 배분을 우리에게 부여하는 것이 바로 그것이다. 일단 우리가 주위를 갖게 되면 이 같은 도식 ⊖↑은 기능 작동에 들어갈 수 있다.

이 예를 어휘에서 취했지만 다른 모든 것에 대해서도 마찬가지이다.

또 다른 예를 들어 보자. 우리에게 매우 자연스러운 상이한 시제들이라는 관념이 몇몇 언어에서는 매우 생소하다. 히브리어와 같은 셈어 체계에서 현재, 미래, 과거의 시제 구별이 없는 것처럼 말이다. 즉 이러한 시제 관념들이 미리 규정된 것이 아니라, 이런저런 특정 언어에서 존재하는 가치의 상태에서만 존재한다.

고대 게르만어는 미래 시제를 갖고 있지 않다. 미래를 표현하기 위한 고유한 형태를 갖고 있지 않았던 것이다. 고대 게르만어는 그것을 현재로서 표시했다. 하지만 그것은 말하는 한 가지 방식이다. 따라서 고대 게르만어의 현재 가치는 프랑스어의 미래와 동일하지 않다.

마찬가지로 만약 우리가 슬라브어들 속에서 동사의 완료형 상과 비(非)완료형 상 사이에 존재하는 차이를 슬라브어들 속에는 동사의 상들 사이에 존재하는 영속적인 구별로 존재한다. 그것은 시제라는 문제를 벗어난 행동 혹은 진행되고 있는 것의 행동이다. 우리는 이러한 구별들에 어려움을 느끼는데 왜냐하면 우리에게는 이 같은 범주들이 없기 때문이다. 따라서 미리 규정된 것이 아니라 가치가 존재하는 것이다.

이 가치는 언어 속에 존재하는 구성 항들의 대립으로부터 비롯된다.

따라서 우리가 방금 전에 말했던 것은 이렇다. 가치라는 개념은 개념들의 비(非)규정으로부터 추출되는 것이다. 기의에서 기표로 진행되는 도식은 원초적 도식이 아니다. 가치는 다른 영역들에서뿐 아니라 언어학자들에 의해서도 더 이상 규정될 수 없는 것이다. 우리는 가치를 그것의 명료성과 애매모호함과 더불어 취한다.

요컨대, 단어는 기의뿐 아니라 기표 없이는 존재하지 않는다. 하지만 기의는 구성 항들 사이의 놀이를 전제로 하는 언어적 가치의 요약일 뿐이며 언어의 각 체계 속에서 존재하는 것이다.

# …장(章)*

다음 장(章)에서 우리는 다음의 사실을 고려할 여지가 있다. 우리가 가치라는 용어 주위에서 한 무리로 모으면서, 그리고 이러한 원칙을 제기하면서 우리가 말했던 것을 다르게 피력할 수 있을 것이다. 언어 속에는 차이들만이 존재한다. 즉, 언어의 상태 속에는 차이들만이 존재하는 것이다. 차이는 우리의 정신에 긍정적인 두 개의 구성 항들을 함의하고 바로 그 구성 항들 사이에서 차이가 설정된다. 하지만 역설은 다음과 같다.

언어 속에는 긍정적인 구성 항이 없는 차이들만이 존재한다. 그곳에 바로 역설의 진리가 있다.

사람들이 의미 작용에 대해 말하든, 기의에 대해 말하든 또는 기표에 대해 말하든, 최소한 차이밖에 없는 것이다. 우리가 기표와 기의 사이에 존재하는 관계로부터 비롯되는 구성 항들 그 자체에 도달할 때는 대립을 언급할 수 있을 것이다. 엄밀한 의미에서 기호들은 존재하지 않고 기호들 사이의 차이들만이 존재하는 것이다.

체코어를 예를 들어 보자. žena(여성)은 žen의 복수형 속격이다. 분

---

* 프랑스어 필사본에 장 표시가 없음.

명한 것은 체코어에는 하나의 기호가 또 다른 기호만큼 훌륭하다는 것이다. 여기에서는 기호들의 차이 외에 다른 관건은 없다.

(žena는 ženu로 작동하기도 하고, 그 이전에는 žen으로 작동했다.)

ženu가 가치를 갖는 것은 그것이 žena와 차이가 있기 때문이다.

žen이 가치를 갖는 것은 그것이 žena와 차이가 있기 때문이다.

즉 최소한의 긍정적인 구성 항은 없으며, 차이들만이 존재한다. 여기에서 우리가 언급하는 것은 기의와 마찬가지로 기표의 차이이며, 기표들 사이의 놀이는 차이에 토대를 둔다. 청각 차원의 차이에 의해서 조건 지어지는 차이들이 존재한다. 미래라는 관념은 미래와 나머지 시제 사이에서 언어의 기의들에 의해서 형성되는 차이들이 어느 정도 표시됨에 따라서만 존재하게 될 것이다.

aller(가다)가 작동하는 이유는, allant과 allons이 차이가 있기 때문이다.

aller | allons | allant

영어로 going=aller, allant

부언하자면 두 개의 관념 사이에 더 이상의 청각적 차이가 존재하지 않는다는 것을 통해서 관념들 자체는 더는 차별되지 않으며, 어떤 것도 프랑스어만큼 차별되지 않는다. 따라서 언어의 모든 체계를 관념들의 차이와 더불어 조합하는 소리들의 차이들로 겨냥할 수 있을 것이다.

미리 주어진 긍정적인 관념들뿐 아니라, 관념을 벗어나 미리 결정된 청각 기호들 역시 존재하지 않는다. 차이들이 서로가 서로를 조건 짓는다는 사실 덕분에 우리는 이런저런 관념과 기호의 차이와 함께 서로 관계를 맺음으로써 긍정적인 구성 항들과 닮을 수 있는 무엇인가를 갖게 될 것이다. 따라서 구성항들의 대립에 대해 언급할 수 있을 것이며 차이들만이 존재한다는 사실을 유지할 수 없을 것이다. 그 조합으로부터 긍정적인 요소가 나오기 때문이다.

궁극적으로 귀결되는 원칙은 기호의 자의성이라는 근본적 원칙이다. 기호들의 차이를 통해서만 기호들에 대해 하나의 기능, 하나의 가치를 부여하는 것이 가능하다. 만약 기호가 자의적이지 않다면, 언어에는 차이들만이 존재한다고 말할 수 없을 것이다.

절대적 자의성이라고 불리는 장과의 연결, 즉 상대적 자의성은 다음과 같다. 우리는 하나의 체계 속에 위치하고 있는 항으로서 단어를 고려했다. 즉 가치를 갖는 것으로 고려했던 것이다. 체계 속에 있는 항들의 연대성은 자의성의 한계 설정으로 파악될 수 있을 것이며 통합적 연대성이거나 연합적 연대성이거나 둘 중 하나이다.

즉 couperet(고기 자르는 칼)라는 통합체 속에서는 어근과 접미사, 접사 사이의 관계가 존재한다. 이것은 hache라는 것과 대립해서(그 연대성은 두 개의 요소들 사이의 통합 관계이다.) Hache는 절대적으로 자의적이다.

couperet는 상대적으로 근거가 부여 되어 있다.

| | |
|---|---|
| couperet | 절대적으로 자의적인 통합적 한계 |
| hache | |
| plu<br>plaire | 연합적 한계 |

이 과정 속에서 우리는 대략적으로 외적인 부분에 대해서만 논의를 끝냈다. 내재적 부분에 있어 공시언어학을 위해 진화언어학[1]을 일단 차치해 두었다. 단지 언어학에서 일반적 원칙들을 고려했던 것이다. 이러한 일반 원칙에 기초함으로써 하나의 정태적 상태의 세부 사항 또는 법칙을 유용하게 다룰 수 있을 것이다.

# 옮긴이 주(註)

### 한국어 번역본 출판 축하 서문

1) 이 서문은 한국어 번역본의 원본으로 삼은 『제3차 일반언어학 강의』의 콩스탕탱 필사본의 프랑스어 전사를 출판한 콜롬비아의 메지아 교수가 필자의 요청에 따라 작성한 프랑스어 원문을 한국어로 옮긴 것이다. 메지아 교수는 자신의 문헌학적 작업을 한국어로 번역하여 출판할 수 있는 권리를 허락하는 호의를 베풀었다.

### 역자 해제

1) 이 점에 대해서는 역자의 다음 두 편의 논문을 참조할 것.
Kim Sungdo, "La raison graphique de Saussure," *Cahierss Ferdinand de Saussure* No. 61(2008), 23~42쪽; "Le paradigme visuel de la discursivité saussurienne," in Jean-Paul Bronckart et ali(ed.), *Le projet de Saussure*(Genève: Droz, 2010), 79~104쪽.
2) H. Poincaré, *La valeur de la science*(Paris: Flammarion, 1917), 233쪽.
3) 소쉬르의 언어 사상이 유럽 언어학과 미국 언어학에 미친 영향, 아울러 유럽의 구조주의, 해체 이론, 기호학 등에 미친 파장을 아우르는 소쉬르의 지적 유산에 대한 연구는 보다 치밀한 연구를 필요로 한다. 이 문제를 다룬 다음의 문헌은 독자들에게 도움을 줄 것이다.
Carol Sanders(ed.), *The Cambridge Companion to Saussure*(Cambridge University Press, 2004).
4) 김성도, 『로고스에서 뮈토스까지』(한길사, 1999), 83~120쪽.
5) 소쉬르 언어 이론과 과학철학의 관계에 대한 연구는 일천하다. 다음 연구물을 소개한다.
Christopher Norris, "Saussure, linguistic theory and philosophy of science," in Carol Sanders(ed.), *The Cambridge Companion to Saussure*(Cambridge University Press, 2004), 219~239쪽.

6) 과학 사상의 문화적 조건에 대해서는 다음 문헌 참조.
I. Stengers & J. Schlanger, *Les concepts scientifiques*(Paris: Gallimard, 1991).
7) Tullio De Mauro, *Cours de linguistique générale*, édition critique préparée(Paris: Payot, 1972) 353~366쪽.
8) *Cours de linguistique générale*, édité par Charles Bally et Albert Sechehaye, avec la collaboration de Albert Riedlinger(Lausanne-Paris: Librairie Payot, 1916), 337쪽. 판본 및 인쇄 내역은 다음과 같다. 2판: 1922년, 3판: 1931년, 4판: 1949년, 5판: 1955년, 1955년부터 1985년까지, 총 28쇄에 육박했다.
9) 위의 책, 9쪽.
10) Claudia Mejia, "Rudolf Engler. L'ouvrage d'un philologue artiste," in *CFS*, vol. 58(Genève: Droz, 2005).
11) Antoine Meillet, "Compte rendu du CLG," *Bulletin de la société de Linguistique de Paris*, Tome XX, 1916, 32~33쪽.
12) Roy Harris, "Ferdinand de Saussure, 'Écrits de linguistique générale," *Times Literary Supplement* 5182, 2002, 30쪽; Simon Bouquet, *Introduction à la lecture de Saussure*(Paris: Editions Payot & Rivages, 1997).
13) 소쉬르가 제네바 언어학파의 형성 과정에 미친 영향에 대해서는 다음 문헌 참조. Olga Amsterdamska, *Schools of thought: The development of linguistics from Bopp to Saussure*(Dordrecht: D. Reidel, 1987).
14) 『일반언어학 강의』 통속본의 편집 과정에 대한 상세한 분석은 다음 논문 참조.
Rudolf Engler, "The making of the Cours de linguistique générale," in Carol Sanders(ed.), *The Cambridge Companion to Saussure*(Cambridge University Press, 2004), 47~58쪽.
15) Roman Jakobson, "La théorie saussurienne en rétrospection," in *Linguistics* 22, 1984, 165쪽.
16) Robert Godel, *Les sources manuscrites du Cours de linguistique générale de F. de Saussure*(Genève: Librairie Droz, 1957).
17) *Cours de linguistique générale*, édition critique par Rudolf Engler, Wieswaden, Otto Harrasowitz, 1967.(1989년 재인쇄)
18) 엥글러 교수의 전기 및 저술에 대한 다음 논문을 참조할 것.
Michel Arrivé et Izabel Viela, "Rudolf Engler, le grand maître du saussurism," *Semiotica* 160-1/4 (2005), 173~183쪽.
19) *Corso di linguistica generale*, introduzione, traduzione e commento di Tulio De Mauro(Bari: Laterza, 1967). 프랑스어 판본. *Cours de linguistigue générale*, édition critgue préparée par Tullio De Mauro(Paris: Payot, 1972).
20) *Cours de linguistique générale*. Premier et troisième cours, d'après les notes de Riedlinger et Constantin, texte établi par Eisuke Komatsu, Tokyo, coll., "Recherches Université Gakushuin," n. 24, 1993.
*Troisième cours de linguistique générale*(1910~1911), d'après les cahiers d'Émile Constantin, Saussure's Third Course of Lectures on General

Linguistics(1910~1911), From the notebooks of Émile Constantin, édité et traduit par Eisuke Komatsu et Roy Harris(Oxford/New York/Seoul/Tokyo, Pergamon Press, 1993).

*Premier Cours de linguistique générale/First Course in General Linguistics(1907)*, d'après les cahiers d'Albert Riedlinger, (ed. and trans.), E. Komatsu and G. Wolf(Oxford: Pergamon, 1996).

*Deuxième cours de linguistique générale/Second Course in General Linguistics(1908~1909)*, d'après les cahiers d'Albert Riedlinger and Charles Patois, (ed. and trans.), E. Komatsu and G. Wolf(Oxford: Pergamon, 1997).

21) *Écrits de linguistique générale* (texte établi et édité par S. Bouquet et R. Engler avec la collaboration d'Antoinette Weil)(Paris: Gallimmard, 2002).

22) 아쉽게도 역자인 고 김방한 교수가 출판한 한국어 번역본에서는 원본으로 삼은 문헌의 출처를 찾아볼 수 없다. 제2차 강의의 서론 부분을 필사하여 정본으로 인정받고 있는 다음 문헌에 기초하여 번역했을 것으로 추측된다.

"Cours de linguistique générale(1908~1909), Introduction (d'après des notes d'étudiants)," texte établi et présenté par R. Godel, *CFS* 15, 1957.

23) "Le troisième cours," *CFS* 58, 2005, 83~289쪽. 제3차 강의를 수강했던 학생들 가운데 가장 우수한 필사본을 기록한 에밀 콩스탕탱의 노트에 기초한 것이다. 전체 문헌 전사를 총괄적으로 진행한 학자는 메지아 교수이며, 기존에 상당수의 분량을 전사했던 엥글러의 작업, 그리고 메지아 교수의 제자 베가스(Bonifacio Vegas)가 미간행된 부분을 전사했으며, 인도유럽어의 권위자인 산도즈(Claude Sandoz) 교수가 수정하고, 소쉬르 연구회 회원들이 감수를 맡아 작업을 진행했던 집단적 문헌학의 결과이다.

24) 제3차 강의의 문헌에 대한 소개 및 당시의 정확한 상황에 대한 정보와 논의는 다음 두 편의 문헌에 기초한다.

Daniele Gambarara, "Un texte original, présentation des textes de F. de Saussure," *CFS* 58, 2005, 29~42쪽.

Claudia Mejía Quijano, "Sous le signe du doute: présentation des textes de E.Constantin," *CFS* 58, 2005, 43~67쪽.

25) 1909년 3월 19일, A. Riedlinger가 기록한 필기, BPU Ms. fr. 3973 c) ff. 36~38, Godel, 1957, 29~30쪽.

26) 수강생은 콩스탕탱, 고티에, 파투아(Charles Patois), 리들링거 등이다.

27) Marcus Linda, Zur Verstellung Ferdinand de Saussure im 'Cours de linguistique générale': ein Beitrag zür Rekonstructionsgeschichte der Genese des CLG. MA thesis(University of Essen, 1995).

28) 소쉬르 언어 이론에서 지리언어학이 차지하는 학술적 의의에 대해서는 다음 논문 참조.

Roy Harris, "Saussure and linguistic geography," *Languages Sciences* 15 (1), 1~14쪽.

이미 1975년 룰레 교수는 소책자 형식의 주석서에서 지리언어학이 소쉬르의 이론 체계에서 갖는 이론적 함의를 지적했다.(Eddy Roulet, *Cours de linguistique générale*(Paris: Hatier, 1975))

29) 4부 지리언어학이라는 제목으로 편집되어 있다. 한국어 번역본, 최승언 옮김, 267~292쪽.(1장 언어의 다양성, 2장 지리적 다양성의 복잡화 3장 지리적 다양성의 원인들 4장 언어파의 전파 등 모두 4개의 장으로 구성되어 있음.)

30) 역자가 소장한 다음 문헌은 완결된 연구는 아니나, 희소한 가치를 갖는 시도라 생각된다.

Nicholas Ostler, *Empires of the word(A Language History of the World)*(London: Harper Collins Publiushers, 2005).

31) 역자가 열람한 영어 번역본과 일본어 번역본에는 매번의 강의 날짜가 기록되어 있으나, 이것은 당시 강의 일정표를 유추하여 계산한 것으로, 학생들의 필사본 자체에는 날짜가 매번 기록되어 있지는 않다.

32) D. Gambarara, "Un texte original," *CFS* 58, 2005, 36쪽.

33) Erich H. Reck, Awodey Steve, *Frege's Lectures on Logic. Carnap's Student Notes 1910~1914*(Chicago: Open Court. 2004).

34) BPU.Ms.fr.3972.f.28. 콩스탕탱의 자료 발굴과 관련된 내용은 다음 논문의 자료에 의존함을 밝힌다.

Claudia Mejía Quijano, "Sous le signe du doute présentation des textes de E. Constantin," *CFS* 58, 2005, 43~67쪽.

35) Mejía, 위의 논문, 48~54쪽.

36) 이 같은 진술들의 변화에 대해서는 다음 문헌 참조.

Claudia Mejía, *La linguistique diachronique: le projet saussurien*(Genève: Droz, 1998).

37) Ferdinand de Saussure, *Cours de linguistique générale*, édition critique de Rudolf Engler, Wiesbaden, Otto Harrasowitz, tome 1: 1968 et tome 2: 1974.

38) *Ecritis de linguistique générale*(Paris: Gallimard, 2002).

39) Robert Godel, "Nouveaux documents saussuriens: Les cahiers E. Constantin," *CFS* 16, 1959, 25쪽.

40) E. Komatsu, Ferdinand de Saussure, *Cours de linguistique générale*, Collection recherches Université Gakushuin, n. 24(Université Gakushuin: Tokyo, 1993).

E. Komatsu, R. Harris (eds.), Ferdinand de Saussure, *Troisième cours de linguistique générale*, Edition bilingue français-anglais(Oxford: Pergamon Press, 1993).

41) 언어학사의 관점에서 linguistique이란 신조어가 최초로 나타난 과정에 대한 연구는 다음 논문을 참조할 것. Slyvain Auroux, "The first uses of the french word 'linguistique'," in H. Aarsleff et alii (éds.) *Papers in the History of Linguistics*(John Benjamins: Amsterdam, 1987), 447~459쪽.

42) 비교문법을 비롯한 19세기 비교주의에 대한 언어학사적 다음 문헌을 참조할 것.

*Histoire des idées linguistiques: L'hégémonie du comparatisme*, tome 3, Edieur Pierre Mardaga(Sprimont, 2000).

43) 소쉬르의 진화 인식론을 치밀하게 분석한 논문을 소개한다.

Jui-Pi Chien, "Can Saussure's orangery manuscrits shed new light on biosemiotics," *Semiotica* 185-1/4, 2011, 51~77쪽.

44) Saussure, *Writings in general linguistics*(Oxford & New York: Oxford University Press, 2006), 77쪽.

45) 하나의 사례로서 다음 논문을 제시한다.

Christopher Norris, "Saussure, linguistic theory and philosophy of science," in *The Cambridge Companion to Saussure*, edited by Carol Sanders(Cambridge University Press, 2004), 240~260쪽.

46) Mejía, 앞의 논문, 59쪽.

47) 소쉬르, 최승언 옮김, 『일반언어학 강의』(민음사, 2006), vi.

48) 1894년 1월 4일 메이예 교수에게 보낸 서간문으로서 벵베니스트가 출간한 다음 문헌에 전문이 실려 있다. Saussure, *Lettres à Antoine Meillet*, E.Benveniste (éd.), in Cahiers Ferdinand de Saussure, *CFS* 21, 1964, 95쪽.

49) Robert Godel, *Les Sources manuscrites du Cours de linguistique générale*(Geneve: Droz, 1957), 29쪽.

50) CLG/E (I), 462쪽, n. 2996~2994.

51) 언어의 지리적 조건에 대한 치밀한 페르 교수의 분석을 참조할 것.

Johannes Fehr, *Saussure entre linguistique et sémiologie*(Paris: PUF, 2002), 70~83쪽.

52) 소쉬르 사상의 미완성과 소쉬르 사유의 장르적 특징에 대해서는 역자의 다음 논문 참조.

김성도, 「소쉬르 사상의 미완성과 불멸성」, 《기호학 연구》 21집, 2007, 129~158쪽.

53) George Mounin, "Ferdinand de Saussure," in G. M., *La linguistique du XXe siècle*(Paris, 1972), 48~49쪽.

54) Claudia Mejía, "Sous le signe du doute," *CFS* 58, 2005, 43~67쪽.

55) E. Benveniste, Saussure après un demi-siècle, in E. B., *Problèmes de linguistique générale* I(Paris, Gallimard, 1966), 32쪽.

56) BPU. Archives de Saussure 394, fs. 15~16.

57) 현재까지 나와 있는 소쉬르의 지성사적 전기는 미완의 영역이다. 마우로의 연구가 가장 많이 인용되고 있으며, 최근에 나온 메지아 교수의 소쉬르 전기 단행본이 보완해 줄 수 있다. 특히 언어학사의 중진 학자가 2012년에 옥스퍼드 대학교에서 출간한 소쉬르 전기는 800쪽에 이르는 방대한 내용을 담고 있다는 점에서 소쉬르 전기의 완결판이라 할 수 있다.

De Mauro, *Cours de linguistique générale*, édition critique préparée par Tullio De Mauro(Paris: Payot, 1972), 319~404쪽; John E. Joseph, *Saussure*(Oxford University press, 2012); Claudia Mejía, *Le Cours D'une Vie*, éditions Cécile Defaut, 2008.

58) 이 점에 대해서는 이미 여러 소쉬르 전문가들이 지적한 바 있다.

cf. Johannes Fehr, *Saussure entre sémiologie et linguistique*.

**서론: 언어학사에 대한 일별**

1) 소쉬르가 '일반언어학 강의'를 통해 최초로 제시한 언어(랑그, langue), 언어활동(langage)의 전문적 학술 용어가 등장한다. 언어, 언어활동, 발화(parole)의 3분법에서 언

어와 발화 대신, 각각 랑그, 랑가주, 파롤로 음역하여 옮길 수도 있다. 소쉬르의 언어 이론의 핵심적 개념어인 이 세 개의 용어는 프랑스어의 독특한 조어법에서 탄생한 것으로, 그 어감과 과학적 개념의 내용을 프랑스어 이외의 다른 언어로 완벽하게 옮기는 것은 사실상 불가능하다. 특히, 본 강의를 통해 소쉬르가 이 세 개의 단어를 사용할 때, 그것은 프랑스어의 일상적인 어법에서 사용되는 의미를 갖는가 하면, 전혀 새로운 학술적 개념어가 되는 경우로 이원화되어 있기 때문이다. 실제로 영어 번역본과 일본어 번역본의 경우 역자에 따라 상이한 번역어를 채택하고 있다. 지금까지 나와 있는 소쉬르 언어학 관련 한국어 번역본 5종에 대한 검토에 따르면 오원교 번역본, 최승언 번역본, 김방한 번역본, 김현권·최용호 공동 번역본, 김현권 번역본에서 각각 다른 번역어를 채택하고 있다. (예컨대, 최승언 번역본: 언어, 언어활동, 화언)

역자는 고민 끝에 다음과 같은 잠정적 해결책을 채택했다. langage의 경우 언어활동으로 통일하고, langue와 parole의 경우, 일반적이며 사전적인 의미에서 사용될 경우 각각 언어, 말로 번역하고, 전문적인 소쉬르의 언어 이론 체계에서 사용될 때는 언어(랑그), 발화(파롤)로 병기하기로 했다. 참고로 소쉬르학의 살아 있는 거장인 이탈리아의 툴리오 데 마우로 교수는 그가 약관 35세에 집필한 『일반언어학 강의』의 주석에서 소쉬르의 이 같은 3분법적 개념어들의 주요 유럽어에서의 번역 문제를 무려 세 쪽에 걸쳐 다루고 있다.(*Cours de linguistique générale*, édition critique préparée par Tullio De Mauro(Payot: Paris, 1972), 423~425쪽) 무엇보다 마우로 교수는 13여 개의 유럽어들의 번역어 문제를 소개하기 전에 "소쉬르가 삼원소(trio) langue-parole-langage의 다른 언어들에로의 번역의 문제를 중심으로 제기되는 난점들, 논의들, 논쟁들로부터 결코 자유로울 수 없을 것이다."라는 단서를 달고 있다.(*ibid.*, 423쪽) 아울러 마우로 교수는 소쉬르가 이 같은 삼분법 술어 체계를 착상할 수 있었던 조건 가운데 하나는 그가 자신의 모국어와 아울러 학문 언어로써 프랑스어를 사용했기 때문이라는 점을 첨언한다.(*ibid.*, 425쪽)

마우로 교수가 제시하는 13개 언어는 아랍어(lisân(langue), kalâm(parole)), 이집트어(mûdet(langue), ro(parole)), 그리스어(γλώττα(langue), λόγος(parole)), 라틴어(lingua(langue), sermo(langage-parole), oration(langage-parole), 스페인어(Lengua, lenguaje, habia), 네덜란드어(taal, spraak, rede), 헝가리어(nyelv, beszéd, nyelvezed), 폴란드어(jezyk, mowa jednostkowa, mowa), 러시아어(jazyk, rec', recevaja dejatel' nost), 스웨덴어(sprak, tal, tal) 등이다.

특히 마우로는 독일어, 영어, 이탈리아어의 번역어에 대해 상술하는데, 이 중 가장 어려운 문제가 제기되는 언어로서 독일어를 지적하며 상대적으로 가장 쉬운 해결책을 가진 언어로 이탈리아어를 제시한다. 먼저 독일어 단어 Sprache는 프랑스어 단어 langue와 langage 사이에서 주저하며, 독일어 용어 Rede는 langue, parole, discours 사이에 그 의미가 걸쳐 있다. 이 같은 상황에서 전문적인 학술 용어 수준에서 세 번째 용어를 도입하고 동시에 기존에 존재하는 두 개의 전문 용어의 의미를 정확히 규정해야 할 필요성이 제기된다. 하지만 여전히 경합 중인 여러 개의 번역어들이 병존하고 있다. 독일어 번역자 로멜(Herman Lommel)의 번역 해결책은 Sprache로서 프랑스어의 langue의 의미를 확정시키는 것이며, langage의 의미는 menschliche Rede(인간의 말), 그리고 Sprechen으로 프랑스어 단어 parole의 의미를 전달하려 한다. 하지만 다른 번역자들은 Rede를 통해서 parole의 의미를 옮기려는 시도를 하기도 한다. 또는 독일어의 복합어 조어법의 개념적 엄밀성을 활용하여 Spachtum(langue), Sprechakt(parole), Sprache(langage)로 옮기거나, 또는 Sprachgebilde(langue), Sprechakt(parole), Sprache(langage) 등의 번역어가 제안되기도 했다.

영어의 경우 고대 프랑스어로부터 차용된 단어인 language는 언어활동의 가치보다는 개별 고유 언어(idiome)의 가치를 통상적으로 갖고 있으며, 그것은 langue의 등가어가 될 수 있다. 하지만 현재 나와 있는 2종의 영어 번역본의 번역어는 상이한 실정이다. 배스킨의 번역본(Wade Baskin, *Course in general linguistics*; edited by Charles Bally and Albert Sechehaye in collaboration with Albert Reidlinger; translated from the French by Wade Baskin, P. Owen, 1961)에서는 language(langue), speech 또는 human speech(langage), speaking(parole)이 사용되었다. 로이 해리스(Roy Harris)의 번역본(*Course in general linguistics*, Ferdinand de Saussure, Charles Bally, Albert Sechehaye, Albert Riedlinger, Roy Harris, 5, Duckworth, 1983, Michigan University)의 parole과 langage의 영어 번역어 역시 더욱더 모호하며, speech와 speaking 등의 용어는 다양한 의미들을 갖고 있다.

이탈리아어 번역의 경우, langue-langage는 완벽한 대응어인 lingua-linguaggio가 있는 반면, parole의 번역어는 역시 문제가 될 수 있음을 마우로는 인정한다. 대부분의 경우 parola로 번역되나 대표적인 프랑스어 사전인 라루스(Larousse)에 등재된 21개의 의미와, 대표적 이탈리아어 사전인 징가렐리(Zingarelli)의 parola의 어의를 비교하면서 마우로는 두 단어의 의미론적 불일치를 지적하고 있다. 특히 parole의 전문적 의미를 옮기기 위해서는 atto linguistico, 또는 il parlare나 espressione와 같은 번역어가 사용되고 있음을 지적한다. 하지만 마우로는 espressione와 같은 용어의 경우 크로체(Benedetto Croce) 미학과 그의 언어학의 개념을 떠올릴 소지가 있다는 점에서, 프랑스어 단어 parole을 그대로 간직하는 편이 낫다고 판단한다. 한편 소쉬르 언어 이론의 주요 개념어들의 번역 문제는 한자 문화권의 언어에서도 제기될 수 있는 중요한 문제이다. 소쉬르의 한·중·일 번역어 비교에 대한 논의는 역자의 다음 논문을 참조할 것.(KIM Sungdo, "Notes à propos de la terminologie saussurienne?," *Cahiers F. de Saussure*, N. 44, 1991)

2) 소쉬르는 1년 동안 진행될 '제3차 일반언어학 강의'의 첫 강의를 언어학사로 시작하고 있다. 여기에서 그는 서양에서 온축된 언어 연구의 전통, 즉 서양 언어학사의 흐름을 일별하고 있으며, 이 부분은 기존의 『일반언어학 강의』의 제1장 「언어학사에 대한 일별」에 일목요연하게 정리되어 있다.(최승언 번역본, 3~9쪽) 다소 도식적이며 지나치게 간략화된 단점을 지니고 있으나, 역자의 견해로는 언어학사의 핵심적 흐름과 급소를 파악하고 있는 통찰이라고 사료된다. 언어학사에 대해서는 그의 자필 필사본을 비롯해서 제2차 강의에서도 나타나며 (R. Godel, *Les sources manuscrites*(1957), 75쪽) 1816년에서 1870년까지의 언어학, 소장문법학자들의 연구 방향(jungrammatische Richtung) 등이 언급되었다. 주목할 사실은 전통적 규범 문법에 대한 소쉬르의 다소 부정적 평가에 견주어서, 정태언어학에 대한 강의에서는 전통 문법이 견지한 본질적으로 공시적 관점에 대해 긍정적 평가를 내림으로서 상반된 해석으로 대비를 이룬다는 점이다. 소쉬르 이후, 언어학사에 대한 본격적 연구는 1970년대 중반기부터 서술 방법론의 수립과 관련 학술지의 제도화에 힘입어 비약적 발전을 거듭했다. 대표적인 관련 학술지는 다음과 같다. 파리에서 출간되는 학술지 *Histoire, Epistémologie, Langage*(1979년 창간, 프랑스 언어학사연구회 간행), 이보다 3년 앞서 북미에서 창간된 학

술지 *Historiographia Linguistica*(1976년 창간, 세계언어학사학회 공인지)를 손꼽을 수 있으며 특히 세계언어학사학회는 매 3년마다 국제 대회를 개최해 오고 있으며 지금까지 총 13회를 개최했다.

3) 여기에서 사용된 프랑스어 단어 objet는 매우 중요한 의미를 갖고 있으며 지금도 여전히 소쉬르학에서 심도 있는 논의가 계속되고 있다. 마우로 교수의 주석본에서도 objet의 의미에 대해 세 곳에서 주석을 달고 있다.(De Mauro, 1972, 410, 414~416, 476~477쪽, 각각 각주 번호 21, 40, 305)

소쉬르가 사용하는 objet의 의미에는 스콜라 철학에서 말하는 궁극적 목적이라는 의미와 더불어, 질료와 대립되는 대상이라는 의미를 모두 함께 포함하고 있다. 마우로의 주석 내용의 핵심은 다음과 같다. 먼저 소쉬르에게 질료(matière)는 통용적인 언어활동의 수준에서 '언어적인 것'으로 간주될 수 있는 모든 사실들의 집합으로서, 그 같은 덩어리는 이질적이며, 언어학 이외에도 다양한 학술 분야들에 의해 있는 그대로 연구될 수 있다. 바로 심리학, 사회학, 음성학 등에 견주어 언어학의 정체성은 그 연구 대상이 언어(랑그)라는 데 있다. 먼저 여기에서 사용된 objet는 '활동의 궁극적 목적'이라는 의미에서 사용되며, 이것은 바로 스콜라 철학에서 사용된 objectum으로서, 이것은 곧 아리스토텔레스가 말하는 '텔로스'와 마찬가지로, 어떤 과학적 작동의 종결이라는 의미로 해석된다. 따라서 여기에서 objet는 언어학 연구가 다루는 구체적이거나 추상적인 사물이 결코 아니라는 점을 인식하는 것이 관건이며, 궁극적으로 언어 화자들의 주관적 의식을 재구축하면서, 규정된 역사적 상황 속에서 작용하는 언어 체계를 재구성하는 데 도달하는 목적이라 할 수 있다.

소쉬르에 따르면 인간 언어는 "있는 그대로 우리에게 주어질 경우, 다중성(multiplicité)이라는 관념을 약속할 뿐이며, 이 같은 다중성 자체는 이질적 사실들로 구성된다."(Saussure, in *Écrits de linguistique générale*(=*ELG*)(Gallimard, 2002), 298쪽) 이 같은 다중성은 언어에 대한 다양한 관점들로 향하는 노선을 열어 놓고, 여러 학문들로 하여금 언어활동을 자신들의 연구 대상으로 삼는 것을 가능케 한다. 이들 학문들 각각은 언어활동에 대해 개별적인 목적론을 투사하고, 자신들에 고유한 문제 설정의 장(場)의 한계를 그으면서 자신의 고유한 접근법을 구성한다. 하지만 어떤 학문에서 언어를 다루더라도 늘 부분적 인식에 머무를 수밖에 없다는 점을 소쉬르는 자신의 자필 노트에서 강조한다. "언어활동이라는 복잡한 대상을 연구하기 위해 그 앞에 놓인 사람은 반드시 특정 측면을 통해서 이 같은 대상에 접근할 것이며, 그것은 결코 언어활동 전체가 되지 못할 것이다."(*ELG*, 22쪽) 그런데 중요한 것은, 과학적 연구를 벗어나 객관적(객체적) 존재를 갖는 실재적 대상으로서의 언어활동과 연구 대상으로서의 언어활동을 혼동해서는 안 된다는 사실이다. 그 결과 이론과 현실 사이의 이원성은 객관적 언어와, 상이한 학문들에 의해 우리에게 제시되는 바대로의 언어의 차별화되는 밑바탕에 놓여 있다. 즉 첫 번째 객관적(객체적) 언어는 "다양한 영역들에 동시에 다리를 걸치고 있는 복잡하며, 다형태적이며, 이질적인" 현상이고, 두 번째 언어는 구성된 대상이라 할 수 있다. 바로 이 같은 맥락에서 대상의 구성을 지배하는 관점들의 문제가 소쉬르 언어 이론에서 결정적 중요성을 갖게 되는 것이다. 상이한 관점들은 동일한 연구 대상들에 대해서 상이한 대상들을 창조할 수 있기 때문이다. 이렇게 제기된 관점들의 문제 설정은 결국 바슐라르(Gaston Bachelard) 이후로 프랑스에서 완성된 구성주의 인식론의 틀 속에서 소쉬르의 관점 이론을 파악할 것을 주문한다.(소쉬르의 관점 이론과 대상의 구성 사이의 관계에 대해서는 다음 논문을 참조할 것. Rossitza Kyheng, "Les points de vue et la construction de l'objet en linguistique selon Saussure," in *Le projet de Saussure*, Edité par Jean-Paul Bronckart et ali.(Genève-Paris, 2010), 125~146쪽)

4) 여기에서 말하는 문법의 의미는 언어가 갖고 있는 다양한 어문 규칙들의 성격들을 의미하는 문법이 아니라, 그 같은 속성들에 대한 엄밀한 관찰과 기술을 의미하는 문법학의 의미로 볼 수 있다. 그런데 서양의 언어 연구에서 가장 먼저 태동한 관심의 양태는 문법이었으며 소쉬르는 이 같은 문법적 인식의 틀을 제일 먼저 발명한 민족을 고대 그리스인들로 규정하고 있다. 물론 고대 그리스에서는 문법과 더불어, 변증술과 수사학의 이론적 체계가 수립된 시기이기도 하다. 통상적으로 고전 시대의 고대 그리스 문명에서 문법적 영역의 발달과 그것의 고유한 성격들은 그에 앞서 존재했던 변증술의 영역의 존재와 밀접하게 관련을 맺고 있다. 물론 변증술과 문법학을 순차적으로 보는 것이 아니라 나란히 태동한 것으로 보는 학자도 있다. 특히, 변증술과 관련된 고대 그리스의 저술에서는 매우 정교한 문법적 개념과 분석이 제시되고 있다는 점에서 양자의 관계는 밀접하다.

여기에서 말하는 변증술(dialectique)은 다양한 영역을 지칭하며, 어원적으로는 대화의 실천, 토론 기술, 문답 형식으로 이루어진 논증 기술을 의미한다. 아리스토텔레스는 최초의 변증술 이론가이다. 그의 시대에 선행했던 변증술의 비법들을 종합화하고 논증의 방법적 목록체를 수립하면서 그는 결정적인 이론적 성취에 도달했다. 그의 주저 『변증론』(아리스토텔레스, 김재홍 옮김, 『변증론』(길(박우정), 2008)의 목적은 모든 주제에 대한 논의에서 스스로 모순에 빠지지 않고, 대화 상대자가 최초의 자기 진술에 견주었을 때 상반된 진술을 지지하도록 유도하면서, 자신의 입장을 취하도록 해 주는 하나의 방법을 확정할 수 있는 데 있다. 특히 변증술 이론은 언어 분석의 특수한 방식이라는 점에서 문법의 범주와 중첩된다. 이 점에서 핵심 사항 가운데 하나는 서술화(prédication), 즉 문장의 핵심 요소인 서술어의 논리와 의미 구조에 대한 분석이다. 이미 고대 그리스인들은 서술어를 의미하는 타게고레마(tagêgórêma)와 주어를 의미하는 히포케이메논(hypokeimenon)을 구별하고 있었다. 아리스토텔레스는 『변증론』에서 주어와 서술어의 관계를 치밀하게 분석하여 4개의 기초 개념을 포착하고 있다. 그 밖에도 그는 『범주론』(아리스토텔레스, 김진성 옮김, 『범주론 명제론』(이제이북스, 2005))에서 서술어가 분할되는 주요 의미 작용의 유형들을 세밀하게 규정하고 있으며, 사물과 그것의 지칭 사이의 관계에 대한 성찰도 피력하고 있다. 하지만 고대 그리스에서 변증술과 문법 분야에서 최고의 수준을 보여 준 것은 스토아학파다. 스토아학파에게 있어서 변증술은 인간과 사건들 사이에 존재하는 인지적 관계라는 근본적 문제를 제기한다. 즉 인간이 사건들을 인식하는 표상들이 핵심이며, 변증술 이론의 골격은 바로 이 같은 표상의 본질과 형식에 기초한다. 그리고 이 같은 표상들의 연구는 발화체들의 연구와 동일시된다. 스토아학파에서 문법적 기술은 변증술의 자율적인 일부분으로 인식되었다. 문법은 변증술의 첫 부분에 해당되는 요소들에 대한 기술로부터 본질적으로 발전되었다. 스토아학파에서 이루어진 분석의 진전과 그들이 행한 문장의 요소들, 즉 기표에 대한 기술 속에서 제안한 정의들은 그 이후에 나타날 전문적인 문법적 기술이 자리 잡을 때, 모든 문법들에 대한 준거로서 사용되었다. 그리스 문법학사의 권위자인 바라탱 교수에 따르면 "궁극적으로 그리스의 다양한 문법들 속에서 출현할 문법적 개념들의 대부분, 그리고 그것들의 조직화는 오직 스토아학파의 변증술과 관련지어서만 비로소 이해될 수 있다."(Marc Baratin, "La constitution de la grammaire et de la dialectique," in *Histoire des idédes linguistiques*(Liège-Bruxelles: Pierre Mardaga, 1989), 196쪽) 이 점에서 디오게네스 라에르티오스(Diogenes Laertios)

의 저서는 문법 저서들의 시조로 인정받는다. 한편, 서양에서 최초의 문법 저서로 손꼽히는 책은 디오니시오스 트락스가 쓴 것으로 알려진 『테크네(*Tékhnê*)』(Thrax, Dionysius, *The Grammar of Dionysios Thrax*(BiblioBazaar, 2009))로서, 저자는 알렉산드리아 전통을 계승한 문법가로서 기원전 2세기의 사람이며, 이 책은 5세기부터 콘스탄티노플에서 문법 교육의 기초 교과서로 사용되었고 르네상스 시대에도 필수적인 참고 서적으로 사용되었다. "실제로 그것은 근대 시대의 문턱에 이르기까지 그리스 문법 전통을 표시한다."(J. Lallot, "Desnis le Thrace: introduction, traduction, notes," Archives et documents de la SHESL, n. 16, 1-104, 1985, 1쪽) 실제로 이 책에서는 여전히 고전 문법에서 사용되는 거의 모든 술어들이 발견된다. 『테크네』는 문법의 정의를 시작으로 모두 여섯 부분으로 나누어 설명한다.(운율을 준수하면서 행하는 독서 실천, 텍스트의 시적 표현들의 해석, 희소 단어 및 전설들의 설명, 어원의 발견, 유추의 정립, 시 비평) 문법에 대한 이 같은 개념화는 문헌학적 시각에 속하고 있었다. 하지만, 엄밀한 문법적 기술 이전에 이미 문법 교육의 기원은 그리스에서 알파벳 체계의 성립으로 거슬러 올라간다는 것이 정설이다. 글자들(grámmata)에 대한 지식은 플라톤이 문법에 대해 언급할 때 상기되었던 전문 분야이다. 플라톤의 시각에서 문법 선생의 과제는 문헌에 주석을 달면서 읽고 쓰는 법을 알려 주는 것으로 이해되었다.

5) 소쉬르가 유럽의 많은 민족과 국가들 가운데 고대 문법 전통의 계승자로 프랑스인들을 지목한 이유는 타민족의 추종을 불허하는 프랑스 문법 전통의 유구한 역사에 기인한다. 구체적으로 프랑스 고전주의 시대의 절정기인 17세기를 기점으로 프랑스는 유럽의 다른 어떤 국가에 견주어서도 가장 풍성한 문법 연구 및 문법서 간행과 사전 편찬의 전통을 창조했다. 자국어인 프랑스어에 대한 체계적 연구의 급속한 성장과 축적은 프랑스만의 절대적인 중앙 집권적 정치 체제의 수립과 맞물려 있다. 언어는 절대 왕정 정치의 핵심적 요소로서, 그 점은 리슐리외(Richelieu, Armand Jean du Plessis, Duc de)에 의한 '아카데미 프랑세즈'의 수립(1635)이 증언해 주고 있다. 이 기관의 주된 기능은 학문, 예술, 과학 등에서 프랑스어를 일체의 변질과 변이로부터 순화시켜 우아함의 도구로 만들기 위해 언어를 철저하게 규범화시키는 데 있었다. 중앙 권력의 손아귀에 들어온 영토 정복과 그에 따르는 효율적 행정과 관리를 위해 프랑스어의 올바른 사용법을 지시하는 훈령들이 뒤를 이었고, 이 같은 팽창주의는 본질적으로 유럽 전역으로 확대되었으며, 18세기에 이르러 프랑스어는 유럽의 궁정 언어, 문학 언어, 학문 언어로 부상했다. 물론 프랑스의 문법 전통에서 백미는 17세기에 생산된 아르노와 랑슬로가 공동으로 집필한 『포르루아얄 문법서(*La Grammaire de Port Royal*)』(Antione Arnauld·Claude Lancelot, 한문희 옮김, 『일반이성문법』(민음사), 2000)이다. 특히 이 문법서는 그들의 분석의 출발점으로서 명제의 통일성을 취하면서, 개별 언어에 국한되지 않고 언어 이론을 구축하려는 최초의 일반 문법으로서, 데카르트의 합리주의로부터 결정적 영감을 받았다. 이 책의 출판 이후 17세기부터 19세기 초까지 출판된 프랑스 문법 서적의 종류는 대표적인 서적으로 국한해도 최소 50여 종이 넘는다. 과히 프랑스 민족을 문법의 민족이라 해도 과언이 아닐 것이다. 몇 개의 제목만을 제시한다. C. Irson, *Nouvelle Méthode pour apprendre facilement les principes de la pureté de la langue française*(1656), F.-S. Régnier-Desmarais, *Traité de la grammaire française*(1705), G. Girard, *Les vrais principes de la langue française*(1747), Condillac, *Grammaire*(1775). Girault-Duvivier, *Grammaire des grammaires ou analyse raisonnée des meilleurs traités sur la langue française*(1811). 르네상스 전통으로 이어받은 문법 전통, 순화주

의 전통(puriste), 또는 방법, 일반론, 원칙들을 중시하는 데카르트주의의 일반 문법 전통 등, 프랑스에서 성취된 문법학의 역사를 서술하는 작업 자체가 방대한 언어학사의 과제를 이룬다.(M. Dominicy, *La naissance de la grammaire moderne: Langage, logique et philosophie à Port-Royal*(Bruxelles, Mardaga, 1984)) 특히 흥미로운 사실은 18세기부터 프랑스어 애호가로 구성된 동호인 협회가 만들어지고 아울러 프랑스어를 연구하는 다양한 관련 학술지 등이 창간되었다는 점이다. 뒤메르그(U. Dumergue)는 1784년 *Journal de la langue française*(1784~1795)를 창간했으며, 이것은 프랑스 언어학 정기 학술지의 기점으로 인정받는다. 그 외에 다양한 프랑스어 전문 연구지들이 출간되었다. *Lettres Académiques sur la langue française*(1811~1812), *Manuel des Amateurs de la langue française*(1813~1814), *Annales de Grammaire*(1818~1820), *La France Grammaticale*(1838). 이들 정기 간행물을 중심으로 다양한 프랑스어 애호가 협회들이 창립되었다. La Socitété délibérante des amateurs de la langue française(1781), Le Conseil Grammatical(1796), L'Académie Grammaticale(1807)(S. Auroux, F. Dougnac, T. Horde(1982). "Les premiers périodiques linguistiques français"(1784~1840), *Histoire Epistémologie Langage* IV/1, 117~132쪽)

6) 본문에 나오는 프랑스어 표현 "une vue supérieure"은 '폭넓은' 혹은 '고차원적인 견해'로 옮길 수 있다. 전통 문법 전통에 대한 소쉬르의 비판적 견해는 언어의 구체적 현실을 언급하는 공시언어학 이론에서 기존의 품사 구별에 대한 비판과 『일반언어학 강의』의 공시언어학 제7장, '문법과 하위 분할'에서도 일관적으로 표출된다.

7) 볼프(1759~1824)는 독일 태생의 천재적 문헌학자이다. 신동이었던 그는 어려서부터 그리스어, 라틴어, 프랑스어를 배웠으며 거의 독학으로 연마하여 1777년 문헌학 전공 지망자 자격으로 괴팅겐 대학교에 입학한 최초의 학생이며 그때부터 문헌학은 신학의 분과 학문이 되었다. 1783년부터 1806년까지 그는 할레 대학교 교수로 재직하면서 문헌학을 지식의 독립적인 분야로 수립하여 그 위상을 높였으며 그의 집중적인 강의는 한 세대에 걸쳐 제자들에게 영감을 불러일으켰다. 호메로스의 시에 대한 탁월한 연구를 통해 볼프는 시가 단일 작가보다는 구술로 작성되며 그것의 예술적 통일성은 나중에 시 작품에 부과된다는 이론을 정립함으로써 서사적 전통과 시의 기원에 대한 근대적 이해의 길을 터 주었다.

그런데 1777년 당시 볼프의 나이가 불과 18세에 불과했으며 소쉬르가 명기한 1777년까지 그는 이렇다 할 중요한 문헌학 분야의 저서를 쓴 적이 없다는 점에서 이 텍스트의 의미를 이해하는 것이 쉽지 않다. 특히, 기존 『일반언어학 강의』에는 볼프의 신분이 학생이었다는 언급조차 명시하지 않았다는 점에서 전혀 납득하기 힘들게 되어 있었다. 이 같은 언급은 소쉬르가 당시 미국에서 막 출판되었던 샌디의 책을 참조하여 다음과 같은 일화를 인지하고 있었던 것으로 보인다. 볼프가 괴팅겐 대학교에 입학하면서 문헌학 학생으로서 등록되기를 요구했으나 학장이 거부하고 당시 통용되던 전공 명칭인 종교 연구(Studiosus Theologiae)를 제안했는데, 볼프는 이 같은 당시의 기존 학문 분류와 단절하면서 최초로 대학의 공식 전공 명칭에 문헌학 연구(Studiosus Philologiae)를 포함시키도록 하는 데 성공했다.(J. E. Sandys, *A History of Classical Scholarship*, 1re éd., New York, 51~60쪽) 볼프에 대한 최근의 연구서로는 다음 문헌을 참조할 것. Friedrich August Wolf, 1999, Reinhard Markner and Giuseppe Veltri editors.

8) 문헌학과 언어학의 구별은 소쉬르의 주요 관심사 가운데 하나였다. 양자의 차이점들 가운

데 소쉬르가 강조하는 것은 언어학은 제반 사실들을 법칙들로, 즉 하나의 '시스템'으로 귀결시키는 그것의 체계적 성격에 있다는 것이다. 하지만 문헌학과 언어학의 개념적 차이점은 19세기와 20세기의 문헌학자들과 언어학자들의 학문적 성향에 따라 다르게 인식되고 정의되고 있었다는 점을 유념할 필요가 있다. 먼저 근대 문헌학을 정초한 볼프는 문헌학을 세 개의 근본적인 분야들로 이루어진 것으로 규정했다. 1. 문법 2. 해석학 3. 텍스트 비평(Wortkritik). 문법 또는 언어 연구(Sprachstudium)에는 다시 언어 지식(Linguistik), 철학 문법(문법의 이론적 분석), 그리스어 문법과 라틴어 문법이 속한다. 아울러 그는 문헌학의 응용 분야로서 여섯 개의 영역을 열거하고 있다. 즉 고대의 지리학, 고대의 정치사, 고대 그리스 국가와 로마 국가, 신화학, 문학사, 과학사, 공예사, 미술사이다. 문헌학 발전의 두 번째 흐름은 산스크리트어, 그리스어, 라틴어 등 인도유럽어족의 비교 연구로서, 이 같은 연구 관점은 텍스트를 넘어서 언어들의 계보를 연구하는 데 있다. 텍스트의 일관된 의미를 정립하는 데 목표를 둔 비교문헌학은 자연스럽게 언어과학(Sprachwissenschaft)에 대한 의식을 도입했다. 독일이 근대 문헌학과 비교 역사 언어학을 지배할 때, 유럽 주요 국가들은 제각기 색다른 반응을 보였다. 바로 제1장에서 소쉬르가 '문헌학은 언어학과 다르다'라고 진술한 것은 그 같은 독일 헤게모니에 대한 반응이며 독자적 노선을 취하기 위한 예비적 수순이라 할 수 있다. 소쉬르에게 언어학은 언어의 역사적 관련성만을 연구하는 학문으로 환원될 수 없다. 하지만 소쉬르는 두 학문이 공통의 뿌리를 갖고 있다는 사실을 인정한다. 이를테면 고대 그리스에서 문법이 모든 인문 교양의 필수적인 분야로 교육되었다는 사실은 언어 연구의 뿌리가 공통적이라는 점을 시사한다. 다만 문헌학과 언어학의 근본적인 차이로서, 소쉬르는 언어가 문헌학의 유일한 대상이 아니었다는 점을 분명히 한다. 반면 비교문헌학은 언어학에 보다 근접해 있다. 하지만 비교문헌학은 진정한 언어과학에 도달했다고 말할 수는 없다. 왜냐하면 그것은 언어학과 달리 개별 언어의 본질을 해명하는 데 주된 관심사를 두지 않았기 때문이다. 하지만 근대 문헌학으로부터 언어학의 독립을 선언한 최초의 인물이자 유일한 인물로 소쉬르를 볼 수는 없다. 이미 1870년대 소쉬르가 존경하던 미국의 언어학자 휘트니는 문헌학에 견주어 더 우월한 언어과학에 호소했는데, 정작 두 학문은 동일 학문의 양면이라는 단서를 달고 있다. 그에 따르면 문헌학의 단계는 작업 단계(working phase)에 머무르고 있는 반면, 언어과학은 "조절적이며, 비판적이고, 교육이 가능한" 단계에 이르렀다.(William Whitney, *The Life and Growth of language*, 315쪽) 다른 한편, 영국의 탁월한 음성학자인 스위트(1845~1942)는 1910년 출간한 저서에서 살아 있는 문헌학(living philology)와 골동품 문헌학(antiquarian philology)을 구별할 것을 제안하면서, 살아 있는 문헌학은 음성학의 도움을 빌려 음성 언어의 정확한 관찰에 기초하여 실행되는 언어 연구의 기초인 반면, 골동품 문헌학은 이미 죽은 사어들의 연구에 종속된다고 정의했다.(Henri Sweet, *The Practical Study of languages*(New York: Henry Holt and Company, 1950))
1910년대에 표출된 소쉬르의 이 같은 언어학의 독립 선언에 이어, 덴마크의 언어학자 예스페르센 역시 문헌학으로부터 단절하고, 언어학에 대해 새로운 독립 학문의 반열을 주장했다. 새로운 학설의 옹호자들은 그들의 새로운 방법을 발견했을 뿐 아니라, 그들의 연구 대상이 문헌학자들의 연구 대상과 상이하다는 사실을 발견했다는 점을 강조한다. 요컨대 그에 따르면 문헌학자는 언어를 특정 민족의 문화의 부분으로서 간주하는 반면, 언어학자는 언어를 자연적 대상으로서 간주한다는 것이다.(Otto Jespersen, *Language: Its Nature, Development*, *Origin*(London: G. Allen & Unwin Ltd, 1922)) 문헌학과 언어학의 개념화에 대한 차이점들에도 불구하고 두 가지 사실을 기억해야 한다. 앞서 언급한 근현대 언어학의 선구자들은 모두 언어학이 아닌 문헌학의 훈련을 받았다는 점이다. 아울러 그들의 초기 학문 활동 역시 문헌학과 관련된 기관들에 소속되면서 이루어졌다. 소쉬르를 비롯하여 이들이 언어과학의 선사 시대를 재구성하여 역사적 서사의 실타래를 형성할 때, 그들은 독일 문헌학자들과 마찬가지로 비교인도유럽문헌학을 자신들의 고유한 과거로서 간주하고 있다. 둘째, 소쉬르의 독립 선언에도 불구하고, 언어학의 독립 선언을 통하여 새로운 언어학이 창발하던 국가들에서조차 역사학은 문헌 중심의 연구에 크게 의존했으며 고대 언어 연구, 필사본에 대한 문헌 비평, 인쇄 고서적 연구 등이 역사학의 주된 방법론으로 활용되었다는 점이다.

9) 리츨(Friedrich Wilhelm Ritschl, 1806~1876)은 독일 튀링겐 주에서 태어난 19세기의 대표적인 고대 그리스와 로마 문명의 문헌학자이다. 벤틀리(Bentley)를 흠모했던 리츨은, 헤르만(Hermann)의 지적 계보를 이어받고 있던 라이시그(Chrisian Karl Reisig)의 지도 아래, 할레 대학교에서 박사 학위를 취득했으며, 본 대학교와 라이프치히 대학교에서 교편을 잡으면서 19세기 독일 최고의 비교역사언어학자들이라 할 수 있는 쿠르티우스(Curtius), 슐라이허(Schleicher), 브루크만(Brugmann) 등의 제자를 길러 냈다. 특히 흥미로운 점은 자신의 제자였던 약관 24세의 니체를 교수직에 추천하면서 자신의 교편 생활 40년을 통틀어 가장 우수한 인재라는 단서를 달면서 니체의 조숙한 천재성, 무불통지의 박식, 다재 다능성을 극찬하고, 그가 독일 문헌학의 태두가 될 것임을 예언한 일화는 유명하다.(Walter Kaufmann, *The Portable Nietzsche*(Penguin Books, 1976))

리츨은 1862년 8년간의 노력 끝에 고대 로마 시대의 거의 모든 비문들을 복사하여 채집한 고대 라틴 문헌학의 기념비적 업적인 *Priscae Latinitatis Monumenta Epigraphica*를 출판했다. 이 저서는 나중에 출판될 라틴 비문의 완결판인 *Berlin Corpus Inscriptionum Latinarum*의 서론에 해당된다. 생존 시 리츨은 소쉬르가 강의에서 언급하고 있는 것처럼 플라우투스의 연구와 관련하여 절대적 권위를 인정받고 있었다. 노력과 비범함으로 그는 당시의 플라우투스의 필사본들을 검토했으며 그 결과 플라우투스에 대한 인식의 지평을 확대시키고 고대 로마 드라마에 대한 지식의 수준을 한 단계 끌어올렸다는 평가를 받는다.(Hugh Chisholm, (ed.), "Ritschl, Friedrich Wilhelm," *Encycopaedia Britannica*(11th ed.) (Cambridge University Press, 1911))

10) 19세기 비교역사언어학의 설립자이며 근대 언어학의 토대를 닦은 프란츠 보프에 대한 소쉬르의 평가가 매우 부정적으로 피력되고 있다. 하지만 언어학사에서 보프의 위치는 독보적이라는 점에서, 아울러 19세기 언어학의 새로운 패러다임이라 할 수 있는 비교방법론을 도입한 최초의 학자라는 점에서 보다 면밀한 연구가 필요할 것이다. 예컨대, 푸코(Michel Foucault)는 그의 명저 『말과 사물(*Les Mots Les Choses*)』(Gallimard, 1996)에서 보프의 학문적 성과를 다음과 같이 진술하고 있다.

"보프의 분석은 한 언어의 내재적 구성 분석에 대해서뿐 아니라 언어의 본질이 무엇일 수 있는가를 규정하는 데 있어서 결정적 중요성을 가질 수밖에 없었다."

푸코에 따르면 어근 분석은 다양한 언어들 사이에 존재하는 친족 체계에 대한 새로운 정의를 가능케 했으며, 이 같은 정의는 무엇보다 다양한 언어들이 서로 불연속적인 집합들로 무리가 지어질 수 있음을 전제로 한다.(더 자세한 문헌은 『말과 사물』, 292~307쪽 참조)

보프는 독일 마인츠에서 태어났으며 헤르더의 제자이자 문헌학자였던 빈디슈만(K. Windischmann)으로부터 아샤펜버그(Aschaffenburg) 고등학교에서 기초문헌학 교육을 사사했다. 1812년부터 1817년까지 파리에 체류하면서 사시(Sacy)와 셰지(Chézy)의 강의를 들었으며, 1816년부터 1820까지는 런던에서 훔볼트(Alexander Humboldt), 윌킨스(Wilkins) 등과 교류했다. 그의 주저 1816년에 발행된 『산스크리트어의 곡용 체계(*Über das Conjugationssystem der Sanscritsprache in Vergleichung mit jedem der griechischen, lateinischen, persischen und germanischen Sprache*)』는 역사 비교 방법의 시금석을 놓은 대작으로서 그 이후 더 많은 인도유럽어족의 연구로 확대되어 더 풍부한 자료를 수집하면서, 비교문법의 종합에 이르게 된다. 제2판부터, 연속적으로 비교 가능한 다른 언어들에다 리투아니아어, 슬라브어, 아르메니아어를 통합시켰다. 보프가 독일로 귀국했을 때, 당시 프러시아의 공공 교육부 장관이었던 훔볼트는 그를 당시 막 개교한 베를린 대학교의 비교문법 교수직에 초빙했으며, 보프는 그곳에서 타계할 때까지 강의했다. 보프의 주요 저서는 『산스크리트어, 젠드어, 아르메니아어, 그리스어, 라틴어, 리투아니아어, 고대 슬라브어, 고트어, 독일어 등을 포함하는 인도유럽어의 비교문법(*ergleichende Grammatik des Sanskrit, Zend, Armenischen, Griechischen, Lateinischen, Litauischen, Altslawischen, Gotischen und Deutschen*)』(Berlin: Druckerei der königlichen Akademie der Wissenschaft, I: 1833, II: 1835)이다. 이 책의 제2판에 기초하여 프랑스 언어학의 거봉이었으며, 소쉬르의 천부성을 알아보고 그를 파리 고등 연구원의 역사비교언어학 교수로 추천한, 브레알이 프랑스어로 번역했다.(*Grammaire comparée du sanscrit, zend* (*avestique*), *grec, latin, lituanien, gotique et allemand*, par Franz Bopp. Paris: Imprimerie nationale, 1875~1878)

인도유럽어의 최초의 비교문법이라 할 수 있는 보프의 이 저서는 본질적으로 주요 인구어들의 음성 체계와 형태론적 체계의 비교에 천착하고 있다. 산스리트어를 특권시하면서 가장 오래된 인도유럽어들의 형태들로부터 '원시 인도유럽어'의 형태를 다시 찾는 작업이라 할 수 있다. 산스트리트어가 특권을 갖는 이유는 원시 인도유럽어의 가장 근접한 형태들을 보존하고 있기 때문이다. 물론, 인도유럽어족을 인지한 최초의 사람이 보프는 아니다. 최초의 인도학 전문가들은 이미 이 같은 친족성을 알고 있었다. 구체적으로 프랑스 학자 쾨르두(P. Coeurdoux, 1767)는 파리의 비문 아카데미(Académie des Inscriptions)에 보낸 논고에서 산스리트어와 인도유럽어의 공통점을 알렸으며, 영국인 동양학자인 존스(W. Jones) 역시 1786년 인도에 체류하는 동안 최초로 산스크리트어를 연구하면서, 이 언어에 대해 캘커타 학술원에서 논문 발표를 한 바 있다.

어근과 굴절을 모두 설명해 줄 수 있는 원시 어근을 다시 찾을 수 있는 것을 넘어서, 어근들 각각에 대해 그것들의 의미와 견주어 하나의 기원적 의미를 상정하거나, 또는 나중에 형성되는 문법적 기능들을 상정하는 것을 말한다. 보프는 인도유럽어에 적용된 비교주의의 최초의 종합으로서, 상당수의 언어층에 적용된 비교 방법의 전범을 제시했다. 명사(형용사, 대명사, 파생 명사)와 동사의 대립, 굴절에 종속되는 단어들의 부류와 곡용될 수 없는 단어들의 부류(부사, 접속사, 전치사), 수의 구별(단수, 쌍수, 복수), 격들의 구별(주격, 목적격, 도구격, 여격, 속격, 처소격, 호격), 다양한 파생 동사 등 보프의 독창성은 바로 제 언어들 사이에 존재하는 상사성이 역사학자와 민족학자에만 국한된 사실이 아니라, 그 자체로서 연구될 가치가 있는 자율적인 연구 대상이라는 점을 간파한 데 있었다. 브레알, 그리고 소쉬르가 그의 진가를 알아본 것처럼, 하나의 언어를 다른 언어를 통해 해명하는 것은 그 이전 세대의 언어 애호가들과 문헌학자들은 전혀 생각하지 못한 방법이었다. 보프의 학술적 업적에 대한 연구는 언어학사에서 상당수의 연구가 축적되어 있다. 대표적인 관련 연구물을 소개한다.
• Theodor Benfey, *Geschichte der Sprachwissenschaft und orientalischen Philologie in Deutschland seit dem Anfange des 19. Jahrhunderts mit einem Rückblick auf die früheren Zeiten*(Cotta: Munich, 1869).
• Wilbur A. Benware, *The Study of Indo-European Vocalism in the 19th Century from the beginnings to Whitney and Scherer: a critical-historical account*(John Benjamins: Amsterdam, 1974).
• Fëdor Mixailovič Berezin, *Geschichte der sprachwissenschaftlichen Theorien*(Bibliographisches Institut: Leipzig, 1980).
• E. F. Konrad Koerner, *Practicing Linguistic Historiography*(John Benjamins: Amsterdam, 1989), 291~302쪽.
• Maurice Leroy, *Les Grands Courants de la linguistique moderne*(Presses Universitaires de Bruxelles, Presses Universitaires de France: Bruxelles, Paris, 1963).
• Georges Mounin, *La linguistique du XXe siècle*(Presses Universitaires de France: Paris, 1972).
• Anna Morpurgo Davies, *History of Linguistics* (vol. 4)(Longman: Londres, 1998) chap. 6. 3, 129~136쪽.
• Holger Pedersen, *The Discovery of Language: Linguistic science in the Nineteenth Century*(Harvard University Press, Cambridge(Massachusetts), 1931).
• Kurt R. Jankowsky, *Development of Historical Linguistics from Rask and Grimm to the Neogrammarians*(Gunter Narr: Tübingen, 1996), 193~215쪽.
• Carlo Tagliavini, *Panorama di storia della linguistica*(Riccardo Pátron: Bologne, 1963).
• Peter Schmitter, *Franz, Bopp*(Max Niemeyer: Tübingen, 1996), 120~121쪽.

11) 비교언어학 패러다임에 대한 소쉬르의 철저한 비판을 확인할 수 있다. 한마디로 비교언어학은 연구 대상에 대한 명확한 관점을 결여하고 있다고 힐난하고 있다. 소쉬르의 언어 이론에 따르면, 관점이 없는 언어 연구는 나침반 없이 항해하는 선장과 같다. 그 배가 아무리 빠르더라도 난파할 공산이 크다. 소쉬르는 여기에서 세 가지 관점을 제시한다. 정확한 관점, 납득 가능한 관점, 합리적인 관점(juste, approuvable, raisonnable)이 있어야 한다. 소쉬르에서 관점은 대상을 창조할 수 있는 인식의 출발점이라는 점에서 언어 이론의 구성에 있어 중추적이다. 관점이 없으면 대상도 없다.

12) 디에즈(1794~1876)는 『로망어 문법』(*Grammatik der romanischen Sprachen*, 3.vol. Bonn, 1836~1843)의 저자로서 로망 언어학의 설립자이며, 소쉬르는 로망 언어학을 가장 앞서 있는 비교역사언어학의 첨단 분야로 인식하고 있다. 그 이유는 인도유럽어들 가운데 가장 풍성한 문헌 자료들을 소유하고 있으며, 특히 로망어의 원형인 라틴어의 실증적 자료가 타 언어들에 비해서 훨씬 더 많이 남아 있었기 때문이다.

13) 정확한 사전 명칭은 다음과 같다. *Dictionnaire général de la langue française, 1890~1900*. 편집자들은 모두 프랑스의 언어학자들로서 생몰 연대는 다음과 같다. 하츠펠트(Adolphe Hatzfeld, 1824~1900), 다르메스테테르(Arséne Darmesteter,

1846~1888), 토마(Antoine Thomas, 1857~1935).

14) 프랑스어 단어 matière를 '소재'로 번역했다. 최승언 번역본(『일반언어학 강의』, 민음사, 1990, 10쪽)에서는 '테마'로 번역했으며, 오원교 번역본에서는 '자료'로 되어 있다.(『일반언어학 강의』(형설출판사, 1973), 19쪽) 김현권·최용호 번역본(『일반언어학 노트』(인간사랑, 2007), 285쪽)에서는 '질료'로, 김방한 번역본(『소쉬르 현대 언어학의 원류』(민음사, 1998), 111쪽)에서는 '사물'로 번역하고 있다. 마우로 교수 역시 matière라는 프랑스어 단어의 개념적 복잡성을 의식하고, 한 페이지에 걸쳐 역주를 달고 있다.(De Mauro, 1972, 414~415쪽) 소쉬르에게 있어서, matière(소재, 자료, 질료, 재료 등의 번역어가 모두 가능함)는 통상적인  언어의 수준에서, 모든 사실들의 전체 집합이라 할 수 있다. 그런데 그 같은 덩어리는 이질적이며, 있는 그대로 다양한 학술 분야들에 의해 연구될 수 있다. 이를테면 '다이아몬드'를 연구하는 분야는 광물학, 미학, 지질학, 보석 감정에 따라 제각기 다른 관점에서 다른 재료와 소재를 갖고 연구될 수 있다. 언어의  경우도 마찬가지이다. 물리학자, 심리학자, 사회학자, 생리학자 역시 언어의 문제를 자신의 관점에서 연구할 수 있으며, 이들 학술 분야에 견주어 언어학은 그것의 대상이 바로 언어(랑그)라는 것으로 특징지어진다. 이미 옐름슬레우(Luis Hjelmslev)는 소재 또는 질료와 대상의 구별이 갖는 인식론적 중요성을 설파한 최초의 소쉬르 계승자라 할 수 있다.

15) 흔히 소쉬르가 언어의 내적 체계만을 연구 대상으로 삼은 것으로 생각하기 쉽지만, 이 단락에서 분명하게 나타나듯이, 소쉬르는 언어에 대한 모든 사실들을 통합적으로 연구할 것을 권고하고 있으며, 특히 다양한 언어의 종류들에 대해 어떤 가치 평가를 내리지 말고, 있는 그대로 모두 기술하고 연구할 것을 주문하고 있다.

소쉬르에 따르면, 예컨대 고상한 언어와 교양 언어를 비롯해, 은어, 비어, 속어도 동일한 가중치를 부여하면서 연구해야 한다. 실제 우리가 경험하는 언어의 생태와 지형은 마치 고저가 다른 산들이 모여 산맥을 이루듯, 숭고한 언어와 더불어 저속한 언어가 함께 어우러져 있다. 이 같은 생태학적 조건에서 언어학은 어떤 영역도 배제해서는 안 되며, 추한 언어, 아름다운 언어도 모두 다 다뤄야 한다. 하지만 소쉬르의 이 같은 권고에도 불구하고 언어학은 보통 수준의 평범한 언어(common language)만을 연구해 왔으며, 일부 사회학자들의 속어와 은어 연구가 이루어졌을 뿐, 추한 언어를 연구 대상으로 삼은 경험은 없다. 기호학자 움베르토 에코가 『미의 역사』(이현경 옮김, 열린책들, 2009) 이후에 『추의 역사』(오숙은 옮김, 열린책들, 2008)를 나란히 출간하면서 서문에서 밝혔듯이, 진정으로 아름다움의 세계를 알기 위해서는 추의 세계를 알아야 한다. 소쉬르의 진술이 함의하는 것은, 언어의 총체적 발현을 모두 연구하라는 뜻이다. 윤리적인 관점에서 지고의 선을 다루는 언어가 있는가 하면, 선의 반대 축에 있는 악의 언어 역시 언어학의 연구 대상이 되어야 한다는 의미로 확대할 수 있을 것이다. 같은 취지에서 현대 언어학은 생명의 언어와 동시에 죽음의 언어에 대한 연구의 장을 사유할 수 있을 것이다. 이 점에서 언어와 죽음의 관계에 대한 다음 논문은 시사적이다. Michel Arrivé, "Le sexe et la mort dans la langage," in *Le linguiste et linconsoient*(Paris: PUF, 2008).

16) 앞에서 모든 언어의 발현들에 대해 동등한 가치를 부여하면서 연구하라는 정언적 명령과 달리, 다시 음성 중심주의의 틀 안에서 문자 언어가 외면적이면서 이차적인 가치를 갖는 언어로 평가되고 있다는 점에서 앞의 진술과 모순적으로 보인다.

17) '알려진 언어'라는 표현에서 '알려진'의 의미는 중의성을 띠고 있다. 이를테면 과거에는

알려진 언어였으나 현재는 전혀 알 수 없는 언어가 있을 수 있다. 또한 지금 지구상에 존재하는 알려진 언어들의 숫자에 대해서도 연구자마다 상이한 결과물을 내놓고 있다. 뿐만 아니라, 한 언어가 알려져 있다고 할 때, 그 내용의 수준과 정도, 그리고 인식의 폭도 상대적이다. 이를테면 한 언어의 음운 체계나 간단한 문법만을 기술한다고 해서 그 언어를 완전히 안다고 말할 수는 없다. 식물학과 동물학에서 비교적 정확하게 식물, 동물의 개체수를 판별할 수 있지만 표준어와 방언의 구별을 가능케 할 수 있는 과학적 객관적 기준들의 부재 때문에 언어의 숫자를 정확하게 판별하기는 힘들다.

18) '역사'라는 단어는 통상적으로 언어의 상태에 대한 기술(description)과 대립되며 통시태와 등가어이다. 『일반언어학 강의』에서는 역사라는 단어를 사용할 수 있는 가능성에 대해 몇 가지 유보적 조건이 나타난다. 그 이유는 '역사'라는 단어는 진화뿐 아니라, 하나의 상태에 대한 지시가 가능하기 때문이다. 실제로 소쉬르는 제네바 대학교의 언어학 교수직 수락 연설에서 '역사'를 상이한 의미에서 사용하고 있다.

"언어를 연구하면 할수록 사람들은 다음과 같은 사실을 꿰뚫어 보는 데 이른다. 즉, 언어 속의 모든 것은 역사이다. 즉 언어는 추상적 분석의 대상이 아니라, 역사적 분석의 대상이라는 점이다. 언어는 법칙들로 구성되는 것이 아니라, 사실들로 구성된다는 것이다. 언어활동 속에서 유기체적으로 보이는 모든 것은 현실에 있어서 우연적이며 완전히 우발적이다." (Engler, *Edition critique*, 1966, 26쪽) 이 단락은 첫 번째 강의에 선행하는 또 다른 단락과 접맥될 수 있다. "동시대의 구성항들 사이에서 움직이는 어떤 법칙도 강제적 방향을 갖지 않는다."(여러 번에 걸쳐 다른 표현들을 사용하고 지웠는데, 이를테면. '강제적 힘', '강령적 방향' 등의 표현이 나타나며(SM. 51) 프랑스어와 셈어 사이의 이따금 나타나는 수렴들에 대한 휘트니의 견해에 대해 1894년 작성된 텍스트에서 발전된 내용과도 관련지을 수 있다.(Notes 61-62 et CLG. 311 et sv.) 마우로 교수의 주석에 따르면, 이 같은 소쉬르의 관점들과, 통시태에 대한 이 같은 우발적이면서 반목적론적인 개념화는 소쉬르에 의해 결코 포기되지 않았다. 비록 그 같은 관점들이 공시태의 상이한 비전이라는 틀 속에 각인되어 있다 해도 말이다.(Mauro, 1972, 416쪽)

19) 지구상에는 약 6000개 이상의 언어가 존재한다. 역사적으로 친족 관계를 이루건 그렇지 않건 모든 언어는 다른 언어에 견주었을 때 모두 상이하다. 하지만 이 같은 차이들은 건널 수 없는 장벽이 아니다. 왜냐하면 외국어를 배우는 것이 가능하며, 한 언어에서 다른 언어로 번역하는 것도 가능하기 때문이다. 언어활동 능력의 행사는 따라서 개별 언어들 사이에 존재하는 차이들을 초월하는 보편소들의 문제를 제기한다. 언어 보편소들에 대한 추구는 언어학의 반복적인 물음들 가운데 하나이다. 핵심 관건은 개별 언어들의 다양한 배후에 있는 언어활동의 통일성을 포착하는 일이다. 물론 개별 언어 체계의 특수성을 인정하면서 이 같은 언어적 다양성의 이면에 있는 통일성을 찾아내려 한다. 생물학적 차원에서 언어활동 능력은 보편적이다. 그 능력은 모든 인간들이 공유하며 유전자 기획에 속한다. 더구나 그것은 인간 종의 특수성이라 할 수 있다. 하지만 문화적 차원에서 개별 언어들은 어휘, 문법, 음운 등 모든 차원에서 현격한 차이를 드러낸다.

언어의 보편적 요소를 찾아내려는 노력은 크게 언어 유형론 연구자, 촘스키의 생성 문법, 의미론 연구자들에 의해 지속적으로 경주되어 왔다. 이 같은 작업은 1960년대부터 언어 보편소들을 기술하고 이해하기 위해 다양한 학파의 언어 유형론 학자들이 보편소의 문제를 천착해 왔다. 과거에 채택한 발생론적 친족성의 관점에서가 아니라, 구조적 관점에서 언어들을 유형들로 분류하는 작업을 말한다. 즉 언어 기능 작동을 가능케 하는 조직의 원리들을 파악하는 작업이라 할 수 있다. 언어들의 상이한 유형들에 대한 탐구는 언어 보편소들의 추구와 분리될 수 없다. 대표적인 유형론 연구자는 그린버그(Greenberg)와 그의 학파를 손꼽을 수 있다. 그린버그의 연구 방향은 크게 두 가지로서, 언어 보편소들의 탐구와 유형론의 탐구로서, 그는 모든 언어들에 공통적이면서 필수적인 특징들이 존재할 것이라는 가설을 제시하고 있다. 촘스키의  경우, 이른바 최소주의 프로그램이라는 이름 아래, 보편 문법의 핵심으로서 제 언어들의 보편적 속성들 또는 원리들에 대한 이론을 제시한다. 각 언어는 그 같은 보편적 원리의 특이한 예에 불과한 것이다. 즉 가능한 변이들의 공간을 특징짓는 몇 가지 매개 변수를 상정하고 있다. 이미 촘스키는 『데카르트 언어학』(Noam Chomsky, *Cartesian linguistics: a chapter in the history of rationalist thought*, James Alasdair McGilvray(Cambridge University Press, 2009))의 '범주들과 언어'라는 장 속에서, "통사는 범주적 이론들의 유일한 언어학적 안내가 아니라는 점을 환기시키면서, 진정한 불변소들은 항상적으로 나타나는 '논리적 형식'들로서, 비록 그것들이 늘 직접적으로 가시적이지는 않지만 제 언어들을 구조화시킨다는 진술을 남긴 바 있다.(cf. Noam Chomsky, *La Linguistique cartésienne*, 1969, 73~77쪽)

어쨌건 소쉬르의 진술에서 언어의 보편적 원리와 기제를 발견하려는 시각이 선명하게 나타난다. 오늘날의 언어학에서도 언어의 보편소를 발견하려는 작업은 계속되고 있으며 촘스키의 보편 문법도 이 같은 보편주의적 비전들 가운데 하나이다. 학자들은 언어활동의 보편소라는 문제는 그의 스승이었던 프랑스의 언어학자 브레알에 의해 전수된 것으로 판단한다. 특히 1868년 출판된 브레알의 『언어활동의 잠복적 관념들』(Michel Bréal, *Les idées latentes du langage: leçon faite au collège de France pour la reouverture du cours de grammaire comparée*(Hachette, 1868)을 지적할 수 있다.(Georges Mounin, *Histoire de la linguistique des origines au XX siècle*(Presses Universitaires de France, 1967), 218~219쪽)

언어 보편소와 관련된 중요한 언어학 연구의 참고 문헌은 다음과 같다.


• N. Chomsky, *The Minimalist Program*(MIT Press, Cambridge (Mass.), 1995).

• B. Comrie, *Language Universals and Linguistic Typology*(Blackwell: Oxford, 1981).

• W. Croft, *Typology and Universals*(Cambridge University Press: Cambridge, 1990).

• J. Greenberg, *Language Universals with Special Reference to Feature Hierarchies*(Mouton: La Haye, 1966).

• B. Heine, *Cognitive Foundations of Grammar*(Oxford University Press: Oxford, 1997).

• G. Lakoff, "Les Universaux de la pensée métaphorique: variations dans l'expression linguistique." in C. Fuchs et S. Robert dir., *Diversité des langues et représentations cognitives*(Ophrys: Paris, 1997).

• G. Lazard, *Études de linguistique générale: typologie grammaticale*(Peeters, 2001).

• A. Rouveret, "Grammaire formelle et cognition linguistique," in C. Fuchs dir, *La Linguistique cognitive*(Ophrys-Maison des sciences de l'homme: Paris, 2004).

• E. Sapir, *Le Langage*, trad. J.-E. Boltanski(Minuit: Paris, 1968).
• H. Seiler, *Language Universals Research: a Synthesis*(Narr: Tübingen, 2000).
• D. Slobin, "From "Thought to Language" to "Thinking for Speaking"," in J. Gumperz & S. Levinson dir., *Rethinking Linguistic Relativity*(Cambridge University Press: Cambridge, 1996).
• C. Vandeloise, *Langues et cognition*(Lavoisier: Paris, 2003).
• B. Whorf, *Linguistique et anthropologie*, trad. franç. par C. Carme(Denoël-Gonthier: Paris, 1969).
• A. Wierzbicka, *Semantics: Primes and Universals*(Oxford University Press: Oxford, 1996).

20) 근대 언어학의 탄생부터 현대 언어학에 이르기까지 언어학과 심리학의 관계는 복잡하며 미묘한 양상을 띠어 왔다. 촘스키의 경우, 명시적으로 언어학은 심리학의 일부분이며, 심리학은 다시 생물학의 일부분이라는 점을 누차 강조한 바 있다. 그렇다면 소쉬르가 언어학과 인접 학문들 사이의 관계를 논하면서 제일 먼저 심리학을 언급한 이유가 무엇인지 궁금해진다. 이에 대한 정확한 이해를 위해서는 19세기 중반부터 20세기 초반까지 언어학의 이론이 심리학으로부터 지대한 영향을 받았다는 점에 유념해야 한다. 통속본 『일반언어학 강의』와 소쉬르의 필사본에는 심리학에 대한 지속적인 언급이 나타난다. 심리학을 비롯해, '심적인 것', '심리학적인 것' 등의 표현들이 빈번하게 나타난다. 가장 유명한 표현 가운데 하나는 "요컨대 언어 속에는 모든 것이 심리적이다."(CLG/D 20; CLG/E (I): 1: 21.111) 그런데 문제는 심리학에 대한 소쉬르의 언급은 대부분 매우 요약적이며 모호해서 심리학의 방향이나 심리학파에 대한 정확한 규정을 찾아볼 수 없다는 사실이다. 더구나 그 같은 언급은 모순적이기조차 하다. 그 결과 심리학과 언어학의 관계는 소쉬르 성찰의 과정 속에서 우리가 생각하는 것보다 더 복잡하다는 것을 알 수 있다. 물론 소쉬르가 심리학이라는 학문을 언급한 것은 전혀 새롭거나 특수한 것이 아니다. 소쉬르가 유학했던 당시 소장 문법학파들의 핵심 구성원이었던, 헤르만 파울(Herman Paul)은 이미 슈타인탈(Steinthal)의 심리언어학에 기초하여 언어 이론을 수립했다. 한편, 소쉬르가 제시한 현대 학문들의 분류 시도를 언급해야 할 것이다. 특히, 그의 조카인 나빌(Adrien Naville) 교수가 소쉬르의 기호학 프로젝트를 명시적으로 언급하면서, 소쉬르가 심리학에 대해 인문과학들 가운데서 중요한 자리를 부여하고 있음을 환기시킨다. 만약 소쉬르의 언급이 역사적 맥락과 관심과 견주어 흥미롭다면, 그것은 일체의 심리학주의에 대해 일정한 거리를 두려는 그의 방식 속에 있으며, 아울러 언어학과 심리학의 관계를 문제로 구성하려는 그의 방식에 있다고 할 수 있다. 몇 가지 사례를 들어 보자. 소쉬르는 그의 동료 교수 세슈에의 주저인 『이론언어학의 프로그램과 방법(*Programme et méthode de la linguistique théorique*)』(부제는 Psychologie du langage))에 대한 노트에서, "언어학은 궁극적으로 완벽하게 심리학으로 환원될 수 있다."라고 진술한다.(CLG/E: 38.3315) 하지만 여기에는 단서가 붙는다. 심리학의 완전한 재구성(refonte)의 조건에서만 이 진술이 사실이며, 심리학이 언어가 자신의 고유한 활동의 ABC라는 점을 지각할 때 비로소 그렇다는 것이다. 설사 언어학이 완벽하게 심리학으로 환원된다 해도, 이것은 곧바로 양자 사이에 방대한 분할선이 존재하지 않는다는 것을 의미하지 않으며, 문법적 사실을 그것 자체로 제기하고, 그것을 다른 모든 심리적 행위와 구별하는 것 속에서 그렇게 해야 한다는 것이다. 따라서 언젠가 언어학이 심리학의 보다 일반적인 틀 속에 포함되면, 그것은 기존

의 것과는 다른 심리학, 즉 기호학을 구비할 심리학 속에서이다. 기호학 개념과 더불어, 소쉬르는 당시 심리학에서 부재하던 차원을 도입했을 뿐 아니라, 자신의 이론이 정초한 근본적 문제 설정을 우리에게 제시한다. 소쉬르에게 기호 이론은 언어 이론과 분리될 수 없기 때문에, 일반언어학은 오직 기호 이론의 틀 속에 각인될 때 비로소 진행될 수 있다. 특히 소쉬르의 언어 기제 이론에서 언어학과 심리학의 관계가 첨예하게 제기된다. 그런데 소쉬르는 자신이 제시한 두 가지 유형의 관계에서 언어 주체의 기억 속에 존재하는 연합 관계를 설명하면서 언어 기제 속에 존재하는 관계는 언어학과 기호학의 교차 지점에 위치한다는 것을 강조한다. 물론 소쉬르는 통합체적 관계와 연합체적 관계의 상호 조건화를 강조한다는 점에서, 언어의 직선적 성격 역시 심리학과 관련된 것임을 강조한다. 그 밖에도 소쉬르는 세 차례의 일반언어학 강의에서, '잠복적 의식(conscience latente)'을 언급하고 있는데 이 같은 의식 상태에서 단어들은 마치 구름 속에 존재하는 것처럼 정신적으로 존재한다. 소쉬르의 언어 이론에서 언어학, 기호학, 심리학의 관계에 대한 심도 있는 연구에 대해서는 다음 문헌 참조. Johannes Fehr, "Le mécanisme de la langue," entre linguistique et psychologie: Saussure et Flournoy," in *Langages* 120, 1995, 91~105쪽.

21) 제3차 강의의 두 번째 강의(1910년 11월 4일, R. Godel, *Les sources manuscrites*(=SM), 1957, 77)로서, 이 부분과, 제3차 강의 제1부의 첫 번째 강의(1911년 4월 25일, SM 81), 제2차 강의 첫 번째 강의(SM 66), 그리고 소쉬르의 자필 노트 두 편 등을 참고하여 통속본 『일반언어학 강의』의 제3장 「언어학의 대상」이 편집되었다. 이 두 편의 자필 노트 가운데 하나는 1893~1894년에 작성된 것이며, 다른 하나는 세슈에의 주저 『이론언어학의 프로그램과 방법』(*Programme et Méthode*(Genève, 1908))에 대한 서평 논문으로 준비한 글로 판단된다. 바이(Charles Bally)는 1893년도에 작성된 자필 노트를 참고하지 않을 생각이었으나 세슈에의 제안으로 포함시켰다.

22) 소쉬르에게서 langue와 langage 개념의 변화를 읽어 내기 위해서는 소쉬르가 1891년 11월 제네바 대학교에서 행한 교수직 부임 기념 강연(Leçon inaugurale)을 위해 그가 준비한 필기 노트를 열람하고, 그 내용을 제3강의(1910~1911)에서 제시된 내용과 비교할 필요가 있다.(이에 대한 상세한 논의는 다음 문헌을 참조할 것. J. Fehr, *Saussure entre linguistique et sémiologie*(Paris: PUF), 50~70쪽) 특히, langue와 langage 개념에 할애된 의미에 있어서 주목할 만한 이동을 목격할 수 있다. 1891년 기념 강연의 초록 노트에서 langue와 langage의 구별은 일차적으로 별다른 문제를 발생하지 않는다. 양자는 유일하며 동일한 것을 지칭한다. 유일한 차이는 하나는 일반적인 것을 염두에 두고 다른 하나는 특수한 것을 염두에 두었다는 정도의 차이가 있을 뿐이다.

"langue와 langage는 동일한 것에 불과하다. 하나는 다른 것의 일반화이다. 제 언어들인 언어활동의 다양한 발현들을 연구하는 수고를 하지 않은 채 언어활동(langage)을 연구하기를 원하는 것은 절대적으로 공허하며 몽환적인 것이다. 다른 한편, 이 같은 제 언어들이 일차적으로 언어활동이라는 관념 속에 요약된 일정한 원칙들에 의해 근본적으로 지배된다는 사실을 망각한 채 제 언어들을 연구하는 것은 일체의 진지한 의미가 결여된 작업이며, 진정한 과학적 기초가 결여된 작업이다. 따라서 끊임없이 언어의 일반적 연구는, 특정 언어의 개별적 장 속에서 이루어졌을 모든 것에 대한 다양한 관찰들의 자양분을 영양분으로 공급받는다."(CLG/E (I), 515쪽, N. 1. 1, n. 3281) langage가 문제가 될 때, 문제의 핵심은 언어활동의 일반적 연구인 반면, 구체적이며 특수한 언어들에 고유한 발현들은 제 언어들의 영역에 속한다. 예컨대 소쉬르는 이 강연 노트에서, 논리학, 철학, 심리학이 언어 일반에 대해서는 세밀한 연구를 진행한 반면, 개별 언어들에 대한 고려를 등한시했다는 이유를 들어 비판한다. 바로 여기에서 다루는 내용은 소쉬르가 제3차 강의에서 1910년 11월 4일 강의의 구별을 세 부분으로 분할하면서 그다음 강연인 11월 8일부터 출발점으로서 제 언어들(langues)을 삼고 있다는 점인데 소쉬르는 그 이유로서 언어들의 복수성과 지리적 다양성이라는 1차적 목적을 제시한다. 다음 장에서 보게 되듯이 소쉬르에게 있어 제 언어들의 지리적 다양성은 언어학의 연구 대상 설정에 있어 근간이 되는 사실이다. 너무나 당연한 사실이면서 우리 모두가 일상적으로 경험하는 평범한 사실이라 할 수 있는 이 같은 언어의 다양성을 소쉬르가 강의의 출발점으로 삼은 이유는 무엇인가. 그것은 이 같은 다양성은 바로 언어활동의 정의와 직접적으로 관련된 사실로서 간주했기 때문이다. 특히, 언어의 일반적 문제는 언어들의 복수성으로부터 해결되어야 한다는 연구 수순의 절차를 생각했다는 점이다. 특히 소쉬르는 제3차 강의에서 언어의 일반적 문제를 지칭하기 위해서, 언어활동 개념을 언어(랑그) 개념으로 대체한다. langue는 langage와 달리 일련의 상이한 언어들, 언어들의 복수성을 지시한다는 점에서 그렇다. 소쉬르는 langage 대신 langue를 핵심 개념으로 제시하면서 제 언어들의 일반적 원칙을 접근할 수 있는 새로운 방식을 발견했다. 소쉬르는 모든 자연 언어들이 실현되기 이전의 바벨 탑 신화 이전에 존재했던 원형 언어를 하나의 환상이라고 잘라 말한다. 그 같은 환상을 경계하면서 그는 언어들의 복수성으로부터 출발하여 일반언어학을 정초하려 했다는 점에서 langue와 langage의 구별이 갖는 인식론적 의의는 엄청난 것이다. 현실적으로 존재하는 다양한 언어들에 대한 경험적 연구에 앞서 언어의 통일성을 미리 염두에 두는 철학의 언어 개념을 소쉬르는 전면적으로 부정한다.

"언어활동은 늘 하나의 언어를 수단으로 하여 발현된다. 언어가 없으면 언어활동은 존재하지 않는다."(CLG/E (I), 43쪽) 하지만 아쉽게도 이 같은 언어의 다양성에 대한 소쉬르의 강조를 통속본의 편집자들은 제4부의 맨 마지막 부분에 위치시킴으로써 공시언어학에 비해 덜 중요한 것으로 독자들에게 오인시키는 치명적 오류를 범했다고 말할 수 있다. 제3차 강의의 구조와 관련하여 가장 결정적인 이 같은 소쉬르의 인식론적 성찰을 바이와 세슈에가 참작하지 않은 이유는 아리송하다. 더구나 이들은 통속본의 서문에서 세 차례의 강의 가운데 제3차 강의에 준하여 소쉬르 강의의 종합을 시도했다는 것을 표방하고 있다는 점에서 의문은 더 깊어 간다.

23) matériel은 기호의 '물적인' 측면, 또는 '물질적' 측면을 말한다. 일본어 번역자의 주석에 따르면 이 단어는 물리적인 의미가 아니라, 개념과 대비했을 때, 감각 기능에서 얻을 수 있는 구체성을 가지고 있다는 의미로 '물적'인 성격을 나타내기 위해 사용되고 있다. 여기에서는 영어의 material의 의미 중 하나인 '감각적'이라고 번역하는 것이 이해하기 쉽지만, 다른 문맥에서는 적절하지 않다. 한편, 일본어 번역자는 '물질적'이라고 번역하면, 질량을 가지는 성질, 공간, 시간 안에 위치하고 크기, 모양, 질량, 운동의 가능성을 가진다는 구체성이 너무 높아, 비유로서 사용한다고 해도 원문의 의도와 약간 달라지기 때문에 비유적인 해석이 쉬운 '물적'이라는 표현을 사용할 것을 제안하고 있다.(『제3차 일반언어학 강의』, 동경대 출판부, 8쪽)

24) 휘트니와 소쉬르의 관계에 대해서는 적지 않은 연구가 이루어져 있다. 이미 마우로 교수는 소쉬르의 지성사를 서술하면서 그 관계의 의의를 설명했다.(De Mauro, 1972, 332~334, 360~361, 387~388쪽) 소쉬르가 라이프치히 대학교 시절 만난 미국인 언어

학자 휘트니는 소쉬르의 언어 이론에 지대한 영향을 미쳤다는 것이 통설이다. 1875년 출판된 『언어의 삶과 성장』이 대표적이다. 물론 고델은 그것은 하나의 추측에 불과하며, 휘트니의 저서가 독일 학계에서 크나큰 반향을 불러일으킨 것은 아니라고 반박하기도 했다. 휘트니(1827~1894)는 독일에서 산스크리트어 전문가로 유명했으며, 1850년 베를린에서 보프의 지도 아래 비교역사문법 실력을 쌓았다. 휘트니의 인도학 업적은 독일 학계에서 인정받아 1870년 베를린 아카데미가 수여하는 보프 상을 수상한다. 특히, 소쉬르가 라이프치히 대학교에 유학할 무렵 그의 저서 『산크리스트어 문법(*A Sanscrit Grammar, Including both the Classical Language, and Older Dialects of Veda and Brahmanna*)』(1879)이 출간되었다. 그리고 소쉬르의 당시 스승이었던 치머(Zimmer)가 그 책을 독일어로 번역했다. 소쉬르가 휘트니의 산스트리트 문법책을 읽었다는 증거는 그의 석사 논문에서 명시적으로 인용하고 있다는 사실에서 확인된다. 특히 그의 방법론적 독창성으로 인해 이 책은 독일 학계에서 적지 않은 반향을 불러일으켰다. 마우로 교수에 따르면 이 같은 성격이 공시태를 만든 이론가 소쉬르에서 벗어날 가능성이 없다는 것이다.(333쪽) 그렇다면 휘트니의 이론적 연구서들이 소쉬르에 영향력을 행사했다는 것을 실증적 사실로 수용해야 할 것인가라는 물음이 제기된다. 휘트니의 대표적인 언어학 저서는 다음과 같다.

- *Language and the Study of Language*(1867).
- *Life and Growth of Language*(London, 1875).
- *Language and Its Study with Special Reference to the Indoeuropean Familly of Language*(London, 1876).

이 가운데 두 번째 저서는 소쉬르의 스승 레스킨(August Leskin)이 독일어로 번역했다.(*Leben und Wachstum der Sprache*(Leipzig, 1876)) 이 같은 정황들을 종합해 평가해 본다면, 소쉬르의 스승들과 소쉬르 자신이 흠모했던 휘트니가 소쉬르의 언어 이론과 그의 성찰에서 무시되었을 리 만무하다는 것이 마우로 교수의 결론이다. 특히, 이미 소쉬르가 석사 논문을 준비할 때부터 언어에 대한 일반적 이론에 지대한 관심이 있었으며 이 같은 이론적 취향과 관심의 준거는 바로 정태언어학을 창조한 미국인 동양학자 휘트니라는 것이다.

25) 인류가 의사소통 도구로서 음성 언어를 택한 것은 완전한 우연의 산물이라는 휘트니의 테제는 앞서 언급한 그의 주요 저서에서 논의된 바 있다.(*Life and Growth of Language*, 291쪽; *Language and the study of language*, 421~423쪽) 휘트니의 이 가설에 대한 논의는 1894년 소쉬르가 작성한 휘트니 추모 논문의 필사본을 비롯하여, 제2차 강의에서 다시 다루어졌다.

몸짓 언어와 구두 언어 사이의 관계는 먼저 마르(Marr)에 의해 연대기적 연속의 관계로 파악되었으며, 이어서 지네켄(J. van Ginneken) 역시 그의 다음 저서에서 동의했다.(*La reconstruction typologique des langues archaïques de l'humanité*(La Haye, 1939)) 이 두 사람 모두 인간은 비교적 아주 최근(약 기원전 3500년 전)에 이를 때까지, 몸짓 신호와 시각 신호를 사용했다고 생각했다. 이 같은 테제는 선사 시대의 인간이 말하던 언어의 특징과 관련된 일체의 단언이 그런 것처럼 어떤 증거나 지표에 기초하지 않는다. 몸짓과 시각 커뮤니케이션은 청각-음성 커뮤니케이션만큼 풍부하게 분절된 것도 얼마든지 가능하다. 복잡한 의사 표현이 가능한 수화 언어에 대한 연구를 보면 이 점은 확인된다. 물론 몸짓-시각 신호들과 구두 음성 신호들 사이의 상보성에 대한 연구물도 다수 존재한다.

언어의 기원에 있어서 몸짓이 먼저 사용되었을 것이라는 가설이 최근의 연구에서 점차로

힘을 얻고 있다. 이에 대해 서술하면 다음과 같다. 언어는 인간 진화에서 갑자기 출현하지는 않았다. 말할 수 있는 인간 능력은 수많은 신경학적 해부적 요소들의 결합의 결과물이다. 수화 언어의 보편성과 일상에서 말할 때 몸짓이 동반되는 인간의 생득적 경향은 몸짓이 말에 선행했을 것이라는 추측을 하게 만든다. 물론 인간 언어의 특성 가운데 하나는 다른 커뮤니케이션 형식들과 언어를 구별시키는 것으로서 인간 언어의 무한한 생성 능력을 손꼽는 학자들도 다수이다. 동물의 커뮤니케이션이 정확한 맥락과 관련된, 늘 한정된 수의 신호들로 한계가 그어진 반면, 인간 언어의 문장들은 개념들이나 명제들을 무한한 수로 전달할 수 있다. 아울러 우리는 한 번도 사용해 보지 않은 단어들을 순간적으로 조합할 수 있다. 언어는 다른 곳 그리고 다른 순간에 일어났던 사건들을 상기하면서, 우리로 하여금 현재의 틀로부터 일탈할 수 있도록 해 준다. 우리는 언어를 예컨대 결코 일어나지도 않았으며 영원히 일어날 수 없는 사건들을 발명하기 위해서 사용한다. 이 같은 놀라운 신축성은 부분적으로는 문법이라는 인간적 발명 덕분에 가능하다. 문법은 우리가 원하는 한 매우 복잡한 문장들을 착상할 수 있도록 해 주는 귀환적 규칙들의 집합이다. 촘스키는 이 같은 능력을 보편 문법이라 명명하는데, 전적으로 인간만이 갖고 있으며 인간의 다른 언어들은 그 언어로부터 파생되었다는 것이다. 실제로 영장류 실험의 최근 결과를 보면, 침팬지들은 수많은 반복 훈련을 통해서, 기껏해야 유아 2세 정도의 수준을 넘지 못한 상태에서 두세 개의 단어를 조합하는 데 그쳤으며, 진정한 언어에 도달하지는 못했다. 따라서 문법은 인간 영장류와 다른 침팬지 사이에 존재하는 간극이 벌어진 이후에 출현했을 것이라는 추론을 합리적으로 상상해 볼 수 있다. 그렇다면 문법의 시기는 언제인가? 견해는 대체로 일치한다. 언어생물학의 권위자인 비커슨(Derek Bickerson)에 따르면 문법은 점증적으로 형성될 수 없었으며, 그것의 출현은 고립되고 우발적 사건이었다. 이 사건이 도래한 것은 인간 영장류의 진화에서 비교적 나중에 개입한 것으로서, 대략 호모 사피엔스가 15만 년 전에 아프리카에서 출현한 순간과 일치한다. 이것은 호모 사피엔스가 궁극적으로 다른 모든 인간 영장류들을 대치할 수 있었던 이유를 설명해 준다. 유럽에서 살았던 네안데르탈인, 남아시아에서 살았던 호모 에렉투스 등을 호모 사피엔스가 완전히 몰아낸 이유는 바로 그들만이 고도의 상징체계인 언어를 갖고 있었다는 가설을 신빙성 있게 만든다.

한편, 다른 화석의 발견에 기초한 생물학자 리버만(Philip Lieberman)은 영장류들이 발화에 필요한 발성 기구를 구비한 것은 진화의 역사에서 아주 최근에 발생했다는 주장을 펼친다. 아울러 3만 년 전에 사라진 네안데르탈인조차 분절을 하는 데 많은 어려움을 갖고 있었다는 주장을 내놓았다. 그는 인간이라는 종은 분절된 언어를 통해 다른 종들과 구별된다고 진술한다. 모든 언어들의 기원을 하나의 공통적 기원을 갖는 언어 속에서 그 흔적을 추적하려는 언어학자들에 관한 한, 그들은 암묵적으로 분절 언어는 비교적 최근에 출현했을 것이며, 호모 사피엔스 이전에는 결코 존재하지 않았을 것이라는 가정을 제시한다.

일단, 인간의 언어 구사 능력이 인류의 진화에서 비교적 최근에 발생했을 것이라는 가설을 수용할 수 있다. 하지만, 언어의 창발은 우리의 조상들에게서 다양한 소리 지르기, 이를테면 원숭이들이 내는 포식자에 대한 경계 소리, 또는 큰 원숭이들의 울부짖음과 유사한 소리 지르기의 존재에 의해서 오랜 준비 시간을 거쳤을 것이다. 그런데 촘스키에 따르면 인간 언어는 사고의 표현으로 한정되지 않으며 어떤 자극으로부터도 독립된다. 반면, 동물들 사이의 커뮤니케이션 시스템은 한정된 수의 신호들을 포함하고, 그 각각의 신호는 비언어적 차원과 결합된다. 영장류의 소리 지르기는 그 자체로 메시지들을 성립하는 반면, 인간에 의해 발설된 말들은 하나의 메시지를 창조하기 위해 독창적인 방식으로 조합된다. 그렇지만 태곳적 인간 조상들의 소리 지르기는 오늘날에도 인간들의 정서적 소리 지르기 속에 남아 있다. 이를테면 울음, 웃음, 웅얼거림 등이 그것이다.

그렇다면 인간 언어만큼 복잡한 표현 방식이 일종의 언어 '빅뱅'으로서 유일한 단 한 번의 사건이 발생했을 때 출현한 것인가? 그 같은 가설을 전적으로 수용하기는 어렵다. 『언어 본능』의 저자인 핑커(Steven Pinker)와 블룸(Paul Bloom)은 인간 언어는 자연 선택을 통해 점증적으로 진화했을 것으로 추측한다. 요컨대 인간 언어의 기원과 관련해서는 불연속성의 가설과 연속성의 가설이 팽팽히 줄다리기하고 있는 실정이다. 그런데 여기에서 또 다른 가설은 인간 언어는 점증적으로 창발했을 것이며 무엇보다 손으로 생산된 기호들의 형식 아래서 창발했을 것이라는 가설이다. 즉, 인간 언어는 인간 영장류의 진화에서 비교적 최근에 와서야 구두 언어적 성격을 띠게 되었을 것이라는 가설이다. 언어의 기원의 몸짓을 중시하는 이 같은 가설을 처음으로 제시한 사람은 17세기의 프랑스 철학자 콩디야크(Condillac)였으며 미국의 인류학자 휴스(Gordon W. Hewes)도 1970년대부터 몸짓 언어의 기원을 제시했다. 그렇지만 여러 이유들로 인해 몸짓 언어의 기원설은 언어학자들과 인류학자들에게서 우호적인 반응을 받지 못했다. 그 이유 중 하나는 인간의 직계 조상인 인간 영장류들이 말 대신 몸짓을 사용했다는 직접적 증거가 전혀 없기 때문이다. 먼저 영장류의 진화를 검토해 보자. 이것들은 주로 시각적 동물들이다. 원숭이들과 마찬가지로 인간들에게서, 시각은 청각과 더불어 모든 감각들 가운데 가장 발달했다. 더구나 인간을 제외하고, 영장류들의 손 몸짓은 주로 대뇌피질에 의해 제어되며, 정서를 표현하는 소리들로 한계가 그어진 구두 음성화는 피질 하부에 의해 제어된다. 최초의 인간 영장류들은 따라서 그들의 손들과 더불어 의도적인 커뮤니케이션에 보다 더 잘 적응되었다. 이것은 아울러 침팬지들에게 수화 언어를 교육시킬 경우 인간 언어와 유사한 분절 언어를 주입시키려는 시도들에서 보다 훨씬 양호한 결과들을 생산했다는 점에서도 입증된다. 예컨대 침팬지에 대한 실험과 훈련의 결과를 보면, 다양한 물체들 또는 행동들을 상징화하는 수백 개의 기호들을 학습한 반면, 고작 서너 개의 단어들을 분절하는 데 성공한 것이 고작이다. 인간 언어의 선구자적인 또 다른 능력은 이미 2500만 년에서 3000만 년 전에 다른 원숭이들과 공통적인 인간 조상들 가운데 하나의 종에서 출현했는데, 그것은 몸짓들의 상호성이다. 이탈리아 신경생물학자인 리졸라티(Giacomo Rizzolatti)는 원숭이들의 대뇌피질 지역에 소재한 특수한 뉴런들이 그들이 물건을 잡는 몸짓을 실현할 때 작동한다는 점을 주목했다. 더구나 이들 뉴런들 가운데 몇 개를 그들은 '거울 뉴런'이라 불렀는데, 이것들은 원숭이들이 동일한 몸짓을 실행하는 사람을 관찰할 때 작동한다. 언어의 프로그램화에 있어서 본질적인 인간 뇌의 브로카 지역과 동일한 기능을 갖는 것으로 보이는 원숭이들의 대뇌피질의 한 부분 속에 이 같은 뉴런들이 존재한다. 다음 문헌 참조.
S. Pinker, *L'Instinct du langage*(Odile Jacob, 1999); D. Bickerton, *Language and Human Behavior*(University of Washington Press: Seattle, 1995); P. Lieberman, *Eve Spoke: Human Language and Human Evolution*(W. W. Norton and Company, 1998); M. A. Arbib and G. Rizzolatti, *Communication and Cognition*, 29, 33, 1995.

26) 언어의 자연성의 문제로서 최근의 학제적 연구를 통해 계속 연구가 진행되고 있는 복잡한 문제이다. 선사학의 최근 연구 동향을 참조하면, Homo 장르의 출현을 원형 안트로푸스나 아르칸트로푸스의 출현과 결부시키고 있다. 오스트랄로피테쿠스는 인간 영장류의 선행 종(pré-hominidés)으로서 간주되었다.(André Leroi-Gourhan, *Les hommes de la*

*préhistoire*(Paris, 1955)) 그런데 1959년 레키(Leckey) 부부가 오스트랄로피테쿠스의 두개골을 발견했다. 이것은 곧 오스트랄로피테쿠스가 인간의 조상이라는 생각을 하게 만들었다. 도구와 언어는 신경학적으로 결합되어 있으며, 인류의 사회 구조 속에서 분리될 수 없기 때문에, 구두 언어의 가능성은 오스트랄로피테쿠스의 시대로까지 소급되었다. 즉 대략 100만 년 전의 일이다.(André Leroi-Gourhan, *Le geste et la parole, I: Technique et langage*(Paris, 1964), 163쪽) 그 같은 가능성은 구두 언어의 두뇌 중심부가 오스트랄로피테쿠스에게서 이미 발달되었다는 사실에 의해 확인된다. 언어 능력의 행사는 곧 태곳적으로 거슬러 올라가며, 그것의 연대기적 기원은 '호모'라는 장르의 기원과 일치한다. 하지만 수많은 동물학자와 동물행태학자들은 다른 동물들에게서도 상이한 상황들을 구별할 수 있는 능력을 갖고 있다는 실증적 연구를 계속해서 내놓았다. 요컨대 동물들 역시 시각적 모방, 비음성적-청각, 음성적-청취적 속성 등의 다양한 본질의 신호 부류들을 사용한다.

27) 통속본에서 기호학(sémiologie)이라는 명칭이 사용된 것과 달리, '기호학적 사실'이란 표현을 사용하고 있다는 점이 특이하다. 어쨌거나, 소쉬르는 1900년 이전에 이미 기호학이라는 새로운 학문을 염두에 두고 있었던 것이 확실하다. 그 결정적 증거는 그가 자신의 사촌 동생이며 학자였던 나빌에게 기호학에 대해 언급했다는 사실이다. 소쉬르가 사용한 sémiologie를 채택하여 가장 먼저 이론적으로 집약시킨 학자로는 보이상스(E. Buyssens, *Les langages et le discours. Essai de linguistique fonctionnelle dans le cadre de la sémiologie*(Bruxelles 1943, Spang-Hanssen, 1954), 103~105쪽)와 바르트(Roland Barthes, *Éléments de sémiologie*(Paris, 1964))를 손꼽을 수 있으며, 프리에토는 소쉬르의 기호학 이론을 신호 체계에 적용시켜 가장 진전된 연구 성과를 내놓았다.(Luis Prieto, *Les principes de noologie*, *La Haye 1964*(Messages et signaux: Paris, 1966)) 하지만 sémiologie라는 용어 대신 sémiotique를 사용하는 것이 현재는 보다 보편적이라 말할 수 있으며, 그레마스를 중심으로 형성된 파리 기호학파에서도 sémiotique를 채택했다. 세계 각국에서의 기호학의 발전 과정에 대한 참고 자료는 다음의 문헌이 유효하다. *Le champs sémiologique sous la direction de André Helbo*(Editions Complexes: Bruxelles, 1979).

28) 다른 기호 체계들 가운데 언어 기호 체계가 가장 중요한 이유는 자명하다. 다른 기호학적 체계들의 기능 작동의 구축과 제어는 인간에게 있어서 하나의 역사적 언어에 내재하기 때문이다. 더구나 역사적 언어와 비언어적 기호학적 체계들과의 차이는 전자가 인간의 모든 가능한 경험을 의미화시킬 수 있다는 데 있다. 즉 모든 기호 체계들은 언어라는 기호 체계의 매개를 통해서만 전달될 수 있다. 이 점을 벵베니스트의 기호유형론을 적용하면 보다 쉽게 이해될 수 있다. 그는 먼저 기호 체계는 1. 작용 방식 2. 유효 영역 3. 기호의 성질과 수 4. 기능 작용의 유형에 따라 특징지을 수 있다는 점을 제시한다. 예컨대 도로 교통 신호 등의 체계에서 그것의 작용 방식은 시각적이며, 일반적으로 그것은 낮에만 옥외에서 작용한다. 그것의 유효 영역은 차량들의 이동이다. 그것의 기호들은 녹색과 적색의 색채 구별, 따라서 이원적인 체계에 의해 구성된다. 그것의 기능 작용의 유형은 통행 개방/통행 정지를 의미하는 녹색과 적색의 교체 관계이다. 이어서 그는 기호 체계들 간의 관계를 세 가지 유형으로 분류한다. 1. 하나의 체계는 또 하나의 다른 체계를 생성할 수 있다. 일상 언어는 논리-수학적 형식화를 생성하고, 상용 문자 체계는 속기 체계를 생성하며 보통의 알파벳은 점자를 생성한다. 이것을 생성 관계(relation d'engendrement)라 명명한다. 2. 두 번째 유형의 관

계는 상동 관계(relation homologation)로서 두 기호 체계의 부분들 사이에 존재하는 상관관계를 말한다. 벵베니스트에 따르면 전자와 달리 이 관계는 확인되는 것이 아니라, 사람들이 두 개의 서로 다른 체계들 사이에서 발견하거나 수립하는 밀접한 관계에 의해 설정된다. 3. 세 번째는 해석 가능성의 관계(relation d'interprétance)로 명명된다. 이는 해석 체계와 피해석 체계 사이에서 성립되는 관계를 말한다. 언어는 모든 기호 체계의 해석 체계라는 원칙을 도입하고 있으며, 언어만이 원칙적으로 자신을 포함하여 모든 것을 범주화하고 해석할 수 있다.(E. Benveniste, *Problèmes de linguistique générale*, 2, 43~66쪽; 황경자 옮김, 『일반언어학의 제 문제』 II(민음사, 1992), 51~81쪽)

29) 소쉬르의 이 같은 선언에도 불구하고 문자는 기호학 분야에서 심층적인 연구의 대상을 형성하지 못한 것이 사실이다. 다행히 영국인 언어학자 해리스가 기호학의 관점에서 문자에 천착해 온 몇 안 되는 학자라 할 수 있다. Roy Harris, *La sémiologie de l'écriture*(Paris, CNRS, 1993, Signs of Writing, London/New York, Routledge, 1995) 그래픽 분야에서는 그래픽 기호학의 종합이라 할 수 있는 베르텡의 기념비적 저술을 손꼽을 수 있다. Jacques Bertin, *Sémiologie graphique*, Paris, Editions Gauthier-Villars, 1967; 4e édition, 2005, Editions de l'EHESS.

30) 언어와 다른 기호 체계들 사이의 관계를 연구하는 주제들을 생각해 볼 수 있다. 예컨대, 언어와 건축, 언어와 이미지, 언어와 정치 제도 등의 연구 분야가 가능할 것이다.

31) 프랑스어 단어 jeu는 놀이, 게임, 유희 등의 다양한 의미가 내포되어 있다. 이 문맥에서는 '작동'이라는 단어가 적절할 것으로 판단되었다. 참고로 영어 번역본에서는 operation으로 옮겨져 있다.

## 1부 여러 언어들

### 1장 언어의 지리적 다양성. 이 같은 다양성 속에서의 상이한 종들과 정도들

1) 앞의 옮긴이 주에서 잠시 시사한 것처럼, 소쉬르가 자신이 구상했던 언어학의 건축물을 세우면서 그 주춧돌에 부여한 우선 순서에 대한 최종적 개념화에서 제 언어들에 대한 논의가 제3차 강의에서는 제일 앞부분에 실려 있다는 점에 주목해야 한다. 통속본에서는 4부에 실려 있다. 소쉬르는 당시 일반언어학에 대한 지식이 전무한 초보 학생들을 놓고 강의하면서 누구보다 강의 및 교육 양상들에 대해 세심한 배려를 하고 있었다.(De Mauro, 1972, 336, 343~345, 354쪽) 이 같은 관점에서 출발해서 소쉬르는 마지막 강의인 3차 강의를 언어들의 형태들의 복수성과 다양성에 대한 논의로 개시하고 있다. 특히 시간과 공간 속에서 다양한 개별 언어들의 교착과 그것들의 변천, 외부의 역사적 사건들과의 관계들에 대한 연구로 시작하고 있다.(Godel, SM, 1957, 77~81, n. 97~110) 이처럼 구체적인 역사적 양상에 대한 비전에서 출발하여 독자와 학생은 언어적 현상들에 대한 일반적 차원에 대한 의식을 갖게 된다. 즉 소쉬르의 일반언어학 담론은 구체적 현상인 상이한 언어들로부터 총칭적 언어로 이동하는 순서를 채택했는데, 편집자에 의해 이 같은 소쉬르의 본래의 의지와 강의 순서가 존중되지 못하면서 본래 앞에 놓여야 할 소재가 마지막 4부와 5부로 이동되었다.(De Mauro, 1972, n. 291, 474쪽)

2) 지리적 공간 속에서 발생하는 언어적 변이(linguistic variation)의 문제를 제기하고 있다는 점에서 현대 언어지리학과 사회언어학, 언어인류학 등의 분야에 대해서 함의하는 바가 매우 크다. 구어에서 나타나는 공간적 변이에 대한 자료 축적은 언어 변화의 분석을 위한 참신한 가능성들을 열어 놓았다는 점에서 이 장의 내용을 숙독해야 한다. 그 같은 언어지리학적 자료 축적은 언어에 대한 내재적 외재적 요인들의 효과들에 대한 연구를 가능케 했으며, 새롭게 발굴된 지역적 분포를 생산한 과정들의 재구성을 가능케 했다. 이 장의 내용을 읽어 보면 소쉬르가 현대 언어지리학의 선구자라는 생각을 갖게 된다. 특히, 전통적인 방언학의 범주를 뛰어넘어, 언어 접촉, 언어학적 유형론과 지역적 유형론 등의 분야를 통섭하고 있다는 점에서 주목할 만하다. 언어 변이의 다양성에 대한 정치적, 사회적, 문화적 요인들로 이루어진 방대한 스펙트럼을 지적하면서, 언어와 공간의 관계에 대한 언어학적 사상을 전개하고 있다는 점에서도 이 같은 역자의 주장이 정당화될 수 있을 것이다.(언어와 공간의 관계에 대한 최근의 종합적 연구물을 소개한다. Peter Auer & Jürgen Erich Schmidt (ed.), *Language and Space: An International Handbook of Linguistic Variation, Theories and Methods*(De Gruyter Mouton, 2010)).

3) 여기에서 소쉬르는 언어의 지리적 조건을 언급하고 있다. 문제는 언어의 외재적 조건이라 할 수 있는 지리적 다양성이, 언어의 내적 체계를 연구하는 데 왜 중시되었느냐는 물음이다. 소쉬르는 언어(랑그)에 대한 정의를 내리면서 언어의 유기체, 언어의 체계 외부에 있는 것을 제외할 것을 전제로 한다는 진술을 여러 차례 내놓았다.(CLG/D, 40쪽; CLG/E (I), 59쪽) 이 같은 요구는 자명한 것으로 보이고, 마치 모든 것은 언어학의 내재적 영역과 외재적 영역 사이의 경계를 설정하려는 기획이 어떤 장애물도 없는 것처럼 진행된다. 언어를 '시스템'으로 정의하려면 엄밀하게 전제되는 구획의 경계 설정이 이루어져야 한다. 우리가 읽어왔던 통속본에는 내적 영역으로부터 벗어난 모든 사항들은 언어학의 외적 영역에 할당된다. 이를테면 민족학과 관련된 모든 지점들이나 한 언어의 역사, 인종, 문명의 역사 사이에 존재할 수 있는 관계들 역시 외적 영역에 할당된다. 그 밖에도 언어와 정치사 사이에 존재하는 관계, 언어와 다른 제도들 사이의 관계 역시 마찬가지이다. 그런데 소쉬르는 언어학의 내적 영역의 구획 설정과 관련하여 매우 세심한 관찰을 제시하면서 모종의 역설적 상황의 도래를 예감한다. "끝으로 제 언어들의 외연, 그리고 방언의 분화로 귀결되는 모든 것은 외재적 언어학에 속한다. 아마도 바로 이 지점에서 외재적 언어학과 내재적 언어학 사이의 구별은 가장 역설적으로 나타난다. 그만큼 지리적 현상은 모든 언어의 존재와 밀접하게 결합되어 있다. 그런데 실제로 그것은 개별 언어의 내재적 유기체에 영향을 미치지는 못한다."(CLG/E, 41쪽, CLG/E (I), 61~62쪽)

그런데 이상한 것은 3차 강의의 데갈리에 필기 노트를 보면, 한 단락에서 언어의 지리적 조건들을 언어학의 내재적 측면에 할당시킬 수 있는 가능성을 지적하고 있다. "제 언어들의 연구와 더불어, 우리는 외재적 측면을 고려하게 될 것이지만, 제 언어들의 역사에 대한 연구를 통해서 내재적인 것으로 고려할 것이다."(CLG/E (I), 435쪽, D 9, N. 2846)

바이와 세슈에가 제시한 통속본의 순서를 밟는다면, 제3차 강의의 구조는 소쉬르 쪽의 입장에서 보면 언어의 일반적 문제를 직면하려는 과제를 하나의 부담이나 제약으로 느껴져 회피하는 것이 될 것이다. 하지만 페르 교수의 해석을 따르면, 정반대가 참이다. 만약 소쉬르가 3차 일반언어학 강의에서 언어의 지리적 외연이라는 주제에 대해 중요한 자리를 부여한다면 그 이유는 바로 언어의 지리적 조건이 언어의 일반적 문제에 대한 소쉬르의 개념화를 위해서 본질적이었던 그 무엇인가를 발현하고 있었기 때문이다.(Fehr, 앞의 책, 70~76쪽) 요컨대 바이와 세슈에가 기존의 통속본에서 언어의 지리적 다양성을 책의 끝부분에 갖다 놓았다는 것은, 그들이 제 언어들의 상이한 지역적 차이들이 언어의 내적 유기체와 관련되지 않고, 본질적인 것이 아닌, 단지 외적이며, 부차적이고 무시해도 되는 것으로 판단했다는 증거가 된다.

4) 이민족을 차별해 부르는 그리스어 단어이며 복수형은 '바르바로이(βάρβαροι)'다.

5) 실제로 고대 그리스인들이 제기한 최초의 물음은 이름들의 기원과 관련된 것으로서 모든 이름들의 타당성과 관련된 물음이다. 언어의 기원과 기능 작동의 문제를 분리시키기 시작하는 순간, 단어들의 유의미성이라는 물음이 제기된다. 기원전 387년에 작성된 플라톤의 대화를 담은 『크라튈로스』(플라톤, 김인곤·이기백 옮김, 『크라튈로스』(정암학당, 2007))는 당시 흩어져 있던 언어에 대한 생각들을 체계적 성찰로 이동시키는 데 핵심적인 역할을 맡았다. 모든 문화에서처럼 태어난 아기에게 이름을 부여했는데, 이것은 오직 생명체만이 고유한 이름을 가질 수 있다는 그리스의 특징이다. 왜냐하면 이집트와 셈족은 생명이 없는 물체들도 이름을 가질 수 있었기 때문이다. 여기에서 중요한 술어는 ónoma(이름), títhêmi(부과하다, 설정하다), 그리고 인과율의 도식이다. 이름과 사물의 일치가 자연에 속하는 것인지, 아니면 사회 계약에 속하는 것인지에 대한 논의도 핵심 쟁점 가운데 하나였다. 하지한 소쉬르가 지적한 것처럼 고대 그리스의 언어 사상에는 방언에 대한 정교한 성찰을 찾아볼 수 없다.

6) 여기에서 언급된 두 개의 측면은 언어의 지리적 다양성을 연구하는 언어지리학 또는 방언학과, 문법 연구를 지시한다. 소쉬르는 고대 그리스인들이 왜, 문법을 중시 여긴 반면, 언어의 다양성에 대한 연구를 소홀히 했는가라는 물음을 예리하게 제기한다. 주지하다시피 고대 그리스에서 언어에 대한 포괄적인 학문은 세 개의 학술 분야로 수렴되는 변증술, 수사학, 문법으로서 중세 시대에는 기본 3학문(trivium)을 형성한다. 이 세 개의 기본 학문은 기원전 5세기인 소피스트들의 시대부터 형성되었다고 보는 것이 정설이다. 하지만 이미 기원전 8세기부터 고대 그리스인들은 언어에 대한 메타 언어적 언급을 남기고 있다. 그 같은 언급들은 전체적으로 두 가지 유형의 대상들로서, 하나는 말, 또는 담화로서 사람이 실제로 말하는 것으로 착상되며, 다른 한편은 개인의 고유명사로서 착상된 이름이다. 고대 그리스의 언어 사상의 선사 시대는 다음과 같은 두 개의 노선에 따라 이루어진 진화이다. 하나는 말에 대한 전반적 견해로부터 말의 분절들을 인식하고 그것에 대한 분석으로 이동한 것이며, 다른 하나는 고유명사 개념으로부터 낱말 개념으로 이동한 것으로서, 이 두 개의 노선은 궁극적으로는 담화가 낱말들, 즉 품사로 이루어져 있다는 생각 속에서 수렴된다. Pfeiffer Rudolf, *History of Classical Scholarship: vol. 1- From the Beginnings to the End of the Classical Age*(Oxford University Press, 1968), 제1장 section 4, 제3장 참조; Grune G. M. A., *The Greek and Roman critics*(London, 1965), 제3장 section 1.

7) 소쉬르에게 있어서 언어와 인종(race) 개념에 대해서는 다음 논문 참조. H. Ammann, "Kritische Würderdigung einiger Hauptgedanken von F. d. S. Grundfragen der Sprachwissenschaft'," *I. F.* 52, 1934, 261~281쪽. 통속본에서 소쉬르는 언어 유형과 사회 무리의 정신성 사이의 관계에 대한 절을 마련하고 있다.(S. Ulmann, *Descriptive Semantics and Linguistic Typology*, Word, 9, 1953, 225~240쪽) 예컨대, 하나의 언어가 한 민족의 심리적 성격을 반영한다는 통념에 대해 반박한다. 언어적 절차는 심리적 원인

들에 의해 반드시 결정되는 것은 아니기 때문이다.(310~312쪽) 음운 형태적 사실들에 대한 고려로부터 출발하여 한 민족의 정신 또는 천부성(génie)의 특징들에 대한 연역을 도출할 수 있다는 과도한 주장에 대해 반박하고 있는 것이다. 하지만 마우로 교수 역시 지적했듯이, 그렇다고 언어학이 언어가 역사적 생성 속에 놓여 있고, 일정하게 규정된 사회와 관계를 맺을 수밖에 없다는 사실을 무시해야 한다는 것을 의미하지 않는다. 자의성의 원칙을 인정한다는 것은, 표현 면과 내용 면에서 인간 언어의 조직화가 '자연적인' 음성 음향적인 구조 또는 심리적 존재론적 구조들을 재생하는 것을 배제한다. 언어 속의 모든 것은 기표와 기의 모두 오직 사회적 의사 수렴에만 기초한다. 그렇다면 언어와 인종 사이의 관계를 어떻게 보아야 할 것인가. 이 문제는 19세기 비교역사언어학과 20세기 초반기까지의 유럽의 언어학의 기층에 깔려 있는 인종차별주의라는 이데올로기적 함의와 복잡하게 관련된 문제이다. 다시 말해 인도유럽어라는 근대 언어학의 패러다임과 20세기 초반의 민족주의 이데올로기가 연루되어 있는 중요한 사안이다. 먼저 인도유럽어 연구는 심층 구조로 들어가면, 상당 부분 기원의 문제로 귀환하고 원시 민족 또는 태초의 인종을 발견하여, 기원적 언어를 복원하려는 몸짓에 기초하고 있다. 그것은 본질적으로 계보학적 인간이 머금고 있는 위대한 꿈의 양상을 띠고 있다. 이런 의미에서 인도유럽어라는 개념은 당시 민족적 우월주의와 인종차별주의를 갖고 있던 정치적 성향의 사람들에게는 매우 유혹적이었으며, 근대 유럽의 언어 사상 및 정치 사상의 '에피스테메'에서 큰 반향을 불러일으켰다. 하지만 최근 수십 년 동안 적지 않은 언어학자들과 문헌학들, 사상사 전공자들은 인도유럽어라는 개념을 에워싸고 있는 환상의 베일을 벗기기 시작했다. 그들에 따르면 인도유럽어는 하나의 언어도, 하나의 민족도 아니며, 더구나 하나의 인종은 더더욱 아니다. 그것은 비교주의에 입각했던 언어학자들에 의해 건설된 작업 가설에 불과하거니와, 이들은 인도 아리안족 언어들 또는 인도 이란어족 언어들 사이에서 친족성을 판별했다. 이 같은 가설적 본질에도 불구하고, 아무런 유보 조건 없이 인도 유럽 민족이라는 테제를 확고부동한 것으로 지지하는 언어학자들이 존재한다. 태곳적 민족을 복원하려는 이 같은 꿈은 민족주의와 인종적 순수성과 같은 주제들과 상관 관계를 갖고 있다.(Léon Poliakov, *Le Mythe aryen, Essai sur les sources du racisme et des nationalismes*(Paris: Calman-Lévy, 1971)) 그런데 보다 심각한 것은 민족과 인종에 대한 혼란이 부지불식간에 발생했다는 것이다. 이 점을 폴리아코프는 예리하게 다음과 같이 밝혀내고 있다. "그 결과, 천년의 거리를 두고, '언어'라는 차원에서 원초적으로 표현된 공동체적 감정이 '인종' 차원에서 정식화되고 말았는데, 마치 이것은 언어와 인종이라는 두 개의 용어가 서로 교환될 수 있고, 동일한 심층적인 심리적 현실을 포괄하는 것처럼 간주된 형국이었다."(1971, 114~115쪽) 그는 방법론 차원에서도 언어학이 인류학에 행사한 거의 폭군적 지배력을 주목했다. 프랑스의 언어철학자이면서 언어사상가인 오루 교수 역시 폴리아코프의 견해에 동조하면서 비교역사언어학자들이 언어적 인종차별주의라고 부를 수 있는 것의 토대를 마련했다고 지적했다.("Le comparatisme en linguistique," dans Isabelle Poutrin (éd.), *Le XIXe siècle: science, politique et tradition*(Paris: Berger-Levrault, 1995)) 바로 이 같은 맥락에서 픽테에서 히틀러에 이르는 독일 낭만주의 사상가들로부터 형성된 언어 인종주의의 상호 텍스트성이 제기된다. 언어 인종주의의 이 같은 계보학에서 아리안족의 신체적 우월성은 브로카(Paul Broca)가 수립한 신체인류학의 실증적 연구 결과에 의해 지지되었으며 브로카는 아리아 인종의 이론에 대한 인도유럽어 언어학의 기여를 핵심적인 것으로 인정했다.(Iziodoro, "Linguistique, indo-européen et racisme," *Cahiers internationaux sur le témoignage audiovisuel*, 8, 85~96쪽) 하지만 이 같은 지나친 일반화는 근거가 별로 없다. 왜냐하면 19세기의 언어학자들 가운데, 소쉬르의 스승이었던 브레알과 그의 동시대 비교 언어학자였던 앙리(Victor Henry)는 언어들과 인종들의 관계를 언어학의 영역 외부에 갖다 놓았으며, 언어들의 친족성으로부터 인종들의 친족성을 결론짓는 것을 거부했기 때문이다.(cf. Piet Desmet, "Abel Hovelaque et l'école de linguistique naturaliste: l'inégalité des langues permet-elle de conclure à l'inégalité des races?," *HEL* 29-2, 41~59쪽)

물론 여기에서 유럽어에서 'race'라는 단어가 갖는 의미론적 다의성과 복잡성에 대한 언급을 지적해야 한다. 예컨대 인종, 민족(국가), 언어 사이에 존재하는 관계들에 대한 르낭(Joseph Renan)의 입장은 중의적이다. 그가 신체적 인종, 문화적 인종, 언어적 인종을 구별하고 있기 때문이다. 예컨대, 르낭이 다루었던 셈 인종과 아리안 인종은 신체적 차원에서의 인종이 아니라 언어적 차원에서 말하는 인종이다.

이 같은 복잡한 역사적 맥락에서, 소쉬르의 해결책은 세련되며 효과적이다. 소쉬르에게 민족성(ethnisme)이란 종교와 문화를 통해서뿐 아니라, 하나의 공통적 언어를 통해서 표현되는 집단적 의식이다. 반면, "인종은 그 자체로는 부차적 요인에 불과하며 언어 공동체의 결코 필연적인 요인이 아니다. 반면, 훨씬 더 중요한 또 다른 단위가 존재하며, 그것만이 본질적인데, 그것은 바로 사회적 관계에 의해 성립된 단위로서 우리는 그것을 민족성이라 부른다. 민족성은 인종이 서로 다르고 정치적 유대가 전혀 없는 민족들 사이에서조차도 이루어질 수 있는 종교, 문명, 공동 방위의 복합적 관계에 근거를 두는 단일성을 의미한다."(CLG, 305쪽; 최승언 옮김, 『일반언어학 강의』, 313쪽)이 문제는 역자의 다음 논문에서 부분적으로 다루어진 바 있다.(KIM Sungdo, "La race, la nation, la langue: une archéologie et une politique de la grammaire nationale de Damourette et Pichon," in *De la grammaire à l'inconscient*, textes réunis par Michel Arrivé et alii., Limoges, Lambert-Lucas, 2010, 123~131쪽)

8) 이탈리아 볼로냐 태생의 언어학자로서 19세기 중반기에 태어나 20세기 초까지(1866~1929) 언어의 기원과 방언학, 문헌학 등에서 다수의 연구 업적을 남겼으며 이탈리아 한림원 회원이었다. 그는 세계의 모든 언어들이 단일한 조상 언어로부터 파생되었다는 단일발생론을 옹호한 것으로 유명하다.

9) 실제로 트롬베티는 전 세계 언어들의 어휘적 문법적 어근들을 비교하는 작업을 시도했다. 하지만 그가 제시한 결론들 가운데 일부분은 그릇된 것으로 판명 났으나, 일부 결론들은 다른 연구자들에 의해 사실로 확인되었다.(트롬베티의 지적 전기 및 언어학사적 중요성에 대해서는 다음 문헌 참조. Jonathan Morris, "A Trombetti Documentary," *Mother Tongue 10*, 2006, 86~109쪽)

트롬베티는 세계에 존재하는 언어들의 공통적 조상은 대략 10만 년에서 20만 년 전으로 계산했다.(*Elementi di glottologia*, vol. 1(Bologna, 1922), 315쪽) 하지만 단일발생론은 19세기와 20세기의 언어학자들에 의해서 반박당했는데, 인간 종들과 그들의 언어들의 다원발생(polygenesis)의 원리가 부상하면서 학계에서는 힘을 잃어 갔다. 소쉬르는 물론 트롬베티의 단일발생성을 약화시키는 데 일조한 것으로 판단된다. 하지만 단일발생설에 대한 연구는 중단되지 않았으며, 20세기 미국에서 단일발생론을 지지한 선구자로서 모리스 스와데시(Morris Swadeshi)를 손꼽을 수 있는데 그는 언어들과 어휘통계학 그리고 언어 연대기 사이에 존재하는 심층적 관련성을 탐구하는 중요한 방법들을 개발해 냈다. 20세기 중반기에 접어들면서 현대 언어 유형론의 설립자인 그린버그(Greenberg)는 세계의 언어들에 대한 일련의 대규모의 분류 계통을 생산했으며, 상당 부분은 논쟁의 대상이 되었다. 그린버그는 비록 단일 발생에 대한 명시적 주장을 펼치지는 않았으나, 자신의 연구 목적을 단일한 어족의 포괄적 분류 체계를 세우는 것으로 설정했다는 점에서 그의 작업은 단일 발생에 기초하고 있다. 정확한 이탈리아 원본 서지는 다음과 같다.

Alfredo Trombetti, *L'unità d'origine del linguaggio*: (Ristampa fotostatica) *Con presentazione e nota biografica e bibliografica*(Libreria Treves di Luigi Beltrami, 1905), 239쪽.

10) 이 같은 진술을 이해하기 위해서는 비교언어학의 방법론에 대한 전체적 이해가 필요하다. 비교언어학의 기본적인 테크닉은 두 개 이상의 언어들에 대해 음운 체계, 형태론 체계, 문법과 어휘부를 구체적 비교 방법 및 기술을 사용하면서 비교하는 데 있다. 원칙적으로 두 개의 관련된 언어들 사이에 존재하는 모든 차이는 매우 높은 개연성으로 설명될 수 있으며, 이를테면 음운 체계나 형태론 체계의 변화는 매우 높은 수준의 규칙성을 보여 준다. 실제로 비교는 어휘부로 국한될 수도 있다. 몇몇 방법에서는 태곳적 시절의 원형 언어를 재구하는 것도 가능하다. 비교 방법에 의해 재구된 원형 언어들이 가설적이라 해도 재구는 예측력을 갖는다.

언어학사에서 가장 주목할 만한 예는 다름 아닌 소쉬르가 약관 21세에 제출한 석사 논문에서 제시한 후두음 이론으로서 인도유럽어족의 자음 체계가 후두음을 포함한다는 가설을 제시한 것이다. 그 같은 가설은 히타이트 언어의 발견을 통해 사실로 입증되었다. 그런데 문제는 두세 개의 언어가 아니라, 비교의 대상을 수백, 수천 개의 언어로 확대하면서 고려해야 할 공간적 지리적 변수가 무한급수로 팽창하는 것과 더불어 시간적 간극에서도 수만 년 전으로 거슬러 올라가는 경우를 소쉬르는 염두에 두고 있는 것이다.

예컨대, 언어들이 시간적으로 매우 동떨어진 조상으로부터 파생되었을 때, 아울러 더 멀리 공간적으로 동떨어진 상태로 관계를 맺고 있을 때, 비교 방법은 사실상 사용할 수가 없다. 특히 비교 방법을 통해 두 개의 재구된 원형 언어들을 관계 지으려는 시도를 하면서 광범위한 학문적 동의를 얻을 수 있는 객관적인 결과를 산출하는 경우가 거의 없다는 것은 최근의 비교언어학에서 정설로 받아들여진다. 이 같은 한계를 극복하기 위해서 어휘의 통계 분석에 기초한 몇몇 방법들이 개발되었다. 이를테면 어휘통계학과 대량 비교(mass comparison)가 그것으로서, 첫 번째 것은 비교 방법과 같은 어휘적 동계어들을 사용하며 두 번째 것은 오직 어휘적 유사성을 사용한다. 20세기에 미국의 언어학자 모리스 스와데시(Morris Swadesh)는 어휘 통계학 방법을 개발했는데, 비교되는 언어들에서 동계어(음성적 유사성에 기초한)로 가정되는 100여 개의 어휘 항목을 사용했으며, 거리 척도는 언어쌍의 검토에 의해 파생된다. 그리고 그 같은 어휘 통계학의 부산물로서 어휘 연대기(glottochronology)가 제시되었는데 그것은 두 개의 언어가 분리되었을 때, 문화적으로 독립된 단어들의 핵심 어휘에 대해서 수학적 공식을 제안한 방법이다. 하지만 언어적 재구에 사용될 수 있는 수학적 방법에 대한 소쉬르의 회의를 사실로 입증하듯, 이 같은 어휘 연대표는 너무나 많은 문제점을 노출하면서 오늘날에는 거의 사용되지 않고 있다. 물론 언어 데이터로부터 수행할 수 있는 계산 비율이 비약적으로 제고되었으나, 어휘적 증거에 기초하여 제언어들이 분열되는 시점을 수학적으로 계산할 수 있는 수단은 지금까지도 신뢰할 만한 수준에 이르지 못했다는 점에서, 소쉬르의 진술은 가치가 있다. 비교언어학 및 역사언어학에서 계통적 분류의 다양한 방법들에 대해서는 다음 문헌을 참조할 것. Lyle Campbell, *Historical Linguistics: An Introduction*(2nd ed.)(Cambridge: The MIT Press, 2004; J. H. Greenberg, *The methods and purposes of linguistic genetic classification*(Language and Linguistics, 2001), 2: 111~135쪽.

**2장 지리적 다양성의 사실을 복잡하게 만들 수 있는 상이한 사실들에 대하여**

1) 언어는 특정 영토에 정박하고 있다. 돌려 말하면 정치적 실천에 의해 매개되는 지리적 공간에 뿌리를 내리고 있다. 문화적 논리의 많은 형식들은 정치적 주장을 언어, 영토와 결부시키고 있다. 이 같은 주장들 가운데 가장 널리 퍼진 것은 민족 국가의 테제로서, 언어적 통일성이 바탕이다. 이 같은 헤게모니적 형식 속에서, 화자들은 자신들의 언어 능력 덕분에 민족 국가의 진정한 구성원으로 간주된다. 민족 국가는 영토에 걸쳐 나뉘어 있으며 이때 영토는 정치적으로 국가로 조직화된다. 한 국가가 채택하는 정치 체제가 무엇이건, 국가와 정치 체제의 결부는 문자 언어의 전통과 더불어 표준화된 언어의 매개를 통해 설정된다. 단일 언어주의의 규범과 언어적 동질성의 가정은 바로 그 같은 민족 국가 수립의 근간이다.

언어 지도는 비완결성에도 불구하고 많은 사람들의 신뢰를 받는데 그 이유는 많은 사회적 제도들이 그 같은 지도에서 보여 주는 사회 언어적 재현을 지지하기 때문이다. 러시아의 비평가 바흐친(Mikhail Bakhtin)이 주장한 것처럼, 헤테로글로시아(heteroglossia, 다채로움의 다양성, 스타일, 억양, 어투 등의 증식)은 도처에 존재하며, 언어적 삶의 평범한 조건이다. 중심적·표준화적 과정들은 국가와 관련된 제도 기관들에 의한 능동적 구성을 요구한다. 물론 활자 자본주의는 표준화된 철자법으로 기록된 책과 신문을 유포시키고, 그것들을 대중이 읽도록 장려하는 데 결정적이었다. 아울러 중앙집권화된 학교 교육 체계와 교과 과정, 통일된 노동 시장, 사전, 문법, 문학을 창조한 언어 정책자들, 언어학자들, 교사들과 시인들의 역할도 결정적이다. 표준화된 텍스트들의 집성은 이 같은 과정에 있어서 필수불가결하다. 하지만 표준화는 그 자체로 자연스럽게 발생한 것이 아니며, 자본주의 시장의 마술에 의해 발생한 것도 아니다. 아울러 표준어의 이데올로기는 화자들로 하여금 어떻게 언어를 사용하는가에 대해서 지대한 영향력을 행사하며, 발화에 대한 이상적 모델을 수용하게 만들었다.

표준어가 언어적 엠블럼으로서의 민족 국가와 결속되기 때문에, 표준 이데올로기는 표준어가 국가 영토에 고르게 분배될 것이라는 기대를 만들어 낸다. 이 같은 상식적 생각과 달리, 표준화는 하나의 국가 안에서 언어적 비획일성을 만들어 내기도 한다. 표준어의 창조는 필연적으로 기존의 다양한 언어적 변이들 사이에서의 관계를 새롭게 축조하는데, 이때 모든 형식들은 판단과 감시의 획일화된 장 속으로 편입시키게 된다. 언어와 정치적 공간의 관계에 대한 보다 상세한 논의는 다음 문헌 참조.
Peter Auer & Jürgen Erich Schmidt (ed.), *Language and Space: An International Handbook of Linguistic Variation, Theories and Methods*(De Gruyter Mouton), 33~50쪽.

2) 트란스발은 오늘날의 남아프리카의 동북 지역에 위치한 지역으로 여러 곳을 지칭할 수 있다. 먼저 발(Vaal) 강 상류에서 19세기에 성립된 보어(boer)공화국, 즉 남아프리카공화국

을 가리킬 수도 있으며, 영국 통치령의 트란스발 식민지(1902~1910)를 지칭할 수도 있고, 1910년부터 1994년 사이에는 남아프리카 연합을 이루는 4개의 지방 가운데 하나를 지칭한다. 트란스발의 면적은 26만 제곱킬로미터이고 1994년 인구수는 약 1100만 명이며 트란스발의 남아프리카공화국의 수도는 프리토리아로서 1910년 남아프리카의 수도가 되었다.

3) 포스나니 지방(독일어로는 Provinz Posen)은 프러시아 왕국의 옛 지방으로서 수도는 포즈난(Poznan)이었다. 1848년에는 포즈난의 대백작의 프러시아 봉토로 편입된다. 인구 대다수는 폴란드인들이지만 독일어를 사용하는 소수의 사람들이 서쪽과 북쪽에 살고 있다. 폴란드에서 상대적으로 부유한 지역으로서, 폴란드 민족의 요람으로서 간주된다. 1918년 통일 폴란드에 대부분의 중요 지역이 통합되었으나 폴란드에 귀속되지 않은 서프러시아의 영토들은 대부분 게르만어 사용자들로 이루어진 포스나니의 새로운 지방을 이루었다.(영어판 위키피디아 참조)

4) 라틴어로는 Transilvania로서, '숲을 넘어서' 있는 나라를 의미한다. 고원과 계곡으로 이루어진 루마니아의 지역으로서, 우크라이나, 헝가리, 세르비아와 맞대고 있는 접경 지역으로서 아푸네시 산악이 이곳의 중앙 평원과 외부 지역을 분리한다. 가장 중요한 도시는 클루즈(Cluj), 브라쇼브(Braşov), 시비우(Sibiu), 터르구무레슈(Târgu Mureş)를 손꼽을 수 있다.

5) 도나우 강 하류와 흑해 사이에 위치한 지역으로, 북부는 루마니아 영토, 서부는 불가리아 영토이다.

6) 오스크어는 오늘날에는 사라진 사벨리크 무리(groupe sabellique)의 인도유럽어족의 한 언어로서 라틴어와 공통적인 문법적 구조를 공유한다는 점에서 라틴어의 사촌 언어로 간주된다. 오스크 언어가 사용된 지대는 오늘날의 칼라브르(Calabre)를 제외한, 이탈리아의 거의 모든 남부 지역에 해당되며 아드리아 연안까지 올라간다.

인도유럽인들의 이탈리아 반도 정착은 두 개의 큰 물결로 나누어 진행되었다. 첫 번째 이주 물결은 기원전 2000년 전으로 소급되며, 두 번째 물결은 기원전 1000년으로 소급된다. 첫 번째 이주 물결은 언어학적으로 라틴어-팔리스크어(falisque)-시큘어(Sicule)로 이루어지는 고대 이탈리아어의 하위 무리에 속하며 두 번째 이주 물결은 오스크어-움브리아어의 무리에 속하며, 이 점은 오스크어와 라틴어 사이에서 목격되는 거리를 설명해 준다.

오스크어의 형성 과정에 대해서는 알려진 정보가 거의 없으나, 이 언어는 기원전 1세기부터 거의 사용되지 않은 것으로 추정한다. 라틴어가 이탈리아 전역을 지배하면서 오스크어에 대한 흔적을 더 이상 찾아볼 수 없게 되었다. 오스크어의 문자로 기록된 최초의 흔적들은 기원전 4세기로 거슬러 올라간다. 어휘 차원에서, 몇몇 단어들은 라틴어로부터 쉽게 파악된다.(예컨대, 시민을 뜻하는 오스크어 단어는 cevs이며 이것은 라틴어 단어로는 civis이다.) 하지만 상당수 단어들은 오스크어에 고유한 것이며 십중팔구 비인도 유럽어족의 기층에서 온 것으로 추정된다.(예컨대, 사원을 뜻하는 오스크어 단어는 caila인 반면, 라틴어로는 templum이다.)

오스크어 문자

다른 고대 이탈리아어 계통의 언어들에 비교해서, 오스크어로 적힌 많은 문헌들은 저 유명한 시푸스 아벨라누스(Cippus Abellanus)와 타불라 반티나(Tabula Bantina)를 통해 전해진다. 오스크인들은 그리스 알파벳에서 영감을 받아 만들어진 에트루리아 알파벳의 영향을 받아 만들어진 알파벳을 사용했다. 오스크어는 라틴어 다음으로 가장 잘 알려진 고대 이탈리아어라고 말할 수 있는데 그 이유는 로마가 나중에 이 지역을 지배했기 때문이다.(프랑스어판 위키피디아 참조)

7) 현재 이탈리아 남부에 있었던 고대 도시. 기원전 4세기 이래의 도시로서 79년에 베수비오 화산 대폭발로 매몰되었다. 18세기 이래의 발굴로 미술 공예품이나 비석이 발견되고 있다.

8) 에게 해에 위치한 그리스 영토의 섬.

9) 그리스어와 라틴어와 달리 이탈리아 반도에서 존재했던 문화 가운데 세 번째로 큰 규모의 언어인 에트루리아어에서는 그 어떤 위대한 문학 작품도 살아남지 않았다. 에트루리아 종교 문학이 남아 있을 뿐이다.

일반적으로 언어학자들은 에트루리아어가 고립된 경우를 구성한다고 간주한다. 산발적으로 목격된 몇몇 사어들을 예외로 한다면, 에트루리아 언어를 어떤 하나의 살아 있는 또는 사어와 결부시킬 수 있는 결정적 증거가 없다. 알프스 산악 지방에서 발견된 라이티아어(langue rhétique)는 발견된 몇몇 비문들을 근거로 판단해 본다면 에트루리아어와 친족 관계를 이루고 있음이 분명하다. 그 밖에도 몇몇 언어들이 에트루리아어와 친족 관계를 형성할 것으로 추정할 수 있으나 증거가 빈약하다.

에트루리아어는 로마 제국 시기에 더 이상 말해지지 않았으며 사제들에 의해서만 연구되었을 뿐이다. 로마 황제 클로디우스(Publius Clodius, 기원전 93?~기원전 52)는 총 20권으로 된 『에트루리아인들의 역사』를 기록했으나 유실되어 오늘날에는 전해지지 않는다. 에트루리아어는 로마 제국 말기까지 종교적 맥락에서 계속 사용되었으며 언어 사용의 마지막 언급은 410년 비지코크족의 우두머리인 알라리크(Alaric)에 의한 로마 침략과 결부된다. 이때 에트루리아 사제들은 야만인들에 맞서 싸울 것을 촉구받는다.

에트루리아어로 기록된 약 10만 점 이상의 비문들의 자료가 현재까지 존재하고 있으며, 매년 새로운 비문들이 발견되고 있다. 비문들 대부분은 짧은 장례 비문들로서 주로 무덤에서 발견되었거나, 성소에서 성물들 위에 새겨진 글들이다. 그 밖에 청동 거울에 새겨진 비문들도 존재하며, 신화의 인물들을 지칭하거나 예술가의 이름을 새겨 넣었다. 끝으로, 도기에 새겨진 낙서들이 존재하는데, 그 기능을 알 수 없으나, 소유자의 이름, 숫자를 지칭하거나, 숫자, 비알파벳 기호들을 지칭하는 것으로 추정된다. 에트루리아어 알파벳의 기원은 의심의 여지가 없다. 최초의 알파벳은 고대 근동 지방의 셈족이 발명했으며, 에트루리아인들은 이탈리아 반도에 진출했던 그리스인들에게서 알파벳을 습득하여 로마인들에게 보다 정교한 알파벳을 전달했다. 에트루리아 알파벳은 태곳적 시기인 기원전 5세기에 북부 이탈리아로 확산되었으며 게르만족이 사용하던 룬 문자 역시 에트루리아 지방의 알파벳으로부터 파생된 것으로 추정된다.(영어판 위키피디아, 프랑스어판 위키피디아 참조)

10) 셈어족은 크게 두 개의 무리로 나뉜다. 동쪽의 셈어족은 오직 하나만의 언어를 포함하고 있는데 메소포타미아 지방에서 발견된 설형 문자로 적힌 비문들 덕분에 알려진 아카디아어이다. 이 언어는 수메르어를 대체한 언어로서 아카디아어로 작성된 고대 문헌들 가운데 가장 유명한 것은 길가메시 서사시이다. 이 언어에서 두 개의 방언이 나오는데 메소포타미아 북부 지방에서 사용되던 아시리아어와 남쪽 지방에서 사용되는 바빌로니아어이다. 동쪽 셈어와 서쪽 셈어의 주된 차이는 동사 체계에 있다. 실제로 서쪽 셈어에서는 미래를 표현하기 위해 접두사를 사용하고 과거를 표현하기 위해 접미사를 사용한다. 또한 서쪽 셈어는 정관사와 알파벳을 사용했다. 서쪽의 셈어에는 4개의 하위 무리가 속한다. 그중 하나인 우가리트어는 가

나안어에 앞서 고대 도시 우가리트, 즉 페니키아 연안 북쪽에서 출현했다.

가나안 언어들에는 페니키아어와 카르타고에서 사용되던 퓌니크어, 히브리어, 아울러 요르단 강의 좌변에서 사용되던 아모니트어, 모아비트어 등이 포함된다. 페니키아어와 퓌니크어는 지중해 지역에서 5세기까지 사용되었으며 성 아우구스티누스는 이 언어에 친숙했다. 처음에는 이 모든 언어가 페니키아 알파벳의 도움을 빌려 기록되었으나 가나안 언어들은 아르메니아어에 의해 대체되었다.

학자들에 따라 카르타고의 페니키아어를 페니키아어의 한 방언으로 보는 시각도 있다. 카르타고에서 주로 사용되던 이 언어는 아프리카 연안에 있는 페니키아의 정착지들에서 번창했는데 카르타고는 아프리카의 역사적 도시이다. 카르타고의 페니키아어 비문은 소수가 남아 있으나 거의 해독 불능 상태이다. 플로티니우스가 쓴 『파에눌루스(*Paenulus*)』에는 10편의 시로 된 독백과 문장들이 남아 있다. 하지만 로마 알파벳이 카르타고의 페니키아어의 단어들을 정확히 전사했는지는 확실치 않다.

현재 알 수 있는 것은 확실하게 해독한 단어들로부터 페니키아어와 친족성을 이루고 있다는 사실이다. 앞에서 언급했듯이 카르타고의 페니키아어는 북아프리카에서 성 히에로니무스와 성 아우구스티누스 시절에도 여전히 말해지고 있었다.(영어판 위키피디아 참조)

11) 누미드 왕국은 북아프리카의 고대 왕국 가운데 하나이다. 누미디아어는 누미드 종족의 사용 언어를 말한다. 오늘날의 튀니지의 베르베르 종족을 누미드인들로 간주한다. 누미드인들은 마그레브의 서쪽 지방을 점유하고, 모르족(Maures)은 서쪽 지방을, 그리고 게튈족(Gétules)은 사하라 접경을 점유했다. 기원전 3세기 전까지 그들은 유목민으로 살았다. 고대 그리스의 역사가 헤로도토스의 증언에 따르면 페니키아인들과 상업 교류를 통해 카르타고의 페니키아어와 문화를 받아들였으며, 농업술과 올리브 제작 기술을 배웠다.(프랑스어판 위키피디아 참조)

12) 코이네. 헬레니즘 시대의 표준 그리스어를 말한다.

## 3장 언어의 지리적 다양성과 그 원인들

1) 고대 고지(高地) 독일어로 '주다'를 의미하는 동사의 활용형이다.

2) fenna는 라틴어, femme는 프랑스어로서 모두 '아내' 또는 '여성'을 의미한다.

3) cantus, chant는 각각 라틴어와 프랑스어로 '노래하다', carrus, char는 '운반차'를 의미한다.

4) 북프랑스의 옛날 주(州) 이름으로 벨기에 서남부와 접하는 지역을 가리킨다.

5) 각각 '소'를 뜻하는 라틴어 단어와 피카르디 방언이다.

6) '난간' 또는 '농'을 뜻한다.

7) rescapés는 '생존자'를 뜻하며 쿠리에르의 재앙은 1906년 3월 10일 북프랑스의 쿠리에르 탄갱에서 폭발 사고가 일어나 희생자가 100명을 넘은 사건이다.

8) 두벤은 프랑스와 스위스의 접경 지대에 위치한 오트 사부아 지방의 프랑스령 소도시로 론 강과 알프스 유역에 있으며 2006년 현재 인구는 약 4160명이다.

9) 프랑스와 이탈리아에 인접한 스위스의 마을.

10) 스위스와 가까운 프랑스 영토의 산 이름이며 스위스의 제네바에 인접하고 제네바 시민

들에게 상징적인 산이다.

11) 폴 메예(1840~1917)는 프랑스 사서들을 양성하는 최고의 영재들이 모이는 에콜 드 사르트르에서 중세 언어를 공부했으며, 프랑스어의 최고 권위자 가운데 한 명이었고, 가스통 파리(Gaston Paris)와 더불어 근대 프랑스 문헌학의 설립자로 인정받는다. 파리와 함께 1872년 《리뷰 크리티크(*Revue critique*)》를 창간했으며, 1878년에는 로마 연구 분야에서 지대한 영향과 국제적 명성을 누리게 해 준 학술지 《로마니아(*Romania*)》를 창간했다.

12) 쥘 질리에롱(1854~1926)은 스위스 출신 프랑스의 언어학자이며 현대 방언학의 토대를 마련한 기념비적 인물이다. 1880년대 그가 처음 제작한 지도는 『론 강 남쪽 발레 로망의 발음 소지도(*Petit Atlas phonétique du Valais roman sud du Rhône*)』(Paris: Champion)로 알려져 있다. 그는 남쪽 론 강 계곡을 따라 자전거 여행을 하면서 직접 필요한 자료를 수집했는데, 이 지역은 스위스, 이탈리아, 사부아 지방의 접경 지역으로서 로망어의 다양한 형태들이 구사되었다. 구두 언어의 전사는 음성적으로 세밀하게 기록되었으며 지도에 체계적으로 표시되었다. 직접적인 자료 수집에 기초한 질리에롱과 간접적인 자료 수집에 의존한 벵커 사이의 근본적인 방법론적 차이는 언어학사에서 전형적인 사례이다. 질리에롱은 자신의 스승이었던 폴 메예의 전통을 따르고 있음을 천명한다. 언어의 규칙성에 대한 초점으로 인해, 이 시대에는 오직 음성과 같은 미시적 언어학적 자질들만이 심오한 통찰을 얻을 수 있는 것으로 보였다. 이 지도는 지도 제작 기법의 관점에서도 흥미롭다. 주요 방법은 총천연색 상징 부호들에 기초하고 있다. 상이한 언어 유형들은 국경선, 론 강, 몇몇 마을들을 표시하는 체계적인 지도상에 그려진 상이한 색상에 의해 그 의미가 소통되었다. 특수한 유형이 발견된 특이한 소재지는 적절한 색상으로 강조되었다. 이 밖에도 필요할 경우 점선 등이 사용되는 등 다양한 상징 부호들이 동원되었다. 그 밖에 질리에롱은 지형학, 인구, 언어사, 조사 지역 사이의 언어적 유사성을 아우르는 매우 풍부한 정보를 제공하고 있다. 그 같은 작업을 통해서, 질리에롱은 방언들 사이의 고도의 유사성을 지적했다. 비록 의도된 것은 아니었으나 그 같은 방법은 언어유형론적으로도 유용한 것이다, 위의 언어 지도가 미친 영향이 미미했던 반면, 에드몽(Edmond)과 공동으로 제작한 『프랑스 언어 지도(*Atlas linguistique de la France*)』(1902~1920, Bologna/Paris; Forni/Champion)의 영향력은 언어 지도 제작의 역사에서 한 획을 그은 현대 언어학의 기념비적 업적으로 평가받는다. 이 지도의 주된 목적은 프랑스에 존재하는 방언들의 이질성을 모두 기록하는 데 있었다.(Peter Auer & Jürgen Erich Schmidt (ed.), *Language and Space: An International Handbook of Linguistic Variation, Theories and Methods*, De Gruyter Mouton, 567~612쪽)

13) 게오르그 벵커(1852~1911)는 1876년 언어의 역사에 대한 박사 논문 「게르만 언어에서 어근의 음절 코다의 이동(Über die Verschiebung des Stammsilben-Auslauts im Germanischen)」을 그의 스승 켈러(Adelbert von Keller)의 지도 아래 제출한다. 벵커는 직접적인 경험적 방언 연구를 수행했던 켈러에게서 지대한 영향을 받았다. 활자화된 방언 견본들에 기초하여 라인 강변의 방언들을 분류하는 데 실패한 후 그는 1876년 프러시아의 라인 지방의 교사들에게 지역 방언으로 번역될, 42개의 문장으로 이루어진 설문지를 표준어 알파벳을 사용하여 채울 것을 요청하면서 그들의 도움을 청한다. 약 1500건의 회신에 기초하여 벵커는 「모젤의 북부 라인 지방의 언어 지도(Sprach-Atlas der Rheinprovinz nördlich der Mosel und des Kreises Siegen)」를 발표하는데, 이 논문에서 그가 구별한 방언 형성 분할은 오늘까지지도 유효한 것으로 판명되었다. 연구 영역을 확대하여, 4만 4000개의 문장

을 방언으로 번역한 자료를 근거로 『독일 언어 지도(*Sprachatlas des Deutschen Reichs*, 1889~1923)』(http://www.diwa.info)를 완성한다. 총천연색으로 작성된 필사본에는 339개의 언어 현상들이 16~46편의 개별 지도 위에 게시되어 있다. 30여 년에 걸쳐 완성된 이 지도는 매 지도가 작성될 때마다 공식적으로 베를린국립도서관에 송부되어 일반 시민에게 공개되었다. 정리해서 말하면 벵커는 자신이 작성한 설문지를 독일어권 교사들에게 나누어 주면서 해당 지역의 방언을 조사했다는 점에서 간접적인 방언 수집 방법을 취한 것이다. 어쨌거나 그의 작업은 구체적 현상에 기초한 지도들의 컬렉션이라는 의미에서 최초의 언어 지도였다. 그의 방법론적 접근은 한 장의 지도 위에, 서로 일정한 언어학적 관계 속에 놓여 있는 여러 가지의 항목들을 조합하는 데 있었으며 언어 분석에서 최초로 공간 분석을 활용한 것으로 평가받는다.(Werner König, Renate Schrambke, *Die Sprachatlanten des schwäbisch-alemannischen Raumes*(Büh, Baden: Konkordia, 1999))

14) 라틴어로 apis도 꿀벌을 의미한다. apicula가 더 작은 꿀벌을 표현한다.

15) 루이스 고샤(1868~1942). 스위스의 언어학자로서 스위스의 방언 연구에 큰 업적을 남겼다. 사르메이(Charmey) 방언에 대한 논문을 발표하여 사회언어학의 선구자로 인정받는다.

16) 레만 호수 남부 지방에 위치하는 지역으로 스위스와 프랑스 두 나라에 걸쳐 있다. 스위스 지역은 샤블레 보두아, 프랑스 지역은 샤블레 사보야르라 불린다.

17) 각각 라틴어와 그리스어로 '100'을 의미한다. 그리스어의 철자는 εχτον.

18) 스위스의 주(州)로서 거점 도시는 로잔(Losanne)이다. 현재 인구수는 약 70만 명이다.

19) 인도유럽어족에 속하는 하위 어족으로, 라틴어, 오스크어, 움브리아어, 로망어 제 언어를 포함한다.

20) 이탈리아 북서부에 위치한 산악 지역으로서 포(Pô) 평원 지방들 전체 가운데 하나이다. 이곳 국민은 기원전 2세기경에 로마 문화에 동화된 켈트족이 거주했던 곳이다. 현재 인구는 약 420만 명에 이른다. 수도는 토리노이다.

21) 언어에 작용하는 이 두 개의 상반된 힘을 설명하기 위해 소쉬르가 사용하는 은유는 사회언어학을 비롯하여 소쉬르 연구에서 가장 많이 인용되는 내용 가운데 하나이다. 이를테면 소쉬르는 언어의 역동성에서 존재하는 동일자와 타자 사이의 긴장이라는 사회언어학의 고전적 문제를 이미 정확하게 꿰뚫어 보았다. 이 같은 긴장은 영미권의 사회언어학자들의 연구에서 다양한 용어들로 개념화되기도 했다. 이를테면 ingroup과 outgroup이 그것이다.(Gumperz John, *Discourse strategies*(Cambridge University Press, 1982); Labov William, *Sociolinguistic Patterns*(Univ. of Pennsylvania Press, 1972)) 또는 권력과 연대의 개념들 역시 동일한 맥락에서 연계될 수 있다.(Brown & Gilman, "The pronouns of power and solidarity," in T. Sebeok (ed.), *Language*(Cambridge Mass., MIT Press), 253~276쪽. 다양한 화자들이 서로 자신들의 독특한 언어 습관을 유지하려는 경향과, 이와 달리 상호 교제를 지향하는 이 같은 이중적 상황 속에서, 하나의 사회적 공간에 획일적인 단일한 언어를 상정하는 것은 허구적 인공물을 만들어 내는 것이며, 사실상 사회에서는 단일 언어로부터 다개국어 병용자들을 아우르는 다양한 형상들의 화자들을 전제로 하는, 연속체로서의 언어적 기능 작동을 상정하는 것이 보다 현실적인 대안이 된다. 언어학자들이 화자의 모델로 취하는 모국어 화자는 이 점에서 다른 언어들과의 접촉을 결여한 순수한 화자로 표상한다는 점에서 허구적이며, 실재의 단일 언어 화자는 늘 상이한 스타일을 갖게 되며, 사

회적 공간에서는 은밀한 역학 관계 속에서 자신의 언어를 지켜 나가야 한다는 점에서 화자는 사회적 쟁투의 장이라 할 수 있다.(Gadet Françoise & Henry Tyne, "Le style comme perspective sur la dynamique des langues," *Numéro spécial de la revue*(Langages & Société, 2004)) 소쉬르가 사용한 사회적 교류(intercourse)라는 개념은 막스 뮐러(Max Muller)에게서 온 것이며 사회적 변화에 대한 소쉬르의 성찰은 독일 사회학자 지멜(Georg Simmel)의 성찰과도 접맥될 수 있다.

한편, 소쉬르가 여기에서 제기하는 문제는 훨씬 더 광범위한 문제들을 제기한다고 볼 수 있다. 즉 그것은 언어, 문화, 영토 사이에 존재하는 힘의 관계들 속에서 형성되는 동력이다.(Jean Lafontant, "Langues, cultures et territoires, quels rapports?," in *Cahiers Franco-canadiens de l'Ouest*, vol. 7, n. 2. 1995, 227~248쪽)

특히 유럽의 근대 언어 사상사의 시각에서 소쉬르의 입장과 대비되는 헤르더의 언어 이론을 간략하게 환기하는 것은 유익하다. 즉 언어, 문화, 영토 사이에 존재하는 두 개의 대립적인 입장으로서, 헤르더의 입장은 갈등론이라 할 수 있고, 소쉬르의 입장은 교류(commerce)에 비중을 두는 이론이라 할 수 있다. 먼저 헤르더의 갈등론을 간략하게 정리해 보자. 그는 주저 『언어의 기원론』(*Traité de l'origine du langage*, (trad.), Denise Modigliani(Paris, Presses universitaires de France, 1772))에서 언어는 동물적 기원도 신적 기원에도 속하지 않으며 엄밀한 의미에서의 인간적 기원에 속한다는 사실을 증명하려고 시도한다. 동물에게서는 매우 전형적인 방식으로 본능이 법칙을 만들고 각 개체의 동물은 자신에게 필요한 행위들을 완수하기 위한 자동적 수단들을 구비한다. 이 같은 맥락에서 동일 종에 속하는 동물들 사이에서 언어는 모호하고 감각적인 일치라는 점에서 기호학의 용어로 말하면 신호 차원에 머무른다. 반면, 인간에게서 본능의 부재는 언어의 발달에 의해 보상된다. 하지만 헤르더가 보기엔 지극히 복잡한 구조와 아름다움을 지닌 언어는 결코 신의 머릿속에서 나온 것이 아니라 오랜 진화 기간을 거쳐 탄생한 것이다. 장구한 언어 진화를 규정하는 두 개의 과정은 교육을 통한 전달과 갈등이다. 세대에서 세대로 이어 오면서, 언어는 문화적 기여를 통하여 풍부한 자산을 갖게 된다. 인간적 표현과 수단으로서의 언어의 진화를 특징짓는 또 다른 과정은 갈등이다. 헤르더에 따르면 그 기원에 있어서 인간 종은 언어와 마찬가지로 하나였다. 이어서 인간 종과 언어는 다양화되었다. 이 같은 다양화는 다음과 같은 기제들의 효과 아래서 작동되었다. 먼저 하나의 핵으로부터 보다 넓은 사회 무리로 확장되어 가는 다양한 밀도들 또는 연대들이 형성되었다. 이를테면 고독한 인간으로부터 가족적 인간, 종족, 작은 민족 등으로 넓혀져 갔다. 그렇지만 그 같은 외연의 확장과 동시에 갈등이 사회적 무리들 사이에서 발생했다. 생명을 유지하기 위한 한정된 자원을 두고 경쟁을 벌이거나 또는 질투, 명예심과 같은 감정들의 효과 아래서 그 같은 경쟁심이 발생하기도 했다.

헤르더의 갈등론을 수용하여 오늘날에도 일군의 언어 이론가들은 갈등을 언어, 문화, 공간 사이에 존재하는 기제로서 간주한다.(대표적인 학자는 Lecleric Jacques, *Langue et société*(Laval: Mondia, 1992)) 이 같은 테제에 따르면, 지리적 장소로서, 그리고 힘의 관계들의 관건으로서 공간은 근본적 현상을 성립한다. 제 언어들은 유한한 세계 속에서 갈등, 심지어 전쟁이라는 방식에서 대면한다. 따라서 강한 언어는 생존을 위한 투쟁 속에서 가장 연약한 언어들을 제거한다. 요컨대 공간은 강력한 국가에 의해 세워진 보루이며 영토로서 언어의 수호자이다.

이 같은 갈등론과 대비적으로 소쉬르의 이론은 교류론에 보다 가깝다. 그에 따르면 제 언어들 사이의 다채로움과 대조들은 지리적 분열과 고립화를 통해서 설명되지 않으며 시간이라는 요인에 의해 설명된다. 언어들 사이의 차이들이 우리에게 그렇게 나타나는 이유는 중간적 방언들의 쇠락된 형식들이 사라졌기 때문이라는 것이다. 소쉬르가 '향토 정신'이라 부르는 것은 바로 언어적 특이성들을 만들어 내는 내파적 운동으로서 그것은 그가 '사회적 교류의 힘'이라고 부르는 상반된 운동에 의해 보상된다. 즉 인간들 사이에서 이루어지는 교류를 말한다. 역설적으로, 한 언어의 외연과 응집력을 가능케 하는 것은 사회적 교류의 힘이며 지역적 혁신을 위한 자양분을 제공하고 전염을 통해서 다른 사회적 공간으로 유포시킨다. 하지만 소쉬르 자신은 언어의 역동성에 개입하는 갈등적 과정들, 이를테면 군사력, 정치력, 상업적 힘들의 관계를 부정한 것이 아니라는 점을 분명히 해야 할 것이다. 다만 공간의 전략적 중요성을 시간의 중요성에 비해 다소 미약하게 간주한 것은 분명하다. 이 같은 소쉬르가 제시한 언어의 공간적 인식을 맹렬하게 비판한 프랑스의 사회학자는 부르디외이다.(Pierre Bourdieu, *Ce que parler veut dire: l'économie des échanges linguistiques*(Paris: Fayard, 1982)) 그는 일련의 연구 속에서 담화를 제도화된 권위의 힘들에서 생성된 인공물로 규정했다. 특히, 부르디외는 다양한 언어들이 평화롭게 나란히 공존하는 것이 아니라, 언어가 특정 영토에서 자신의 주권을 주창하면서 언어들 사이에서 패권을 잡으려는 복잡한 과정, 즉 정신적 공간의 중요성을 간파했다는 점에서 나름대로 설득력을 지닌다. 이외에도 상당수의 사회언어학자들은 특정 영토의 형성과 공고화 속에서 제 무리들의 주권을 주창하는 것은 일반적으로 그들이 공통의 정체성, 더 나아가 공통의 문화적 언어적 발생에 의해 합법화된다는 주장을 내세웠다. 반면, 소쉬르는 언어, 영토, 문화 사이의 관계가 다르게 진행된다는 점을 분명히 한다. 소쉬르에 따르면 행정 경계선, 정치 경계선 등은 반드시 동일한 언어 등고선 또는 언어 혁신의 파동과 중첩되지 않는다. 언어적 혁신이 하나의 지점에서 출발하여 일정한 지역으로 확산되지만, 그 결과는 전혀 예측할 수 없다는 것이다. 가장 큰 이유는 조합의 가능성들이 극도로 복잡하여 언어는 결코 자연적인 경계선을 갖지 않기 때문이다. 요컨대 소쉬르에 따르면 언어 공간은 화자들의 교류로 특징지어진다. 이것은 언어들 자체가 갈등 속에 놓여 있다는 명제를 문제 삼는다. 하지만 소쉬르의 이 같은 주장에도 불구하고, 민족 국가의 체제 아래서 이른바 민족어들은 국가의 질서를 영속화시키는 정체성의 상징들과 도구들 가운데 하나가 되었다는 점을 부정할 수 없을 것이다.

22) Rhein은 '라인 강', auf는 '~ 위에'를 의미한다.

23) 흔히 소쉬르가 사용한 phonétique는 현대적 의미에서의 음운론(phonology)에 해당되고 정반대로 그가 사용한 phonologie는 오늘날의 phonétique에 해당된다고 주석을 달고 있다. 하지만 반드시 그렇지만은 않다. 현대 언어학에서 음운론은 소쉬르 이후에 탄생한 것이며, 야콥슨(Roman jakobson) 등이 소쉬르의 영향을 받아 그것을 내적 언어학으로서 체계화한 것을 하나의 출발점으로 하는 phonetics, phonology의 용법과 일부 맞지 않는 경우도 있고, 영어로도 완전히 용법이 일치하지 않는다. 어찌 되었든 소쉬르의 phonétique, phonologie는 현대 프랑스어의 용법과도, 영어의 용법과도 정확하게 대응되고 있지 않아, 기본적으로 phonétique는 역사적 음성학을, phonologie는 공시적 음성학 및 음운론의 전신이라고 말할 수 있다.

24) 라틴어로 '기와'를 뜻한다.

25) 1843~1901. 독일의 인도유럽어 전문가, 문헌학자로서 언어 발달의 파동 이론(Wellen theorie)을 발전시켰다. 소쉬르가 언급한 그의 저서는 다음과 같으며 출판 연도는 1872년이

며 1877년은 소쉬르의 착오로 추정된다. H. Böhlau, *Die Vewandtschaftsverhaltnisse der Indogermanichen Sprachen*(Weimar, 1872).

26) '소'를 의미하는 라틴어 단어와 프랑스어 단어.

27) 벨기에에 있는 주로서 리에주(Liège) 근방에 위치한다. 랭부르 지방 방언은 게르만어에 속한다.

## 4장 문자 표기를 통한 언어의 재현

1) 소쉬르는 '제3차 일반언어학 강의'에서 두 번에 걸쳐 문자의 문제를 다루었으며, 이 강의록을 기초로 『일반언어학 강의』 통속본의 제1부 제4장이 편집되었다.(SM, 77, 79, 103) 언어의 구술적 사용과 문어적 사용 사이에 존재하는 관계의 문제에 대해서는 통속본 『일반언어학 강의』 41쪽, 문자 표기의 기호학적 고찰에 대해서는 165쪽에서 다루고 있다. 소쉬르의 문자 이론에 대한 데리다의 비판도 중요한 문헌 가운데 하나이다.(Jacques Derrida, *De la grammatologie*(Paris: Minuit, 1967)) 구술성과 식자성의 문제를 다룬 이 분야 최고의 고전이라 할 옹의 다음 저서와도 나란히 놓고 읽어 보면 더 많은 이론적 함의점을 발견할 수 있다.( W. J. Ong, *Orality and litteracy*(London and New York: Methuen, 1982))

문자는 오랫동안 언어를 사유하는 우리의 방식을 지배해 온 것이 사실이다. 문자에 힘입어 언어는 세계와 분간되어 상대적으로 자율적 영역으로 사유될 수 있게 되었다. 서양 언어학사에서 가장 먼저 태동한 분야인 문법은 문자의 학문으로서 다름 아닌 쓰기와 읽기의 기술과 결합된 것이다. 그 같은 영역의 구축은 동시에 언어가 철학적 문제가 되도록 만들었다. 즉 세계와 분리된 언어, 언어와 세계의 관계, 낱말과 사물의 관계는 하나의 문제가 된 것이다.

그 결과 문법과 철학은 단어를 공유한다. 문법은 단어를 문자 단어로 사유하며, 철학은 단어를 명사로서 세계와의 관계 속에서 고려한다. 언어에 대한 성찰은 두 개의 원 속에 갇혀 있다. 하나는 문법이라는 원으로서 이 원에서 음성 언어와 문자 언어는 서로가 서로를 지시하며, 철학이라는 원은 낱말들과 사물들 사이의 원이라 할 수 있다. 한편으로 낱말들은 사물을 지시하며 다른 한편으로 사물들은 표현되기 위해 낱말들을 지시한다. 이 두 개의 원은 서로가 서로를 지시한다. 그런데 주목할 사실은 철학의 원에서 문법의 원을 다시 발견할 수 있다는 것이다. 명사는 무엇보다 문자 언어이며 기호는 하나의 가시적 기호이다.

그런데 소쉬르는 이 두 개의 원으로부터 벗어날 것을 시도한다. 그는 음성 언어와 문자 언어 사이의 암묵적 묵계와 단절하고, 낱말과 사물 사이의 암묵적 관계로부터도 단절하려 한다. 음성 언어는 인간의 귀와 연결되기 위해 문자로부터 분리되고, 낱말 역시 청각에 결합되기 위해서 사물로부터 분리된다. 그 결과 소쉬르에게서는 새로운 기호 이론과 밀접하게 결합된 음성 언어와 목소리 이론이 탄생한다. 소쉬르의 언어 사상에서 이 두 개의 운동은 동일한 몸짓을 표현한다. 즉 언어를 문자로부터 고려하지 않는다는 것, 풀어 말하면 시각적 은유로부터 언어를 고려하지 않겠다는 것이다. 그 결과 소쉬르에게서는 소리가 무엇인지에 대한 문제가 돌발한다. 음성 언어와 문자 언어 사이의 회로는 일견 자명해 보인다. 문자 언어는 음성 언어를 표기, 재현한다. 즉 일반적으로 문자는 표음적이기 때문이다. 음성 언어는 문자 언어라는 거울을 갖고 있다. 이것은 알파벳 문자의 원리이다. 그런데 문제는 음성 언어가 문자 언어의 핵심 열쇠이나, 또 다른 측면에서 본다면 문자 언어에 종속된다는 점이다. 문법은 문자를 음성 언어의 분석과 동시에 규범으로 사유하기 때문이다. 음성 언어의 진리는 결국 문자 언어의 재현 속에서만 발견된다. 음성 언어의 진리는 문자 언어의 철자들이 언어의 소리들을 재현하는 것과 마찬가지로 문자 이론 속에서 발화된다. 음성 언어는 객체화된 상태로 문자 언어로 발현된다. 바로 여기에 소쉬르의 고민과 문제가 도사리고 있다. 그렇다면 어떻게 음성 언어를 문자 언어로부터 분리시킬 것인가? 어떻게 문자 언어를 통하지 않고 음성 언어를 사유할 수 있는가? 아울러 어떻게 음성 언어를 통하지 않고 문자 언어를 사유할 것인가라는 문제가 제기된다.

알려진 것처럼, 근대 언어학은 음성 언어와 문자 언어의 분리 속에서 그 근간을 마련하고 있다. 이 같은 노력은 비교문법과 더불어 시작된다. 그런데 바로 소쉬르는 이 같은 근대 언어학의 기획을 완수하고 동시에 그것의 이론적 파급 결과들을 도출한다. 하지만 소쉬르는 본 장의 초반부터 비교역사언어학자들이 철자와 소리 사이의 구별을 철저히 하지 못했다고 비판한다. 소쉬르의 표현을 빌리면, 소리와 글자의 구별은 진리를 향한 첫 번째 발자국이다. 그런데 바로 그 진리를 향한 발걸음은 매우 어려운 일이다. 소쉬르에게 문자는 언어의 참된 본질에 대해서 눈을 멀게 만드는 하나의 미끼이다. 하지만 문자라는 시각적 이미지의 고착성과 강력한 인상 때문에 사람들은 문자를 더 선호하게 된다. 소쉬르는 근대 음성학, 즉 소리들의 생리학의 발견과 더불어, 소리의 물리적 특징을 표상할 수 있는 음성 그래픽의 중요성을 환기시킨다. 음성 그래프 사진의 중요성은 바로 최초로 목소리가 문자 언어를 통하지 않은 채 보존되고 객체화될 수 있다는 사실에 있다. 특히 축음기의 발명은 최초로 목소리가 사람의 얼굴 속에서 나오지 않은 채 바로 들을 수 있게 해 주었다. 인류 역사상 최초로 말하는 사람이 현존하지 않은 채 그의 음성 언어가 복제될 수 있는 기술이 발명된 것이다. 소쉬르는 이 축음기 기술을 명시적으로 언급하고 있다. 소리를 가시화할 수 있는 기술은 중요한 함의를 갖는다.(1900년에 출판된 다음 논문에서 축음기가 갖는 의미를 상세히 기술하고 있다. Paul Azoulay, "L'ère nouvelle des sons et des bruits, Musées et archives phonographiques," *Bulletins de la Société d'anthropologie de Paris Année*, 1900, Volume 1 Numéro 1, 172~178쪽)

소쉬르 언어 철학에서 소리와 문자의 관계에 대한 심도 있는 분석을 제시한 다음 논문을 참조할 것. Aried Ukater, "Le problème philosophique du son chez Ferdinand de Saussure et son enjeu pour la philosophie du langage," 2005. URL: http://www.revue-texto.net/index.php?id=1824.

2) kh를 X라는 한 개의 철자로 표기하고, XAPIΣ('큰 뜻'이라는 의미를 갖고 있음)라고 쓰지 않고, KH와 음성에 대응하는 기호를 사용했다는 것을 말한다.

3) 힐페리히 1세(Chilperich I, 539~584)는 메로빙거 왕조의 두 번째 왕으로, 프랑크족의 왕 클로비스(Clovis)의 손자이다. 그는 동시대 역사가인 그레고리 드 투르(Gregorie de Tours)가 "우리 시대의 네로"라고 묘사할 만큼 폭력적이고 거만하며 탐욕스러운 인물로 기록되어 있다.

4) pensum은 라틴어로 '일, 의무, 무게, 가치', poids는 프랑스어로 '무게, 추', pondus는 라틴어로 '무게, 양, 부하(負荷)'를 뜻한다.

5) 독일어로 '미덕' 또는 '장점'을 뜻한다.

6) 프랑스어로 '도약하다', '뛰어오르다' 등을 뜻하는 동사.

7) Kivitatem은 라틴어로 '도시', cité는 프랑스어로 '도시'를 뜻한다.

8) 프랑스어로 각각 '깨우다(각성시키다)', '적시다(물에 젖다)'를 의미한다.

9) geôle는 '감옥', nation은 '시민', chasse는 '사냥', arceau는 '아치', acquérir는 '손에 넣

다', étoffe는 '원단' 등을 의미한다.

10) 독일어로 '종잇조각', '접시'등을 뜻한다.

11) je courrai(동사 courrir의 미래형) = '나는 달릴 것이다', je mourrai(동사 mourrir의 미래형) = '나는 죽을 것이다', bonne = '좋다'(bon의 여성형) 등을 뜻한다.

12) 각각 homme는 '인간/남자', haubert는 '방호구의 한 종류', heaume는 '투구', heraut는 '선구자' 등을 의미한다.

13) 표준 프랑스어에서 'h'는 발음되지 않는다. 그러나 무성음인 h(h muet), 유성음인 h(h aspiré)의 구분이 있어, 무성 /h/로 시작되는 단어 앞에서는 연음이 된다. 반면 유성 /h/로 시작되는 단어 앞에서는 연음이 일어나지 않는다.

14) gageure는 프랑스어로 '무모한 행위, 내기'를 의미한다. 여기에서 문제가 되는 것은 gageure의 eu를 o(oe)로 발음하는지, u(y)로 발음하는지의 여부이며, heure는 or라고 발음하기 때문에 gageure도 or라고 발음되며, J'ai eu의 eu는 u(y)로 발음되기 때문에 u(y)로 발음해야 된다는 논지이다.

15) tourner는 '돌리다', tournure는 '전개, 표현 방식', gager는 '보증하다', gajure는 '무모한 행위, 내기' 등을 의미한다.

16) nourri(nourrir)는 '음식을 주다', '자양분을 주다', '수유(授乳)하다' 등을 의미한다.

17) sept femmes는 '7명의 여성', vingts는 '20'을 뜻한다.

18) 다르메스테테르는 두 명의 형제이다. 아르센 다르메스테테르(Arsène Darmesteter, 1846~1888)와 제임스 다르메스테테르(James Darmesteter, 1848~1894)가 있다. 모두 언어학자로서 제임스는 브레알의 제안과 지도 아래 이란어를 연구하여 이란어의 대가가 되어 콜레주 드 프랑스 교수가 되었으며, 르낭을 계승하여 아시아학회 총무직을 맡았다. 아르센은 탁월한 문헌학자로서 가스통 파리의 지도 아래 연구하여 고대 프랑스어와 문학의 교수로 소르본 대학교에서 강의했다. 하츠펠트(Adolphe Hatzfeld)와 공동으로 2권으로 된 프랑스어 사전을 출간했다.(1895~1900)

19) 그리스의 문법학자는 음을 모음과 자음으로 나누어, 자음을 반모음과 묵음(默音)으로 나누었으며 묵음은 유모음(有毛音), 무모음, 중간음으로 분류했다고 한다. ψιλαί는 이 중 무모음을 가리킨다. β, γ, δ는 중간음.

20) 아베스타(avestā)는 조로아스터교의 경전으로, 서양에서는 젠드아베스타로 잘못 불렸다. 이 경전은 고대 이란어의 여러 시기의 단계들로 작성되었으며, 그 경전의 상이한 상태는 아베스타라는 이름 아래 지칭된다. 가장 오래된 부분들은 가타스(gathas)로서, 고대 산스크리트어로 기록된 리그베다만큼 태곳적이다. 모두 아베스타 알파벳으로 적혀 있다. 제4권만이 현재까지 전승되었으며, 나머지 책들은 알렉산더 대왕의 정복 시기와 아랍 이슬람 침략이 자행된 7세기에 파괴되었다.

21) 독일어로 wasser는 '물'을 의미하며, water는 옛 형태.

22) essen은 독일어로 '먹다'를 의미한다.

23) 중세의 영어를 문학적 표준어로 격상시킨 영국의 시인 초서(Geoffrey Chaucer, 1342~1400)는 tale을 2음절로 본다.

24) 고대 프랑스어로 faz는 faire의 직접법 현재일인칭 단수형, gras는 '느끼하다.'

25) 각각 mer는 '바다', cher는 '친애함', telle는 '그러한(tel의 여성형)', vert는 '초록색의', elle는 '그녀' 등을 의미한다.

26) 비에토르(Wilhelm Viëtor, 1850~1918)는 독일의 언어학자이며, 음성학 교수였다. 독일 여러 대학에서 문헌학을 공부했으며, 1874년 슈텐겔(E. Stengel) 교수 지도 아래 박사 논문을 받았다. 마르부르크 대학교에서 1884년 문헌학 교수로 임명되었으며, 독일어와 프랑스어를 중심으로 살아 있는 언어들의 기술음성학과 비교음성학 연구 분야에서 선구적인 업적을 남겼다. 그는 역사 비교 접근법이 현재 언어들의 음성 구조들을 기술하는 데 필수불가결하다는 것을 보여 주었다. 국제음성학회의 초대 구성원이었다. 그는 살아 있는 언어의 교육은 반드시 구어 연구, 즉 음성학 분야를 통해야 한다는 점을 강조했다. 주요 저서로는 『독일어, 영어, 프랑스어 음성학 요강(*Elemente der Phonetik des Deutschen, Englischen und Französischen*)』과 『음성학 요강(*Elemente der Phonetik*)』이 있다.(프랑스어판 위키피디아 참조)
27) 폴 파시(Paul Passy, 1859~1940)는 프랑스의 언어학자로서 19세기 프랑스 정치와 학문에서 탁월한 명가문에서 탄생한 인물로 아버지는 노벨 평화상 수상자 프레데릭 파시(Frédéric Passy)이다. 1886년 국제음성학회를 설립했으며 국제 음성 문자를 만드는 데 기여했다. 탁월한 음성학자이면서 반순응주의자로서 철자법의 급진적인 개혁을 옹호했다.
28) Jean-Pierre Rousselot(1846~1924). 프랑스의 음성학자. 실험음성학의 창시자.
29) 프랑스어로 tant는 '그만큼, 많다'라는 뜻의 부사이며, temp는 '시간, 기후'를 뜻한다.

## 5장 지구에 존재하는 가장 중요한 어족의 지리 역사적 구도

1) 하나의 어족이란 하나의 공통적인 조상어, 즉 이 어족의 원시 언어(proto-language)라고 불리는 언어로부터 내려온 서로 연관된 언어들의 무리를 말한다. 여기에서 말하는 '가족'이라는 용어는 역사언어학에서 형성되었던 언어 기원의 나무 모델에서 유래한다. 이 같은 수형도 모델은 언어들을 마치 생물학적 수형도에 기대어 친족 관계에 비교하는 은유 모델이라 할 수 있다.

언어유형론 전문가들의 보고에 따르면 현재 지구상에는 대략 250여 개 이상의 정립된 어족들과 6909개 이상의 살아 있는 개별 언어들이 존재하는 것으로 계산된다.(*Ethnologue: Languages of the World*, Sixteenth Edition; Merritt Ruhlen, *A guide to the world's languages*(Stanford: Stanford University Press, 1987)) 물론 알려진 언어들의 숫자는 '언어'에 대한 정의에 따라서 5000개에서 1만 개에 이르기까지 그 진폭이 심하다.

물론 소쉬르가 일반언어학 강의를 하던 100년 전에 비해, 상당수의 언어들이 소멸될 위기에 처해 있다.(Keith Brown and Sarah Ogilvie, *Concise Encyclopedia of Languages of the World*(Elsevier Science, 2008)) 소쉬르는 이 많은 어족들 가운데 거의 모든 대표적 어족들의 계보와 지리를 완벽하게 제시하고 있는데, 특히 인도유럽어족에 많은 비중을 두고 강의를 진행했다.

동일한 어족에 속하는 언어들의 소속은 통상적으로 비교언어학에 의해 수립된다. 이른바 '딸 언어들(daughter languages)'은 발생적 관계 또는 계보적 관계를 갖는 것으로 가정된다. 언어학적 관련성의 증거는 단순한 차용에 기인하지 않는, 보다 구조적으로 공유되는 특징들에 의해 관찰된다. 따라서 계보적으로 관련된 언어들은 차용이나 우연에 기인하지 않는 원시 언어의 자질들을 제시한다. 하나의 어족 안에 존재하는 가지 또는 하위 무리에 속하는 동일한 구성 언어들의 여부는 공유되는 언어적 혁신들에 의해 확립된다. 즉 전체 어족의 공통 조상어에서 목격되지 않는 이 언어들의 공통적 자질을 말한다. 예컨대, 게르만 언어들을 '게르만적(Germanic)'으로 기술한다는 것은 이들 언어들이 원시 인도유럽어에 존재하지 않았던 것으로 추정되는 어휘들과 문법적 자질들을 공유한다는 사실에 근거한다. 즉, 이들 자질들은 게르만 언어들의 근원이었던 원시 인도유럽어족에서 내려온 원시 게르만어족에서 발생한 혁신들로 간주되고 있다.

하나의 어족을 이루는 개별 언어들의 숫자는 어족에 따라 상상을 초월할 정도로 변화가 심하다. 예컨대 아프리카에서 가장 큰 어족을 형성하는 니제르-콩고어족은 1000여 개의 개별 언어들로 구성되어 있는 것으로 알려져 있고, 여기에 방언들까지 계산하면 그 수는 훨씬 더 불어난다. 특히, 어족을 연구할 때, 흥미로우면서 동시에 어려운 문제는 한국어, 일본어 등 많은 언어들이 다른 언어들과 뚜렷한 어족 관계를 맺지 않는 것으로 나타나고 있다는 점이다. 하나의 특정 어족 안에 분류될 수 없는 언어들을 고립어(language isolates)라 부른다. 하나의 어족 안에서 자신의 고유한 가지에 존재하는 고립어도 있는데, 예컨대 인도유럽어족 안에 존재하는 아르메니아어가 그런 경우다. 통상적으로 아르메니아어는 인도유럽어족의 고립어라 불린다. 이와 대조적으로 스페인 북부에 존재하는 바스크어는 절대적 고립어로 알려져 있다. 로마 시대에 말해지던 아퀴타니아어가 바스크어의 조상어로 추정되나, 어떤 결정적인 비교언어학적 증거도 제시된 바 없다.

아메리카 대륙의 경우 인디언들의 어족은 70개 이상의 언어를 포함하고 있다.(Lyle Campbell, *American Indian languages: The historical linguistics of Native America*(New York: Oxford University Press, 1997)) 아쉽게도 소쉬르의 어족 계보도에는 고립어에 대해서 많은 지면을 할애하고 있지 않다.(Zdeněk Salzmann, *Language, Culture, and Society*(Perseus Books, 2007))

어족 개념에 첨가하여 언어 분류에서는 보다 더 복잡한 계통론이 사용된다. 최상위에는 다른 어떤 언어 무리들도 관련을 맺고 있지 않은 언어, 즉 문(phylum)의 범주를 갖는다. 문은 생물 분류상의 한 분류군(taxa)으로 지구상의 생물을 동물계, 식물계, 원생생물계 등으로 나눈 계(Kingdom) 다음의 계급으로서, 이는 다시 강(Class), 목(Order) 순으로 세분된다. 분류군 계급의 일종인 '문'은 독일의 생태학자 헤켈(E. H. Haeckel, 1866)이 처음으로 사용했다. 동물에서는 발생 및 체제의 양식 등에 따라, 통상 23~30개가량의 문을 세우는 것이 관례이다. 그다음으로 낮은 분류 층위는, 서로 지리적으로 동떨어진 채 관계를 맺고 있는 상이한 어족들에 속하는 일군의 언어들의 무리(stock)이다. 어족은 핵심적 개념으로서 하나의 어족에 속하는 언어 구성원들 사이에서 내재적 연계성을 강조한다.(René Dirven and Marjolyn Verspoor, *Cognitive Exploration of Language and Linguistics*(John Benjamins, 2004))

하나의 어족은 단일발생적 단위(통일성)이다. 즉, 그것의 모든 구성원 언어들은 하나의 공통적인 조상어에서 파생하며, 그 조상 언어로부터 내려오는 것이 목격된 자손 언어들은 그 어족에 포함된다. 그렇지만 생물학적 분류 목록체와 달리, 언어 관련성의 모든 층위는 통상적으로 하나의 가족이라 불린다. 예컨대, 게르만어족, 슬라브어족, 로망스어족, 인도-이란어족 등은 보다 광범위한 인도유럽어족의 가지들이다.

어족들은 다시 보다 작은 계통 발생적 단위들로 분할되며, 통상적으로 해당 어족의 가지들(branches)로 불리는데, 그 이유는 하나의 어족의 역사는 빈번하게 나무 다이어그램으로 표상되기 때문이다. 하지만 가족이라는 용어는 이 나무의 특정 층위에 국한되지 않는다는 점을 유념할 필요가 있다. 예컨대 게르만 어족은 인도유럽어족의 한 가지이다. 이 점에서 가족이라는 용어는 생물학 용어 분기군(clade)과 유사하다. 일부 언어 계통 분류론자들은 가족이라는 용어를 일정 수준으로 국한시키고 있으나, 이 점에 대해서는 의견이 분분한 실정이다. 어족을 다시 세분화하는 계통론자들은 어족의 가지를 다시 무리들로, 무리들은 다시 복합체(complexes)들로 하위 분할하고 있다. 이때 최상의 수준에 놓여 있는 가장 큰 어족을 '문' 또는 다수 무리(stock)이라 부른다.

하나의 어족의 공통 조상어가 직접적으로 알려지는 경우는 거의 없다. 대부분의 언어들이 상대적으로 짧은 기록의 역사를 갖고 있기 때문이다. 그렇지만 비교 방법을 적용하여 하나의 원시 언어의 수많은 자질들을 다시 찾아내는 것은 가능하다. 소쉬르도 빈번하게 인용한 19세기 독일의 언어학자 슐라이허(August Schleicher)가 고안한 재구 절차가 바로 그것으로서 이 방법을 통해서 어족 목록에 제안된 많은 어족들의 과학적 타당성을 증명할 수 있었다. 예컨대, 인도유럽어족의 재구 가능한 공통 조상어는 보통 원시 인도유럽어라 불리는데, 이 언어는 문자 발명 이전에 말해지던 언어라는 점에서 문자 기록을 통해서 증명되지 않는다.

2) 굴절어란 어형과 어미의 형태 변화를 통해 문장 속에서 명사, 동사, 대명사, 형용사 등의 단어가 갖는 다양한 관계를 표현하는 언어 유형을 말한다. 명사 등의 체언에는 성, 수, 격, 동사에는 인칭, 시제, 수 등의 문법 범주가 존재하며 이에 따라 규칙적으로 변화한다.

3) 19세기 말엽에 제기된 우랄알타이어족에 대한 가설을 소쉬르가 언급하고 있다는 점에서 당시의 최근 언어학 연구 동향을 소쉬르가 완전하게 파악하고 있었음을 시사한다. 레뮈자(Rémusat) 등 핀란드 언어학자들에 의해 19세기부터 제안된 가설로서 한국어의 계통론에도 지대한 영향을 미친 가설이며 20세기 중반까지만 해도 언어학자들 사이에서 과학적 신뢰를 얻었으나 1960년대부터 기본 전제에 대한 논쟁이 점화되었고 결국 대부분의 언어학자들에 의해서 부정되었다. 그러다 1990년대 들어와 우랄어족과 알타이어족의 관계에 대한 관심이 유라시아어족 가설이라는 새로운 맥락 속에서 재점화되었다. 예컨대 봄하르는 우랄어족, 알타이어족, 인도유럽어족을 동일한 뿌리에 속하는 유라시아 어족의 가지들로서 다룬 바 있다.(Allan R. Bomhard, *Reconstructing Proto-Nostratic: Comparative Phonology, Morphology, and Vocabulary*, 2 volumes(Leiden: Brill, 2008))

우랄알타이어족을 최초로 시사한 사람은 스웨덴의 탐험자였던 스트라렌베르그(Philip Johan von Strahlenberg)로서, 피노-우그릭어, 터키어, 몽골어, 퉁구스어, 코카시아어 등이 공통적 자질을 공유하는 것으로 1730년경 기술한 바 있다.

이어서 라스크(Rask)는 1834년 다소 모호하게 그가 스키타이어들로 명명했던 것을 기술했는데, 이 언어들에는 피노-우그릭어, 터키어, 에스키모, 코카스어, 바스크어 등을 포함시켰다. 우랄알타이어 가설은 각각 1836년과 1838년 쇼트와 비드만에 의해 정교하게 이론화되었다.(W. Schott, *Versuch über die tatarischen Sprachen*; F. J. Wiedemann, *Über die früheren Sitze der tschudischen Völker und ihre Sprachverwandschaft mit dem Völkern Mittelhochasiens*) 한편, 알타이어족 가설은 1844년 핀란드의 언어학자이면서 탐험자였던 카스트렌에 의해 언급된 바 있으며, 피노-우그릭어, 사모야드어, 터키어, 몽골어, 퉁구스어 등을 포함시키고 있다.(M. A. Castrén, *Dissertatio Academica de affinitate declinationum in lingua Fennica, Esthonica et Lapponica, Helsingforsiae*, 1839; M. A. Castrén, Nordische Reisen und Forschungen. V, St.-Petersburg, 1849)

이 같은 가설에 힘입어, 터키어, 몽골어, 퉁구스어 등이 그것들의 유사한 자질에 기초하여 동일한 어족에 속하는 것으로 분류되었으며, 피노-우그릭어, 사모야드어 등은 우랄어족에 속하는 것으로 무리지어졌다. 두 개의 대조적인 어족이 형성되었으나, 그들 사이에 존재하는 유사성들로 인해 우랄알타이어족으로 불리는 공통적인 무리에 속하는 것으로 간주되기 시작한 것이다. 우랄알타이어족은 20세기 중반까지만 해도, 우랄어족과 알타이어족을 연구했던 학자들에 의해 광범위하게 수용되었다. 그러다 러시아 언어학자 포페는 1940년 카스트렌의 견해를 부정하고, 공통적인 교착어적 특질들은 각각 독립적으로 발생했다는 결론을 내렸다.(Nicholas Poppe, The *Uralo-Altaic Theory in the Light of the Soviet Linguistics*, 인터넷 다운로드 가능) 그러다 1960년대에 진입하면서 알타이어족 자체가 보편적으로 수용하기에는 증거가 부족한 상태에서 우랄알타이어족 가설은 지극히 논쟁적인 사안으로 변했으며, 현재 우랄어족과 알타이어족이 서로 밀접하게 관련되어 있다는 가설을 옹호하는 언어학자는 찾아볼 수 없다. 2003년 알타이어족 어원 사전을 펴낸 러시아 언어학자 스타로스틴은 우랄알타이어족 가설에 대해 이제는 완전히 무시되고 있는 하나의 관념에 불과하다고 결론을 내렸다.(Sergei A. Starostin, Anna V. Dybo, and Oleg A. Mudrak, *Etymological Dictionary of the Altaic Languages*(Brill Academic Publishers, 2003)) 우랄알타이어족과 관련된 다양한 가설의 역사에 대한 상세한 논의는 다음 저서 참조.(Angela Marcantonio, *The Uralic Language Family: Facts, Myths and Statistics*. (Publications of the Philological Society, 35.), Oxford-Boston: Blackwell, 2002)

요컨대 우랄어족과 알타이어족의 관계는 발생적으로 공통적 관련성을 갖고 있는가라는 물음을 던져 볼 수 있다. 우랄어족과 알타이어족이 관련을 맺고 있다고 할 때 두 가지 의미를 구별해야 한다. 만약 이 두 개의 어족이 증명 가능한 발생적 관련성을 갖고 있다면, 이 어족이 타당한 언어학적 분류군(taxon)을 갖는가라는 물음이 남는다. 예컨대, 게르만어와 이란어는 원시 인도유럽어족을 통해서 발생적 관련성을 갖는다. 하지만 두 언어는 인도유럽어족 안에서 타당한 분류군을 갖지는 않는다. 반면, 이란어와 인도어는 인도-이란어를 통해 그 같은 분류군을 갖는다. 달리 말해서, 우랄-알타이어족에서처럼, 계통적 관련성을 보여 주는 것은 하나의 어족을 수립하는 데 충분하지 않다. 어족의 소속 언어들이 진행해가는 방향을 결정짓는 제 언어들의 수형도를 간주하는 것이 필요하다. 그린버그에 따르면 이 같은 구별은 언어의 계통적 분류에서 근본적이다.(Joseph H. Greenberg, *Genetic Linguistics: Essays on Theory and Method*, (ed.), William Croft(Oxford: Oxford University Press, 2005))

우랄어족과 알타이어족의 유사성을 지적하는 언어학들 가운데는 대명사에 초점을 두고 있다. 대명사는 변화에 가장 크게 저항하는 언어 요소들 가운데 하나라는 점에서 대명사가 다른 언어의 어휘로 대체되는 경우는 극히 희소하다. 이 같은 유사성이 사실로 받아들여진다면, 발생적 관련성을 입증하는 강력한 증거가 된다는 것이다. 예컨대 핀란드어에서 2인칭 대명사 sinä에서 's'는 ti가 si로 변화한 음성 법칙의 결과이며, 초기 형태인 *tinä에서 파생한 것이다. 이것은 복수 형태 'te'와 헝가리아어 대명사 'te'도 마찬가지이다.

이 밖에도 우랄어족과 알타이어족은 모두 모음조화를 갖고 있으며, 그 구조에서 교착어적 특징을 나타내고, 모두 동사가 문장의 끝에 오는 SOV 어순을 갖고 있고 문법적 성을 갖지 않는다는 관찰도 제시된다. 그렇지만 이 같은 유형론적 유사성들이 곧 그 자체로서 발생적 관련성의 증거를 성립하진 못한다. 따라서 다른 진영의 언어학자들은 이 같은 유형론적 유사성이 우랄어족과 알타이어족 사이에 존재하는 발생론적 연관성을 입증하지 못한다는 반박을 전개한다. 그 같은 유사성은 우연이나 쌍방적 영향에 기인한다는 것이다.

하나의 어족의 존재를 입증하기 위해서는 공통의 원시 언어로 귀속되는 동계어들을 찾는 것이 필요하다. 공유되는 어휘만으로는 관련성을 보여 주지 못하는 것이다. 왜냐하면 어휘는 다른 언어로부터 차용될 수 있거나 아니면 제3자를 통해서 차용될 수도 있기 때문이다.

터키어와 우그릭어들 사이에는 공유되는 단어들이 존재하나, 이 두 언어 사이에서는 차용이 빈번하게 발생했다. 특히 두 개의 언어들을 가로지르는 원시 우랄알타이어 단어들을 찾는 것이 지극히 어려운 상황이다. 그 같은 단어들은 우랄어족과 알타이어족의 모든 가지들에서 발견되어야 하며, 원시 언어로부터 현대 언어로 이동하면서 규칙적인 음성 변화를 따라야 한다. 하지만 지금까지 그 같은 증명이 이루어진 바가 없다.

흔히 우랄-알타이어족의 필연성을 정당화하기 위해 빈번하게 모음조화 현상이 제시된다. 하지만 모음조화는 아프리카와 아메리카의 다양한 언어들에서 발견되며 거의 모든 언어들에서 발견되는 보편적 현상이다. 더구나 모음조화는 유형론적 자질이며, 현재의 지배적인 유형론 이론에 따르면 유형론적 자질들은 발생적 연관성을 위한 증거를 제공하지 못한다.

4) 소쉬르가 중국어의 세부적인 문제들까지 지적하고 있다는 점이 놀랍다. 소쉬르의 전기를 연구한 학자들에 따르면 소쉬르는 말년에 중국어 공부를 시작하여 타계하기 직전까지 병상에서도 계속 중국어를 연구했다는 보고가 있다. 소쉬르의 친동생 루이 폴 드 소쉬르(Louis Paul de Saussure)는 고대 중국의 천문학에 관한 박사 논문을 제출한 중국학의 권위자였다.

현대 표준 중국어에는 대략 1700여 개의 음절들이 존재하는데, 이 숫자는 성조를 포함시켰을 경우이며, 성조를 계산하지 않으면 약 400여 개의 음절이 남는다. 이 숫자가 얼마나 적은 것인지는 현대 영어가 갖고 있는 8000여 개의 음절과 비교하면 쉽게 이해된다. 결과적으로 중국어에는 동일한 소리를 갖지만 상이한 것을 의미하는, 수많은 동음이의어들이 존재한다. 물론 한자로 기록되면 한정된 음가는 상이한 글자들에 의해 구별된다. 각 글자는 상이한 성조와 더불어 발음되기 때문에 중국인들의 귀에는 다르게 들리나, 서양인들의 귀에는 모두 동일한 소리로 들린다. 이 같은 음절들은 구어에서는 맥락으로부터 구별되는데 대부분의 음절들이 다른 음절들과 조합해서 나타나기 때문이다. 한편, 고대 중국어에서 단어들은 일반적으로 단음절 또는 단일형태소(monomorphemic)로 이루어졌으며 복합(compounding)이나 접사(affixation)도 없었다. 형태소는 단음절이었으며, 개별 형태소는 음운론적 형태가 불변했다. 음절 구조에 가해진 제약 때문에 음절들의 숫자는 극히 한정되었다. 동음이의어 현상은 현대 중국어에서 보다 더 빈번했으며 하나의 음절은 다수의 형태소에 해당되었다.(Y-R. Chao, *Language and Symbolic systems*(London: Cambridge University Press, 1968)) 반면 2008년 타계한 미국의 중국언어학의 태두인 데프란시스는 '단음절 신화(monosyllabic myth)'를 반박하면서 고대 중국어에서는 수많은 다음절 단어들이 존재했다고 주장했다. 다만, 하나의 단어 속에 있는 이 같은 음절들 가운데 오직 하나만이 문자로 기록되었다는 것이다. 따라서 문자로부터 단음절에 속하는 동음이의어인 것으로 외관상 나타나는 형태소는 사실은 공통의 동음이의어 음절들과 더불어 다음절 형태소였다는 것이다.(J. DeFrancis, *Nationalism and Language Reform in China*(Princeton: Princeton University Press, 1950))

고대 중국 문명은 청동기 시대와 철기 시대를 거치면서, 보다 정교한 문명 양식을 표현하기 위해 새로운 단어들을 개발해야 할 압력이 높아졌다, 이 같은 조건에서 단어 형태의 음운론적 방법은 어휘를 팽창해야 할 필요성의 속도를 따라잡기에는 부적절한 것으로 드러났다. 신속한 어휘 성장에 대한 이 같은 필요에 적응하기 위해 이음절 단어들이 주로 병치된 형태들의 어휘화를 통해서 창조되었다.(Bernhard Karlgren, "The reconstruction of Ancient

Chinese," *T'oung Pao*, vol. 21(1922), 1~42쪽) 고대 중국어에 대한 상세한 설명은 다음의 최근 연구물 참조. Laurent Sagart, *The roots of old chinese*(John Benjamins Publishing Company, 1999).

5) 인도유럽어라는 용어는 1813년 토머스 영(Thomas Young)에 의해 발명되었다. 이어 이들 언어들에 대한 체계적 비교를 수행한 독일 언어학자 보프에 의해 이 가설은 사실로 확인되었다. 보프는 1833년과 1852년 각각 산스크리트어, 그리스어, 라틴어, 리투아니아어, 슬라브어, 독일어 등을 비교한 비교언어학을 수립하여 인도유럽어족 연구의 시금석을 세웠다. 그 외연은 인도 북부, 이란, 아프가니스탄, 파키스탄, 방글라데시를 포함하여, 인도유럽어의 구조적 친족성은 놀라운 것으로 판명되었다. 산스크리트어, 라틴어, 히타이트어, 고 아일랜드어, 고트어, 고 불가리아어, 고 프러시아어 등은 실제로 놀라운 공통적 연관성을 드러낸다. 이것은 곧 유럽과 앞서 언급한 지역들의 상당 부분이 인도유럽어족에 속한다는 것을 의미한다.

인도유럽어족은 특히 수많은 인도이란어들을 포함하는데, 그 가운데는 산스크리트어, 힌디어, 페르시아어, 그리스어, 리투아니아어와 레트어, 켈트어 등이 포함되며, 프랑스어, 스페인어처럼 라틴 기원의 언어들, 즉 로망어들과 독일어, 영어, 스웨덴어와 같은 게르만어들이 포함된다. 이 어족은 언어학에서 가장 많이 연구된 어족이며 동시에 가장 많은 고대 문헌들을 소유하고 있는 어족으로서, 절대적으로 확실한 발생적 연관성을 설정할 수 있는 어족으로 평가받는다.

인도유럽어는 1000개 이상의 언어를 탄생시켰으며, 21세기 초 현재 이 언어들을 말하는 인구는 25억 명을 넘어섰고 사용자 숫자로도 세계에서 가장 중요한 어족으로 간주될 수 있다. 또한 인도유럽어들은 모든 대륙에서 말해지고 있으며, 인도의 6억 인구, 유럽의 7억 인구, 그리고 아메리카의 7억 인구가 사용하고 있는 언어이다.

아래에 제시한 분포도는 인도유럽어들의 부분적인 목록이며, 그 언어들 가운데 상당히 많은 숫자가 현재는 소멸된 상태이다. 산스크리트어, 아베스타어, 오스크어, 움브리아어, 라틴어, 고대 그리스어, 달마티아어, 갈리아어 등이 사라졌다. 통상 현대 언어 유형론에서 인도유럽어족의 언어들은 9개의 무리로 분할되는데, 이 무리를 가지 또는 하위 어족이라 부르며, 이들 무리 각각은 상당수의 언어들을 포함한다. 예외는 알바니아어와 아르메니아어이다.

인도유럽어족 가운데, 가장 중요한 무리의 하위 어족은 인도이란어 무리로서 7억 명의 사용자와 약 600개의 언어를 포함하고 있으며, 그것의 언어적 외연은 투르크의 쿠르디스탄 지역에서부터 인도 중앙에 이르며, 이라크의 일부분, 이란, 파키스탄 등을 포함한다.

게르마니어의 어휘 지대 역시 상당하다. 약 4억 5000만의 사용자가 유럽의 북부와 중앙을 점유하며, 북아메리카 전체, 오스트레일리아와 뉴질랜드를 포함한다. 약 4억 3000명의 사용자를 갖고 있는 로망어들은 모두 라틴어에서 나온 것으로 주로 유럽과 남미 전역에서 사용된다. 슬라브어들은 네 번째 중요한 무리를 구성하며 이 무리의 언어들은 유럽 대륙에서 말해지며 3억 1500만 명의 사용자를 갖고 있다.

발트해 근방에 있는 리투아니어와 레트어는 생존해 남은 유일한 발트 언어들로서 사용자는 550만 명이다. 현대 인도유럽어들에서 알바니아어, 그리스어, 아르메니아어는 고립어들의 범주에 속한다. 이 언어들은 자신들의 무리에서 유일한 언어들이다. 켈트어들은 거의 소멸 중에 있으며 사용자 수는 200만 명에도 미치지 못한다.

소멸된 언어들 가운데는 소쉬르도 강의에서 언급하고 있는 토카리아어, 리키아어, 프리지아어, 트라키아어 등이 있으며 고대 시대 말기부터 이미 사라졌다. 인도유럽어족에 대한 연구, 곧 인도유럽어 비교역사언어학의 연구 성과는 방대한 자료를 이루고 있다. 대표적인 연

구 서지는 다음과 같다.(영어판 위키피디아 및 프랑스어판 위키피디아 부분 참조)

프랑스어

• Émile Benveniste, *Le Vocabulaire des institutions indo-européennes 1* et 2(Paris: Minuit, 1969).

• Franz Bopp, *Grammaire comparée des langues indo-européennes*, traduction de Michel Bréal de l'École pratique des hautes études et du Collège de France (de 1866 à 1905), membre de l'Académie des inscriptions et belles-lettres, quatre tomes in-quarto(Paris: Imprimerie impériale et Imprimerie nationale, 1866~1874).

• Roland Breton, *Atlas des langues du monde*, Éditions Autrement, Collection Atlas/Monde(Paris, 2003).

• Xavier Delamarre, Le vocabulaire indo-européen, *Lexique étymologique thématique*, Librairie d'Amérique et d'Orient, Jean Maisonneuve, 1984.

• Jean Haudry, "Que sais-je?", *L'Indo-européen*(Paris: PUF, 1979); rééd., 1984; 1994.

• André Martinet, *Des steppes aux océans*(Paris: Payot, 1986).

• Georges-Jean Pinault, *La langue poétique indo-européenne-actes du colloque de travail de la Société des Études Indo-Européennes*(Leuven: Peeters, 2006).

영어

• Robert S. P. Beekes, *Comparative Indo-European Linguistics, Benjamins*(Amsterdam, 1995).

• John V. Day, *Indo-European origins. The anthropological evidence*(The Institute for the Study of Man: Washington DC, 2001).

• James P. Mallory, D. Q. Adams (Hrsg.), *Encyclopedia of Indo-European Culture*(Fitzroy Dearborn: London, 1997).

• Colin Renfrew, *Archaeology and Language. The Puzzle of Indo-European Origins*(University Press, Cambridge, 1995).

• James P. Mallory, *In Search of the Indo-Europeans. Language, Archaeology and Myth*(Thames & Hudson, London, 1991).

독일어

• Michael Meier-Brügger, *Indogermanische Sprachwissenschaft*(Walter de Gruyter, Berlin, 2002)(8. Aufl.).

• Warren Cowgill, *Indogermanische Grammatik Band I: Einleitung; Band II: Lautlehre*(Universitäs Verlag Winter, 2012).

• Jerzy Kuryłowicz, Manfred Mayrhofer. *Indogermanische Bibliothek, Reihe 1, Lehr- und Handbücher, Carl Winter*(Universitäs Verlag, Heidelberg, 1968).

• Linus Brunner, *Die gemeinsamen Wurzeln des semitischen und indogermanischen Wortschatzes, Francke*(Bern, München, 1969).

• Luigi Luca Cavalli-Sforza, Gene, *Völker und Sprachen. Die biologischen Grundlagen unserer Zivilisation*. dtv, München, 2001.(ISBN 3-423-33061-9)
• Marcelo Jolkesky, *Uralisches Substrat im Deutsch-oder gibt es eigentlich die indo-uralische Sprachfamilie?*(UFSC, 2004).
• Thomas W. Gamkrelidse, Wjatscheslaw Iwanow "Die Frühgeschichte der indoeuropäischen Sprachen," In: Spektrum der Wissenschaft. Dossier: Die Evolution der Sprachen, Spektrumverlag, Heidelberg, 2000, 1, S. 50-57.(ISSN 0947-7934)
• Marija Gimbutas, *The Kurgan Culture and the Indo-Europeanization of Europe, Selected Articles from 1952 to 1993*(Institute for the Study of Man, Washington, 1997).
• Colin Renfrew, *Die Indoeuropäer-aus archäologischer Sicht*. in: Spektrum der Wissenschaft. Dossier: *Die Evolution der Sprachen. Spektrumverlag, Heidelberg*, 2000,1, S. 40~48.
• Reinhard Schmoeckel, *Die Indoeuropäer, Bastei Lübbe, Bergisch Gladbach*, 1999.
• Elmar Seebold, "Versuch über die Herkunft der indogermanischen Verbalendungssysteme," *dans Zeitschrift für vgl.* Sprachforschung 85-2:185-210.
• Oswald Szemerényi, *Einführung in die vergleichende Sprachwissenschaft. Wissenschaftliche Buchgesellschaft*(Darmstadt, 1990)(4. Aufl.).
• Eva Tichy, *Indogermanistisches Grundwissen, Hempen*(Bremen, 2000).

6) 허트(Hermann Hirt, 1865~1936)는 독일의 대표적 문헌학자로서 독일어 운율에 대한 저서를 냈으며(*Untersuchungen zur westgermanischen Verskunst*, 1889) 특히 인도게르만어 문헌학에 평생을 바쳐 악센트와 문자를 연구했다.(*Der indogermanische Accent*(1895)와 *Der indogermanische Ablaut, vornehmlich in seinem Verhältnis zur Betonung*(1900)) 특히 『인도게르만어 문법(*Indogermanische Grammatik*)』을 1921년부터 1937년에 걸쳐 출판했다.

7) 정확한 서지는 다음과 같다. *Les origines indo-européennes ou les Aryas primitifs: Essai de Paléontologie Linguistique*(Paris: Joël Cherbuliez, 1863).

아돌프 픽테(Adolphe Pictet, 1799~1875)는 소쉬르가 자신의 지적 형성에 지대한 영향을 미친 인물로 회고록에서 언급한 학자이며, 유년 시절부터 존경했던 스위스의 고생물학 언어학자로서 소쉬르와 같은 고향인 제네바에서 탄생했다. 그의 주저는 다음과 같다. 『켈트어와 산스크리트어의 친족성에 대해(*De l'affinité des langues celtiques avec le Sanscrit*)』(1837), 『자연속 아름다움에 대해(*Du beau dans la nature*)』(2nd ed)(1875), 『인도유럽어의 기원들 또는 원시 아리아어(*Les origines indo-européennes ou les Aryas primitifs*)』(2nd ed, 3 vols.)(1878).

8) 켈트족, 갈라트족, 골족은 동의어로서 역사적으로 유일하며 동일한 민족을 지칭했던 것인지 아니면 두 개의 구별되는 민족을 지칭하는 것인지 학자들마다 의견이 분분하다. 고대 문헌으로는 켈트족과, 다른 한편으로는 갈라트족 또는 골족을 분명하게 구별하기 힘들다. 동일한 민족들이 다른 지도에 따라 다른 이름들을 지닌 것으로 추정된다. 기원전 7세기경부터 인도유럽 민족들은 렌 강을 건너 프랑스, 스페인, 영국으로 몰려들었다.

기원전 4세기경 이탈리아 반도를 침략한 켈트족을 골족이라 불렀으며, 갈라트족이라는 명칭은 기원전 3세기가 시작할 무렵, 그리스를 침입해 다뉴브 계곡에 정착하고 이어서 소아시아로 진입한 켈트족을 부르는 데 사용되었다. 일반적으로 수용되는 관례에 따르면, 켈트족이라는 단어는 총칭적 명사로서 위에서 인용된 모든 분파들에 적용된다. 갈라트족이라는 명칭은 소아시아에 작은 국가를 세운 켈트족 무리를 뜻한다. 갈라티와 소아시아의 다른 왕국들은 기원후 1세기경 고대부터, 그들에 따르면 갈라티아라고 명명된 지역인, 소아시아의 중앙으로 이주했던 켈트 민족이다.(영어판 위키피디아 및 프랑스어판 위키피디아 참조)

9) 아르모리크어는 루아르 강과 센 강과 더불어, 고대 시대부터 골 지방의 넓은 연안에 할애된 골어의 이름으로서 라틴어로 Aremorica또는 Armorica로 라틴어화된다. 어원적으로 '바다를 마주보는 지방'이라는 의미다. 골족 시대에서 아르모리크는 역사적 브르타뉴 지방의 다섯 개의 지방에 걸쳐 존재한 골족의 방대한 연방이었다. 루아르 지방에서 현재의 노르망디 지역을 모두 포괄한다.

10) 근대 켈트어파(語派)의 두 가지 어군 가운데 하나. 나머지 하나는 고이델어군이다. 브리톤어군(웨일스어로 'Briton'이라는 뜻의 'brython'에서 유래)은 그레이트브리튼 섬(영국)에서 과거에는 물론 지금도 쓰이고 있으며, 웨일스어, 콘월어, 브르통어 등 3가지로 구성된다.

11) 브르통어는 브리타닉 가지의 켈트어이며, 갈루아어와 매우 가깝다. 브르통어는 통상 세 개의 역사적 단계로 분할된다. 5세기에서 9세기에 이르는 고대 브르통어, 12세기에서 16세기에 이르는 중세 브르통어, 17세기에서 현대에 이르는 근대 브르통어가 그것이다.

로마 제국 통치 아래서 브르통어가 나온 브리타닉어는 브리타니아라는 로마 제국의 지방 속에서 말해졌으며, 현재의 영국 도시 글래스고의 강변에 해당되는 클리드 지방까지 이르렀으며 라틴어는 지방 토속어를 대체하지 못했다.

12) 고이델어(갤릭어)는 도서 켈트어군에 속한 언어들로 여기에 속한 대표적인 언어는 아일랜드어이다.

13) 픽트족은 센 강에서 가론 지방에 이르는 모든 민족들을 하나로 묶는 켈트 대연방에 속하는 겔트족을 형성한다. 픽트 부족은 골족의 부족들 가운데 가장 강력한 부족의 하나이며, 영토가 매우 방대했다. 북쪽에서는 루아르 강으로부터 서쪽으로는 대서양에 이른다.

픽트족의 기원은 불확실하나, 기원전 10세기경 유럽 대륙을 떠나 스코틀랜드로 향했다. 픽트라는 이름은 기원후 3세기부터 9세기까지의 스코틀랜드의 저지대에 사는 거주민들에게 주어졌으며 그 이전 로마인들은 그들을 칼레도니아인(Caledonni)이라고 불렀다. 예컨대 3세기경의 라틴어 문헌들은 픽테족을 명명하고 있는데, 북쪽에서 내려와 브르타뉴 지방을 공격한 약탈자로 묘사했다. 한 명의 왕 아래 결속해서 픽테족은 5세기경 아일랜드에서 내려온 스코트족에 맞서 투쟁했다. 850년 픽테족은 스코틀랜드 왕 케네트 1세(Kenneth Ier)에게 정복당한다. 그리고 서로 경쟁하던 두 부족의 소유물을 모두 통일하여 스코틀랜드 왕국을 세운다.(영어판 위키피디아 및 프랑스어판 위키피디아 참조)

14) 갈리아어들은 겔트어족을 형성하며, 브리토닉어들의 무리와는 구별된다. 이들 언어는 크게 세 개를 포함하다. 아일랜드어, 스코틀랜드어, 만 섬의 방언인 만어가 그것이다. 갈리아어라는 이름은 통상적으로 이들 언어들 전체를 지칭한다.

15) 볼카에족(라틴 발음으로는['wɔlkaj])은 마케도니아를 기원전 270년경 침공한 골족의 습격 이전에 부족 연합으로 존재했다. 그들은 기원전 279년경의 테르모필레 전투에서 그리스 연합군을 물리쳤다. 고고학적으로 볼 때 후기 라텐(La Tène) 지역의 켈트, 볼카에(Volcae)라 불리는 부족들은 남프랑스, 모라비아(Moravia), 에브로 강 계곡(the Ebro River

valley), 소아시아, 아나톨리아 지역의 갈라티아(Galatia) 등에서 동시에 발견된다. 매우 활동적인 그룹들과 다양한 구성 요소로 인해, 볼카에족은 켈트족의 기원전 3세기경의 군사적 확장 시절에 민족적 일체를 이루었다.(영어판 위키피디아 참조)

16) 원문에 누락되어 있는 상태임.

17) 현재 스위스의 장크트갈렌에 있는 수도원이다. 719년 카롤 왕조 때 이래로 독립적인 공국의 지위를 가졌던 13세기를 비롯해 오랜 시간동안 유럽에서 가장 강력한 베네딕트 수도원의 중심지였다. 성 오트마루스(St. Othmarus)가 성 갈렌이 은둔했던 지역에 세웠다. 세계에서 가장 아름다운 중세 시대 도서관 중 하나로 꼽히며 1983년 이래로 유네스코 세계 문화 유적으로 지정됐다.(영어판 위키피디아 참조)

18) 카르파티아 산맥(The Carpathian Mountains or Carpathians). 중부와 동부 유럽에 아치 형태를 이루며 1500킬로미터 가량 걸쳐 있는 산맥으로 유럽에서 두 번째로 긴 산맥이다.

19) 게르만 어족 수형도

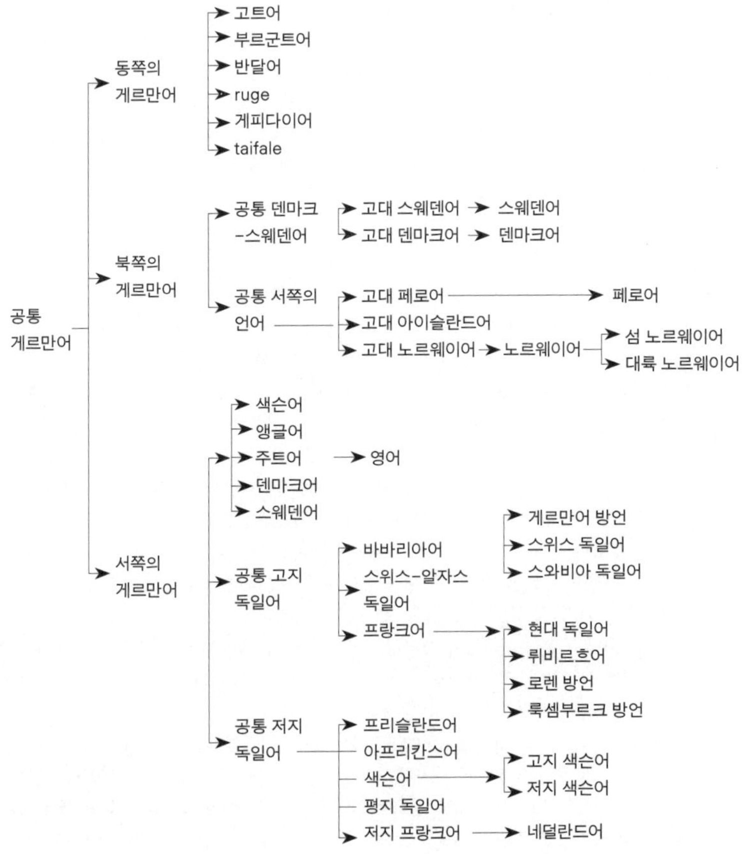

20) 룬 문자는 고대 게르만족이 비문이나 주문에 사용하던 문자로, 룬이라는 이름은 고대 노르드어, 앵글로색슨어의 run에서 유래한다. 이는 '비밀'을 의미하는데 무기, 장신구, 비석 등에 문자를 새김으로써 그런 것들이 신비한 마력을 갖는다고 여겼기 때문일 것으로 추정한다. 현존하는 최고의 유품은 3세기경으로 추정되는데, 단문이 많고 긴 문장이라 해도 2000자 정도이다. 문자의 발상은 2세기경 흑해 연안에서 남하한 고트족이 그리스 문자를 모방하여 만들었을 것으로 추측했으나 고트족이 이후 고트 문자를 별도로 만들었기에 룬 문자는 고트 문자보다 라틴 문자에 가까운 것으로 본다. 알프스 지방에서 발견된 문자 자료는 에트루리아 문자의 영향을 받은 것이 확실하며 연대도 기원전 1세기까지 소급한다. 초기의 글자체는 곡선이 적은 것으로 볼 때 처음에는 나무에 새겼을 것이다. 초기의 공통 알파벳은 24자이며 이것을 8자씩 3그룹으로 나누었다. 그러나 그 기준은 알지 못한다. 각 문자에는 명칭이 있으며 두음이 음가이고 자수는 뒷날 지역에 따라 증가했다. 북유럽에서는 21자였다가 나중에 16자가 되었고 잉글랜드에서는 8세기에 28자, 9세기에는 33자가 되었다. 분포 지역은 덴마크와 스칸디나비아 남부가 중심이고, 남동쪽은 루마니아, 서쪽은 잉글랜드 북서부와 만섬에 이른다. 7세기 무렵 로마자 보급에 따라 소멸됐지만 북유럽에서는 장소에 따라 14세기까지 사용됐다. 문자는 좌서체이지만 두 번째 줄을 오른쪽에서부터 쓰는 경우도 있었다.(세계문자연구회, 『세계의 문자』, 201~203쪽)

21) 소쉬르는 당시 두 개의 사어에 대해 정통한 최고의 전문가로서 학문적 인정을 받았는데, 바로 산스크리트어와 고트어이다. 특히 고트어는 그가 파리 시절부터 말년에 이르기까지 강의했던 언어이다. 고트어는 오늘날 사멸한 게르만 언어로서 고트족, 특히 비시고트족(Wisigoths)이 말하던 언어로서 인도유럽어족에 속한다. 현재까지 문헌으로 증언된 게르만 언어들 가운데 가장 오래된 언어이지만, 고트어는 현재의 게르만 언어들 가운데 단 하나의 언어도 탄생시키지 못했다. 가장 오래된 문헌은 기독교 시대인 4세기경으로 거슬러 올라간다. 고트어는 6세기 중반기부터 사용 지역이 줄어들기 시작했는데, 프랑크족에 맞서 싸우던 비시고트족의 패배와, 이탈리아 반도에 거주하던 고트족(오스트로고트, Ostrogoths)의 파괴에 기인한다. 여기에다 스페인에 머무르던 고트족들이 가톨릭으로 개종하고, 고트어가 라틴어화의 차원에서 로마 알파벳으로 표기되면서, 또한 고트족의 전반적인 지리적 고립으로 인해 언어가 소멸되기 시작했다.

하지만 고트어는 스페인에서 7세기 중반기까지 살아남았다. 프랑크인 스트라보(Walahfrid Strabo)는 9세기까지 고트어가 다뉴브 강 하류와 크림 반도의 고립된 산악 지방에서 여전히 말해지고 있다고 언급했다. 고트어의 태곳적 성격은 비교언어학에서 주된 관심의 대상이었다. 고트어의 태곳적 성격은 인도유럽어족에 고유하게 나타나는 특징들을 보존하게 했다. 고트어에는 주격, 목적격, 소유격, 여격 등 모두 4개의 격이 있었다. 다른 게르만 언어들과 비교했을 때 4개의 격을 모두 갖는 언어는 아일랜드어와 독일어뿐이다. 인도유럽어족에는 세 개의 성 구별이 나타나는데, 그 가운데 중성은 독일어, 노르웨이어, 아일랜드어에서도 나타난다. 명사와 형용사는 단수와 복수에 따라 굴절된다.

이들 언어들의 어족에서 나타나는 가장 놀라운 특징들 가운데 하나는 약한 명사 곡용과 강한 명사 곡용의 대립이다. 특히 이 같은 대립은 고트어에서 현저하게 나타난다. 하나의 명사가 주어졌을 때, 오직 하나만의 굴절이 가능한 반면 (어근의 종결음에 따라서) 몇몇 형용사는 그것들의 가치에 따라서 하나 또는 다른 곡용을 따른다. 지시 대명사 형식에 의해서 한정되는 형용사들은 약하게 굴절하고, 비한정 형용사들은 강하게 굴절된다. 예컨대, der gute

Wein(약한 곡용), ein guter Wein(강한 곡용). 고트어 동사의 대부분은 인도유럽어의 '주제적' 동사 활용을 따른다. 어근과 종결어미 사이에 교체 자음 ＊e/o를 끼워 넣기 때문이다. 고대 라틴어와 그리스어도 동일한 양상을 보여 준다. 예는 다음과 같다.

라틴어: leg-i-mus(우리는 읽는다): 어근 leg-+주제 모음-i-(＊에서 온 것)+종결어미 -mus

고대 그리스어: λυ-ό-μεν(우리는 풀어놓는다): 어근 λυ-+주제 모음-o-+종결어미 -μεν

고트어: nim-a-m(우리는 잡는다): 어근 nim-(cf. 독일어 nehm-en)+주제 모음 -a-(v ＊o에서 온 것)+종결어미-m.(프랑스어판 위키피디아 참조)

참조 문헌: F. Mossé, *Manuel de la langue gotique*(Aubier, 1942); W. Braune et E. Ebbinghaus, *Gotische Grammatik*, 17e édition(Tübingen, 1966); W. Streitberg, *Die gotische Bibel*, 4e édition(Heidelberg, 1965); J. Wright, *Grammar of the Gothic language*, 2de édition(Clarendon Press, Oxford, 1966); W. Krause, *Handbuch des Gotischen*, 3e édition(Munich, 1968).

22) 게피다이족은 고트족과 밀접한 관계가 있었던 동게르만 부족을 말한다. 남부 스웨덴 지역에서 이주해 1세기에 남부 발트해 연안에 정착했다. 2세기경 게피다이족은 점차적으로 남쪽을 향해 이주했으며 3세기말에는 트란실바니아 북쪽에 정착했다. 이후 4세기에는 훈족의 영역으로까지 이주했다.

23) 6세기 고트어로 기록된 화려한 장정으로 꾸며진 성서 복음서. 총 336장 가운데 188개의 낱장이 발견되었다. 현재까지 전해지는 게르만어를 증언하는 가장 오래된 완결한 문헌으로 평가받는다. 몇몇 비문들은 룬 알파벳으로 일상적인 물건들 표면에 기록되었다. 코덱스 아르겐테우스는 그보다 선행한 텍스트의 복사본이며 울필라(Wulfila 또는 Ulfila, 311~363) 주교가 성서의 내용을 고트어로 번역한 일부분이다. 이 문헌은 8세기 이후로 스웨덴의 웁살라 대학교에 보관되어 있으며, 금과 은으로 도금된 잉크를 사용하여 총천연색 양피지 종이에 기록되었다. 이 문헌은 북이탈리아에 거주하던 오스트로고트족에 의해 전달되었으며, 여기에서 사용된 알파벳은 그리스 알파벳에 기초하여 울필라가 발명한 것으로 알려져 있다.

이미지 출처: 영어판 위키피디아

24) 베르덴 수도원(독일어로는 Kloster Werden)은 현재 독일의 에센(Essen) 도시에 위치한 베르덴 구역에 위치한 베네딕트 수도원이다. 799년 성 리우드게르(saint Liudger)가 세웠으며 수도원 건물과 재산은 1803년 국가에 이양되었다.

25) 소쉬르 또는 필기를 했던 콩스탕탱이 Auger de Bousbecque를 오기한 듯하나, Bousbek라는 이름의 고유명사는 찾아볼 수 없다. 1522년 코민(Commun)에서 탄생한 프랑스 출신의 무역 상인으로서 동방 여행을 통해 고대 그리스 필사본의 수많은 분량을 유럽에 가져와 고대 문학 연구에 큰 기여를 한 인물이다.

26) 프리슬란드족은 독립국가를 형성했으나, 대규모 정치적 단위는 아니었으며, 지방 영주들이 통치했다. 당시의 야만 민족들처럼 로마의 동전 화폐를 사용했으며, 중세가 시작될 무렵, 후기 로마의 황금시대는 프리즈(Frise)에서 화폐 유통의 기지를 형성했다. 프리즈의 정

치적 역사는 알려진 바가 없다.

27) 앵글족(라틴어로는 gens anglorum)은 프랑스어로 각각 영국인과 영국을 의미하는 '앙글레(Anglais)'와 '앙글레테르(Angleterre)'를 파생시킨 민족 명칭으로서 현재의 독일 슐레시비그(Schleswig)에 있는 안젤른 반도에 기원을 둔 게르만 민족이다. 449~455년 보르티제른(Vortigern)은 앵글족을 불러내 픽트족에 맞서 자신의 편에서 싸우도록 했다. 앵글로색슨의 연대기는 앵글족이 성공의 영예를 누리며 자신들의 고향의 땅을 어떻게 묘사했는가를 완벽하게 기술하고 있다.

28) 1027~1087. 정복자 기욤 또는 사생아 기욤, 노르망디 기욤 2세, 영국의 기욤 1세라고도 불린다. 1035년 노르망디의 공작이었고, 서거 당시 1066년 영국의 왕이었다. 로베르 르 마니피크와 아를레트 사이에서 태어난 사생아로, 아버지가 서거하자 8세 때 노르망디의 공작이 되었다. 불안정한 시기를 거쳐 1047년 전투에서 승리해 노르망디 지배권을 되찾는다. 1053년 노르망디를 강력한 공작령으로 만든다. 영국의 왕위 계승 혼란을 극복하면서 하스팅 전투에서 승리하여 1066년 영국 왕위 지위를 얻는다. 이 정복은 그를 당시 서유럽의 최고의 강력한 영주로 만들었으며 영국 사회에 지대한 변화를 이끌었다. 당시 영국 상류층은 노르망디의 영주 자리를 얻기 위해 영국을 떠났다.

29) 최근의 인도유럽어족에서는 이탤릭어파 무리와 켈트어 무리를 하나로 묶어 분류한다.

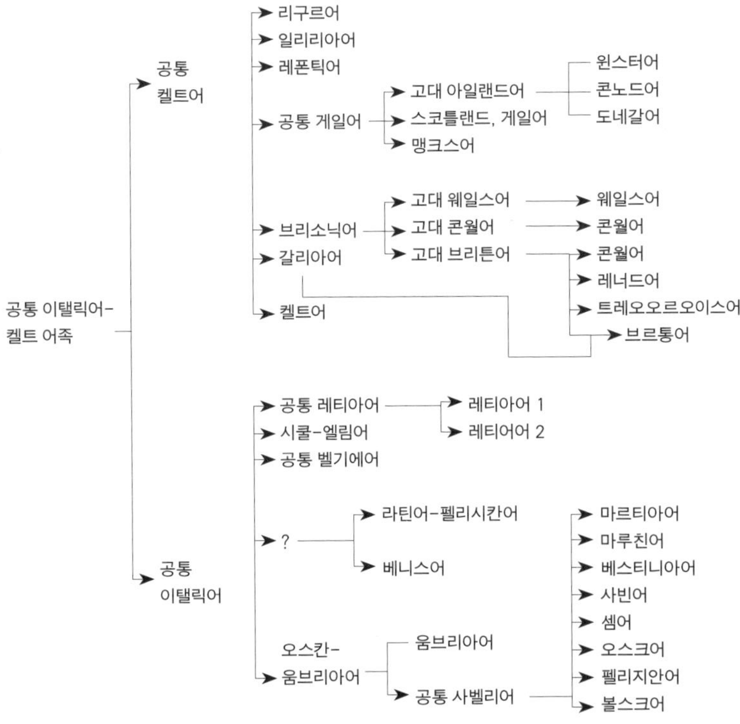

30) 위그빈 청동 태블릿(Tabulæ Iguvinæ)은 1444년 현재 이탈리아 움브리아 주의 구비오에서 파올루스 그레고리(Paolus Greghori)에 의해 발견되었다. 현재 구비오 시 박물관(Palais des Consuls)에 보관 중이다. 가로세로 각각 28x40cm와 57x87cm, 2.5~7.6kg의 태블릿은 총 7개 가운데 다섯 개는 양면에 기록되었으며 두 개는 한 면에만 기록되어 있다. 이 청동 태블릿은 라틴어 알파벳과 움브리어 알파벳으로 다양한 축제의 종교 의례 행사에 대한 특수한 의식 절차를 기술하고 있다. 움브리어로 적힌 태블릿은 기원전 3세기로 소급되며 라틴 알파벳으로 기록된 것들은 기원전 1세기로 거슬러 올라간다. 구비오 태블릿의 알파벳은 모두 14개의 자음과 4개의 모음으로 이루어졌으며 독서는 오른쪽에서 왼쪽으로 진행된다. 다음 저서를 참고할 것.

위그빈 청동 태블릿

Giacomo Devoto, *Le Tavole di Gubbio*(1948); Augusto Ancillotti, Romolo Cerri, *Le tavole di Gubbio e La Civiltà degli Umbri*(1996).

31) 로마 동부 라치오에 있는 고대 도시로 고대에는 프라이네스테(Praeneste)라고 불렸다. 인구수는 약 1만 8000명이었으며 후에 프레네스티나 가도와 연결됐다. 현재는 팔레스트리나라고 부르는데 이는 이곳이 이탈리아의 유명 작곡가 지오반니 피에르루이지 팔레스트리나의 생가이기 때문이다.(영어판 위키피디아 참조)

32) 라틴팔리스카어군(Latin-Faliscan languages): 인도유럽어족의 이탈리아어파에 속하는 어군이다. 이탈리아에서 사용되었으며 라틴어와 팔리스카어가 이 어군에 속한다. 라틴어는 다른 언어들을 흡수하며 팔리스카어를 대체해 나갔다. 이 그룹에서 살아남은 언어는 라틴어로 이것이 통속 라틴어로 변해 가며 후에 로망어로 발전했다.(위키피디아 참조)

33) 레티는 아마도 에트루스칸으로부터 그 언어와 문화가 비롯된 알프스의 부족들을 나타내기 위해 고대 로마인들이 사용하던 종합적인 민족의 이름이다. 그 명칭에는 라에티(Rhaeti), 레티(Rheti) 등 다양한 형태가 있다. 기원전 500년경 오늘날의 스위스 중부와 이탈리아 북부 알프스 지역에 살았다. 레티라는 이름의 어원은 정확하지 않으나 로마의 라에티아(Raetia)라는 지방 이름에서 기원한 것으로 여겨진다. 북부 이탈리아의 레티 부족들은 3세기 말까지 레티의 언어를 말했을 것으로 여겨진다. 스위스의 레티 부족들은 아우구스투스 황제 시기에 켈트어를 말했을 것으로 추정된다.(위키피디아 참조)

34) 가스통 파리는 소쉬르가 생존 시 친분을 쌓았던 프랑스 문헌학의 거봉이다. 1839년에서 태어나 1903년 타계했으며 중세 전문가였고 로망어 문헌학자였다. 본 대학교와 파리 최고의 문헌학 및 서지학 전공자 양성 기관인 사르트르 학교에서 공부했다. 부친인 폴렝 파리스(Paulin Paris)를 계승하여 1872년부터 1903년까지 콜레주 드 프랑스에서 중세 프랑스어문학 석좌 교수로 강의했다. 1866년 학술지 *Revue critique d'histoire et de littérature*와 1872년 *Romania*를 창간했고 1875년 프랑스 비문학 및 서지학 아카데미 회원으로 뽑혔으며 1896년 프랑스 한림원에 입성했다. 소쉬르가 여기에서 참조했을 것으로 추정되는 그의 저서는 다음과 같다.(프랑스어판 위키피디아 참조)

*Mélanges linguistiques: latin vulgaire et langues romanes, langue française, notes étymologiques, appendice, index*, 1906~1909.

*Esquisse historique de la littérature française au moyen âge*(depuis les origines jusqu'à la fin du XVe siècle), 1907.

*Mélanges de littérature française du Moyen Âge: la littérature française au Moyen-âge*, l'épopée, le roman, l'histoire, la poésie lyrique, la littérature du quinzième siècle, 1910~1912.

35) 메사피족(messapes)은 이아피지아(Iapigia)라는 이탈리아 남부 지역에 살던 거주민들이다. 이들 민족의 이름의 기원은 알지 못하나 두 개의 바다 사이에 있는 민족이라는 뜻에서 기원했을 것이라는 가설이 제시되었다. 비르질리우스(Virgilius)와 헤로도토스(Herodotos)는 이들 민족들이 그리스에서 기원했을 것이라 언급했으나 역사가들은 일리리아어 민족들 사이에 분류시킨다.

스트라봉은 이들 민족을 크레타 섬에서 기원한 것으로 보았다. 메사피족의 사용 언어인 메사피아어는 대략 260개의 비문들의 코퍼스에서 나타나는데 이들 비문들은 가장 오래된 것이 기원전 600년으로 소급된다. 일리리아어와의 연계성은 단지 의성어 정도에 그치고 있는데, 이것은 일리리아어가 어떤 문자의 흔적도 남기지 않았기 때문이다.

36) 시쿨족은 고대 시칠리에 살았던 이탈리아계인들이다. 시쿨족은 고대 이래로 시칠리아에 살았으나 급속도로 마그나 그라에키아(이탈리아 남부에 있던 고대 그리스의 식민 도시군)에 융합되었다. 현대 언어학자들은 시쿨족이 인도유럽어를 사용했으며 동부 시칠리아와 남부 이탈리아에 살았다고 정의 내렸다. 이와 반대로 Sicani와 Elymi는 중부와 서부 시칠리아에 살았고 인도유럽어를 사용하지 않았다.(위키피디아 참조)

37) 리구르족은 유럽의 원시 역사 시대의 알프스 산맥에 살던 민족이다. 문자 언어의 전통을 남기지 않아 오직 그리스어와 라틴어 문헌을 통해서만 그들의 존재가 알려져 있다. 특히 지명학과 고고학에서 그들 언어로 추정되는 흔적들로 추정될 뿐이다. 예컨대 헤로도토스는 sigynna가 '상인'을 뜻했을 것이라고 지적했다. 리구르어는 이탈리아 반도 무리와 켈트어들과 음성적 친화성을 갖고 있으며 그 어휘는 켈트어에 가깝다. 몇몇 리구르어의 인종명들은 인도유럽어족의 어원론을 갖지 않는 것들도 있다. 따라서 리구르어는 일반적으로 인도유럽어로서 간주된다. 이 이론을 전개한 선구자는 역사학자이며 켈트 문화 전문가인 주뱅빌(Henri d'Arbois de Jubainville)이다. 몇몇 저자들은 리구르어의 비인도유럽어 인종 명칭을 명하기 위해 인도유럽어 민족이 인도유럽어족 사용 이전의 민족들에 대한 지배를 부과했을 것이라는 가설을 세웠다. 혹자는 리구르어를 켈트 무리의 특수한 언어로 간주하기도 한다. 인도유럽어족에서 몇몇 특정 종결 어미로 끝나는 지명들은 리구르어의 영향에 기인한 것으로 설명할 수 있다.

38) 트라키아족은 인도유럽어를 사용하는 민족으로서 신앙 체계와 삶의 방식을 공유했으며 방언들과 더불어 동일한 언어를 사용했다. 그들의 문명은 여전히 미지이나 기원전 5세기에서 3세기에 걸쳐 만개했다. 구술 문화는 다양한 전설들과 신화들로 이루어져 당시의 다른 민족들과 차별화되었으며 특히 불멸성에 대한 믿음이 특징이다. 트라키아족에 대해 우리가 알고 있는 지식은 고대 그리스 작가들에 신세를 지고 있다. 트라키아족은 흑해와 에게해 지역에 이르는 방대한 지역에 걸쳐 살았으며, 기원은 중앙아시아 지역으로 소급된다. 시간이 경과하면서 그들의 영토는 루마니아, 몰디브, 불가리아, 유고슬라비아, 터키 등으로 팽창했다.

39) 다키아어(그리스인들은 gète라고 불렀다.)는 오늘날에는 사라진 고대 언어들 가운데 하나로서 미지의 언어로 남아 있다. 이 언어를 사용한 민족들이 주로 구술 전통 방식에 의존했기 때문이다. 지금까지도 문헌 텍스트의 결핍으로 인해 이 언어에 대한 설명은 대부분 가설에 머

무르고 있다. 그 가운데 중요한 가설은 인도유럽어이거나, 인도유럽어들 출현에 선행하는 일종의 모어, 또는 라틴어와 가까운 트라키아-일리리아 계통의 언어라는 가설로 모아진다.

다키아어는 특히 지명학, 상당수의 고유명사, 하천 이름, 산 이름들에 의해 알려져 있으나, 신의 이름들과 약에 쓰인 식물명에 의해서도 알려져 있다. 로마의 시인 오비디우스(Ovidius)는 그가 다시 지바에 유배되었을 때 다키아어로 두 편의 시를 적었다고 하나 유실되었다. 고대 그리스 알파벳으로 적인 비문들이 몇몇 도시들의 벽 위에서 발견되었다. 현대 루마니아어 가운데 160여 개가 다키아어의 기원에 속하며 이 가운데 70여 개는 알바니아어에도 속한다. 골족과 마찬가지로 다키아족은 글을 쓸 때 그리스어로 적었다. 다키아어에서는 구술 전통이 특권시되었다. 따라서 문자 언어의 흔적은 남아 있는 것이 것의 없다.

40) 그리스어와 프리지아어 계보도

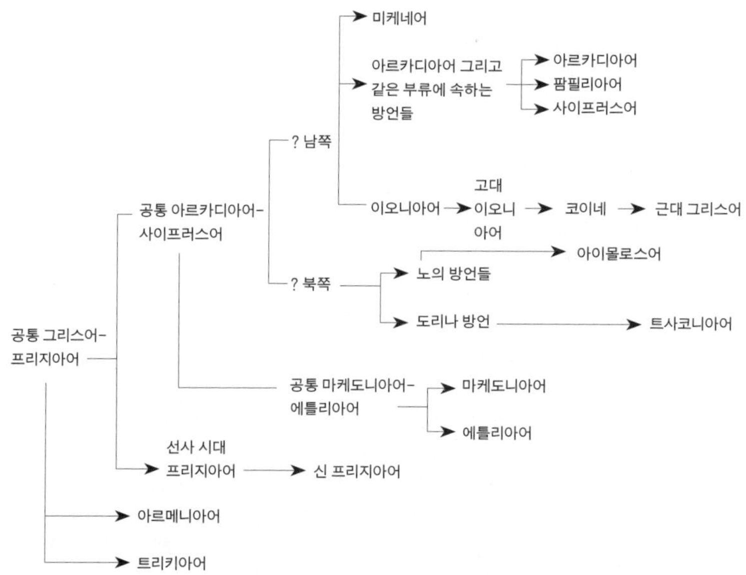


41) 미틸레네의 알카이오스(기원전 630~580년경)가 레스보스 섬의 알카이오스라고도 불린다. 태곳적 시대의 그리스 시인으로서, 단성가 형식의 서정시를 대표하며 그리스 서정시인들 가운데 제2인자라는 평가를 받았다. 그의 시들 중 일부만 오늘날까지 전해진다. 송가, 정치적 노래, 전쟁을 부추기는 노래, 술과 음식을 찬양하는 노래와 사랑 예찬들이 주종을 이룬다. 사포와 마찬가지로 레스보스 섬의 가장 중요한 도시였던 미틸레네에서 태어났으며 사포의 경쟁자이자 애인이었다. 청년 시절, 그의 가족은 당시의 고향 도시의 지역 정치에 적극적으로 참여했는데, 당시 폭군들에 맞서 싸우던 반대파에 속했다. 이 같은 태도는 그를 유배하게 만든 원인이었다. 여행을 좋아해 이집트와 팔레스타인을 방문했다.

사포(기원전 630~기원전 580년)는 미틸레네 섬에서 태어난 고대 그리스의 여류 시인. 사포의 작품으로 확실하게 인정할 수 있는 작품들은 거의 없다. 실제로 여인들에 대한 그의 사랑은 그의 몇몇 시 작품 속에서 분명하게 읽힌다. 아마도 이 같은 동성애적 경향은 중세 기독교 필생들에 의해 문헌이 보존되는 것을 가로막았을 것이다. 고대의 문헌에서도 그녀의 작품이 '수치스러운 우정'을 언급하고 있다는 점을 알 수 있다. 그 결과 수십 세기를 가로질러 다른 작가들이 사포에 대해 남긴 분산된 파편들과 인용문들이 남아 있을 뿐이다. 길고 짧은 각종 아이올로스풍 시형을 사용하여 구애, 이별 등의 정서를 노래했다.

42) Lesbos. 현대 그리스어로는 Lésvos. 에게 해의 섬 중 크레타 섬과 에보이아 섬 다음으로 큰 섬. 렘노스 섬 및 아이오스에브스트라티오스 섬과 더불어 그리스의 레스보스 주를 이룬다. 주도인 미틸레네는 섬의 주요 도시이며 이로 인해 레스보스라는 이름 대신 미틸리니라고 불리기도 한다. 그리스 서정시들은 알카이오스와 사포뿐 아니라 기원전 7세기에 레스보스에서 태어난 음악가인 테르판데르와 주신(酒神) 찬가주의자 아리온의 영향을 많이 받았다. 당시 레스보스 섬은 정세가 불안했기 때문에 레스보스 섬 출신 고대 그리스 시인 사포의 가족들도 한때 시칠리아 섬으로 망명해야만 했다고 전한다.(영어판 위키피디아 참조)

43) 로크리드(Locride)는 레지오 칼라브리아 지방의 로크리 마을 주변 칼라브리아(이탈리아)의 영역이다. 4개의 지역으로 나뉘어 있다.(영어판 위키피디아 참조)

44) 타란토의 역사는 그리스 식민지로 설립된 기원전 706년경부터 시작되었지만, 청동기 시대부터 이주해 온 역사적 유물들이 발견되고 있다. 고대 도시는 헬름에 의해 보호되며 반도에 위치하고 있었다. 이후 고대 그리스의 공동묘지 위에 근대 도시가 세워졌다.(영어판 위키피디아 참조)

45) 시러큐스는 시러큐스 지방의 수도인 시실리 지방의 역사적인 도시이다. 이 도시는 풍부한 그리스 역사와 문화, 원형경기장, 건축, 그리고 걸출한 수학자와 기술자인 아르키메데스의 출생지로 주목된다. 2700년 된 이 도시는 지중해 세계의 주요 도시 중 하나로 고대에 핵심적 역할을 했다. 시러큐스는 이오니아 바다 옆의 시러큐스 만 옆에 있는 시칠리아 섬의 동남쪽 구석에 위치해 있다.(영어판 위키피디아 참조)

46) 그리스의 사이프러스 방언(Kypriaká(Κυπριακά))은 현재 사이프러스에서 50만 명 이상이 사용하는 언어이다. 현재의 그리스 사이프러스 사람들 대부분이 이 언어를 말하고 있으며, 터키 지역의 고대 사이프러스인들이 말하던 제1언어이다. 표준 그리스어와는 다른 방언으로서 간주된다.

47) 보이오티아는 그리스의 주변 지역 단위들 가운데 하나로서 고대 그리스의 지역이었다. 보이오티아는 코린트 만의 해안에 위치해 정치적 중요성을 지녔으며, 경계선에 위치한 전략적 장점을 지녔고, 다른 주변 지역과의 소통이 용이했다. 보이오티아 출신 인물들 가운데는 핀다르, 헤지오드, 플루타르크 등이 있다. 아테네인들은 보이오티아 사람들이 우둔한 사람들이라고 속담에서 조롱하기도 했다.

48) 이반스(Sir Arthur John Evans, 1851~1941)는 영국의 고고학자로서 고전문헌학 교육을 받았다. 그리스와 크레타 섬에서 수많은 고고학적 업적을 남겼으며 특히 크노스의 발굴에 크게 기여했다. 1900년 고대 문헌에서 언급되었으나 그 존재가 증명된 바 없던, 청동기 시대의 크레타 왕궁들의 신화적 문명을 발견했다. 고대 크레타 섬에서 사용되었던 선형 문자 A는 아직도 해독되지 않은 상태로서 85개의 기호들과 표의 문자로 구성되었다. 학자들은 선형 문자 A가 미노아 사람들의 언어를 옮긴 것으로 추정한다. 20세기 초 이반스는 크레타 섬에서 이 문자와 다른 고대 문자들의 흔적들을 발견했다. 그는 이 문자들을 차별화시키기 위해 각 문자의 겉모습과 태고성에 따라 상형 문자 A, 상형 문자 B, 선형 문자 A와 선형 문자 B로 명명했다. 두 개의 문자는 분명하게 선형 문자 A로부터 파생했다. 크레타 섬과 그리스에서 사용되던 선형 문자 B는 1950년경 해독되었으며 그리스 방언을 전사한 것이다. 다른 하

나는 선형 문자 C로서 사이프러스 섬에서 사용되었으며, 선형 문자 A와 마찬가지로 아직 해독되지 않았다. 선형 문자 A는 미노아 시대, 즉 그리스의 침략 이전에 고대 크레타 시대와 문명으로서 기원전 2000년에서 1450년에 걸쳐 이루어졌다.(영어판 위키피디아 참조)

49) 그리스 해역인 에게 해에서는 고대에 크레타 섬을 중심으로 에게 문명(미노아 문명)이 번창했다. 이 문명은 기원전 3000년경부터 문화의 내용이 알려져 있다. 이때의 문자로는 크레타 상형 문자, 파이스토스 원판의 문자, 선문자 A, 선문자 B, 사이프러스 문자가 있다.(세계문자연구회, 『세계의 문자』, 59~67쪽 참조)

50) 발트어 계보도

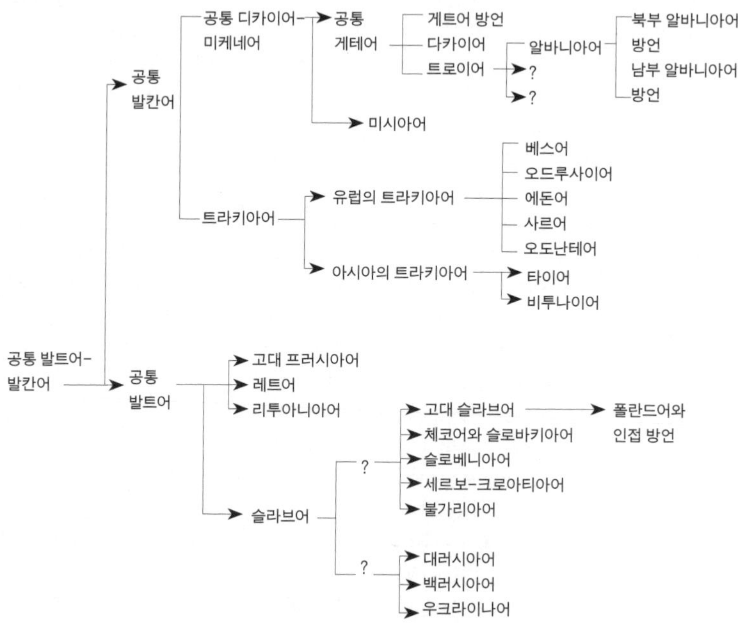


51) 메멜 영토(독일어로는 Memelland) 또는 클라이페다(Klaipėda) 지역은 현재의 리투아니아 도시인 클라이페다 근방에 위치한다. 주로 독일어권 사용자들이 거주하던 프러시아 왕국의 고대 지역이다. 메멜 영토는 바르샤바 조약에 의해 1차 세계대전 이후 만들어졌다. 1923년 리투아니아가 점령했으나 1939년 나치 독일이 합병하고, 1946년에는 소련이 점령했다. 구소련 붕괴 후 다시 리투아니아에 귀속되었다.

52) 카우나스(Kaunas)의 러시아어 이름. 리투아니아 남동부에 있는 하항 도시. 인구 37만 8943명(2001). 네만 강과 네리스 강 합류 지점에 있으며 중심부가 네만 강 오른쪽 연안을 따라 발달되어 있다. 11세기 초의 기록에 등장하는 오래된 도시로, 14~15세기 초 리투아니아와 튜턴 기사단의 투쟁에서 전략상 중요한 역할을 했다. 침략과 파괴가 되풀이되었지만, 15세기 자치제가 확립되어 수공업과 상업 중심지로 발전했다. 피혁 공업과 견직물 공업이 발달했으며 2차 세계대전 뒤 기계금속공업, 경공업, 식품공업 등의 공장이 새로 건설되었다.

철도와 간선도로가 분기하는 교통의 요충지이기도 하다. 거리에는 리투아니아 고딕 양식의 역사적 건물이 많고, 13~17세기 건설된 성과 비타우타스교회 등이 있다. http://dic.paran.com/dic_ency_view.php?kid=19011000&q=코브노.

53) 쿠를란트(Courland)는 라트비아의 역사·문화적 지역 중 하나이다. 라트비아의 서쪽에 위치한다. 고대 쿠를란드에 살았던 이교도 부족들은 독일 종교기사단에 점령당해 13세기 기독교로 개종했다. 쿠를란트와 세미갈리아 공국은 1561~1795년까지 존속한 반 독립적 공국이다.(영어판 위키피디아 참조)

54) 크리스티요나스 도넬라이티스(Kristijonas Donelaitis, 1714~1780). 18세기의 리투아니아의 시인이자 루터파 목사. 최초로 리투아니아어로 된 고전 형식의 서사시인 『사계절』을 썼다. 4부작으로 이루어진 『사계절』은 리투아니안인들의 봉건 사회에서 독일인 영주 밑에서의 가혹한 노동과 매년 반복되는 생활을 묘사하고 있다.(영어판 위키피디아 참조)

55) 레스키엔(August Leskien, 1840~1916)은 특히 발트해와 슬라브 언어에 관한, 비교언어학의 분야에서 활동적이었던 독일의 언어학자이다.

56) 루사티아(Lusatia)는 중부 유럽에서 역사적인 지역이다. 동쪽에 있는 보브르(Bóbr)와 크이사(Kwisa) 하천 서쪽에 있는 엘베 계곡에 이르며, 현재 독일의 작센 지방의 주와 브란덴부르크, 실롱스키에 저지대와 폴란드 서쪽의 루부스키에 주에까지 이른다. 소련에 의한 동독의 편입 이후 나이세 강을 따라 루사티아의 동쪽 지역이 폴란드에 넘겨졌다.(영어판 위키피디아 참조)

57) 마르코만니 종족은 기원전 100년 이후 마인 강 협곡에 정착한 게르만족의 한 부족이다. 로마의 침공이 있었던 기원전 9년경에는 보헤미아로 이주했다. 이곳에서 마로보두스 왕은 강대한 부족 국가를 건설하여 로마에 위협적인 존재로 성장했다. 2세기 후반에는 이탈리아에 침입하여 마르코만니 전쟁을 일으켰으나 당시 로마 황제 마르쿠스 아우렐리우스가 이를 격퇴했다.(영어판 위키피디아 참조)

58) 5~7세기경 슬라브족이 현재의 체코와 슬로바키아 지역에 이주·정착했는데, 체코인은 보헤미아와 모라비아 지방에, 슬로바키아인은 슬로바키아 지역에 각각 정착했다. 이 두 종족은 기원 833년 일종의 연방국인 대 모라비아 제국을 세웠다. 모라비아 제국은 번창하여 헝가리 서부, 폴란드에 이르는 광대한 판도를 형성했다. 906년 헝가리의 마자르족이 모라비아 제국을 침략하여 슬로바키아를 점령함으로써 이후 1000여 년 동안 슬로바키아는 체코와 분리되어 헝가리의 지배를 받았다.(두산 동아백과 참조)

59) 포메라니아 만(Pomeranian Bay)은 폴란드와 독일 연안의 발트 해 남서쪽에 있는 만이다. 남쪽으로 독일과 폴란드에 걸쳐 있는 우제돔 섬과 볼린(Wolin) 섬에 의해 오데르 강(Oder River) 어귀에서 오데르 석호(Oder Lagoon)로부터 분리되고, 오데르 강의 세 지류인 드지브나(Dziwna), 시비나(Świna), 페네(Peene)에 의해 연결된다.(영어판 위키피디아 참조)

60) 볼리니아는 우크라이나 북서부에 있는 지역. 10~14세기에는 공국이었으나 리투아니아 대공령의 자치 지구가 되어 14세기 후반 이후에는 주로 지역 출신 귀족들의 통치를 받았다. 이 지역은 많은 사람들이 쇠퇴해 가던 키예프 공국을 떠나 볼리니아와 서쪽의 갈리치아로 이주해 가던 12세기에 유명해졌다.(한국 브리태니커 온라인 참조)

61) 미하일 로모노소프(Михаи́л Васи́льевич Ломоно́сов, 1711~1765)는 러시아의 박식가로 시인, 과학자, 언어학자이다. 문학, 교육, 과학의 분야에 지대한 공헌을 했다. 문학상의 중요한 공적으로는 문어의 개혁과 작시법이다. 『러시아어 문법』을 저술하여 러시아어 문법 체계를 확립했고, 『수사학』 및 『러시아어에 관한 교회 용어의 효용에 대하여』에서는 종

래의 문어로서의 교회 슬라브어와 구어의 관계의 중요성을 부각시키고 양자를 분석해 새로운 문학 용어를 만들었다. 이로 인하여 러시아 문어는 풍부해졌으며 점차 교회 슬라브어로부터 분리되었다.(로모노소프 연대기 http://max.mmlc.northwestern.edu/~mdenner/Demo/poetpage/lomonosov.htm 참조)

62) 루테니아인(Ruthenian). 루테니아는 맥락에 따라 각기 다른 의미를 지니는 문화적 용어로, 초기에는 러시아에 사는 서슬라브 민족을, 나중에는 우크라이나인을 주로 의미하게 되었다. 중세 라틴어의 러시아인을 뜻하는 '루테누스'에서 유래했다.(영어판 위키피디아 참조)

63) 키릴 문자는 그리스 문자에서 나와 서유럽으로 퍼진 로마자에 대해 그리스 문자의 직접 자손이라고 말할 수도 있는 문자이다. 키릴 문자는 동유럽 문자인데 뒷날 러시아에서 형태가 정비됐기 때문에 러시아 문자가 대표로 되었다. 키릴이라는 말은 문자의 창시자 이름에서 따온 명칭이지만, 키릴이 만든 문자는 실은 그라고르 문자라고 부르는 특이한 모습의 알파벳이며, 이보다 약간 늦게 만들어진 것으로 보이는 키릴 문자는 사실 키릴이 만든 것이 아니다. 키릴 문자는 그라고르 문자와 함께 그리스 정교의 전파와 함께 퍼졌고 일정 기간 병용되기도 했다.

64) 1940년대부터 프랑스 고고학 팀의 발굴에 힘입어 기원전 8세기 또는 7세기로 거슬러 올라가는 최초의 프리지아 도시가 세상에 알려졌다. 그곳을 사람들이 점유하기 시작한 시기는 선사시대의 지하 분묘가 입증하는 것처럼 더 오래된 것이다. 최초의 프리지아 도시는 기원전 6세기경 파괴되었으며 기원전 5세기경에 재건된 두 번째 도시는 3세기경 다시 방치되었다. 미다스(Midas Şehri) 왕의 도시는 지상 80m의 높이와 길이 200m의 도시로 이루어져 있으며 도시 하층부에는 지하 공동 분묘가 있다. 도시 상층부는 성벽으로 방어되었으며 몇몇 구조물이 남아 있다. 그 유명한 미다스 왕의 묘는 바로 암벽으로 둘러싸인 작은 언덕 허리 부분에 있다. 프리지아어로 다수의 비문들이 기념비 파사드 위에 새겨져 있다. 그 비문 가운데 하나는 여신 미다의 이름을 언급하고 있으며 미다스 왕의 신화적 어머니로 간주하고 있다. 미다스 왕 도시의 거점은 터키의 에스키제히르(Eskişehir)로부터 85km 떨어진 야즐르카야(Yazılıkaya)에 위치한다.

미다스의 지하 분묘

65) 카리아어는 고대 그리스 문헌에서 많이 발견되나 기원은 명확하지 않다. 대부분의 학자들은 아나톨리아어파의 언어의 하나인 루빅어(luwic) 그룹으로 분류한다.(고대 언어 사전 http://www.palaeolexicon.com/#sdfootnote1sym 참조) 카리아 문자는 복음절 문자가 많이 포함되어 있기 때문에 아직까지 해독이 충분하지 않다. 이 문자는 사이프러스나 고대 크레타 문자의 일부를 따온 것으로 추정된다.(세계문자연구회, 『세계의 문자』, 145쪽 참조)

66) 리디아어(Lydian language). 고대 소아시아 서부에서 리디아인이 사용하던 언어. 인도유럽어족의 아나톨리아 제어(諸語)에 속하는 언어의 하나로 기원전 1000년에 소아시아 서부의 리디아 왕국에서 사용되었다.(영문 위키피디아 참조)

리디아 문자는 카리아 문자에서 나온 것으로 알려져 있으며, 일찍이 밀레토스 그리스 문자의 영향을 받았다. 수도 사르디스에서 출토된 명문 중에 알람어와의 대역문이 발견되었으나 미해독 부분이 많다.(세계문자연구회, 『세계의 문자』,145쪽 참조)

67) 인도이란어족의 계보도

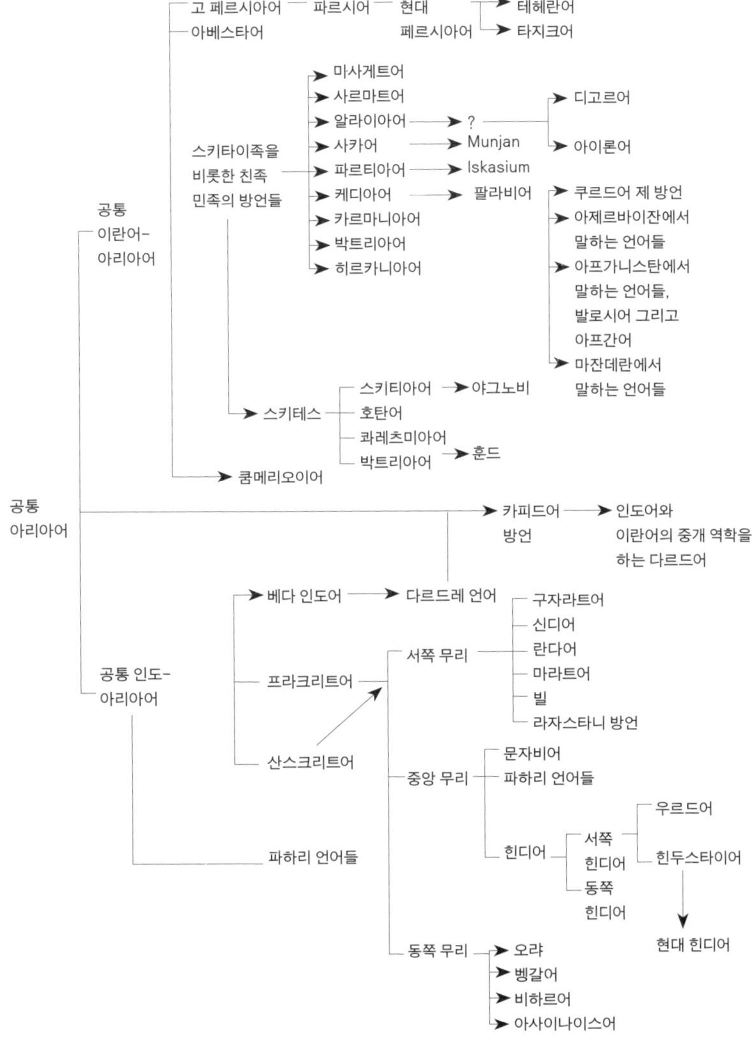

68) 수사는 이란 지역의 고대 제국인 엘람의 도시였다. 자그로스(Zagros) 산의 아래인 티그리스 강의 동쪽 250km에 위치하며, 카헤(Karkheh) 강과 데즈(Dez) 강 사이에 위치한다. 근대 이란 도시 슈슈(Shush)는 고대 도시 수사의 자리에 위치한다. 슈슈는 이란의 쿠제스탄(Khuzestan) 지방에 있는 슈슈 국가의 수도이다. 2005년 현재 약 6만 4960명이 존재한다.(영어판 위키피디아 참조)

69) 메디아(Media)는 이란 북서부에 있던 고대 국가로서 대체로 지금의 케르만샤 일부와 아제르바이잔, 쿠르디스탄 지방에 해당한다. 샬마네세르 3세(기원전 858~824)의 문헌에는 '마다' 지역 사람들이라는 기록이 있다. 바로 이들이 뒤에 메디아인으로 알려졌다.(위키피디아 참조)

70) 엘람(Elam)은 대체로 지금의 후제스탄 지역과 일치하는 이란 남서 지역의 고대 국가를 의미한다. 고대 사료에서는 엘람국의 이름 난 곳으로 아완·안샨·시마슈 및 수사 등 4곳을 들고 있다. 수사는 엘람국의 수도였으며 고전에서는 때때로 국명을 수시아나로 표기하기도 한다.(영어판 위키피디아 참조)

71) 기원전 1000년 전반 이란 고원 북서부를 중심으로 활약한 이란계 메디아족이 세운 왕국. 수도는 엑바타나(지금의 하마단)였다. 그 기원과 민족에 대해서는 분명하지 않지만, 이란 민족의 파(派)인 마다 또는 마타이족으로 우르미아 호(湖) 남쪽에서 말을 사육한 유목민이다.(영어판 위키피디아 참조)

72) 이란 남서부 팔스 지방에 있는 아케메네스 왕조의 수도. 그리스어로 "페르시아의 도시"를 의미한다. 페르시아인들은 "파르사(Parsa)"라고 부른다. 파르사는 파르스에서 유래했는데, 파르스 지방 또는 파르스 지방에 사는 사람들을 말한다. 페르시아 제국은 파르스에서 시작되었고, 파르사는 제국의 이름이면서 동시에 수도로 사용되었다.(위키피디아 참조)

73) 그로트펜트(1775~1853)는 독일의 문헌학자로 고대 문명의 전문가이며. 메소포타미아 설형 문자 해독의 기원을 장식한 인물이다. 괴팅겐 대학교에서 문헌학을 공부했으며, 1802년에는 1621년 발견되어 탁본으로 복사된 베이스툰의 페르시아 비문을 단지 몇 주 만에 해독하는 데 성공했다. 그의 가장 큰 공적은 페르세폴리스의 설형 문자를 해독한 데 있다. 고대 그리스어의 교수로서 그는 페르시아어들의 이름을 알고 있었으며, 아베스타(Avesta) 속에 전사된 바대로의 이름들의 형태에 기초하여 페르시아 설형 문자 가운데 10개의 기호를 파악하는 데 성공한다.

74) 베이스툰 비문은 다리우스 1세의 정복을 세 개의 언어로 기술하고 있는 기념비적 비문으로서 유네스코가 지정한 세계 문화 유산 가운데 하나다. 고대 페르시아어, 알라미트어, 아카디어가 그것이다. 텍스트는 현재 이란의 케르만샤(Kermanshah) 지방에 있는 베이스툰 산 절벽 위에 새겨져 있다.

이 비문은 1835년부터 헨리 롤린손(Henry Rawlinson)에 의해 해독되었다. 로제타 비석이 이집트 상형 문자에서 결정적 계기를 마련한 것과 마찬가지로 베이스툰 비문은 설형 문자 해독에서 중요한 전기를 마련한다. 즉, 이 문자의 해독에 가장 결정적인 문헌이 바로 이 비문이다. 텍스트 자체는 페르시아의 다리우스 1세의 선언문으로서 세 개의 상이한 문자들과 언어들로 기록되었으며 두 언어, 고대 페르시아어와 알라미트어는 나란히 적혀 있으며, 아카디아어는 두 언어 위에 적혀 있다. 다리우스는 기원전 521년부터 486년까지 페르시아 제국을 지배했다. 기원전 515년경, 그는 왕위 찬탈자 페르시아의 스메르디스(Smerdis)에 맞서 자신이 왕위를 차지한 긴 이야기를 들려주고 있으며, 그가 겪은 계속된 전쟁들과, 폭동 진압의 과정을 들려주고 있다. 비문의 길이는 대략 높이 15m 길이 25m로 고대 시대의 바빌론과 다른 제국의 도시를 이어 주던 도로로부터 100m가량 떨어져 있다. 절벽 위에 새겨져 있기 때문에 이 비문에 접근하기는 매우 어렵다. 고대 페르시아어로 작성된 비문의 글은 모두 5개의 칸에 414줄로 적혀 있으며, 알라미트어 텍스트는 8개의 칸에 593행을 포함하고 있다. 비문은 다리우스, 두 명의 가신을 재현한 부조물과, 피정복 민족을 표상하는 1m가량 높이의 열 명의 인물을 재현하고 있다.

1835년 이란의 차드 군대를 이끌던 영국군 장교 롤린손이 비문을 연구하기 시작했으며 본래 명칭인 Bisistun이 오늘날의 Behistun으로 영어화되었으며 그 기념비는 베이스툰 비문이라는 이름으로 알려지게 되었다. 접근하기 어려운 여건에서도 롤린손은 절벽을 기어 올라가 고대 페르시아어로 작성된 비문을 복사하는 데 성공했다. 나머지 두 개 언어가 기록된 곳은 접근하기가 어려워 포기한 상태였다.

고대 문헌과, 독일 문헌학자 그로트펜트가 제공한 음절 해독 결과를 바탕으로 그는 텍스트를 해독하는 데 이른다. 우연히 텍스트의 첫 부분은 헤로도토스가 언급했던 페르시아 왕들의 목록과 일치했던 것이다. 이름과 글자들을 대응시키면서 그는 1838년 고대 페르시아어를 위해 사용되었던 설형 글자들을 해독해 냈다. 메소포타미아에서 가장 많이 사용되던 세 개의 언어와, 설형 문자의 세 개의 변이형에 적용된 이 같은 해독은 현대 아시리아학의 체계를 세우는 데 있어 결정적 기반이었다.

75) 중기 페르시아 언어로 작성된 사산조 시대의 조로아스터 종교 경전으로서 8800개의 단어를 싣고 있다. 그 책은 다음 세상을 통하여 이루어질 한 조로아스터교 신자의 꿈 여행을 묘사하고 있다. 팔라비 문자에 내재하는 모호성 때문에 주인공 이름인 Viraf는 다양한 방식으로 전사될 수 있다. 'Wiraf', 'Wiraz' or 'Viraz'.

Arda라는 이름은 Viraf의 속사로 대략 '진실된', '올바른' 정도의 의미를 갖는다. Asha는 그리스어로 '직선적인', '위로 솟은', '정확한'을 의미하는 orthós와 동계어이며, '높은 것, 고귀한 것' 등을 의미하는 산스리트어 urdhvah, 그리고 역시 '높은, 가파른' 등을 의미하는 라틴어 단어 arduus 등과도 동계어이다. Viraz는 인도 유럽어로 '인간'을 의미하는 *wer와 친족 관계를 이루는 것으로 추정된다.

76) 앙크틸 뒤페롱(1731~1805)은 프랑스의 최초의 인도학 전문 학자였다. 그는 그의 사후 100년 후에 설립된 프랑스 극동학원(Ecole francaise d'extreme orient)의 설립에도 영감을 주었다. 조로아스터교의 성전 『아베스타』와 바라문교의 성전이며 고대 인도 철학의 정수인 '우파니샤드'를 서유럽에 처음 소개했다.(영어판 위키피디아 참조)

77)발루치스탄(Baluchistan(Balochi: بلوچستان) 혹은 Baluchistan)은 남서아시아의 이란 고원에 있는 건조한 산악 지형이다. 이란의 남서쪽과 서파키스탄, 남서 아프가니스탄의 일부를 포함한다. 발루치스탄이라는 이름은 기원 1000년경 서쪽으로 이주했던 수많은 발로치족을 따라 지어진 이름이다.(영어판 위키피디아 참조)

78) 벵갈어는 동쪽의 인도-아리아 어족이다. 벵갈어는 동남아시아 동쪽에 위치한 벵갈 지역에서 유래했다. 다른 동쪽 인도-아리아 어들과 마찬가지로, 벵갈어는 기원후 1000~1200년 경에 생겨났으며, 이는 산스크리트어에 기원을 둔 마가디 프라크리트(Magadhi Prakrit)어에 기원을 둔다. 벵갈어는 현재 방글라데시의 제1언어이자 인도에서 두 번째로 많이 사용되는 언어이다.(영문판 위키피디아 참조)

79) 우르두어(Urdu)는 남쪽 아시아의 무슬림들을 포함하던 힌디-우르드어족의 하나이다. 인도-유럽어족에 속한다. 우르드어는 파키스탄의 국가 언어이며 인도의 여러 지역에서 널리 사용된다. 인도의 다섯 개 주에서는 공식 언어로 사용된다. 우르드어는 페르시아어, 아랍어, 그리고 투르크어의 영향 아래서 발전했다.(영문판 위키피디아 참조)

80) 인도에서 발생한 모든 종교를 통틀어 가리키는 말. 세 걸음으로 전 우주를 왕래한다는 『리그베다』의 비슈누 신은 베다 시대에는 미약한 존재였으나 라마나 크리슈나 등 신화와 전설 속의 영웅 또는 민속적 신과 결합되어 대중적 숭앙의 대상이 되었으며, 오늘날 비슈누 신앙은 시바 신앙과 더불어 힌두교의 2대 교파로 확립되었다. 초기의 비슈누교도는 바수데바를 유일한 신으로 숭배하는 판차라트라(Pancaratra)교도였으며, 점차 확대되는 비슈누 신앙에 흡수되었다. 즉 바수데바는 비슈누의 별칭으로 받아들여졌다. 비슈누교도들은 일반적으로 바가바타(비슈누 또는 크리슈나를 바가바트, 즉 하느님으로 숭배하는 자)로 알려졌으며, '바가바드기타'의 크리슈나 교설을 발전시킨 무리로부터 유래되었다.(위키피디아 참조)

81) 인도에 현존하는 유서 깊은 종교. 지나교라고도 한다. 불교와 마찬가지로 비정통 브라만교에서 발생한 출가주의(出家主義) 종교이다. 불전(佛典)에서 니간타(Nigantha: 尼乾陀)라고 전하는 종교를, 석가와 같은 시대의 마하비라(Mahāvīra)가 재정비하여 이루어진 것이다. 최고의 완성자를 지나(Jina: 勝者)라 부르고, 그 가르침으로부터 지나교 또는 자이나교라는 호칭이 생겼다. 불타에서 연유하여 "불교"라는 호칭이 생긴 것과 같은 이치이다.(위키피디아 참조)

82) 프라크리트어(Prākrit, 또한 Pracrit로도 표기됨, 산스크리트어로는 prākṛta प्राकृत (de prakṛti प्रकृति))는 고전 산스크리트어에서 파생된 인도-아리아로서 다른 인도-아리아어의 방언들에서 파생되기도 했다.

이 단어 자체는 매우 신축적인 정의를 갖고 있다. 실제로 그것은 "독창적, 자연적인, 평범한, 일상적, 지역적" 등의 의미를 지니며 산스크리트어의 문학적·종교적 형식과 대비를 이룬다. 하지만 프라크리트어는 본래의 언어, 즉 산스크리트어로부터 파생된 것이라는 의미를 뜻하기도 한다. 따라서 인도의 범속하면서도 토속적인 일체의 언어로서의 프라크리트어는 산스크리트어에서 나온 것이라고 할 수 있다. 이를테면 프라크리트어를 범속한 라틴어에 비유할 수 있으며 산스크리트어는 고전 라틴어에 비유할 수 있다. 마찬가지로 네오 인도의 언어들은 로망어들이 범속 라틴어와 고전 라틴어와 맺는 것과 동일한 관계를 프라크리트어와 산스트리트어와 맺고 있다. 프라크리트어의 가장 오래된 사용은 아소카 인도 황제의 비문들에서 확인된다.

상이한 프라크리트어들은 다양한 왕조들, 종교들, 다양한 문학적 전통들과 결부되며 인도 대륙의 다양한 지역들과도 연관된다. 가장 유명한 프라크리트어 가운데 하나는 팔리어로서 이 언어는 불교 경전의 언어가 되면서 문학어와 지적인 언어의 반열에 올랐다.(영어판 위키피디아 참조) 보다 자세한 사항은 다음 문헌을 참조할 것.

Madhav Deshpande, *Sanskrit & Prakrit, sociolinguistic issues*(Delhi: Motilal Banarsidass, 1993).

R. Pischel, *Grammar of the Prakrit Languages*(New York: Motilal Books, 1999).

Alfred C. Woolner, *Introduction to Prakrit*(Delhi, Motilal Banarsidass, 1999).

83) 오토 프랑케(Otto Franke, 1863~1946)는 독일의 문헌학자이면서 중국학자이다. 베를린 대학교에서 역사학을 공부했으며 나중에 인도유럽어 학자들의 가르침을 받아 비교언어의 중요성을 갖고 있던 산스트리트어를 연구했다. 그 후, 통역 외교관 자격으로 중국에 가서 중국어와 중국 문화를 연구했다. 약 200여 편의 논문과 저술을 남겼다. 여기에서 소쉬르가 언급하고 있는 그의 저서는 다음과 같다. *Pali und Sanskrit*, 1902, 2010년 2월 Kessinger Publishing에서 재출판되었다. 총 184쪽.

84) 인도 남부 카르나타카 주(州, 옛 마이소르 주)에 있는 도시. 주도(州都)인 벵갈루의 남서쪽 138km에 위치하며, 구(舊)마이소르 번왕국(藩王國)의 주도로 발달한 도시이다. 해발고도 830m에 위치하기 때문에 저위도에 있으면서도 무덥지는 않다.(영어판 위키피디아 참조)

85) 칼리다사(데바나가리 문자로 적으면 다음과 같다: कालिदास "Kali의 봉사자"를 의미한다.)는 최고의 명예로운 고전 산스크리트어 작가로서 산스크리트어로 기록된 가장 위대한 시인이며 극작가로 간주된다. 생존 연대기와 전기는 정확하지 않으나, 4세기에 살았을 것으로 추정된다. 그의 극작품과 시들은 기본적으로 힌두 푸라나스와 철학에 기초한다.(영어판 위키피디아 참조)

86) 쿠샨조는 이란계의 쿠샨족이 서북 인도에 세운 왕조이다. 기원전 2세기, 중앙아시아의 유목 민족인 대월지(大月氏)는 흉노에게 땅을 빼앗기고 쫓겨나자 박트리아(大夏)로 나아가게 되었다. 그 나라를 그리스인에게서 빼앗아 다섯 부족에게 분할한 뒤 각각 수장을 두었다고 한다. 그중 하나가 쿠샨 부족이었다. 쿠샨족은 처음에 대월지에 종속되어 있었지만 후에 대월지를 무너뜨리고 독립했다. 쿠샨인의 수장 쿠줄라 카드피세스는 이윽고 다른 네 부족을 종속시켜 쿠샨왕이라 일컬었으며, 현재의 아프가니스탄과 인도 서북부를 정복하기 시작했다. 1~2세기에 걸쳐 쿠줄라 카드피세스(Kujula Kadphises, 카드피세스 1세)와 그의 아들 비마 카드피세스(카드피세스 2세) 시대에 기초를 닦아 2세기 중엽쯤 카니슈카 왕 때에 전성기를 이루었다.(위키소스 참조)

쿠줄라 카드피세스는 쿠샨 왕조의 왕자일 때 기원후 1세기 동안 월지(月支)국 연합을 통합시켜 다스렸다. 그리고 쿠샨의 첫 번째 왕이 되었다. 라바탁 비문(Rabatak inscription)에 따르면 그는 쿠샨의 위대한 왕 카니슈카 1세의 증조부라고 한다.(영어판 위키피디아 참조)

여기에서 소쉬르가 말하고자 하는 것이 쿠줄라 카드피세스 1세인지 그의 아들 비마 카드피세스(카드피세스2세)인지는 명확하지 않다.

87) 기원후 30년부터 80년까지 지배한 쿠샨 제국의 통치자이다.

카드피세스 1세의 초상화를 새긴 동전

88) 트루판은 오랫동안 비옥한 오아시스 도시의 중심부에 위치했으며 무역 중심지였다. 역사적으로 실크로드의 북쪽 길과, 당시 쿠를라 왕국과 카라샤르 왕국과 인접해 있었다. 몽골

왕국이 중국에 의해 몰락한 뒤로는 한 왕조의 지배 아래 독립을 얻었으나, 한나라 때 이 도시는 수많은 왕조들의 수중에 들어갔다. 한 왕조가 몰락한 이후로 이 지역은 실질적으로 수많은 왕조들의 속국이기도 했다.

또한 프랜시스 영허즈번드(Francis Younghusband)가 1887년 베이징에서 인도로 가던 여행길에 방문했는데, 그때 그는 트루판은 두 개의 성벽으로 에워싸인 마을이라고 묘사하면서 5000명의 인구로 이루어진 1.6km 정도 서쪽으로 뻗어 나간 중국의 마을과, 아마도 12000에서 15000명의 주민으로 이루어진 터키의 마을로 기록했다. 또한 터키 마을에 대한 묘사로 추측되는 내용에서, 이 마을은 네 개의 문을 가지고 있으며 각각의 문은 주요한 방향에 설치되어 있고, 단단한 벽돌로 이루어진 성벽과 철로 덮힌 육중한 나무문 그리고 반원형의 보루를 가지고 있다고 설명했다.

현재 트루판은 중국의 자치 구역인 위구르에 있는 트루판현의 오아시스 레벨의 도시이며 인구수는 2003년 기준으로 25만 4900명이다.(영어판 위키피디아 참조)

89) 리처드 피셸(Richard Pischel, 1849~1908)은 독일의 브레슬라우(Breslau) 출신의 인도학자이다. 1870년 슈텐츨러(Adolf Friedrich Stenzler, 1807~1887)의 지도 아래 브레슬라우 대학교에서 박사 학위를 받았다. 졸업 논문은 "De Kalidasae Cakuntali recensionibus(Kālidāsa's Shakuntala의 교정본에 대해서)"였다. 1875년 그는 키엘 대학교의 산스크리트어와 비교언어학 교수로 임용되었다. 1885~1902년에는 할레 대학교에서 비교언어학과 인도학의 교수로 있었다. 할레에서 그는 겔드너(Karl Friedrich Geldner, 1852~1929)와 공동으로 중요한 베다 연구의 업적을 남겼다.(*Vedische Studien*; three volumes) 1900년 대학 총장으로 임명되었고, 1886~1902년까지는 《독일동양학회(*Deutschen Morgenländischen Gesellschaft*)》의 편집자와 사서로 일했다. 1902년 그는 베를린 대학교에서 인도학 교수로 임명되었다. 강의를 계획했던 인도 마드라스에 발을 들여놓은 지 얼마 안 된 시점인 1908년 12월에 사망했다. 피셸의 더 알려진 작품 중 하나는 탁월한 저서인 『프라크리트 언어의 문법』(*Grammatik der Prakrit-Sprachen*, 1900)이다. 타계하기 2년 전에, 그는 부처의 가르침에 대한 책(*Leben und Lehre des Buddha*)을 출판했다.(영어판 위키피디아 참조)

90) 브라흐미 문자는 부라프마가 말한 문자라는 의미를 갖고 있으며 그 기원에 대해서는 몇 가지의 전설이 있으나 정확한 내용은 알 수가 없다. 웨버(Albrecht Weber)와 뷸러(Georg Bühler)의 연구에 의하면 브라미 문자는 북쪽 셈계 문자의 고형에 그 기원을 두고 있는 것으로 추측되고 있으며, 고대 페니키아의 비문과 더불어 메샤비왕 비문의 주변을 비롯해 메소포타미아를 지나 기원전 8세기경 상인들의 손에 의해 바닷길로 나갔을 것이라는 견해가 지배적이다. 셈계 문자의 흐름에서 영향을 받아 산스크리트어에 적합하도록 개량한 것이라고 할 수 있다.

현존하는 최고의 브라미 문자 비문으로는 타르 부라디슈주 코라쿠프르 지방에서 출토된 기원전 4세기 후반의 소가우라 동판 비문과 마디야 푸라디슈주 사울갈 지방에서 출토된 동 세기의 에란 코인이 있다. 이후 아쇼카 왕 비문이 나타났다. 에란 코인은 달마파라 왕의 화폐로 문자가 처음으로 우측에서 좌측으로 쓰인 흔적을 남기고 있지만 아쇼카 왕 비문에서는 모두가 좌측에서 우측으로 쓰였다.(세계문자연구회, 『세계의 문자』, 225쪽 참조)

91) 크세노폰(Xénophon, 고대 그리스어로는 Ξενοφῶν / Xenophõn, 기원전 426년 또는 430년경 기원전 355년). 고대 그리스의 철학자, 역사학자, 역사가. 펠레포네스 전쟁 초기에

귀족 가문에서 태어났으며, 소피스트들과 교류했고 소크라테스의 제자가 되었다.

92) 베다의 구술 전통(Śrauta)은 베다 경전을 암송하거나 노래하는 다양한 파타(pathas)들로 구성되어 있다. 베다 노래의 그 같은 전통들은 현존하는 가장 오래된 구술 전통으로 간주된다. 다양한 파타들은 경전의 완결되면서도 완벽한 암송과, 베다 문헌의 높낮이와 강세를 포함한 그것의 발음을 가능케 한다. 유네스코는 2003년 11월 7일 베다 노래를 인류 무형 문화재 걸작으로 선포했다.

파타에는 여러 종류가 있으며, 처음 입문하는 학생은 먼저 삼이타 파타(samhita patha)를 배우고, 그 외에도 바키아(vakya), 파다(pada), 크라마(krama) 등의 다양한 파타가 존재한다. 파다파타는 문장(vakya)을 개별 단어들로 분할하는 것으로 이루어지며, 크라마파타는 동시에 두 개 단어를 쌍짓기 하는 것으로 이루어진다. 이처럼 다양한 암송 방법들의 주된 목적은 경전의 한 음절조차도 변질시키지 않으려는 배려에서 나왔다. 그 결과 전 세계 경전의 구술 전통에서 가장 안정된 전통을 자랑한다. 이 같은 경전들이 완벽한 충실성과 더불어 세대에서 다음 세대로 확실하게 전달하기 위해 고대 인도 문화에서는 엄청난 공력을 사용했다. 예컨대 최고의 경전인 베다의 암기는 동일한 텍스트에 대해서 11개의 암송 형식을 포함하고 있었다. 경전 텍스트들은 상이한 암송 버전을 비교하면서 일종의 확인 작업을 진행시킨 것이다. 암송의 형식에는 두 개의 인접한 단어들이 먼저 본래의 순서로 암송되고 이어서 역순으로 다시 암송하고, 다시 최종적으로 본래의 순서로 암송하는 자타-파타(jaṭā-pāṭha)가 있었다. 이를테면 다음과 같이 도해된다.

단어1단어2, 단어2단어1, 단어1 단어2; 단어2단어3, 단어3단어2, 단어2단어3; ……

가장 복잡한 암송 형식인 가나-파타(ghana-pāṭha: '밀도 있는 암송'을 뜻함)는 프랑스 인도언어학의 대가 필리오자(Pierre-Sylvain Filliozat, "Ancient Sanskrit Mathematics: An Oral Tradition and a Written Literature," in *Karine Chemla*; Robert S. Cohen, Jürgen Renn et al., *History of Science, History of Text*(Boston Series in the Philosophy of Science), Dordrecht: Springer Netherlands, 2004, 139쪽)에 따르면 가장 복잡한 암송 형식으로서 다음과 같은 형식을 취한다.

단어1단어2, 단어2단어1, 단어1단어2단어3, 단어3단어2단어1, 단어1단어2 단어3; 단어2단어3, 단어3단어2, 단어2단어3단어4, 단어4단어3단어2, 단어2단어3단어4; ……

이 같은 복잡한 방법들은 효과적이었으며, 가장 오래된 종교 텍스트인 리그베다(기원전 1500년경)가 단 한 치의 변이형도 없이 보존될 수 있게 만들었다. 수학 텍스트를 기억하기 위해 유사한 방법들이 사용되었으며 그것의 전통은 베다 문헌 시대 말까지(기원전 500년) 전적으로 구술적으로 남아 있었다.

발음과 악센트를 가능한 한 가장 정확하게 보존하는 데 이처럼 역점을 둔 것은, 경전의 잠재력은 발음될 때 그것의 소리에 있다는 신념과 관련된다. 베다 문학의 상당 부분은 소리를 영적인 도구로 해명한다. 고대 인도인들은 전체 우주의 창조는 소리와 더불어 시작했다. 특히 소리와 인간의 의식 사이에 존재하는 관계는 인도의 고대 문학에서 오랫동안 기록되어 왔다. 사실 베다 텍스트들은 보다 고차원적인 정신적 의식에 도달하기 위한 선행 수단으로서

초월적 소리를 기술한다.(영어판 위키피디아 참조)

93) 힐데브란트의 노래는 9세기 초에 고 독일어로 작성된 파편화된 영웅시로서 독일 문학의 최초의 기념비이다. 이 시는 주인공 힐데브란트와 그의 아들 하두브란트를 중심으로 전개되며 대부분 두 인물들 사이에서 오가는 대화로 이루어져 있다.

힐데브란트는 젊은 아내와 어린 아들을 남겨 둔 채 스승인 테오도릭 르 그랑을 쫓아 길을 떠난다. 30년 동안의 외지 생활을 마치고 집에 돌아왔을 때 그는 자신과 결투하려는 젊은 무사를 만난다. 결투를 시작하기 전에 힐데브란트는 적수의 이름을 알려고 하며 그가 자신의 친아들이라는 것을 깨닫는다. 그는 결투를 피하려 애쓰나 공허한 일이었다. 하두브란트는 용서를 구하며 노인의 말을 가로챈다. 그들은 격렬한 결투를 하며 방패는 산산조각난다. 그러고는 이 시는 갑자기 정지하면서 결투의 결과에 대해 아무런 암시도 제공하지 않는다. 이 시는 시가 쓰이기 수세기 동안 있었던 게르만 민족들의 이주 때 전개된 대부족들의 역사적 사건과 모호하게 결합된 신화적이면서 원형적인 주제라 할 수 있다. 이 위대한 파편의 최고 절정에서 힐데브란트는 단수로 기록된 '위대한 신(waltant got)'에 호소한다. 이 시는 운명에 대한 게르만족 이교도적 에토스와, 세계의 창조자이면서 지배자인 신에 대한 신앙 사이의 불일치를 특징짓는 표현을 구현하고 있다.

94) 키릴(Cyrille 또는 철학자 콘스탄티누스)은 테살로니아에서 827~828년 태어나 869년 로마에서 타계했다. 그의 동생 메토드(Méthode)는 시르미움(Sirmium)의 주교로 815~820여 년경 테살로니아에서 태어나 885년 그랑드 모라비에서 서거했다. 이들은 슬라브인들의 사도들로 알려져 있다. 즉 중앙 유럽의 슬라브 민족들을 복음화시킨 사도들로 인정받는다. 가톨릭 교회는 매 2월 14일 두 명의 성인을 축하하는 의식을 갖는다. 키릴과 메토드의 업적은 오랜 시간에 걸쳐 완성되었다. 슬라브 민족은 그들에게 슬라본이라는 통속 언어로 표현된 문화와, 비잔틴 문화에 대한 접근을 신세지고 있다. 성 키릴과 성 메토드의 선교 업적은 바로 서방과 동방 사이의 긴장이 커져 갔음에도 불구하고 기독교가 하나의 덩어리라는 감정을 갖고 있던 시대에 속한다. 키릴과 메토드와 더불어 슬라브 민족들은 자신들의 고유한 알파벳과 최초의 종교 텍스트를 갖게 되었다. 키릴이 발명한 알파벳은 글라골리틱 알파벳이라고 알려져 있다. 최초의 텍스트가 키릴 알파벳으로 기록된 방언은 테살로니아 지역의 방언이다. 이 시대에 슬라브어는 하나의 통일성을 지니고 있어서, 지중해 연안의 방언이 중앙 유럽의 슬라브 민족들에 의해 이해될 수 있었다.(영어판 위키디아 참조)

95) 정확한 서지는 다음과 같다. 구글에서 다운로드가 가능하다. 총 3권으로 나와 있다.

Herman Alfred Hirt, *Die Indogermanen: ihre verbreitung, ihre urheimat und ihre kultur*, Vol Ⅰ, Strassburg, K. J. Trübner, 1905. 2권과 3권은 1907년에 출판되었다.

Herman Alfred Hirt, *Die Indogermanen: Bd., 2. buch. Die kultur der Indogermanen und der übrigen europäischen stämme*. II-III. *t. 3. buch. Anmerkungen und erläuterungen*.(3권은 참고 서지 정리에 할애하고 있다.)

96) 셈어는 고대 시대부터 중동과 근동, 그리고 북아프리카에서 말해졌던 언어들의 한 무리다. 이 언어들은 『구약 성서』에 나오는 노아의 아들, 셈이라는 이름에 근거하여 정확히 1781년 이후로 셈어라고 불렸다. 셈어들은 샤미토-셈어족 또는 아프리카-아시아어족의 한 가지를 형성한다. 아프리카 북부에서 중동에 걸쳐 분산되어 있다. 이 언어들의 기원과 지리적 팽창 방향은 불확실한 채로 남아 있다. 아시아에서 북아프리카로 진행되었다는 설과, 아프리카에서 아시아로 진행되었다는 설이 경합을 벌이고 있다.

실상 셈어족이라는 말은 언어학상 명명된 일대 어군의 총칭이며 북방계와 남방계로 나눌 수 있다. 북방계에 속하는 언어로는 서셈어의 가나안어족과 알람어족, 동셈어의 아카드어족이 있으며 남방계에 속하는 언어로는 아라비아어족과 남아라비아어족이 있다. 셈어의 공통적인 성질은 '자음 우선'의 언어라는 것이며 모음이 종속적인 점이다.(세계문자연구회, 『세계의 문자』, 74쪽 참조)

아카디아어와 우가리트어와 같은 태곳적의 셈어들은 4000년 전으로 소급된다. 가장 오래된 아카디아어 문헌들은 설형 문자로 기록되었으며 기원전 3000년 중반기로 거슬러 올라간다. 고고학자들은 기원후 초반기까지 기록된 마지막 아카디아어 문헌들을 발견하고 있다.

현대 셈어들 가운데 가장 많은 사용자를 갖고 있는 언어는 아랍어(4억 5000만 명 이상의 화자), 암하리어(22700만 명), 히브리어(800만 명), 티그리냐어(tigrinya, 670만 명)이다. 이 밖에도 에티오피아, 지부티, 소말리아 등에서 사용되는 언어들 역시 이 어족에 속한다. 셈어들은 3음절 어근의 우세와, 후두 자음 등의 사용으로 특징지어진다.

셈어족에 대한 연구서지는 다음과 같다.

H. Fleisch, *Introduction à l'étude des langues sémitiques: éléments de bibliographie*(Adrien-Maisonneuve, 1947); Père Jean Rhétoré, *Grammaire de la Langue Soureth*,, imprimerie des Pères Dominicains, Mossoul, 1912; Costaz Louis, *Dictionnaire Syriaque-Français*(imprimerie catholique de Beyrouth, 1963); Maurice Olender, *Les langues du paradis*(Seuil, 1994); M-C Simeone-Senelle, *Les langues sudarabiques modernes, des langues sémitiques menacées?*(CNRS, 1997); Jean-Claude Haelewyck, *Grammaire comparée des langues sémitiques. Éléments de phonétique, de morphologie et de syntaxe*, coll. Langues et cultures anciennes 7, éd. Safran [1] (Bruxelles, 2006); Le Vif-L'Express, n° 2871, 14/28 juillet 2006; ParpolaSimo, *Assyrian-English-AssyrianDictionary*, VammalanKirjapaino Oy/Eisenbrauns(Helsinki, 2007); Bruno Poizat, *Manuel de Soureth, éd. Geuthner*(Paris, 2008).

기원전 1세기 무렵의 셈어족의 분포도

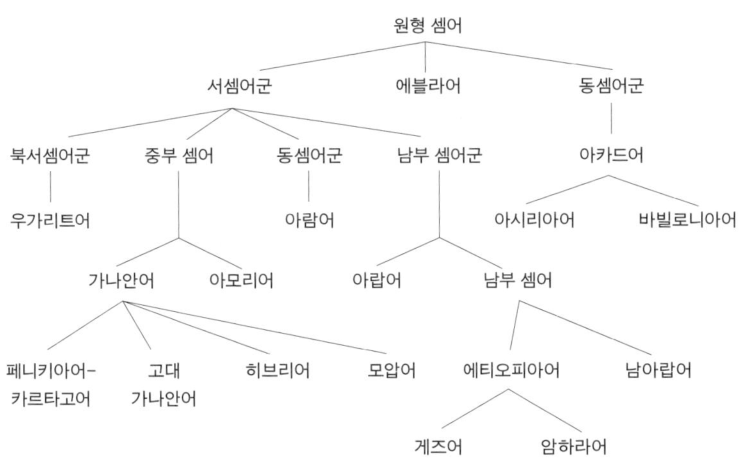

97) 슐뢰처(Auguste-Louis de Schloezer, 1735~1809)는 독일의 역사학자, 작가, 편집자, 문헌학자, 교육자로 독일과 러시아에서 살았다. 목사의 아들로 태어난 그는 1751년부터 비텐베르그에서 신학 공부를 했으며, 1759년부터 1761년까지 괴팅겐에서 문헌학과 동양학을 연구했다. 러시아에서 교수로 활동하다, 모교인 괴팅겐 대학교 철학과에서 정치학 교수로 임명되었다. 러시아의 역사에 대해 당시 학계에서 최고의 실력을 인정받았다. 특히 그는 셈족 언어라는 표현을 사용한 최초의 유럽 문헌학자로 알려져 있다. 그의 지성사에 대한 연구는 독일어 이외에는 아직 나와 있는 것이 없다. 대표적인 그의 지성사 연구물은 다음과 같다.(영어판 위키피디아 참조)

Ferdinand Frensdorff, *Von und über Schlözer*(Berlin, 1909); F. Fürst, A. L. Schlözer, *ein deutscher Aufklärer im 18.* Jh.(Heidelberg, 1928).

98) 이집트는 세계에서 가장 먼저 문명이 전개된 지역 중 하나이며, BC 3100년경에는 이미 상형 문자를 사용하고 있었다.(세계문자연구회, 『세계의 문자』, 10쪽 참조)

99) 에르만(Johann Peter Adolf Erman, 1854~1937). 베를린 출생. 독일의 이집트학 대가이며 어휘론 학자다. 라이프치히 대학교와 베를린 대학교에서 수학했으며 베를린 대학교에서 이집트학 교수가 되었고 1884년 이집트학 학교를 창립한다. 에르만은 30년간 이집트어의 문법을 재구성하는 난해한 주제에 천착했다. 중기 이후의 이집트 제국의 상당 분량의 텍스트는 이미 사어가 된 언어로 작성되었다는 점에서 그의 연구 주제는 큰 의미를 갖는다. 1880년 작성된 그의 주저인 『새로운 이집트어 문법(*Neuägyptische Grammatik*)』은 18왕조에서 20왕조에 이르는 신제국의 언어로 작성되었다. 중기 제국의 민간 언어로 작성된 다양한 이야기들을 들려주는 파피루스는 그의 이집트 문법을 완결 짓는 것을 도왔다. 피라미드의 텍스트들은 이집트 문자로서 가장 오래된 문법을 소묘할 수 있도록 해 주었다. 1894년 초보자들을 위한 이집트어 교과서를 집필했다. 그의 주요 저서는 다음과 같다.(프랑스어판 위키피디아 참조)

*Ägypten Ägyptisches und Leben in Altertum,* 2 vol.(Tübingen, 1885). 프랑스어 번역판 *La Vie dans l'Égypte antique,* traduit par HM Tirard. 런던에서 1894년 출판된 영어번역판은 인터넷에서 다운로드 가능.

*Neuägyptische Grammatik*, 1880.

*Sprache des Papyrus Westcar*, 1889.

*Zeitschrift d. Deutsch. Morgeni*. Gesellschaft, 1892.

*Grammaire égyptienne: avec tableau des signes, bibliographie, exercices de lecture et glossaire*, 1894.(인터넷 아카이브에서 다운로드 가능)

*Ägyptische Grammatik*, 2e éd., 1902.

*Die aegyptische Religion*, Berlin, 1905.

*Das Verhältnis d. ägyptischen zu d. semitischen Sprachen* (Zeitschrift d. deutschen morgen. Gesellschaft, 1892), Zimmern, Vergi. Gram., 1898.

100) 르낭(Joseph Ernest Renan, 1823~1892)은 19세기 프랑스 인문학 분야의 최고 학자로, 문헌학, 철학, 역사학 분야에서 방대한 저술을 남겼다. 특히 소쉬르가 인용한 것처럼 셈어와 아랍의 문헌학과 문명사에 조예가 깊었다. 르낭은 초기에는 과학에 매료되어 종의 진화에 대한 다윈의 이론을 적극적으로 수용했다. 그는 종교와, 그 종교의 민족과 지리적 뿌리 사이에 존재하는 밀접한 관계를 수립하려는 계획을 세웠다. 그의 저술 상당 부분은 종교

사에 할애되고 있는데, 모두 7권으로 나온 『기독교의 기원의 역사(*Histoire des origines du christianisme*)』(1863~1881)와 『예수의 삶(*Vie de Jésus*)』(1863)이 대표작이다. 이 책은 예수의 전기에 대한 격렬한 테제를 담고 있는 것으로 유명하다. 르낭은 예수의 전기는 다른 모든 인간들과 마찬가지로 한 인간의 전기로서 이해되어야 하며, 성서 역시 다른 모든 역사적 사료와 마찬가지로 비평적 검증을 받아야 한다는 주장을 전개했다. 이 같은 도전적 테제는 당시 가톨릭 교회의 분노를 촉발했다.(프랑스어판 위키피디아 참조)

101) 브로켈만(Carl Brockelmann, 1868~1956)은 독일학자로서 셈어족과 그 문화의 전문가였으며 당시 최고의 동양학자로 손꼽혔다. 그의 저술 가운데 가장 유명한 저서는 『아랍문학사(*Geschichte der arabischen Litteratur*)』(1909)로서 1837년까지 아랍어로 기록된 모든 작가들을 포함하고 있으며 아랍 문학 연구에서 핵심 참고 문헌으로 평가받는다. 소쉬르가 언급한 프랑어 번역본의 서지는 다음과 같다. 인터넷 아카이브에서 다운로드가 가능하다.

Carl Brockelmann, *Précis de linguistique sémitique*, P. Geuthner, 1910. 총 224쪽. 독일어 원본을 수정했으며, 프랑스어 역자들의 서문이 수록되어 있다. 그는 또한 『셈어학(*Semitische Sprachwissenschaft*)』(1906)과 『아랍어 문법(*Arabische Grammatik*)』(1941)을 출판했다. 또 다른 주저는 『셈어들의 비교문법 토대(*Grundriss der vergleichenden Grammatik der semitischen Sprachen*)』 2 vols(Berlin: Reuther and Reichard, 1908~1913)이다.

102) 이 비문을 기록한 석비는 높이 1.13m로, 유명한 가나안 알파벳 글자들로 적혀 있다. 이 석비는 다른 것들 가운데서도 특히 영원한 신 야훼와 다비드 왕의 이름들을 언급하고 있으며, 완벽하게 판독 가능한 상태다. 이 비문은 모하브의 왕, 메샤(Mécha) 또는 메사로부터 기인하며 성서의 이야기를 놀라울 정도로 확인시켜 주고 완결지어 준다. 이 석비는 기원전 850년경에, 알파벳 문자가 요르단 나라들에서 알려져 있음을 입증한다. 다른 한편, 모하브 석비에 나오는 글자들의 형태는 알파벳 문자가 이미 오래전부터 사용되어 왔음을 보여 준다. 비문의 언어는 주목할 만하다. 그 언어와 히브리어 사이에 존재하는 차이들은 희소하며 미미하다. 이것은 곧 모하브인들이 인종과 언어의 관점에서 이스라엘 백성들에 속했음을 확인시켜 준다. 성서는 그들을 아브라함의 조카인 롯의 후손들로 소개하고 있다.

1905년 이 문자를 발견한 고고학자 페트리(F. W. M. Petrie)는 당시까지 이 문자를 해독하지 못했으나 몇 가지 흥미로운 관찰을 제시했다. 먼저 이 문자는 이집트 상형 문자들의 혼합이다. 비록 고전 이집트어의 어떤 단어도 읽힐 수 없었지만 말이다. 이 문자는 사용된 기호들의 숫자가 제한된 것으로 미루어 보아 알파벳 문자인 것으로 추정된다. 이 비문들은 제13왕조, 대략 기원전 1400년경으로 소급된다.

이 비문들의 지리적 맥락으로 보았을 때, 이 문자는 이집트인들이 고용한 아시아 노동자들의 셈어를 전사하고 있으며, 여기에서 말하는 아시아 노동자들은 성서와 다른 역사적 기록이 들려주는 것을 따른다면 이집트에 정착한 히브리 노예들일 것이다.

고고학자 알브라이트(W. F. Albright)는 이 같은 가설들을 확인하고 이 비문들을 제18왕조, 정확히 기원전 1508년에서 1450년 동안에 기록된 것으로 산정했다. 이 중요한 연대는 정확히 이집트에 히브리인들이 거주하던 시기와, 율법을 받기 위해 시나이 반도로 건너가기 위해 이집트에서 탈출한 시기와 일치한다. 그렇다면 모세는 과연 율법을 기록하기 위해 이 알파벳 문자를 사용했을까라는 물음이 남는다.(영어판·프랑스어판 위키피디아 참조)

103) 크레타 섬에서는 기원전 2000년경부터 상형 문자가 있었고, 그런 종류의 문자가 기원

전 1700년경까지 사용됐다고 추정한다. 이 문자는 주로 크노소스 궁전 유적지에서 발견되었으며, 돌에 새긴 인장 명판과 점토 덩어리에 기록되었다. 크레타 상형 문자는 아직 해독되지 못한 실정이다. 왼쪽에서 오른쪽으로 쓴다는 것과 A, B 두 가지 형태가 존재한다는 것, 표의 문자와 음절 문자가 존재했을 것으로 추측하는 정도다.(세계문자연구회, 『세계의 문자』, 60쪽 참조)

104) 아랍 문자는 이슬람교의 발전과 더불어 서아시아 일대를 기점으로 삼아 중앙아시아, 인도, 동남아시아와 중국 일부에 퍼졌고 한편으로는 북아프리카 일대, 아프리카 동부 해안과 사하라 사막의 오지 지역으로 팽창되었다. 아랍 문자로 기록된 경전 『코란』이 언어권의 장벽을 넘어 원문 그대로 보급되었기에 현재 로마자에 뒤이어 사용 인구가 가장 많은 문자가 되었다. 확실한 아랍 문자 자료로 가장 오래된 것은 512~513년의 알레포 부근의 '엘 사바드 비문(3개 국어)', 568년의 '할란 비문(2개 국어)'의 대역각문이다.(위의 책, 116~117쪽 참조)

105) 수메르 지방에서는 아카드 왕조 이후 다시 수메르인의 왕조가 흥망성쇠를 거듭했지만, 셈계의 아무르인에 의해 바빌론 제1왕조가 창시됐다. 이들은 아카드인과 마찬가지로 수메르인의 설형 문자를 사용했고 문자의 의미와 발음을 빌려 자신들의 언어를 기록했지만 글자체는 어느 정도 간략화된 상태였다. 함무라비는 바빌론 제1왕조의 왕으로, 그가 제정한 함무라비 법전은 단정한 글자체로 조각되어 있다.(위의 책, 45쪽 참조)

아시리아는 메소포타미아 북부, 티그리스 강 부근의 아슈르 지방에서 흥기했고, 기원전 18세기경부터 역사에 등장했다. 바빌로니아의 영향을 받으며 성쇠를 거듭했다. 아시리아인도 수메르 설형 문자를 차용했지만 이곳에서는 글자 형태가 특수하게 발달하여 아시리아 문자를 성립했다.(위의 책, 47쪽 참조)

106) 베버(1825~1910년)는 독일의 인도학자이며 역사학자로서 본 대학교와 베를린 대학교에서 문학과 산스크리트어 고고학에 심취했다. 베를린 대학교에서 1867년 고대 인도의 언어와 문학 교수로 임명되었으며 베를린 아카데미 회원이었고 막스 뮐러(Max Müller)의 절친한 친구였다. 그의 주요 저서는 다음과 같다.(영어판 위키피디아 참조)

*Tscharanawyuha. Übersicht über die Schulen der Vedas*(Berlin, 1855); *Indische Litteraturgeschichte*(Berlin, 1852); *Indische Skizzen*(Berlin, 1857); *Indische Streifen*(Berlin, 1868~1879) (3 vols.)

107) 순서상 '2)'가 와야 하나 본문에 '3)'으로 표기되어 있음.

108) 아랍 문자의 서체 중 하나인 쿠픽체는 7세기 말 크하에서 일어나 비문과 모스크의 벽 등 주로 암석이나 금속에 새겼고, 전체적으로 모가 난 것이 특징이며 장중미를 갖고 있다. 13세기 이후 쇠퇴했으나 장식용으로 사용되면서 오늘날까지 전승되고 있다.(세계문자연구회, 『세계의 문자』, 125쪽 참조)

109) 페니키아 문자는 페니키아인의 식민, 무역 활동에 의해 기원전 11세기경부터 지중해 주변에 전파되었다. 키프로스 페니키아 문자, 마르타 문자, 카르타고 문자, 이베리아 문자 등이 있으며 이들을 총칭하여 식민 페니키아 문자 또는 포에니 문자라고도 한다.(위의 책, 79쪽 참조)

110) 오페르트(Jules Oppert, 본명은 Julius Samuel Oppert)는 1825년 독일 함부르크에서 태어나 1905년 파리에서 타계했다. 독일 함부르크의 유대인 태생의 프랑스 아시리아학 학자로서 콜레주 드 프랑스의 교수가 되었으며 프랑스 문헌학과 고고학 아카데미(l'Académie des inscriptions et belles-lettres) 회장을 지냈다.

독일 키엘 대학교에서 학사 학위를 받은 후, 프랑스 고교에서 독일어 교편 생활을 하면서 동양학을 취미로 연구하다 1851년 프랑스 메소포타미아 고고학 탐사단에 합류했다. 1855년 『아나리 문자(*Écriture Anarienne*)』를 출간했으며 이 책에서 아시리아에서 본래 말하던 언어는 아리아나 셈 계통의 언어가 아니라 터키어와 몽골어와 관련된 투란 기원의 언어라는 가설을 개진했다.

새로운 고고학 발견에 힘입어 그는 1865년 『칼데아어와 아시리아의 제국사(*Histoire des Empires de Chaldée et d'Assyrie*)』를 출간했으며, 『아시리아 문법』은 1868년 출간되었다. 1869년 콜레주 드 프랑스에서 아시리아 문헌학과 고고학 교수로 임명된다. 그 밖에도 고대 매디 왕국에 대한 연구와 매데스 민족과 언어에 대한 연구를 1879년 출판했다.(프랑스어판 위키피디아 참조)

111) 할레비(Joseph Halévy, 1827~1917)는 프랑스의 동양학자이며 탐험가였다. 그는 특히 1867년부터 1868년에 에티오피아의 유대인들을 만난 최초의 서양 유대인으로 유명하다. 그가 남긴 가장 중요한 업적은 프랑스 문헌학과 고고학 아카데미에 제출할 보고서 준비를 목표로 시마교도 비문의 탐구를 위해 1869년부터 1870년까지 여행했던 예멘에서의 비문 연구이다. 이때까지도 수십 세기 동안 이 지역의 땅을 가로지른 유럽인은 없었다. 그는 무려 800개의 비문을 발굴했으며 이는 고대 문명에 대한 최초의 접근을 가능케 했다. 특히 시바교도 언어의 부분적 해독을 제안한 최초의 인물이다.

1879년부터 할레비는 파리 실천 학문 연구원에서 에티오피아 언어 교수가 되었다. 그의 학문 활동은 매우 다양했으며 오리엔트 문헌학과 고고학에 대한 저술로 세계적 명성을 얻었다. 특히 그는 아시리아와 바빌론 비문들 속에서 발견된 셈어가 아닌 수메르 언어의 주제에 대해서 당시의 저명한 아시리아학 연구자들과 격한 논쟁을 벌인 것으로 유명하다. 본문에서 소쉬르가 지적한 것처럼, 일반적으로 수용된 견해와 달리, 할레비는 수메르어가 하나의 언어가 아니라 단지 셈족의 바빌로니아 민족이 발명한 문자의 표의적 방법에 불과하다는 주장을 내세웠다. 하지만 이 이론은 그 후로 포기되었다.

112) 트라야누스는 기원전 53년 이탈리카에서 탄생하여 117년 셀리누스에서 서거한 로마 황제이다. 그의 재위 기간(98~117)은 로마 제국의 최고 절정기를 표시한다. 트라야누스는 로마 심지어 이탈리아 출신이 아닌 지방 출신의 최초의 로마 황제이다. 그는 로마 상원들이 남긴 역사 기록에서는 전통적으로 로마 제국에서 가장 훌륭한 황제로 간주된다. 특히 그의 통치 기간 동안 아르메니아, 메소포타미아, 다시 등을 정복하면서 로마 역사상 가장 큰 영토를 차지했다. 제국 내부에서도 트라야누스는 제국의 봉토들의 로마화를 강화시키는 데 힘을 쏟았다.

113) 톰슨(Vilhelm Thomsen, 1842~1927). 덴마크의 언어학자. 수십여 개의 언어에 능통했으며, 코펜하겐 대학교의 비교문헌학과 인도유럽어학을 강의했고, 특히 터키 오르콘(Orkhon) 강 유역에서 발견된 터키어와 중국어로 기록된 비문을 해독한 것으로 유명하다. 여기에서 소쉬르가 언급한 톰슨의 저서는 1870년 출간된 *Uber Den Einfluss Der Germanischen Sprachen Auf Die Finnisch-Lappischen*로 추정된다. 2010년 Kessinger Publishing(총 194쪽)에서 재출판되었다. 그의 전기와 지성사에 대해서는 브뢴달의 명 논문이 유용하다.(Viggo Brøndal, "L'œuvre de Vilhelm Thomsen," *Acta philologica scandinavica*, (København, 1927)).

114) 코만인들은 동유럽 평원을 활보했던 민족이었다. 코만(Coman), 쿤(Kun)이라고도 한

다. 원래는 킵차크 초원으로 불리는 현재의 카자흐스탄으로부터 동유럽까지의 평원 지대에 퍼져 유목 생활을 했다. 킵차크의 서진으로, 흑해 북해안으로 부터 베사라비아(현몰도바)의 방면으로 유목하고 있던 투르크계 유목민들의 일로였다. 러시아사에서는 이들을 폴로프치(Половцы)로 부른다.

115) 페체네그인의 기원은 오구즈 투르크 계열로 보이는데 볼가 강과 우랄 강 지역에 살았으며 9세기에서 10세기에 걸쳐 남서유라시아의 크림 반도로 정착했다. 10세기 중반 비잔티움 황제 콘스탄티노스 프로피로게니투스(Constantinus Porphyrogenitus)는 그의 저술에서 이들의 영역이 서쪽으로 시레트 강까지 넓게 퍼져 있고 헝가리에서 나흘 정도의 거리에 있다고 묘사하고 있다.

116) 오르콘 비문은 오르콘 알파벳으로 기록된 가장 오래된 흔적이다. 7세기에서 10세기에 걸쳐 새겨진 수백 개의 비문으로서 오르콘 강 계곡에서 러시아 탐사단이 1889년 발견했다. 최초의 비문들에 대한 연구 업적은 덴마크 언어학자 톰슨이 해독했으며 1983년 러시아 학자 바실리 라드로프(Vassili Radlov)에 의해서 출판되었다. 관련 서지는 다음과 같다.
Vilhelm Thomsen, *Déchiffrement des inscriptions de l'Orkhon et de l'Iénisseï Bull*. Acad. Roy. Danemark, 1893; *Inscriptions de l'Orkhon déchiffrées Mémoire de la Soc.* Fino.-Ougr, Helsingfors, 1896; *Turcica Mémoire de la Soc. Fino.-Ougr*, Helsingfors, 1916; *Samlede* Afhandliger, III, Kopenhagen 1922.

## 2부 언어

### 1장 언어(랑그)

1) 처음부터 소쉬르가 언어(랑그)와 언어활동(langage)를 구별한 것은 아니었다. 소쉬르 언어 이론의 초기, 예컨대 1891년에 작성된 한 텍스트(노트 번호 65)에서 그는 이렇게 적었다. "언어와 언어활동은 동일한 하나의 것일 뿐이다. 하나는 다른 하나의 일반화이다." (Godel, SM.142 참조) 고델의 분석에 따르면 이 두 개념의 구별은 제2차 일반언어학 강의 때까지도 제시되지 않았다.(SM.132)(De Mauro, *Cours de linguistique générale*, 주석 53번 참조)

2) 연구의 주제가 매우 구체적이고도 세부적인 문제라 해도, 문제를 조망하는 시야는 넓게 가질 필요가 있음을 소쉬르는 강조하고 있다. 다시 말해 부분을 부분으로서 인식하지 말고, 전체 속에서 바라볼 수 있는 인식의 폭을 구비하고 있어야 한다는 점을 시사하고 있다.

3) 소쉬르는 언어(랑그)를 유기적 조직에 비유하면서 언어가 하나의 '생명'(vie)을 갖는 것으로 제시한다. 하지만 소쉬르가 말하는 생명이라는 단어의 의미를 통상적으로 이 단어에 부여된 의미로 해석하는 우를 범해서는 안 될 것이다. 소쉬르가 언어의 생명 또는 언어의 삶(la vie de la langue)을 말할 때, 그는 '언어라는 생명'을 살아 있는 유기체와 동화시키지 않는다. 왜냐하면 생명체와 달리, 언어는 탄생하지도 사멸하지도 않으며 단지 지속적인 운동 속에 놓여 있고, 음성 또는 의미에 당도할 수 있는 모든 행동 주체들의 영향아래서 진화하기 때문이다.(CLG, 111쪽) 그 결과 언어의 생명은 역사 속에 각인된다.

언어의 기호학적 삶을 다루는 일련의 논문에서 스위스의 대표적인 소쉬르 전문가인 페르

교수는 언어는 오직 그것이 순환한다는 점에서만 언어 본연의 모습으로 존재한다는 점을 상기시킨다. 언어 기호는 그것이 전달되어야 할 운명의 본질로 인해서 존재한다는 것이다. 언어 기호를 이렇게 특징짓는다는 것은 곧 소쉬르가 독일의 전설 연구에 대한 그의 필사본에서 진술한 다음과 같은 단락을 떠오르게 만든다. "하나의 상징의 정체성은 그것이 상징인 순간, 즉 매 순간 그 가치를 고정하는 사회적 대중 속으로 흘러 들어가는 한 결코 고정될 수 없다."(J. Fehr, "La vie sémiologique de la langue: esquisse d'une lecture des notes manuscrites de Saussure," *Langages*, 107, 1992, 73~83쪽; J. Fehr, "Le mécanisme de la langue" entre linguistique et psychologie: Saussure et Flournoy," *Langages*, 120, 1995, 93~105쪽)

스위스의 언어심리학 권위자이며 소쉬르 전문가인 브롱카 교수 역시 그의 저서 『언어 이론』에서 다음과 같이 진술한다. "변화는 단위들의 새로운 분배로 이루어진다. 변화하는 것은 소리들이 아니라, 하나의 소리를 유의미적 단위로 만드는 유추들과 대립의 망들로서, 이 같은 관계망이 이동하는 것이다."(J. P. Bronckart, *Théories du langage: Une introduction critique*(Bruxelles: Pierre Mardaga, 1977))

4) 『일반언어학 강의』 통속본에는 다음과 같이 표현되어 있다. "언어는 …… 인간적 사실들 가운데서 분류 가능한 반면, 언어활동은 그렇지 못하다."(33쪽) 소쉬르는 언어(랑그)를 분류의 원칙(principe de classification) 또는 하나의 기호 체계로서 특징짓고 있다. 이 같은 기호 체계에서는 의미와 청각 이미지의 결합만이 본질적인 것이다. 언어(랑그)라는 추상적 개념은 각각의 개인이 말할 때 자율적으로 생산하는 발화체들의 총합으로서 제시되는 개인 발화(파롤)와 구별된다. 언어를 기호 체계로서 특징짓는 것 속에서 구조주의적 수순의 기반을 이루는 원칙을 발견할 수 있는데 이 원칙은 언어가 유의미적인 이산적 단위들의 총합으로서 구성되는 것으로 파악하고 있다. 여기에서 말하는 이산적 단위는 단어와 형태소, 그리고 다시 소리의 최소 단위인 음소로 분절되는 것을 말한다. 따라서 그 같은 구별은 언어의 이중 분절의 원칙에 해당된다. 현대 음운론의 연구를 통해 밝혀진 바와 같이 음소들의 본질적으로 관계적이며 대조적인 특징의 개념화는 '분류 체계'로서의 언어를 제시한 소쉬르의 비전을 이해하는 데 결정적 단서를 제공한다. 분류 체계로서의 언어는 소쉬르와 그의 계승자들은 분류 체계로서의 언어를 닫힌 체계로 간주했는데, 이 점에서 이것은 음소들의 목록체와 유사하다. 따라서 소쉬르가 열어 놓은 구조주의적 시각에서, 언어학의 과제는 본질적으로 분석적이면서 동시에 기술적이다. 따라서 프랑스의 생성 문법의 권위자인 뤼베는 이미 1960년대에 통사론에 대한 구조주의적 비전을 다음과 같이 요약했다. "소쉬르에게 …… 랑그란 본질적으로 요소들의 목록체, 하나의 계통 분류다. 이 같은 시각에서 문법은 최소 요소들(구조주의자들이 말하는 형태소들에 해당된다.) 계열체적 부류들, 아마도 명사 통합체들의 부류들의 분류로 귀결될 수밖에 없는 것 같다."(N. Ruwet, *Introduction à la grammaire générative*(Plon, 1967), 50쪽)

한편 기능주의 언어학의 태두인 마르티네는 음소들로 이루어진 닫힌 목록과, 형태소들로 이루어진 열린 목록을 구별하고 있는데, 그는 각 언어는 새로운 단어들을 무한하게 창조할 수 있다는 점을 강조하고 있다.(A. Martinet, *Éléments de linguistique générale*, troisième édition(Armand Colin, 1991))

5) 언어의 기원과 본질에 대해 서양 지성사에서 2500년 동안 줄기차게 제기되어 온 해묵은 주제를 언급하고 있다. 과연 언어는 자연의 산물인가, 사회적 계약의 산물인가.

현대 언어학의 비조인 촘스키는 언어 연구에서 가장 핵심적인 부분은 언어학을 심리학의 한 가지로서 파악하는 이론적 틀 속에 존재하며, 궁극적으로 언어학은 생물학 속으로 병합될 것이라고 진단을 내린다. 언어에 대한 이 같은 생물학적 접근법은 언어 연구를 자연과학으로 동화시키려는 시도를 가지고 있다.(Noam Chomsky, *New Horizons in the Study of Mind and Language*(Cambridge: Cambridge University Press, 2000))

언어를 자연의 산물로 보는 시각을 언어학적 자연주의라고 부를 수 있으며, 그 같은 자연주의의 시각은 이미 19세기 인류학에서부터 태동했다. 19세기는 언어과학 분야의 연구에서 비약적 발전을 경험한 시기다. 특히 전통적인 문법적 설명의 가능성을 훌쩍 뛰어넘는 역사적 설명의 도입과 더불어 그 같은 괄목할 만한 성장이 이루어졌다. 이 같은 언어 연구의 갱신에는 기본 개념들의 주목할 만한 변형이 동반되는데, 특히 자연주의적 경향의 출현과 더불어 언어의 존재론적 위상과 관련하여 자연주의적 성향이 가시화되었다. 인간들의 문화적 활동의 결과물로 인식하는 것과는 거리가 멀게 언어는 당시의 언어학자들 가운데 그것의 물리적 본성의 산물로서, 그 자체가 자연적 실재로 인식되었다. 물론 그 같은 자연주의적 모델은 생물학이다. 제 언어들은 식물들의 생명과 유사한 생명을 갖게 될 것이며, 인간 두뇌의 성립으로부터 그 실현이 가능해졌다는 것이다. 이 같은 최초의 언어학적 자연주의는 자연과 문화 사이에 존재하는 이분법의 설정의 역사적 과정으로부터 출현한다. 주목할 사실은 이 같은 자연주의가 탄생한 시기는 실증주의가 과학성의 차원에서 수리물리학을 그 방법론적 원형으로서 부과 관철시켰던 시대라는 점이다. 자연화의 원칙적 인과율은 바로 언어과학에 내재하는 변형 속에 개입한다. 이 같은 자연주의적 경향에 맞서 소쉬르는 언어의 사회적 본질을 언어학 연구를 구성하는 공리로서 취하게 된다. 특히 20세기 초반기에 자연주의적 패러다임에 맞선 투쟁은 승리를 한 것으로 보였다. 이를테면 구조주의는 문화주의적 패러다임에 대한 명료한 정식화에 도달한다. 이어서 이 같은 문화주의적 패러다임은 20세기 중반기에 더욱더 세련되게 정교해진다.

반면 앞서 제시한 촘스키를 필두로 1970년대와 1980년대를 걸쳐 동물행태학의 비약적 발전과 더불어, 인간과 동물의 비교행태학 분야에서 획기적 발전이 이루어지면서, 자연주의적 패러다임은 다시 득세한다. 특히 유전학과 분자생물학의 놀라운 진보는 온갖 종류의 생득주의 담론을 낳았으며 심지어 진화 이론을 사회 연구에 적용하는 데까지 이른다. 생물언어학자 비커톤의 이론에 나타나는 생물 프로그램(bioprogramme)(Derek Bickerton, *Language and Species*(The University of Chicago Press, 1990)), 핑커(Steve Pinker)의 생득주의 또는 문법 유전자 등처럼(Alec MacAndrew, *FOXP2 and the Evolution of Language*, 2003, http://www.evolutionpages.com/FOXP2-language.htm) 19세기에 만연한 생물학적 은유들, 심지어 인종차별적 은유들만큼이나 혼란스럽다. 언어의 자연화는 사회생물학과 나란히 존재하는 프로그램에 비유될 수 있다. 언어학에서 자연주의적 패러다임의 인식론적 계보를 쓰는 과제는 유의미한 작업일 것이다.(Sylvain Auroux, "Introduction: le paradigme naturaliste," in *Histoire Épistémologie Langages* 29/II, 2007, 5~15쪽)

6) 이 문제는 언어의 기원과 관련해 생물학적 해부학적 구조와 연관된 문제로서 상론을 요한다. 음성 언어의 기원은 가장 많은 논란을 촉발시킨 학문적 대상이며 과학이 풀지 못한 수수께끼이다. 현재도 다수의 이론들이 음성 언어의 정확한 연대와 기원을 놓고 경합 중이다. 우선 인간 영장류의 진화에서 가장 결정적인 단계를 환기해야 할 필요가 있는데, 그 가운데 가

장 중요한 것은 역시 인간의 직립이라는 데 이견이 없다.

인간의 진화에 대한 다윈의 이론을 요약하면 다음과 같다. 약 400만 년 전 최초의 오스트랄로피테쿠스가 아프리카에서 출현했으며 그들은 250만 년 전에서 200만 년 전쯤 무렵 그들의 흔적을 호모아빌리스(도구 제작 가능)를 통해 화석을 비롯한 물질적 흔적을 남겼고 170만 년 전쯤 새롭게 출현한 호모에렉투스 역시 다양한 화석과 흔적을 남겼으며 최초의 호모사피엔스는 아무리 빨라도 30만 년 전에 출현했던 탄생 인류의 호모에렉투스로부터 내려온 자손들이다.

대부분의 고고학자들과 유전학자들은 몇 가지 자명한 사실들로 인해 호모사피엔스가 아프리카에서 탄생했다는 사실에 동의한다. 가장 명확한 이유는 대부분의 인간 영장류의 화석들이 아프리카에서 발견되었기 때문이다. 하지만 더 나아가, 여러 인종들의 유전학에 대한 최근 연구는 아시아 인종들과 유럽 인종들 사이에 존재하는 차이보다 훨씬 큰 차이가 아프리카 인종과 비아프리카 인종 사이에 존재한다는 사실을 입증했다. 그 같은 결과들은 따라서 인종의 아프리카 기원이라는 테제를 확인시켜 주고, 진화의 원인들인 유전자 변이가 아프리카에서 발생했다는 것을 보여 준다.

그다음으로 논의할 사항은 언어 기원의 해부학 이론이다. 결국 언어가 우리의 가장 가까운 직계 조상인 '모던 호모사피엔스'에게서 출현했다는 점을 긍정하는 것은 가능하다. 실제로 인간 언어는 뇌와 밀접한 관련을 맺고 있으며 뇌의 발달은 인간 영장류에게서 약 200만 년으로 소급된다. 오스트랄로피테쿠스는 오늘날 알려진 동물들의 커뮤니케이션 시스템의 수준과 비슷한 시스템을 갖고 있었다. 호모아빌리스의 뇌 부피는 오스트랄로피테쿠스의 뇌의 부피보다 약 40~50퍼센트가 더 컸으나, 언어 발달을 위해서는 여전히 불충분한 크기였다.

호모에렉투스의 경우 여전히 확실한 해답이 없다. 그들의 뇌의 부피는 현재 인간 뇌 크기의 80퍼센트에 육박했으며 그들이 오세아니아, 유럽 등에서 실행한 장거리 이주 수행은 정교한 커뮤니케이션 형식과 더불어 비로소 가능했다는 것이 정설이다. 연구자들은 호모에렉투스가 언어를 구사하는 수준에는 이르지 못했다고 주장하는데 그들의 후두가 너무 높은 곳에 위치하고 있기 때문이다. 현재 인간에게서 나타나는 후두의 위치는 약 15만 년 전으로 거슬러 올라간다.

심지어 호모에렉투스가 모종의 언어 형식을 구비했을 것이라는 진술도 가능하겠으나, 그 형식은 오늘날 우리가 갖고 있는 것과는 판이하게 상이하며, 동물들의 초보적 시스템과 현재의 음성 언어 수준의 중간 정도에 놓일 것이다. 따라서 언어의 기원을 약 10만 년 전으로 소급시키고 있다. 가장 빈번하게 제시되는 추론은 후두의 위치가 하강하면서 언어가 출현했다고 보는 것이다. 이것은 성대를 통해서 발성된 소리들에 대해서 그것들의 주파수와 음성적 대조를 부여하기에 충분할 정도로 볼륨이 큰 입속의 빈 공간을 만들었기 때문이다.

성대로부터 음성이 배출되는 음성 도관의 변화가 언어의 창발을 가능케 했을 것이라는 이론과 달리, 일부 연구자들은 이 같은 해부학적 설명이 충분하지 않다는 점을 증명했다. 그들이 보기에 현대 인간의 조상들은 우리가 갖고 있는 것과 마찬가지로 발성 능력을 갖고 있었다는 것이다. 따라서 인간은 이미 250만 년에서 300만 년 전에 이미 말을 하기 시작했을 것이라고 그들은 진술한다.

최근에 수행된 고생물학의 연구는 발성과 청취 장치를 시뮬레이션하여 후두의 위치, 입속의 빈 공간의 깊이, 구강 기관들의 움직임 등의 매개 변수를 설정하여 실험한 결과, 앞선 주장과 달리 발성 도관의 장치가 모음 i, a, ou 등의 최대한의 모음 대조의 실현에 거의 영향을 미치지 못한다는 결론에 도달했다. 혀의 움직임과 입술의 움직임이 발성 도관 사이에 존재하는 해부학적 차이를 보상할 수 있다는 것이 이들의 실험 결과이다. 따라서 형태론적 관점에서 이 같은 실험에 기초한다면, 발성 기관의 차이보다는 본질적 차이가 두뇌에 있다고 봐야 한다는 것이다.

끝으로 생물학적 테제로서, 일부 연구자들은 언어 유전자 FOXP2가 존재한다는 것을 증명했다. 음성 언어가 인간들에게 도래하기 위해서는 하나의 유전자에 두 개의 변이가 발생하는 것으로 족하다. 이것은 독일의 막스플랭크연구소의 진화인류학 연구팀이 진술하고 있는 바이다. 이들은 인간, 원숭이, 쥐 사이에서 유전자 FOXP2를 비교했는데, 인간만이 자신들로 하여금 후두의 운동과 입의 운동을 보다 더 잘 제어할 수 있도록 해 준 두 개의 변형을 수행했다. 이 같은 장점은 인간들에게로 널리 퍼져 갔으며 그것은 대략 20만 년 전쯤의 일로서, 인간 언어 발달의 원인 가운데 하나라는 것이다.(영어판 위키피디아, 프랑스어판 위키피디아, D. Donald, *Les Origines de l'esprit moderne*(De Boeck, 1991, rééd, 1999) 참조)

7) 독일어로 각각 '분리된 언어', '연설, 이야기' 등을 의미한다.

8) 브로카(Paul Broca, 1824~1880)는 19세기 프랑스가 배출한 의학자, 해부학자이며 인류학자다. 소쉬르가 언급하고 있는 바와 같이 1861년 최초로 치밀하게 기술한 실어증 형식을 발견했다. 17살에 파리 의과대학에 입학하여 20세에 조기 졸업한 후 파리 대학교에서 병리학 교수가 되었으며 20대에 신경해부학을 비롯한 의학 여러 분야에서 석학의 반열에 올랐다. 하지만 의학사에서 브로카의 위상을 확고부동하게 만든 것은 두뇌 속에 존재하는 발화의 중심부(centre de la parole)를 발견한 공로 때문이다. 브로카 영역이라고 불리는 전두엽의 세 번째 회전부에 위치하는 이 부위를 그는 1861년 파리의 인류학회에서 뇌의 홀리즘을 옹호하는 학자들과 격론을 벌이면서 제시했다. 그는 크레뮬렝-비세트르 병원에 입원한 그의 최초의 환자 르보르뉴(Leborgne) 씨(Tan이라는 별명을 지녔는데 그 이유는 그가 발음할 수 있었던 유일한 음절에서 연유한다.)를 포함하여 다수의 실어증 환자들의 뇌를 연구하면서 도달한 결론이었다.(Francis Schiller, *Paul Broca explorateur du cerveau*, Odile Jakob, 1990, Philippe Monod-Broca, *Paul Broca: un géant du XIXe siècle*(Paris: Vuibert, 2005))

브로카 이후로, 우리는 대뇌피질이 상이한 과제를 수행하는 데 전문화된 부위들로 분할되어 있다는 것을 알고 있다. 이를테면 시각을 담당하는 부위, 냄새를 담당하는 부위 등으로 분화되어 있다. 각각의 부위 한가운데서 하나의 '모듈'은 운동을 취급하고 다른 모듈은 색채들을, 그리고 다른 모듈은 형태들을 다룬다. 이 같은 감각 작용들은 이어서 대뇌피질의 연상적 부위들 속에서 전반적인 지각들의 형식 아래서 통합된다. 이 점은 브로카의 부위와 베르니카의 부위 사이에 존재하는 기능의 차이들이 보여 준다. 브로카의 부위는 신체 움직임을 담당하는 피질과 결합되어, 발성 분절의 과정, 즉 물리적 발음을 제어하며 음성적, 의미론적 과정, 즉 소리와 뜻의 결합을 제어한다.

여기에서 지적할 사항은 인간의 언어 능력은 무의식적이라는 점이다. 언어 능력이 의식적이라고 생각하는 사람은 언어 주체가 영속적으로 제대로 형성된 문장들을 산출하기 때문이라는 이유를 제시한다. 하지만 이것은 환상이다. 그것은 마치 우리가 소프트프로그램을 단지 조종만 하면서 컴퓨터가 어떻게 작동되는가를 알고 있다고 생각하는 것과 마찬가지의 우를 범하는 것이다. 즉 가시적 인터페이스와 프로그램 자체를 혼동해서는 안 될 것이다. 화자들은 자신들의 문장들이 구성되는 방식들에 대해 총체적으로 무의식적이며 이것은 바로 언어학이 설명해야 할 심층적 원리이다.

뇌에서 말을 담당하는 부위는 특권화된 의식의 한 형식에 불과하다. 언어를 통해 사유할 수 있고 표현할 수 있는 것에 해당될 유일무이하며 비가시적인 의식을 인간이 갖고 있다고 생각할 수 있다. 하지만 의식의 몇몇 형식들은 음성 언어의 매개를 통해서 표현될 수 없다. 좌반구가 작동할 때 사람은 합리적 접근법, 사실들의 논리적 제시, 원인과 결과의 관계를 선호한다.

즉 그는 전체에 대한 원인과 설명을 찾아내려는 데 관심을 보이며, 대상들과 부류들을 명명하고 문장들을 구조화하고 계획을 세우며 범주들, 부분들, 속성들로 재단한다. 자신의 특기인 언어를 사용하면서 실행하는 다양한 작동들이 바로 그런 것들이다.

좌반구는 언어활동, 음성 언어, 문자 언어, 논리적 계산, 추론, 방법, 추상화의 장소이다. 반면 뇌의 우반구는 합리적 접근법의 대립으로서 직관적 접근법에 해당된다. 이미지와 직관이 지배적인 기능들로서, 그런 이유에서 그것은 예술적 음악적 능력을 담당하는 곳이다. 우반구는 언어 없이 사유의 세계를 표상하며 비언어적 이해의 세계를 표상한다. 우반구는 시각적 공간적 사유를 담당한다. 우반구는 인간의 지각과 인간의 경험을 하나의 이미지로서 종합화하려는 과제를 갖게 될 수밖에 없다.

하지만 최근에 들어와 인지과학에 기반을 둔 신경심리학의 이론가들은 두뇌 기능의 다양한 유형들의 독립성에 새로운 관심을 표명했다.(Rosaleen A. McCarthy and Elizabeth K. Warrington, *Cognitive Neuropsychology: A clinical introduction*(New York and London: Academic Press, 1990)) 이들 이론가들은 자신들의 증거를 19세기 브로카와 베르니카 등의 연구자들에 의해 최초로 파악된 두뇌 기능들의 분리(dissociation)에 두고 있다. 브로카와 베르니카는 각각 음성 언어 생산과 음성 언어 이해 체계 사이의 분리를 발현하는 환자들을 기술했다. 분리라는 개념은 신경심리학에서도 핵심적이다. 그런데 19세기에 이루어진 연구와, 최근의 연구 사이의 주된 차이는 현대 인지신경심리학자들은 구체적인 특수한 두뇌의 중심부에 구별적인 신경적 기능들을 할당시키는 것을 꺼린다는 사실이다. 인지신경심리학자들은 인지적 스킬들 사이의 분리를 설정하는 데 관심을 갖고 있다. 그 같은 기능들의 독립은 구별적인 신경 체계에 달려 있는 것으로 보인다. 전체적으로 보았을 때, 최근에 이루어진 인지신경심리학의 연구들은 소쉬르가 일반적 기호 구성 능력을 주장하는 것이 함의하는 두뇌 기능들의 분리에 대한 19세기의 연구 결과를 지지하는 것으로 보인다.(영어판 위키피디아 및 프랑스어판 위키피디아 참조)

9) 실서증(프랑스어로는 agraphie 영어로는 agraphia). 환자가 자신의 생각과 감정들을 문자 단어나 기호를 사용하면서 표현할 수 없는 질병을 말하며, 그래픽 지식의 상실, 즉 문자 언어의 상실로 유도된다. 기억력의 감소 또는 총체적 상실로 정의되는 병리적 발현으로서 여러 가지 유형의 기억상실증으로 구별된다.

실서증은 빈번하게 실독증(독서 능력 상실)을 동반하며 실어증과 같은 보다 일반적인 질병 속에 통합된다. 글쓰기는 정신적 작동들의 복잡한 조직화에 토대를 두고 있다. 낱말의 선별, 이들 낱말들의 철자 기억, 손의 필요한 운동들의 실행, 그리고 문자 단어들이 그것들의 정신적 표상에 해당되는가를 시각적으로 확인하는 작업들로 이루어진다. 이들 작동들은 두뇌의 여러 부위들 사이의 연계를 요구하는 것이 거의 분명하다. 실서증은 바로 이 같은 두뇌의 부위들에 가해진 상처에 기인한다.

상이한 종류의 실서증이 존재한다. 실어증적 실서증은 언어활동의 장애를 동반하며, 표기의 글자들은 일반적으로 보존되나 상징의 사용이 제대로 작동되지 않는 경우이다. 탈실천적 실어증은 글쓰기의 기초적 몸짓들을 방해하는 신체 기관의 생물학적 장애에 기인한다. 따라서 표기 요소들의 공간적 분할이 제대로 이루어지지 않는다.

실서증이란 용어를 최초로 사용한 사람은 영국인 의학자 오글이다.(J. W. Ogle, *Aphasia and Agraphia*, *Saint-George's Hospital Reports*, 2, 1867, 83~122쪽)(영어판 위키피디아 및 프랑스어판 위키피디아 참조)

10) 일반적인 기호 구성 능력이 존재한다는 소쉬르의 주장은 최근에 이루어진 신경심리학의 실험 결과에 의해서 입증되고 있다.(Corina et al., 1992, 1999) 이들 신경심리학자들은 뇌의 좌반구가 언어 능력을 전담한다는 주장에 내포된 논쟁적 본질에 주의를 기울였다. 그들은 논쟁의 주요 진영을 둘로 나눈다. 첫 번째 진영의 주장에 따르면 먼저 오직 두뇌의 좌반구만이 언어 사용(음성 언어, 문자 언어, 수화 언어)의 양태성과 관계없이 언어 처리를 위해서 디자인되어 있다는 것이다. 두 번째 진영의 주장에서는 언어 능력은 신체 기관 제어 또는 상징화에 기초한 보다 일반적인 전문화로부터 파생되었다는 것이다. 실험 결과는 농아와 정상적인 언어 활용 기술을 구비한 사람들에게서 기호와 음성 언어를 좌반구가 전담하고 있다는 테제를 지지한다.(Corina et al., 1992: 1260) 이것은 수화 언어와 상징적 몸짓(판토마임)의 분리와 대조를 이루고, 수화 언어와 몸짓의 기능적 분리 가능성을 강조한다.(D. P. Corina, J. Vaid, U. Bellugi, "The linguistic basis of left hemisphere specialization," *Science* 255, 1992, 1260쪽)("On the nature of left hemisphere specialization for signed language," *Brain Lang*, 1999 Sep;69(2):230~240쪽)

소쉬르는 단어들을 분절시킬 수 있는 능력이 자연적이건 그렇지 않건 오직 집단성에 의해 창조되고 제공된 도구의 도움과 더불어서만 행사될 수 있다는 결론에 도달한다. 이 같은 자연적 또는 비자연적 능력에 대한 소쉬르의 태도가 보여 주는 양가성은 주목할 만하다. 소쉬르는 언어의 사회적 성격에 맞서 순전히 생물학적 언어 능력에 흠집을 내지 않는다. 이 둘의 관계는 이분법적이지 않다. 개인의 생물학적 유기체와, 개인의 외부에 존재하는 것으로 간주되는 사회적 차원 사이에는 이원성이 존재하지 않는다. 그 대신 개인의 언어 능력은 개인의 사회적 참여에 의해서, 아울러 언어의 사회적 기호학적 관계와 실천들에 대한 적응적 반응에 의해서 조직화된다. 언어를 학습하려는 개인의 생물학적 선 경향을 조직화하고 변형하는 것은 바로 개인의 사회 공간에의 이 같은 참여이다.

즉, 개인의 언어 능력은 전체적인 사회적 기호학적 체계의 통합적 부분이며, 그 같은 능력은 개인마다 자의적으로 변하지 않는다. 언어 능력의 개인적 사용은 필연적으로 그의 생태 사회적 환경과의 상호 작용의 과정을 함의한다. 달리 말해서 개인은 생물학적 관계와 사회적 기호학적 관계 및 과정들의 복잡한 상호 작용이라는 것이 소쉬르의 주장이다.(Paul Thibault, *Re-reading Saussure: the dynamics of signs in social life*(London: Routledge, 1997)

11) 프로이트의 언어 모델은 보다 복잡한 모델을 제공한다. 아리베(Arrivé) 교수는 언어학과 정신분석학을 접목시킨 독창적 시도를 한 학자로서, 프로이트에게서 대상, 개념, 소리, 이미지의 관계를 분석했다. 아리베의 연구에 따르면 프로이트의 정신분석학 이론에서 단어는 그것이 특별한 호기심의 연구 대상이었다. 이 점을 밝혀 주는 가장 확실한 문헌은 프로이트의 첫 번째 저서인 『실어증 개념에 관한 연구(*Zur Auffassung des Aphasien*)』로서 대상(Objekt,

objet)과 사물(Sache, chose)의 관계 속에서 단어(Wort)의 개념에 관한 고찰을 제공하고 있다는 것이다. 단어의 표상(Wortvorstellung)과 사물의 표상(Objektvorstellung) 사이에 존재하는 관계의 구조를 나타내는 프로이트의 도식은 다음과 같다.

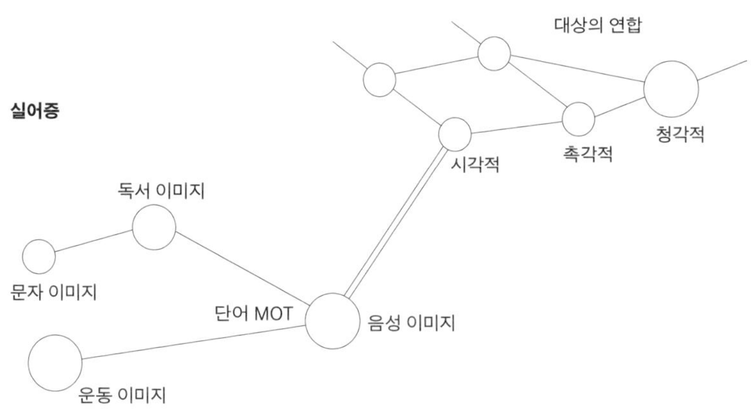


**단어 표상의 심리학적 도식**

아리베 교수는 다음과 같은 프로이트의 진술이 핵심적인 메시지를 담고 있는 것으로 해석한다.

"단어의 표상은 닫힌 표상적 복합체로서 나타나고, 대상의 표상은 열려진 복합체로서 나타난다. 단어의 표상은 그것을 구성하는 모든 부분에 의해 대상의 표상과 연결되는 것이 아니라 단지 청각 이미지(image acoustique)에 의해서만 연결된다. 음성 이미지(image sonore)가 단어를 표상하는 것과 마찬가지로 사물의 연합 가운데 대상을 표상하는 것은 시각적이다. 언어의 음성 이미지와 대상의 다른 연합의 관계들은 지시되지 않았다.(『실어증 개념에 관한 연구』, 1891~1983, 127쪽)

아리베 교수는 이 단락을 중시 여기는 이유로서 이 단락이 확고부동하게 이론적이며 역사적인 중요성을 지니고 있기 때문이라고 지적한다. 먼저, 이론적 중요성을 갖는 이유는 이 단락이 단어와 단어의 표상에 대한 명료한 정의를 제시하고 있기 때문이다. 아리베 교수의 견해에 따르면, 프로이트에게 단어는 결국 자신의 고유한 표상일 뿐이다. 다른 한편, 이 단락이 역사적 중요성을 갖는 이유는 이 단락이 단어에 대한 프로이트의 개념화를 결정적으로 확정짓고 있기 때문이다. 실어증 개념을 다루는 프로이트의 저서(1891년 출간)에 이어서 아리베는 1923년으로 32년을 훌쩍 뛰어넘는다. 아리베는 『자아와 그것(*Le Moi et le Ça*)』에서 거의 정확하게 단어의 개념화는 단어의 표상(Wortvorstellung)의 다양한 구성 요소들 사이에 존재하는 위계질서의 명시적 설정과 더불어 다시 다루어지고 있음을 밝혀낸다.

"단어의 나머지 요소들은 본질적으로 청각적 지각 작용에 속하는 요소들이다. 그 결과 이를 통해 이를테면 전의식계(Pcs)의 특별한 감각적 기원이 주어진다. 단어의 표상을 이루는 시각적 구성 요소들을 엄밀하게 따져 보면 독서에 의해 획득된 부차적인 요소들로 무시할 수 있다. 지지(支持) 기호의 역할을 하는(물론 벙어리의 경우는 예외) 단어의 운동 이미지의 경우도 마찬가지다. 엄밀하게 말해서 단어는 소리로 들은 단어(mot entendu)의 기억을 도와주는 나머지 것이다.(『자아와 그것』, 1923b~1991, 전집 XVI, 265쪽)
1891년 도식에서 의미 작용이 음성적 양상을 띤 단어의 표상과 시각적 양상을 띤 사물의 표상 사이의 관계로서, 즉 단어의 표상과 대상의 표상 사이에 존재하는 관계로서 정의된다는 것을 알 수 있다는 것이다.
단어들의 표상에 대해 아리베 교수는 다음과 같은 세 가지 특징을 도출한다. 첫째, 단어의 표상은 복잡하고 종합적이다. 정확하게 말해 음성 이미지에 읽기(독서) 이미지와 쓰기(문자) 이미지 그리고 운동 이미지가 추가되어 단어의 표상이 네 가지 유형의 이미지를 결합시킨다는 점에서 그렇다. 둘째, 그렇지만 음성 이미지는 특권화된다. 왜냐하면 대상의 표상과 더불어 관계가 설정되는 것은 음성 이미지와 더불어서이며 이 음성 이미지만이 유일하기 때문이다. 1923년에 프로이트는 시각적 요소들을 '부차적인 것'으로 간주하기에 이른다. 셋째, 단어의 표상은 그 복잡성에도 불구하고 하나의 닫힌 복합체이며 이를 통해 대상의 표상과 대립한다. 몇 가지 구성 요소들과는 동떨어진 완성되지 않은 선들이 그 점을 발현하고 있듯이 단어의 표상과 대립하여 대상의 표상은 하나의 '열려진 복합체'를 구성한다. 분명히 문제가 되는 것은 있는 그대로의 지시물(référent, 지시대상)이 아니라 '매우 이질적인 시각적, 청각적, 촉각적, 운동 감각적인 것과 그 밖의 다른 매우 이질적인 표상'(127쪽)에 의해 주어진 그대로의 지시물이다.
아리베는 여기에서 프로이트가 제시한 단어의 개념화가 거의 동시대에 이루어진 소쉬르의 개념화와는 완전히 정반대에 있다는 점에 주목한다. 예컨대, 프로이트와 거의 동시기에 소쉬르는 그의 언어 이론에서 사물이라고 부른 것에 대한 모든 고려를 배재하면서 '언어 기호'(이를테면 단어)의 개념화를 자리매김했다. 아리베는 두 사람이 제안한 도식의 형태는 근본적으로 다르다는 점을 강조한다. 즉, 소쉬르에게 '개념(concept)'과 '청각 이미지(image acoustique)'(이때까지만 해도 기의(記意, signifié)와 기표(記標, signifiant)라는 이름이 여전히 부여되지 않았다.)는 밀접하게 결합된 하나의 실재(entité, 이 실재가 '기호'가 된다.)의 두 측면이다. 이것은 기표와 기의를 결합하는 선이 표시하고 있는 바이다. 프로이트에게서 단어는 사물과 거리를 두고 있다. 즉, 단어와 사물이 서로가 서로에게 유도하는 경로의 형태로 된 위의 도면이 이를 나타내고 있는 것이다. 이것은 소쉬르에 의해 프로그램화된 비(非)지시적 의미론과는 정반대로 프로이트의 의미론적 도식이 하나의 지시적 의미론이라는 점을 말해 주고 있다. 다른 곳에서 프로이트는 여기에서 단어에 의한 사물의 표상인 이 '표상'을 지칭하기 위하여 독일어의 'Vorstellung(재현, 표상)'이라는 경쟁적 용어를 사용하면서 'Darstellung(표상)'에 관하여 말한다.(『꿈의 해석』, 1900~1961, 독일어판 251쪽) 이 점에서 소쉬르에게서 근본적인 개념인 '부정적(소극적) 가치(valeur négative)'는 프로이트의 고찰에서 완전히 부재한다.(Michel Arrivé, *Le linguiste et l'inconscient*(PUF, 2008), 2장 "Mots et choses chez Freud," 29~52쪽)
12) 동등 배열로 번역되기도 한다. 등위 배열(co-ordination)은 언어적 팽창의 두 가지 유형들 가운데 하나다. 그 유형들 가운데 하나에서는 발화체(énoncé)에 첨가된 요소의 기능은 동일한 틀 속에 미리 존재하는 요소의 기능과 동일하며 그 결과 미리 존재하는 요소를 제거할 경우 본래의 발화체의 구조를 되찾을 수 있을 것이다. 또한 등위 배열을 표시하는 요소가 나타날 수 있다. 등위 배열을 통한 언어적 팽창은 언어 속에 존재하는 모든 종류의 통사적 범주들 또는 기능들에 영향을 미칠 수 있다. 예) 나는 **팔기도** 하고 **사기도** 한다. **나는** 팔고

**당신**은 산다. 등위 배열은 병치를 통해서도 이루어질 수 있다. 예) 나는 여러 나라 말을 읽고, 쓰고, 말한다.(*Dictionnaire de la linguistique*, sous la direction de G. Mounin(PUF, 1974), 87쪽)

13) 프랑스 단어 capitalisation은 자본화, 축재, 저축을 의미한다. 다른 제자의 노트에서는 '사회적 결정화(cristallisation sociale)'라는 표현이 사용되었다. 언어 (랑그)는 순전히 정신적이고 심적인 것으로 파악되며, 따라서 각각의 개인에게 특수한 것으로 정의된다. 이와 동시에 언어는 사회적 축재, 즉 동일한 공동체 속에서 개인들의 집합에 있어 모든 사람들의 두뇌 속에 저장된 것으로 파악된다는 점에서, 사회적 축적이라는 표현을 사용하고 있는 것이다.

14) 최근의 뇌에 관한 고찰을 보아도, 촘스키를 포함하여 인지과학과 뇌언어학에서는 여전히 언어(랑그)와 언어활동의 구별을 명료하게 설정하지 않은 상태에서 논의를 진행하고 있다. 언어의 변이와 뇌의 변이는 별개의 문제라는 점을 지적해야 할 것이다.

15) 소쉬르의 제자로서 샤를 바이와 함께 제네바 학파를 이끌었으며 심리적 요인과 언어적 요인의 관계에 대한 관심이 높았다.

16) 프랑스어로 tangible은 '만져서 알 수 있는', '육체적인', '물질적인', '확실한', '명확한' 등의 다양한 의미를 갖고 있다. '만지는 것이 가능한'을 의미하는 라틴어 단어 *tangere*에서 왔다.

소쉬르의 주장에 따르면, 언어(랑그)는 발화(파롤)에 견주어, 여전히 구체적인 본질을 띠고 있는 대상이다. 심지어, 『일반언어학 강의』에서는 언어 기호들은 발화 없이도 촉지 가능하다고 진술하고 있다. 소쉬르는 문자와 사진을 비교하여 설명하고 있다. 문자는 규약적인 이미지들 속에서 언어의 기호들을 고정시킬 수 있는 반면, 발화 행위들의 모든 세부 사항들을 사진으로 촬영하는 것은 불가능하다. 한 단어의 발성은 아무리 미세한 것이라도 인식하고 형상화하기에는 지극히 난해한 근육 운동들의 무한한 수를 나타내기 때문이다.(*Cours de linguistique générale*, 32쪽) 즉 발화는 무한하게 분석될 수 있으며 따라서 매우 어렵게 객관화될 수 있다. 따라서 발화에서 객관화될 수 있는 것을 간직하기 위해서는 생동하는 발화를 논외로 해야 한다. 바로 언어(랑그)는 문자를 통해 재현될 수 있으며 항상적이라는 점에서 객관화가 가능하다. 따라서 언어(랑그) 속에는 오직 청각 이미지만 존재하며, 청각 이미지는 항구적인 시각 이미지로서 번역될 수 있다.

청각 이미지라는 생소한 표현은 바로 언어(랑그)로부터 발화(파롤)를 제거하는 데 있는 작동의 역설적 성격을 반영한다. 청각 이미지는 청취적인 것도 아니고, 음성적인 것도 아니고, 발성적인 것도, 물질적인 것도 아니며, 이 같은 물질성을 추상화시킨 것이다. 따라서 문자는 언어(랑그)가 발화(파롤)에 못지않게 구체적이라는 점과 더불어, 과학의 가능한 대상이라는 점을 보여 준다. 요컨대 언어의 기호들은 이를테면 '촉지 가능한데' 그 이유는 그것들이 문자를 통한 '촉지 가능한 형태'를 취할 수 있기 때문이다. 언어(랑그)는 문자 속에서 아울러 문자를 통해 촉지 가능하다.

17) 언어와 발화의 관계를 논하면서, 언어(랑그)를 분비물에 비유하는 이 단락은 일반언어학 강의를 수강한 거의 모든 학생들의 노트에서 공통적으로 출현하는데도, 우리가 읽고 있는 통속본의 편집자들에 의해 제거되었다.

소쉬르가 자신이 설정한 연구 대상인 언어(랑그)의 본질을 설명하기 위해 다양한 은유들을 사용한 것은 주지의 사실이다. 여기에서는 생리학의 개념인 분비물이라는 은유를 사용하고 있다. 실제로, 소쉬르는 언어를 하나의 대수학에 비교하는 은유를 비롯해, 다양한 유추와 비유를 제시하고 있다. 연구자들에 따르면 그가 사용한 다양한 은유들이 맡고 있는 교육 방법적 도구 역할이 그의 이론 구축에서 수행하는 효율성은 결코 무시할 수 없다는 것이다. 타계한 노르망 교수는 소쉬르가 선택한 은유들은 언어(랑그)에 고유한 다양한 난점들을 밝혀 줌과 동시에 그의 사고 작업의 '스타일이라고 부를 수 있는 것에 대해 핵심적 사실을 알려 준다.(Claudine Normand, "Le Cours de linguistique générale: métaphores et métalangage," *Langages*, vol. 29, 1995, 78~90쪽) 실제로, 소쉬르는 해부학, 화학, 생리학, 기계학, 생명 등, 다양한 영역을 빌려 와 언어(랑그)의 성격을 새롭게 정의하려는 시도를 해 왔다. 특히, 소쉬르가 가장 많은 은유를 사용한 것은 기호의 구조와 속성을 설명할 때이다. 예컨대 그는 기호의 속성들을 하나의 이미지로서 압축하기 위해 풍선 이미지를 사용하기도 했다. 자연 언어의 분절성을 설명하기 위해 제시한 '사지', '마디', '분할'을 의미하는 라틴어 단어 articulus 역시, 신체의 상이한 부분들을 잇는 결속 지점을 상기한다는 점에서 하나의 은유이다. 또한 언어와 문자의 관계를 논하면서, 문자가 드리우고 있는 베일을 제거하는 것이 쉽지 않다고 전제하면서 문자의 옷을 입고 있지 않은 채의 그 자체의 벌거벗은 언어를 보기 위해서는 교육을 받아야 할 것이라고 주장하면서, 문자는 "언어의 몸 위에 걸친 누더기(guenille)에 불과하다."라고 진술하거나 또는 "문자는 껍질이 아니라 누더기다."라는 비유적 표현을 사용하기도 했다. 여기에서 사용된 분비물 역시, 신체와 관련된 은유라는 점에서 소쉬르 은유법의 연구에서 흥미로운 사례다.

18) 모스 부호라고도 한다. 모스 부호는 텍스트 정보를 전송하기 위한 방법으로 발신음의 켜짐과 꺼짐의 연속, 빛 또는 버튼의 누름등을 통해 숙련된 청자와 관찰자가 특별한 장비 없이도 정보를 이해할 수 있도록 하는 것이다.

19) χατα는 고대 그리스어로 '아래로'를 의미한다.

20) 일반적으로 소쉬르 연구자들을 비롯하여 언어학자들은 통사 분야는 소쉬르가 별다른 연구를 진행하지 않았던 영역이라는 데 의견의 일치를 보고 있다. 하지만 보다 면밀히 관찰하면 다른 주장도 가능하다. 『일반언어학 강의』의 상당 부분은 단위들의 문제에 할애되고 있으며, 특히 이 단위들은 무엇보다 문장과 관련된다는 점을 확인할 수 있다.

비록 통사와 관련된 사실들은 파편적이고 분산적인 양상으로 상기되고 있으나, 소쉬르에게 있어서 통사가 무엇을 의미하는가를 재구성하는 것은 얼마든지 가능하다. 특히 2002년 출간된 소쉬르의 『일반언어학 노트(*Écrits de linguistique générale*)』는 통속본에서는 명시적으로 부각되지 않았던, 통사 사실들에 대한 소쉬르의 관심을 보여 주고 있다.

특히, 제3차 강의는 소쉬르가 언어학에 할당시킨 근본적 과제들에 대해서 매우 명시적이며, 과학으로서의 언어학을 규정하면서 그 대상은 오직 단위들에 대한 연구를 통해서만 이해될 수 있다는 점을 분명히 했다. 소쉬르에 따르면 언어과학은 주어진 단위도 실재도 출발점에서 갖고 있지 못하기 때문에 문장을 기본 단위로 삼으려는 소쉬르의 관점이 잘 나타나고 있다. 구체적으로 공시언어학은 체계로서의 언어의 구체적 단위를 포착하는 데 할애된다.

문장과 낱말은 두 개의 통합체, 즉 분할 가능한 복합적 단위들이다. 그 구성 요소들은 복합어 속에서 그 요소들의 현존이라는 사실로부터 하나의 구체적 가치를 획득한다. 소쉬르는 그의 이론 체계에서 통사의 자리라는 문제에 봉착한다. 왜냐하면 그는 문장을 통합체의 탁월한 유형으로 간주하기 때문이다. 소쉬르는 문장을 어떤 창조적인 생산 방식이라기보다는 미리 존재하는 요소들의 공기(concaténation)로 보고 있는 것이다.

그러면서도 소쉬르는 형태소와 문장 사이에는 연속성의 해결책이 존재하지 않는다는 가정을 선호하면서 그 논의를 지연시키고 있다. 낱말과 문장 사이에서 어떤 질적인 도약이 이루어지는 통합체의 범주를 염두에 두고 있었던 것으로 보인다. 소쉬르가 언어학에 지정한 과학적 기획은 결국 형태소로부터 보다 큰 단위들에 이르면서 다양한 단위들의 점증적 연구로 이루어진 것이라고 말할 수 있다. 하지만 소쉬르에게 있어서 단위의 크기보다 더 중요한 것은 모든 항들이 서로 연대를 이루는 체계라는 개념이다.

소쉬르 구조주의의 인식론적 맥락에서 문장에 대한 정의를 다음과 같이 제안할 수 있다. 언어에서 미리 정해진 통합적 조직 방식으로부터 그것의 전체적 단위를 도출하는 종합적 조합이다. 이것은 발화의 실천 속에서 지능과 의지의 행위에 의해 생산된다.

소쉬르의 저술만으로는 통사론에 대한 그의 개념화가 무엇인지 뚜렷하게 파악하기 어려운 것은 사실이다. 이 문제는 소쉬르에게 있어서 화자에 의해 생산되는 담화의 문장과도 관련된 문제라 할 수 있다.

소쉬르가 syntaxte(통사 또는 통사론)라는 단어를 명시적으로 사용하고 있다는 점이 주목할 만하다. 엥글러 교수의 『소쉬르 술어 체계의 어휘』를 참고하면 통사에 대한 다양한 정의들을 소쉬르 자신이 제시했음을 확인할 수 있다. "(직선적 의미에서) 낱말들의 무리 짓기에 대한 이론", "통사론은 통합체 이론 속에 들어간다. 통사의 제 사실들의 특징은 최소한 두 개의 단위들 사이에서 생산된다는 데 있다. 즉, 공간 속에서 분포된 두 개의 단위들을 말한다.", "모든 통사는 너무나 기본적인 원칙으로 귀결되기 때문에 그것을 상기하는 것은 부질없는 일로 보인다. 그것은 언어의 선조적 성격이다.", "낱말 속에 존재하는 하위 단위들의 순서의 문제는 정확히 문장 속에 존재하는 단어들의 자리라는 문제와 정확히 접맥된다. 심지어 접미사가 문제가 될 때조차도, 관건은 통사이다. 그것은 다른 종류의 통사이지만 어쨌건 분명히 하나의 통사이다.", "언어 (랑그)에 의해서 고정되는 것과 개인의 자유에 맡겨진 것 사이에 존재하는 주저함이 나타나는 곳은 바로 통사에서다. …… 발화와 언어는 각각 사회적 사실과 개인적 사실, 실행과 고정된 연합으로서 어느 정도 서로 섞이는 데 이른다."(Rudolf Engler, *Lexique de la terminologie sausssurienne*(Utrecht-Anvers: Spectrum, 1968), 50쪽) 소쉬르의 통사론에 대한 세밀한 연구에 대해서는 R. Amacker, *Linguistique saussurienne*(Droz, 1975); F. Gadet, *Saussure, une science de la langue*(PUF, 1987) 참조.

**2장 언어 기호의 본질**

1) 소쉬르가 여기에서 사용하고 있는 청각 이미지(image acoustique) 또는 연합(association) 등의 용어는 당시 유럽의 심리학의 흐름을 염두에 두고 심도 있는 해석이 이루어져야 한다. 그렇다면 소쉬르는 당시 심리학으로부터 어떤 이론이나 모델을 학습한 것인가라는 물음이 제기된다. 특히 독일의 분트(Wundt, 1893)가 개발한 심리학의 노선은 갈톤(Galton)의 연구 성과 덕분에 영국에서 활발하게 진행되었으며 프랑스에서도 다르메스테테르와 브레알 등에 의해 이루어진 의미론 연구, 그리고 독일의 실험심리학 학파에 의해서 계승되었다. 소쉬르 자신이 언어와 심리학의 경계선을 긋는 것이 매우 어렵다는 점을 강조하면서, "언어학 속에는 기계적이고 물질적인 것을 포함하여 모든 것이 심리적이다."라는 진술을 남겼다. 언어학사 전공자들의 연구에 따르면 소쉬르는 당시 4개의 심리학 흐름을 파악하고

있었던 것으로 추정된다.

첫째, 소쉬르 자신이 인용했던 의학자 브로카가 수립하고 샤르코(Charcot)가 뿌리를 내린 프랑스의 임상학파로서 그들의 이론적 주장은 평행성에 기초한다. 즉, 모든 신체적 발현은 하나의 구별되는 심리적 활동에 해당되며 그 역도 마찬가지다. 둘째, 앞서 언급한 분트로 대표되는 독일학파로서 툼브(Thumb)와 마르브(Marbe)에 의해 계승되었다. 셋째, 연상주의라고 불리는 영국학파로서 영국에서는 밀(Mill), 스펜서(Spencer), 그리고 프랑스에서는 텐(Taine)으로 대표된다. 넷째, 프랑스의 정신주의 학파로서, 그 계보는 멘 드 비랑(Maine de Biran)에서, 에제르(Victor Egger)의 『속말(*La Parole intérieure*)』을 거쳐 베르그송(Henri Bergson)으로 이어진다.

소쉬르 자신이 본문에서 '내면의 언어(langage intérieur)'를 여러 번 언급하고 있으나, 소쉬르는 에제르의 내성주의적 접근법을 다음과 같은 두 가지 이유에서 거부한다. 먼저, 그 같은 내성주의적 접근법은 언어의 기능 작동의 원리들에 대한 접근을 제공하지 않는다. 단지 언어 능력의 행사, 즉 발화에 대한 접근만을 가능케 할 뿐이다. 이어서, 그 같은 내성주의적 접근법은 언어의 메커니즘의 분석을 무시하면서 개인의 관찰을 특권시한다.

소쉬르는 이렇게 말한다. "둘째, 기호를 심화시키기를 원할 때, 사람들은 기호에 대해 개인에게서 파악될 수 있는 정신적 물리적 작동들을 수립하려는 경향을 보여 준다. 왜 개인을 선택하는 것일까? 그 이유는 개인을 선택함으로써 우리가 사태를 파악할 수 있다고 느끼기 때문이다. 하지만 그것은 기호의 실행에 불과하다. 정곡을 놓치고 있는 것이다."(Engler, 1968, 60쪽)

이 같은 진술은 방법상의 동일한 이유에서 에제르의 관념주의, 독일의 실험학파, 행동주의와 브로카의 임상학파 모두를 거부하는 것이다. 무엇보다 소쉬르는 언어의 물질적 지류와 정신적 지류 사이의 비교를 피함으로써 임상학파와 자신의 입장을 차별화한다. 소쉬르의 표현을 빌리면, "육체와 영혼은 사람을 만들면서 하나의 비교를 만들어 내는 데 그 비교는 요컨대 결함이 많은 비교다."

여기에서 소쉬르가 겨냥하는 것은 샤르코로서, 그는 에제르의 저서 『속말』에 대한 반응으로서 1880년대 실어증의 임상으로부터 정신적 기능들에 대한 표상을 제안한 인물이다. 그가 제안한 도식은 두뇌의 소재지를 통하여 자신의 이론을 정당화하고 있으며, 4개의 유형의 과정들을 하나의 관념화의 중심(centre d'idéation)에서 포섭하고 있다. 각각 조음적 과정, 그래픽 과정, 시각적 과정, 청취적 과정으로서 감각적 신체 기관에서 분절된다. 이 같은 과학적 견해는 당시 널리 유포된 상태였다. 위에서 언급된 4개의 형식으로부터 소쉬르가 취한 유일한 것은 청각 차원에서 이루어진 형식으로서 그는 이것을 청각 이미지라고 명명한다. 영국의 연상주의에서 영향을 받은 것으로 추측될 수 있으나, 오히려 연상주의 이론을 거부하는 방향에서 새로운 연상 이론을 창발시키고 있다.(Gabriel Bergounioux, "Saussure ou la pensée comme représentation," in *LINX*, Hors série, 1995, 173~186쪽)

2) symbole(상징)에 대한 개념 정의는 학자들과 전공 분야에 따라 전혀 다른 의미를 가질 뿐 아니라, 소쉬르 자신도 초기에 제시한 정의와 중반기 이후에 제안한 개념 정의가 전혀 다르다. 하나는 규약적 또는 독립적 기표를 의미하며, 다른 경우는 비규약적이라는 의미를 갖는다.

"독립적 상징이라는 표현을 통해서 우리는 지칭되는 대상과 그 어떤 종류의 가시적 관계를 갖지 않는 핵심적 성격을 상징들의 범주들을 의미한다."

하지만 소쉬르는 상징은 완전히 자의적이지 않다는 이유에서 즉, 기표와 기의 사이에서 자연적 관계의 흔적이 남아 있다는 점에서 기호의 자의성을 전달하기에는 부적합한 용어로 판단한다. 상징은 결코 완전히 자의적일 수 없는 특징을 갖는다." 즉 상징에는 기호와 관념 사이에 어떤 관계의 흔적이 존재한다는 것이다.(Rudolf Engler, *Lexique de la terminologie sausssurienne*(Utrecht-Anvers: Spectrum, 1968), 49쪽)

궁극적으로 상징은 언어 기호의 자의성이라는 기준에서 파악되어 소쉬르 기호학에서는 일차적 대상에서 제외된 것이 사실이다. 이 같은 소쉬르의 상징 개념의 여파로 현대 언어학에서는 상징에 대한 연구가 이루어지지 못했다.

기호와 상징의 이 같은 대립은 기호학에서 풍요로운 성찰을 낳았다. 양자 모두 공통적으로 하나의 관계로 귀결되나, 그 관계의 본질은 상이하다. 소쉬르 언어 이론의 의미에서 기호는 하나의 기표와 기의를 결합시키는 기능을 갖고 있으며, 그 둘 사이의 관계는 무근거적이며 동시에 필연적이다. 반면, 기호는 상징 형식과 상징 내용 사이의 관계가 근거적이다. 즉 동기가 부여되어 있다.

서양 인문학과 사상사에서 상징이라는 단어의 의미론적 외연과 그 분산으로 인해 완결된 개념을 구축하는 것은 불가능할 정도다. 하지만 소쉬르가 제안한 상징의 존재론적 속성을 염두에 두었을 때, 크게 두 가지의 개념화가 대세를 이루었다. 첫째, 상징은 감각적 재현 형식과 지성적 재현 내용 사이에 존재하는 유추적 관계, 닮음 덕분에 작동하는 재현을 지칭한다. 바로 그 같은 연상적 축에서, 엠블럼, 알레고리 등의 단어들이 포함된다. 소쉬르의 상징론은 바로 이 같은 관점에 속한다. 이를테면 최초의 원초적 의미의 탯줄이 남아 있는 것이 바로 상징이기 때문에, 소쉬르의 표현을 빌리면 상징은 결코 "텅 비어 있는 공백"이 아니다. 다른 한편, 상징은 첫 번째 개념과는 정반대로, 전적으로 텅 비어 있는 기호로서 정의되기도 한다. 즉 상징은 어떤 직관도 갖고 있지 않은 개념적 사고, 맹목적 사고이다. 이 같은 범주에서 수학적 상징들을 언급한다. 퍼스는 바로 자의적 기호의 범주로 상징을 인식한 철학자이다. 정신분석학, 일반 철학, 논리학 등에서 제시된 상징 개념에 대한 사상사의 차원에서 소쉬르의 상징 개념을 인식론적으로 대질시키는 작업이 필요하다. 소쉬르의 상징 개념에 대한 치밀한 연구로는 아리베 교수가 출판한 다음 두 편의 논문이 독창성을 인정받는다.(Michel Arrivé, "Le concept de symbole en sémio-linguistique et en psychanalyse (1) et (2)," *Actes sémiotiques*(*Documents*), (EHESS, 1981), vol. 3, n. 25, 1982, vol/4, n. 36)

3) 의성어(onomatopée)는 자연 속에 존재하는 소리를 외시하는 용어로서, 사용된 음성 언어의 음색이 외시된 청각적 경험을 모방한다. 이를테면, 멍멍, 부글부글, 찰랑찰랑 등으로 다양하다. 의성어는 늘 사물의 소리에 대한 대략적 모방이며 따라서 상대적으로 자의적인 대략화이다. 예컨대 동일한 소리에 대한 해석들은 상이할 수 있다. 닭이 우는 소리는 프랑스어 cocorico, 스페인어 kikiriki, 영어 cok-a-doodlhdo, 한국어 꼬꼬댁 등으로 상이하다. 아울러 동일한 단어가 두 가지 상이한 현실들을 암시할 수 있다. 예를 들어, 프랑스어 단어 glouglou는 액체가 흐르는 소리를 묘사하고 동시에 칠면조의 소리 지르기를 표현하는 데 사용된다.(*Dictionnaire de la linguistique*, sous la direction de G. Mounin(PUF, 1974), 237쪽)

4) 청각 언어와 시각 언어의 본질적 차이를 설명해 주고 있다. 이 점에서 시각 이미지의 다차원성을 강조한 프랑스의 선사 인류학자 앙드레 르루아구랑의 설명을 소쉬르의 주장과 더불어 나란히 놓고 비교할 수 있다. 르루아구랑에 따르면 알파벳 문자의 선조성과 달리, 이미지는 다중적 차원을 띠고 있다. 그가 말하는 그래피즘의 비선조성(la non-linérarité)과 다중

차원성은 그래픽 다원주의의 핵심적 요인이기도 하다. 그는 두 개의 심오한 발견을 계시한 바 있다. 언어와 그래픽의 이원성, 표음 문자에 기초한 상징성에 견주어 그래픽 상징성의 일정한 독립을 파악한 것이 그것이다. 그에 따르면 그래픽 이미지는 알파벳 표음 문자에는 없는 다차원적 자유를 향유하며 알파벳 문자는 사고의 표음화, 선조화, 추상화를 낳았다. 어쨌건, 그래픽 상징성은 표음 언어에 견주어, 이미지는 표음 언어가 시간이라는 1차원에서 표현하는 것을 공간의 3차원 속에서 표현한다. 문자의 정복과 더불어 수립된 선조적 장치를 통해 그래픽 표현은 표음적 표현에 완전하게 종속되었다. 그런데 언어가 그래픽 표현과 맺는 관계는 종속이 아닌 등위 배열의 관계이다. 그런데 현대인들은 선조성이라는 단 하나의 언어적 장치에 익숙한 나머지 문자 이전에 존재했던 다차원적 표현 방식을 제대로 파악하지 못한다.(André Leroi-Gourhan, *Le geste et la parole*(Paris: Albin Michel, 1965) ;『몸짓과 말』(연세대 출판원, 2016))
특히, 르루아구랑의 신화 문자(mythogramme)이라는 개념을 참조하여 데리다는 이 같은 다차원적 구조의 역사적 필연성을 다음과 같이 파악하고 있다. "내부로부터 문자 표기의 표음주의를 제한했던 바로 그 이유들 때문에 직선적 규범은 결코 절대적으로 부과될 수 없었다. 우리들은 지금 그 이유들을 알고 있다. 이 같은 제한들은 그것들이 제한하는 것의 가능성과 동시에 출현했고, 그것들이 끝냈던 것을 열어 놓았으며, 나는 그것들을 이미 명명했다. 은밀성, 차연, 간격화, 따라서 직선적, 규범의 생산은 이 한계들을 강조했고, 상징과 언어 개념들을 표시했다. …… 직선적 문자 언어의 종말은 바로 책의 종언이다. 비록 오늘날까지 책이라는 형식 속에서 그럭저럭, 문학적이건 이론적이건 새로운 글쓰기가 새겨지기는 하지만 말이다. …… 바로 이런 연유로 직선이 없는 글쓰기를 시작하면서 또 다른 공간 조직에 따라 기나긴 문자를 다시 읽는다. 만약 요즘 읽기의 문제가 학문의 전면을 차지한다면, 그것은 바로 쓰기의 두 시대 사이에 놓인 이 같은 불확실성과 주저함 때문이다. 우리은을 쓰기를, 즉 다르게 쓰기는 시작했기 때문에 다른 식으로 읽어야 한다. …… 한 세기 훨씬 전부터 철학, 과학, 문학에서 이러한 초조함을 감지할 수 있거니와 그 모든 혁명은 점차적으로 직선적 모델을 파괴시키는 동요로 해석되어야 한다."(자크 데리다, 김성도 옮김,『그라마톨로지』(민음사, 2010), *244*~246쪽)

### 3장 언어(랑그)를 구성하는 구체적인 실재들은 무엇인가

1) 프랑스어 단어 entité는 본질, 실재, 개체 등의 다양한 의미를 갖고 있으며 특히 철학적으로 복잡한 개념어다. 여기에서는 '실재'로 옮겼다. 먼저, 어떤 존재의 정수와 본질(essence)로서 영어에서도 entity라는 단어를 사용한다. 두 번째 의미는 하나의 실재적인 것으로 간주되는 추상화이며, 빈번하게 속사가 첨부된다. 프랑스어에서 몽환적 실재, 허구적 실재, 언어적 실재, 상상적 실재 등의 표현(entités chimériques, fictives, verbales, imaginaire)이 사용된다.

또한 프랑스어에서 entité는 실제로 존재하지만 오직 표상될 수 있는 것을 지시할 때도 사용된다. 예를 들어, 국가, 정의, 조국, 사회 등은 오직 이미지를 통해서 재현될 수 있는 실재들이며 입자의 파동이나 바람은 하나의 개념을 통해서 표상될 수 있는 실재들이다.

아울러 소쉬르는『일반언어학 강의』통속본에서 이렇게 말한다. "언어(랑그)를 이루는 기호들은 추상이 아니라 실재하는 대상들이다. 언어학이 연구하는 것은 바로 그 기호들과 그것들의 관계이다. 우리는 그 기호들에 대해 언어학이라는 학문의 구체적 실재들이라고 부를 수 있을 것이다. …… 언어적 실재는 오직 기표와 기의의 결합을 통해서만 존재한다.(*Cours de ling. gén.*, 1916, 144쪽)

과학철학과 인식론의 시각에서 소쉬르가 말하는 실재 개념을 심도 있게 논의하는 것이 가능할 것이다. 언어학을 비롯하여 모든 과학 이론의 내재적 원칙에서 두 개의 근본적 수준들을 구별할 수 있다. 형식적 계산 또는 연역적 기계(예컨대 열역학 방정식과 그것의 파급 결과)와 계산의 해석으로서 이 해석은 이론의 모델과 더불어 동일시될 수 있다. 이 같은 계산의 해석은 형식적 계산을, 암묵적 정의들을 수단으로 처음 보았을 때, 지각하거나, 관찰하거나 측정할 수 없는 가설적 실재들, 대상들, 사건들로 귀결시키는 것을 가능케 한다. 예컨대, 빛의 파동 이론은 파동 방정식에 대한 해석으로서 이해될 수 있다. 이론적 실재들의 위상에 대한 정의(예컨대, 언어 기호, 전자, 유전자 등등)는 수많은 논쟁을 촉발시켰다. 하지만, 관찰 데이터의 조직, 일정한 현상들의 부류들의 규칙성과 획일성의 설명이라는 의미에서 이론적 실재들이 맡는 기능에 대해서는 대체로 과학철학자들 사이에서 동의가 이루어진 상태이다. 하지만 여기에서 이론적 실재들의 존재와 실재성에 대한 논의는 분분하다. 도구적 관점은 이론적 실재들과 관련하여 반실재론적이라 할 수 있다. 이론들은 하나의 간단한 형식적 계산의 형식 아래서 그것의 대응 규칙들과 더불어 표상된다. 도구적 관점에서는 계산의 어떤 해석도 없으며, 따라서 이론적 명제들의 진리라는 문제를 제기하지 않는다. 반면, 실재론적 관점에서는 이론적 실재들의 실재성을 상이한 방식으로 증명하려 한다. 하나의 실재의 존재에 대해서는 충분조건들이 아닌 필요조건들이 존재한다. 즉, 이론적 실재들의 실재성은 보다 나은 설명을 위한 추론을 가능케 한다는 점과 이론의 예측 가능성의 실현이라는 차원에서도 그 가치가 인정된다는 것이다.(*Les notions philosophiques*, volume dirigé par Sylvain Auroux(PUF, 1990), 806~807쪽)

2) 프랑스어로 각각 la force du vent은 '바람의 힘', à bout de force는 '힘을 다해' 등의 뜻을 갖는다.

3) 각각 '바라다', '불행한'이라는 뜻의 프랑스어 형용사이고, eux는 형용사를 만드는 접미사다.

## 4장 언어의 추상적 실재들

1) domini는 '주인'을 나타내는 dominus의 속격(屬格), regis, regum은 각각 '왕'을 나타내는 rex의 단수 속격과 복수 속격.

## 5장 언어 속에서 절대적 자의성과 상대적 자의성

1) 언어 기호의 무근거성 또는 무동기성을 주장한 소쉬르의 진술에도 불구하고, 언어 현상에는 동기화(motivation)의 경우들이 존재한다. 뿐만 아니라, 기호의 자의성은 일련의 동기화를 배제하지 않는다. 몇 가지 범주들을 제시하면 다음과 같다. 하나, 인간 언어의 기원으로까지 거슬러 올라가는 어원적 동기화, 둘, 뜻을 담고 있는 음성과 의성어 등의 모방적 동

기화, 셋, 민간 어원 등의 동기화, 넷, 공감각적 동기화, 다섯, 정량적 동기화로서 단어의 길이가 그것의 빈도수와 비례하여 줄어드는 현상을 말한다. 여섯, 상대적 동시화로서 이를테면 자의적인 기호들의 비 자의적인 결합을 말한다. 다섯 번째 유형은 기의를 무시함을 알 수 있고, 두 번째와 네 번째 동기화는 기표와 지시체에만 직접적으로 관련되고 있음을 알 수 있다. 여섯 번째 유형은 통합체 차원의 관계들, 즉 소쉬르의 표현을 빌리면 '현존하는(in praesentia)' 관계와 관련되며, 세 번째 유형은, '부재하는(in absentia)' '연합적 관계'와 관련된다. 첫 번째 유형의 동기화, 즉 어원적 동기화는 과거의 언어 현상으로 전이된, 모방적, 연합적, 공감각적, 상대적 동기화를 모두 가질 수 있다. 어쨌거나, 소쉬르는 기호의 자의성에 기초하여 언어 변화의 이론적 가능성을 설명하고 있다. 하지만, 이 같은 그의 논거는 그 역도 성립되는데, 그 이유는 소쉬르가 동시에 언어 기호의 부동성을 정당화하고 있기 때문이다.

한편, 기호의 자의성 테제가 다루어야 할 또 다른 언어 문제는 고유명사이다. 이를테면 고유명사는 보통명사에 비해 더 자의적인인지 아니면 덜 자의적인지 자문해 볼 수 있다. 고유명사의 정의에 대해서는 먼저 논리학자들이 다루었는데, 두 개의 개념화가 맞서고 있다. 첫째, 의미를 결여하는 고유명사의 이론에서 고유명사는 함축(connotation)이 없이 오직 외시(denotation)만을 수행하며 선택된 가능 세계가 무엇이건 유일하고도 동일한 대상의 엄격한 지칭 요소(K. Kripke)이다. 예컨대, Nestor라는 고유명사는 "그것의 계속되는 분신(avatars)을 통해, 이 이름 아래 식별될 수 있는 개인"을 말한다. 둘째, 해당 고유명사를 한정된 기술(description définie)에 소속시키는 속성들의 다발을 결집시키는 고유명사 이론으로서, 예컨대, Nestor는 "이웃집 여자의 아들로서, 직업적 춤꾼이고, 대머리이며, 독신자이고, 나이는 43세이다."

랑그와 파롤의 소쉬르 이분법은 처음 보면 적대적인 이 같은 입장들을 화해시키는 것을 가능케 한다. 언어학에서는 통상적으로 고유명사는 구체적 맥락에서의 사용을 벗어나서는 하나의 비의미소(asémantème)이다.(언어학자 기욤의 주장) 달리 말해서 기의가 텅 비어 있으나 사용 가능한 하나의 기호이다. 그런데 발화체에서 고유명사는 명명의 작동에 힘입어 의미를 담당한다. 그런데 문제는 명명이 고유명사의 만병통치약은 아니라는 점이다. 보통명사는 하나의 기표를 하나의 기의와 결합시키는 반면, 고유명사는 하나의 기표를 하나의 지시체와 결합시킨다. 달리 말해, 보통명사의 유의미적 내용은 명명에 선행하여 존재한다. 고유명사의 내용은 바로 명명으로부터 직접적으로 생겨나거나, 또는 명명을 환원될 수 없는 의미론적 핵으로 설정한다. 즉, 요약해서 말하자면, 고유한 명명과 통상적 명명을 혼동하면 안 될 것이다. 예컨대, 홍길동이라는 이름은 일정한 대상을 식별하는 데 사용되는 음소들의 연속이다. 반면 고양이라는 단어는 고양잇과의 포유동물이라는 기의와 결합된 기표이다.(Marc Wilmet, "Arbitraire du signe et nom propre," *Annexes des Cahiers de linguistique hispanique médiévale*, Vol. 7, Issue 1, 1988, 833~842쪽)

2) 그리스어로 δώσω는 δίδωμι의 미래 1인칭 단수. λύσω는 '풀다'를 의미하는 λύω의 미래 1인칭 단수, στήσω는 '치다'를 의미하는 τύπτω의 미래 1인칭 단수.

3) 여기에서 우리는 소쉬르가 발화(파롤)의 언어학으로 명명한, 또 다른 언어학의 프로그램을 실현한 프랑스 구조언어학의 최고학자인 벵베니스트를 기억해야 할 것이다. 특히, 벵베니스트는 주체와 의미를 그의 초기 저술인 비교문법 연구를 비롯해 현대적 통사 분석과 어휘 분석에서 지속적으로 다루었다는 점에서 소쉬르의 발화언어학을 개척한 그의 계승자라 할 수 있다. 그의 주저 『일반언어학의 제 문제』(1권)(황경자 옮김, 민음사, 1992; Beveniste,

E., *Problèmes de linguistique générale*(Paris: éditions Gallimard, 1966)에 수록된 다음의 논문은 소쉬르 언어학의 수용사와 구조 언어학의 역사에서 주옥같은 성취물들이다.(「2장 언어학의 발달에 대한 일별」, 「3장 소쉬르 사후 반세기」, 「10장 언어분석의 제 층위」)

이 가운데 1964년에 발표된 논문, 「언어분석의 제 층위(Les niveaux de l'analyse linguistique)」는 구조언어학에서 한 획을 그은 논문으로서, 문장 단위의 분석이 가질 수 있는 새로운 언어학적 의의를 다음과 같이 파악하고 있다. "무한히 창조되고, 끝없이 다양한 문장은 활동 중인 언어의 삶 자체이다. 이로부터 우리는, 문장과 함께 기호 체계로서의 언어(랑그)의 영역을 떠나게 되며, 다른 세계, 담화로 표현되는 의사소통의 도구로서의 언어의 세계로 들어간다는 결론을 내린다."(한국어 번역본, 183쪽) 바로 여기에서 말하는 새로운 영역, 즉 담화에서 이루어지는 언어(랑그)의 살아 있는 사용 영역은 궁극적으로는 주체의 기능 작동을 비롯해 주체가 의미와 맺는 관계를 설명해 준다. 벵베니스트는 그 같은 새로운 영역을 '의미론적 차원(le sémantique)'이라고 불렀고, 그것을 발화 작용(énonciation)에 결부시켰다. 그가 구상한 발화 작용은 언어 사용의 개인적 행위에 의한 언어의 기능 작동의 구현이라 할 수 있다. 바로 그 같은 형식 아래서 소쉬르의 이분법 랑그와 파롤의 대립은 전이되고 변형된다. 하지만 문제의 핵심은 언어 시스템을 추출하기 위해서 제거했던 개인적 변이들을 다시 파악하는 것이 아니라, 언어의 살아 있는 사용 속에서 개입되는 것을 참작하고, 거기서 생산되는 맥락, 언어 교환의 특이성, 다양한 상황들과 국면들을 파악하는 작업이다. 요컨대 각각의 문장을 유일무이한 사건으로 만드는 모든 것을 파악하는 작업이라 할 수 있다. 달리 말해서, 이 같은 분석은, 주체의 현존과 그가 발화하는 것의 의미를 발현하는 모든 발화 행위의 특이성과 개별성을 겨냥하는 작업이다. 벵베니스트가 1966년 발표한 또 다른 명논문 「언어활동에서의 형태와 의미(La forme et le sens dans le langage)」의 몇 단락을 다시 곱씹어 볼 필요가 있다. 그는 이 논문에서 두 개의 언어학적 층위에 대한 매우 선명한 설명을 제시한다. "우리는 소쉬르가 시도한 랑그와 파롤 사이의 구분과는 전혀 다른 근본적인 구분을 언어 속에 설정합니다. 언어 전체를 통해 의미와 형태의 두 종류의 두 영역을 나누는 선을 그어야 할 것 같습니다. …… 언어의 경우 의미와 형태에 있어서 언어가 되는 두 가지 방식이 존재합니다. 우리는 그중의 하나를 방금 정의했습니다. '기호론적 의미 작용 방식'으로서의 언어이지요. 두 번째 것을 정당화해야 하는데, 우리는 이것을 '의미론적 의미 작용 방식'으로서의 언어라고 부릅니다. …… 기호론적 의미 작용 방식은 언어의 속성으로서 특징지어지며, 의미론적 의미 작용 방식은 언어를 실행에 옮기는 화자의 활동의 결과로 생깁니다. 기호론적 기호는 그 자체로서 존재하고, 언어의 실재를 확립하나, 개별적인 적용을 포함하지 않습니다. …… 기호와 함께 우리는 언어의 내재적인 실재에 도달하고, 문장과 함께는 언어 밖의 사물들에 연결됩니다. 그리고 기호는 기호에 내재하는 시니피에를 구성 부분으로 지니는 반면, 문장의 의미는 담화 상황에 대한 지시와 화자의 태도를 내포합니다. …… 이러한 두 체계가 우리가 사용하고 있는 바와 같은 언어에서 이렇게 중첩됩니다. 기자에는 기호론적 체계가 있는데, 이것은 의미 작용의 기준에 의한 기호들의 조직으로서, 각 기호는 개념적인 외시를 지니며 그 계열적 대체어들의 총체를 하위 단위 속에 내포하고 있습니다. 이 기호론적 토대 위에 담화로서의 언어는 고유한 의미 체계, 즉 단어들의 통합 작용에 의해 발생된 의도의 의미를 구축하는데 여기에서 각 단어는 그것이 기호로서 지니고 있는 가치의 한 작은 부분만을 취합니다."(『일반언어학의 제 문제』(2권), 황경자 옮김, 1992, 277, 281쪽; Beveniste, E., *Problèmes de linguistique générale*, 1974)

이 밖에도, 벵베니스트의 또 다른 논문들에서도 이 두 개의 층위의 구별에 대한 보다 정치한 논증이 제공되고 있다. 이를테면 「동사에서의 인칭 관계의 구조」(1946), 「대명사의 본질」(1956), 「언어활동에서의 주관성에 대하여」(1958), 「프로이트의 발견에서 드러나는 언어 기능에 관한 고찰」(1956)을 꼽을 수 있다. 기호 층위와 의미 층위의 구별과 관련된 몇 개의 핵심 단락을 인용하면 다음과 같다.

"대명사들은 일원적인 부류를 구성하는 것이 아니라, 그것들을 기호로 지니는 인간 언어의 방식에 따라서 상이한 종들을 구성한다는 것을 보여 주기 위해 우리는 여기에서 이 문제를 언어 일반의 문제로서 제기할 것이다. 어떤 대명사들은 랑그의 통사론에 속하고, 또 다른 것들은 우리가 '담화의 현동태(instances du discours)'라고 부르게 될 것, 다시 말하면 랑그가 화자에 의해 파롤로 실현되는 불연속적이고 매번 유일한 현실태의 특징을 나타낸다. …… 화자들 각자가 차례차례 '주체(sujet)'로 자처하게 되는 것은 je를 발화하는 유일한 인물로 자신을 확인함으로써이다. 그러므로 그 용법의 조건은 담화의 상황이며 그 밖의 다른 어떤 것도 아니다 …… 언어는, 유일하지만 유동적인 기호인 je를 설정함으로써 이 위험에 대비하는데, 이 기호는 매번 자기 자신의 담화의 현실태만을 가리킨다는 조건하에서 각 화자에 의해 인수될 수 있다."(한국어 번역본, 361~362, 366쪽) 이 점에서 벵베니스트의 발화 작용 이론의 토대를 세워 주는 또 다른 논문, 「언어활동 속에서의 주체성에 대하여」에서 제시된 다음과 같은 핵심 진술을 인용해야 할 것이다.

"인간이 '주체(sujet)'로서 구성되는 것은 언어 속에서 그리고 언어에 의해서이다. 왜냐하면 언어만이, 사실상 존재의 현실인 '언어 자신'의 현실 속에서 '자아'의 개념의 기초가 되기 때문이다 …… 'Ego'라고 '말하는' 자가 'ego'인 것이다. 우리는 거기에서 '주체성'의 토대를 발견하는데, 이는 이 주체성이 '인칭'의 언어적 지위에 의해 결정되기 때문이다."(한국어 번역본, 372쪽. 한국어 역자는 '주체성' 대신 '주관성'이라는 번역어를 사용했다.)

(Claudine Normand, "Langue, parole, sujet chez Saussure et Benveniste," in D. E. L. T. A, 27:1, 2011, 99~111쪽. 특히 벵베니스트의 발화 작용 이론의 형성 과정에 대한 종합적 연구물로는 다음 문헌 참조할 것. Ono, Aya, *La notion d'énonciation chez Benveniste*(Limoges: Lambert Lucas, 2011)

## 3장 기호의 불변성과 가변성

1) 마우로 교수가 지적한 것처럼, 이 장은 『일반언어학 강의』에서 가장 덜 읽히는 부분에 놓여 있다. 상대적으로 가장 많이 읽히는 기호의 자의성에 대한 내용과, 공시태와 통시태의 언어학을 다루는 내용 사이에 끼어 있다. 바로 그런 이유에서, 소쉬르의 자의성 개념이 갖고 있는 철저한 의미, 기호의 역사적 필연성에 대한 심오한 의식, 언어 체계들의 철저한 역사성에 대한 의식 등의 보물 같은 내용이 담겨 있으면서도 전문가를 비롯해 일반 독자들도 그냥 스쳐 지나가기 십상이라는 것이 마우로 교수의 우려다.(De Mauro, 1972, 448쪽)

2) 소쉬르의 언어 이론에서 의식과 무의식의 문제, 특히 프로이트의 무의식 개념과, 라캉의 무의식과 언어 관계 개념에 대한 비교 분석을 다룬 아리베 교수의 탁월한 저서를 참조할 것.(Michel Arrivé, *Le linguiste et l'inconscient*(PUF, 2008), 125~178쪽) 특히, 소쉬르는 '잠복적 의식(conscience latente)'과 '무의식(inconscience)'이라는 용어를 사용한다.

잠복적 무의식은 편집자들에 의해 '하위 의식적(subconscient)'이라는 표현으로 변형되는데, 이것은 통합체적 관계들에 대한 대립 속에서 연합적 관계를 특징짓는 의식이다. '순수한 무의식성'은 역설적으로 일정한 정도의 의식으로 정의된다. 요컨대 무의식성은 비록 그것이 순전히 무의식적이라 해도 이미 의식의 여러 수준들 가운데 하나라는 것이다.

3) 20~40개라는 것은 유럽의 여러 언어들을 비롯한 일부 언어에만 해당하는 것이다. 이를테면 한자의 경우는 수만 개의 글자를 포함한다.

4) 단어의 뜻, 즉 기의가 그것에 앞서 미리 존재하는 객관적 구별들을 반영한다면, 아울러 소리, 즉 기표가 청각적 실질에 귀속되어 있는 원인들과 필연적 연관성을 갖는다면, 다시 말해서 기표와 기의의 관계가 양자 사이에 유추에 종속된다면, 기호들은 철저하게 자의적이지 않을 것이다. 하지만 우리가 사용하는 언어 기호들은 그것들의 심층적 구조에 있어서 역사와 관계가 없다. 정반대로 만약 기호들이 자의적이지 않다면, 그것들은 자연적일 것이며 역사 이전의 상태로 소급될 수 있을 것이다. 기표와 기의의 결합은 특정 시간과 지리 속에서 사회적으로 한정된 역사적 선택들 이외에 다른 어떤 것에도 토대를 두고 있지 않다. 기호들의 철저한 역사성은 동일한 방식으로 기표와 기의를 철저하게 자의적으로 만든다.(De Mauro, 1972, 448~449쪽)

5) 에스페란토어는 19세기에 자멘호프(Ludwikg Lazarus Zamenhof)가 상이한 언어들을 사용하는 사람들 사이의 의사소통을 쉽게 하려는 목적을 가지고 착상하여 인공적으로 구성된 언어다. 자멘호프는 이 기획을 1887년 국제어(Lingvo Internacia)라는 이름으로 출판했는데, "Doktoro Esperanto('희망하는 박사')라는 가명을 사용했다. 바로 이 가명으로부터 그의 언어는 유명해졌다.

예외가 없는 규칙적 문법에 기초하는 에스페란토어는 전체적으로 교착어 유형에 해당되며, 단어들은 한정된 수의 어휘적 어근과 접사로부터 형성된다. 이 같은 특수성은 에스페란토어의 학습을 쉽게 해 준다. 에스페란토어는 단순한 기획의 단계를 넘어서 전 세계 거의 모든 지역에 분포된 화자들과 더불어 살아 있는 언어가 된 유일한 인공 구성 언어다. 에스페란토어 구사자의 숫자는 산정하기가 매우 어렵다. 10만 명에서 심지어 1000만 명까지 계산되기도 한다. 통용되는 추산 통계는 200만 명이다. 인공 언어라는 점에서 에스페란토어는 일반적으로 제 언어로서 학습된다. 하지만 생득적 에스페란토어 사용자들도 일부 존재한다. 핀란드의 언어학자 린드스테트(Jouko Lindstedt)는 약 1000명 정도를 제시한다. 소쉬르의 진술과 달리, 에스페란토어를 모국어로 사용하는 인구층이 존재한다는 점을 주목할 필요가 있다.

또한 소쉬르의 예상과 달리, 에스페란토어는 처음에는 구어보다는 문어로 남아 있었다. 하지만 초기부터 그것의 구술적 사용은 유럽, 중동, 아메리카 국가에서 산포된 에스페란토 동호회에 의해 유지되었다. 그 언어에 관심을 갖고 있던 사람들은 일주일에 한 번 또는 한 달에 한 번 모여서 언어를 사용하고 그 언어를 배운 외국의 여행객들을 영접했다. 20세기 초기에는 많은 작가들과 시인들이 에스페란토어를 자신들의 저술 언어로 채택했다. 특히 일제 강점기 동안 저항의 표시로 한국의 작가들은 1925년 에스페란토어의 이름을 따서 KAPF(Korea Artista Proleta Federatio 조선 프롤레타리아 예술가 동맹)를 결성하기도 했다.(프랑스어판 위키피디아 참조) 아래와 같이 에스페란토어에 대한 다양한 연구물이 나와 있다.

André Cherpillod, *L'Espéranto, une valeur culturelle, une valeur pédagogique La Blanchetière*(Courgenard, 2005); André Cherpillod, *L'espéranto de A à Z, La Blanchetière*(Courgenard, 2009); André Cherpillod, *Une langue pour l'Europe? Mais oui, La Blanchetière*(Courgenard, 2003); André Cherpillod, *Espéranto ou Babel? Faut choisir, La Blanchetière*(Courgenard, 1995).

그의 계산에 따르면 1000명 정도는 에스페란토어를 모국어처럼 구사하며, 1만 명은 모국어에 가까운 수준에서 구사하며, 10만 명은 유창하게 말하고 100만 명은 이따금씩 말하며 1000만 명은 일정 기간 동안 연구를 해 보았다고 한다.

6) 스리랑카, 미얀마, 태국 등에서 불교 경전에 사용한 언어. 유럽어족의 인도-아리아 어파에 속한다.

7) 소쉬르의 자필 노트에서 나타나는 것처럼, 하나의 단순 언어 상태에 대해서는 언어의 반역사성을 언급할 수 있다. "주어진 일체의 위치는 선행하는 요소들을 넘어서는 특이한 성격을 갖고 있기 때문이다."(F. Engler, 1484) 바로 그 점이야말로 소쉬르가 제안한 독특한 생각이다. 사실 통속본의 단락에서 체스 놀이와의 비교라는 생각과 의미가 궁극적으로 전개된다. "하나의 언어는, 변화들과 동시에 상태들을 포함하는 체스 놀이의 부분이라는 완결된 관념과 비교될 수 있을 뿐이다."(F. Engler, 1489) 바로 이 같은 의미에서 언어학의 대상은 역사적이다.

## 4장 정태언어학과 역사언어학: 언어학의 이원성

1) 이 부분은 통속본 1부 3장 「정태언어학과 진화언어학」의 뼈대를 이루며, 통속본에서는 제2차 강의의 몇몇 노트들과 소쉬르의 자필 노트 몇 개를 혼합해서 편집했다.(상세한 필사본 서지에 대한 언급은 고델의 *Les sources manuscrites*(Genève: Droz, 1957), 86~88, 106쪽 참조)

2) 흔히, 소쉬르의 언어 이론과 그로부터 영향을 받은 구조주의 언어학과 구조주의 일반에 대해 가해지는 비판 가운데 하나는 사물에 대한 인식에 있어 역사성과 시간성의 문제를 소홀히 했다는 것이다. 하지만 이 대목에서 소쉬르는 시간이라는 요인이 언어학에 미치는 중대한 파급에 대해 강조하고 있다. 특히 소쉬르는 그 이전의 언어학자들이 시간의 중요성을 깊이 있게 사유하지 못한 것에 대해 날카롭게 비판한다. 누구보다도 시간의 존재론적 인식론적 방법론적 의의에 대해 성찰했던 소쉬르에게 비역사적 언어 이론을 구축했던 장본이라는 비난을 퍼부은 것은 역설적이다.

3) 소쉬르 언어 이론의 체계에 대한 기념비적 논문을 발표했던 미국인 언어학자 웰스는 소쉬르의 이 같은 시각을 비판했다.(R. S. Wells, "De Saussure's System of Linguistics," *Word* 3, 1947, 1~31쪽) 즉 소쉬르의 견해와 달리, 웰스는 천문학, 지질학, 정치사 등도 공시태와 통시태의 관점에서 연구될 수 있음을 주장한다. 하지만 마우로 교수에 따르면 소쉬르 역시 웰스의 견해에 동의할 것이라는 견해를 내놓는다. 단지, 소쉬르는 점증적 단계화를 수립하기를 원했다는 것이다. 즉 시간이라는 요인이 사실상 무시되거나 부차적인 것으로 간주되는 학문들에서 시작해 언어학에처럼 공시태와 통시태의 구별이 필수불가결한 학문들을 구별하는 것이 관건이라는 것이다. 특히 언어학에서는 실질들 사이의 차이들만이 하나의 가치를 갖는다는 점에서, 즉 가치들은 오직 차이들로 이루어진다는 점에서 시간의 요인은 필수적이라는 것이다. 물론 마우로 교수는 시간의 요인이 부차적인 것으로 인식되는 학문들에서도 필요에 따라 양자의 구별이 도입될 수 있다는 점을 지적하고 있다.(De Mauro, *Cours de*

*linguistique générale*(1972), 450쪽)

4) 언어학사에서 언어학과 정치경제학의 인식론적 접맥을 시도한 최초의 학자 가운데 한 명이 바로 소쉬르다. 실제로 소쉬르는 언어 현상을 연구하는 데 있어서 경제학적 범주들의 적용을 염두에 두었다.

보다 구체적으로 소쉬르는 왈라스(Walras)와 파레토(Pareto) 같은 비교적 비주류 경제 이론이었던 정치경제학과 언어 이론 사이의 관계를 진지하게 성찰했다. 소쉬르에 따르면 언어학과 경제학은 모두 가치를 다루는 학문으로서 두 학문의 방법과 대상 사이에 존재하는 유추라는 관점에서 양자는 긴밀한 관계를 갖는다. 『일반언어학 강의』의 두 장 가운데, 바로 여기에서 다루는 「정태언어학과 진화언어학」, 「언어 가치」 등은 명시적으로 정치경제학을 참조하고 있다. 수학의 형식화 수준과, 소쉬르가 언어학과 수학의 비교에 의존하는 언급들이 그의 자필 수고에 빈번하게 나타난다는 사실은 바로 당시의 정치경제학 이론이 소쉬르의 이론에 미친 영향력을 증언하고 있다. 특히 소쉬르와 동일 국적의 로잔 학파의 경제학자였던 왈라스를 소쉬르가 직접 참조한 것으로 알려져 있다.

이론의 형식화, 연역적 방법의 사용, 정태적 관점의 적용 등은 모두 왈라스와 파레토의 경제학 학설에 고유하게 나타나는 요소들로서 소쉬르는 이 같은 정치경제학의 관점들을 언어 이론 연구에 전이시킬 수 있다는 판단을 내렸다. 소쉬르가 정치경제학과 역사 경제학 사이에 설정한 구별은 바로 왈라스의 이론적 수순을 특징 짓는다. 이것은 당시에 독일인 학자 슈몰러(Schmoller)가 주장한 역사학파와 대립되는 접근법이다.(Gustav von Schmoller, *Untersuchungen über die Methode des Sozialwissenschaften und des Politinchen Ökonomie*(Leipzig, 1883))

경제학자 멩거(Carl Menger)가 착발시킨 역사학파에 대한 비판의 요지는 정치경제학을 자율적 학문으로서 성립시키는 것이 가능하다는 것이다. 소쉬르 역시 19세기의 언어학 속에서 언어학의 연구 대상에 대한 명료한 관념의 부재를 목격하고, 방법의 모호성을 질타하면서 언어 연구에서 상태와 계속의 개념을 구별하지 못한 한계를 지적하고 있다.

소쉬르의 가치 이론과 로잔학파의 경제학적 가치 이론 사이에는 결코 우발적이지 않은 유추가 존재한다. 더구나 경제학적 가치에 대한 물신 숭배적 비전에서 완전히 벗어나지 못한 소쉬르는 특히 언어의 영역에서, 즉 그것의 구성 항들의 유일한 순간적 상태들의 가치 체계에 왈라스와 파레토가 제안한 가치 이론이 완벽하게 적용될 수 있다는 생각을 한 듯하다.

마우로 교수는 파레토의 다음 저서를 소쉬르가 참조했을 것으로 추측한다.(Vilfredo Pareto, *Manuale di economia politica*, 1906, 1909년 프랑스판 출간)

순수한 경제학의 가치 모델과 균형 이론은 소쉬르의 시각에서 보면 언어적 생산의 사회 시스템에 대한 연구의 부재를 설명해 준다. 특히, 기표와 기의, 기호와 기호 사이에 진행되는 교환을 지배하는 사회적 관계들의 힘에 대한 연구의 부재를 설명해 준다.

소쉬르에게 있어서 언어학적 가치들과 정치 경제학에서 균형 이론의 옹호자들이 제시한 가격은 모두 사회적 생산물이다. 상품을 제안하는 사람은 자기 마음대로 가격을 정할 수 없다. 마찬가지로 소쉬르 언어 이론에서 화자는 언어 가치를 혼자서 결정할 수 없다. 전반적인 수요와 공급의 상호 작용에 의해서 정해지는 가격은 모든 외부로부터 개인들에게 부과된다. 유추에 기대어 설명하자면 언어적 가치는 사회적 힘들의 결과물이며 개인들의 의지에서 벗어난다. 소쉬르와 경제학의 관계에 대한 다음 논문을 참조할 것.

Jean Molino, "Saussure et l'économie," *Revue européenne des sciences sociales*, T.

22, No. 66, 1984.

5) 『일반언어학 강의』 4장에서 소쉬르는 먼저 기의와 기표의 개념을 도입한 후 한 단어의 의미 작용의 요소로서 가치를 제시한다. 의미 작용은 한 단어의 기의와 기표 사이의 관계인 반면, 소쉬르는 가치를 두 개의 축에 따라서 다루고자 한다. 첫 번째 축은 언어 체계의 한 요소, 즉 언어 기호 또는 단어와 체계 외부에 있는 요소, 즉 대상이나 관념 사이의 연관이다. 두 번째 축은 체계의 요소들 사이에 존재하는 관계들에 대한 분석이다. 그렇다면 실제로 한 단어와 이 단어에 의해서 하나의 관념을 표상하는 것 사이의 관계들을 정립하는 것은 매우 복잡한 작업인데 그 이유는 이 같은 관계들이 화자에 의해서 부여되는 개인적 의미 작용과 대화 상대자의 인지적 지각에 호소하기 때문이다. 이를테면 '아버지'에 대한 각자의 개인적 경험에 따라서 이 단어의 개인적 어감과 의미는 달라진다. 한 관념의 표상과, 관념 그 자체 사이의 관계는 의미론과 화용론의 주제이다.

가치는 바로 하나의 언어 기호 또는 한 단어가 언어 체계, 즉 언어(랑그)의 내부 속에 통합된 결과물이다. 다음과 같은 세 가지 요소를 구별해야 한다. 한 단어의 가치, 단어들 사이의 관계, 그리고 이 같은 관계들의 진화적 성격이 그것이다. 한 단어의 가치는 공통의 의소들, 즉 의미의 최소 단위를 공유하는 다른 단어들과의 관계에 의해서, 또는 유일무이한 의소들을 공유하는 단어들에 견주어서 결정된다. 한 단어의 가치는 따라서 근접한 다른 단어들의 존재에 의해 정의된다. 예컨대, '밥'이라는 단어는 '쌀'에 견주어서 공통적 의소를 지닌다는 점에서 정의된다. 이 두 단어는 '먹을 것'이라는 공통적 의소를 공유하지만, 하나는 조리하여 익힌 것이며 다른 하나는 조리 이전의 농작물의 한 종류이다. 그런데 영어와 프랑스에서는 이 두 개의 단어가 각각 rice와 riz(로)한 단어로 표현된다. 따라서 한국어에서의 '밥'은 영어에서의 'rice'에 견주었을 때 언어 체계에서 다른 단어들과 동일한 관계를 맺지 않으며 동일한 가치를 갖지 않는다.

가치라는 개념 속에는 단어들 사이의 관계가 정의된다. 이 같은 관계들은 한 단어의 의미의 경계선을 성립하면서 상이한 유형들에 속할 수 있다. 먼저 두 개의 단어를 그것들의 의미에 따라서 접맥시키는 동의어 관계를 생각해 볼 수 있다. 하지만 사실상 단어들은 동일한 가치를 보존할 수 없으며 이 단어들의 사용은 점증적으로 두 단어들 사이의 어느 하나의 가치를 변경시켜서 그 두 단어들은 상이하게 된다. 따라서 이 같은 관계를 상호성의 관계로 간주할 수 있다. 이 같은 관계는 언어 체계의 구성 항들로 하여금 그 단어들을 차별화시키는 의소들에 견주어서 서로 정의되도록 해 준다.

예컨대, '살다'와 '생존하다'는 상호적으로 정의된다. '생존하다'라는 동사는 어떤 위험이나 역경에도 불구하고 계속해서 살아남는다는 추가적 의소를 소유한다. 이어서 하나의 단어를 그것의 대립어와 정의하는 것을 가능케 하는 부정성을 관찰할 수 있다. 즉 다른 한 단어의 정확한 상반적 의미를 제시하는 단어를 말한다. 이를테면 '사랑하다'와 '증오하다'는 서로 부정적으로 정의된다. 세 번째 유형의 관계는 차별화의 관계로서 일정한 정도의 정확성과 평가 정도를 포괄한다. 예컨대, '살다'와 '거주하다'는 그 정확성에 있어서 상이하다.

한 단어의 가치는 역동적이며 체계 속에서 새로운 단어의 출현은 이 단어와 의소들을 공유하는 단어들의 가치를 변형시킨다. 이 같은 현상은 이를테면 한국어 문장에서 외국어 단어를 사용하는 경우에 흔히 나타난다. 이 단어들은 한국어의 유사 단어들과 정확히 동일한 가치를 갖지 않기 때문이다.(Dubois Jean et al., *Dictionnaire de linguistique*(Larousse, 1973); D. Piotrowski, *Dynamiques et structures en langues*(CNRS Editions, 1997), 132쪽)

6) 철학자들의 문법적 성찰은 플라톤부터 시작된다. 플라톤은 최초로 논리적 주어와 서술어를 구별하고 있으며, 고대 그리스의 문법가들은 이미 8품사를 추출하고 있다. 이들 품사들은 형태적인 기준(격, 활용, 성, 수)과 동시에 논리적 의미론적 기준에 토대를 두고 수립된 범주들이다.

이 같은 분류 체계는 로마 시대의 문법가들에 의해 계승되었으며 이어서 중세 문법가들도 대체로 이어받았다. 17세기, 포르루아얄 학파가 집대성한 일반 이성 문법은 제 언어들의 기저에 있는 원칙들의 보편성을 긍정한 반면, 동시대의 보즐라(Vaugelas) 같은 문법가들은 올바른 언어 사용을 호소했다. 18세기에 보제(Beauzée)는 구어들의 불변하는 원칙들을 다루는 합리적 학문과 개별 문법을 구별했다. 개별 문법은 개별 언어의 자의적이면서 관례적 제도들을 일반 원칙들과 화해시키는 기술로 정의되었다.

이 같은 철학적 전통과 규범적 전통의 이원화는 19세기에도 계속되었던 것에 반해 개별 언어들에 대한 관심들이 첨예화되었다. 특히 개별 언어들을 음성, 단어, 형태, 구성 등으로 완결된 체계들로서 간주하며 그 언어들의 진화, 즉 통시태와, 하나의 주어진 시대, 즉 공시태를 기술할 수 있었다. 요컨대 17세기에 전통 문법에 의해 행해진 개별 민족어의 기술은 규범에 기초한 접근법에 종속되었으며, 뿐만 아니라 이 같은 언어 규범은 살아 있는 구어보다는 문자 언어에 국한된 문학적 엘리트주의적 개념에 토대를 두었다.

한편 동시대의 일반 이성 문법(1660)은 그리스 문법의 창조에 봉사했던 등식을 전복시킨다. 최초의 그리스 문법가들에게 있어서 지배적이었던 언어 관례의 분석으로부터 언어의 기능 작동, 즉 문법을 정립한다. 이때 문법은 하나의 언어 상태를 기술, 분류, 설명하는 데 국한된다. 즉 기술 문법이다.

포르루아얄 문법으로부터 언어 사용의 궁극적 토대를 이루는 것은 문법, 즉 논리와 이성이다. 언어 사용과 관례는 신이 인간에게 부여한 언어의 원초적 조화를 계시해야 한다. 논리와 문법이 늘 일치하지 않는다면, 그 이유는 바벨탑의 저주 이후에 언어들로 하여금 원초적 언어의 조화를 상실하게 만들었던 퇴행에 종속되었기 때문이다.

문법의 이 같은 개념화는 오랫동안 언어학 연구에 지대한 영향을 미친다. 즉 문법은 언어의 기술이 아니라, 언어 속에 포함되어 있는 합리적 영혼, 이성, 자연 논리의 발현을 밝혀 줄 수 있는 기술이며 학문이다. 즉 문법은 언어와 공통의 실체를 공유하며 그 실체는 언어의 정수 그 자체이다.

단어들의 의미는 개별적 가치들보다 먼저 존재하는 일반적 관념들에 의해 주어진다. 단어들은 이 같은 관념들의 명사들이다. 일반적 관념들은 생득적인데, 그 이유는 이 관념들은 개인 외부에 존재하는 것으로부터 정당화될 수 없기 때문이다. 요컨대 그것은 미리 존재하는 범주들이다. 언어는 인간 사유, 즉 오성에 종속하며 사물을 이해할 수 있는 능력에 달려 있다. 인간은 언어의 중심부에 있으며, 타락에 의해서 전달된 터무니없거나 불규칙적인 계약들은 본질이 아니다.

7) 소쉬르 언어 이론에서 상태(état)의 의미를 정확히 하기 위해서는 크게 두 가지를 구별해야 한다.(F. Enlger, *Lexique de la terminologie saussurienne*, 22쪽) 첫째, '상태'라는 용어는 존재하는 방식을 의미한다. "도처에서 역사적 상태와 의식적 상태는 대립되는 두 상태이다. 이것은 기호의 두 가지 노선이다. 바로 여기에서 어려움이 도래한다. 그렇지만 도처에서 이 둘을 혼합해서는 안 될 필요성이 제기된다. 이 둘은 한 단어의 두 가지 가능한 상태들로서 대립된다. 아울러 이 둘 가운데 선택을 하기 전에는 단어는 아무것도 아니다. 각각의 단

어는 통시적 관점과 공시적 관점의 교차점에 놓여 있다."(3322.2)

둘째, 상태는 '일정한 관계 속에 위치한 구성 항들과 가치들의 규정된 균형이다.'(1346) 공시태는 통시태가 아니며 공시태는 어떤 심각한 변형이 언어를 변화시키지 않은 시간의 간격을 말한다. 소쉬르는 상태를 변화의 부재로서 정의할 것을 제안한다. 이것은 곧 극도로 미세한 변화들을 무시한다는 것을 의미한다.

다른 한편 하나의 상태는 지리적으로 한정된다. 소쉬르는 또한 우발적 상태(état fortuit)라는 표현을 사용하고 있다. "언어는 표현하려는 개념들을 염두에 두고, 그 개념들에 따라서 창조된 메커니즘이 아니다. …… 하나의 우발적 상태가 주어지며 사람들은 그 상태를 점유한다 …… 각각의 상태 속에서 정신은 주어진 방식에 생명을 불어넣고, 그 상태에 숨결을 불어넣는다."(1413-1415) 그 밖에도 통시태와 공시태를 합친 상호적 상태, 음성적 상태라는 표현이 나온다.(하나의 음성적 상태를 형성하는 소리들의 다양함)(3348 R.1.45)

8) 소쉬르가 여기에서 말하는 진화적 사실은 통상적인 의미에서 말하는 언어 기원의 문제를 포함시키고 있지 않다는 점을 주목할 필요가 있다. 그럼에도 불구하고, 현대 언어학에서 언어의 기원과 진화의 문제와 관련된 최근의 동향을 살펴보는 것은 소쉬르 이론의 현재적 의의를 파악한다는 점에서 중요하다. 주지하다시피, 18세기 유럽의 지성사에서 가히 폭발적으로 제시된 인간 언어의 기원과 관련된 다양한 가설들과 사변들의 과학적 성취에 대한 근본적 회의를 표명하면서, 19세기 역사비교언어학의 성립과 더불어 언어의 기원 문제는 거의 소멸되다 싶을 정도로 연구 장에서 자취를 감추었다. 20세기 중반기까지 현대 언어학은 전통적으로 진화론과 관련된 언어학적 성찰을 지양하면서 진화론과 분리되어 있었는데, 이 같은 이유 가운데 하나는 아마도 소쉬르가 언어의 진화와 역사를 다루는 통시태보다는 언어의 현재 상태와 체계를 다루는 공시태를 강조했기 때문이었을 것이다. 그런데 흥미로운 것은 인간 언어의 형식적 원리들의 발견을 강조한 촘스키의 생성 이론 역시, 언어 연구를 다른 인접 학문들과 분리시켜 진행해 왔다는 점이다. 더구나 통시태를 다루는 역사언어학 진영에서조차 재구된 언어의 원형 형태들은 오늘날의 언어와 그 종류에 있어 근본적 차이가 없다는 획일화된 가정을 제시한 나머지 진정한 의미에서의 언어 진화에 대한 연구의 가능성을 처음부터 봉쇄해 놓았다. 이 같은 획일적인 견해에서, 언어 상태에서 발생한 언어 사이클에서의 변화는 결코 서로 상이한 종류의 언어 변화가 아니라, 모두 동일한 유형의 인간 언어의 한도에서 발생한다. 아직도 언어학 교과서에는 원시적 언어라는 것은 존재하지 않는다는 일반론을 제시한 나머지, 오늘날 관찰되는 언어 유형과는 상이한 종류의 언어 유형들이 진화될 수 있다는 관념은 설 자리가 없었다.

특히, 현대 언어학을 지배해 온 촘스키 언어학이 진화론적 고려를 경시해 해 온 것은 그가 시종일관 언어학을 심리학, 더 나아가 생물학의 하위 분야로 재정위시켜야 한다는 주장을 반복적으로 해 왔다는 점에서, 수긍하기 어렵다. 물론 촘스키와 그의 추종자들은 인간 언어 능력이 진화해 왔다는 사실을 부정하지는 않았다. 그들이 내세우는 논증은 단지, 이 같은 언어 능력의 진화 과정이 자연 선택에 의해서 심각하게 영향을 받지는 않았다는 것이다. 즉, 다른 종들과는 근본적으로 상이한, 이 같은 엄청난 능력을 인간들에게 선사한 것이 무엇이건, 의사소통을 하기 위해 잘 적응된 하나의 시스템을 축조하기 위해 축적된 외부의 압력으로 그 원인을 돌릴 수 없다는 논지를 제시했다. 그러다 1990년, 미국인 두 명의 심리학자인 핑커와 블룸은 이 같은 촘스키의 가설에 반기를 든 논문 「자연 언어와 자연 선택」을 발표했는데, 그들은 촘스키의 생득설과 생성언어학의 방법론을 수용하면서도, 인간 언어의 복잡한 구조를 인간 눈의 복잡한 구조와 연계시키는 기발한 착상을 내놓았다. 그들의 주장에 따르면 언어와 눈 모두 점증적으로 작동되었던 자연 선택의 결과물이라는 것이다.(Pinker and Bloom, (1990), "Natural language and natural selection," *Behavioral and Brain Sciences* 13, 707~784쪽) 즉, 그 논문의 의의는 다면적인 생득적인 인간 언어 획득 장치의 각각의 분리된 구성 성분을 찾기 위한 자연 선택의 근거를 발견하려는 시도였다는 점이다.
언어 진화의 관점에서, 또 다른 이정표를 그은 논문은 3인의 교수, 하우저, 촘스키, 피치가 2002년 공동으로 발표한 논문을 손꼽을 수 있다.(M. D. Hauser, N. Chomsky, and W. T. Fitch, (2002) "The faculty of language: What is it, who has it, and how did it evolve?" *Science* 298, 1569~1579쪽) 이 논문에서 가장 핵심적인 부분은 인간 언어 능력 (human language faculty)을 넓은 의미(FLB)와 좁은 의미(FLN)로 구별하고 있다는 점이다. 그들이 말하는 좁은 의미에서의 언어 능력은 커뮤니케이션 시스템에서 매우 고차원적인 통사적 원리인 반복과 회귀(recursion)를 적용할 수 있는 능력을 말한다. 쉽게 말해서, 아직까지 그 어떤 동물도, 몇 개의 단어들을 규칙에 따라 조합하거나, 특히 동일한 통사 규칙을 적용하여 동일한 구조의 문장을 반복할 수 있는 사례가 발견된 바가 없다. 반면, 넓은 의미에서의 언어 능력을 다룰 경우, 인간 언어의 진화론적 기초는 동물 행동과 인간의 비언어적 인지와 결부하여 탐구되어야 한다는 점을 명시하고 있다. 오늘날의 인간 언어에 이르게끔 만든 결정적인 진화의 변화를 설명할 수 있는 두 개의 강력한 설명 요인은 복잡한 통사 능력과, 수만 개의 자의적 상징 기호들을 학습할 수 있는 능력과 관련된다. 특히, 인간과 동물들 사이의 결정적 차이를 설명할 수 있는 또 다른 요인은 사회적 신뢰로서, 이 문제는 화용론에서 심도 있게 다루어져야 한다. 정상적인 경우, 아이는 자기가 태어난 사회에서 오랜 기간 동안 발달해 온, 이 같은 역사적 산물의 언어를 매우 신속하게 내재화시키는 천부성을 발휘한다. 이 같은 언어 획득 능력은 유전적으로 부여된 생물학적 능력이다. 그런데 문제는 이 같은 생물학적 능력의 진화에 대해 아직까지 정확한 과학적 지식을 갖고 있지 못하다는 데 있다. 이 같은 언어 능력의 진화는 수백만 년에 걸쳐 진화되었던 것이 분명하다. 개연성이 높은 가설은 최초의 인간의 의사소통 코드는 매우 간단한 형태를 취했을 것이라는 점이다. 특히 최초의 인간 종들의 역사 이전의 언어 진화는 다양한 외적 압력을 받았을 것이 분명하다. 선사 시대의 언어에 대한 압력은 화자의 측면에서는 노력의 경제성을 비롯해, 명료한 의미 전달과 학습 가능성 등을 포함한다. 오늘날의 현대인이 사용하는 언어와 동일한 생물학적 구조적 속성의 언어의 진화에 있어 초기 상태는 대략 20만 년 전에서 10만 년 전 사이에 위치하며, 수백 세대를 거쳐 문화적 학습을 거치면서 매우 완만하게 진행되었다. 요약해서 말하자면, 언어 진화를 언급할 때는 두 개의 의미가 존재한다. 하나는 오늘날의 언어 상태에 이를 때까지의 상대적으로 완만한 생물학적 진화이며, 다른 하나는 개별 언어들의 역사적 문화적 진화이다. 여기에서 소쉬르가 사용하는 언어의 진화적 사실은 바로 이 두 번째 범주에 속한다고 할 수 있다. 어쨌거나, 인간 언어의 본질적 특징을 규명하려는 그 어떤 노력도 언어 진화의 문제를 놓친다면, 궁극적으로는 결정적 공백을 노출할 수밖에 없을 것이다. 따라서 진화언어학의 필요성은 재차 강조되어야 할 것이다.(최근에 나온 이 분야의 대표적 성과물은 다음과 같다. A. McMahon and R. McMahon, *Evolutionary Linguistics*(Cambridge University Press, 2013))

20세기 중반기에 접어들면서, 비록 소수이기는 하나, 리버만(Lieberman)을 중심으로 호켓을 비롯한 일부 미국의 언어학자들과 생물학자들은 언어의 생물학적 기원에 대한 문제를 점화시켰으며, 지난 30년 동안 가히 언어 기원과 언어 진화를 다룬 연구는 엄청난 분량으로 불어났다. C. F. Hockett, (1960), "The origin of speech," *Scientific Americab* 203 (3), 89~96쪽; P. Lieberman, (1984), The Biology of and Evolution of Language(Cambridge, MA.: Harvard University Press). 일반인을 위해 비교적 이해하기 쉬운 간결하면서도 다양한 연구 분야의 시각을 담고 있는 다음의 한국어 번역본은 독자들에게 도움을 줄 수 있을 것이다. 파스칼 피크·베라나르 빅토리·장 루이 데살 지음, 이효숙 옮김, 『언어의 기원』(알마, 2009).

(진화론의 관점에서 현대 언어학의 주요 연구 쟁점을 분석한 다음 논문을 참조할 것. James Hurford, (2001), "Linguistics from an evolutionary point of view," in *Handbook of the Philosophy of Science*, Vol. 14: *Philosophy of Linguistics*, Volume editors, R. Kempson, T. Fernando, and N. Asher, Elsevier BV., 473~498쪽)

9) 소쉬르가 일반언어학에서 빈번하게 사용하는 단어 가운데 하나가 바로 기계적인 것, 또는 기계학(mécanique)이다. 이 의미는 크게 두 가지로 판별될 수 있다. 첫째, "언어에서는 어떤 목적도 의도도 발견할 수 없다."라는 소쉬르의 진술(3284.9)에서 이해될 수 있다. 이 경우 기계적이라는 표현은 '지능적(intelligent)'의 반대말로 이해된다. 둘째, 생리적 운동과 관련된 것을 말한다. "우리를 항시 유도하는 개념화에서, 발성적인 것은 아울러 단순히 기계적인 것과 대립할 뿐 아니라 청취적인 것과도 대립한다."(3305. 9) 하지만 "오직 두 개의 음소들과 더불어서 하나의 기계적 차원이 존재한다."

10) 앞의 옮긴이 주에서 이미 강조한 것처럼 '말하는 주체' 즉 '언주'는 소쉬르 언어 이론에서 가장 핵심적인 개념 가운데 하나이다.

간단하게 언어를 사용하는 개인으로 정의될 수 있는 언어 주체에 대해서 다음과 같은 다양한 정의를 내린다. "언어(랑그)는 오직 실재로서만 존재하지만, 오직 말하는 대중을 형성하는 언주들로서만 존재한다." 달리 말하면, "언어(랑그)가 존재하기 위해서는 언어를 사용하는 언중이 있어야 한다. 언어는 우리에게 있어 집단적 정신 속에 거주한다."

그런데 여기에서 우리는 말하는 주체뿐 아니라, 듣는 주체(sujet entendant)의 개념도 함께 제시될 수 있다는 점을 시사할 수 있다. 이를 위해서는 소쉬르의 언어와 발화 개념의 차이를 비롯해 그의 후계자였던 바이의 언어학 이론에 대한 이해도 수반되어야 한다.

(Charles Bally, *Linguistique Générale et Linguistique Française*(A. Francke S. A., Berne, 1932); Charles Bally, *Langage et la Vie*(Droz, Genève, 1913))

소쉬르는 언어(랑그)와 발화(파롤)를 하나의 동일한 관점에서 결합시키는 것은 몽상적이라고 질타한다. 달리 말해 언어활동은 하나의 개념 아래 속하는 동질적 대상이 아니다. 그래서 소쉬르는 언어활동에서 발화(파롤)를 제거하면 바로 나머지가 언어(랑그)라는 '뺄셈'의 기발한 은유를 제시한 바 있다. 이것은 세 차례의 일반언어학 강의에서 소쉬르가 반복적으로 사용한 은유이다. 그런데, 바이는 발화를 하지 않은 채 단지 청취하는 개인을 언어 이론에서 사유할 필요성이 있다는 점을 시사한다.

즉 말하는 주체, 즉 언주와 듣는 주체, 청취적 주체를 구별할 필요가 있다는 것이다. 언주가 자신의 생각을 표현하고 타자에게 부과하기를 원한다면, 듣는 주체는 타자를 이해하려고 애쓰는 사람이다. 제3차 강의에서 소쉬르 자신이, '다른 사람들의 말을 들으면서 우리는 우리의 모국어를 학습한다'고 이미 말한 바 있다.(Saussure II IC 308a in Engler, 56쪽) (F. de Saussure, *Cours de Linguistique Générale*, Edition Critique de Rudolf Engler,

Wiesbaden, Otto Harrassonitz 1967)

소쉬르에 따르면 사회적인 것은 바로 이 같은 수용적이면서 배열적인 부분이다. 그런데 바이는 언어는 말하지 않는 사람 속에서 각인되어 있고 작동된다고 말한다. 바이에 따르면, 듣는 주체는 언어(랑그) 쪽에 있으며, 그는 언어의 도움을 빌려 발화(파롤)를 해석한다.

발화의 청취는 따라서 언어의 활동에 해당되는 것이다. 즉 언어와 더불어 발화를 듣는 것이다. 듣는 주체는 언어(랑그)의 장소를 성립하며 언어의 기능은 의미 작용을 이해하는 것, 즉 작동시키는 데 있다.

듣기라는 정신적 활동은 항상적 기능이다. 반면 주체는 단지 이따금씩 말을 할 뿐이다. 따라서, 발화의 행동 주체에 초점을 둔 실증적 타성과 달리, 언어 주체는 말하는 행동자보다는 근본적으로 듣는 주체로서 정의되어야 한다는 것이 바이의 생각이다. 소쉬르는 언어는 우리가 감수하는 그 무엇이며, 우리는 언어의 주인이 될 수 없다고 말했다. 바이는 소쉬르가 설정한 언어(랑그)의 언어학이 무엇보다 타자의 언어학이라는 점을 파악한 언어학자였다. 특히 말하는 주체로부터 듣는 주체로 언어학의 주제를 이동시킨 바이의 시각은 내재적 언어학과 외재적 언어학 사이에 설정된 보다 일반적인 인식론적 구별에 기초를 두고 있다.

언어학의 내재적 배치를 구성하기 위해 소쉬르는 먼저 언어가 자연의 네 번째 왕국이 아니라고 진술한다. 즉 언어는 각각의 주체 속에 각인되어 있다는 것이다. 언어가 주체 속에 각인된다는 사실의 목격을 통해 소쉬르, 그리고 이어서 바이는 언어가 표상된 외재적 대상이라는 널리 퍼진 관념을 다른 상상계로 이동시킨다. 그들은 언어는 오직 개체화된 살아 있는 주체들 이외에 다른 장소도 다른 존재도 갖고 있지 않다는 점을 강조한다. 소쉬르의 멋진 표현을 빌리면, '언어가 거처하는 곳은 두뇌이다. 그리고 이것은 심적인 현실이다.'(Saussure D180 in Engler, 43쪽) 그리고 이 같은 현실은 소쉬르에 따르면 잠재적 문법이다. 즉, 두뇌의 고차원적 기능인 기억이라는 활동을 구조화시키는 상징적 형식들의 건축이다.

간단하게 말해, 소쉬르가 말하는 언어, 랑그는 하나의 대상도, 장도 아니며, 바로 말하는 사람들이다. 소쉬르는 "언어=주체들(la langue=les sujets)"이라는 간단하면서도 핵심적인 공식을 제시하기도 했다.(Saussure II C 117 in Engler, 18쪽)

소쉬르가 말하는 언어는 오직 자신만의 질서를 인정하는 체계이다. 그것의 엄밀하게 내재적 위상으로 인해서 듣는 주체 속에 통합된 언어는 상징적 활동에 해당된다. 소쉬르의 언어 이론과 바이의 이론적 계승에 대한 다음 논문 참조. Jacques Coursil, "Charles Bally et le programme de Saussure," in fichier http://www.coursil.com/bilder/3_language/Language%20Theory/Bally%20et%20le%20programme%20de%20Saussure.pdf.

11) 언어 주체, 즉 화자의 의식이 블랙박스라면, 그 속으로 들어가기 위해서는 역사적 근원을 무시해야만 한다는 상당히 급진적인 주장이다. 소쉬르에게 있어서 언어학의 중핵은 언어 주체라는 점은 주지하는 바와 같다. 언어 주체란 언어를 사용하는 개인을 말한다. 소쉬르는 이렇게 말한다. "언어는 실재로서 존재하지 않는다. 오직 언어 주체들만이 존재한다." 언어 주체들 전체가 언중(masse parlante)을 형성한다. "언어가 존재하기 위해서는 언어를 사용하는 언중을 필요로 한다. 언어는 나에게는 오직 집단적 영혼 속에 거주한다."(1285)(F. Engler, *Lexique de la terminologie*, 49쪽)

그렇다면 의식이라는 단어는 어떤 의미를 갖는가. 소쉬르 어휘 체계에서 의식은 무의식(inconscience)의 반대말로서, 반드시 유념해야 할 것은 의식이라는 개념은 분명히 상대적이라는 것이다. "그 결과 의식의 두 가지 정도가 문제될 뿐이다. 가장 높은 정도의 의식은 대부분의 행위들에 동반되는 성찰의 정도에 비유하면 여전히 순수한 무의식에 속한다.” (3285.8) 소쉬르에게 있어서 의식적 상태는 역사적 상태와 반대어이다.

12) 모두 쥐라 산맥의 산들로, 르퀼레는 프랑스, 돌은 스위스의 보즈, 샤스랄은 스위스의 베른 주에 있다.

13) 소쉬르의 언어 이론 가운데 가장 많은 격론을 불러일으킨 부분이 공시태와 통시태의 구별이며, 특히 공시태에 대한 우선권을 부여한 내용이다. 마우로 교수는 세 쪽에 걸쳐 소쉬르의 통시태 개념에 대한 현대 언어학자들의 비판적 태도를 언급하면서 통시태 개념의 수용사를 정리하고 있다.(De Mauro, *Course de linguistique générale*, 452~455쪽) 하지만 마우로의 주석본이 작성된 것은 1960년대 후반이라, 그 후 소쉬르 연구사에서 통시태와 공시태의 분리에 대한 논쟁사를 참작하지 못했으며, 소쉬르 언어학의 통시태 연구에 대한 연구 서지도 새롭게 작성되어야 할 것이다. 비교적 최근의 연구 성과로는 메지아 교수의 저서(Claudia Mejía, La l*inguistique diachronique: le projet sausurrien*(Genève : Droz, 1998))가 대표적이다.

소쉬르를 계승하건 비판하건 유럽의 거의 모든 구조언어학자들은 공시태와 통시태의 분리를 극복하려는 방향으로 이 뜨거운 쟁점에 참여했다. 언어라는 연구 대상이 내포하는 이 두 가지 양상의 구별에 대해 역사주의를 유지하는 언어학자들과 구조주의적 진영 모두에서 이의를 제기하는 형국으로 논쟁이 진행되었다. 통시적 요소들은 공시태 속에서도 현존한다는 주장이 제기되었는가 하면(이를테면 고어적 표현, 신조어, 새로운 언어 경향의 출현 등) 다른 한편에서는 언어 체계는 통시태 차원에서도 작동된다는 주장을 내놓기도 했다. 또한 통시적 진화들은 소쉬르가 주장한 무작위성이나 절대적 우연에 의해서가 아니라, 의도성에 의해서 지배된다는 반론을 내놓기도 했다. 제반 언어적 진화들은 단지 우발적이며 상이한 진화 상태들 사이에서 어떤 체계도 형성하지 못한다는 진술을 내놓은 소쉬르의 입장에 대해 소쉬르가 여전히 언어 진화에 대한 독일의 소장 문법학파의 비전 속에 머무른다거나, 반구조주의적 상태로 남아 있을 것이라는 비판이 가세했다. 요컨대 소쉬르를 반역사주의적 언어 이론의 수립자로 몰아세웠던 것이다.

먼저 1929년 프라그의 소장 언어학자들이 소쉬르의 공시태와 통시태의 구별에 대한 방법론적 인식론적 정당성에 대한 문제를 제기하면서 논의의 장을 마련했다. 그들은 소쉬르의 시스템(체계) 개념이 내포하는 반목적론적 개념화를 비판하면서 시스템의 변화들은 언어 시스템 자체의 재조직화에 따라서 생산된다는 의견을 지지했다. 소쉬르가 『일반언어학 강의』 통시태 부분에서 주장한 이른바 체계 변형의 맹목성은 프라그 언어학파의 선언문이라 할 수 있는 1929년 '테제'에서 격렬한 비판을 받았다. 이들 프라그 학파 구성원들은 소쉬르가 가정했던 것과는 달리, 공시적 분석과 통시적 분석 사이에 결코 건너설 수 없는 난관들을 놓아서는 안 될 것이라고 주장했다. 왜냐하면 공시태에서 화자들에게는 새롭게 출현하거나 새로운 상태로 넘어가는 단계들에 대한 의식이 존재하기 때문이다. 그 결과 공시적 연구에서 통시적 고려들을 제거해서는 안 될 것이라는 논리를 전개했다. 아울러 기능적 시스템의 개념화는 통시태에서도 채택되어야 할 것을 주문했는데 그 이유는 언어의 제 변형들이 생산되는 것은 바로 시스템을 염두에 두고서 발생한다는 것이다. 흥미로운 것은 이 같은 프라그 언어학파의 소쉬르 '때리기'에 전통적인 보수적 성향의 역사 언어학자들이 가세했다는 사실이다. 이들은 수많은 논문과 저서에서 공시적 기술에서 통시적 고려를 수행해야 할 필요성을 역설했다. 전통적 역사 언어학자들과 더불어 보다 현대적 언어학을 실천한 학자들은 정반대의 위치에서 통시태 분석을 위해서 '시스템'의 개념에 의존해야 할 필요성을 역설했다.

마우로 교수가 지적한 것처럼, 소쉬르의 다른 이론소들과 마찬가지로, 공시태와 통시태의 구별 역시 개념적 모호성을 내포하고 있는 것이 사실이다. 하지만, 소쉬르의 근본적 태도에서 확인되는 것은 공시태와 통시태의 구별이 관점의 대립에 기초한다는 사실이다. 즉 양자의 구별은 방법론적 성격을 갖고 있으며 실제 언어 사용자가 아닌, 언어 연구자와 그가 추구하는 연구 대상과 관련된 문제이다. 언어 연구자는 늘 특정 언어 시대에 직면한다. 이 언어 시대 속에서 소쉬르는 단지 다음 사실을 주지하고 있었을 뿐만 아니라 명시적으로 피력하고 있다. 즉 언어활동은 매순간 정립된 체계와 동시에 하나의 진화를 함의한다. 언어활동은 매순간 현재의 제도이며 과거의 산물이다.

소쉬르는 통시언어학 강의에서 개별 언어의 상황 속에 배태된 역동적 양상을 누차 강조하고 있다. 특히 소쉬르는 모든 언어 속에 존재하는 불균형의 지점들을 의식하고 있었다. 소쉬르가 설정한 연구 대상인, '랑그'의 경제 개념이 녹아 있다. 말름베르그(Malmberg) 등의 연구에서 밝혀진 것처럼, 한 언어 속에는 집단적 타성들의 총합으로서 기능적 체계화의 다원성이 공존한다. 따라서 마우로 교수는 이 같은 사실들을 종합화하면서 이렇게 말한다. "따라서 소쉬르가 개별 언어적 상황 속에서 사람들이 과거에 뿌리를 내리고 있는 다양한 경향들과, 미래를 예상하고 기대하는 경향들을 마주 대한다는 사실을 무시했다고 그를 비난하는 것은 그릇된 처사다."(De Mauro, 454쪽)

특히 마우로 교수는 언어학적 변형들에 대한 소쉬르의 개념화와 관련하여, 무턱대고 소쉬르 언어학에는 통시태의 구조적 비전이 존재한다는 사실을 부정할 것이 아니라, 야콥슨을 비롯한 프라그 언어학파와, 프랑스의 기능주의 언어학의 대가인 마르티네 등의 저술 등에서 표상되는 이 같은 통시태에 대한 구조주의적 비전 속에서 두 개의 상이한 요소들이 공존하고 있다는 점을 간파할 것을 주문한다. 첫째, 목적론주의이다. 즉 이들에게 언어 변화들은 체계의 보다 나은 재조직화를 염두에 두고 일정한 이유와 더불어 생산된다. 둘째, 반원자주의로서 제 언어변화들은 체계에 의해서 조건지어지는 바대로, 그 변화들의 상호적 연관들 속에서 간주된다. 언어 변화는 체계에 대해서 사건의 의미를 갖는다. 이 두 가지 요소들 가운데 첫 번째 요소는 소쉬르의 언어 인식론에서는 양립되기 힘들다. 하지만 두 번째 요소는 얼마든지 수용될 수 있다. 『일반언어학 강의』에서 소쉬르는 이렇게 말한다. 제 변화들은 목적성 없이 우발적으로 탄생한다. 그것들은 하나의 언어적 실재 또는 실재들의 부류를 맹목적으로 가격하며 체계의 상이한 조직화로 이동하려는 목적 속에서 그 같은 공격을 하는 것은 아니다. 하지만 언어는 유추에 힘입어 체계를 지향하며 제 변화들은 체계를 조건 짓는다. 한 요소의 변화는 또 다른 체계를 탄생시킬 수 있다. 소쉬르의 언어 인식론에서 목적론의 배제는 모든 변화의 파급 결과들의 체계성을 긍정하는 것만큼이나 강력한 것이다.

언어 변화들에 대한 소쉬르의 개념화에 대한 비판은 이 같은 변화에 대한 평가에 있어서 체계에 대한 준거를 제시하고 있지 않다는 일종의 체계 준거의 부재를 겨냥하고 있는데, 그렇다면 이들의 비판은 목표물을 결여하고 있다고 봐야 할 것이다. 왜냐하면 소쉬르의 강의에서 이 같은 체계에 대한 참조는 명시적으로 나타나고 있기 때문이다. 이를테면 소쉬르는 체스 놀이에 비유하면서 말이 하나 움직일 때 체스의 전체 판도, 즉 체계에 미치는 효과들과 비교하고 있다. 그런데 이와 달리 이 같은 기존의 비판들은 언어 변화들의 우발적 성격을 주장한 소쉬르의 테제를 겨냥하고 있다. 소쉬르의 테제에 맞서, 언어 변화들의 옹호론자들은 언어에 대해서 마치 하나의 합리적 정신을 부여해야 할 터인데, 소쉬르는 바로 언어 변화에서

"언어는 아무것도 미리 성찰하지 않는다."(la langue ne prémédite rien)라는 유명한 명구를 통해서 이 같은 언어 변화에 있어서의 보이지 않는 손, 또는 특정 주체나 정신을 부정했다. 언어 변화에 대한 일체의 결정주의적 테제와 동시에 정신주의적 비전을 모두 비판한 것이 바로 소쉬르 언어 철학의 핵심이다. 공시태와 통시태는 모두 방법론적 시각으로서 기호의 자의성 개념의 엄밀한 파급 결과로서 언어 현실에 대한 역사적 비전의 도구인 것이다.

14) 소쉬르가 사용한 메커니즘(기제)의 의미를 정확히 파악하기는 쉽지 않다. 먼저 그는 언어의 체계 속에서 구성 항들과 가치들의 상호적 관계와 놀이를 언어의 핵심적 기제로 보았다. 특히 그는 언어의 한 상태의 기제는 두 개의 대립, 즉 통합체와 연합체에 기초한다는 이론을 제시했다. 또한 언어의 모든 기제는 동일성과 차이를 중심으로 진행된다는 진술도 피력한 바 있다. 그 밖에 문법적 기제, 굴절 기제 등, 다양한 표현들도 시사했다. '메커니즘'이나 기계 이미지는 다음과 같은 유명한 비유에서도 나타난다. "언어는 고장난 후에도 계속해서 작동되는 기계에 비유될 수 있다."

15) 언어학에서 말하는 제로(zèro) 요소 또는 제로 기표는 언어 분석에서 가정하는 추상적인 실재의 유형으로서, 음성 언어 연쇄에서 물리적으로 실현되지 않는 요소를 말한다. 이를테면 정관사나 부정 관사 없이 명사만 나타날 때, 제로 관사(article-zéro)를 가정한다. 문법에서도 물리적 실재가 실현되지 않는 추상적 규칙들을 정식화할 때 제로 개념이 사용되기도 한다.

요컨대 언어학에서 제로 개념은 발화에서는 실현되지 않았으나 이론적 분석에서는 필요한 성분 요소이다. 이것은 곧 이론이 출현할 것으로 예상되는 곳에서 실제로는 하나의 요소가 결핍되는 것을 함의한다.

다양한 종류의 제로 현상이 존재한다. 먼저 제로 형태소는 음성적 형태가 없이 이루어지며 발화에서 실현되었을 수도 있는 하나의 형태소의 이형이다. 예컨대 영어 문장 two sheep-∅에서 복수 표시소는 하나의 제로 형태소로서 two cats에서 나타나는 복수 표시소 -s의 이형태이다. 마찬가지로 I like-∅ it 에서 동사 like의 활용은 he likes it에서 사용된 3인칭 단수형과 대립하여 제로 접사를 갖는다. 그 밖에도 영어를 비롯한 몇몇 언어에서는 제로 대명사가 발생한다. 예컨대 the book ∅ I am reading이라는 영어 문장에서 제로 대명사는 관계대명사의 역할을 맡는다.

16) 소쉬르가 언어(랑그)의 속성을 설명하는 은유 가운데 기계 은유는 매우 흥미로우면서도 중요한 의미를 갖는다. 요컨대, 서양 언어사상사를 비롯해 인문학에서 기계 은유의 계보라는 방대한 흐름 속에서 파악할 필요가 있다. 예컨대, 영국의 대표적 언어학사 권위자인 해리스(Roy Harris) 교수는 그의 주저 『언어 기계(*The language machine*)』(London: Duckworth, 1987)에서 구텐베르크에서부터 현재까지에 이르는 언어 기계라는 신화의 성장과 채택 과정을 상세히 기술했다. 그는 기계 은유와 그 개념의 뿌리가 언어에 대한 관념에 심오한 변화가 발생한 시기에 놓여 있다는 점을 파악하고 있는데, 특히 구텐베르크의 금속 활자 발명 이후에 생성된 활자 문화와 더불어 부상한 것이라는 설명을 제시한다. 뿐만 아니라, 해리스 교수는 디지털 시대에 전면적으로 이루어진 컴퓨터 문화에서도 언어를 다루는 기계, 지식 생성 가능한 기계, 상호 작용 기계 등의 다양한 표현을 사용하면서 언어와 관련된 기계 은유의 확산을 지적한다. 이 같은 가정에 따르면 인공 지능의 발달과 더불어, 고도의 정교한 수준의 기계 장치를 고안할 수 있다면, 컴퓨터가 언젠가는 인간의 언어 행동 양식과 구별될 수 없을 정도의 완벽한 수준에서 언어를 수행할 수 있다는 것이다. 바로 그 같은 가정에

는 다름 아닌 언어 기계 모델이 자리 잡고 있다. 컴퓨터가 모델화하려는 인간 언어의 행동 양식은 기계적 행동 양식이며 인간 두뇌 속에 내장된 유전적으로 물려받은 언어와 보편적으로 양립될 수 있는 기계에 의해서 안내되고 그 지침이 기록된다. 바로 이 점에서 해리스가 투링(Turing)의 명논문, 「계산 기계와 지능(Computing machines and intelligence)」을 주목한 것은 당연하다. 투링은 인간 대화의 완벽한 기계적 복제를 상상했던 20세기 최고의 수학자이다.

한편, 소쉬르의 기계 은유는 『일반언어학 강의』의 가장 독창적인 장들 가운데 하나인 '언어(랑그)의 메커니즘(mécanisme de la langue)'에서 가장 선명하게 제시된다. 여기에서 소쉬르가 말하는 언어 기계의 은유는 심리 언어적 차원을 취한다. 즉, 언어의 기제는 매 순간 발화시 화자가 수행해야 하는 언어 요소들의 선택과 조합에 해당되는 연합 관계와 통합 관계로 이루어진다. 특히 주목할 것은, 소쉬르는 언어(랑그)에 대한 그의 설명이 결코 신경해부학적 연구 차원에서 파악되어서는 안 된다는 점을 밝히고 있다는 사실이다. 소쉬르는 언어학이 결코 자연과학에 흡수되거나 대체되는 것을 받아들이지 않았던 것이다.

기계 은유는 결코 언어학 이론에 국한된 것이 아니라, 일상 언어의 본질적 부분이며, 사람들이 사물을 사고할 때 사용하는 방식 가운데 하나라는 점에서 학제적 주제이다. 기계 일반을 비롯해 특정 기계 유형들과 그 요소들은 다양한 사회, 산업, 조직의 구조와 기능 작동을 설명하기 위해 효과적인 도구이다.

이를테면 미국의 대표적 인지과학자인 핑커 교수는 사람들이 신체를 경이롭게 복잡한 기계로서, 즉 이음새, 탱크, 파이프, 펌프, 필터 등의 부품들의 조합체로서 이해해 왔다는 점을 강조한다.(Pinker, S, *How the mind works*(New York: Norton, 2009)) 특히 인지언어학과 개념 은유 이론에서 기계 은유는 집중적인 연구가 이루어졌다. 그들이 제기한 물음은, 기계 은유는 과연 인간들의 일반적 속성에 기초를 두고 있으며 따라서 보편성을 갖는가의 문제이다. 인지언어학의 선두 주자들이라 할 수 있는 존슨 교수와 레이코프는 그 같은 보편성을 강력하게 주장하는 학자들이다. 이들의 주장에 의하면 은유는 언어적 표현 그 이상의 것으로서, 인간의 개념적 체계를 축조하는 틀이다. 즉, "인간 사고의 과정은 대부분 은유적이며, 인간의 개념 체계는 은유적으로 구조화되고 규정된다."(George Lakoff and Mark Johnson, *Metaphors We Live By*(Chicago and London: The University of Chicago Press, 1980); *Philsophy in the flesh: the embodied mind and its challenge to western thought*(N. Y.: Basic Books, 1999)

이와 달리, 기계 은유는 특정 문화의 산물이라는 주장도 제기되었다. 이 경우, 기계 은유의 창발과 그 진화를 설명해 줄 수 있는 문화적 과정이 무엇이냐라는 문제가 제기되는데, 일반적인 답변은 기계 은유가 근대 초기에 출현했으며, 특히 뉴턴 물리학과 산업 혁명은 일상 언어와 제 학문에서 기계 은유가 팽배하게 만든 결정적 요인이라는 것이다. 하지만, 기계 은유의 계보를 작성할 경우, 그 역사는 고대와 중세 모두를 아울러야 할 것이다. 레오나르도 다빈치의 독창적인 기계 철학은 물론이며, 고대와 중세에서 기계를 사용한 의미적 이미지는 다수이다.

17) 소쉬르가 여기에서 사용하는 '무의식적'이라는 단어는 프로이트가 발견하고 이론화한 무의식의 개념과 견주어 심층적인 연구가 이루어져야 할 대목이다. 이 연구를 착발한 학자는 아리베 교수이다.(Michel Arrivé, *Linguistique et psychanalyse*(Paris: Méridiens-Klinksieck, 1986); *Langage et psychanalyse, linguistique et inconscient*(Paris: PUF,

1994) *Le linguiste et l'inconscient*(Paris: PUF, 2008))
여기에서는 아리베 교수의 연구를 참조하여 이 문제의 핵심 요지를 제시한다.(M. Arrivé, *Le linguiste et l'inconscient*, 125~147쪽) 한 가지 확실한 사실은 소쉬르는 '무의식적(inconscient)'이라는 형용사와 '무의식적으로(inconsciemment)'라는 부사를 빈번하게 사용하고 있다는 점이다. 「일반 언어학 강의」(178쪽)의 표준 판본에서는 '잠재의식(subconscient)'이라는 명사가 단 한 차례 나타나며, '무의식성(inconscience)'이라는 여성 명사 역시 「일반언어학 강의 노트」에 단 한 번 사용되고 있을 뿐이다. 아리베 교수의 문헌 검토에 따르면, 남성 명사형 '무의식(inconscient)'이라는 단어는 「일반언어학 강의」에서도 「일반언어학 강의 노트」에서도 나타나지 않으며 색인에서도 부재한다. 이렇게 본다면, 무의식이라는 문제 설정이 소쉬르의 언어학 이론에서는 진정으로 명시적으로 그리고 유의미하게 제기되지 않았다고 생각할 수 있을 것이다. 하지만 소쉬르의 이론을 보다 치밀하게 분석해 볼 필요가 있다. 먼저, 소쉬르는 '기호의 불가역성과 가역성'을 다루는 장에서 언어에 개입하는 변화들과 다른 사회적 제도들 속에 개입하는 변화들 사이의 비교를 시도한다. 여기에서 그가 언급한 사회적 제도들에는 종교적 의례, 정치적 형식들, 모계 중심의 체제, 의복 패션 등이 포함된다. 소쉬르의 주장에 따르면 다른 제도들에 대한 관찰 결과와 달리, "주체들은 상당 부분에 있어서 언어의 법칙들에 대해서 무의식적이다."(*CLG*, 106쪽) 언어의 무의식적 속성에 대해서는 다음과 같은 진술에서도 확인된다. "사람들은 언어에 대한 성찰(의식적인 것과 무의식적인 것 사이의 구별)을 적용하지 않으며 일반적으로 언어활동의 제반 사실들을 주재하는 의식의 정도를 정확히 밝히지 않는다."(Engler, 1968~1989, 162쪽)
특히, 언어적 의식의 정도들(degrés)이라는 개념화는 「일반언어학 강의」와 「일반언어학 노트」의 단락들 속에서 어느 정도 명시적이다. 그 결과, 잠복적 의식과 무의식성이라는 두 개의 흥미로운 개념들이 출현함을 목격한다. 잠복적 의식이라는 용어는 통속본 편집자들에 의해 잠재의식이라는 용어로 변형되는데, 어쨌거나 그것은 통합체의 관계와 그것의 대립 속에서 연합체의 관계를 특징짓는 의식이다. 아울러 소쉬르가 말하는 무의식의 법칙들은 언어 주체의 일체의 의식적인 개입으로부터 독립하여 언어적 대상들의 진화를, 최소한 그것들 사이의 한 부분의 진화를 규정한다. 즉, 음성적이며 무의식적인 변화들에 종속되는 주체들, 그것은 유추적이며 의식적인 변화들에 종속된 주체들과 대립된다.
이 지점에서 아리베 교수는 소쉬르가 분석하는 무의식적 과정들이 프로이트의 정신 분석에서 구축한 무의식 개념과 접맥될 수 있다는 점을 강조한다. 물론 양자의 차이점을 강조하는 것을 잊지 않는다. 첫 번째 차이점은 소쉬르가 말하는 무의식은 언어적 차원의 무의식이라는 점이다. 즉, 언어적 무의식을 성립하는 대상들은 언어적 대상들이다. 하지만 그 대상들은 프로이트의 무의식의 대상들처럼 의식적 과정들에 견주어 뚜렷이 대조되는 과정들에 종속된다는 점에서 공통점을 지닌다. 두 번째 차이점은 첫 번째 차이점과 결합된 것으로, 소쉬르가 말하는 무의식은 억압이 없는 무의식이라는 것이다.
18) 프랑스어에서 manison은 '숙소', '무대장치의 일면'을 뜻하며 maison은 '집'을 뜻함.
19) 소쉬르가 언어의 구조적 속성을 설명할 때 다양한 은유들을 동원하고 있으나 가장 생생하면서도 훌륭한 은유 가운데 하나가 서양 체스에 대한 비유이다. 체스 게임과의 비교는 랑그와 파롤, 공시태와 통시태의 차이를 설명할 때 효과적으로 사용된다. 여기에서는 공시태 차원과 통시태 차원의 자율성과 동시에 양자의 상호 의존성을 입증하기 위해 사용되고 있다. 체스를 한 판 두는 것은 마치 언어가 자연적인 형식 아래서 우리에게 제시하는 것을 인공적

으로 실현한 것으로 볼 수 있다. 먼저 체스의 게임이 진행되는 동안 발생하는 하나의 상태는 언어(랑그) 구성의 상태에 해당된다. 각 말의 가치는 그것이 체스판 위에서 차지하는 위치에 달려 있다. 마찬가지로 언어 속에 각각의 항은 다른 구성 항들과의 대립을 통하여 자신의 가치를 갖는다. 또한, 체스 놀이의 시스템은 오직 순간적일 뿐이며, 하나의 위치에서 다른 위치로 이동하면서 변화한다.

모든 가치들은 체스 게임의 규칙, 특히 일정 기간 동안 불변하는 체스 놀이의 규약에 달려 있다. 이때 체스 놀이의 규칙은 체스 게임을 시작하기 전부터, 그리고 매번 말을 옮긴 다음에도 계속되어야 한다. 그렇지 않고 체스 게임의 규칙을 매 순간 변경한다면 더 이상 정상적인 체스 게임은 이루어질 수 없다. 이러한 체스 게임 규칙이 체스를 두는 사람들에 의해 수용되는 것처럼 언어에서도 그러한 규칙이 존재한다. 그것은 바로 기호학의 항상적 원리다. 이를테면 한국 사회에서는 학생이 스승에게 허리를 굽혀 인사하는 것은 정상적 약호이나, 정반대의 경우는 기호학적 규칙에서 벗어나는 것이다. 끝으로 체스 게임에서 하나의 균형 상태로부터 다른 균형 상태로 이동하기 위해서는 체스의 말 하나를 이동시키는 것만으로 족하며 소란스러운 대이동은 없다. 여기에서 말하는 체스 게임에서 발생하는 균형으로부터 다른 균형으로의 이동은 바로 소쉬르가 말하는 공시태의 이동에 해당된다.

바로 여기에서 우리는 온갖 특수성을 갖고 있는 통시적 사실에 필적하는 유사점을 목격할 수 있다. 실제로 체스 경기에서 각각의 변화는 오직 하나의 말을 움직이면서 생겨날 수 있다. 마찬가지로 언어 속에서 변화들은 오직 고립된 요소들에 대해서 행해진다. 둘째, 이 점에도 불구하고, 체스의 변화는 모든 시스템에 영향을 미친다. 그리고 체스를 두는 사람이 이 영향의 효과의 한계들을 정확히 예측하는 것은 불가능하다. 그러한 말의 위치 이동으로부터 비롯되는 가치들의 변화는 경우에 따라서 전혀 없거나 또는 매우 심각하거나 아니면 평균적인 중요성을 지닐 수 있다. 체스 경기에서 특정 상황에서 이루어진 말의 이동은 게임 전체의 판도를 송두리째 바꾸어 놓을 수 있으며, 전체 말들에 영향력을 미칠 수 있다. 그런데 소쉬르는 체스 은유를 통하여 언어의 경우도 정확히 동일한 이치라는 사실을 일깨워 주려 한다.
체스의 말을 하나 이동하는 것은 선행하는 균형, 아울러 그 이후에 올 균형과는 절대적으로 구별되는 사실이다. 작동된 변화는 이러한 두 개의 상태들의 어느 하나에도 속하지 않는다.

그런데 일부 학자들은 이러한 유추가 갖는 교육적 가치를 인정하면서도 언어를 체스 경기에 비교할 때 노출되는 한계점을 지적하기도 한다. 예컨대, 빌렘스 교수가 지적한 것처럼, 소쉬르가 생각했던 것과는 달리, 체스 경기 한 판은 결코 서로 독립적인 자율적 상태들의 연속으로 구성된 것이 아니라고 반박할 수 있다. 하나의 언어 상태가 해당 언어의 나중에 올 진화와 독립적인 반면, 체스 게임은 늘 최종 상태를 향한 하나의 연속, 잠재적 상태들의 진전을 전제로 하기 때문이다.(Dominique Willems, "La comparaison du 'jeu de la langue' avec une partie d'échecs dans le Cours de linguistique générale de Ferdinand de Saussure," dans *Travaux de linguistique*, 2, 1971, 93~99쪽)

다시 말해 체스에서 판세 변화는 늘 도달해야 할 목적으로 향해 있다는 것이다. 언어에서와는 달리, 체스를 두는 주체들에게서 통시적 사실들이 가치들과 무관하다는 진술을 하는 것은 불가능하다는 것이 비판의 핵심이다. 즉 소쉬르는 '하나의 언어적 사실은 그 자체로 자신의 존재 이유를 갖는 하나의 사건'이라고 진술했으며 '개별적인 공시적 파급 효과들은 통시적 사실과는 완전히 무관하다'는 점을 강조했다.(*Cours de linguistique générale*, 121쪽)

흥미로운 점은 소쉬르 자신이 체스와의 비교가 갖는 결점을 지적하고 있다는 사실이다. 즉,

체스를 두는 사람은 말을 이동시킬 의도를 갖고 체계에 대해서 하나의 행동을 행사하려는 의도를 갖고 있는 반면, "언어는 아무것도 미리 성찰하지 않는다."(la langue ne prémédite rien)라는 유명한 명제를 소쉬르는 남긴 바 있다. 즉, 체스의 말들과 달리, 언어의 부분들은 순간적으로 그리고 우연적으로 이동하고 변형된다는 점에서 체스와 말은 다르다고 소쉬르는 말하고 있다.(위의 책, 127쪽)

그런데, 의도성의 문제를 제거한다 해도 여전히 소쉬르의 은유에서는 공시적 분석의 두 층위 사이에 존재하는 혼동의 여지가 남아 있다. 한편으로 체스 게임의 한 상태, 즉 체스 규칙의 진화의 역사 속에서의 한 순간과, 다른 한편으로는 주어진 체스 게임 한 판의 상태가 존재한다. 첫 번째 경우에서는 체스라는 거시적 체계라는 점에서 그 같은 은유는 비교적 정확하다. 그런데 여기에도 한 가지 문제가 있는데, 그것은 소쉬르의 자의성이 역사적으로 필연적이라 해도 비규약적이라는 점이다.

즉 기표는 그것이 표상하는 관념에 견주어서 그것을 사용하는 언어 공동체에 견주어서 자유롭게 선택되는 것으로 보인다. 그런데 그것은 자유롭지 않고 부과된 것이다. 개인은 결코 언어의 선택이 무엇이건 마음대로 언어를 변경시킬 수 없으며 대중 역시 단 하나의 단어에 대해서도 주권을 행사할 수 없다. 그것은 조상과 부모로부터 물려받은 유산이며 전통이라는 점에서 단순한 계약과는 차원이 다르다. 기호는 전통이라는 법 이외의 다른 법을 알지 못한다고 소쉬르는 주장한다. 그런데 역설적으로 기호의 가변성은 바로 기호의 자의성에 달려 있다. 왜냐하면 언어는 합리적 규범에 기초하고 있지 않다. 예컨대 아버지라는 한국어 단어가 father라는 영어 단어보다 합리적 규범이라 말할 수 없다.

따라서 언어는 매 순간 기의와 기표의 관계를 이동시키는 요인들에 맞서 자신을 지켜 내기에는 너무나 무기력하다고 소쉬르는 말하고 있다.(위의 책, 110쪽)

지극히 명백하거니와, 언어의 진화에 대한 이해에 있어 필수적인 이 같은 고찰들은 체스 게임에 있어서는 변별적이지 않다. 체스 게임의 규칙들은 전통의 무게가 아닌 합리적이며, 사용자들의 의지에 따라서 수용된 하나의 규약에 달려 있기 때문이다. 그리고 모든 계약들이나 규약들과 마찬가지로 체스 경기의 규칙을 변경하는 것은 가능하다. 소쉬르가 염두에 두었던 체스 경기와 관련하여 그 은유는 또다시 적합지 않은 것으로 나타난다. 왜냐하면 소쉬르는 체스 경기에서 일련의 발화 행위를 보고 있기 때문이다. 말을 둘 때마다 미시적 체계를 변형시키나 언어, 즉 놀이의 규칙이라는 거시적 체계를 변화시키지 못하는 행위들인 것으로 인식하고 있다.(체스 게임의 비유가 노출하는 문제점에 대한 상세한 분석은 다음 논문 참조. Anthony Purdy, "Au seuil de la modernité: le jeu d'échecs de Saussure et le Jeu de Saint-Denys Garneau," *Revue Romane*, Bind 21(1986), 244~259쪽)

20) 소쉬르는 육필본에서 진화를 '시간 속에서의 진행(marche dans le temps)'이라고 정의 내리며 이때 진화라는 용어는 진보 또는 후퇴라는 개념을 갖지 않는다. 소쉬르는 "동일한 언어 속에서 진화를 표상하는 모든 운동은 완벽하게 무근거적인 것과 상대적으로 근거가 주어진 것의 각각의 총합 사이에서 진행되는 왕복 운동으로 요약될 수 있다."라고 진술했다. 소쉬르가 말하는 '진화적'이라는 형용사는 '통시적'이라는 형용사와 비슷한 의미였으나, 소쉬르 자신의 진술을 빌리면, '진화적'이라는 표현은 힘이 작용하고 있는 두 가지 체계를 충분히 대립시키 못한다.

소쉬르에 따르면 정태적 사실과 진화적 사실 사이에 존재하는 이율배반과 모순(antinomie)은 근본적이면서도 철저한 것이다. 정태적 사실은 동시적으로 존재하는 요소들 사이의 관계이며, 진화적 사실은 시간 속에서 하나의 요소가 다른 요소로 대치되는 것을 말한다. 즉 하나의 사건이다. 공시적 구성 항들은 공존하면서 체계를 형성하는 반면, 통시적 항들은 계속적이며 서로 대치되나 그것들 사이에서 체계를 형성하지는 않는다. 공시적 사실들은 체계적이지만 통시적 사실들은 특이하고, 이질적이며 고립적이며, 체계의 외부에 있다.

물론 소쉬르는 공시태가 통시태에 달려 있다는 것을 인정하고 여러 번에 걸쳐 어떤 변화도 체계 전체에 영향을 미친다는 점을 지적했다. 특히 공시적 사실은 통시적 사실들에 의해서 조건 지어진다는 점을 강조한다. 하지만 그 정반대의 방향에서는 그 어떤 종속 관계도 수용하지 않는다. 모든 변화들은 체계와는 무관한 현상들이며. 특히 음성 변화는 기호 체계의 조직과 더불어 파악하려 할 때 하나의 맹목적 힘을 표상할 것이라고 진단한다.

공시태와 통시태의 이율배반성을 극복하려는 다양한 시도들이 존재한다는 것은 주지의 사실이다. 다만 여기에서 우리가 강조할 것은 소쉬르 자신은 명료하게 언어 사실의 역사성을 주목했다는 사실이다. 그는 하나의 주어진 언어 상태는 늘 역사적 요인들의 산물이라는 점을 지적한다. 소쉬르의 표현을 빌리면 한 단어의 발음을 고정하는 것은 바로 그것의 역사다. 심지어 소쉬르는 공시언어학과 통시언어학 사이에 존재하는 일정한 상보성을 인정하는 데 이른다. 왜냐하면 소쉬르는 역사적 방법이 언어의 상태들을 보다 더 잘 이해시켜 줄 수 있는 방법이 될 것이라는 점을 인정하고 있기 때문이다.

소쉬르는 문화적 대상으로서의 언어가 갖는 역사성을 완전하게 파악하고 있었다. 소쉬르는 모든 언어의 역사 속에서 보편적 힘을 간파하는 것이 언어학의 궁극적 과제라고 보았다, 여기에서 말하는 힘 또는 법칙은 물리과학에서 말하는 인과율적 법칙이 아니며 보편적 원리라고 봐야 한다. 그것은 모든 언어는 변화한다는 범시태의 법칙이며 일반적 원칙들은 구체적 사실들과는 독립해서 존재한다. 소쉬르는 촉지 가능한 사실을 언급하는 순간부터 이미 범시태적 관점은 존재하지 않는 것이라는 점을 강조한다.

21) γύαι는 여성을 의미하며 εφεϱε와 εφεϱον는 εφεϱω(노리다, 옮기다)의 미완료 3인칭 단수와 복수.

22) 독일어 단어 ich와 wir는 각각 인칭대명사 주격의 일인칭 단수와 복수, war와 waren은 '~이다'를 의미하는 sein의 직접법 과거 일인칭 단수형과 복수형.

23) 반투어족은 아프리카 대륙 남쪽의 절반가량을 차지하는 약 20여 개 국가에서 사용되는 400여 개의 언어들을 포함한다. 언어 유형론적으로는 니제르-콩고 어족의 하위 집합을 형성하며 화자수는 3억 1000만 명에 이른다. 반투어족이라는 명칭은 1851년 독일 언어학자 빌헬름 블리크(Wilhelm Bleek)가 최초로 사용했다. 그는 반투어족의 특징으로서, 남성과 여성의 문법적 구별이 부재하고, 접두사에 의해 표시되는 16개의 명사 부류의 사용을 손꼽았다. 문법 차원에서 반투어족 전체는 대명사, 명사, 동사 영역에서의 형태소를 공유한다. 또한 공통 어휘와 일정 수의 단어 부류들을 공유한다.

24) 두 표현 모두 dico(말하다)의 변형 형태이며. 전자는 분사(分詞), 후자는 현재분사이다.

25) '말하다'를 의미하는 프랑스어 동사 dire의 현재분사.

26) facio는 '되다, 만들다', conficio는 '제조하다,' amicus는 '친구', immisus는 '적'을 뜻함.

27) φυγεíν는 '도망가다', φυχτός는 '도망 당할 가능성이 있다'를 의미하며 λέχος와 λέχτϱν는 '침대'를 뜻함.

28) 각각 '머리카락'을 의미하는 θϱιχ-δ의 복수주격과 복수여격.

29) 각각 vac(말하다)의 파생/활용형으로, vacas는 명사(속격), vactum은 부정사, vacam

은 단수대격/복수속격, vak은 단수주격/호격.

30) 프랑스어 단어 forge는 '대장간', orfèvre는 '금속공예기사' 등을 뜻함.

31) 프랑스어 단어 convention은 '계약', '관습', '규약' 등 다양한 한국어 번역어가 병존한다. 계약이라는 개념은 인문과학 문헌에서 크게 두 가지로 나뉜다. 하나는 이미 상식적으로 알려진 의미로 파악하여 어떤 설명도 요구할 필요가 없는 것으로 인식되는 경우이다. 다른 하나는 보다 복잡한 파생적 개념들에 대한 설명을 가능케 하는 도구로서 사용되는 경우이며, 언어학에서는 두 번째 경우에 해당된다.

실제로 언어학에서 convention이라는 단어의 의미는 약호, 언어, 텍스트 등의 기본적 개념들의 해석에 있어서 나타난다. 언어 이론과 방법론은 계약 개념에 대해서 특별한 역할을 부여하고 있다. 첫째, 소쉬르도 강조한 것처럼, 모든 언어는 그것이 인공 언어이건 자연 언어이건 기호 체계로서 계약적이며 오직 언어를 수단으로 하여 계약이라는 개념을 과학, 문화, 그리고 인간의 다른 삶의 모든 영역들에 도입하는 것이 가능하다. 계약 개념은 언어적 계약 등과 비언어적 계약 개념들을 포함하여 보다 복잡한 개념들이 토대를 두고 있는 기초를 형성한다. 언어학에서도 의미론적 계약, 화용론적 계약 등 다양한 계약들이 존재한다. 따라서 언어학에서 말하는 계약 개념에 대한 인식의 지평을 확대하기 위해서는 계약 일반의 개념을 파악하고 있어야 할 것이다.

언어적 계약들은 사실상 매우 다양한 관계들의 집합을 형성하며 그 구성 요소들 가운데 하나는 자연 언어의 표현들을 통해서 형성된다. 따라서 상이한 영역들과 더불어 관계를 맺는 언어적 계약들이 존재한다는 점을 수용하는 것이 관건이다. 이 같은 영역들은 문법적 언어 단위들 사이에 존재하는 형태적 관계들의 체계이며, 언어적 단위들 사이에 존재하는 유의미적 관계들의 체계, 그리고 언어 기호들과, 기호들이 지시하는 언어 외적인 사물들의 대상들과 상태들의 부류들 사이에 존재하는 관계들의 체계가 존재한다. 각각, 문법적 계약, 의미론적 계약, 화용론적 계약이라 불린다.(Grochowski Maciej, "*Les conventions sémantiques, les conventions référentielles et les explications des noms d'artefacts*," *Langages*, 23e année, n°89, 1988, 39~50쪽)

소쉬르가 제기한 언어 기호의 계약성은 고대 그리스 시대에 이미 제기되었다. 언어의 본질에 대한 계약적 성격을 주장하는 입장(thesei)과 자연적 성격(phusei)을 주장하는 입장이 그것이다. 첫 번째 주장을 하는 사람들에게는 이름들을 수단으로 이루어지는 사물의 명명의 정확성이 관건이다. 계약주의적 테제에 따르면 이름은 하나의 법에 힘입어 부과되는 것으로서 자연주의적 테제와 대립한다. 자연주의적 테제에 따르면, 사물과 이름 사이에는 본질의 친화성이 존재한다는 것이다. 현대 언어학과 시학에서는 이 같은 두 가지 테제들의 대결이 기표의 동기 부여 또는 근거화(motivation)의 문제를 중심으로 소쉬르 이후의 구조언어학에서 이루어진 기호 개념화에서 다시 활기를 띠고 논의되었다. 기표의 자의성의 테제는 일체의 자연주의의 시도를 제거하면서 그 문제를 해결한 것으로 보인다. 하지만 언어의 시적 정서적 차원에 대한 주의를 통해서 언어 기호의 동기 부여성에 대한 토론을 다시 열어 놓았으며, 기호의 자의성에 대한 논의도 재론하게 되었다. 여기에서 유념할 사실은 소쉬르의 계약적 언어관에서는 언어의 지시적 차원이 거의 부재한다는 사실이다. 그의 자의성 테제는 기호의 자율성 테제와 결합된다.

어쨌거나, 언어학에서 계약 개념은 규칙성과 조정이라는 두 개의 의미가 실려 있다. 구조언어학에서는 언어의 시적 차원에 대한 재평가를 통해서 기존의 언어적 계약 개념을 비판했다면, 영미의 언어철학 분야에서는 언어 소통과 언어 행동에 대한 관심을 통해 계약 개념에 대해서 새로운 관심을 갖고 다시 논의하는 계기를 만들었다.(*Les notions philosophiques*, volume dirigé par Sylvain Auroux(PUF, 1990), 483~484쪽)

32) 점, 선, 면에 대한 정의를 통한 기하학적 비교가 이채롭다. 여기에서 점에 대한 정의를 보완할 수 있을 것이다. 점은 크게 수학에서의 정의와 조형 언어에서의 정의가 상이하다. 점은 모든 시각 언어, 시각 커뮤니케이션에서 가장 단순한 단위, 즉 최소 단위이다. 아직 점보다 더 작은 시각 언어의 단위는 발견되거나 제시된 바 없다. 점은 모든 시각 언어의 원자라 할 수 있다. 그런데 한 가지 문제점은 과학적 시각, 즉 수학적 시각에서 말한다면 점은 그 실체가 존재할 수 없다. 아무리 미세한 점이라도 일정 크기로 확대하면 결국 하나의 면을 갖는 원으로 변형될 수 있기 때문이다. 그래서 수학에서는 점을 좌표에서 두 선이 만나는 위치로서 어떤 면적도 갖지 않는 것으로 파악한다. 점을 무한하게 작게 그리면 우리는 그것을 볼 수도 없고 느낄 수도 없다. 통상적으로 시각 언어에서 점이라고 할 수 있는 것은 인간이 파악할 수 있는 물질적 표면으로서, 점은 고립된 세계에서 나타나는 경우는 거의 없다.

요컨대 점은, 그것의 편재성, 다의성, 다중적 발현으로 인해 매우 복잡하다. 조형 미술에서 점에 대한 종합적 시각을 제시한 것은 칸딘스키가 1911년 발표한 「점, 선, 면」에서이다. 추상 미술의 이론적 토대를 제시한 이 책의 3분의 1은 점의 문제에 할애되고 있다. 르네상스 이후부터 점에 대해서는 단지 몇 줄 정도가 할애된 것이 고작이다. 물론 회화의 구성 요소로서 인정받아 왔으나. 점을 실체적으로 정의하기보다는 부정적 방식으로 정의해 왔다. 대표적 정의는 레오나르도 다빈치의 유명한 6중 부정의 정의이다. "점은 높이도, 넓이도, 길이도, 깊이도 갖고 있지 않다. 그로부터 다음과 같이 결론 내릴 수 있다. 점은 분할될 수 없으며 공간을 점유하지 않는다." 또한 뒤러(Dürer) 역시 점에 대해서 심오한 성찰을 남긴 르네상스의 예술가이다. 그는 하나의 물체성을 갖고 있는 모든 것, 우리가 실현할 수 있거나 정신적으로 구성할 수 있는 모든 것의 시초와 끝은 점들이라고 말한 바 있다. 그가 내린 점의 정의는 모든 물체의 발생과 더불어 소멸을 시사한다는 점에서 그는 공간적 시간적 차원의 점을 상정한 최초의 이론가라 할 수 있다. 그는 수학에서 말하는 점은 그것이 아무리 작아도 하나의 점이 될 수 없다는 점을 지적했으며 그렇지만 점은 우리가 도달할 수 없는 곳에 정신적으로 위치할 수 있다고 보았다. 점은 무한하게 큰 것, 무한하게 작은 것이 될 수 있고, 잡을 수도 없고, 물리적으로 접근할 수도 없다. 오직 정신의 힘만이 그 존재를 계시할 수 있고, 그에게 정신적 접촉을 가능케 한다는 것이다.

20세기에 와서야 칸딘스키의 붓을 통해 점은 완결된 조형적 요소가 되었으며 미술에 대한 성찰 대상의 반열에 오른 것이다. 그는 이렇게 진술한다. "도식적으로 보아, 하나의 작품은 궁극적으로 단 하나의 점으로 이루어진다. 이 같은 진술을 가볍게 여겨서는 안 될 것이다." 물론 칸딘스키는 미술 작품이 오직 하나의 점으로만 성립될 수 있다는 가능성에 대해서는 경계심을 드러냈다. 칸딘스키에 있어 화화에서의 점의 존재는 오직 그것이 다른 조형적 요소들의 다양한 집합이 동반될 때 비로소 가능하다. 그 결과 점은 하나의 수수께끼, 접근할 수 없는 신비로서 나타난다. 이 점에서 「점, 선, 면」의 첫 문장을 기억할 필요가 있다. "기하학적 점은 보이지 않는 존재이다." 즉, 점의 내재적 비가시성은 기하학에 의해서 단언된 것이다. 그렇지만 회화는 기하학이 아니다. 즉 기하학이 감추어 놓은 것을 회화는 가시적으로 만들 수 있다. 칸딘스키에 있어 점은 이중적으로 존재한다. 그것 자체가 별개의 존재이다. 점은 하나의 존재, 하나의 상징, 하나의 기호, 하나의 생명체이다. 또한 점은 윤곽, 한계, 차원, 표현도 갖고 있으며, 더 나가 음성도 질료도 갖는다.

33) 2세기 94년 동안(기원후 92~196) 로마를 통치한 황제들의 왕조를 일컫는 표현이다. 이 용어의 기원은 왕조가 아니라 Antoninus Pius에서 유래한 것인데, 일곱 명의 황제들(네르바, 트라야누스, 하드리아누스, 안토니누스(Antoninus Pius), 아우렐리우스, 루시우스 베루스, 코모두스) 가운데 유독 안토니누스를 택한 것은 그가 이 왕조에서 가장 신망받는 지도자의 덕을 갖추고 있었기 때문이다.(P. Petit, *Histoire générale de l'Empire romain*, tome I (ré-édition par les Editions du Seuil, collection Points histoire); J. Wacher (ed.), *The Roman World*, vol. 1, ed.(Routledge: London, NewYork, 2002(1987))

34) 소쉬르가 말하는 통합체적 관계는 통합체들의 이론으로서 통사론에만 국한되지 않는다. 단어의 하위 단어들 속에는 이미 통합체적 관계들이 존재한다. 이를테면 désireux라는 단어에는 욕망을 의미하는 désir와 형용사 어미 -eux라는 두 개의 단위들이 존재하며 이 요소들은 통합체를 만들어 낸다. 언어 속에 존재하는 모든 요소는 동시에 두 가지 유형의 무리화로부터 자신의 가치를 도출한다. m이라는 소리가 있을 때, 그것의 가치는 닫힌 체계 속에서 동일 차원에 속하는 다른 요소와의 내부적 대립으로부터 결과된다. 통합체 이론(la syntagmatique)은 직선적 무리화(groupement) 일반을 다루는 이론이다. 통합체적(syntagmatique)이라는 형용사의 의미는 연합체적이라는 의미의 반대말로, 등위배열, 차이, 무리화, 관계, 계열, 연대성, 등의 의미를 갖는다.(F. Engler, *Lexique de la terminologie saussurienne*(Spectrum, 1968), 49쪽)

35) 소쉬르의 언어 이론에서, 통합체(syntagme)는 음성 연쇄에서 이어지는 두 개 이상의 단위들의 조합이다. 예컨대 relire(다시 읽다), contre tous(모든 사람들에 맞서), La plage est déserte(해변은 황량하다). 통합체라는 용어의 의미는 소쉬르가 담화 속에서 존재하는 통합체적 관계라고 부르는 것으로부터 도출된다. 통합체적 관계는 현존하는 관계로서 연합적 관계 또는 부재 속에 존재하는 관계와 대립된다. 낱말들은 서로 연쇄적으로 이어지며, 언어의 직선적 특징에 토대를 둔 관계들을 맺고 있다. 생성 문법에서는 각각의 통합체를 구성하는 최소 의미소(monèmes)의 역할과 기능에 따라서 여러 가지 유형의 통합체를 구별하고 있다. 명사 통합체(syntagme nominal=SN): le(정관사) 그, train(명사) 기차; le petit(형용사) train 그 작은 기차. 동사 통합체(syntagme verbal=SV), s'en va (동사) à 15h 15.(15시 15분에 가 버렸다.) 기능주의 언어학자인 마르티네는 언주에 의해서 실현된 단위들의 모든 조합을 통합체라 부른다. 하지만 최소 의미소의 이 같은 결합은 구별되는 선택들로부터 비롯된다. 이 같은 선택은 화자에 의해서 순간적으로 이루어진다.(*Dictionnaire de la linguistique*, sous la direction de G. Mounin(PUF, 1974), 318쪽)

36) '연합'은 크게 내적 연합과 외적 연합으로 분리되어 이해될 수 있다. 두 개의 심적인 구성 항들, 즉 개념과 청각 이미지 또는 청각 인상을 두뇌의 동일한 심적 장소에서 결집시키는 내적 연합이 가능하다. 일정 수량의 개념들을 일정 수의 소리들과 상호적 한계의 설정을 통하여 조합하는 것을 말한다. 이 경우 한국어로 결합의 의미가 적절하며 분간 또는 분리와 반대 개념이다. 외재적 연합은 하나의 형태와 다른 형태들의 연합으로서, 문법적 계열, 기억과 관련된 계열로서, 연상적, 정신적 차이들의 무리화를 말한다. 모든 단어는 결국 불가피하게 연상을 통하여 자신과 닮은 것을 상기시킨다. 심지어 모든 명사들과 더불어 연상을 가질 수 있다. 외재적 연합은 형태들의 접맥과, 가치의 고정, 그리고 무의식적 작동을 통한 무의지적인 분석을 전제로 한다. 외재적 연합은 내재적 연합을 함의한다. 모든 형태들의 연상과 연합

속에는 의미가 자신의 고유한 역할을 맡는다. 소쉬르가 염두에 둔 세 번째 종류의 연합은 일방향적 연합으로서, 단어들의 정신적 무리화로서 기능들의 동일성이 존재하나 형태상으로는 전혀 공통점이 없는 경우를 말한다. regibus-lupis에서 형태 그 자체에서는 어떤 접맥의 단서도 존재하지 않으나 이 두 단어는 동일한 문법적 격(case)이라는 기능을 공유한다. 여기에서는 일정한 가치에 대한 의식이 존재하며 이 의식은 동일한 사용을 지시한다.

37) '교육', '가르침', '교리' 등의 다양한 의미를 갖고 있는 프랑스어 단어.

38) '가르치다'를 뜻하는 프랑스어 동사.

39) 프랑스어 동사 enseigner의 3인칭 복수.

40) '표시', '군기', '간판' 등을 뜻하는 프랑스어 단어.

41) '무장', '장비', '병기' 등을 뜻하는 프랑스어 단어.

42) '생산량', '수확' 등을 뜻하는 프랑스어 단어.

43) '교육', '지도', '학식' 등을 뜻하는 프랑스어 단어.

44) '도제', '수업', '수습', '견습' 등을 뜻하는 프랑스어 단어.

45) 소쉬르는 기표와 기의의 결합을 다룬 앞 장에서의 논의에 이어, 연합적 관계라는 개념을 상세히 다루고 있다. 프랑스어 동사 associer('결합하다', '연합하다' 등)가 수행하는 작동에 대해 소쉬르는 그것이 이중적임을 직시한다. "두 개의 형태를 연합(결합)한다는 것은 그것들이 공통적인 무엇인가를 제공한다는 것을 감지하는 것뿐 아니라, 아울러 여러 연합들을 지배하는 관계들의 본질을 식별하는 일이다."(*Cours de linguistique générale*, 189쪽) 두 가지 작동들은 연합하는 행위 속에서 혼동된다. 화자에 의해 동시에 지각된 공통적 요소를 제시하는 두 개의 요소들은 접맥된다.

다른 한편, 현동화된 연합적 관계의 본질은 범주화된다. 암묵적인 주관적 지식으로부터 출발하여 언어학자는 보편적인 지식의 형식들 속에서 범주화를 명시화한다. 연합시키고 결합시킨다는 것은 '연합하다 vs 등위 배열하다'라는 구조적 대립 속에서만 의미를 취한다. 이 두 개의 작동을 동시에 구성하는 것은 우리의 '정신 활동의 두 가지 형식들'로서 특징지어진다. 언어활동은 바로 그 두 가지 능력의 결합에서 비롯된다. 이 두 가지 유형의 결합은 다음과 같이 대립된다.

| 연합 관계 | 통합 관계 |
|---|---|
| 잠재적 | 실행적 |
| 부재 | 현존 |
| 직관적 | 담화적 |

소쉬르가 연합 관계라고 명명한 것은 당시 영국의 연상주의 심리학에서 개념화했던 것과는 상이하다. 연합 관계라는 표현을 선호한 것에서 확인되듯이, 연합이라는 작동과 그 결과가 따로 분리되지 않는다. 그리고 이 같은 관계들은 심리적 연상의 한 가지 특수한 경우가 아니라, 언어의 두 가지 토대적 차원 가운데 하나이다. 셋째 연합의 요소들은 한정된 수로 계산될 수 없다. 뿐만 아니라 연합 관계는 정해진 순서에서 제시되지 않는다.

소쉬르의 연합 관계 모델은 당시의 연상주의 심리학과 실험심리학에 견주어 철저한 단절이다. 소쉬르에 따르면, 그들이 내놓은 결과물은 오직 발화를 인식하려하는 제안된 경험들 차원에서만 타당성을 갖는 것이며, 언어(랑그)의 기능 작동과 관련하여 어떤 일반적 파급 결과도 도출할 수 없다. 연합의 과정 속에는 어떤 모델도, 이상형도, 보편적인 원형도 존재하지 않으며, 요소들의 늘 변화하는 접맥만이 존재한다. 우리의 기억에 의해서 암시되는 낱말들의 수가 얼마나 될 것인지를 미리 말할 수 없으며, 연합된 단어들의 순서도 미리 확정할 수 없다. 일체의 행동주의를 거부한 소쉬르는 연합 관계에서는 미리 존재하는 요소들 사이에서 선택하는 것이 아니라, 매 순간 그같은 관계가 구성된다는 점을 강조하고 있다.(Gabriel Bergounioux, "Saussure ou la pensée comme représentation," in *LINX*, Hors série(1995), 173~186쪽)

46) 앞에서 여러 번 지적된 것처럼, 소쉬르가 association(연합, 연상, 결합)이라는 용어를 사용할 때 상당히 이질적인 사용 관계들이 혼용된다는 점은 이미 벵베니스트에 의해 판별되었다.(E. Beveniste, *Problèmes de linguistique générale*(Gallimard, 1966)) 더구나 이 단어는 전혀 상이한 두 가지 사항을 지시한다는 사실로부터 더 복잡해진다. 먼저, 단수형으로 association은 기표와 기의의 접맥, 즉 결합을 지칭한다. 이것은 외재적 결합이라 할 수 있는데, 그 이유는 결합은 이질적 요소들과 관련되기 때문이다.

복수형으로 사용된 associations(연합들 또는 연합적 관계들)은 통합적 관계와 대립한다. 이것은 동질적 요소들을 분절시키는 내재적 연합이다. 하지만 소쉬르가 말하는 기표와 기의의 결합은 당시 심리학에서 사용되던 연상주의가 정의하는 바대로의 연상의 의미를 성립하지 않는다. 기호를 성립하는 두 개의 요소들은 그 둘을 결합하는 구성 항보다 미리 존재하지 않는다. "언어 기호는 매우 상이한 두 개의 요소 사이에서 정신에 의해서 만들어진 결합에 기초한다." 기표와 기의는 둘 다 심적이며, 양자가 전제로 하는 정신의 작동은 연상주의적이라기보다는 구성적이다. 소쉬르는 이 같은 결합의 사회적 성격을 강조하기 위해서, '비준된 결합(associations ratifiées)'이라는 표현을 사용하기도 했다. 더구나 소쉬르는 association이란 용어 대신, union(결합), 심지어 accouplement(짝짓기)라는 단어를 선호했다. 소쉬르가 사용하는 association이라는 단어를 전통적 의미에서 해석할 수 없는 또 다른 이유는 소쉬르적 의미에서 기표와 기의의 결합은 두 개의 요소가 분리될 경우 의미를 분석할 수 없다는 불가능성을 강조한다. 즉, 기표를 결여한 기의는 심리학에 속하기 때문이다.

당시 언어학자들은 심리학자들에 맞서, 특히 샤르코에 반대하여, 철저한 비판을 개진하고 있었다. 청각 이미지를 포함하여 기호가 심적이라면, 외부 세계의 지각과 더불어 맺는 모든 관계는 언어학의 장 외부에 있는 것이다. 조음 차원에 속하는 것, 또는 그래픽 차원이나 시각적 차원에 속하는 것은 언어 과학에 속하지 않는다. 『일반언어학 강의』에서 심적인 것은 감각 기관과 신체 기관과의 관계없이 '연합의 중심(centre d'association)'으로 환원된다.

소쉬르는 심리학 이론을 인간의 사고나 뇌의 한 부위에 그대로 보존되어 있을 것으로 추정되는 장소라는 환영을 만들어 내고 있는 관념주의의 공허한 꿈으로 보고 있다. 통사를 제거한 심리학 속에서 의미의 문제를 정신화하려는 당시 심리학의 성향에 맞서 소쉬르는 그러한 모델은 단지 구술 언어의 특수성을 지지하는 하나의 문자 표기에 불과하다는 점을 강조한다. 요컨대, "나는 나의 비판을 지적했다. 이를테면 세슈에 교수는 분트를 올바르게 비판했으나, 여전히 문법적 문제의 중요성을 인식하지 못하고 그 자신은 문법에 대한 충분한 관념을 만들지 못했다. 유일하게 충분한 관념은 문법적 사실을 그 자체로서 제기하는 것이 될 것이다. 다른 모든 심리적 행위 또는 논리적 행위와 그것을 구별시키는 것 속에서 문법적 사실을 제기하는 것이다."(Saussure/Engler(1968), 43쪽. "Notes sur Programme et méthodes de la linguistique théorique d'Albert Sechehaye")(Gabriel Bergounioux, "Saussure ou la

pensée comme représentation," in LINX, Hors série(1995), 173~186쪽)
47) 라틴어로 '주인'을 뜻하며, 각각 주격, 속격, 여격의 형태이다.
48) 라틴어 animus는 '영혼', anima는 '바람', '생명' 등을 뜻하며, 프랑스어 단어 animal은 동물을 뜻한다.
49) 소쉬르는 건축 양식에 언어를 비유하곤 했다. 고대 그리스 건축 양식의 대표적 양식인 도리아, 이오니아, 코린트 양식의 기둥머리는 제각기 다른 속성을 가지고 있다. 각 기둥에는 원주두(圓柱頭) '관판'(冠板: abacus: 기둥 상판의 좁고 평평한 대접받침)과 '접시판'(echinus: 도리아 기둥머리 바닥 부위의 볼록한 장식)이 놓여 있다. 이오니아 양식과 코린트 양식의 기둥머리에는 도리아 양식에는 없는 '소용돌이무늬(volute)'가 조각되어 있다. 도리아 기둥의 '머리 장식'은 세 양식 중 가장 단순한 반면, 화환(花環) 모양의 아칸서스 나무의 잎사귀로 장식된 코린트 기둥의 장식은 이오니아 양식보다 훨씬 화려하고 현란하다. 따라서 코린트 기둥을 볼 때, 전혀 다른 양식인 도리아 기둥 양식을 연상시키는 사람도 있을 것이며, 더 유사한 이오니아 양식을 연상하는 사람도 있을 것이다. 한편, 이 점에 있어 언어와 건축의 은유 관계를 천착한 고진(Kojin)의 연구물은 흥미로운 사례이다.(Karatani Kōjin, *Architecture as metaphor: language*, *number*, *money*(MIT Press, 1995))

## 5장 어떤 점에서 가치와 의미는 일치하며 동시에 차이가 나는가

1) 베이컨이 제시한 우상론에 따르면 참된 지식을 인식하지 못하게 만드는 원인으로서 선입견이나 편견, 즉 우상이 있으며 올바른 지식에 도달하기 위해서는 우상을 타파해야 한다. 그는 총 4개의 우상을 지적했다. 종족의 우상, 동굴의 우상, 시장의 우상, 극장의 우상이 그것이다. 이 가운데 동굴의 우상은 개인의 주관이나 습관, 교육, 환경 등으로 인해 공정한 판단을 그르치는 것을 말한다.
2) 기니(guinea)는 1663년부터 1813년에 걸쳐 주조된 영국의 동전으로 21실링의 가치를 갖는다. 역사상 최초로 기계의 도움을 통해 주조된 금 동전이다. 기니라는 이름은 당시 영국의 금광 가운데 하나였던 기니아에서 기원한다.
3) 사실(fait)이라는 용어는 소쉬르의 어휘에서 빈번하게 나타나는 핵심 개념어다. 소쉬르의 언어 이론에서 사실은 일정한 범주 속에서, 특정 관점에 따라 본질적인 것으로 인식되는 사물을 말한다. '인류학적 사실', '교육적 사실' 등(예컨대 단어들을 알기 전에 우리가 아마도 문장들을 배운다는 교육적 사실) 그 밖에도 다음과 같은 진술들이 있다. 심리적 현실이 존재하고, 음성적 사실이 존재해도 이 두 개의 분리된 계열만으로는 최소한의 언어적 사실을 탄생시키지 못한다. 소쉬르에 따르면 언어적 사실이 존재하기 위해서는 두 계열의 결합이 있어야 한다. 소쉬르의 표현을 빌면, 그 결합은 특별한 장르에 속하는 결합으로서 기호학적 결합이다. 하나의 사실은 미리 주어지지 않는다. 언어적 사실은 정신의 창조이지만 현실에 상응한다. 모든 언어적 사실의 조건은 최소한 두 개의 구성항들 사이에서 진행되는 것이며, 이때 이 두 개의 구성항은 순차적으로 계속되거나 공시적일 수 있다.
4) 소쉬르에게 있어서 부정적 대립(opposition négative)과 차이는 거의 동의어라 해도 무방하다. 『일반언어학 강의 노트(*Écrits de linguistique générale*)』(2002)를 검토해 보면 소쉬르는 자필 노트에서 "부정적이며 상대적인 수량(quantité négative et relative)"(25쪽)이

라는 표현을 사용한다. 여기에서 말하는 상대성과 부정성은 대립 개념의 근간을 이룬다. 소쉬르는 이 자필 노트에서 사람들은 언어 요소들 각각에 대해 순전히 부정적이면서 차이적인 본질을 꿰뚫어 보지 못한다고 아쉬움을 토로한다. "언어는 어떤 관점에서 간주해도 실증적이면서 절대적인 가치들의 총합으로 이루어지지 않고, 오직 그것들의 대립이라는 사실에 의해서만 존재를 갖는 부정적 가치들 또는 상대적 가치들의 집합 속에 있다."(*Écrits*, 77쪽) 그런데 소쉬르의 성찰은 여기에서 멈추지 않는다. 그는 이미 이 같은 대립의 부정적 상대적 차이는 잠정적 가설일 뿐이라는 것을 간파했다. 이를테면 그 같은 차이적 대립 개념은 언어가 머무르는 장소(lieu du langage)를 설명해 주지 못한다. "언어 속에서 구성 항들의 부정성은 언어의 장소에 대한 관념을 만들기 이전에 간주될 수 있다. 이러한 부정성에 대해 우리는 잠정적으로 다음 사실을 수용할 수 있다. 언어는 우리를 벗어난 곳과 정신을 벗어난 곳에 존재한다. 왜냐하면 언어의 상이한 구성 항들은 이 같은 차이들 없이는 텅 비게 되고, 비규정된 상태로 놓이게 될 구성 항들 사이에서 규정된 차이들에 불과하기 때문이다."(*Écrits*, 64쪽) 그렇다면, 언어의 진정한 장소는 무엇인가라는 물음을 던질 수 있다. 이 점에 대해 언어철학자 파레트는 두 가지 사실을 주목한다. 소쉬르가 제시한 느껴진 존재(existence ressentie)와 규정된 언주들의 의식이다. 즉 하나의 음성 형상은 주체들의 의식에 있어서 규정된다. 다시 말해 주체들의 의식 속에서 존재하고 동시에 한계가 설정된다. 더 나아가 소쉬르의 자필 노트에는 단순히 대립적 가치 개념을 넘어서, 모종의 주체화(subjectification)가 존재한다. 그 점을 알려 주는 단락들은 빈번하게 나타난다. "낱말은, 우리가 그것에 대해서 갖고 있는 의식을 벗어나서 존재하는 그것의 소리 이외의 다른 것이 아니다. …… 하나의 단어는 우리가 어떤 관점을 취하건, 오직 그것을 사용하는 사람들이 순간순간마다 수용하는 인정과 제재(sanction)를 통해서만 진정으로 존재한다."*(Écrits*, 83쪽)

그런데 이미 『일반언어학 강의』 통속본을 읽어 보면, 언어적 사실이라는 구체적 존재의 실증성과 긍정성을 시사하는 대목들이 나타난다. 기호를 그것의 총체성 속에서 다루는 것과 관련된 단락을 환기해 보자. "하지만 언어(랑그) 속에 모든 것이 부정적이라고 말하는 것은 오직 기의와 기표를 따로 분리해서 볼 경우에만 사실이다. 기호를 그것의 총체성 속에서 고려하는 순간부터, 기호의 차원에서는 어떤 실증적인 것의 현존 앞에 놓인다."(*Cours de linguistique générale*, 166쪽) 그런데 자필 노트를 비롯해 하버드 대학교 부속 도서관인 휴턴 라이브러리에 소장된 소쉬르 필사본들에는 앞서의 부정성에 입각한 대립 개념 대신 실증성에 입각한 언어관을 피력하는 대목들이 나타나고 있음을 알 수 있다. "음성 연쇄를 언급할 때, 우리는 늘 하나의 구체적인 것을 염두에 둔다. …… 구체적인 이유는 그것이 하나의 공간, 시간의 몫을 점유하기 때문이다. …… 말 연쇄에서 음소는 구체적인 관념이다." (Les manuscrits saussuriens de Harvard, *Cahiers Ferdinand de Saussure 47* (1993), 204~205쪽) 여기에서 소쉬르는 언어의 실증성을 간파할 수 있는 요소로 인간의 귀를 언급한다. "우리는 암묵적으로 언어적 실재의 존재를 선포하기 위해 귀에 의해서 발설된 정체성의 판단에 호소한다." 언어적 사실의 실증성을 승인하고 평가하는 것은 바로 음색에 대한 의식이다. "귀는 지각의 유사성, 동일성, 차이들만을 자연스럽게 결정할 수 있다."(위의 책, 202쪽) (다음 논문 참조할 것. Herman Parret, "Les grandeurs négatives : de Kant à Saussure," in Nouveaux Actes Sémiotiques Prépublications du séminaire intersémiotique de Paris -2010-2011. 그 밖에도 하버드 필사본의 언어철학적 의미에 대해서는 파레트 교수의 다음 논문 참조할 것. H. Parret, "Réflexions saussuriennes sur le Temps et le Moi,"

*Cahiers F. de Saussure* 49, (1995~1996), 85~119, et "Métaphysique saussurienne de la voix et de l'oreille dans les manuscrits de Genève et Harvard," dans S. Bouquet et S. Badir, *Cahier L'Herne Ferdinand de Saussure*, 2003, 62~79쪽)
5) 프랑스어 단어 cher는 '친애하는', 독일어 단어 lieb와 teuer 역시 '친애하는'이라는 뜻을 갖고 있지만, teuer에는 '높다'라는 의미도 있다.

### …장

1) 진화언어학이라는 제목을 단 연구서를 출판한 폴 레뇨(Paul Regnaud, 1938~1910년)의 저서를 소쉬르가 참조했을 가능성이 있다. 그는 프랑스의 언어학자이면서 인도학자로서 산스트리트어의 수사학에 대한 박사 논문을 취득했으며 리옹 대학교에서 일반 문법을 강의하기도 했다. 다수의 저서를 출판했으며, 『진화 언어학 시론(*Essais de linguistique évolutionniste*)』(1886)을 출간했다. 그의 주요 저서는 다음과 같다.
『인도 유럽언어학 논고(*Mélanges de linguistique indo-européenne*)』(1885); 『리그-베다와 인도 유럽어 신화의 기원(*Le Rig-Véda et les origines de la mythologie indo-européenne*)』(1889); 『인도 유럽언어학의 일반 원리들(*Principes généraux de linguistique indo-européenne*)』(1890).

## 표 1. 주요 개념어 번역 대조표

| 프랑스어 | 한국어 | 중국어 | 영어 | 일본어 |
|---|---|---|---|---|
| ablaut | (압라우트)모음 교체 | 转音 | ablaut | アプラウト |
| accent | 악센트 | 重音 | accent | アクセント |
| agglutination | 교착 | 粘合 | agglutination | 接着 |
| alphabet | 알파벳 | 字母 | alphabet | 字母/アルファベット |
| Altération | 변질 | 变化 | alteration | 分節 |
| alternance | 교체 | 交替 | alternation | 交替 |
| analogie | 유추 | 类比 | analogy | 類推 |
| analyse | 분석 | 分析 | analysis | 分析 |
| aparture | 열림 | 开度 | aperture | すきま |
| Aphasie | 실어증 | 失语症 | aphasia | 失語症 |
| appareil vocal | 발음기관 | 发音器官 | apparatus, vocal | 声音装置 |
| arbitraire | 자의성 | 任意性 | arbitrariness | 恣意性 |
| articulation | 분절 | 发音(分节) | articulation | 分節 |

| association | 연합 | 联想 | association | 連合 |
|---|---|---|---|---|
| cavité buccale | 구강 | 口腔 | cavity, oral | 口腔 |
| cavité nasale | 비강 | 鼻腔 | cavity, nasal | 鼻腔 |
| chaîne parlèe | 화언 연쇄 | 语链 | chain, spoken | 言連鎖 |
| chaînon | 고리 | 环节 | link | 音鐶 |
| changements de la langue | 언어의 변화 | 语言的变化 | changes in language | 言語变化 |
| circuit de la parole | 화언의 순환 | 言语循环 | speaking-circuit | 言語の循環 |
| concept | 개념 | 概念 | concept | 概念 |
| consonnes | 자음 | 辅音 | consonants | 字音 |
| construction | 구성 | 构造 | construction | 構成 |
| coordination | 등위 배열 | 配置 | co-ordination | 同位配列 |
| cordes vocales | 성대 | 声带 | cords, vocal | 声帯 |
| délimitation | 구분 | 划分界限 | delimiting | 区切 |
| dérivés | 파생어 | 派生词 | derivatives | 派生語 |
| diachronie | 통시태 | 历史态 | diachrony | 通時態 |
| dialecte | 방언 | 方言 | dialect | 方言 |

| | | | | |
|---|---|---|---|---|
| différence | 차이 | 差别 | difference | 差異 |
| différenciation linguistique | 언어의 이화 작용 | 语言的分化 | differentiation, linguistic | (言語) 差異化 |
| diphtongue | 이중모음 | 复合元音 | diphtong | 複母音 |
| écriture | 문자 체계 | 文字的体系 | writing | 書 |
| emprunts | 차용어 | 借用 | loan-words | 借用 |
| entités | 본체 | 实体 | entities | 実在体 |
| espèces phonologiques | 음종 | 音位学上的类 | species, phonological | 音種 |
| esprit de clocher | 지방 근성 | 乡土根性 | provincialism | 縄張り根性 |
| état de langue | 언어 상태 | (语言) 状态 | language-state | (言語) 状態 |
| Ethnisme | 민족성 | 民族统一体 | ethnic unity | 民族性 |
| ethnographie et linguistique | 민속학과 언어학 | 民族学和语言学 | ethnography and linguistics | 言語学と民族誌 |
| etymologie | 어원학 | 词源 | etymology | 語源/学 |
| évolution | 진화 | 演化 | evolution | 進化 |
| exclamation | 감탄사 | 感叹 | interjections | 感嘆詞 |
| familles de langues | 어족 | 语系 | families of languages | 言语族 |
| forme | 형태 | 形式 | form | 形態 |

| fricatives | 마찰음 | 摩擦音 | fricatives | 摩擦音 |
|---|---|---|---|---|
| Glotte | 성문 | 声门 | glottis | 声門 |
| grammaire | 문법 | 语法 | grammar | 文法 |
| hiatus | 모음 충돌 | 元音连续 | hiatus | ヒアトス |
| identité | 동일성 | 同一性 | identity | 同一性 |
| idiome | 고유 언어 | 惯用词 | idiom | 特有語 |
| image acoustique | 청각 영상 | 音响形象 | sound-image | 聴覚映像 |
| immotivé | 무연적 | 不可论证的 | immotivated | 無縁 |
| intercourse | 교류 | 交际 | intercourse | インタ_コ_ス |
| langage | 언어활동 | 语言活动 | speech | 言語活動 |
| langue | 언어 | 语言 | language | 言語 |
| lexicologie | 어휘론 | 词汇学 | lexicology | 語彙論 |
| liquides | 유음 | 流音 | liguids | 流音 |
| Masse | 대중 | 大众 | mass | 大衆 |
| mécanisme de la langue | 언어의 메커니즘 | 语言的机构 | mechanism of language | 言語の機構 |
| motivation | 유연화 | 论证性 | motivation | 有縁化 |

| mutabilité | 가변성 | 可变性 | mutability | 可易性 |
| --- | --- | --- | --- | --- |
| nasale | 비음 | 鼻音 | nsals | 無声 |
| occlusives | 폐쇄음 | 塞音 | occlusives | 密閉音 |
| opposition | 대립 | 对立 | opposition | 対立 |
| paléontologie linguistuque | 언어학적 고생물학 | 语言古生物学 | paleontology, linguistic | 语言的古生物学 |
| panchronique | 범시적 | 泛时的 | panchronic, viewpoint | 汎詩論的 |
| parole | 화언 | 言语 | speaking | 言 |
| philologie | 문헌학 | 语文学 | philology | 文献学 |
| phonèmes | 음소 | 音位 | phonemes | 音韻 |
| phonétiques | 음성학 | 语音学 | phonetics | 音韻論 |
| phonologie | 음운론 | 音位学 | phonology | 音声学 |
| phrase | 문장 | 句子 | sentence | 文 |
| point vocalique | 모음점 | 元音点 | vocalic peak | 母音点 |
| préhistoire et linguistique | 선사학과 언어학 | 史前史和语言学 | prehistory and linguistics | 言語学と先史学 |
| procédé | 방식 | 程序 | procedure | 手順 |
| racine | 어근 | 词根 | root | 語根 |

| radical | 어간 | 词干 | radical | 語幹 |
|---|---|---|---|---|
| rapports syntagmatique | 연사관계 | 句段关系 | relations, syntagmatic | 統合関係 |
| réalité | 실재 | 现实性 | reality | 現実 |
| sémantique | 의미론 | 语义学 | semantics | 意味論 |
| sémiologie | 기호학 | 符号学 | semiology | 記号学 |
| sémi-voyelles | 반모음 | 半元音 | semi-vowels | 半母音 |
| signe | 기호 | 符号 | sign | 記号 |
| signe linguistique | 언어 기호 | 语言符号 | sign, linguistic | 言語記号 |
| signifiant | 기표 | 能指 | signfier | 能記 |
| signification | 의미 | 意义 | signification | 意義 |
| signifié | 기의 | 所指 | signified | 所記 |
| solidarité | 연대 | 连带关系 | soliardity | 連帯 |
| son | 소리, 음 | 声音 | sound | 音 |
| sonante | 자명음 | 响音 | sonant | 自響音 |
| spirantes | 협착음 | 气息音 | spirants | 気息音 |
| substrat | 기층 | 底层 | substraum | 基層 |

| syllable | 음절 | 音节 | syllable | 音節 |
|---|---|---|---|---|
| symbole | 상징 | 象征 | symbol | 象徵 |
| synchronie | 공시태 | 共时态 | synchrony | 共時態 |
| syntagme | 연사체 | 句段 | syntagm | 統合 |
| syntaxe | 통사론 | 句法 | syntax | 統辞法 |
| sysmtème phonologique | 음운 체계 | 音位系统 | system, phonological | 音声体系 |
| système | 체계 | 系统 | system | 体系 |
| système de la langue | 언어 체계 | 语言的系统 | system of language | 言語体系 |
| temps | 시간 | 时 | tense | 時称 |
| unité linguistique | 언어 단위 | (语言)单位 | unity, linguistic | 言語単位 |
| valeur linguistique | 언어 가치 | 语言的价值 | value, linguistic | 言语価値 |
| valeure | 가치 | 价值 | value | 価値 |
| versification | 작시법 | 诗法 | versification | 作詩法 |
| voyelles | 모음 | 元音 | vowels | 母音 |

『일반언어학 강의』 용어 5개국어 번역 대조표의 출처 서지는 다음과 같다.

프랑스어 판본: Ferdinand de Sassure, *Cours de linguistique générale*, Paris: Payot, 1995.

한국어 판본: 페르디낭 드 소쉬르, 최승언 옮김, 『일반언어학 강의』, 민음사, 1990.

중국어 판본: 费尔迪南·德·索绪尔, 高名凯(가오밍카이) 옮김, 『普通语言学教程』, 商务印书馆, 1999.

영어 판본: Ferdinand de Saussure, Translated by Roy Harris, *Course in General Linguistics*, LaSalle, III: Open Court, 1986.

일본어 판본: フェルディナン・ド・ソシュール, 『一般言語学講義』, 岩波書店, 1972.

## 표 2-1. 주요 개념어 한국어 번역 대조표(최승언, 오원교, 김현권)

| 원어 \ 번역자 | 최승언 | 오원교 | 김현권 |
|---|---|---|---|
| ablaut | (압라우트) 모음 교체 | 아브라우트 | 모음 교체 |
| accent | 악센트 | 액센트 | 악센트 |
| agglutination | 교착 | 교착 | 교착 |
| alphabet | 알파벳 | 알파벳 | 알파벳 |
| Altération | 변질 | 변천 | 변질 |
| alternance | 교체 | 교체 | 교체 |
| analogie | 유추 | 유추 | 유추 |
| analyse | 분석 | 분석 | 분석 |
| anthropologie | 인류학 | 인류학 | 인류학 |
| aparture | 열림 | 간극 | 간극 |
| Aphasie | 실어증 | 실어증 | 실어증 |
| appareil vocal | 발음 기관 | 발성 장치 | 발성 기관 |
| arbitraire | 자의성 | 자의성 | 자의성 |

| articulation | 분절 | 분절 | 분절 |
|---|---|---|---|
| association | 연합 | 연합 | 연합 |
| cavité buccale | 구강 | 구강 | 구강 |
| cavité nasale | 비강 | 비강 | 비강 |
| chaîne parlèe | 화언 연쇄 | 화언 연쇄 | 발화 연쇄 |
| chaînon | 고리 | 고리 | 연쇄 |
| changement sématique | 의미 변화 | 의음어 | 의미 변화 |
| changements de la langue | 언어의 변화 | 언어 변화 | 언어 변화 |
| changements phonétiques | 음성 변화 | 음성의 생리학 | 음성 변화 |
| circuit de la parole | 화언의 순환 | 화언의 순행 | 화언의 순환 |
| composés | 합성어 | 합성어 | 합성어 |
| concept | 개념 | 개념 | 개념 |
| conservation des formes linguistiques | 언어 형태의 보존 | 언어 형태의 보존 | 언어 형태의 보존 |
| consonante | 공명음 | 타명음 | 공명음 |
| consonnes | 자음 | 자음 | 자음 |
| construction | 구성 | 구성 | 구성 |

| coordination | 등위 배열 | 동위 배열 | 배열능력 |
|---|---|---|---|
| cordes vocales | 성대 | 성대 | 성대 |
| degrés du vocalisme | 모음 체계의 단계 | 모음체계의 단 | 모음 체계의 계제 |
| délimitatio | 구분 | 경계 결정 | 구분 |
| dentales | 치음 | 치음 | 치음 |
| dérivés | 파생어 | 파생어 | 파생어 |
| désinence | 어미 | 어미 | 어미 |
| diachronie | 통시태 | 통시태 | 통시태 |
| dialecte | 방언 | 방언 | 방언 |
| différence | 차이 | 차이 | 차이 |
| différenciation linguistique | 언어의 이화 작용 | 언어분화 | 언어 분화 |
| diphtongue | 이중모음 | 이중모음 | 이중모음 |
| diversité des langues | 언어의 다양성 | 언어의 다양성 | 언어의 다양성 |
| doublets | 쌍형어 | 쌍생어 | 쌍립어 |
| dualité | 이중성 | 이면성 | 이중성 |
| dualités linguistuques | 언어 현상의 이중성 | 이면성 | 언어 현상의 이중적 측면 |

| | | | |
|---|---|---|---|
| écriture | 문자 체계 | 문자 | 문자 체계(문자법) |
| emprunts | 차용어 | 차용어 | 차용어 |
| entités | 본체 | 본질체 | 본체 |
| espèces phonologiques | 음종 | 음종 | 음 |
| esprit de clocher | 지방 근성 | 향토 근성 | 지방색 |
| esprit particulariste | 자기 중심주의 | 분권주의적 정신 | 분권주의적 정신 |
| état de langue | 언어 상태 | 언어 상태 | 언어 상태 |
| Ethnisme | 민족성 | 민족성 | 민족성 |
| ethnographie et linguistique | 민속학과 언어학 | 민속학 | 민속학 |
| etymologie | 어원학 | 어원학 | 어원 |
| etymologie populaire | 민간 어원 | 민간 어원 | 민간 어원 |
| évolution | 진화 | 진화 | 진화 |
| evolution linguistique | 언어 진화 | 언어 진화 | 언어 진화 |
| exclamation | 감탄사 | 감탄사 | 감탄사 |
| Expiration | 공기내쉼 | 날숨 | 날숨 |
| extension géographique des langues | 언어의 지리적 확장 | 언어의 지리적 확장 | 언어의 지리적 확장 |

| | | | |
|---|---|---|---|
| faculté de langage | 언어 능력 | 언어적 능력 | 언어 능력 |
| famiiles de langues | 어족 | 어족 | 어족 |
| forme | 형태 | 형태 | 형태 |
| fricatives | 마찰음 | 마찰음 | 마찰음 |
| frontière de syllable | 음절의 경계 | 음절의 경계 | 음절 경계 |
| Glotte | 성문 | 성문 | 성문 |
| grammaire | 문법 | 문법 | 문법 |
| graphie | 서기법 | 서법 | 문자 |
| graphie indirecte | 간접 서기법 | 간접 서법 | 간접 문자 |
| gutturales | 후음 | 후음 | 후음 |
| hiatus | 모음 충돌 | 모음 연접 | 모음 충돌 |
| histoire de la linguistique | 언어학사 | 언어학사 | 언어학사 |
| identité | 동일성 | 동일성 | 동일성 |
| identité diachronique | 통시적 동일성 | 통시적 동일성 | 통시적 동일성 |
| Identité synchronique | 공시적 동일성 | 공시적 동일성 | 공시적 동일성 |
| idiome | 고유 언어 | 고유어 | 개별어 |

| | | | |
|---|---|---|---|
| image acoustique | 청각 영상 | 청각 영상 | 청각 영상 |
| immotivé | 무연적 | 무연 | 무연적 |
| implosion | 내파 | 내파 | 내파 |
| impression acoustique | 청각 인상 | 청각 인상 | 청각 인상 |
| inconséquence de l'écriture | 문자 체계의 모순 | 필법의 모순 | 문자법의 모순 |
| indo-européen | 인도유럽어 | 인구어 | 인도유럽어 |
| institution sociale | 사회제도 | 사회제도 | 사회제도 |
| intercourse | 교류 | 인터코오스 | 상호 교류 |
| jeu d'échecs | 체스 놀이 | 체스놀이 | 체스 놀이 |
| labiales | 순음 | 순음 | 순음 |
| labio-dentales | 순치음 | 순치음 | 순치음 |
| langage | 언어활동 | 언어활동 | 인간 언어 |
| langue | 언어 | 언어 | 언어 |
| langue mère | 선조가 되는 언어 | 조어(祖語) | 조어 |
| larynx | 후두 | 후두 | 후두 |
| latérales | 설측음 | 설측음 | 설측음 |

| lautverschiebung | 자음 교체 | 자음 교체 | 자음 추이 |
|---|---|---|---|
| leutte | 목젖 | 목젖 | 목젖 |
| lexicologie | 어휘론 | 어휘론 | 어휘론 |
| Lignes isoglosses | 등어선 | 등어선 | 등어선 |
| linguistique statique | 정태언어학 | 정태언어학 | 정태언어학 |
| liquides | 유음 | 유음 | 유음 |
| lois linguistiques | 언어의 법칙 | 언어 법칙 | 언어 법칙 |
| longues | 장음 | 장음 | 장음 |
| Masse | 대중 | 언중 | 대중 |
| mécanisme de la langue | 언어의 메커니즘 | 언어의 기구 | 언어 메커니즘 |
| metaplasme | 변이형 | 어상 변이 | 변이태 |
| moindre effort | 최소 노력 | 최소 노력 | 최소 노력 |
| morphologie | 형태론 | 형태론 | 형태론 |
| mot | 낱말 | 낱말 | 단어 |
| motivation | 유연화 | 유연화 | 유연성 |
| mutabilité | 가변성 | 가역성 | 가변성 |

| | | | |
|---|---|---|---|
| nasale | 비음 | 비음 | 비음 |
| Néogrammairiens | 신문법학파 | 소장문법학파 | 신문법학파 |
| occlusives | 폐쇄음 | 폐쇄음 | 폐쇄음 |
| Ondes d'innovation | 변화의 파동 | 개신파 | 언어혁신파 |
| onomatopée | 의성어 | 의성어 | 의성어 |
| opposition | 대립 | 대립 | 대립 |
| orthographe | 철자법 | 철자법 | 철자법 |
| palais | 구개음 | 구개 | 구개음 |
| palatales | 구개음 | 구개음 | 경구개음 |
| paléontologie linguistuque | 언어학적 고생물학 | 언어학적 고생물학 | 언어고생물학 |
| panchronique | 범시적 | 범시적 | 범시적 |
| paradigme | 계열체 | 범례 | 계열체 |
| parole | 화언 | 화언 | 발화 |
| participe présent | 현재분사 | 현재분사 | 현재분사 |
| parties du discours | 품사 | 품사 | 품사 |
| patois | 사투리 | 이어 | 지역어 |

| pensée | 사상 | 사고 | 사고 |
|---|---|---|---|
| perspective prospective | 전망적 관점 | 회고적 조망법 | 전망적 관점 |
| philologie | 문헌학 | 문헌학 | 문헌학 |
| phonation | 발성 | 발성(법) | 발성 |
| phonèmes | 음소 | 음운 | 음소 |
| phonétiques | 음성학 | 음운론 | 음성학 |
| phonologie | 음운론 | 음성학 | 음운론 |
| phrase | 문장 | 글 | 문장 |
| physiologie | 생리학 | 생리학 | 생리학 |
| point vocalique | 모음점 | 모음핵 | 모음점 |
| préfixe | 접두사 | 접두사 | 접두사 |
| préhistoire et linguistique | 선사학 | 선사학 | 선사학 |
| préposition | 전치사 | 전치사 | 전치사 |
| préverbs | 동사접두사 | 동사관 | 동사전접사 |
| procédé | 방식 | 절차 | 절차 |
| racine | 어근 | 어근 | 어근 |

| radical | 어간 | 어간 | 어간 |
|---|---|---|---|
| rapports associatifs | 연합 관계 | 연합 관계 | 연합 관계 |
| rapports syntagmatique | 연사 관계 | 통합 관계 | 통합 관계 |
| réalité | 실재 | 실재 | 실체 |
| Réalité syschronique | 공시적 실재 | 공시적 실재 | 공시적 실체 |
| reconstruction | 언어의 재구성 | 재구성 | 재구 |
| Résonance nasale | 비강 공명 | 비강공명 | 비강의 공명 |
| sémantique | 의미론 | 의미론 | 의미론 |
| sémiologie | 기호학 | 기호학 | 기호학 |
| sémi-voyelles | 반모음 | 반모음 | 반모음 |
| signe | 기호 | 기호 | 기호 |
| signe linguistique | 언어 기호 | 언어 기호 | 언어 기호 |
| signes de politese | 예절 기호들 | 예절의 기호 | 예절 기호 |
| signifiant | 기표 | 능기 | 기표 |
| signification | 의미 | 의미 | 의미 작용 |
| signifié | 기의 | (기의) 소기 | 기의 |

| solidarité | 연대 | 연대 | 연대 |
| --- | --- | --- | --- |
| solidarité syntagmatique | 연사적 연대 | 통합적 연대 | 통합적 연대 |
| son | 소리, 음 | 음성,음 | 음성 |
| sonante | 자명음 | 자명음 | 향음 |
| sons ouvrants | 열리는 소리 | 열림소리 | 개방음 |
| spirantes | 협착음 | 협착음 | 협착음 |
| structure | 구조 | 구조 | 구조 |
| substrat | 기층 | 기층 | 기층 |
| suffixe | 접미사 | 접미사 | 접미사 |
| syllable | 음절 | 음절 | 음절 |
| symbole | 상징 | 상징 | 상징 |
| synchronie | 공시태 | 공시태 | 공시태 |
| synchronique | 공시적 | 공시적 | 공시적 |
| syntagme | 연사체 | 통합 | 통합체 |
| syntaxe | 통사론 | 통사론 | 통사론 |
| sysmtème phonologique | 음운 체계 | 음성 체계 | 음운 체계 |

| système | 체계 | 체계 | 체계 |
|---|---|---|---|
| système de la langue | 언어 체계 | 언어 체계 | 언어 체계 |
| temps | 시간 | 시간 | 시간 |
| Temps du verbe | 동사의 시제 | 동사의 시제 | 동사의 시제 |
| tenue | 지속음 | 지속 | 지속음 |
| terminologie | 용어 | 용어법 | 용어 |
| type linguistique | 언어 유형 | 언어 유형 | 언어 유형 |
| unité linguistique | 언어 단위 | 언어 단위 | 언어 단위 |
| valeur linguistique | 언어 가치 | 언어 가치 | 언어 가치 |
| valeure | 가치 | 가치 | 가치 |
| vélaires | 연구개음 | 연구개 | 연구개음 |
| versification | 작시법 | 작시법 | 작시법 |
| vibrations laryngiennes | 후두 진동 | 후두 진동 | 후두 진동 |
| voile du palais | 연구개 | 연구개 | 연구개 |
| volonté | 의지 | 의지 | 의지 |
| voyelles | 모음 | 모음 | 모음 |

| wellentheorie | 파동의 이론 | 파동설 | 언어파동설 |
| --- | --- | --- | --- |
| zéro | 제로 | 제로 | 영 |

## 표 2-2. 주요 개념어 한국어 번역 대조표(최용호, 김현권)

| 원어 \ 번역자 | 최용호, 김현권 |
| --- | --- |
| ablaut | 모음 교체 |
| abstraction | 추상 작용 |
| achronique | 무시태적 |
| acoutème | 청각소 |
| action | 작용 |
| Altération | 변질 |
| alternance | 교체 |
| anachronique morphologique | 형태론적 무시론 |
| analogie | 유추 |

## 표 2-3. 주요 개념어 한국어 번역 대조표(김방한)

| 원어 \ 번역자 | 김방한 |
| --- | --- |
| ablaut | 모음 교체 |
| abstraction | 사상 (捨象) |
| accent | 악센트 |
| activité | 활동 |
| agglutination | 교착 |
| alternance | 교체 |
| analogie | 유추 |
| anthropologie | 인류학 |
| antinomie | 이율배반 |

| analyse | 분석 |
|---|---|
| annihilation | 소멸 |
| anti-historicité | 반역사성 |
| anti-sôme | 반질료소 |
| aparture | 간극 |
| Aphasie | 실어증 |
| aphorisme | 아포리즘 |
| aposème | 탈기호소 |
| arbitraire | 자의성 |
| articulation | 분절 |
| articulation fermante | 폐쇄조음 |
| articulation ouvrante | 개방조음 |
| articulation sistantes | 정지조음 |
| articulatoire | 조음적 |
| association | 연상 |
| axe des contemporanéités | 동시성의 축 |

| aparture | 간격 |
|---|---|
| Aphasie | 실어증 |
| appareil vocal | 발성 기관 |
| arbitraire | 자의적 |
| articulation | 분절 |
| articulation buccale | 입의 발음 |
| association | 연합 |
| bases de’expression | 표현 기반 |
| caractère arbitraire du signe | 기호의 자의적 성격 |
| caractère sémiologique | 기호론적 성격 |
| cavité buccale | 구강 |
| chaîne intermédiaire | 중간 연쇄 |
| chaîne phonique | 음성 연쇄 |
| champ synchronique | 공시적 영역 |
| changements phonétiques | 음성 변화 |
| chose | 것 |

| axe des successivités | 계기성의 축 |
|---|---|
| axiome | 공리 |
| biologie | 생물학 |
| capacité identique | 동일 역량 |
| carré linguistique | 언어 사각형 |
| chaînon | 고리 |
| chaînon implosif | 내파 연쇄 |
| chaînon sonore | 음성 연쇄 |
| changement analogique | 유추 변화 |
| changement phonétique | 음성 변화 |
| changement sématique | 의미 변화 |
| chose | 사상 |
| clocher | 종루 |
| cohésion | 응집력 |
| collectivité | 집단 |
| concept | 개념 |

| chose | 것 |
|---|---|
| classement interne | 내적 분류 |
| code | 코드 |
| collectivité | 그룹, 집단 |
| collectivité sociale | 사회 집단 |
| communauté | 공동체 |
| communiquer | 소통하다 |
| composés | 합성어 |
| concept | 개념 |
| conscience | 의식 |
| conscience intérieure | 내적 의식 |
| conscience latente | 잠재 의식 |
| consécration sociale | 사회적 승인 |
| construction | 구성 |
| contrat | 계약 |
| convention sociale | 사회적 약정 |

| conception | 개념 |
|---|---|
| conscience | 의식 |
| contenu | 내용 |
| continuité géographique | 지리적 연속성 |
| contrat | 협약, 계약 |
| contre-sôme | 반질료소 |
| convention | 규약 |
| conventional | 관습적 |
| conventionnelle | 관습적 |
| costume | 관습 |
| crise | 위기 |
| délimitation | 경계 구분 |
| démontrable | 증명 가능한 |
| déplacement du rapport | 관계의 이동 |
| désinence | 어미 |
| diachronique | 통시적 |

| conventional | 관습적 |
|---|---|
| conventionalist | 관습론자 |
| correspondance | 대응 |
| costume | 습관 |
| création analogique | 유추적 창조 |
| délimitation | 획정 |
| désinence | 어미 |
| diachronie | 통시태 |
| diachronique | 통시적 |
| dialecte | 방언 |
| différence | 차이 |
| différences significative | 표의적 차이 |
| différentiation | 차이화 |
| différentielle | 시차적 |
| dimension | 차원 |
| discours | 발화 |

| | |
|---|---|
| diacomie | 배치 |
| dialecte | 방언 |
| diathèse | 배열 |
| différence | 차이 |
| différentielle | 차별적인 |
| discontinuité géographique | 지리적 불연속 |
| discursif | 담화 |
| diversification | 분기, 분지 |
| diversification dans l'espace | 공간 상의 분지 |
| diversité | 다양성 |
| diversité du signe | 기호의 다양성 |
| diversité géoraphique | 지리적 다양성 |
| domaine non linguistique | 비언어학적 영역 |
| domaines intérieur et extérieur | 내적 영역과 외적 영역 |
| dualité | 이원성 |
| échange | 교환 |

| | |
|---|---|
| discursif | 발화적 |
| diversité | 다양성 |
| diversité radicale | 근본적 다양성 |
| diversité relative | 상대적 다양성 |
| document | 자료 |
| dualité | 이중성 |
| écriture | 문자 |
| élément | 요소 |
| enchaînement diachronique | 통시적 연쇄 |
| enchaînement synchronique | 공시적 연쇄 |
| équilibre | 균형 |
| essence | 본질 |
| état | 상태 |
| état de langue | 언어 상태 |
| ethnologie | 민족학 |
| évolution | 진화론 |

| échangeable | 교환 가능한 |
|---|---|
| écrit | 글 |
| écriture | 문자 |
| effet individuel | 개인적 효과 |
| effet sémiologique | 기호학적 효과 |
| élément tacite | 암묵적 요소 |
| éléments fondamentaux | 근본적 요소들 |
| ellipse | 생략 |
| entité | 실체 |
| entité linguistique | 언어학적 실체 |
| équilibre | 균형 |
| équivalence | 등가물 |
| espace | 공간 |
| esprit | 정신 |
| essence | 본질 |
| état | 상태 |

| exclamation | 감탄사 |
|---|---|
| faculté | 능력 |
| faculté de langage | 언어 능력 |
| fait de langue | 언어 사실 |
| fait syntagmatique | 통합적 사실 |
| famille | 군 |
| flexion | 굴절 |
| formation analogique | 유추적 형성 |
| forme | 형태 |
| formule | 공식, 정식 |
| Gemeinsprache | 공통어 |
| grammaire | 문법 |
| grandeur | 크기 |
| groupe d’association | 연상군 |
| groupment | 그룹화 |
| idée | 관념 |

| état de langue | 언어 상태 |
|---|---|
| etymologie | 어원론 |
| événemen | 사건 |
| évolution | 진화 |
| evolution linguistique | 언어 진화 |
| Expiration | 외파 (외파음) |
| explosions consécutives | 연속된 외파음들 |
| expression | 표현 |
| fait complexe | 복합적 사실 |
| fait de langue | 언어 사실 |
| fait général | 일반적 사실 |
| fait négatif | 부정적 사실 |
| famiiles de langues | 어족 |
| figure vocale | 음성 형상 |
| fonction | 기능 |
| force propagatrice | 전파력 |

| identité | 동일성 |
|---|---|
| identité | 동일성 |
| Identité synchronique | 공시적 동일성 |
| idiome | 개별어 |
| idiosynchronique | 특정 공시적 |
| image acoustique | 청각 영상 |
| immotivé | 무연적 |
| impératif | 강제적 |
| impression acoustique | 청각 인상 |
| impression acoustique | 청각 영상 |
| incorporelle | 비물질적 |
| indifférence | 무관여 (기호의 생산 수단의) |
| individu | 개인 |
| individuelle Sprachtätigkeit | 개인적 언어 활동 |
| indo-européen | 인도유럽어 |
| informe | 무정형의 |

| forces unifiantes | 통합적 힘 |
| --- | --- |
| forme | 형태 |
| formes concurrentes | 동시적인 형태들 |
| formes opposées | 대립적 형태 |
| généalogie | 계보 |
| généralisation | 일반화 |
| grammaire | 문법 |
| grandeur | 단위 |
| gutturale médiane | 준연구개 |
| gutturale vélaire | 연구개자음 |
| idée | 관념 |
| identification | 동일화 |
| identité | 동일성 |
| identité | 동일성, 정체성 |
| identité étymomologiqe | 어원적 동일성 |
| idiome | 개별어 |

| institution | 제도 |
| --- | --- |
| institution sociale | 사회제도 |
| instrument | 도구 |
| intuitif | 직관적 |
| isoglosse | 등어선 |
| langage | 언어활동/랑가주 |
| langue | 언어 |
| langue artificielle | 인위적 언어 |
| langue écritre | 쓰여진 언어 |
| langue individuelle | 개인적 언어 |
| langue littéraire | 문학어 |
| langue parlée | 말하는 언어 |
| langue sociale | 사회적 언어 |
| lexicologie | 어휘론 |
| ligne | 선 |
| Lignes isoglosses | 등어선 |

| | |
|---|---|
| idiosynchronique | 특정 공시적 |
| implosion | 내파 |
| impression acoustique | 청각 인상 |
| incorporel | 비물질적 |
| indifférence de l'instrument | 수단의 무관함 |
| indo-européen | 인도유럽어 |
| induction | 귀납 |
| inertôme | 불활성소 |
| inhibition | 억제 |
| institution | 제도 |
| institutuin humaine | 인간 제도 |
| intégration | 통합 |
| intercourse | 교류 |
| intuition | 직감 |
| irréductible | 분석 불가능한 |
| kénôme | 허사 |

| | |
|---|---|
| linguistique externe | 외적 언어학 |
| linguistique interne | 내적 언어학 |
| linguistique statique | 정태언어학 |
| linguistique synchronioque | 공시언어학 |
| loi | 법칙 |
| loi phonétique | 음운 법칙 |
| loi synchronique | 공시적 법칙 |
| Masse | 집단 |
| masse amorphe | 무정형의 덩어리 |
| masse parlée | 말해진 덩어리 |
| matériel | 자료적 |
| matière | 재료 |
| mécanisme | 메커니즘 |
| mental | 심적인 |
| moment | 시점 |
| morphologie | 형태론 |

| | |
|---|---|
| langage | 언어활동 |
| langue | 언어 |
| langue discursive | 담화적 언어 |
| langue littéraire | 문어 |
| lettre | 글자 |
| linguistique statique | 정태언어학 |
| loi | 법칙 |
| loi phonétique | 음성법칙 |
| machine | 기계 |
| marche des idées | 관념의 행진 |
| masse parlante | 발화 집단 |
| matière | 질료 |
| matière à signifier | 의미론적 질료 |
| méchanème | 기계소 |
| membre | 구성 요소 |
| mérisme | 분할 |

| | |
|---|---|
| mot | 단어 |
| mot écrit | 쓰여진 단어 |
| motivation | 유연적 |
| mouvement | 운동 |
| mutabilité | 가변성 |
| narration | 서술 |
| négative | 소극적 |
| nomenclature | 명칭 목록 |
| norme | 규범 |
| novation analogique | 유추적 혁신 |
| objet | 것, 대상 |
| ondulation | 파동 |
| opération de l'esprit | 정신의 조작 |
| opposition | 대립 |
| oppositives | 대립적 |
| ordre | 질서 |

| moment | 순간 |
|---|---|
| morphologie | 형태론 |
| morphologie retrospective | 회귀 형태론 |
| morphologique | 형태론적 |
| mot | 단어 |
| mouvement | 운동, 변동 |
| mouvement de fermeture | 폐쇄 운동 |
| mutabilité | 가변성 |
| mutualité | 상호성 |
| négatif | 부정적 |
| négativité | 부정성 |
| néologisme | 신조어 |
| novation morphologique | 형태론적 혁신 |
| objet | 대상(들) |
| objets désignés | 지칭 대상들 |
| observation | 관찰 |

| ordre associatif | 연합적 차원 |
|---|---|
| ordre synchronique | 공시적 차원 |
| ordre syntagmatique | 통합적 차원 |
| organe | 기관 |
| organes vocaux | 발음 기관 |
| organisation | 조직 |
| organisme | 조직 |
| organisme intérieur de la langue | 언어의 내적 조직 |
| organisme vocal | 발음 기관 |
| palais | 구개 |
| paléontologie linguistuque | 언어학적 고생물학 |
| panchronique | 범시적 |
| paradigme | 계열 관계 |
| paradox | 역설 |
| parole | 파롤 |
| parties du discours | 품사 |

| | |
|---|---|
| occlusives | 폐쇄 조음 |
| opération | 작용 |
| opération du linguiste | 언어학자의 조작 |
| opposable | 대립 가능한 |
| opposition | 대립 |
| ordre vocal | 음성질서 |
| organe | 기관 |
| organisme | 유기체 |
| palatales | 경구개 |
| parallélité | 평행관계 |
| parallélité unilatérale | 일방적 평행 관계 |
| parasème | 인접기호소 |
| parole | 발화 |
| parole effective | 실제적 발화 |
| parole potentielle | 잠재적 발화 |
| parties du discours | 품사 |

| | |
|---|---|
| pensée | 사고 |
| perspective | 관점 |
| perspective prospective | 전망적 |
| phénomène diachronique | 통시적 현상 |
| phénomène linguistique | 언어 현상 |
| phénomène phonétique | 음성 현상 |
| phénomène synchronique | 공시적 현상 |
| philologie | 문헌학 |
| phonème | 음운 |
| phonétiques | 음성학 |
| phonologie | 음운론 |
| phrase | 문장 |
| phylogenetic | 계통 발생적 |
| physiologie | 생리학 |
| point de vue | 관점 |
| préposition | 전치사 |

| passivité sociale | 사회적 수동성 |
| --- | --- |
| pensée | 사고 |
| pensée relative | 상대적 사고 |
| perspective instantané | 순간의 전망 |
| phénomène | 현상 |
| philologie | 문헌학 |
| phonème | 음소 |
| phonèmes | 음소 |
| phonétique instantanée | 순간음성 |
| phonétiques | 음성학 |
| phonologie | 음운론 |
| physiologie | 생리학 |
| physiologie des sons | 음성생리학 |
| point de vue | 관점 |
| position de fermeture | 폐쇄 위치 |
| postméditation | 추후성찰 |

| produit sémiologique | 기호론적 소산 |
| --- | --- |
| produit social | 사회적 소산 |
| prospective | 전망적 |
| quadrilatère | 사변형 |
| race | 민족 |
| radical | 어간 |
| rapport | 관계 |
| réalité | 실재 |
| régularité | 규칙성 |
| rétrospective | 회고적 |
| rite | 의식 |
| science de signes | 기호의 과학 |
| sémantique | 의미론 |
| sémantique | 의미론 |
| sémiologie | 기호학 |
| sémiologie | 기호론 |

| | |
|---|---|
| prédicat | 서술어 |
| préfixe | 접두사 |
| préposition | 전치사 |
| présence du signe | 기호의 현존 |
| principe de fractionnement | 분열 원리 |
| produit historique | 역사적 산물 |
| projection | 투사함 |
| proposition | 명제 |
| psychologisation | 심리화 작용 |
| racine | 어근 |
| radical | 어간 |
| rapport | 관계 |
| réfelxion | 사색 |
| régularité | 규칙성 |
| rite | 의례 |
| sème | 기호소 |

| | |
|---|---|
| sens | 의미 |
| sentiment | 의식 |
| sentiment de la langue | 언어의 감정 |
| siginficativité | 표의성 |
| signal | 신호 |
| signe | 기호 |
| signe linguistique | 언어 기호 |
| signe visuel | 시각적 기호 |
| signification | 의미 |
| signifié | 기의 |
| simultanés | 동시적 |
| solidarité | 연대성 |
| son | 음 |
| son vocal | 발음된 음 |
| sous-unité | 하위 단위 |
| sphère | 곳 |

| sémiologie | 기호학 |
|---|---|
| sémiologique | 기호학적인 |
| sens figuré | 비유 의미 |
| sens propre | 고유 의미 |
| sentiment | 의식 |
| signe | 기호 |
| signe linguistique | 언어 기호 |
| signe vocal | 음성 기호 |
| signes vocaux | 음성 기호 |
| signiciation | 의미 작용, 의미 |
| signifiant | 기표 |
| signification | 의미 |
| signifié | 기의 |
| signifier | 의미한다, 알리다 |
| signologie | 기호론 |
| sôme | 질료소 |

| structure | 구조 |
|---|---|
| substance | 실질 |
| substance phonique | 음의 실질 |
| substitution | 대치 |
| substrat | 기저 |
| succesivité | 계기성 |
| suffixe | 접미사 |
| sujet linguistique | 언어학의 주제 |
| sujet sémiologique | 기호론적 주제 |
| sujets parlants | 발화 주체 |
| syllable | 음절 |
| symbole | 상징 |
| synchronie | 공시태 |
| synchronique | 공시적 |
| syntagmatique | 통합론 |
| syntagme | 통합체 |

| son | 음성 |
| --- | --- |
| son double | 이중음 |
| sonante | 향음 |
| sous-entendus | 함축 의미 |
| stylistique | 문체론 |
| substance | 실질 |
| substitution | 대치 |
| successif | 계기적 |
| succession des sons | 음성들의 연속체 |
| suffixe | 접미사 |
| sujet | 주어 |
| sujet parlant | 화자 |
| syllable | 음절 |
| symbole | 상징 |
| synchronique | 공시적 |
| syncrhonisme | 공시성 |

| syntagme | 통합 |
| --- | --- |
| syntaxe | 통사론 |
| syntaxe incorporelle | 무형의 통사론 |
| système | 체계 |
| système de la langue | 언어 체계 |
| système de signes | 기호 체계 |
| système sémiologique | 기호론적 체계 |
| sytactique | 통합적 |
| temps | 시간 |
| terme | 사항 |
| tranche | 단면 |
| tranche du temps | 시간의 단면 |
| transformation diachronique | 통십적 변화 |
| transmission | 전승 |
| trésor intérieur | 내적 보고 |
| unité | 단위, 통일성 |

| | |
|---|---|
| synonymie | 동의 |
| syntagme | 통합체 |
| syntaxe | 통사론 |
| syntaxe historique | 역사 통사론 |
| synthèse | 종합 |
| système | 체계 |
| système de signes | 기호 체계 |
| système de valeur | 가치 체계 |
| tableau allégorique | 알레고리표 |
| temporalité | 시간성 |
| temps | 시간 |
| tenue | 지속성 |
| terme | 항, 사항 |
| terminologie | 용어학 |
| théorie de la syllabe | 음절 이론 |
| théorie des signes | 기호 이론 |

| | |
|---|---|
| unité complexe | 복합단위 |
| unité complexe acoustico-vocale | 청각-발성적 복합 단위 |
| unité complexe mentale et physiologique | 심적-생리적 복합 단위 |
| unité d'association | 연상 단위 |
| unité diachronique | 통시적 단위 |
| unité discursive | 발화 단위 |
| unité linguistique | 언어단위 |
| unité matérielle | 자료적 단위 |
| unité significative | 표의적 단위 |
| valeur linguistique | 언어 가치 |
| valeur négative | 소극적 가치 |
| valeure | 가치 |
| valeurs de l'écriture | 문자의 가치 |
| vie de la langue | 언어의 삶 |
| vie sociale | 사회 생활 |

| | |
|---|---|
| tranche horizonale | 수평 단면 |
| tranches | 단편들 |
| transition | 전이 |
| transmissible | 전파 가능한 |
| unilingue | 단일어적 |
| uni-spatialité | 단일 공간성 |
| unité | 단위 |
| unité linguistique | 언어적 단위 |
| us | 관례 |
| usages | 관용 |
| valeure | 가치 |
| valeurs morphologiques | 형태론적 가치 |
| valeurs relatives | 상대적 가치 |
| vie de la langue | 언어의 삶 |
| vie intérieure | 내면 생활 |
| vie par société | 사회생활 |
| voie analystique | 분석적 방법 |
| voie synthétique | 종합적 방도 |
| Völkerpsychologie | 민족심리학 |
| volonté | 의사 |

| volonté | 의지 |
|---|---|
| volonté individuelle | 개인적 의지 |

위에서 제시한 용어 대조표는 소쉬르의 『일반언어학 강의』의 한국어 번역본들에서 사용된 용어 색인을 참고하고 그 밖에 원문에서 사용된 용어들을 선별하여 각각의 번역본을 비교한 것이다. 1973년 출간된 『일반언어학 강의』의 최초 한국어 번역인 오원교 번역본, 1990년에 출간된 최승언 번역본, 2012년 출간된 김현권 번역본은 모두 1916년에 프랑스에서 출판된 프랑스어 번역본을 기본 문헌으로 삼아 번역되었다. 이 세 가지 번역본의 정확한 서지와 사용된 원본 텍스트의 서지는 다음과 같다.

1 페르디낭 드 소쉬르, 오원교 옮김, 『일반언어학 강의』, 형설출판사, 1973; De Saussure, F., *Cours de linguistique générale*, Bally, C. & Sechehaye, A. (eds.), Paris: Libraire Payot & Cie, 1916.

2 페르디낭 드 소쉬르, 최승언 옮김, 『일반언어학 강의』, 민음사, 1990.

3 페르디낭 드 소쉬르, 김현권 옮김, 『일반언어학 강의』, 지식을만드는지식, 2012; De Saussure, F., *Cours de linguistique générale*(Édition critique préparée par Tullio de Mauro), Paris: Payot, 1972.

그 이외에 소쉬르의 『일반언어학 강의』와 관련된 두 개의 한국어 번역본을 언급할 수 있다. 그중 하나는 김방한 교수가 출판한 소쉬르에 대한 연구서에서 말미 부분에 실린 제2차 일반언어학 강의의 한국어 번역본이며, 다른 하나는 김현권·최용호 교수의 공동 번역본으로서, 소쉬르의 일반언어학 강의와 관련된 자필 필사 노트를 편집한 프랑스어 원전을 한국어로 옮겨 놓은 책이다. 두 문헌의 서지는 다음과 같다.

4 김방한, 『소쉬르(현대 언어학의 원류)』, 민음사, 1998, 79~285쪽; Godel, R., *Les sources manuscrites du Cours de linguistique générale de F. de Saussure*, Genève: Droz, 1957.

5 페르디낭 드 소쉬르, 김현권·최용호 옮김, 『일반언어학 노트』, 인간사랑, 2007; De Saussure, F., *Ecrits de linguistique générale*, Paris: Gallimard, 2002.

제시된 용어 대조표는 모두 4종이다. 표 1. 『일반언어학 강의』의 한국어 번역본에서 사용된 용어 대조표이다. 표 2-1. 최승언, 오원교, 김현권의 번역본에서 공통적으로 발견되는 주요 한국어 번역 용어의 대조표, 표 2-2. 김현권·최용호 번역본의 주요 용어표, 표 2-3. 김방한의 『제2차 일반언어학 강의』의 주요 한국어 용어표이다. 김현권·최용호 번역본에서는 기존의 『일반언어학 강의』에서는 사용된 적이 없는 다수의 신조어들이 제시되었다.

여기에 제시된 용어 대조표는 결코 완결된 것이 아니며, 앞으로 보다 체계적인 문헌 연구를 통해 보완되어야 할 것이다. 여기에서는 소쉬르 용어의 한국어 번역어 상황을 살펴보기 위한 작은 디딤돌에 불과하다. 아울러, 한국어 번역어와, 중국어 번역어와 일본어 번역어를 비교하는 작업 역시 중요한 연구 과제이다.

# 찾아보기

## 민족

## 비문, 서적 기타 문헌

## 언어

## 인 명

## 지 명

**김성도**

고려대 불어불문학과를 졸업하고, 파리10대학에서 논문 「소쉬르 사상의 인식론적 연속성」으로 박사 학위를 받았다. 이후, 고려대, 서울대 등에서 강사를 역임하고, 전임 교수로 20년 동안 고려대 언어학과에서 기호학, 언어학사, 언어학과 인류학 등을 강의해 왔다. 옥스퍼드 대학교, 하버드 대학교, 케임브리지 대학교에서 방문 연구 교수를 지냈다. 국제 소쉬르 동인회의 정식 회원이며, 세계기호학회 부회장, 제8대 한국기호학회 회장을 역임했다.
소쉬르 전문 연구지(Cahiers F. de Saussure)를 비롯하여 유럽의 세계적 권위의 학술지에 다수의 논문을 게재했다. 특히 소쉬르의 새로운 기호학적 비전을 다룬 80여 쪽에 이르는 장편 논문을 통해 최우수 논문상(Mouton d'Or)을 받았다. 현대 언어 사상을 비롯해, 문화 이론, 매체 이론과 매체사, 도시 공간 등의 다양한 영역으로 연구의 지평을 확대해 왔다. 주요 저서로는 『로고스에서 뮈토스까지』, 『도시 인간학』을 비롯해 다수이며, 자크 데리다의 『그라마톨로지』, 『퍼스의 기호 사상』, 그레마스의 『의미에 관하여』 등 기호학 분야의 고전들을 번역했다.

**현대사상의 모험 32**

# 소쉬르의 마지막 강의

**제3차 일반언어학 강의(1910-1911): 에밀 콩스탕탱의 노트**

1판 1쇄 펴냄 2017년 2월 17일
1판 2쇄 펴냄 2019년 12월 5일

지은이 페르디낭 드 소쉬르
옮긴이 김성도
발행인 박근섭·박상준
펴낸곳 ㈜민음사

출판등록 1966. 5. 19. 제16-490호
주소 서울특별시 강남구 도산대로 1길 62 (신사동)
강남출판문화센터 5층 (06027)
대표전화 02-515-2000/팩시밀리 02-515-2007
홈페이지 www.minumsa.com



ISBN 978-89-374-1633-0 (94160)
978-89-374-1600-2 (세트)